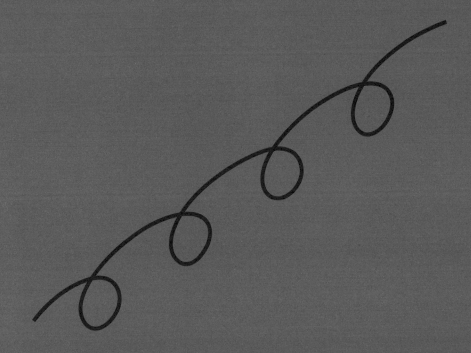

Principles for Dealing with
THE CHANGING
WORLD ORDER

옮긴이 송이루

호주 맥쿼리 대학교 금융경제학과를 졸업하고 연세대학교 대학원에서 경제학 석사 학위를 받았다. 외국계 은행과 증권사에서 글로벌펀드 컴플라이언스와 리서치 업무를 담당했다. 바른번역 글밥아카데미를 수료한 후 번역가와 리뷰어로 활동하고 있다. 옮긴책으로는 《초속도》《부자의 패턴》《레이 달리오의 금융 위기 템플릿(공역)》《속마음을 꿰뚫어 보는 기술》이 있다.

옮긴이 조용빈

서강대학교 영문학과를 졸업하고 현대자동차에 근무 중이다. 해외영업, 상품, 마케팅, 내부감사, 캐나다 주재원 등의 경력이 있으며 글밥아카데미를 수료하고 바른번역 소속으로 활동 중이다. 《세금의 세계사》《트러스트》《Environment》 등을 번역했다.

변화하는 세계 질서

초판 1쇄 발행 2022년 6월 1일
초판 24쇄 발행 2024년 9월 20일

지은이 레이 달리오 / **옮긴이** 송이루, 조용빈

펴낸이 조기흠
총괄 이수동 / **책임편집** 박단비 / **기획편집** 박의성, 최진, 유지윤, 이지은, 박소현
마케팅 박태규, 임은희, 김예인, 김선영 / **제작** 박성우, 김정우
디자인 필요한 디자인 / **수정** 박정현 / **도표** 김가희

펴낸곳 한빛비즈(주) / **주소** 서울시 서대문구 연희로2길 62 4층
전화 02-325-5506 / **팩스** 02-326-1566
등록 2008년 1월 14일 제 25100-2017-000062호

ISBN 979-11-5784-579-8 03320

이 책에 대한 의견이나 오탈자 및 잘못된 내용은 출판사 홈페이지나 아래 이메일로 알려주십시오.
파본은 구매처에서 교환하실 수 있습니다. 책값은 뒤표지에 표시되어 있습니다.

⌂ hanbitbiz.com ✉ hanbitbiz@hanbit.co.kr ▯ facebook.com/hanbitbiz
▯ post.naver.com/hanbit_biz ▶ youtube.com/한빛비즈 ◉ instagram.com/hanbitbiz

지금 하지 않으면 할 수 없는 일이 있습니다.
책으로 펴내고 싶은 아이디어나 원고를 메일(hanbitbiz@hanbit.co.kr)로 보내주세요.
한빛비즈는 여러분의 소중한 경험과 지식을 기다리고 있습니다.

THE CHANGING
WORLD ORDER

RAY DALIO

변화하는 세계질서

레이 달리오 지음 | 송이루, 조용빈 옮김

한빛비즈
Hanbit Biz, Inc.

* 일러두기
이 책의 한국어판 번역은 레이 달리오와 브리지워터 어소시에이츠의 검수를 마쳤습니다.

내 손자들과 그 세대에게 바친다.
이 책의 이야기를 계속해서 풀어낼 그들에게
진화의 힘이 함께하기를!

감사의 말

어릴 때부터 내게 가르침을 준 모든 분의 소중한 지식을 엮어 이 책을 만들었다. 스승과 나눈 대화와 그들이 책 속에 표현한 사상, 각종 통계 자료와 주변 이야기 등이 없었다면 이 책은 세상에 나오지 못했을 것이다. 돌아가신 분도 있고 아직 생존해 계신 분도 있다. 특히나 헨리 키신저Henry Kissinger, 왕치산王岐山, 그레이엄 앨리슨Graham Allison, 리콴유Lee Kuan Yew, 류허劉鶴, 폴 볼커Paul Volcker, 마리오 드라기Mario Draghi, 폴 케네디Paul Kennedy, 리처드 N. 하스Richard N. Haass, 케빈 러드Kevin Rudd, 스티븐 크라이거Steven Kryger, 빌 롱필드Bill Longfield, 닐 해넌Neil Hannan, H. R. 맥마스터H. R. McMaster, 주자밍Jiaming Zhu, 래리 서머스Larry Summers, 니얼 퍼거슨Niall Ferguson, 톰 프리드먼Tom Friedman, 헹스위킷Heng Swee Keat, 조지 예오George Yeo, 이안 브레머Ian Bremmer, 천즈우陳志武에게 감사드린다.

또한 피어 브리스Peer Vries, 벤저민 엘먼Benjamin A. Elman, 파멜라 카일 크로슬리Pamela Kyle Crossley, 시빌 라이Sybil Lai, 제임스 젱 가오James Zheng Gao, 웬웬 앙Yuen Yuen Ang, 마카베 켈리허Macabe Keliher, 데이비드 포터David Porter, 빅터 쿤루이 시옹Victor Cunrui Xiong, 데이비드 캐너딘David Cannadine, 패트리샤

6

클라빈Patricia Clavin, 던컨 니드햄Duncan Needham, 캐서린 셍크Catherine Schenk, 스티븐 핀커스Steven Pincus의 뛰어난 안목에도 감사드린다.

또한 책 쓰기만큼 힘들다는 출간 과정에 협조해주신 분들께도 감사의 말씀을 전하고 싶다. 특히 불굴의 희생, 인내와 노력을 보여준 마크 커비Mark Kirby에게 감사드린다. 또한 원고 교정에 도움을 준 마이클 커빈Michael Kubin, 아서 골드워그Arthur Goldwag, 필 래브진Phil Revzin과 에이전트인 짐 레빈Jim Levine 그리고 이 책이 세상에 나올 수 있도록 애써준 편집인 조피 페라리-아들러Jofie Ferrari-Adler에게도 감사의 뜻을 전하고 싶다.

이 외에도 가드너 데이비스Gardner Davis, 우다이 바이시왈라Udai Baisiwala, 조던 닉Jordan Nick, 마이클 사바레스Michael Savarese, 조너선 보스트Jonathan Bost, 스티븐 맥도널드Stephen McDonald, 엘레나 곤잘레즈 멀로이Elena Gonzalez Malloy, 키아 크루텐바크Khia Kurtenbach, 앨러스데어 도노번Alasdair Donovan, 플로리스 홀스테지Floris Holstege, 엔서 카지Anser Kazi, 크리스 에드먼즈Chris Edmonds, 줄리 파니Julie Farnie, 브라이언 드 로스 산토스Brian De Los Santos 등 뒤에서 많은 도움을 주신 분들과 엄청난 지식 플랫폼을 창조한 브리지워터Bridgewater 헤지펀드 직원들에게도 감사드린다.

차례

제1부
세상의 작동 원리

이 책을 읽는 방법

- 이 책을 쓰면서 완본과 요약본을 두고 많은 고민을 했지만, 결국 주요 내용을 굵은 글씨로 강조해서 둘 모두를 만족시키는 방향을 선택했다. **요약본을 읽고 싶으면 굵은 글씨로 된 부분만 읽기 바란다. 아니면 전체를 다 읽으면 된다.**

- 또한 독자들이 현실에 제대로 대처하기 위해 필요하다고 생각되는 영원하고도 보편적인 법칙은 앞에 ● **붉은 원으로 강조하였고 굵은 글씨를 사용했다.**

- 어떤 주제에 대해서는 추가 자료를 제공하면 일부 독자들은 환영하겠지만 그렇지 않은 독자들도 있기 때문에 부록에 첨부하였으니 용도에 맞게 활용하면 좋겠다.

- 맨 마지막 부분 용어 사전에 약자에 대한 설명을 덧붙였다.

- 마지막으로 이 책에 다 담지 못한 보조 자료, 참고 자료, 인용구 및 지수 관련 자료는 웹사이트 https://economicprinciples.org에서 확인하길 바란다.

서문

과거에도 종종 그랬듯 미래의 시간은 우리 세대가 살면서 경험한 것과 근본적으로 다를 것이다.

어떻게 아느냐고? 항상 그래왔기 때문이다.

지난 50년간 나는 일을 제대로 하기 위해서 어떤 국가나 시장의 성공과 실패를 결정하는 요인을 알아야 했다. 한 번도 경험해보지 못한 상황을 예측하고 이를 극복하기 위해서는 과거의 유사한 사례를 가급적 많이 공부해서 발생 원인을 알아야 한다고 생각했다. 그 결과 나는 위기 상황에 잘 대처할 수 있는 법칙을 배웠다.

몇 년 전, 과거에는 여러 번 발생했지만 나로서는 처음인 일련의 거대한 현상이 전개되고 있음이 관찰되었다. 첫째, 막대한 빚과 제로금리로 인해 전 세계 3대 기축통화국이 엄청난 양의 화폐를 발행하는 현상이 발생했다. 둘째, 지난 100년간 발생한 빈부 격차, 정치적 가치관의 양극화로 인해 국가별로 심각한 정치적·사회적 갈등이 발생했으며 특히 미국에서 이 현상이 심했다. 셋째, 새로운 강국(중국)이 출현하여 기존 강국(미국)과 기존 질서에 도전하는 상황이 발생했다. 가장 최근인 1930년부터 1945년까지 이와 유사한 일이 벌어졌다. 그래서 매우 근심스럽다.

과거 유사한 시대를 공부하지 않으면 내게 무슨 일이 닥칠지, 그리고 어떻게 헤쳐나갈지 제대로 알 수 없음을 알고 있었기에 제국의 흥망성쇠와 기축통화 그리고 시장을 연구했다. 다시 말해 현재 상황과 향후 발생할 사태를 제대로 이해하기 위해서는 과거 비슷한 상황의 배후 메커니즘을 알 필요가 있었다. 예를 들면, 1930년부터 1945년 사이에 발생한 네덜란드와 대영제국의 부상과 쇠퇴, 그리고 중국 왕조의 흥망 같은 사건들이다.* 내가 이것들을 연구하던 중 코로나COVID-19 사태가 터졌는데 이 역시 역사적으로 유사한 일은 몇 번 있었지만 내 생애에서는 처음 겪는 일이다. 그래서 과거의 유행병을 공부한 결과, 질병, 기근, 홍수 같은 자연재해 역시 고려 대상에 포함해야 한다는 것을 깨달았다. 이런 자연 현상은 그 어떤 심각한 경제 공황이나 전쟁보다 더 영향력이 크기 때문이다.

공부를 하다 보니 역사도 생물체처럼 라이프 사이클Life cycle, 수명 주기이 있어 한 세대에서 다음 세대로 넘어가면서 발전한다는 것을 알게 되었다. 사실 인류의 과거와 미래는 장기간에 걸쳐 발생하는 개인 삶의 총합이라고 볼 수 있다. 역사의 시작부터 현재까지 모든 것을 아우르는 하나의 맥락이 있어 기본적으로 동일한 원인으로 똑같은 일이 반복해서 발생하면서 진화한다는 것이다. 상호 연결된 여러 역사적 사건으로부터

---

* 과거의 사이클에 대한 이야기를 하고 있지만, 나는 변화를 유발하는 원인과 결과에 대한 이해 없이 과거에 발생했던 사건이 무조건 미래에도 계속될 것이라고 믿는 사람이 아니라는 점을 확실히 밝혀둔다. 무엇보다 나의 목적은 독자들과 함께 인과 관계를 들여다보고 이를 바탕으로 우리에게 닥칠 미래를 예측해서 가장 효율적인 방법으로 법칙을 도출하는 데 있다.

어떤 패턴과 원인/결과 관계가 있음을 보았고, 이에 근거해 미래를 예측할 수 있었다. **이런 사건들은 역사상 여러 차례 발생했으며 제국의 흥망성쇠 사이클의 일부다.** 또한 이 사이클은 교육 수준, 생산성 수준, 다른 국가와의 교역 수준, 군사력, 통화 및 시장 같은 제국의 여러 특징에도 나타난다.

이런 특징은 주기를 두고 발생하며 상호 연결되어 있다. 예를 들어 국민의 교육 수준이 높으면 생산성이 증가하고, 이는 다시 교역의 증가로 이어진다. 교역로를 보호하기 위해 군사력이 강화되고, 그 결과 화폐와 시장 등 기타 많은 분야로까지 영향을 미친다. 이런 변화는 수백 년에 걸쳐 발생하는 경제적·정치적 사이클을 만들어낸다. 위대했던 제국이나 왕조의 사이클은 200~300년간 유지되는 경우도 있었다. **내가 연구했던 제국과 왕조는 전형적인 빅 사이클**Classic big cycle**을 그리며 성장했다가 사라졌고 이 사이클 내에는 우리의 현재 위치를 알 수 있는 명확한 신호가 있다.**

이 빅 사이클은 1) 창의성과 생산성이 증가하고 생활 수준이 대폭 향상되는 평화롭고 풍요한 시기와 2) 부와 권력을 차지하기 위한 싸움이 벌어지며, 우리가 소중하게 생각하는 부와 생명 등이 파괴되는 불황기와 폭동 및 전쟁이 발생하는 시기로 구분된다. 평화롭고 풍요한 시기가 불황, 폭동, 전쟁 시기보다 일반적으로 5배 정도 더 길기 때문에 불황기는 또 다른 평화로운 시기로 넘어가는 과도기라고 볼 수 있다.

평화로운 시기가 대부분의 사람이 살기에 더 편안하기는 하다. 하지만 이 모든 현실은 결국 발전을 위한 과정이므로, 넓은 의미로 본다면 이 시기는 좋은 것도 나쁜 것도 아니다. 공황, 혁명, 전쟁의 시기에는 많은 것이 파괴되지만 폭풍우가 몰아쳐 지저분한 것들을 쓸어가듯, 이 시기에는 모순점과 지나친 채무 같은 과잉이 제거되어 더 건전한 기반 위에서 기본으로 돌아가 새로운 시대가 탄생하기도 한다(물론 고통스럽기는 하다). 이런 고통의 시기가 종료되면 누가 어떤 권력을 쟁취했는지 명확하게 보인다. 그리고 대부분의 사람은 절실하게 평화를 원하기 때문에 새로운 통화, 경제, 정치 체제를 통해 새로운 질서를 창조하려는 의지가 모여 또 다른 평화로운 시기가 탄생한다. 빅 사이클 내에는 또 다른 사이클도 있다. 100년 주기의 장기 부채 사이클과 8년 주기의 단기 부채 사이클 같은 것들이다. 이 작은 사이클 안에도 긴 번영의 시기와 짧은 불황의 시기가 있어 사이클 내에 또 다른 사이클이 존재하는 식이다.

사이클 이야기가 혼란스럽겠지만 내가 말하고 싶은 요점은 이 사이클이 변화할 때 역사의 지형이 바뀌고 사람들의 삶이 큰 폭으로 변화했다는 것이다. 이 변화는 끔찍할 수도 있고 환상적일 수도 있다. 이런 변화는 미래에도 필연적으로 발생하지만 대부분의 사람은 이를 모르고 있다. 다른 표현을 빌리자면 ● **한 사이클 내에서 최고점과 최저점을 오르락내리락하는 것은 예외적인 것이 아니고 일반적인 것이다.** 어떤 국가가 한 세기 동안 적어도 한 개의 경기 호황/평화/번영의 시기나 불황/내전/혁명의 시기를 겪지 않는 경우는 매우 예외적이므로, 만일 그렇다면 곧 그러한 시기가 닥칠 것으로 예상해야 한다. 과거의 예를 보면 사람들은 보통 다가올 미래가 과거와 크게 다르지 않을 것이라고 생각했다. ● **다른 것들과 마찬가지로 정말 큰 호황과 불황은 살면서 한 번 겪을까 말까 하므로, 몇 세대에 걸친 역사를 공부하지 않은 보통 사람들은 상상할 수 없기 때문이다.** 호황과 불황 사이의 간격이 길기 때문에 ● **우리가 마주하게 될 미래는 사람들이 예상하는 것과 많이 다를 것이다.**

예를 들어, 대공황Great Depression과 제2차 세계대전을 겪은 우리의 아버지 세대는 전후 경제 호황을 예상하지 못했다. 경험해보지 못했기 때문이다. 그분들에게는 돈을 빌리거나 어렵게 번 돈을 주식시장에 투자하는 것은 상상할 수도 없는 일이었다. 그래서 그들이 호황에 부자가 될 기회를 놓쳤다는 이야기를 이해할 수 있다. 마찬가지로 그 후 채무로 일군 호황만 알고 불경기와 전쟁을 경험해보지 못한 사람이 많은 돈을 빌려 투자하면서 불황이나 전쟁은 발생하지 않을 거라고 생각하는 것도 이해할 수 있다. 돈도 마찬가지다. 과거의 돈은 제2차 세계대전 후까지는 '경화Hard money(즉 금에 연동된 화폐)'였지만, 1970년대 들어 각국 정부가 통화를 '연화Soft money(명목 또는 법정화폐)'로 바꾸어 채무 발생을 쉽게 하고 기업의 도산을 예방하려 했다. 그 결과 내가 이 책을 쓰고 있는 지금 이 순간을 같이 살고 있는 사람들은 대출을 더 받아야 한다고 생각한다. 빚으로 산 호황은 결국 경제 불황과 국내외 여러 갈등을 야기한다는 사실이 역사적으로 증명되었음에도 말이다.

역사에서 이런 교훈을 얻을 수 있다면 미래가 어떨지에 대해서도 가치 있는 단서를 얻을 수 있을 것이다. 내 평생 달러화는 전 세계 기축통화였고, 통화 정책이 경제를 활성화하는 데 매우 효과적인 도구이며, 민주주의와 자본주의야말로 우월한 정치·경제 체제라고 생각하는 사람들이 많았다. 그러나 역사를 공부한 사람은 ● **그 어떤 정부, 경제 체제, 통화, 제국도 영원히 존재하지 않는다는 것을 알고 있다. 그러나 대부분의 사람은 그것들이 무너질 때 경악하면서 같이 무너진다.** 이쯤 되면 우리가 불황/혁명/전쟁의 시기로 들어갈 때, 그것을 어떻게 알고 그 시기를 잘 헤쳐나갈 수 있을까라는 질문을 자연스럽게 하게 된다. 내 직업상 의무는 상황이 변하더라도 부를 보존하는 것이므로, 나는 가장 어려운 시기를 포함해 어느 시기에도 통할 수 있는 전략을 연구하고 개발할 필요성을 느꼈다.

내가 깨달은 것들이 당신에게 도움이 되길 바라면서 이 책을 썼으니, 참고해서 많은 것을 얻기 바란다.

과거를 공부해서 미래를 예측하는 방법

단기적인 관점에서 투자를 결정해야 하는 투자회사의 매니저가 장기간의 역사에 관심을 갖는다면 조금 이상하게 생각할 수도 있을 것이다. 하지만 나는 경험을 통해 장기적 관점이 필요하다는 것을 깨달았다. 내 방식은 학문적 연구를 목적으로 하지 않는다. 내 일을 보다 잘하기 위한 실용적인 목적이다. 직업상 나는 경제에 닥칠 일을 경쟁사보다 더 잘 예측하려고 한다. 그런 이유로 지난 50년간 주요 경제권과 시장을 면밀하게 관찰해서 발생 가능한 일을 정확하게 예측하려 했다. 물론 정치적 상황도 포함된다. 정치와 경제는 상호 영향을 주기 때문이다. 시장을 치열하게 연구한 결과 ● **미래를 예측하고 대처하는 능력은 변화를 발생시키는 인과 관계를 제대로 이해하는 능력에 달려 있으며, 그 능력은 과거에 그것이 어떻게 변화해왔는지를 연구해야만 알 수 있음을 깨달았다.**

내가 이런 접근 방법을 채택하게 된 것은 한 번도 경험하지 못한 커다란 시장의 큰 흐름을 놓쳐버린 뼈아픈 깨달음 때문이다. 내가 22살이던 1971년, 나는 여름방학 동안 아르바이트로 뉴욕증권거래소New York Stock Exchange에서 일하면서 처음 이런 일을 겪었다. 그곳은 빠른 시간 내에 돈을 따기도 하고 잃기도 하는 일종의 게임판 같은 곳이었고, 직원들은 정말 재미있게 일하고 있었다. 너무나 분위기가 좋아서 실제로 거래소 안에서 물총 싸움을 벌일 정도였다. 나는 세계의 큰 변화를 지켜보면서 그들이 시장을 어떻게 주도할지에 베팅하는 이 게임에 몰두했다. 가끔은 극적일 때도 있었다.

　1971년 8월 15일 일요일 밤, 리처드 닉슨Richard Nixon 대통령은 미국 달러화를 더 이상 금으로 교환해주지 않을 것이라고 발표했다. 대통령의 연설을 들으면서 나는 그동안 우리가 알고 있던 화폐가 더 이상 존재하지 않는다는 것을 알게 되었다. 이러한 변화는 결코 경제에 좋지 않을 것이라고 생각했다. 월요일 아침에 출근하면서 주식 폭락으로 증권거래소가 엄청난 혼란에 빠질 것으로 예상했다. 대혼란이 발생한 것은 맞지만 내가 상상한 그런 종류는 아니었다. 예상과 달리 주가는 4퍼센트나 상승했고 달러화는 폭락했다. 그것은 내게 엄청난 충격이었다. 통화 가치 하락을 한 번도 경험해보지 못했기 때문이었다. 그 뒤로 나는 역사를 공부했고 통화 가치 하락으로 주식시장이 폭등하는 경우가 여러 번 있었음을 알게 되었다. 역사를 더 공부하면서 나는 미래에 많은 도움이 될 소중한 교훈을 얻었다. 그 뒤로도 몇 번 더 충격을 받은 다음에야 지난 100여 년간 주요 국가의 경제와 시장의 거대한 흐름을 공부해야 할 필요성을 느꼈다.

　즉 과거에 대공황 같은 사태가 실제로 발생했다면 내게도 그 여파가 닥쳤을 것이므로, 대공황으로 인해 어떤 일이 발생했는지 파악해서 이에 대응할 준비를 해야 했다. 역사를 공부해보면 과거에도 불황은 여러 번 발생했음을 알 수 있다. 마치 의사가 특정 질병에 걸린 여러 환자를 연구하는 것처럼 역사를 공부해 불황이 어떻게 작동하는지를 보다 잘 이해할 수 있었다. 내 연구는 질적으로나 양적으로 모든 방식을 포함했고, 나는 저명한 전문가와 대담했으며 위대한 저술을 읽고 연구팀과 함께 통계 자료와 각종 문서들을 집중적으로 조사했다.

이런 식으로 연구하다 보니 부와 권력이 탄생하고 소멸하는 전형적인 사이클이 보이기 시작했다. 이를 통해 향후 전개 과정을 예측할 수 있는 인과 관계를 알 수 있었다. 전형적인 모형을 구체화하자 거기에서 벗어나는 경우는 사례를 연구해서 설명할 수 있었다. 그 후에 이 모형을 알고리즘에 입력하여 모형과 관련된 조건을 모니터링한 후 이와 관련한 결정을 할 수 있도록 했다. 이 과정을 통해 나는 인과 관계를 더 잘 이해하게 되었고, 결정을 내릴 때의 규칙을 만들게 되었다. 이 규칙은 어떤 문제가 발생했을 때 IF/Then 문장('만약 ~하면 ~한다' 가정법)의 형식을 빌려 '만일 X가 발생하면 반드시 Y에 베팅한다'라는 형태를 하고 있다. 그다음에는 실제로 어떤 일이 발생했을 때 이 모형에 넣어 기대하는 결과가 나오는지 관찰했다. 이러한 작업을 브리지워터 어소시에이츠Bridgewater Associates의 직원들과 함께 체계적인 방법으로 테스트해보았다. 어떤 사건이 발생하면 그다음에 발생할 일을 예측했고, 만일 모형에서 벗어나면 그 원인을 파악하고 정확한 방향을 다시 추정했다. 이런 과정을 통해 인과 관계를 더 잘 이해하게 되었고, 모형이 완벽하지 못함을 깨달았다. 나는 지금도 이 모형 작업을 하고 있고, 죽는 날까지 계속할 것이다. 그러므로 독자들이 지금 읽는 연구 내용은 현재 진행형이다.*

---

* 예를 들자면, 나는 부채 사이클 연구에 이 방식을 도입했다. 지난 50년간 부채 문제에 대처해왔고, 부채가 경제 및 시장의 큰 변화를 발생시키는 가장 중요한 요소이기 때문이다. 부채 위기를 이해하기 위한 템플릿에 관심이 있어 각종 사례를 보고 싶다면 《레이 달리오의 금융 위기 템플릿》의 전자 원고를 https://economicprinciples.org에서 무료로 다운로드하거나 서점에서 책을 구입할 수 있다. 나는 불황, 하이퍼 인플레이션, 전쟁, 국제수지 위기 같은 중요한 문제들을 연구하면서 이 방식을 사용했다. 내 주변에서 발생하는 문제들을 제대로 파악하기 위해서였다. 이 관점을 유지했기 때문에 2008년 금융 위기로 다른 회사들이 곤란을 겪을 때도 내가 설립한 브리지워터 헤지펀드는 큰 어려움 없이 잘 헤쳐나갈 수 있었다.

이 접근 방법은 내가 사물을 보는 방식을 바꾸었다

이런 식으로 접근 방법을 바꾸니 어떤 일이 벌어졌을 때 이에 압도되지 않고 한 발자국 물러나 과거에 어떤 형태로 전개되었는지 바라볼 수 있는 여유를 갖게 되었다.* 이렇게 관계를 더 잘 이해하게 되니 관계 속에서 서로 어떻게 상호 작용하는지를 더 잘 알 수 있었다. 예를 들어 경기 사이클이 어떻게 정치 사이클과 맞물려 돌아가면서 장기간에 걸쳐 상호 작용하는지를 이해할 수 있게 되었다. **사람들이 인생에 찾아온 중요한 기회를 놓치는 이유는 아주 작은 조각밖에 보지 못하기 때문이다. 우리는 보다 큰 구도에서 패턴과 사이클, 기회를 만들어내는 상호 연결된 요소들, 사이클 내 현재 우리의 위치, 향후 발생할 사건 등은 보지 못하고 개미처럼 짧은 인생에서 눈앞의 빵 부스러기를 옮기는 데만 정신이 팔려 있다.** 이런 관점에서 보기 시작하자 역사에는 몇몇 한정된 유형의 인물**이 몇 개의 한정된 상황에서 계속해서 반복되는 이야기를 만들어나간다는 것을 알게 되었다. 바뀌는 것이라고는 등장인물이 입고 있는 옷과 그들이 말하는 언어, 사용하는 기술 정도이다.

---

* 나는 거의 모든 것을 이런 방식으로 접근했다. 내 사업을 시작해서 운영할 때도 나는 사람들의 생각을 알아야 했고, 현실에 대처하기 위한 법칙을 배워야 했다. 비경제적이고 시장 외적인 분야에서 내가 깨달은 사실에 관심이 있다면 졸저 《원칙》을 참조하기 바란다. 유료 iOS 또는 안드로이드 앱으로도 나와 있으며 서점에서도 구입 가능하다.

** 내 책 《원칙》에서 상이한 관점에 대해 설명했지만 여기서는 자세히 설명하지 않을 예정이다. 관심이 있다면 해당 책을 참조하기 바란다.

어떻게 이 연구를 하게 되었나

하나를 공부하다 보니 또 다른 것까지 공부하게 되고 결국 이 연구를 하기에 이르렀다. 보다 구체적으로 살펴보면 다음과 같다.

- **통화와 신용의 사이클을 공부하다 보니 장기 부채와 자본시장의 사이클(일반적으로 50년에서 100년 정도 걸린다)을 알게 되었다. 관점을 넓히지 못했다면 절대 알지 못했을 새로운 방식으로 현상을 바라볼 수 있게 되었다.** 예를 들어 2008년 금융 위기가 닥치자 중앙은행은 이자율을 0퍼센트대로 낮추고 통화량을 늘려 금융자산을 사들였다. 나는 1930년대에 발생한 대공황을 연구했기 때문에 90년 전에 중앙정부가 왜, 어떤 방식으로 통화량을 늘려 부채와 신용거래를 증가시켰는지 알았고, 결국 자산 가치의 상승으로 빈부 격차가 심해지고 포퓰리즘populism이 인기를 얻어 계층 간 갈등이 심해졌다는 것을 알고 있었다. 지금 우리는 2008년 위기 이후 동일한 현상이 발생하는 것을 경험하고 있다.

- 경제 성장률은 회사의 투자 결정과 연관이 있으므로, 2014년에 나는 여러 국가의 경제 성장률을 예측해보았다. 많은 국가의 사례를 연구해서 동일한 방법으로 경제 성장의 원동력을 찾아내고, 모든 시대에 통용되는 보편적인 지표를 개발해 10여 년간의 장기 경제 성장률을 예측하려 했다. 이 과정을 통해 왜 어떤 국가는 높은 성장률을 보이는 반면, 어떤 국가는 저조한 성장률을 보이는지 잘 알게 되었다. 이 보편적 지표를 수치화한 후 현재 사용하는 (그리고 앞으로도 계속 사용할) 공식에 대입하여 20여 개 국가의 10년간 경제 성장률을 예측했다. 이 연구는 우리에게도 도움이 되지만 각국의 정책 입안자들에게도 도움을 줄 것으로 예상한다. 보편적인 인과 관계를 응용해

서 'X를 바꾸면 Y라는 효과가 나타난다'는 것을 알 수 있기 때문이다. 또한 교육의 질이나 부채 수준 같은 주요 지표가 미국의 경우 다른 신흥국인 인도나 중국보다 안 좋다는 것을 밝혀내기도 했다. 이 연구는 〈생산성과 구조적 개혁: 성공하는 국가와 실패하는 국가, 성공국가가 되기 위한 조건Productivity and Structural Reform: Why Countries Succeed and Fail, and What Should Be Done So Failing Countries Succeed〉이라는 제목의 보고서에서 확인할 수 있다. 이 보고서는 웹사이트 https://economicprinciples.org에서 다른 연구들과 마찬가지로 무료로 볼 수 있다.

- 2016년에 도널드 트럼프가 대통령으로 당선되고 선진국에 포퓰리즘이 유행하자 나는 '포퓰리즘과 그 현상Populism: The Phenomenon'에 대해 연구를 시작했다. 이 연구를 통해 1930년대 빈부 격차와 자산 가치의 격차가 심각한 사회적·정치적 갈등을 야기했음을 알게 되었고, 이 현상은 현재 상황과 유사하다. 그것은 또한 좌익의 포퓰리스트와 우익의 포퓰리스트들이 어떻게, 그리고 왜 더 국수주의적이고 군국주의적이며 보호무역을 주장하고 대립을 조장하는지, 그러한 접근들이 무엇을 초래했는지를 나에게 보여주었다. 좌익과 우익의 경제적·정치적 갈등이 얼마나 심각해질 수 있는지, 그리고 이 갈등이 경제, 시장, 부, 권력에 얼마나 심각한 영향을 미치는지 알게 되면서 현재 발생하는 사건들이 보다 잘 이해되었다.

- 이러한 연구와 기타 관찰을 통해 미국인들의 빈부 격차가 매우 심하지만 평균값만을 보는 오류로 인해 제대로 부각되지 못하고 있음을 알게 되었다. 따라서 소득 구간을 상위 20퍼센트, 그다음 20퍼센트, 이런 식으로 5개 구간으로 나누어 각 집단의 상황을 조사했다. 그 결과 두 개의 연구 결과를 산출했는데 그중 하나인 〈가장 심각한 경제, 사회, 정치적 문제: 2개의 경제-상위 40퍼센트와 하위 60퍼센트Our Biggest Economic, Social, and Political Issue: The Two

Economies—The Top 40% and the Bottom 60%〉에서 '가진 자'와 '못 가진 자'의 경제적 격차가 엄청나게 벌어지면서 양극화와 포퓰리즘이 대두하게 되었음을 알 수 있었다. 이 연구에 더해 아내가 벌이는 자선 활동을 통해 알게 된 코네티컷주의 지역 사회와 학교에서 벌어지고 있는 기회와 부의 격차에 대한 이해를 바탕으로 〈자본주의는 왜, 어떻게 개혁되어야 하는가?Why and How Capitalism Needs to Be Reformed?〉라는 제목의 보고서도 발표했다.

- 이와 동시에 다년간에 걸친 해외 투자와 국제 문제 연구에서 얻은 경험을 바탕으로, 특히 중국에서 거대한 세계 경제와 지정학적 변화가 일어나는 것을 볼 수 있었다. **나는 지난 37년간 중국을 꾸준히 방문해왔고, 그 덕분에 고위 정책결정자들은 물론 다양한 사람들의 사고방식을 잘 알고 있었다. 그 사람들과 친밀한 관계였기 때문에 중국 발전의 원동력이었던 행동 뒤에 숨어 있는 논리를 가까이서 자세히 파악할 수 있었다.** 이들이 중국을 이끌어 생산, 무역, 기술, 지정학적 위치 그리고 자본시장 등에서 미국과 경쟁할 수 있는 위치로 부상한 것은 엄연한 사실이므로, 아무런 편견 없이 그들의 방식을 연구해야 한다.

이 책의 기반이 된 가장 최근의 연구는 3가지 중요한 요소를 알아야 한다는 필요성에서 출발했다. 이 요소들은 내 생전에는 발생하지 않은 현상이지만, 그것들이 제기하는 문제는 다음과 같다.

1. **장기 부채 및 자본시장의 사이클:** 어떤 세대도 지금 우리가 보는 낮은 금리(이자율), 심지어 마이너스 금리를 경험하지 못했다. 통화의 수요와 공급이라는 측면에서 보면 현금과 부채자산Debt asset의 가치는 많은 의심을 불러일으킨다. 2021년에 16조 달러 이상의 부채가 마이너스 금리로 유통되었고

적자 재정을 충당하기 위해 엄청난 양의 신규 채권이 발행되었다. 이와 동시에 정부의 연금 및 건강보험 부담금이 점점 커지기 시작했다. 이런 상황에서 나는 재미있는 의문점이 떠올랐다. 금리가 마이너스인 상황에서 누가 돈을 빌려주려고 할까? 정부는 어디까지 금리를 내릴 수 있을까? 정부가 더 이상 금리를 내릴 수 없는 상황에서 불경기가 닥친다면 중앙은행은 어떤 수단을 사용해서 경기를 살릴 수 있을까? 통화 가치 하락에도 불구하고 통화량을 증가시킬까? 금리가 이렇게 낮은데 부채로 표시된 통화의 가치가 하락하면 어떤 일이 생길까? 이런 의문점은 다시 또 다른 질문을 불러온다. 투자자들이 세계의 주요 기축통화(즉 달러화, 유로화, 엔화)로 표시된 부채를 모두 변제한다면 중앙은행은 무엇을 할 것인가? 그들이 변제할 통화의 가치가 하락하고 금리가 낮다면 예상 가능한 일이다.

기축통화는 전 세계 어디에서나 통용되어 거래와 예금에 사용된다. 기축통화를 발행하는 국가(현재는 미국이지만 역사적으로 계속 바뀌어왔다)는 매우 강력한 경제적 힘을 갖게 되며 기축통화로 표시된 부채(현재는 달러로 표시된 부채)는 전 세계 자본시장과 경제의 가장 기본적인 요소가 된다. 기축통화는 계속 바뀌어왔으며 때로는 매우 충격적인 종말을 맞이하기도 했다. 달러화는 과연 기축통화 자리를 내줄까? 그렇다면 언제, 왜, 누구에게 그 자리를 물려줄까? 또한 이로 인해 전 세계의 질서는 어떻게 바뀔까?

2. **내부 질서와 혼란의 사이클: 빈부 격차, 자산 가치 차이, 정치적 양극화는 그 어느 때보다 더 심해졌다.** 격차가 극심했던 1930년대와 그 이전 시기를 조사한 결과, 좌, 우 어느 쪽이 승리하든 경제와 시장에 엄청난 충격을 남겼다. 당연히 오늘날 벌어지고 있는 이 갈등이 어떤 결과를 낳을지 궁금해졌다. 연구 결과 ● **빈부 격차와 자산 가치 격차가 커진 상황에서 불황이 오면 남은 파이를 분배하는 과정에서 엄청난 갈등이 유발된다.** 불경기가 닥치면

국민과 정책입안자들은 어떤 식으로 상호 작용할까? 특히 중앙은행이 경기를 부양하기 위해 적정 수준으로 금리를 인하할 수 없기 때문에 더욱 문제가 될 것이다. 이런 전통적인 경기 부양책을 사용할 수 없을 뿐 아니라, 통화를 발행하여 금융자산을 매입(양적완화 정책)하는 대책 역시 빈부 격차를 더욱 키울 뿐이다. 왜냐하면 금융자산의 가치가 올라가면 서민들보다 금융자산을 더 많이 보유한 부자들에게 유리하기 때문이다. 이 상황은 미래에 어떤 결과를 낳을까?

3. **외부 질서와 혼란의 사이클: 내 생애 처음으로 미국이 진정한 경쟁국과 대적하고 있다(소비에트 연방(소련)은 단지 군사적인 경쟁국이었고 진정한 의미의 경제적 경쟁국은 아니었다). 중국은 거의 모든 분야에서 미국의 경쟁국으로 부상했으며 빠른 속도로 강대국의 면모를 갖추고 있다.** 이런 추세가 계속된다면 중국은 제국이 갖추어야 할 거의 모든 분야에서 미국을 앞설 것이며, 최소한 의미 있는 경쟁국이 될 것이다. 나는 지금까지 두 국가를 가까이서 지켜봤지만 갈등은 더욱 고조되고 있다. 특히 무역, 기술, 자본, 지정학적인 분야와 정치·경제·사회적 이데올로기(이념) 측면에서 더욱 심화되고 있다. 이러한 갈등과 이로 인한 변화가 미래에 어떤 식으로 반영되어 모든 인류에게 어떤 영향을 미칠지 궁금하다.

이런 요소들을 제대로 파악하고 이들의 조합이 산출하는 결과를 알기 위해서 지난 500년간의 주요 제국들과 각국 통화의 흥망성쇠를 들여다보았다. 현재 가장 강력한 미국과 달러화, 그 이전에 가장 막강한 세력이었던 대영제국과 파운드화, 또 그 이전의 네덜란드제국과 길더화를 가장 중점적으로 살펴보았다. 그다음으로는 강력한 제국이었지만 금융 면에서 앞의 제국들보다는 약했던 독일, 프랑스, 러시아, 일본, 중국 그리고 인도를 조사했다. 이들 여섯 제국 중에서는 중국을 가장 중점적으로 연구했다. 그리고 중국의 방대한 역사 중에서도 서기 600년대까지 거슬러 올라가 조사했다. 그 이유는 1) 역사적으로 볼 때 중국은 매우 중요한 국가이기 때문이다. 2) 중국은 현재에도 매우 중요한 위치를 차지하고 있고 미래에는 더욱 강해질 것이며, 3) 왕조의 부침과 관련된 여러 사건을 통해 그 뒤에 숨겨진 패턴과 원동력을 더욱 잘 이해할 수 있을 것이다. 특히 다른 요소들, 예를 들어 과학 기술의 발전이나 자연재해 등의 역할을 더욱 명확히 알 수 있다.

부상했다 쇠퇴한 제국들을 장기간에 걸쳐 연구해보니 역사적으로 강력한 제국은 약간의 차이는 있을지 몰라도 일반적으로 150년에서 250년 정도 지속되는 것으로 나타났다. 그리고 중간에 커다란 경제, 부채, 정치적 사이클이 50년에서 100년 동안 지속된다는 것을 알게 되었다. 각 제국의 흥망성쇠를 개별적으로 연구해보니 평균적으로는 전형적인 형태를 보이고 있지만, 세부적으로는 제국마다 다르다는 것도 발견할 수 있었다. 나는 이 연구를 통해 많은 것을 깨달았고 이를 독자들에게 전달하려 한다.

각 사건을 너무 가까이서 보거나 평균만 보면 사이클을 알아채지 못할 수도 있다. 거의 모든 사람이 현재 발생 중인 일에 대해 이야기하지만 그 이면에 숨어 있는 중요한 원인인 빅 사이클에 대해서는 이야기하지 않는다. 전체나 평균을 보게 되면 훨씬 더 중요한 상승이나 하락의 개별 사례를 볼 수 없게 된다. 예를 들어, 개별 기업을 무시하고 주식시장의 평균(S&P500 같은)만 보면 각 기업이 탄생과 성장 그리고 쇠퇴의 과정을 거친다는 중요한 사실을 놓치게 된다. 만일 당신이 (S&P500 지수를 산출하는 방식처럼) 투자 종목을 다양하게 분산하고 비중을 조정하지 않았거나 대중보다 먼저 상승 구간과 하락 구간을 구별해서 움직이지 못하고 전체나 평균만 보았다면, 보유 주식이 급등했다가 갑자기 급락해서 폭망하는 경험을 했을 것이다. 내가 '움직임'이라고 말하는 것은 시장에서의 포지션뿐만 아니라, 예를 들어 제국의 흥망성쇠의 경우, 거주지를 포함한 거의 모든 것에서의 '움직임'을 의미한다.

그다음 중요한 포인트는 ● **디테일에 집착하지 말고 큰 그림을 보라**는 것이다. 나는 거대하고 압도적인 추세를 정확히 표현하려고 하지만 세밀하게는 묘사하기 힘들다. 사실 세밀한 접근방식으로는 큰 사이클을 파악하거나 이해하기 힘들다. 우리가 보는 것이 장기간에 걸쳐 발생하는 메가-매크로(거시) 사이클Mega-macro cycles이기 때문이다. 그러므로 세부적인 디테일은 포기해야 한다. 물론 디테일이 중요할 때도 있는데, 그런 경우가 오면 크고 부정확한 그림보다는 더 상세한 그림으로 이동하면 된다.

과거에 발생한 사건들을 메가-매크로 사이클 관점에서 보기 시작하면 사안을 바라보는 관점이 근본적으로 바뀔 것이다. 예를 들어 우리가 다루는 기간이 매우 길어지기 때문에, 당연하다고 생각하는 많은 것과 그것들을 표현하기 위해 사용하는 용어들이 계속 존재해왔던 것이 아니라는 사실을 알게 된다. 따라서 내가 선택하는 단어가 다소 부정확하더라도 이는 실제 세부 사항을 빅 사이클로 잘못 인식하는 실수를 저지르지 않기 위해서다.

예를 들어보자. 나는 국가Countries, 왕국Kingdoms, 민족Nations, 영토States, 부족Tribes, 제국Empires, 왕조Dynasties의 차이를 구별할 방법을 늘 고민한다. 오늘날에는 모든 것을 국가라는 측면에서 바라보지만 우리가 알고 있는 형태의 국가는 유럽의 30년 전쟁Thirty Years' War이 끝난 17세기 이후에 출현했다. 즉 그 이전에는 국가라는 것이 존재하지 않았고, 항상 그런 것은 아니었지만 일반적으로 영토나 왕국이 있었다. 오늘날에도 왕국이 존재해서 국가와 혼동을 주기도 하고, 또 왕국이면서 동시에 국가인 곳도 있다. 일반적으로 왕국이 제일 작고, 그다음은 국가 그리고 (여러 왕국과 국가를 포함하는) 제국이 제일 크다. 하지만 그 관계가 항상 명확한 것은 아니다. 대영제국은 최초에 왕국으로 시작해서 점차 국가 형태를 갖추었고, 더욱 규모가 커져서 영국 국경을 넘어선 제국으로 발전하면서 영국의 지도자들이 드넓은 영토와 비영어권 민족을 지배하게 되었다.

또한 각자 별개로 움직이는 주체인 영토, 국가, 왕국, 부족, 제국들이 인구를 통치하는 방식은 각각 다르기 때문에 정확성을 추구하는 사람의 입장에서 보면 더욱 혼란스럽다. 예를 들어 제국이라고 하면 막강한 힘으로 지배당하는 영역을 지칭하기도 하지만, 다른 경우에는 위협과 보상을 통해 막강한 힘의 영향력을 받는 영역을 일컫기도 한다. 대영제국은 일반적으로 타국을 점령하여 제국을 유지했지만, 미국제국은 보상과 위협으로 타국을 통제했다. 물론 약 70개국에 미군 기지를 둔 현시점에서는 이 말이 딱 들어맞지는 않는다. 미국제국이 존재하는 것은 확실하지만 정확히 어느 나라가 그 영향력하에 있는지는 명확하지 않다. 어쨌든 내가 전달하려는 의미를 이해할 수 있을 것이다. 너무 정확하게 설명하려 하면 가장 중대한 내용을 제대로 전달하지 못할 수도 있다. 그러므로 내가 다소 부정확하더라도 이해해주기 바란다. 또한 제국의 실체가 엄밀히 말하면 모두 다 국가였던 것은 아니지만 내가 국가라고 부르는 이유를 이해하게 될 것이다.

내가 이렇게 말하면 서로 다른 체제로 운영되던 다른 시대의 상이한 국가를 서로 비교하는 것이 불가능하다고 말하는 사람들도 있다. 그런 관점은 충분히 이해하지만 내가 말하려는 것은 차이가 무엇이든 시대를 초월하는 보편적인 유사성이 차이점보다 훨씬 중요하다는 것이다. 차이점 때문에 역사가 우리에게 알려주는 유사성을 보지 못한다면 매우 슬픈 일이 될 것이다.

아는 것보다 모르는 것이 훨씬 많다는 점을 명심하라

이런 질문들을 하면서 처음부터 마치 나 자신이 우주를 이해하려고 노력하는 개미처럼 느껴졌다. 내게는 답보다는 질문이 훨씬 많았고, 내가 연구하는 분야가 다른 사람들이 평생을 바쳐 연구한 분야인 것을 알았다. 내가 처한 상황이 가진 장점 중 하나는 그 분야 최고의 석학이나 중요한 사람들과 대화할 수 있다는 것이다. 이런 방식으로 그 분야에서 최고의 지혜를 얻을 수 있었다. 전문가들은 각자의 분야에서는 깊은 지식이 있지만 내가 필요로 하는 전체적인 이해는 부족했다. 그러나 각 분야의 최고 전문가들과 대화하고 내 연구에서 배운 것들을 결합하자 조각들이 맞춰지기 시작했다.

브리지워터 헤지펀드에서 근무하는 직원들과 그들이 사용하는 기법도 이 연구에 기여한 바가 매우 크다. 세상은 워낙 복잡하기 때문에 과거를 이해하고 현재 발생하는 일을 파악하여 그 정보를 토대로 미래에 투자하는 일은 많은 사람의 노력과 고도의 컴퓨터 능력이 필요하다. 우리는 보통 1억 개 정도의 데이터를 로직 모형에 넣고 돌린 다음 이를 바탕으로 전 세계 주요 시장의 주식 거래에 활용한다. 주요 국가 및 시장에서 정보를 파악하고 분석하는 브리지워터의 능력은 타의 추종을 불허

한다고 믿는다. 이 기법을 통해 내가 살아가는 세상이 어떤 원리로 움직이는지 이해할 수 있었으므로 이 방법을 연구에 적극적으로 활용했다.

그럼에도 불구하고 나는 하나라도 제대로 알고 있는지 확신이 서지 않는다.

많은 것을 배워 좋은 일에 사용하고 싶지만 내가 아는 것이 자신 있게 미래를 예상하기에는 너무나 부족하다는 점을 잘 알고 있다. 또한 내 경험에 비추어볼 때 충분히 만족할 만큼 통달할 때까지 기다렸다 이를 행동에 옮기거나 공유하려 한다면 결코 기회가 오지 않는다는 것도 잘 알고 있다. 따라서 내가 배운 것을 여러분에게 일방적인 방식으로 큰 그림으로 제시하고 미래에 대해 다소 불확실한 전망도 하겠지만, 내가 내린 결론을 사실보다는 이론으로 받아들였으면 한다. 앞에서 설명한 모든 것에도 불구하고 나는 헤아릴 수 없을 만큼 많이 틀렸고, 그런 이유로 투자 대상을 다양하게 분산하는 것을 무엇보다 중요시한다. 따라서 그저 내 생각을 독자들에게 공개적으로 전달하기 위해 최선을 다하고 있다는 점만 알아주기 바란다.

내가 이 책을 쓴 이유를 궁금해하는 독자들도 있을 것이다. 과거 같았으면 내가 알고 있는 것을 말하지 않았을 것이다. 그러나 나 정도의 나이가 되면 무언가를 더 이루겠다고 혼자 노력하는 것보다는 내가 배운 것을 다른 사람들에게 알려주는 게 더 소중하다는 생각이 들게 마련이다. 이 책을 쓴 가장 큰 이유는 세상의 작동 원리를 독자에게 전달하고 (지난 500년간을 다룬 알기 쉬운 이야기를 통해 과거에 발생한 일들이 왜 그리고 어떻게 지금 '반복'되는지 독자들과 공유하고) 이를 기반으로 보다 나은 미래로 나아가도록 하기 위해서다.

이 책의 구성

다른 모든 연구 결과와 마찬가지로, 내가 터득한 것을 전달하는 방법에는 인터넷 동영상처럼 짧고 간단한 것과 이 책처럼 더 포괄적인 방식이 있다. 도표나 과거의 구체적 사례 같은 것들이 포함된 종합적인 방식을 원하는 독자는 웹사이트 https://economicprinciples.org에 가면 이 책에 포함되지 않은 모든 것을 얻을 수 있다. 중요한 개념을 이해하기 쉽도록 하기 위해 이 책은 정확성보다는 명료성을 우선하며 구어체로 작성했다. 따라서 이 책의 용어가 전반적으로 정확하기는 하지만 때로는 그렇지 않을 수도 있음을 알려둔다.

1부에서는 각 개별적인 사례에서 추출한 데이터를 바탕으로 내가 체득한 모든 것을 제국의 성립과 멸망이라는 단순하고도 전형적인 모형으로 요약할 것이다. 우선 내가 발견한 내용으로 각 제국의 종합적인 권력 지수를 8가지로 정제하여 제국의 부상과 쇠퇴에 대한 개요를 설명할 것이다. 그다음으로는 제국의 흥망성쇠에 큰 영향을 미치는 18가지 결정 요인을 자세히 다룬 후 앞에서 언급했던 3개의 빅 사이클을 이어서 다룰 것이다. 2부에서는 현재 진행 중인 미국과 중국의 갈등을 포함해 지난 500년간 기축통화 제국이 겪었던 과정을 살펴보면서 개별 사례들을 깊이 있게 살펴볼 것이다. 결론인 3부에서는 이 모든 것이 미래에 미치는 영향에 대해 다룰 것이다.

제1부

세상의
작동 원리

1장

빅 사이클 개요

서문에서 언급한 대로, 세계 질서는 우리 세대에서는 일어나지 않았지만 과거에는 여러 번 발생했던 중요한 방식으로 빠르게 변화하고 있다. 이 책의 목적은 그 내용을 설명하고 원인을 파악해서 미래를 예측하는 것이다.

이 장에서는 가장 최근의 기축통화 제국이었던 네덜란드, 영국, 미국과 과거 500년간 제국의 지위를 차지했던 독일, 프랑스, 러시아, 인도, 일본, 중국, 그리고 서기 600년 중국 당나라 이후의 왕조에 이르기까지 중요한 제국의 흥망성쇠를 연구하면서 알게 된 역학에 대한 매우 정제된 설명을 할 것이다. 이번 장의 주요 목적은 각 사이클, 그중에서도 우리가 처한 사이클을 분석하기 위한 원형Archetype을 제시하는 것이다.

과거의 사례를 연구하면서 타당한 이유가 있기 때문에 패턴이 발생한다는 것을 알 수 있었다. 이번 장에서는 이를 간단히 요약해서 다룰 것이고 이어지는 장에서 좀 더 자세히 다룰 것이다. 이 장에서 부와 권력의 빅 사이클에 변화를 주는 요소를 중점적으로 다루겠지만, 이로 인해 문화와 예술, 사회적 관습 등 삶의 모든 분야에도 파급 효과가 생긴다는 것을 알 수 있다. 이것들은 뒤에서 별도로 다룰 예정이다. 우리는 앞으로 이 단순한 원형과 2부에서 다룰 각 국가의 개별적인 사례가 원형(본질적으로 해당 사례의 평균)에 잘 들어맞는지, 그리고 개별 사례를 얼마나 잘 설명하는지 살펴볼 것이다. 이는 현 상황을 보다 잘 이해하는 데 도움이 될 것이다.

나의 임무는 이 세상이 어떤 원리로 움직이는지 파악하고 이에 잘 대처하기 위한 만고불변의 보편적 원칙을 찾아내는 것이다. 이것은 내가 하고 싶어서 하는 것이지만 동시에 필요한 것이기도 하다. 앞에서 말한 호기심과 염려 때문에 이 연구를 시작했지만, 연구를 수행하는 과정에서 생각했던 것보다 훨씬 큰 그림을 더 잘 이해할 수 있었다. 이를 독자 여러분과 나눌 것이다. 긴 세월에 걸쳐 사람과 국가가 어떻게 성공하고 실패하는지 보다 명확히 알 수 있었고, 성공과 실패의 뒤에 내가 전혀 모르고 있었던 거대한 사이클이 존재함을 알게 되었다. 무엇보다 중요한 것은 현재 우리가 사이클상 어느 위치에 도달해 있는지를 아는 데 도움이 되었다는 점이다.

예를 들어 설명하면 **대부분의 국가에서 시간을 초월해서 사람들에게 가장 큰 영향을 미치는 것은 부와 권력을 창조해서 차지하고 분배하려는 투쟁이다(물론 이념이나 종교 때문에 싸우는 경우도 있기는 하지만).** 이 투쟁은 어느 시대에나 공통적으로 발생했으며 마치 밀물과 썰물처럼 사이클을 이루어 사람들의 삶에 큰 영향을 미쳤다.

또한 어느 시대, 어느 국가에서든 부자란 부를 생산하는 수단을 가진 사람이라는 것을 알게 되었다. 부를 유지하고 키우기 위해 부자들은 정치적 권력을 가진 사람들과 손잡고 공생 관계를 형성해서 법을 제정하고 강제로 집행했다. 시대와 장소를 막론하고 이와 유사한 일은 지속적

으로 발생했다. 그 형태는 발전해왔고 미래에도 계속 발전하겠지만 가장 중요한 역학 관계는 항상 그대로였다. 부와 권력을 소유한 계급은 시대에 따라 변화해왔다(토지가 가장 중요한 부의 창조 수단이었던 시대에는 지주였던 군주와 귀족이었고, 자본주의하에서는 자본가와 선출직 또는 전제적 정치 관료로 바뀐다). 하지만 그들이 서로 협조하고 경쟁한 방식은 기본적으로는 동일했다.

장기간에 걸쳐 이러한 역학 관계가 지속되면 매우 소수의 사람만이 엄청난 부와 권력을 차지하게 되고, 그 격차가 심화되다가 불경기가 오면 가난한 취약 계층이 가장 큰 타격을 입게 된다. 나는 이러한 격차로 갈등이 고조되면 결국 내란이나 혁명이 발생하는 사이클이 있음을 알게 되었다. 이런 식으로 갈등이 해소되고 새로운 질서가 형성되면 새로운 사이클이 다시 시작된다.

이 장에서는 이 큰 그림을 좀 더 자세히 설명하고 이와 관련된 세부 사항에 대한 부연 설명도 덧붙일 예정이다. 독자들이 이 책에서 읽는 내용은 나의 견해이기는 하지만, 사전에 전문가들과 충분한 의견 교환을 통해 도출되었음을 알려드린다. 지금으로부터 2년 전에 나는 서문에서 던진 질문에 대한 답을 구하겠다는 생각으로 내 연구팀과 같이 문서를 뒤졌고, 이 문제의 구석구석까지 자세히 알고 있는 세계 최고의 석학 및 기업가들과 토론했다. 또 그 분야의 저명한 학자들이 쓴 위대한 저술을 탐독했고, 내가 했던 그 전의 연구 내용과 약 50년간 전 세계에 투자했던 실전 경험을 다시 복기해보았다.

이 대담하면서도 흥미진진한 일은 꼭 필요한 일이었으므로 혹시라도 중요한 것을 놓치거나 실수할 가능성에 대비해서 몇 번이고 똑같은 과정을 반복해 진행했다. 연구를 진행한 결과를 보고서로 작성해서 최고의 석학이나 기업가에게 보여주어 잘못된 점을 점검하고 개선점을 파악한 다음, 다시 보고서를 만들어 더 이상 고칠 것이 없을 때까지 몇 번이고 반복했다. 연구 결과는 이런 과정을 거쳐 탄생한 것이다. 무엇이 전세계의 위대한 제국들과 시장을 오르내리게 하는지에 대한 공식을 발견했다고까지는 말할 수 없어도 나는 대체로 이에 대해 올바르게 이해했다고 확신할 수 있다. 또한 내가 습득한 지식이 현재 발생 중인 사태를 정확히 파악하고, 우리 세대에서는 일어나지 않았지만 과거에 여러 번 발생한 중요한 사건들을 극복할 방안을 강구하는 데 꼭 필요하다는 것을 알 수 있었다.

빅 사이클 이해하기

이 책에서 그 이유를 설명하겠지만 우리는 지금 모든 인류에게 지대한 영향을 미칠 부와 권력의 이동, 세계 질서의 전형적인 큰 변화를 보고 있다. 그러나 대부분의 사람은 지금의 이 현상을 '또 다른 거대한 부와 권력의 이동'으로 파악할 수 있는 역사적 패턴이 머릿속에 없기 때문에 제대로 보지 못한다. 그러므로 1장에서는 우선 제국의 탄생과 멸망 및 시장의 전형적인 작동 원리를 최대한 간단하게 설명할 예정이다. 나는 18개의 주요 결정 요인을 찾아냈는데, 이것들을 이용해 제국의 성쇠를 발생시키는 기본적인 사이클을 파악할 수 있다. 뒤에서 이 요인들을 다루겠다. 대부분의 사건은 서로를 강화시키는 각자의 전통적인 사이클 내에서 발생해서 상승과 하락의 거대한 사이클을 만들어낸다. 전형적인 이 거대한 사이클은 제국의 성쇠를 결정짓고 (내가 특히 관심을 두는) 통화와 시장 등을 포함해서 관련된 모든 것에 영향을 미친다. **가장 중요한 3개의 사이클은 서문에서 언급한 장기 부채 및 자본시장 사이클, 국내 질서와 혼란의 사이클, 국제 질서와 혼란의 사이클이다.**

일반적으로 이 3개의 사이클이 가장 중요하기 때문에 뒤에서 자세히 다룰 것이다. 그리고 이 사이클을 과거와 현재에 대입시켜 어떻게 실제 사례에 적용되는지 볼 것이다. 이 사이클은 평화와 전쟁, 호황과 불황, 좌익 정권과 우익 정권, 제국의 통합과 붕괴 등 양극단을 왔다 갔다 한다. 사람들이 어느 한쪽으로 균형이 깨질 때까지 밀어붙이면 그 반작용으로 또 다른 반대쪽의 움직임이 시작된다. **한 방향으로의 움직임 속에는 이미 반대 방향으로 가기 위한 요소들이 포함되어 있다.**

이 사이클은 인간의 기본적 라이프 사이클이 변하지 않는 것과 마찬가지로 아무리 시대가 바뀌어도 기본 틀은 변하지 않는다. 시간이 흐른다고 사람의 본성이 바뀌지 않는 것과도 마찬가지다. 공포, 탐욕, 질투 그리고 기타 인간의 기본적인 감정은 항상 같았으며 그 영향으로 사이클이 발생하는 것이다.

똑같은 라이프 사이클을 가진 사람은 없지만 태어나서 부모의 돌봄하에 성장하다가 독립해서 직장을 갖고 아이를 낳고 살다가 나이를 먹으면 은퇴해서 죽는 전형적인 인간의 라이프 사이클은 기본적으로 변화가 없다. 마찬가지로 더 이상 경화로 이자를 지불할 수 없게 될 때까지 부채와 채권자산이 점점 커진다는 면에서 화폐/신용/자본시장의 사이클도 기본적으로 변화가 없다. 항상 그랬듯이 이런 상황이 발생하면 사람들은 채권자산을 팔고 다른 자산을 구매하려 하지만, 통화량과 자산 가치 대비 이미 너무 많은 채권자산이 시장에 풀려 있기 때문에 불가능하다는 것을 알게 된다. 이 상황이 되어 디폴트Default, 채무불이행가 발생하면 통화 공급 주체는 더욱 많은 돈을 찍어낸다. 이 사이클은 수천 년간 본질적으로 같았다. 국내 질서와 혼란, 국제 질서와 혼란의 사이클도 마찬가지다. 다음 챕터에서는 인간의 본성과 다른 요인들이 어떻게 이 사이클을 움직이는지도 살펴볼 예정이다.

진화, 사이클 그리고 방해물

진화는 온 우주에서 가장 크면서 유일하게 영속적인 힘을 가졌지만 우리는 알아차리지 못한다. 존재하는 것과 발생 중인 일은 잘 보지만 존재와 발생을 가능케 하는 진화와 진화의 힘은 보지 못한다. 주위를 둘러보면 진화로 인해 무언가 바뀌는 것이 보이는가? 물론 안 보일 것이다. 하지만 당신이 지금 보고 있는 것이 (당신의 관점에서 보면 천천히) 변한다는 것과 시간이 지나면 그것이 사라지고 대신 다른 존재가 그 자리를 차지한다는 것은 알고 있다. 변화를 보기 위해서는 측정 방법을 개발해서 측정값이 변화하는 것을 관찰해야 한다. 변화를 볼 수 있다면 그다음은 왜 변화하는지 알아야 한다. 미래에 닥칠 변화를 제대로 예측하고 대책을 세우려면 반드시 이 과정을 겪어야 한다.

진화는 개선으로 가는 상승 운동 Upward movement**으로 적응과 학습을 통해 발생한다. 그리고 이를 중심으로 사이클이 생긴다. 내게 있어 모든 것은 마치 코르크 마개따기를 뒤집어놓은 것 같이 원을 만들며 위로 상승하는 나선형의 궤도로 보인다(오른쪽 그림).**

진화는 비교적 부드러우면서 꾸준한 개선 행위다. 지식의 습득이 망각보다 더 크기 때문이다. 반면에 원은 추의 움직임처럼 앞뒤로 왔다 갔

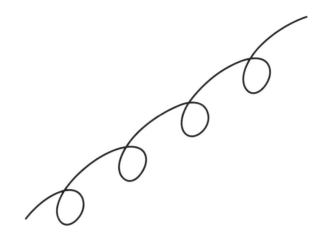

다 하면서 한쪽으로 치우쳤다 다시 반대쪽으로 기울어진다. 예를 들면, 시간이 지날수록 우리는 보다 많은 것을 배우고 이로 인해 생산성이 높아지게 되고 생활 수준도 올라간다. 그러나 실제 경제 활동을 움직이는 부채 사이클 때문에 경기 자체에는 불황과 호황이 발생한다. 이러한 추세를 중심으로 발생하는 진화 과정의 혁명적인 변화가 항상 문제없이 부드럽게 넘어가는 것은 아니다. 때로는 갑작스럽고 고통스럽기 때문에 실수도 생긴다. 하지만 이를 통해 배우며 보다 잘 적응하는 결과를 낳기도 한다.

진화와 사이클이 합쳐져 우리가 보는 모든 것(재산, 정치, 생물학, 기술, 사회학, 철학 등)에 뒤집어놓은 코르크 마개따기 같은 형상의 움직임이 나타난다.

생산성은 전 세계 인류의 부와 힘을 증가시키고 생활 수준을 향상시키는 가장 중요한 요소다. 학습, 습득, 창의성에 의해 창출되는 개인의 생산성은 오랜 시간에 걸쳐 꾸준히 향상되어왔다. 그러나 교육 수준, 창의성, 직업윤리, 그리고 아이디어를 실행으로 옮길 수 있는 경제 체제가 다르기 때문에 국가별로 향상 수준은 상이했다. 바로 이 상이한 이유를 알아야 정책결정자들이 최선의 결과를 달성하기 위한 결정을 내릴 수 있다. 또한 투자자와 기업에게도 장기 투자에 적합한지를 결정하는 데 매우 중요한 요소가 된다.

인류에게는 진화하는 능력이 있기 때문에 지속적인 생산성 향상이 가능하다. 그리고 우리의 두뇌가 추상적인 것을 배우고 생각할 수 있기 때문에 인간의 진화 능력은 다른 동물보다 우월하다. 그 결과, 인간의 기술과 행동 방식은 특별하게 발전했다. 이런 발전은 변화하는 세계 질서를 만들어 낼 수 있는 지속적인 진화를 가져왔다. 통신과 교통의 기술적 발전으로 전 세계는 더욱 가까워졌고 인간 관계의 본질을 근본적으로 바꾸어버렸다. 이런 식의 진화적 발전은 기대 수명의 증가, 질 좋은 상품, 효율적인 작업 방식 등을 포함한 거의 모든 면에서 나타난다. 심지어 진화의 방식도 진화해서 더 잘 창조하고 더 잘 혁신할 수 있게 되었다. 이는 역사가 시작된 이래 줄곧 그래왔다. 따라서 대부분의 도표는 위아래로 이동하기보다는 발전 방향으로 상승하는 추세를 보인다.

이는 다음 도표인 지난 500년간의 1인당 추정 생산량(추정 실질 GDP)과 기대 수명에 잘 나타나 있다. 이 측정치는 완벽하지는 않지만 인류의 복지 수준을 가장 잘 나타내는 지표로 인정받는다. 이 표를 보면 위아래 움직임보다는 우상향 추세가 확연하다.

우상향 추세가 더 잘 보인다는 사실로부터 우리는 인간의 창의성이 다른 무엇보다 영향력이 크다는 것을 알 수 있다. 이 거시 그래프에서 보듯 인류의 1인당 생산량은 꾸준히 증가하는 추세를 보인다. 처음에는 매우 천천히 증가하다 19세기부터 증가율이 빨라져서 매우 가파른 경

전 세계 1인당 실질GDP(LOG)

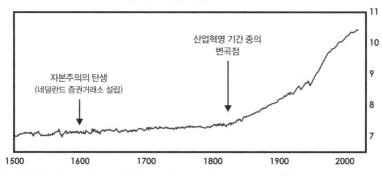

전 세계 1인당 실질 GDP 중 1870년까지는 자료의 부족으로 유럽 국가의 소득만 합한 수치임

출생 시점에서 본 기대 수명

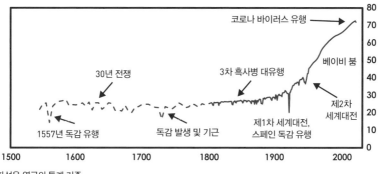

파선은 영국의 통계 기준

사를 보이며 생산성이 급증했음을 나타낸다. 이렇게 생산성의 증가폭이 빨라지게 된 것은 전반적인 교육 수준이 향상하여 생산성 증가로 연결되었기 때문이다. 이것을 가능하게 했던 요소는 여러 가지가 있었지만, 그중에서도 15세기 중반 구텐베르크Gutenberg가 유럽에 인쇄 기술을 도입한 시점부터 두드러졌다(중국에는 이미 전부터 인쇄술이 존재했다). 이로 인해 보다 많은 사람에게 지식을 전파하고 교육하는 것이 가능해졌으며, 르네상스 운동, 과학혁명, 계몽주의Enlightenment 운동, 자본주의의

탄생, 그리고 영국의 1차 산업혁명First Industrial Revolution 등이 발생했다. 각 항목에 대해서는 뒤에서 자세히 다룰 예정이다.

자본주의의 탄생, 기업가의 혁신, 산업혁명 등으로 생산성이 전반적으로 향상되자 토지가 권력의 원천인 농업기반 경제로부터 산업기반 경제로 부와 권력이 이동했다. 농업기반 경제에서는 군주, 귀족, 성직자끼리 기득권을 유지하기 위해 협력했다. 하지만 산업기반 경제에서는 창의적인 자본가들이 산업 제품을 생산하는 수단을 만들어 소유했고, 정부 관료와 협력해서 체제를 유지했다. 즉 산업혁명 이후 우리는 기본적으로 교육, 창의성, 자본주의와 정부 관료의 연합에서 부와 권력이 생기는 체제를 운영해왔다.

체제를 중심으로 움직이는 빅 사이클 역시 지속적으로 진화한다. 예를 들어 옛날에는 토지와 농업 생산물이 가장 중요했지만, 이후 기계와 그 기계가 생산하는 공산품이 가장 중요해졌다. 그리고 오늘날에는 실체는 없지만 자료나 정보 처리 같은 디지털 관련 내용이 가장 중요하게 되었다.* 이로 인해 자료를 수집하고 이를 이용해서 부와 권력을 얻기 위한 치열한 싸움이 벌어지고 있다.

---

* 현재 그 어느 때보다(심지어 과학적 방법을 발견하고 사용하기 시작한 시기보다) 더 급격하게 인류의 사고방식과 생산성이 발전하고 있다. 이는 인공지능이 개발되어 새로운 사고방식으로 새로운 것을 발견해서 작업 지시를 내리기 때문에 가능해졌다. 인류는 새로운 종을 창조한 것이나 마찬가지다. 인공지능은 과거의 패턴을 연구해서 새로운 아이디어를 창출해내는 놀라운 능력을 가지고 있지만 상식은 거의 없고 관계 뒤에 숨겨진 로직 같은 것은 이해하지 못하며 어떠한 감정도 없다. 그들은 똑똑하면서도 바보 같고, 도움을 주면서도 동시에 위험한 존재다. 무궁무진한 가능성이 있지만 적절한 통제가 필요하며 맹목적으로 따라서는 안 된다.

상승세를 보이는 사이클

지식의 습득과 생산성이 중요하기는 하지만 시간을 두고 천천히 진화하기 때문에 부와 권력의 지형에 갑작스러운 변화를 유발하지는 않는다. 큰 변화는 오히려 사이클에 의해 움직이는 경기 호황과 불황, 혁명, 전쟁 등에서 발생하고 이 사이클은 논리적으로 타당한 인과 관계에 의해 움직인다. 예를 들어 19세기 말 생산성 증가, 기업가의 혁신, 자본주의 같은 요인들로 인해 빈부 격차는 커지고 과다한 부채가 발생하여 20세기 전반의 불황으로 이어졌다. 이로 인해 반자본주의운동과 공산주의가 생겨났으며 부와 권력을 차지하기 위한 내전 및 국가 간의 전쟁이 발생했다. 즉 빅 사이클을 중심으로 변화가 이루어지고 있음을 알 수 있다.

● 어느 시대나 성공의 공식은 고등 교육을 받은 사람들이 서로를 존중하며 사업을 영위하다가 어느 날 혁신적인 아이디어가 떠올라 자본시장에서 자금을 조달해서 생산 도구를 구입한 후 혁신적인 아이디어를 구체화한 생산 제품을 만들어내면서 이익을 창출하는 구조였다. 그러나 장기적으로 자본주의는 부와 기회의 격차와 부채 과잉을 초래했고, 이는 불황, 혁명, 전쟁을 일으켜 국내 질서와 세계 질서의 변화를 초래한다.

뒤에 나올 도표가 보여주듯 격동의 시기는 부와 권력을 차지하기 위한 투쟁(통화 가치 하락과 신용 붕괴로 혁명이나 전쟁의 형태로 발현한다)과 가뭄, 홍수, 전염병 같은 끔찍한 자연재해 때문에 발생한다. 또한 이 도표는 국가와 국민이 얼마나 이 시기를 잘 극복하느냐에 따라 그 충격이 달라진다는 것을 보여주고 있다.

● 국민의 저축률이 높고 부채가 많지 않은 기축통화 국가는 그렇지 않은 국가보다 불경기나 신용 붕괴 사태에 더 잘 대처할 수 있다. 마찬가지로 강력하

유형별 사망자 수(10만 명당, 15년 단위)

■ 전쟁 ■ 자연재해 ■ 전염병 ■ 기근

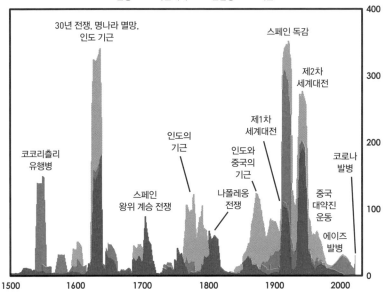

30년 전쟁, 명나라 멸망,
인도 기근

스페인 독감

제2차
세계대전

제1차
세계대전

인도의
기근

인도와
중국의
기근

코로나
발병

코코리츌리
유행병

스페인
왕위 계승 전쟁

나폴레옹
전쟁

중국
대약진
운동

에이즈
발병

전쟁으로 인한 추정 사망자 비율(주요국, %인구, 15년 단위)

■ 내부 갈등 ■ 외부 갈등 ── 합

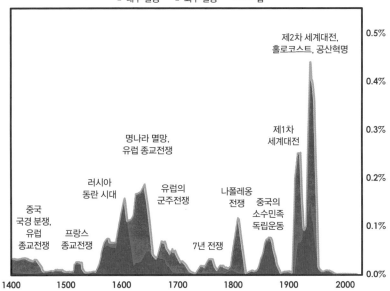

제2차 세계대전,
홀로코스트, 공산혁명

명나라 멸망,
유럽 종교전쟁

제1차
세계대전

러시아
동란 시대

유럽의
군주전쟁

나폴레옹
전쟁

중국의
소수민족
독립운동

중국
국경 분쟁,
유럽
종교전쟁

프랑스
종교전쟁

7년 전쟁

주요국의 인구 대비 사망자 비율이므로 바로 앞의 도표와 다를 수 있다.

고 능력 있는 지도자와 시민의식을 지닌 국민을 가진 국가는 그렇지 못한 국가보다 역경을 잘 극복할 수 있으며, 보다 창의적인 국민은 그렇지 못한 국민보다 난관을 더 잘 헤쳐나갈 수 있다. 뒤에서 보겠지만 이런 요인들은 측정 가능한 만고불변의 보편적인 진리다.

이 격동기는 인류가 적응하고 창조하는 능력이 상승하는 전체 기간과 비교했을 때 상대적으로 짧기 때문에 앞의 GDP와 기대 수명 도표에는 작은 변화로만 나타난다. 그러나 인간은 너무 나약하고 수명이 짧기 때문에 이 변화도 크게 느껴진다. 1930년부터 1945년 사이의 불황과 전쟁 시기를 예로 들어보자. 다음 도표는 미국의 주가와 전 세계의 경제 활동 지수를 보여주고 있다. 도표에서 볼 수 있듯이 GDP는 10퍼센트 감소했고 주가는 약 85퍼센트 감소했다가 다시 회복하기 시작했다.

이것이 역사가 시작된 이래 반복되어온 전형적인 화폐 및 신용 사이클인데 3장에서 더 자세히 설명하겠다. 간단히 말해 부채가 너무 많아지면 신용이 붕괴된다는 것이다. 전통적으로 돈 쓸 곳이 많은 중앙정부는 채무자가 쉽게 부채를 갚을 수 있도록 돈을 찍어내서 풍부하게 신용을 제공한다. 코로나19 사태와 과다한 부채로 인한 불황을 타개하기 위해

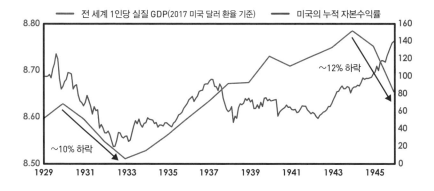

정부가 했던 조치가 그 예다. 1930년대의 부채 붕괴는 광란의 1920년 대Roaring '20s 부채 과잉 현상이 지속되다 1929년에 마침내 거품이 터진 결과였다. 그 대책으로 중앙정부는 지출을 늘리고 중앙은행은 통화량을 늘려 신용을 창출했다.

그 후 거품의 붕괴와 이로 인한 불황으로 부와 권력을 쟁취하기 위해 1930년부터 1945년 사이에 전쟁이 발생하였다. 오늘날과 마찬가지로 빈부 격차가 심해졌고, 국가별로 각종 사회 및 경제 제도에 커다란 변화가 발생했으며, 부의 이동이 나타났다. 자본주의와 공산주의, 민주주의와 전제주의 등 어느 체제가 더 우월한지를 놓고도 충돌과 전쟁이 벌어졌다. **부의 재분배를 주장하는 사람과 반대하는 사람들 간에는 항상 논쟁이나 다툼이 있었다.** 또한 1930년대에는 가뭄 같은 자연재해가 발생해 사람들에게 고통을 주었다.

과거의 사례를 조사한 결과, 경제와 시장의 침체는 채무 재조정Debt restructuring과 부채의 화폐화Debt monetization에 소요되는 시간에 따라 다르고 경우별로 다소 차이는 있을 수 있지만, 보통 3년 정도 지속되는 것으로 나타난다. 부채의 구멍을 메우기 위해 빠르게 돈을 찍어낼수록 디플레이션 공황Deflationary depression이 빨리 끝나고 화폐 가치의 하락이 시작된다. 1930년대 미국의 경우, 신임 대통령인 프랭클린 D. 루스벨트Franklin D. Roosevelt가 돈을 가지고 오면 금으로 바꿔주겠다는 정부의 약속을 불이행할 것이라고 발표한 날 주식시장과 경제는 바닥을 쳤다. 이어 정부는 화폐를 발행하고 신용을 창출해서 국민이 은행으로부터 돈을 빌려 투자할 수 있도록 하겠다고 발표했다. 1929년 최초 주가 폭락으로부터 3년

6개월 만에 내려진 조치였다.*

하지만 국가 내부적으로 그리고 국가 간에 부와 권력을 차지하려는 전쟁은 계속 진행 중이었다. 독일과 일본 같은 신생국들이 영국, 프랑스, 그리고 나중에 제2차 세계대전에 참전하게 된 미국 같은 기존 선진국과 전쟁을 벌였다. 전쟁 중 전시 물자의 생산은 늘어났다. 그러나 너무나 많은 것이 파괴되었기 때문에 이 기간에 생산이 늘어났다고 보는 관점은 잘못된 것이다. 전쟁이 끝날 무렵 패전국의 경제 침체로 인해 전 세계 1인당 GDP가 12퍼센트 감소했다. 전쟁 기간 중 이루어진 스트레스 테스트(위기 상황을 분석하는 테스트)로 많은 것을 잃었고, 누가 진정한 승자인지 패자인지가 명확히 구분되면서 1945년부터 새로운 시대의 새로운 질서가 자리 잡았다. 과거에 그랬듯 그 이후 상당 기간 평화와 번영의 시대를 누린 모든 국가는 75년이 지난 오늘날, 다시 스트레스 테스트를 받고 있다.

역사적으로 볼 때 모든 사이클은 기본적으로 같은 이유로 발생한다. 광란의 1920년대 이후에 발생한 1929~1932년의 대공황과 마찬가지로, 1907년에 발생한 미국의 금융 위기로부터 시작된 1907~1919년의 불황은 경기 호황기(미국의 도금시대Gilded Age, 유럽 대륙의 벨 에포크Belle Époque, 영국의 빅토리아시대Victorian Era 등)가 금융부채로 인한 거품으로 이어져 경기 및 시장의 하락을 초래했기 때문에 발생했다. 또한 빈부 격차가 커져 부를 재분배하는 과정에서 발생한 전쟁도 원인이었다. 1930~1945년에 이루어진 부의 재분배는 큰 폭의 증세, 정부 지출 증

---

* 2008년 금융 위기 때는 2개월 만에 화폐를 찍어내기 시작했고, 2020년에는 몇 주밖에 걸리지 않았다.

가, 대규모 재정 적자, 그리고 화폐 발행으로 적자를 충당하려는 통화 정책 등을 통해 이루어졌다. 그 뒤로 스페인 독감이 유행하면서 스트레스 테스트는 더욱 심해졌고 채무조정이 발생했다. 이로 인해 1919년 베르사유조약으로 대표되는 새로운 국제 질서가 탄생했다. 이는 다시 1920년대 부채에 의존한 호황으로 이어졌다가 1930~1945년의 불황으로 연결되어 똑같은 사이클이 계속 반복되고 있다.

질서가 파괴되었다가 재건되는 기간은 약자를 황폐화시키고, 진정한 강자가 누구인지 명확히 한다. 그리고 혁명적인 새로운 접근 방법(즉 새로운 질서)이 수립되어 번영의 시대가 도래한다. 그러나 번영의 시기가 오래되면 빈부 격차가 더 커져 부채로 인한 버블이 발생하여 다시 스트레스 테스트의 시간을 거쳐 파괴와 재건(즉 전쟁)이 반복되고 여기서 다시 새로운 질서가 창조돼 강자가 승리하는 사이클이 반복된다.

어려운 시기를 겪은 사람들이 이러한 질서의 파괴와 재건을 어떻게 생각할까? 독자들은 이런 시기를 겪어본 적이 없고 당시의 이야기는 무시무시하므로 실제 그런 상황에 처하는 상상만 해도 매우 불안해질 것이다. 이 시기에는 재정적인 고통은 물론이고 사랑하는 사람을 잃는 고통도 발생한다. 어떤 사람에게는 고통이 더 심하겠지만 근본적으로 누구도 이로부터 자유로울 수는 없다. 그러나 가감 없이 말하면 이 기간 동안 대부분의 사람은 고용을 유지했고 전쟁의 피해를 겪지 않았으며 자연재해를 극복했다.

어떤 사람들은 이 어려운 시기가 사람들을 더욱 단결시키고 강인한 성격을 갖도록 했으며 기본적인 것에 감사하는 소중한 경험을 제공했다고 말한다. 예를 들어 톰 브로카우 Tom Brokaw는 1930년부터 1945년 사이의 어려운 시절을 겪은 사람들이 강인한 성격을 갖게 되었다고 보았으며,

그들을 '위대한 세대The Great Generation'라고 부르기도 했다. 대공황과 제2차 세계대전을 경험한 부모님과 부모님의 형제들, 그리고 다른 나라에서 각자 이 시기를 겪은 사람들과 대화를 해보니 모두 같은 의견을 가지고 있었다. 불황과 전쟁은 대개 오래가지 않는다. 길어야 2년에서 3년이다. 그리고 가뭄, 홍수, 전염병 같은 자연재해도 기간이나 강도가 다르기는 하지만 복구가 이루어지면서 고통이 감소된다. 또한 불황, 혁명/전쟁, 자연재해 등 이 3가지 어려운 위기가 동시에 닥치는 경우는 거의 없다.

내가 하고 싶은 말은 **혁명/전쟁 같은 고난이 고통을 주기는 하지만 아무리 힘들어도 우리에게는 잘 헤쳐나갈 능력이 있으며, 이를 극복해서 보다 높은 수준의 존엄성을 회복하는 능력이 있는 것이다.** 그러므로 우리에게 닥친 모든 비참한 상황을 이겨나갈 수 있다는 사실을 잊어서는 안 된다. 이런 이유로 나는 인류의 적응력과 창조력을 믿고 투자하는 것이 현명하다고 생각한다. 가까운 미래에 당신과 나, 그리고 세계 질서는 커다란 도전과 변화에 직면하겠지만 인류는 보다 영리해지고 강인해져 어려운 시간을 극복하고 새로운 차원의 번영으로 나갈 수 있다고 믿는다.

이제 지난 500년간 주요 국가에서 부와 권력의 흥망성쇠 사이클이 어떻게 변화해왔는지 살펴보자.

역사로 본 부와 권력 사이클의 이동

앞에서 본 생산성 향상 도표는 전 세계가 대상이었다(할 수 있는 범위 내에서 최대한 자료를 수집했다). 이 도표에는 국가 간의 부와 권력 이동은 나타나지 않는다. 이를 이해하기 위해서 우선 기본적인 큰 그림부터 시작하자. 역사적으로 여러 형태의 집단(부족, 왕국, 국가 등)은 자기 스스로 창조하거나, 남에게서 빼앗거나, 토지를 일구어 부와 권력을 습득했다. 한 집단이 그 어떤 집단보다 더 많은 부와 권력을 쟁취하면 그들은 최강국의 지위를 얻게 되고, 세계 질서를 결정한다. 어떤 강국이라도 영원할 수는 없으며, 그들이 부와 권력을 상실하게 되면 세계 질서와 다른 모든 것이 크게 변화한다.

다음 도표는 지난 500년간 주요 11개 국가의 상대적인 부와 권력을 보여준다. 이 부와 권력의 지표*는 뒤에서 설명할 8가지 상이한 결정 요인들을 합성한 값이다. 과거의 데이터는 정확하지 않으므로 이 지표는 완벽하지 않다. 그럼에도 불구하고 큰 그림을 보는 데는 지장이 없다. 표에서 볼 수 있듯이 모든 제국에는 상승기와 하락기가 있었다. 굵은 선은 가장 강력했던 네덜란드, 영국, 미국 그리고 중국을 나타낸다. 이 제국들은 미국의 달러화, 영국의 파운드화, 네덜란드의 길더화 등 최근에 기축통화 지위에 오른 통화를 보유했었다. 중국을 포함한 이유는 최근에 G2 국가로 부상한 이유도 있지만 1850년 이전에는 항상 매우 강력했기 때문이다.

---

* 이 지표는 여러 개의 상이한 통계값에서 구했는데, 그 값 중에는 직접 비교가 가능한 것들도 있고 넓게 보면 유사하거나 무언가를 보여주는 값들도 있다. 특정 시점에 중단된 데이터들은 재개된 시점의 데이터와 매끄럽게 연결하는 작업을 했다. 또한, 그래프에 표시된 선은 30년 이동평균선으로, 중간에 비는 구간이 없도록 이동시켰다. 내가 평활화된Smoothed 데이터를 이용하는 이유는 평활화되지 않은 데이터의 변동성이 너무 커서 큰 움직임을 볼 수 없었기 때문이다. 앞으로 나는 장기간을 다룰 때는 평활화된 데이터를 활용하고, 변화 양상을 가까이서 볼 때는 훨씬 덜 평활화되거나 아예 평활화되지 않은 데이터를 활용할 것이다. 왜냐하면 중요한 변화는 이런 식으로 해야 가장 잘 보이기 때문이다.

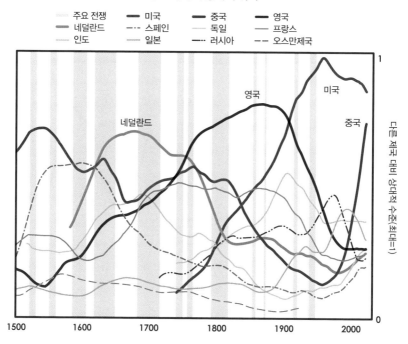

주요 제국의 상대적 위치

도표를 간단히 요약하면 다음과 같다.

- 중국은 오랜 기간 경제뿐 아니라 다른 분야에서도 유럽을 압도하는 강대국 이었지만 1800년대부터 쇠퇴의 길을 걷기 시작했다.
- 비교적 작은 국가인 네덜란드는 1600년대에 기축통화 국가가 되었다.
- 영국은 네덜란드의 뒤를 이어 기축통화국이 되었고 1800년대에 가장 막강 했었다.
- 마침내 미국이 세계 최강대국의 지위에 올라 지난 150년간 지배했지만 그 중에서도 제2차 세계대전 후에 절정을 이루었다.
- 미국이 현재 상대적으로 쇠퇴하고 있는 반면 중국은 다시 상승하고 있다.

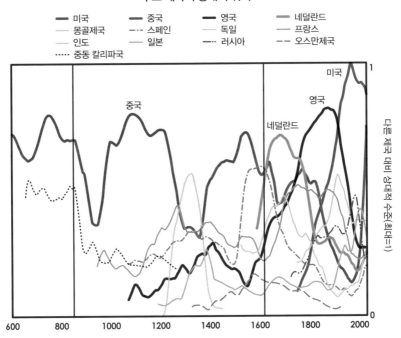

주요 제국의 상대적 위치

이제 같은 도표를 서기 600년대까지 기간 범위를 확장해보자. 나는 최근 500년간을 다룬 첫 번째 도표가 지난 1400년을 다룬 도표보다 더 중요하다고 생각한다. 왜냐하면 첫 번째 도표가 내가 집중적으로 연구한 시기이기도 하고 더 간단하기 때문이기도 하다(물론 11개 국가와 12번의 전쟁, 그리고 500년이 넘는 기간을 다루어야 하므로 작업이 간단하다고 보기 어려울 수도 있다). 그렇지만 두 번째 도표가 보다 포괄적이기 때문에 살펴볼 가치는 있다고 생각한다. 이 도표에서 전쟁 시기를 나타내는 음영은 단순화를 위해 생략했다. 도표에서는 **중동의 칼리파국, 프랑스, 몽골, 스페인 그리고 오스만제국도 보이지만 1500년대 이전에는 중국이 거의 항상 강대국의 지위를 유지했다.**

특히 유의할 점은 이 연구에서 다루어진 선진 강국들이 가장 부유하고 가장 강력했던 것은 사실이지만, 2가지 이유로 이 국가들이 반드시 가장 행복한 국가들은 아니었다. 첫째, 사람들은 대부분 부와 권력을 얻고자 투쟁하지만, 어떤 국가와 국민은 그것이 가장 중요하다고 생각하지도 않고 이를 얻고자 싸움을 벌일 생각조차 하지 않는다. 예를 들어 선진국에 포함되기에 충분한 부와 권력을 얻고자 열심히 노력하는 것보다 평화와 즐거운 삶을 누리는 것이 더 중요하다고 믿는 국가들이 있다 (나는 부와 권력을 얻는 것보다 평화와 유유자적한 생활을 우선시하는 삶에 대해 보다 많은 논의가 이루어져야 한다고 생각한다. 흥미롭게도 한 국가의 부와 권력은 국민의 행복과 연관성이 없다고 하는데 이에 대해서는 다음에 기회가 있으면 다루어보겠다). 둘째, 부와 생활 수준 면에서는 매우 높은 점수를 받지만 스위스와 싱가포르처럼 국토의 면적이 크지 않은 소위 '강소국boutique countries'은 이 연구에서 다룰 국가군에서 제외되기 때문이다.

부와 권력을 결정짓는 8가지 결정 요인

앞의 도표에서 국가별로 하나의 값으로 나타낸 부와 힘의 척도는 18가지 요인을 단순 평균한 값이다. 뒤에서 이 모든 요소를 전부 다루겠지만 우선 바로 다음 도표에 표시된 8가지의 주요 요인부터 살펴보자. 8가지 요인이란 **1) 교육 2) 경쟁력 3) 혁신 및 기술 4) 경제 생산량 5) 세계 무역 점유율 6) 군사력 7) 금융 중심지로서의 영향력 8) 기축통화 지위 등을 말한다. 다음 도표는 국가별 결정 요인의 평균값을 보여주는데 가장 최근의 3대 기축통화국(미국, 영국, 네덜란드)에 가중치를 부여해 도출한**

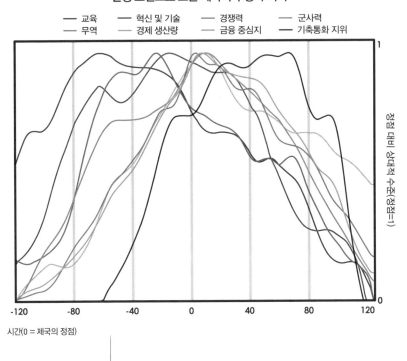

결정 요인으로 보는 제국의 부상과 쇠퇴

— 교육　　— 혁신 및 기술　　— 경쟁력　　— 군사력
— 무역　　— 경제 생산량　　— 금융 중심지　　— 기축통화 지위

시간(0 = 제국의 정점)

점점 대비 상대적 수준(정점=1)

것이다.*

　도표상 곡선들은 제국의 부상과 쇠퇴가 왜, 어떤 식으로 발생하는지 잘 보여준다. 교육 수준이 상승해서 혁신과 기술 발전을 이끌고 교역량, 군사력, 생산량의 증가로 이어지며 세계 금융 중심지로서의 영향력이 증대된 후 시차를 두고 기축통화국의 지위를 얻게 된다. 또한 각 결정

* 제국별로 결정 요인의 평균값을 구해 8가지 요인이 역사상 어느 수준에 있었는지를 보여준다. 도표의 세로축에서 '1'의 값은 역사적으로 지표가 최고점에 있음을 나타내고, '0'의 값은 최저점에 있음을 나타낸다. 연도로 표시된 가로축에서 '0'의 값은 국력이 최고점에 달한 대략적 시기(즉 지표의 평균값이 정점에 달한 시기)를 나타낸다. 이번 장의 나머지 부분에서는 단계별 전형적인 형태를 더 자세히 살펴볼 것이다.

요인이 오랜 기간에 걸쳐 같은 기조의 상승세를 보이다가 상승 순서와 유사한 순서로 하락한다는 것을 알 수 있다. 세계 공용어와 마찬가지로, 제국이 쇠퇴하기 시작하더라도 제국의 통화를 사용하는 습관은 기축통화로 이끈 제국의 국력보다 더 오래 유지되는 경향이 있기 때문이다.

나는 이처럼 순환하면서 서로 연결되어 위아래로 오르내리는 움직임을 빅 사이클이라고 부른다. 이들 결정 요인과 몇 가지 추가적인 역학 관계를 이용해서 뒤에서 빅 사이클을 더 자세히 설명하겠지만 그전에 이 모든 요소는 제국의 부상과 쇠퇴와 맞물려 올라갔다 내려간다는 점을 다시 한번 강조할 필요가 있다. 왜냐하면 강점과 약점은 상호 강화작용을 하기 때문이다. 즉 교육, 경쟁력, 생산량, 교역 비중 등이 가진 장점과 약점이 원인이 되어 다른 요소들의 장점과 약점이 되는 결과로 나타나기 때문이다.

기본적인 빅 사이클

개략적으로 세 단계에 걸쳐 이런 상승과 하락이 발생함을 알 수 있다.

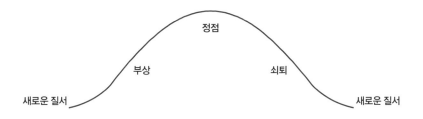

부상:

이 시기는 새로운 질서가 수립된 뒤에 오는 번영의 시기라고 할 수 있다. 이 시기에 제국은 뿌리부터 튼튼하다. 그 이유는 1) 비교적 부채 수준이 낮고 2) 국민들의 부, 가치관, 정치적 견해의 격차가 비교적 작으며 3) 국민이 효율적으로 협력하여 부를 창출하고 4) 교육 수준이 높고 인프라(기반 시설)가 잘 갖추어져 있으며 5) 강력하고 유능한 리더십이 존재하며 6) 소수의 강대국이 이끌어나가는 평화로운 세계 질서가 정착되었기 때문이다.

정점:

이 시기는 1) 과다한 수준의 부채를 지고 있으며 2) 국민 간에 부, 가치관, 정치적 견해의 격차가 크고 3) 교육과 기반 시설의 수준이 하락하며 4) 각 계층 간의 갈등이 심화되고 5) 신흥강국이 기존 강국의 지위에 도전하면서 전쟁이 발생한다.

쇠퇴:

상당한 갈등과 큰 변화, 새로운 대내외 질서의 수립으로 이어지는 투쟁과 구조조정의 고통스러운 시기다. 그것은 차세대의 세계 질서와 번영하는 새로운 시대를 위한 발판을 마련한다.

단계별로 더 자세히 살펴보자.

부상

부상하는 국가는 다음과 같은 양상을 띤다.

- **강력하고 유능한 리더십을 가진 지도자가 나타나 국가의 부와 영향력을 증가시키는 뛰어난 체제를 구축한다.** 역사상 위대한 제국의 사례를 보면 이 체제에는…
- **높은 수준의 교육**이 포함되어 있어 지식과 기술뿐 아니라…
- **강인한 성격, 시민의식, 건전한 직업윤리도 가르친다.** 이런 교육은 일반적으로 가정과 학교와 종교기관에서 실시된다. 제대로 교육되었을 경우 규율, 법과 질서를 존중하는 습관을 들여 부패 방지에 일조하고, 다른 사람들과 함께 협력하여 생산성을 높이는 데 기여한다. 이 능력이 뛰어난 국가는 기초적인 생산기술로부터…
- **혁신적이고 창의적인 기술**로 도약할 수 있다. 예를 들어 네덜란드 국민은 매우 창의적이어서 전성기 때 전 세계 발명품의 4분의 1을 생각해냈을 정도였다. 그 발명품 중 하나가 전 세계를 항해하면서 부를 축적했던 선박이었다. 그들은 또한 현재 우리가 알고 있는 자본주의를 발명했다. 혁신은…
- **전 세계의 훌륭한 아이디어를 폭넓게 받아들여**…
- **근로자와 정부와 군대가 가장 효율적인 방식으로 협력할 때 가능하다.**

그 결과, 이러한 국가는…

- **생산성이 보다 높아지고**…
- **세계 시장에서 경쟁력이 높아지며** 그 결과…

- **전 세계 무역에서 차지하는 비중이 커진다.** 오늘날 미국과 중국의 생산량과 교역량 경쟁에서 이런 현상이 나타나는 것을 볼 수 있다.
- 전 세계로 교역의 범위가 넓어지면, 교역로와 해외에서 자국의 이익을 보호하고 외국의 공격으로부터 지키기 위한 **강력한 군사력**이 필요하다.

이 모든 흐름이 잘 이어지면 이 선순환은…

- **수입의 증가**를 낳고 다시 그 돈은…
- **사회기반시설, 교육 그리고 연구개발 분야에 투자된다.**
- **또한 국가는 부를 축적해서 부자가 될 가능성이 있는 사람들에게 동기를 부여하고 권한을 주는 제도를 만들어야 한다.** 역사상 가장 성공적이었던 제국은 자본주의적 접근방식으로 동기를 부여하고 생산적인 기업가들을 육성했다. 공산당이 주도하는 중국에서도 동기부여를 위해 국가자본주의state capitalism 제도를 도입해 운영하고 있다. 동기부여와 자금 조달을 잘하기 위해서는…
- **자본시장이 발달되어야 한다.** 특히 여신, 채권 및 주식시장이 중요하다. 이런 토대가 있어야 **저축한 돈이 투자로 연결되어 혁신과 발전을 위한 자본 조달에 이용되고** 성공에 일조할 수 있다. 창의적이었던 네덜란드인들은 최초의 상장회사인 네덜란드 동인도회사와 자금을 조달할 최초의 주식시장을 설립했다. 이것들은 엄청난 부와 힘을 창조한 제도의 중요한 축이었다.
- 당연한 일이지만 **주요 제국들은 금융 중심지를 구축**해서 전 세계의 자본을 끌어들여 분배하는 역할을 했다. 네덜란드제국이 세계를 제패했을 때는 암스테르담이 금융의 중심지였고, 영국이 정점에 올랐을 때는 런던이 그 역할을 했다. 지금은 뉴욕이 금융 중심지이며, 중국은 상하이에 자체적으로 금

융 중심지를 빠르게 구축하고 있다.

- 한 국가의 국제 교역량이 늘어나서 최대 무역국이 되면 자국 통화로 거래 대금을 지불할 수 있게 되고, 해당 통화의 예금이 늘어나게 된다. 그렇게 되면 많은 나라에서 돈을 빌려주려고 하기 때문에 다른 나라보다 더 많은 돈을, 더 낮은 이자로 빌릴 수 있는 **세계 최고의 기축통화**가 된다.

이런 일련의 인과 관계가 작용하여 상호 협조적인 금융, 정치, 군사적인 강국이 탄생한다. **역사상 강성했던 모든 제국은 이런 경로를 밟아 최고 지위에 올랐다.**

정점

정점에 들어선 국가는 성장을 촉진시킨 성공 요인을 계속 유지는 하지만, 그 속에 이미 쇠퇴의 씨앗을 키우고 있다. 시간이 지나면서 부채가 점점 증가해서 성장을 가능하게 했던 자기 강화적인 환경이 사라진다.

- 이제 부와 힘을 갖게 된 국민은 더 적게 받고도 일하려는 다른 국가의 국민과 비교했을 때 경쟁력은 없으면서 높은 임금을 요구한다.
- 한편 다른 나라들이 선진국의 노하우와 기술을 모방함에 따라 선진국의 경쟁력은 점점 줄어든다. 그 예로 영국의 조선업계는 네덜란드 선박 설계자를 고용하고 영국 노동자에게는 값싼 임금을 주고 선박을 건조했다. 그 결과 영국의 경쟁력은 올라갔고 네덜란드는 경쟁력을 상실했다.
- 또한 강대국의 국민은 부유해지면서 전처럼 열심히 일하지 않게 된다. 여가

시간을 좀 더 가지려고 하고, 더 화려하지만 덜 생산적인 것을 추구하면서 결국은 퇴폐적 향락에 빠지게 된다. 강대국이 성장하기 시작해서 최전성기에 도달하는 과정에서, 부와 권력을 차지하기 위해 투쟁해야 했던 세대로부터 다음 세대로 주역이 바뀌면서 가치관도 바뀐다. 나약한 신세대는 사치에 빠지고 편한 생활에 길들여져 **어려운 상황이 오면 쉽게 무너진다.**

- 게다가 **성공에 익숙해진 사람들은 이 호황이 계속될 것으로 생각하여 돈을 빌려 투자하게 되고 이는 금융 버블로 이어진다.**
- 자본주의 체제에서는 **소득이 천차만별이므로 빈부의 격차가 커지게 마련이다.** 부자들은 가진 자원을 이용해서 더 많은 돈을 벌게 되므로 그 격차는 점점 더 커진다. **부자들은 자신들에게 유리하도록 정치 체제를 바꾸고 엘리트 교육 등을 통해 자녀들을 특권층으로 만든다. 부유한 '가진 자'와 가난한 '못 가진 자' 간의 가치관, 정치 성향, 발전 기회에서의 격차가 더욱 커진다. 가난한 사람들은 현 체제가 불공정하다고 생각하며 분노를 쌓는다.**
- 그러나 전 국민의 생활 수준이 여전히 향상되고 있기 때문에 아직 이러한 격차와 분노가 갈등으로 이어지지는 않는다.

정점에 오르면 강대국의 금융 구도가 바뀐다. **기축통화국**으로서 '과도한 특권Exorbitant privilege*'을 누리며 더 많은 돈을 빌릴 수 있게 되어 점점 빚이 늘어난다. 이는 단기적으로는 구매력을 증가시키지만 장기적으로는 이를 감소시키는 결과를 초래한다.

---

* '과도한 특권'이라는 용어는 당시 프랑스 재무장관인 발레리 지스카르 데스탱Valery Giscard d'Estaing이 미달러화의 지위를 묘사하면서 처음 사용했다.

- 필연적으로 강대국은 외국으로부터 많은 돈을 빌리기 시작하고, 그로 인해 부채 규모가 커진다.
- 단기적으로 국민의 구매력은 증가할지 모르지만 **장기적으로는 재정 건전성을 해치고 해당 통화의 가치가 하락한다. 즉 채무가 많아 구매력이 높을 때 국가는 강력한 것처럼 보이지만 재정 상태는 허약해진다.** 제국을 유지하다 보면 발생하는 국제적인 무력 충돌에 대응하기 위한 군사력을 유지하고, 국내 과소비에 필요한 자금을 조달하기 위해 국가 금융의 기초 체력(펀더멘털)을 초과하는 채무가 발생하기 때문이다.
- 또한 제국을 유지하고 방어하는 비용이 이로 인해 생기는 수입보다 커지면서 **점점 유지하기 힘들어진다.** 대영제국은 더욱 비대해지고 관료적으로 변하면서 독일 같은 신흥 경쟁국보다 경쟁 우위를 상실하게 되었고, 값비싼 군비 경쟁과 세계대전으로 내몰리게 되었다.
- **부유한 국가는 많은 저축을 한 가난한 국가로부터 자금을 빌리는데** 이것이 부와 권력이 이동하는 초기 징조다. 1980년도에 미국은 1인당 소득이 40분의 1에 불과한 중국으로부터 돈을 빌리기 시작했다. 중국은 당시 기축통화인 미국 달러의 보유고를 늘리고자 했다.
- **기축통화국에 돈을 빌려주겠다는 국가가 줄어드는 기미가 보이면, 통화 보유국은 기축통화를 매입해서 보유하고 대출해주기보다는 팔고 나가려고 한다. 이런 식으로 제국은 쇠퇴하기 시작한다.**

쇠퇴

전형적으로 쇠퇴의 원인은 국내 분쟁으로 인한 경제력 약화, 그리고 값비싼 외부 분쟁이다. 붕괴는 서서히 진행되다 어느 날 갑자기 빨라진다.

내부적 원인으로 보면…

- 채무가 증가하고 **불경기가 닥쳐** 부채 상환을 위한 차입이 더 이상 불가능해지면, 국내 경제가 매우 힘들어져 **채무불이행을 선언하거나 화폐를 대량으로 찍어내는** 것 중 하나를 선택해야 한다.

- **대부분의 국가는 거의 항상 새 화폐의 발행을 선택한다.** 처음에는 점진적으로 늘려나가다 마지막에는 대량으로 돈을 찍어낸다. **결국 화폐 가치 하락으로 인플레이션이 발생한다.**

- 금융과 경제 상황이 안 좋아져 정부가 자금 조달에 어려움을 겪고 빈부 격차와 정치 성향, 가치관 등의 간극이 벌어지면 **부자와 빈자의 갈등이 심해지고 소수민족 간, 종교집단 간, 인종 간 갈등이 격화된다.**

- **정치적 극단주의**Extremism**가 출현하고 좌파든 우파든 포퓰리즘이 득세한다.** 좌파는 부의 재분배를 주장하고 우파는 현상 유지를 원한다. **이 단계는 '반자본주의 단계** Anti-capitalist phase**'로 자본주의, 자본주의자 그리고 엘리트 집단 모두 이 문제로 비난받는다.**

- 이 기간에 **부자에 대한 세금이 늘어나면** 부자는 자신의 부와 안녕이 위협받을지 모른다고 느껴 자산과 현금을 안전하다고 생각되는 곳에 옮겨놓는다. 이러한 자산 유출로 인해 국가의 세수는 감소하고 전형적이고 자발적인 산업 공동화 현상 Hollowing-out**이 나타난다.**

- **부의 국외 유출이 심해지면 정부는 이를 불법화하고** 뒤늦게 빠져나가려고 하는 사람들은 패닉에 빠진다.

- 혼란 상황이 생산성을 감소시켜 전체 파이가 쪼그라들면, 남은 사람들끼리

줄어든 자원의 배분을 놓고 더욱 갈등이 심화된다. 좌우 양 진영에서 포퓰리즘 지도자들이 나타나 어려운 시국을 통제하고 질서를 회복하겠다는 공약을 내놓는다. **이때 무정부주의가 대두되면서 대중을 이끄는 강력한 지도자가 나타날 가능성이 커지며 민주주의 체제는 큰 위협을 받는다.**

- 국내 분쟁이 점점 격화되면서 **혁명이나 내전이 발생하여 부를 재분배하고 근본적인 변화를 야기한다.** 이 과정이 기존 질서를 유지하면서 평화로운 방식으로 전개될 수도 있지만 때로는 **폭력을 동반하며 기존 질서를 파괴**할 수도 있다. 루스벨트 대통령은 비교적 평화적인 방식으로 부의 재분배에 성공했지만 미국과 같은 시기인 1930년대 독일, 일본, 스페인, 러시아, 중국 등에서 발생한 혁명은 훨씬 폭력적이었다.

내전과 혁명은 새로운 국내 질서를 창조한다. 5장에서 국내 질서가 어떻게 사이클을 이루면서 변화하는지 설명하겠지만 지금 가장 중요한 것은 국제 질서가 변하지 않아도 국내 질서가 변할 수 있다는 점이다. **반대로 국내의 혼란과 불안정을 야기한 요인들이 국제 관계에서도 나타날 때만 전 세계의 질서가 변한다.**

국제 관계에서 보면…

- 기존의 거대한 세력과 질서에 도전할 능력을 가진 새로운 세력이 부상하면 국가 간에 전쟁이 발생할 가능성이 커진다. 특히 기존 강대국이 내전을 겪고 있다면 그 가능성은 더욱 커진다. 신흥 강대국은 기존 강대국의 이런 약점을 이용하려 할 것이다. 신흥 강대국의 군사력이 기존 강대국과 맞먹을 정도로 성장했다면 상황은 더욱 위험해진다.

- 국내 경제 사정이 안 좋아도 신흥 세력을 방어하기 위해 강대국은 막강한 국방력이 필요하지만 자금 부족으로 제대로 준비하지 못한다.
- 국제적인 분규를 해결할 수 있는 효과적인 제도가 없으므로 **보통 무력 충돌로 이어진다.**
- 신흥 강대국의 도전에 직면해 기존 강대국은 **전쟁과 항복 중 하나를 선택해야 하는 곤란한 상황에 처하게 된다.** 전쟁에 패하는 것이 가장 안 좋은 상황이지만 항복 역시 신흥 강대국에 부상의 기회를 주고, 어느 편을 들어야 할지 눈치만 보는 다른 국가들에게는 자신이 약하다는 신호를 주기 때문에 그것도 문제다.
- 경제 상황이 안 좋아지면 부와 권력을 쟁취하기 위한 갈등이 극심해지고 결국에는 전쟁으로 이어진다.
- 전쟁에는 엄청난 비용이 소모되지만 동시에 구조적인 변화가 발생해 현실에 맞는 새로운 세계 질서가 탄생한다.
- 쇠퇴하는 제국은 기축통화 보유국으로서의 신용을 잃고 통화와 부채를 매각하면서 빅 사이클은 끝이 난다.

부채, 내전/혁명, 파병 전쟁, 통화에 대한 신뢰 실추 등 이 모든 것이 줄지어 발생하면 세계 질서의 변화가 눈앞에 와 있다는 신호다. 이 요소들이 어떻게 전개되는지 다음 표에 요약해놓았다.

이 장의 마지막 몇 페이지에 추가적인 내용을 담아놓았다. 천천히 읽어보면서 발생 순서가 맞는지 한번 점검해보기 바란다. 이 책의 뒷부분에서 구체적인 사례를 심도 있게 다루다 보면 완전히 정확하지는 않아도 지금 말한 이런 사이클의 패턴이 나타나는 걸 볼 수 있을 것이다. 발생 시기는 정확하지 않을지 모르지만, 발생한다는 것과 발생하는 이유

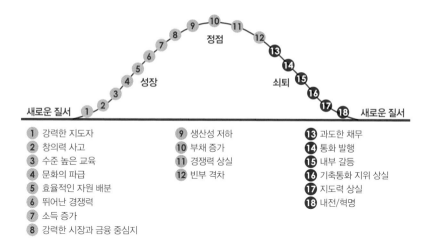

1 강력한 지도자	9 생산성 저하	13 과도한 채무
2 창의력 사고	10 부채 증가	14 통화 발행
3 수준 높은 교육	11 경쟁력 상실	15 내부 갈등
4 문화의 파급	12 빈부 격차	16 기축통화 지위 상실
5 효율적인 자원 배분		17 지도력 상실
6 뛰어난 경쟁력		18 내전/혁명
7 소득 증가		
8 강력한 시장과 금융 중심지		

에 대해서는 논란의 여지가 없다.

요약하면, 생산성이 증가하면서 부가 쌓이고 생활 수준이 향상되면 번영의 시기가 도래하여 국가의 펀더멘털이 튼튼해진다. 이때는 빚이 별로 없고 빈부 격차, 가치관 및 이념의 차이가 심하지 않아 국민이 협심하여 번영을 추구한다. 교육 수준은 높고 인프라 기반이 튼튼하며, 강력하고 유능한 지도자가 나타나면서 소수의 강국이 이끌어나가는 새로운 질서가 탄생한다. 이 시기는 번영을 누릴 수 있는 평화로운 시대다. 그러나 늘 그랬듯이 번영이 지나치면 부채 과잉, 빈부 격차, 가치관 및 이념 대립이 심화되고 집단 간의 갈등, 교육 수준, 사회기반시설이 악화된다. 신흥 강국에 맞서 노쇠한 제국을 유지하기 위해 전쟁과 파괴가 이어지고, 이로 인해 새로운 질서가 탄생하여 새 시대로 들어가게 된다.

단계별로 시대를 초월한 보편적인 인과 관계라는 논리적인 순서에 따라 진행되기 때문에 진행 중인 현상을 보면 한 국가가 지금 어느 단계에 와 있는지 알 수 있는 신빙성 있는 표를 만들 수 있다. 측정값이 정확하

사이클상의 각 단계별 측정값을 양으로 나타낸 점수 *

	부상	정점	쇠퇴
부채 부담(경제적 빅 사이클)			
내부 갈등(내부 질서 사이클)			
교육			
혁신 및 기술			
가격 경쟁력			
군사력			
무역			
경제 생산량			
시장 및 금융 중심지			
기축통화 지위			
자원 배분 효율성			
기반 시설 및 투자			
성격/시민의식/의지			
통치체제/법치			
부, 기회, 가치관 격차			

진한 초록색 = 강력하고 양호한 측정값
진한 붉은색 = 취약하고 안 좋은 측정값

---

* 자연재해, 국제 질서, 광물자원은 이 표에 반영되어 있지 않다. 결정 요인 기록이 없는 경우 대체 값을 반영했다.

고 국가의 상태가 양호할 때는 향후에도 계속 양호한 상태를 유지할 것으로 판단할 수 있으며, 그 반대일 때는 미래도 암울할 것으로 판단할 수 있다.

왼쪽 표의 이해를 돕기 위해 각 항목에 색상을 지정했다. 진한 초록색은 좋은 수치를, 진한 붉은색은 좋지 않은 수치를 나타낸다. 이는 한 국가가 어느 위치에 있는지를 나타내는 각 요소의 평균값으로 전체 권력을 측정할 때 이용했던 8가지 요인의 평균값을 낼 때와 같은 방식을 이용했다. 측정값을 약간 조정하면 미세하게나마 다른 값이 나올 수는 있겠지만 이 수치들은 전반적으로 어떤 현상을 나타낸다. 표는 어떤 특정한 사례가 아니라 일반적인 경우를 예로 든 것이다. 주요 국가의 구체적인 수치는 이 책의 후반부에서 다룰 예정이다.

상승하기도 하고 하락하기도 하는 이 요소들은 상호 강화적인 성향이 있기 때문에 빈부 격차, 부채 위기, 혁명, 전쟁, 세계 질서의 변화가 한꺼번에 닥치는 것이 결코 우연이 아니다. 제국의 흥망 사이클은 다음 도표와 같은 모양을 한다. 불황, 혁명, 전쟁으로 시작해서 구舊체제를 무너뜨리고 새로운 체제로 이동하는 파괴와 혁신은 보통 10년에서 20년 정도 소요된다. 물론 때에 따라서 더 길게 걸리는 경우도 종종 있다. 그다음에는 훨씬 긴 평화와 번영의 시기가 도래한다. 이 기간에 사람들은 조화를 이루며 협력해서 살아가고 어떤 국가도 이 초강대국에게 감히 도전할 생각을 하지 못한다. 이 평화로운 시기는 상황에 따라 다르기는 하지만 보통 40년에서 80년 정도 지속된다.

예를 들어 네덜란드제국이 대영제국에게, 또는 대영제국이 미국제국에게 최강국의 지위를 넘겨주었을 때 다음 사항의 대부분 또는 모든 것이 발생했다.

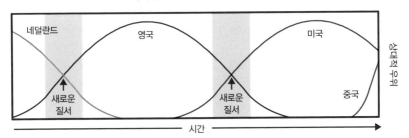

세계 질서의 변화(개념 위주의 예)

구체제의 종말과 신체제의 시작
(예: 네덜란드제국에서 대영제국으로 이동)

- 채무 재조정과 부채 위기
- '가진 자'로부터 '못 가진 자'로 부의 이동을 야기하는 (무혈 또는 유혈) 내란
- 외국과의 전쟁
- 통화 가치의 하락
- 새로운 국내 및 국제 질서 수립

구체제의 종말과 신체제의 시작
(예: 대영제국에서 미국제국으로 이동)

- 채무 재조정과 부채 위기
- '가진 자'로부터 '못 가진 자'로 부의 이동을 야기하는 (무혈 또는 유혈) 내란
- 외국과의 전쟁
- 통화 가치의 하락
- 새로운 국내 및 국제 질서 수립

우리의 현 위치에 대한 예고

앞에서 설명한 것처럼 가장 최근에 기존 질서가 파괴되고 구조조정이 일어난 시기는 1930년부터 1945년이다. 그 결과 1945년부터 새로운 세계 질서가 수립되었다. 이는 1944년 뉴햄프셔의 브레턴우즈Bretton Woods에서 체결된 브레턴우즈 협정에 기반을 둔 새로운 세계 통화 체제로 국제연합UN을 뉴욕에, 세계은행World Bank과 국제통화기금IMF을 워싱턴 D.C.에 설치하는 등 미국 위주의 세계 질서로부터 시작된다. 미국 중심의 새로운 세계 질서는 미국이 가장 부유했고(전 세계 금 보유량의 3분의 2가 미국에 있었는데 당시 금은 화폐와 마찬가지였다), 가장 큰 경제 규모를 보유했으며(전 세계 생산량의 절반을 점유), 최강의 군사력(핵무기를 보유한 유일한 국가였으며 재래식 전력 역시 세계 최강이었다)을 보유했기 때문에 당연한 결과였다.

그로부터 75년이 지나 내가 이 글을 쓰고 있는 지금, 강대국이면서 기축통화를 보유한 오래된 제국들은 채무 규모가 커지고 전형적인 통화 정책이 잘 먹히지 않으면서 장기 부채 사이클의 거의 막바지에 와 있다. 정치적으로 분열된 중앙정부는 최근에 채무를 발생시켜 국민에게 살포함으로써 재정 위기를 타개하려는 시도를 하고 있으며 중앙은행은 많은 양의 화폐를 찍어내어 중앙정부를 도와주려 하고 있다(즉 '부채의 화폐화'). 이런 조치는 국민의 빈부 격차와 사고방식의 격차가 커지고, 새로운 강대국이 나타나 무역, 기술개발, 자본시장 그리고 지정학적 측면 등에서 경쟁할 때 나타난다. 그리고 이런 모든 어려움 말고도 우리에게는 현재 이겨내야 할 코로나19 팬데믹까지 있다.

반면에 인간의 위대한 사고는 인공지능을 활용하여 이러한 위기를 극복할 수 있는 방법을 제시한다. 우리가 서로 잘 어울려 지낸다면 이 어려운 시기를 잘 이겨내고 지금까지와는 전혀 다른 새로운 번영의 시대를 누릴 것으로 생각한다. 하지만 혁신적인 변화로 인해 많은 사람들에게 상당한 충격을 줄 것이다.

지금까지 세상의 작동 원리를 간단히 요약했다. 이제 더 자세히 들어가보자.

결정 요인

앞장에서 나는 간단히 빅 사이클을 설명했다. 2장과 1부의 다른 장에서 나는 영구 기관Perpetual-motion machine과 관련된 나의 견해에 살을 붙일 것이다. 이 장에서는 가장 중요한 결정 요인을 다시 살펴보고 이 요인들을 어떻게 내 '모형'에 반영했는지에 대해 요약해서 설명할 것이다.

"역사는 운율을 밟는다History rhymes"라는 격언에 많은 사람들이 공감한다. 완전히 동일하지는 않지만 주요한 사건들이 반복되는 것을 운율을 밟는다고 표현했다. 사건이 발생한 인과 관계는 시간을 거스르는 보편적인 것이지만, 세상의 모든 사물은 진화하고 각자 다른 방식으로 서로에게 영향을 준다. 때문에 시간과 장소가 다르지만 유사한 많은 사건을 연구하면 숨겨진 인과 관계가 더욱 명확해질 것이다. 계속 진화하는 역사상의 사건들은 영구 기관처럼 작동하며, 오랜 기간 동안 진화하고 반복되는 인과 관계에 의해 움직인다는 것을 알게 되었다.

현실을 충분히 반영하기 위해 다음과 같은 과정을 밟았다.

- 이 기관을 파악해서 작동 원리를 이해하려 했다.
- 기관의 작동과 관련해서 내가 관찰한 내용과 기관을 다루면서 알게 된 원칙을 기록했다.
- 시간이 지난 후에 그 원칙이 맞는지 다시 테스트했다.
- 원칙을 공식으로 만들어 컴퓨터에 입력 후 의사결정에 활용했다.
- 경험에서 알게 된 것과 경험에 대한 고찰을 반영해 원칙을 정교하게 다듬었다.
- 이 과정을 반복했다.

체스 플레이어가 각각 다른 상황에서 다른 수의 이동을 컴퓨터에 입력한다고 가정해보자. 컴퓨터는 상대 선수 역할을 한다. 인간은 더 창의적이고, 수평적인 사고를 할 수 있으며 보다 이성적이다. 컴퓨터는 빠르게 데이터를 처리할 수 있고 패턴을 더 잘 파악할 수 있으며 감정에 덜 좌우된다. 컴퓨터와 함께 배우고 구축하고 정교하게 다듬는 이 끝없는 과정이 바로 내가 하는 작업이다. 다른 점이 있다면 체스가 아니라 전 세계의 여러 지역을 대상으로 하는 투자라는 점뿐이다.

이번 장에서는 강대국과 기축통화의 성장과 쇠퇴를 일으키는 영구 기관의 작동에 대해 내가 지금까지 알게 된 것을 설명할 것이다. 그를 통해 내가 어떤 식으로 투자를 하는지 독자들은 어렴풋이나마 알 수 있게 될 것이다. 여러 면에서 내가 생각하는 멘탈 모델은 불완전하고 틀린 부분도 있지만, 이것이 현재 내가 가진 최선이며 내게는 매우 가치 있다는 것이 입증되었다. 독자들에게 공개하는 이 모형을 철저히 조사하고 연구한 후 취사선택해서 활용하기 바란다. 내 바람은 이 모형을 이용해서 여러 사람이 영원하고 보편적인 인과 관계와 현실을 다루는 원칙을 보다 빨리 찾았으면 한다. 치열한 토론을 통해 이 모형을 검토하고 개선하면 모두가 인정하는 인과 관계의 템플릿을 도출할 수 있을 것이다. 이 템플릿을 이용하면 각 국가가 지금 어느 단계에 와 있는지, 그 단계에 제일 적합한 대응책은 무엇인지, 그리고 우리가 자신의 이익만을 염려하는 개인인지 아니면 국가를 걱정하는 지도자인지에 대해 결론을 내릴 수 있을 것이다.

마지막 장에서는 제국의 진화와 흥망성쇠의 사이클을 아주 간단하게 설명하겠다. 특히 가장 중요한 빅 사이클의 발생 요소를 다룰 예정이다. 이 장에서는 모형에 대해 훨씬 자세히 설명하겠다. 이 모형은 지난 500년간 11개 주요 국가, 지난 100년간 20여 개 주요 국가, 그리고 지난 1400년간 중국의 주요 왕조에서 반복적으로 발생한 요소를 근거로 해서 만들었다. 확실하게 해두고 싶은 것은 내가 이 분야의 전문적인 역사가가 아니며 이 사례는 전체 사례의 일부분이라는 점이다. 내가 다룬 제국은 로마, 그리스, 이집트, 비잔틴, 몽골, 한나라, 수나라, 아랍 그리고 페르시아제국 등 역사 초기에 생겨난 일부 주요 제국에 한하며, 아프리카, 남아시아, 태평양, 그리고 식민지 침략 이전의 북미와 남미 대륙에서 명멸해간 수많은 제국은 고려 대상에서 제외했다. 즉 조사한 제국보다 조사하지 않은 제국이 훨씬 많았다. 그렇지만 이 정도만으로도 모든 국가에 적용 가능한 멘탈 모델을 개발하는 데 충분했으며, 오늘날 발생하는 사태를 이해하고 어렴풋이라도 미래를 예측할 수 있도록 도움을 주었다.

영구 기관 멘탈 모델 구축

인간의 삶에는 탄생에서 죽음까지 사이클이 있고, 한 세대가 다음 세대에 영향을 미치듯 국가와 제국도 마찬가지다. 가치관, 자산, 부채 및 경험이 다음 세대에 전달되며 진화의 효과가 여러 세대에 걸쳐 퍼져나가는 것을 볼 수 있다. 또한 어떤 국가가 정상을 향해 가는 중인지, 아니면 쇠퇴기에 접어들었는지도 알 수 있다.

● **어느 시대나 사람들이 서로를 대하는 방식을 정의하는 체제 또는 질서가 있었다. 나는 한 국가 내의 체제는 '국내 질서**Internal orders**'라고 부르고, 국가 간의 질서는 '국제 질서**External orders**'라고 하며, 전 세계에 적용되는 질서는 '세계 질서**World orders**'라고 이름 붙였다. 이들 질서는 서로 영향을 미치며 항상 변화한다.** 가족, 기업, 도시, 주, 국가, 그리고 국제 사회 등 모든 집단에는 질서가 있다. 질서는 누가 권력을 갖는지를 결정하고 부와 정치적 통제권의 분배, 의사결정 방법을 결정한다. 인간의 본성, 인류의 문화, 그리고 지구 환경에는 질서의 성격을 규정하고 운영하는 기능이 있다. 미국은 현재 민주주의 체제 내에서 일정한 정치적 조건을 갖추고 있지만, 영원하고 보편적인 힘 때문에 조건과 체제는 계속해서 변하고 있다.

어느 시대에도 1) 기존의 국내 및 국제 질서를 포함하는 일련의 상황이 존재하고 2) 이 상황에 변화를 일으키는 영원하고 보편적인 힘이 존재한다고 생각한다. 사람들은 눈앞에 보이는 현상에만 지나치게 관심을 기울이고, 변화를 유발하는 영원하고 보편적인 힘에는 별 관심이 없다. 나는 변화를 예측하기 위해 그 반대로 했다. **과거에 발생했던 모든 일에는 그것을 발생시킨 요인이 있고, 미래에 발생할 일도 마찬가지로 요인이 있게 마련이다. 이런 발생 요인을 이해할 수 있다면, 기관이 어떻게**

작동하는지를 이해하게 된다. 그리고 다음에는 어떤 일이 우리에게 닥칠지 예견할 수 있다.

만일 과거의 모든 사건과 미래의 모든 사건이 이 영구 기관의 부품 간 상호작용으로 발생했고 또 발생할 것이라면 모든 것이 사전에 정해진 것이라고 볼 수 있다. 우리가 모든 인과 관계를 고려한 완벽한 모형을 갖고 있다면 정확하게 미래를 예측할 수 있을 것이다. 다만 걸림돌이라면 모든 인과 관계를 모형화할 능력이 부족하다는 것이다. 내 주장이 맞을 수도, 틀릴 수도 있지만 내가 말하려는 것과 내가 추구하는 것이 무엇인지 독자들은 이해했을 것이다.

하지만 대부분의 사람들은 이런 식으로 인간사를 보지 않는다. 미래는 알 수 없으며 운명 같은 것은 존재하지 않는다고 생각한다. 이럴 때 완벽한 모형이 있어서 정확하게 미래를 예측할 수 있다면 환상적이겠지만, 내 모형 역시 절대로 그렇게 완벽하지 못하다. 다만 내 목표는 조잡하지만 내가 만든 이 진화하는 모형이 경쟁 상황에서 나를 도와주고, 이 모형이 없었을 때 내가 겪어야 할 상황에 빠지지 않도록 도와줄 수 있으면 된다고 생각한다.

모형을 만들기 위해서 나는 역사를 질적으로 깊이 보았을 뿐 아니라 양적으로도 많은 경우를 다루었다. 왜냐하면 1) 여러 상황과 이로 인한 변화를 들여다보면 더 객관적으로 그 관계 속에 숨어 있는 인과 관계를 파악하게 된다. 그리고 발생 가능한 일의 범위를 정립할수록 체계적인 의사결정 체계를 만들 수 있기 때문이다. 그러나 2) 모든 것을 양적으로 측정할 수는 없다.

나는 많은 사건을 선정해서 결정 요소가 어떻게 그런 결과를 낳는지 관찰했다. 예를 들면 과다한 부채(결정 요인)와 고금리 정책(또 다른 결정

기계의 작동 방식 = (f)...

	사건 1	사건 2	사건 3	사건 4	사건 5	사건 6	사건 7	사건 8	사건 9	사건 10, 기타
결정 요인 1	결과	결과	결과	결과	결과	결과	결과	결과	결과	결과
결정 요인 2	결과	결과	결과	결과	결과	결과	결과	결과	결과	결과
결정 요인 3	결과	결과	결과	결과	결과	결과	결과	결과	결과	결과
결정 요인 4	결과	결과	결과	결과	결과	결과	결과	결과	결과	결과
결정 요인 5	결과	결과	결과	결과	결과	결과	결과	결과	결과	결과
결정 요인 6	결과	결과	결과	결과	결과	결과	결과	결과	결과	결과
결정 요인 7	결과	결과	결과	결과	결과	결과	결과	결과	결과	결과
결정 요인 8	결과	결과	결과	결과	결과	결과	결과	결과	결과	결과
결정 요인 9	결과	결과	결과	결과	결과	결과	결과	결과	결과	결과
결정 요인 10	결과	결과	결과	결과	결과	결과	결과	결과	결과	결과

기타

요인)을 동시에 쓰면 보통 부채 위기(결과)가 닥치는 식이다. 마찬가지로, 바로 앞장에서 설명한 3가지 빅 사이클이 나쁜 쪽으로 동시에 발생하면(예를 들어 부채 과잉 상태에서 중앙정부가 화폐를 많이 발행하고 빈부, 가치관, 정치적 견해의 차이가 심해져 내부 갈등이 심화되며, 하나 또는 그 이상의 경쟁국이 출현하면) 현재의 강대국은 곧 쇠퇴 단계에 들어선다.

내 멘탈 모델에서 결정 요인과 결과의 관계는 위의 표와 같다.

많은 경우에 하나의 결정 요인은 어떤 결과를 낳고 그 결과는 다시 다른 결과의 결정 요인이 되어 또 다른 결과를 낳는 식으로 서로 연결된다. 그러므로 각 사건을 들여다보고 무슨 일이 발생했는지(결과), 그리고 무엇이 그 결과를 낳았는지(결정 요인) 파악하는 방법이 있고, 또는 결정 요인을 조사해서 어떤 결과를 낳았는지 파악하는 방법도 있다. 결정 요인은 실제 존재하는 것이며 동시에 변화를 야기하는 에너지다. 물질과 에너지처럼 결국은 같은 것이다. 결정 요인은 새로운 상황과 새로운 결정 요인을 창조하고 이는 다시 새로운 변화를 발생시킨다.

이것이 내가 영구 기관을 모형화하는 방법이다.

3개, 5개, 8개, 그리고 18개의 결정 요인

앞장에서 3개의 빅 사이클과 제국 및 통화의 성쇠를 좌우하는 8개의 결정 요인을 소개했다. **이 모든 결정 요인과 이들 간의 상호작용은 매우 복잡하므로 독자들은 우선 다음과 같은 3개의 빅 사이클에 집중하길 바란다. 1) 금융 사이클(자본시장 사이클) 2) 국내 질서와 혼란의 사이클(주요 원인은 협조와 부와 권력을 쟁취하기 위한 전쟁) 3) 국제 질서와 혼란의 사이클(부와 권력을 놓고 다투는 기존 강대국의 경쟁력 보유 여부에 좌우된다)이다.** 이 사이클을 이해하고 각국이 사이클 내 어느 위치에 있는지 파악하기 바란다. 역사적으로 봐도 그렇고 논리적으로 따져도 어떤 국가가 이 3개의 사이클에서 상승 국면에 동시에 놓여 있다면 성장하는 강대국이며, 하강 국면에 놓여 있다면 강대국에서 내려와 약소국으로 강등될 것임을 알 수 있다.

여기에 2개의 결정 요인을 추가한다면 4) 문제 해결과 개선을 위한 혁신과 기술개발의 속도 5) 가뭄, 홍수, 질병 같은 자연재해다. 왜냐하면 혁신과 기술개발은 대부분의 문제를 해결하고 미래의 발전을 가능하도록 하며, 가뭄이나 홍수, 질병은 인류에 미치는 영향이 지대하기 때문이다. 나는 이 5가지 요인을 '빅 파이브 Big Five'라고 이름 붙였다. 이들이 좋은 방향이든 나쁜 방향이든 같은 방향으로 움직일 때 나머지 요인들은 자연히 따라온다.

또한 가장 중요하다고 생각되는 8가지 요인도 소개했다. 다음 목록에서 빅 사이클과 함께 이들 요인을 검토해보기 바란다. 이 지표들은 상승과 하락을 반영하기도 하고, 발생시키기도 한다. 1장에 나온 일반적인 상승과 하락 그래프는 사이클의 평균값을 표현한 것이다. 각 요인의 상승과 하락 사이클은 다른 요인들의 사이클과 함께 제국의 흥망을 결정짓는 빅 사이클을 형성한다.

그 외에 광물자원, 지리적 위치, 법치주의의 정도, 사회기반시설 등도 중요한 요인이다. 내가 만든 모형의 18가지 요인* 목록을 다음 페이지에 나열했다. 14장에 이 18가지 요인에 대한 자세한 설명을 곁들였다.

이 모든 요소를 내 머릿속에서 측정하고 고려하는 것은 불가능했다. 그래서 컴퓨터의 힘을 빌려 분석 작업을 했다. 14장 미래편의 부록에 11개 강대국에 대한 분석 결과를 올려놓았다. 웹사이트 economicprinciples.org에 20여 개국에 대한 상세 자료도 올려놓았다.

결정 요인 중 어느 것도 그 자체로 확정 요인은 아니다. 그러나 요인들을 동시에 놓고 보면 한 국가가 어느 사이클에 와 있는지, 어느 방향으로 가고 있는지에 대한 명확한 그림을 그릴 수 있을 것이다. 관심이 있는 국

---

* 이 책에서 때로 결정 요인determinant과 사이클cycle을 섞어서 사용하는 경우가 발생할 것 같으니 이 둘을 분명히 구분해놓을 필요가 있다. 결정 요인은 요인(예를 들어 화폐의 공급)이며 사이클은 어떤 방향으로 사건이 발생하도록 하는 결정 요인들의 집합이다. 즉 중앙은행이 통화를 많이 공급해서 신용을 창출하면 경제가 성장해서 인플레이션이 발생하고 거품으로 이어지며, 그 결과 중앙은행은 화폐 공급을 줄여 시장과 경제가 불황에 빠지게 되고 중앙은행은 다시 통화 공급을 늘리는 식이다. 그러므로 사이클 그 자체는 함께 작용해서 동일한 결과를 낳는 상호 보완적인 결정 요인들의 집합체라고 할 수 있다.

3개의 빅 사이클

건전	부채/통화/자본시장/경기 사이클	불건전
질서	내부 질서 및 무질서의 빅 사이클	무질서
평화	외부 질서 및 무질서의 빅 사이클	전쟁

기타 주요 결정 요인(8가지 주요 국력의 척도)

높음	교육	낮음
높음	혁신 및 기술	낮음
강함	가격 경쟁력	약함
강함	군사력	약함
유리	무역	불리
높음	경제 생산	낮음
강함	시장 및 금융 중심지	약함
강함	기축통화 지위	약함

기타 결정 요인

좋음	광물자원	나쁨
높음	자원배분의 효율성	낮음
온화	자연재해	가혹
높음	기반 시설 및 투자	낮음
강함	기개/시민의식/결단력	약함
강함	통치체제/법치주의	약함
작음	빈부, 기회, 가치관의 격차	큼

가가 지금 각 요인에서 어떤 지점에 와 있는지 확인해보면 재미있을 것이다. 요인별로 왼쪽 끝이 10, 오른쪽 끝을 1로 10등분한 다음 각 국가의 위치 점수를 매겨보라. 점수를 모두 합해서 높으면 높을수록 그 국가는 부상하고 있다고 보면 된다. 낮으면 하락 중이다. 잠시 시간을 내서 미국, 중국, 이탈리아, 브라질 등의 국가의 점수를 산출해보기 바란다.

모든 것을 체계화하려는 노력의 일환으로 계량화할 수 있는 것은 무엇이든 의사결정 체계에 포함했다. 따라서 직원들의 도움을 받아 한 국가가 사이클의 어느 위치에 있는지 파악할 수 있도록 내부 갈등과 외부 갈등, 정치적 간극 등을 측정하는 수단을 개발했다. 덜 중요한 요인들은 주요 요인의 하위 요소로 통합했다.

결정 요인을 개별적으로 측정하고 설명했지만 이들 요인들은 분리되어 존재하는 것이 아니다. 서로 상호 작용하면서 섞이기도 하고 서로를 보강하면서 사이클의 상승과 하락을 촉발한다. 예를 들면 높은 교육 수준 덕분에 기술의 혁신이 일어나고 생산성이 증가하면서 국제 교역량이 늘어난다. 그로 인해 부가 축적되면서 강력한 국방력을 보유하게 되면 결국에는 기축통화국 지위에 오르는 단계까지 이른다. 더 나아가 강력한 지도자가 다스리고, 양질의 교육을 받은 국민이 서로를 존중하며, 자본과 기타 자원을 효율적으로 배분하는 체계가 있고 천연자원이 풍부하며 지리적 위치까지 좋으면 금상첨화다. 그리고 하락이 시작되면 이 요인들은 일반적으로 동시에 하락한다.

물론 이 모든 요인을 숫자나 식으로 표현할 수는 없다. 인간의 행동과 결과에 영향을 미치는 인간의 본성이나 힘의 역학 같은 요인들은 말로 표현하는 것이 더 낫다. 나는 이런 요인들을 동적 요인Dynamics이라고 부른다. 다음 표는 내가 어떤 국가의 위치를 평가하고 미래에 닥칠 상황을

주요 동적 요인

국가	이익 추구	개인
중요함	부와 권력을 향한 욕망	**안 중요함**
종합적	역사의 교훈	**한정적**
튼튼함	여러 세대에 걸친 심리적 사이클	**퇴폐적**
장기	의사결정 소요시간	**단기**
유능함	리더십	**약함**
개방적	세계화에 대한 사고의 유연성	**폐쇄적**
생산적	문화	**비생산적**
협조적	계층 간의 관계	**분열적**
중도	정치 성향(좌익/우익)	**당파적**
협조적	죄수의 딜레마	**전투적**
공생	관계	**공멸**
우호적	힘의 균형	**적대적**
평화	평화/전쟁 사이클	**전쟁**

예측할 때 사용하는 주요 동적 요인 목록이다.

 이것만으로는 무리다. 너무 적기도 하고 너무 많기도 하다. 이 책의 주제를 제대로 다루기에는 너무 적고, 가공해서 소화하기에는 너무 많다. 그래서 동적 요인에 대해 내가 정리한 것을 다음에 나오는 요약편에 최대한 집어넣었다. 이 장의 마지막과 이어지는 부록에 이에 대한 상세한 설명이 포함되어 있으니 관심이 있는 독자는 참조하기 바란다. **다음 파**

트에서 중요한 결정 요인을 전부 다루지는 못했지만 2장과 다음 장에서 강조하는 요인은 역사상 가장 중요한 사건에 지속적인 원인으로 작용한 요인이라고 생각하면 된다. 물론 내 모형을 보다 완벽하게 하기 위해 독자들의 많은 지도 편달을 기다리겠다.

결정 요인과 역학 관계

각 나라가 처한 서로 다른 상황을 파악하고 이로 인한 전략과 집단 역학 관계를 이해함으로써 다음 단계에 발생할 변화를 예견할 수 있다. 그리고 이 변화를 통해 결정 요인이 어떤 영향을 주는지 알 수 있다. 이 작동 기제에 대해 내가 이해한 것을 하나하나 차례로 살펴보면서 조금 더 설명하겠다.

변화를 야기하는 결정 요인과 동적 요인은 크게 2개 유형으로 분류할 수 있다.

1. **물려받은 결정 요인**: 지리적 위치, 천연자원, 기후나 질병 같은 자연재해 등이 포함된다.
2. **인적 자본 결정 요인** : 사람들이 자신과 다른 사람을 대하는 방식이다. 인간의 본성과 문화에 좌우된다(문제 해결 방식도 달라진다).

이 2개의 큰 범주 내에는 지리적 위치처럼 전적으로 한 국가에만 특정되는 요인부터 장기 목표보다는 단기 보상을 선호하는 인간의 본성처럼 보편적인 요인까지를 모두 포함하며 개인, 도시, 국가 또는 제국 등 모든 관점에서 살펴볼 수 있다.

물려받은 결정 요인

한 국가의 중흥을 결정하는 물려받은 결정 요인에는 지리적 위치, 천연 자원 보유, 유전Genealogy, 자연재해 등이 있다. 이들은 개인과 국가의 스토리를 만들어내는 강력한 요인이다. 미국은 태평양과 대서양을 국경으로 아시아와 유럽으로부터 지리적으로 독립된 위치에 자리 잡고 있고, 광물질이나 금속, 기타 자원이 풍부해서 경제적 자립이 가능하며, 비옥한 토지와 풍부한 수량, 온화한 기후 덕에 많은 식량을 생산할 수 있다. 이런 요인을 고려하지 않고 오늘날 미국의 성공을 이야기할 수 없다. 그래서 미국은 불과 100년 전까지만 해도 고립주의적으로 교육과 기반 시설, 그리고 혁신에 투자해 이 요인들을 강화했다. 요인별로 살펴보자.

1. 지리적 위치: 국가가 지리적으로 어디에 있는지, 주변에 어떤 국가들이 있는지, 어떤 지형을 갖고 있는지는 모두 매우 중요한 결정 요인이다. 예를 들어 미국과 중국은 산과 바다 등 자연적 장벽에 둘러싸인 광활한 영토를 보유하고 있어 하나의 커다란 독립체로 존재한다. 그래서 단일 언어, 단일 정부, 단일 문화 등을 유지하려는 경향이 강하다. 반면에 대륙 내에 보다 많은 자연적 장벽을 가지고 있는 유럽은 다양한 국가로 분리되어 다른 언어와 다른 정부, 다른 문화를 갖게 된다.

2. 천연자원: 지상과 지하의 천연자원은 매우 중요한 결정 요인이지만

그보다 더 중요한 것은 인적 자원이다. 역사적으로 보면 물가 상승률을 감안했을 때 모든 상품은 가치가 감소한다(물론 가치가 감소하는 기간 중 큰 상승과 하락 사이클이 나타나기도 한다). 그 이유는 창조적인 발명 덕분에 수요가 변하고(예를 들어 새로운 에너지원이 출현해서 기존 에너지를 대체하거나, 구리선 대신 광섬유케이블을 사용하는 등), 시간이 지날수록 천연자원이 고갈되기 때문이다. 많은 중동 국가들의 부와 권력, 그리고 다른 국가들과의 관련성은 석유가 중요해지며 함께 상승했고, 화석연료를 다른 연료로 대체하게 되면 하락할 것이다. 가장 위험한 것은 하나 또는 몇 개의 품목에만 의존하는 것이다. 변동성이 심해서 갑자기 가치가 하락할 수도 있기 때문이다.

3. 자연재해: 전염병, 홍수, 가뭄 등 자연재해의 종류는 다양하다. 역사를 되돌아보면 자연재해는 여러 국가의 존망과 발전에 전쟁과 불황보다 더 큰 영향력을 미쳤다. 흑사병으로 인한 사망자는 1350년 기준으로 약 7천500만 명에서 2억 명으로 추정되며, 천연두는 20세기에 발생한 전쟁의 사망자보다 많은 3억 명의 목숨을 앗아갔다. 가뭄과 홍수는 참혹한 기근을 낳고 많은 사람의 목숨을 빼앗아간다. 이런 시련은 갑자기 닥쳐서 그 사회의 저력과 허약함을 시험하는 기회가 되기도 한다.

4. 유전적 요소: 나는 유전학 전문가가 아니므로 이 세상 모든 사람은 물려받은 유전자를 가지고 태어나 그것이 일정 부분 행동에 영향을 준다는 것 외에는 딱히 할 말이 없다. 그러나 사람들의 유전적 기질이 결과에 어느 정도는 영향을 미친다고 보는 것이 합리적일 것이다. 그런데 내가 수집한 모든 증거를 봐도 낮은 비율(15퍼센트 또는 그 이하)의 인구

만이 유전적 차이로 인해 행동이 달라졌다. 그러므로 유전적 요인은 내가 언급하는 다른 결정 요인보다 그 영향력이 약하다고 할 수 있다.

인적 자본 결정 요인

● **물려받은 자산과 부채가 중요하기는 하지만, 역사는 국민의 자질과 협동심이 가장 중요한 결정 요인임을 입증한다.** 이는 사람들이 높은 수준의 행동 기준을 가지고 있는지, 자제력이 있는지, 다른 사람들에게 예의 바르게 행동하며 사회의 생산적인 구성원 역할을 하는지가 제일 중요한 결정 요인이라는 뜻이다. 이 자질에 융통성과 회복 탄력성('어려운' 상황과 '좋은' 상황 모두에 적응하는 능력)까지 겸비하면 단점을 최소화하고 기회를 최대화할 수 있다. 즉 사람들의 인격, 상식, 창의성, 그리고 배려심이 생산적인 사회를 만든다.

자본이 수익을 창출하듯 인적 자본은 수익을 창출하는 사람으로 정의 내릴 수 있다. ● **지출보다 수입이 많으면 훌륭한 인적 자본이며, 자급자족 능력이 있는 것이다.** 나는 이 상태를 '초과 자급자족Self-sufficient plus'이라고 하며, 개인이나 기업 또는 국가가 재정적으로 건전하려면 개별적이고 집합적으로 추구해야 하는 상태라고 생각한다. 우수한 인적 자본을 가지고 초과 자급자족 상태에 도달하기 위해서는 양질의 교육, 근면 협조의 정신, 훈련 등이 필요하다. 우수한 인적 자본이 없는 사회는 자원을 소진해버리거나 상환 불가능한 부채의 늪으로 빠져들게 된다(골치 아픈 상황으로 빠진다는 뜻이다).

● **천연자원에 의존하는 국가가 많다. 그러나 물려받은 자원은 결국엔 고갈**

되지만, 인적 자본은 영원히 존재하기 때문에 지속가능하다.

훌륭한 인재는 엄청난 자원을 가진 거대 기업과의 경쟁에서 새로운 아이디어를 실천에 옮겨 승리할 수 있기 때문에 중요하다. 일론 머스크가 설립한 스타트업 테슬라가 자원이 풍부한 제네럴모터스GM, 포드, 크라이슬러와 경쟁하는 것이나, 스티브 잡스와 빌 게이츠가 전통 컴퓨터 거대 기업인 IBM을 따라잡은 사례 등에서 볼 수 있듯이 위대한 인적 자본은 약점을 극복하고 기회를 발굴해서 활용한다. 약소국이었던 네덜란드, 잉글랜드, 스위스, 싱가포르 등이 막대한 부를 일구고 (경우에 따라서는) 힘을 축적하게 된 것도 우수한 인적 자본 덕분이었다.

인간 본성을 결정하는 주요 요인

어느 사회나 어느 시대를 막론하고 사람들의 본성은 같아서 유사한 환경에 처하면 유사하게 행동해서 빅 사이클을 움직인다.

5. 자기 이익: 그중에서도 특히 자기 생존 욕구는 모든 사람과 조직, 정부의 가장 중요한 존재 동기다. 그러나 개인, 가족, 국가 중 누구의 이익을 추구하느냐에 따라 사회의 성공 여부가 결정된다. 보다 많은 정보를 원하면 이 장의 끝에 있는 부록을 참조하기 바란다.

6. 이익을 창출해서 부와 권력을 유지하려는 욕구: 부와 권력의 추구는 개인, 가족, 기업, 국가 등이 존재하려는 강력한 동기 요인이다. 그러나 권력에 대한 평가가 다를 수 있기 때문에 반드시 그런 것은 아니다. 어

떤 집단에게는 부와 권력이 인생의 다른 요소보다 덜 중요할 수도 있다. 그러나 대부분의 사람, 특히 이미 부와 권력을 쟁취한 사람들에게는 이 것이 인생에서 가장 중요한 추구 대상이다. **장기적으로 성공하기 위해 서는 최소한 지출 이상의 수익을 내야 한다. 수익을 올리고 적당한 수준 의 지출로 흑자를 내는 조직은 초과 지출로 적자를 내는 조직보다 훨씬 더 오랜 기간 성공을 누린다. 역사적으로 그 어떤 개인이나 조직, 국가, 제국도 수입 이상의 지출이 계속되면 결국 혼란과 비극을 겪었다.** 자세 한 내용은 부록을 참조하기 바란다.

7. 자본시장: 자본시장을 통해 저축하고 구매력을 획득하는 것은 한 국 가의 번영에 매우 중요하다. 그러므로 자본시장의 발달 여부는 국가의 성공을 가늠하는 중요한 결정 요인이다.

8. 역사로부터 배우는 지혜: 사회에 따라 다르기는 하지만 대부분의 사 람들은 그런 지혜를 가지고 있지 않다. 하지만 중국 사람들이 특히 이것 에 뛰어나다. 앞에서 설명한 대로 살면서 가장 중요한 사건을 모두 겪을 수 없기 때문에 자기 자신의 경험만을 기준으로 삼는다면 어떠한 일을 해결하는 데에는 충분치 않다. 사실 미래에 발생하는 일은 과거에 발생 한 일과 비슷하다기보다는 반대되는 경우가 많다. 사이클 초기의 평화/ 호황 시대는 말기의 전쟁/불황과 반대이므로 사람들이 말년에 경험하는 시대는 초년에 경험하는 시대와 반대일 가능성이 크다. 다시 말해서 만 일 당신이 최소한 1900년부터 발생한 일들을 제대로 알지 못하고 그것 들이 오늘날 발생하는 일과 유사하게 반복된다는 것도 깨닫지 못한다면 곧 시련에 봉착할 가능성이 매우 크다고 생각한다.

9. 세대별 다른 사고방식의 사이클: 세대별로 경험이 다르기 때문에 사고방식이 다르고, 곧 다른 의사결정으로 이어져 자신의 세대와 다음 세대까지 영향을 미친다. 이는 "부자는 삼대를 가지 못한다From shirtsleeves to shirtsleeves in three generations"라는 속담에 잘 표현되어 있다. 삼대는 장기 부채 사이클과 대략 동일한 기간이다. 하지만 이 사이클도 잘 관리만 하면, 다시 말해 우수한 인적 자원들이 계속 나온다면 그보다 더 긴 세대를 갈 수도 있다. 다양한 장소에서 여러 세대에 걸쳐 발생하는 사고방식의 사이클에 대해서 이 장의 부록에 설명해놓았다.

10. 장기적 편안함보다 단기적 만족 선호: 이것은 사람과 사회의 성공을 결정짓는 또 다른 요인이다. 단기적인 만족보다 장기적 편안함을 선호하는 사람들이 성공할 확률이 높다. 하지만 장기보다는 단기를 선호하는 인간의 본성 때문에 하락 사이클이 더 길어진다. 미래를 희생해서 과실을 미리 따먹기 때문이다. 이는 안 좋은 결과를 낳는데, 대표적인 사례로 부채에 의존한 호황과 불황의 사이클이 있다. 정부는 특히 정치의 속성 때문에 이런 유혹에 취약하다. 구체적으로 말하면 a) 정치인들이 먼 미래보다는 가까운 미래를 우선시하고 b) 예산의 한계에 부딪힌 어려운 선택(예를 들어 국방을 위한 군사력 증강 분야에 집행할 것인지, 아니면 사회복지 프로그램을 우선 집행할 것인지를 선택해야 하는 경우)을 좋아하지 않으며 c) 국민들로부터 더 많은 세금을 거두는 것은 정치적으로 위험하기 때문이다. 이렇게 되면 정치적으로나 기타 다른 면에서나 여러 가지 어려운 상황에 봉착한다.

11. 인류의 창조성: 생산성의 증가와 생활 수준의 향상에서 보듯 인류

의 위대함은 발전하는 능력에 있다. 다른 종과 달리 인류에게는 학습하고 지적 능력을 발전시키는 독특한 기능이 있으며, 발명을 통해 물질적인 환경을 바꾸고 모든 분야의 발전을 이루어낸다. 이 발전으로 1장에서 설명한 위로 뒤집힌 코르크 마개따기처럼 상승하는 추세를 볼 수 있다. 인류에게 이 능력이 없다면 어떤 모습일지에 대해 알고 싶다면 다른 종을 보면 된다. 발명의 능력이 없었다면 아무리 많은 세대가 지나도 우리의 생활은 똑같을 것이다. 새로운 것이 없기 때문에 놀랄 만한 발전도 없을 것이다. 사실 인간의 역사에는 실제로 이런 시기가 있었다. 그러나 창조성 역시 사회에 따라 많은 차이가 있었다. 보다 자세한 정보를 얻고 싶으면 이 장 끝의 부록을 참조하기 바란다.

문화에 의해 좌우되는 결정 요인

12. 옛말에도 있듯이 "문화는 운명이다 Culture is destiny**". 문화적 차이, 즉 자신들이 서로 어떻게 살아야 한다고 믿는 것의 차이는 엄청나다. 모든 사회는 현실을 반영해서 문화를 창조하고 현실에 어떻게 적응해야 하는지, 그중에서도 다른 사람들을 어떻게 대해야 하는지에 대한 가이드라인을 제공한다.** 문화는 공식적, 비공식적으로 각 사회가 작동하도록 작용한다. 예수, 공자, 무함마드, 마하비라, 구루 나나크, 플라톤, 소크라테스, 마르크스 같은 사람들은 유대교 경전과 신약성경, 탈무드, 코란, 역경, 사서오경, 논어, 우파니샤드, 바가바드 기타, 브라흐마나경,《명상록》,《국가》,《형이상학》,《국부론》,《자본론》같은 책을 통해 '어떻게 살 것인가'에 대한 가르침을 주었다. 이들의 가르침과 과학자, 예술가, 정치

인, 외교관, 투자자, 심리학자들의 깨달음 등을 통해 현실을 자각하고 고유의 방식으로 현실에 적용하는 것이 문화를 결정한다.

13. 전 세계를 향한 개방성: 이것은 국력을 나타내는 효과적인 지표가 될 수 있다. 왜냐하면 외부와 단절된 국가는 전 세계의 모범 사례 Best practice**를 배울 수 없고 따라서 경쟁에서 뒤처지기 때문이다. 반면에 세계 최고 수준을 보고 배운 국가는 최고가 될 수 있다.** 고립된 국가는 최고의 경쟁력을 가진 국가와의 경쟁에서 얻을 수 있는 것을 놓친다. 역사에는 자신의 고유문화를 보호하기 위해 고립주의를 선택한 국가(예를 들어 중국 당나라 말기, 청나라 말기, 중화인민공화국 초기, 일본의 에도시대 등)들도 있었고, 자연재해나 내란 때문에 쇄국정책을 선택한 국가들도 있었다. 어느 경우든 신기술 습득에 낙오하며 결과가 좋지 않았다. 사실 제국이나 왕조가 망하는 가장 큰 원인 중 하나가 바로 이런 고립주의 때문이다.

14. 리더십: 지금까지 언급한 모든 항목은 지도자가 누구인지에 따라 달라지는 요소다. 삶이란 체스나 바둑처럼 움직임 하나하나가 어떤 결과를 낳는데, 다른 사람들보다 이것을 특히 잘하는 사람들이 있다(좀 더 먼 미래에는 컴퓨터의 힘을 빌려 움직이겠지만 당분간은 사람이 결정해야 할 것이다). 역사책을 읽다 보면 정치, 학문, 금융과 상업, 예술 같은 주요 부문에 종사하는 몇몇 사람에 의해 때로는 좋은 방향으로, 때로는 끔찍한 방향으로 역사의 흐름이 바뀌었다는 것을 알 수 있다. 세대별로 보면 대략 수백 명의 사람에 의해 모든 변화가 이루어졌다. 주요 분야에서 활동한 핵심 인물들의 역할이 무엇이었는지, 그리고 서로 다른 상황에서 이

들이 어떤 결정을 내렸는지, 그 결과가 우리에게 미친 영향이 무엇인지를 알면 어떻게 이 영구 기관이 움직이는지 알 수 있을 것이다.

개인과 단체의 상호작용에 좌우되는 결정 요인

15. 빈부 격차: 점점 커지는 빈부 격차는 갈등을 키운다. 특히 경제 상황이 좋지 않아 얼마 안 되는 파이를 놓고 경쟁할 때 더욱 갈등이 심화된다.

16. 가치관의 차이: 물질적인 부도 중요하지만 사람들이 꼭 이것만 가지고 싸우지는 않는다. 종교나 이데올로기에 대한 가치관 역시 매우 중요하다. 특히 경제 상황이 좋지 않을 때 격차가 크면 갈등이 더욱 심해지고, 격차가 줄어들면 조화로운 번영의 시기가 온다는 것을 역사를 통해 알 수 있다. 사람은 같은 의견을 공유하는 조직에 속하려는 경향이 있기 때문에 이런 일이 발생한다. 당연히 이들 조직은 공동의 가치관에 맞는 방향으로 움직인다. 문제가 발생했을 때 가치관의 차이가 클수록 갈등은 더욱 심해진다. 다른 집단의 사람들 역시 자신에게 가장 이익이 되도록 행동할 뿐이라는 점을 인정하지 않고 그들을 악마화하는 일이 자주 발생한다.

17. 계급 투쟁: ● 정도의 차이는 있지만 모든 나라에서는 '계급'으로 사람들을 구별했다. 스스로 비슷한 사람들끼리 뭉쳐 계급을 형성하는 경우도 있고, 다른 사람들에 의해 계급이 정해지는 경우도 있었다. 전 인구의 극소수에 해당

하는 서너 개 계급의 사람들이 권력을 독점했다. 계급으로 친구와 협력자 그리고 적이 결정되었다. 원하든 원치 않든 사람들은 어느 계급에 속할 수밖에 없다. 부자와 가난한 사람으로 나누는 것이 가장 흔한 계급 구분 방식이지만 그 외에 인종, 민족, 종교, 성, 생활 방식, 지역(도시와 농촌), 정치적 성향(좌파와 우파) 등으로도 구분한다. 빅 사이클의 초기 단계에 모든 상황이 좋을 때는 계급 간의 갈등 없이 조화롭게 살아가지만, 어려운 시기가 닥치면 갈등은 심해진다. **계급 간의 투쟁은** 5장에서 설명할 **국내 질서에 지대한 영향을 미친다.** 보다 자세한 내용은 부록을 참조하기 바란다.

18. 정치적 좌/우 성향: 모든 사회는 부와 권력이 어떻게 분배되느냐에 따라 정치적으로 좌우가 갈라진다. 정치 성향의 변화는 때로는 평화롭게, 때로는 폭력을 동반하여 발생하지만 변화를 제대로 파악하는 것이 매우 중요하다. 대개는 자본시장, 부, 가치관, 계급 구분의 사이클에 변화가 생기면 정치적 성향에도 변화가 발생한다. 자본시장과 경제가 활성화되면 대개 빈부 격차가 더 커진다. 어떤 사회는 좌파와 우파 사이에서 건전하면서도 꾸준한 균형 상태를 잘 유지하기도 하지만 보통은 양쪽을 왔다 갔다 한다. 이런 변화는 제국의 부상과 쇠퇴 사이클 내에서 약 10년 주기로 발생한다. 빅 사이클의 말기에 발생하는 경제 위기는 때로는 혁명의 전조가 되기도 한다. 보다 자세한 내용은 부록을 참조하길 바란다.

19. 죄수의 딜레마 Prisoner's Dilemma**는 평화로운 방법으로 해결해야 서로 살아남을 수 있다.** 죄수의 딜레마는 게임이론에 나오는 개념으로 두 당사자가 서로 협조할 때는 최선의 결과를 낳지만 개별 당사자의 논리로

는 상대방을 먼저 죽이는 것이 합리적이라는 이론이다. 왜냐하면 상대방이 당신을 공격할지 확실하지 않지만, 당신이 공격하기 전에 상대방이 먼저 공격하는 것이 상대방의 입장에서 가장 이득이 된다는 것을 알고 있으므로 우선은 살아남기 위해 상대방을 공격하는 것이 제일 우선이다. 그러므로 상대방의 공격에 맞서 상호 확증 보장Mutually assured protection 수단을 갖추면 전쟁을 피할 수 있다. 즉 서로 이익을 공유하면서 필수 불가결한 수준의 상호의존 관계를 구축해놓으면 전쟁의 위험을 줄일 수 있다.

20. 공생 Win-Win **관계 또는 공멸**Lose-Lose **관계:** 어떤 관계를 맺느냐는 두 당사자의 결정에 달려 있다. 이는 개인부터 국가까지 모두 해당된다. 기본적으로 협조적인 공생 관계를 가질 것인지, 적대적인 공멸 관계를 선택할 것인지, 즉 적이 될지 우군이 될지는 전적으로 당사자들의 결정에 달려 있다. 보다 명확히 말하면 상대방에게 생존의 위협을 가하지만 않는다면 공생 관계가 유지될 수 있다. 상대방의 생존에 필요한 레드라인Red lines(협상에서 어느 한쪽이 절대 양보하지 않으려는 쟁점이나 요구 사항-옮긴이)이 어떤 것인지 알고 이를 존중해주면 된다. 공생 관계에 있더라도 전통시장의 상인이나 올림픽 대표팀처럼 냉정한 경쟁을 치르기도 한다. 분명히 공생 관계가 공멸 관계보다 좋기는 하지만 타협이 불가능한 의견 차이는 다투는 한이 있더라도 결론을 내야 한다. 이것들은 협상으로 해결될 성질이 아니기 때문이다.

21. 한 국가 내 또는 국가 간의 평화/전쟁 사이클을 움직이는 거대한 힘의 균형 사이클: 힘의 균형 역학은 부와 권력을 얻기 위해 적과 친구를

구분하여 시간, 장소와 상관없이 보편적으로 적용되는 원동력이다. 사실상 이는 사내 정치부터 지역 정치까지, 국내 정치부터 지정학적 관계까지 모든 권력 투쟁에 적용된다. 목적은 상대방을 지배하는 것이지만 지역별로 작동 방법은 다르다. 서양에서는 체스 게임처럼 진행되고, 동양에서는 바둑처럼 펼쳐진다. 힘의 균형 작용은 항상 있었고 지금도 존재하며 일정한 단계를 거쳐 지속적으로 발생할 것이다. 이에 대해서는 국내 질서를 다룬 5장에 자세히 설명을 덧붙여놓았다(국내외 권력 투쟁에 작용하는 역학은 똑같다). 보다 자세한 설명은 부록을 참조하길 바란다.

22. 군사력과 평화/전쟁의 사이클: 역사적으로 독자적인 군사력이든 동맹으로 얻은 군사력이든 강한 군사력은 결과를 좌우하는 매우 중요한 결정 요인이었다. 왜냐하면 단지 군사력이 강하다는 것을 보여주는 것만으로도 위협이 되기도 했지만, 때로는 실제 무력을 행사해야 할 때도 있었기 때문이다. 군사력은 쉽게 관찰 가능하고 측정할 수 있지만, 질적으로도 평가할 수 있다. 국제적으로 군사력이 특히 중요한 이유는 실질적인 사법기관이나 집행기관이 없기 때문이다. 이런 이유로 세계 안에서 자신의 위치를 파악하기 위해 전쟁을 일으키기도 한다. 이에 대해서는 6장의 국제 질서편에서 자세히 다룰 예정이다.

이 모든 결정 요인을 합쳐 내부 질서, 외부 질서 그리고 변화를 결정한다

나는 이 결정 요인들이 작용해서 부와 힘의 수준 그리고 성장과 멸망이 결정되는 사례를 여러 번 보았다. 또한 국민과 지도자가 이로 인해 발생한 상황에 부딪혀 고난을 헤쳐나가는 것도 여러 번 목격했다. 이 결정 요인들이 국내 및 국제 질서를 결정하고 변화를 유발한다.

● **기존 상황의 상호작용으로 새로운 세상을 만들어내듯 국내 질서와 국제 질서는 쉬지 않고 발전하며 세월의 흐름에 따라 이 세상을 앞으로 전진시킨다.**

진화는 합리적인 인과 관계로 인해 발생하는데, 기존의 상황과 결정 요인이 변화를 유발하여 새로운 상황과 결정 요인이 생겨나고 이로 인해 다시 새로운 변화가 일어나는 식이다. 이는 마치 영구 기관에서 물질과 에너지가 상호작용하는 방식과 유사하다. 한정된 상황에서는 한정된 경우의 가능성만 존재하기 때문에 상황을 제대로 파악하고 인과 관계를 정확히 이해하고 있으면 다음 단계에서 어떤 일이 일어날지를 예측하고 현명한 판단을 내리는 능력을 향상할 수 있다.

예를 들어보자. 모든 국가는 각자의 방식으로 지도자를 뽑는다. 미국의 경우 대통령은 헌법에 명시된 민주주의 제도에 따른 투표자들의 선거와 선거 운영 방식에 의해 결정된다. 이 제도가 잘 작동하는지 여부는 이 2가지 모두 얼마나 효율적이냐에 달려 있는데, 이는 또 앞 세대에서 얼마나 효율적으로 체제를 다루고 수정했느냐에 따라 달라진다. 현재 체제를 운영하는 세대는 지금과는 다른 환경에서 성장한 과거 세대와는 다르다. 사람이 다르기 때문에 결과도 달라야 한다.

이 차이를 알아차릴 역사적 능력이 없다면 문제다. 이를 알고 영구 기관의 작동 방식을 이해한다면 공산주의, 파시즘, 전제주의, 민주주의, 그리고 중국의 국가자본주의 등 변형된 형태까지 상이한 이 체제가 어떻게 진화해왔는지 알 수 있을 것이다. 이를 통해 우리는 새로운 국내 질서가 어떻게 부를 분배하고 정부의 정치 권력을 분배해서 진화하고, 어떻게 우리의 삶에 영향을 미칠지를 예상할 수 있다. 이는 사람들이 다른 사람들과 어떻게 살아갈지, 그리고 인간의 본성이 무엇을 선택할지에 따라 좌우된다.

세상의 작동 원리를 간략하게 멘탈 모델을 이용하여 설명했다. 가장 중요한 결정 요인인 부채와 자본시장, 국내 질서, 국제 질서에 대해서는 1부의 나머지 부분에서 보다 자세한 설명을 덧붙이겠다. 또한 조사에 사용했던 방식도 모두 설명하겠다. 하지만 그 파트로 넘어가기 전에 이 장의 끝에 있는 부록을 살펴보길 바란다. 이 장에서 간단히 다룬 결정 요인에 살을 붙여 자세히 설명해 놓았다. 만일 진도가 처지는 느낌이 든다면 생략해도 좋다. 그럴까 봐 부록에 넣었다.

부록

2장에서 나는 더 깊이 들어가 설명할 필요가 있다고 생각되는 몇 가지 개념을 소개했다. 그런데 이것들을 2장 본문에 포함하자니 너무 양이 많을 것 같아서 부록으로 빼놓았다. 혹시라도 자세히 알고 싶으면 참조하기 바란다. 앞부분과 쉽게 연결하기 위하여 각 결정 요인이나 역학 관계를 2장의 순서대로 제목으로 나열하였다.

5. 자신의 이익 추구 Self-interest : **자신의 이익을 추구하는 것은 어떤 개인이나 조직, 정부를 막론하고 가장 중요한 동기 요인이지만 그 '자신'이 누구냐가 중요하다. 개인, 가족, 부족 집단(지역사회), 주, 국가, 제국, 인류, 모든 생물, 우주 중 어떤 것인가?** 다음 도표는 '자신'의 단위를 보여준다. 맨 위가 가장 크고 맨 밑이 가장 작은 단위다. **당신이 속한 사회의 구성원과 당신은 무엇을 위해 기꺼이 죽을 준비가 되어 있는가?**

사람들은 가장 애정을 느끼는 '자기'를 지키기 위해 모든 힘을 쏟을 것이므로 이것이 무엇이냐에 따라 행동이 달라진다. 예를 들어 개인의 안위가 더 중요하다고 생각해 병역을 기피할 때보다는 국가를 위해 자

주요 동적 요인

우주
⇕
모든 생물
⇕
인류
⇕
제국
⇕
국가
⇕
주
⇕
부족
(지역사회)
⇕
가족
⇕
개인

신의 목숨을 희생하겠다고 하면 국가가 더 오래 존재할 가능성이 크다. 국가 내에서 본다면 국가보다 소속집단이 훨씬 중요하다. 그러므로 국가가 더 중요할 때와는 완전히 다른 결과가 발생한다. 이런 이유로 나는 국가 간의 전쟁에 있어 **이런 결정 요인을 특히 중요하게 고려한다.**

여러 나라의 역사를 보면 **구성원과 조직에 가장 적합한 조직 단위가 바뀌는 경우가 많았다.** 1650년* 이전에는 국가보다는 부족과 영토가 더욱 중요했다. 하지만 시간이 가면서 사람들이 가장 중요하게 생각해서

---

* 1648년에 체결된 베스트팔렌 조약Peace of Westphalia으로 오늘날 우리가 아는 주권국가soverign states가 탄생했다.

형성하는 단위 조직이 변했다. 개인과 가족이 모여 부족(즉 지역사회)을 만들고, 부족이 모여 주(예를 들어 조지아주)를, 주들이 모여 국가(예를 들어 미합중국)를 만들며, 하나의 지휘 체계 안에 주와 국가들이 모여 제국(예를 들어 대영제국)을 구성한다. 작은 단위들이 모여 큰 조직이 되는 과정에서 경계선이 바뀌기도 한다. 예를 들어 지난 150년간 유럽에서는 영토가 국가가 되었고, 이들 중 많은 나라가 유럽연합으로 통합되었다. 또한 보다 작은 단위로 분열되기도 했다. 소비에트 연방은 연방을 구성하던 각 나라로 분리되었고, 중동 국가들은 전쟁을 거쳐 부족으로 나눠지기도 했다.

지난 몇 년간 전 세계에는 세계주의자Globalist보다는 민족주의자Nationalist가 더욱 인기를 끌었다. 이 시기 미국에서는 다른 사람들과 공존하는 방법에 대한 생각이 더 다양해지면서 국민들의 응집력이 약해지는 경향이 있었다. 이렇게 의견이 갈라지자 사람들은 자신의 의견과 일치하는 주로 이주하였고, 이런 주들은 미국의 여러 주 중의 하나로서의 역할보다는 개별 단위로서의 역할이 더 중요해졌다. 국내 및 국제 질서의 변화에는 보통 전쟁이 따르게 된다. 질서를 어떻게 새로 수립해야 하는지에 대해 많은 의견 차이가 있기 때문이다. 예를 들어 국가의 권한과 비교했을 때 주정부의 권한을 어디까지 허용하느냐의 문제 같은 것들이다. 이런 혼란을 겪어본 적이 없기 때문에 사람들은 있는 그대로 받아들이지 못한다. 이 같은 변화는 조직의 권리와 의무에도 곧 변화가 발생한다는 징조이기 때문에 제대로 파악하는 것이 중요하다.

생각해보라. 지금 어떤 일이 발생하고 있는가? 통합인가, 분열인가? 어느 단계부터 어느 단계까지 발생 중인가? 이 변화가 당신과 미래에 갖는 의미는 무엇인가?

6. 부와 권력을 획득하고 유지하려는 욕구: 뒷장에 나올 빅 사이클을 제대로 다루기 위해서는 보다 구체적으로 부를 정의하고 선진국이나 후진국에 미치는 영향을 파악하는 것이 필요하다. 다음의 내용을 잘 이해하기 바란다.

부Wealth **＝구매력**Buying power : 미묘한 차이에 신경 쓰지 않는다면 부를 구매력과 동일한 것이라고 보자. 대신 이를 화폐나 신용과 혼동하지는 말자. 화폐와 신용은 가치가 변하기 때문이다. 예를 들어 많은 화폐가 발행되어 신용이 창출된다면 돈의 가치가 떨어지므로 돈을 많이 가지고 있다고 해도 반드시 부, 즉 구매력이 증가하는 것이 아니다.

실질 재산≠금융 재산: 실질 재산은 집, 자동차, 동영상 플랫폼 서비스처럼 구입해서 소유하고 사용하려는 재산이다. 이것은 그 자체로서 가치가 있다. 금융 재산은 금융자산으로 구성되어 있으며 1) 미래에 지속적으로 수익을 가져다주며 2) 언젠가 매각되어 사람들이 선망하는 실질 재산을 구입하는 데 사용된다. 금융 재산 그 자체의 가치는 없다.

부의 창조=생산성 향상: 장기적으로 보면 당신의 부와 구매력은 당신의 생산성에 비례한다. 왜냐하면 실질 재산이나 상속받은 재산은 오래가지 않기 때문이다. 그런 이유로 지속적인 생산이 중요하다. 부자들의 재산을 몰수해서 이에 의존해서 살던 사회는 생산성이 없었고 (1917년 러시아혁명 후의 러시아가 이랬다), 얼마 지나지 않아 빈곤해졌다. 생산성이 약한 사회는 가난하고 힘도 없다. 그런데 소비보다 투자나 인프라에 돈을 쓰면 생산성이 올라간다. 따라서 투자는 확실한 번영의 선행지표다.

부=권력: 돈이 많으면 실물 자산, 다른 사람들의 수고와 충성, 교육, 의료 서비스, 정치, 군사 분야의 영향력 등 원하는 모든 것을 얻을 수 있다. 때문에 부와 권력은 같다. 시대와 장소를 불문하고 부자와 정치가가 공생 관계를 형성해 그들 사이에 맺는 협정이 곧 통치 질서가 되는 경우가 많았다. 새로 부와 권력을 잡은 사람들이 기존 권력자를 무너뜨리면 통치 질서는 바뀐다.

부와 권력은 상호보완적이다. 1717년에 영국 동인도회사British East India Company는 자금을 모은 다음 상업적 수완이 있는 사람과 군사력을 보유한 사람을 팀으로 조직해서 인도 무굴제국Mughal Empire의 황제를 굴복시키고 강제로 문호를 개방하도록 했다. 이 사건으로 영국에 의한 인도의 식민지화가 본격적으로 시작되어 18세기에 제국의 와해가 시작되었다. 그리고 1857년 인도의 독립운동인 세포이 항쟁Indian Rebellion이 실패한 후 무굴제국의 황제는 추방당했고 왕자들은 처형되었다. 이로써 무굴제국은 완전히 멸망했다.

부의 감소=권력의 감소: 어떤 개인이나 조직, 국가 또는 제국이든 구매력을 상실하면 멸망하게 되어 있다. ● **성공하려면 적어도 지출한 만큼 벌어야 한다.** 결국 조금 적게 벌더라도 흑자를 내는 사람이, 많이 벌지만 적자를 보는 사람보다 성공하게 되어 있다. 어떤 개인이나 조직, 국가, 제국도 수입보다 지출이 많으면 비참함과 혼란을 겪는다는 걸 역사는 보여주고 있다. 또한 자립하는 사람의 비율이 높은 사회가 정치, 경제, 사회적인 면에서 보다 안정적임을 알 수 있다.

9. 사고방식의 세대 간 사이클: 한 국가의 성장과 쇠퇴는 다음에 설명하는 단계인 심리적, 경제적 사이클과 일치한다. 이 단계를 확인하면 국민과 지도자의 행동을 파악하는 데 큰 도움이 되기 때문에 나는 항상 각 나라가 어느 단계에 와 있는지 파악하려고 노력한다.

1단계: 국민과 국가 모두 실제로 빈곤하고 스스로도 빈곤하다고 느낀다. 이 단계는 소득이 매우 낮아 간신히 먹고사는 정도다. 그 결과 돈을 매우 소중하게 여겨 낭비하는 법이 없으며, 아무도 빌려주는 사람이 없기 때문에 빚도 없다. 성공 가능성이 큰 사람도 있지만 대부분의 경우 가난과 자원 부족으로 자신을 성장시킬 충분한 교육의 기회를 얻지 못한다. 누가 이 단계를 벗어나 부자가 되느냐는 물려받은 조건과 삶에 대한 태도가 가장 큰 결정 요인으로 작용한다.

얼마나 빨리 이 단계를 탈출하느냐는 문화와 능력에 달려 있다. **나는 이 단계의 국가를 '초기 단계의 신흥국가**Early-stage emerging countries**'라고 이름 붙였다.** 이 단계에서 빨리 벗어나는 국가는 전통적으로 근면하며, 필수 생활비 외에는 모두 저축해서 미래의 불안에 대비하는 국가다. 이 단계에서 다음 단계로 넘어가는 데 보통 한 세대가 걸린다. 40년 전에 시작해서 약 10년 내지 15년 전까지 이 단계에 있던 국가는 '아시아의 호랑이'로 불렸던 홍콩, 싱가포르, 대만, 한국, 그리고 중국이었다.

2단계: 국민과 국가는 부유한데도 스스로 가난하다고 생각한다. 경제적 어려움을 겪으면서 자라온 세대들은 가난의 무서움을 잘 알기 때문에 여전히 열심히 일하고, 수출로 외화를 벌어들이고, 고정환율제를 채택하며, 저축률이 높고, 부동산이나 금 같은 실물자산에 투자하고, 예금을 하거나 외화 표시 채권을 매입한다. 전보다 탄탄한 자본력을 갖추어 인적 자본 개발, 기반 시설 구축, 연구개발처럼 더 생산적인 분야에 투자 한다. 이들 세대는 자식에 대한 교육열이 높아 근면 성실한 태도로 입신 양명하도록 가르친다. 또한 자본시장과 법률 제도 그리고 자원 배분 체 계도 개선한다. 이 시기는 사이클상 생산성이 가장 높은 단계다.

이 단계의 국가들은 급속한 소득 증가와 생산성 증가를 동시에 경험 한다. 생산성 증가는 2가지를 의미하는데 1) 물가 상승률보다 임금 상 승률이 크며 2) 경쟁력이 강화된다는 뜻이다. 이 단계에서 소득 대비 부 채는 크게 증가하지 않으며 오히려 감소하기도 한다. 매우 건강한 시기 이며 적정한 재산권 보호조치만 있다면 이 단계의 국가들은 아주 매력 적인 투자 대상이 될 수 있다. 1단계와 다른 점은 구도시 옆에 휘황찬란 한 신도시가 건설되고, 저축률이 높으며, 소득 수준이 급격히 상승하고, 일반적으로 외환 보유고도 증가한다. **나는 이 단계의 국가를 '후기 신흥 국**Late-stage emerging countries**'이라고 이름 붙였다.** 어떤 국가나 이 단계를 거칠 수 있지만 규모가 큰 국가가 이 단계를 거치고 나면 일반적으로 강 대국으로 진입하는 경우가 많다.

3단계: 국민과 국가 모두 부유하며 스스로도 부유하다고 생각한다. 이 단계는 소득이 높아지기 때문에 인건비가 크게 상승한다. 그러나 전 단계에서 이미 인프라와 자본시장, 연구개발 분야에 투자한 결과가 여 전히 생산성 증가로 이어지기 때문에 높은 생활 수준을 유지할 수 있다. 삶의 지향점이 열심히 일하고 저축해서 어려운 시기에 대비하는 것에 서 멋진 것을 여유 있게 즐기는 것으로 바뀐다. 소비를 늘리는 데 부담 이 없어지며 예술과 학문이 꽃을 피운다. 어려운 시기를 겪어보지 못한 세대가 인구 대부분을 차지하게 되면서 이러한 인생관의 변화가 대세가 된다. 사고방식의 변화에 따라 근로시간이 감소하며(보통 주6일 근무에서 주5일 근무로 바뀐다), 생필품 구입 비용 대비 레저 비용 및 사치품 구입 비용이 대폭 증가한다. 이 단계의 최전성기는 '부흥기Renaissance period'의 초중기라고 볼 수 있다.

큰 국가가 이 단계를 거치고 나면 거의 예외 없이 경제·군사 대국으로 성장한다.* 이들 국가는 자신의 국제적 이해 관계를 투영하고 보호하기 위해 군사력을 증강시킨다. 20세기 중반 이전의 강대국들은 말 그대로 식민지를 정복하고 통제하여 제국을 만들었고, 값싼 노동력과 천연자원을 공급받아 경쟁력을 유지할 수 있었다. 미국이 20세기 초중반 "큰 몽둥이를 들고 부드럽게 말하는Speaking softly and carrying a big stick" 외교 정책을 펴던 시기에 선진국들은 미국의 '영향력'과 각종 국제 협약 덕택에 신흥국 정부와 직접 거래하지 않고도 그들의 값싼 노동력을 이용하고 투자 기회를 활용했다. **나는 이 단계의 국가들을 '최전성기 국가Peak health countries'라고 이름 붙였다. 1950년부터 1965년 사이의 미국이 그랬고, 중국은 이제 그 단계에 진입하는 중이다.** 관건은 강대국을 결정짓는 요인을 얼마나 오래 유지하느냐에 달려 있다.

4단계: 국민과 국가의 현실은 가난한데 스스로는 여전히 부자라고 생각한다. 이 단계에서는 소득보다 부채가 더 많다. 부채 증가의 원인은 1단계와 2단계를 경험한 사람들이 전부 사망했거나 별 역할을 하지 못

---

* 1971년부터 1990년 사이의 일본은 군사력 면에서 예외적인 사례다.

하는 처지로 전락한 반면에 풍요로운 환경에서 성장해서 가난에 대한 근심을 해본 적이 없는 세대가 사회의 중심으로 떠오르기 때문이다. 이런 국가의 근로자는 많이 벌어 많이 쓰기 때문에 인건비가 높고 이로 인해 실질 임금 성장률이 둔화된다. 성장률이 둔화되더라도 소비는 줄일 수 없으니 저축은 줄고 대출이 늘어나면서 질서를 무시하는 사회가 된다. 소비를 줄이지 않으니 계속 부유한 것처럼 보이지만 속사정은 악화되기만 한다. 기반 시설과 금융 상품, 연구개발 분야에 대한 투자의 효율성이 감소되면서 생산성도 감소된다. 도시와 각종 인프라는 이전 단계보다 낙후되고 비효율적이 된다. 경쟁력보다는 과거의 명성에 의지하여 차입을 통해 적자를 메우려 한다. 이 단계의 국가는 자신의 국제적 이해관계를 유지하기 위해 국방력에 많은 돈을 쓰며 전쟁을 일으켜 엄청난 군비를 지출하기도 한다. 항상 그런 것은 아니지만, 이런 국가들은 보통 국제수지와 재정수지가 모두 적자인 '쌍둥이 적자Twin deficit'를 보이며 이 단계가 거의 끝나갈 때 거품이 자주 발생한다.

전쟁** 때문이든, 금융 거품 붕괴 때문이든, 아니면 2가지 모두 때문이든 이 단계의 국가는 부채가 누적되어 비상각Non-depreciated 화폐로는 도저히 상환이 불가능한 지경에 이른다. **나는 이런 단계에 있는 국가를 '초기 쇠퇴 국가Early declining countries'라고 이름 붙였다.** 국가의 크기와 상관없이 어떤 국가든 이 단계를 거칠 수 있지만 만일 강대국이라면 서서히 붕괴되는 단계라고 할 수 있다.

** 제1차 세계대전의 독일과 제2차 세계대전의 영국이 이에 해당하는 전형적인 예다.

5단계 : 국민과 국가가 실제로 가난하고 스스로도 가난하다고 생각한다. 이 단계에서는 더 이상 4단계에서 설명한 인식의 차이 없이 국가가 처한 현실을 뼈저리게 느낀다. 거품이 붕괴되고 디레버리징Deleveraging, 부채 축소이 발생하며 사채 규모가 커진다. 반면에 민간 부문 지출과 자산 가치 그리고 순재산액은 하향 사이클에 편승해 감소한다. 이를 만회하기 위한 국가 채무와 재정 적자 규모가 커지면 중앙은행의 '돈 찍어내기Printing of money'가 늘어난다. 중앙은행과 정부는 실질금리를 내리고 명목 GDP 성장률이 명목 금리를 충분히 상회하도록 조정하여 부채 부담을 줄인다. 이 같은 저금리 정책으로 통화 가치가 절하되어 불황이 발생하면 채권자산과 주식자산Equity asset 수익률이 저조해지며 시간이 갈수록 발전의 초기 단계에 있는 저임금 국가들과 경쟁하게 된다. 이 국가의 통화 가치는 하락하지만 대신 채무 상환이 쉬워지므로 환영받는다. 경제·금융 분야의 약세와 맞물려 전 세계에서 차지하는 위상도 낮아진다. 이 단계의 국가를 **'확실히 쇠퇴하는 국가**Clearly declining countries'**라고 이름 붙였다.** 그럴 일은 거의 없지만 쇠퇴한 제국이 사이클을 완전히 한 바퀴 다 돌고 새로운 전성기를 맞으려면 아주 오랜 시간이 걸린다. 실제로 고대 로마와 그리스는 한 번도 옛 영광을 다시 찾지 못했다. 다만 중국은 몇 번 전성기를 다시 누린 적이 있다.

11. 인류의 창의성: ● **문제 해결 방식을 찾아내어 개선하는 인류의 능력은 매우 뛰어나서 모든 문제를 해결해왔다.** 지식을 망각하기도 하지만 새로 습득하는 지식이 더 많기 때문에 사이클상에 있을 때보다 일시에 습득할 때 더 많이 발전한다. 다른 사람들과 어울려 사는 방법을 다루는 과학, 예술, 철학 등 거의 모든 분야에서 발전이 이루어지는 창조력의 르네상

스 기간은 빅 사이클 중 평화와 번영을 구가하는 구간에서 발생한다. 이 시기는 혁신을 이루기 좋은 시기다.

발명과 발명의 방식은 과거부터 계속 발전해왔지만 변함없는 목표는 기계와 자동화로 인력을 대체하고 전 세계의 사람들을 보다 가깝게 연결하기 위한 것이었다. 새로운 발명과 개선은 늘 존재해왔다. 가장 중요하고 부정할 수 없는 기술 진보의 목적은 인류의 생활 수준을 향상시키는 방향으로 나아가는 것이며, 이것이 향후 어떻게 전개될지는 상상하기 어렵다. 또한 컴퓨터를 이용하면 보다 신속하고 이성적인 의사 결정이 가능하다. 그러나 편리하기는 하지만 이것들도 위험을 내포하고 있다.

● **어떤 사회의 창의력과 혁신의 정도는 생산성을 좌우한다.** 혁신 마인드와 기업가 정신은 경제 발전의 필수 요소다. 혁신이 없다면 생산성 증가는 멈출 것이다. 한 국가의 생산성을 향상하는 혁신은 가격 경쟁력으로 나타나 다른 국가보다 훨씬 매력적인 사업처가 된다.

발명, 발견, 지난번 실수로부터 배우는 개선이야말로 가치 있는 무언가를 배우고 새로운 것을 발견하는 원동력이다. 시장경제에서 혁신을 달성하는 가장 강력한 방법은 새로운 아이디어를 시장에 도입하고 이를 상업화해 이익을 창출하는 것이다. 시장은 믿을 수 없을 만큼 효과적으로 쓸모없는 아이디어를 퇴출하고 좋은 아이디어를 받아들인다. 이런 방식으로 혁신과 상업화는 나란히 진행된다. 이것들은 어떤 사회의 사람들이 새로운 지식과 창조를 소중히 여기는지 아닌지 그리고 상업화를 통해 이익을 창출하도록 동기가 적절히 주어지는지 아닌지를 용케도 잘 파악한다. 다른 말로 하면,

- **혁신 + 상업 정신 + 번성하는 자본시장**
  = 큰 폭의 생산성 향상
  = 부와 권력의 증가

이들 각 결정 요인은 영향력의 차이가 매우 크므로 각각의 영향력을 측정한 뒤 내 모형에 대입했다.

17. 계급 투쟁: 역사가 시작된 이후로 모든 사회에는 지배 계급 또는 엘리트 계급(최상류층)이라고 불리는 소수의 인원이 거의 모든 부와 권력을 통제했다(물론 그 비율은 조금씩 다르다).[*] 이러한 체제의 혜택을 입고 그 제도를 조종하는 사람들은 당연히 부의 집중을 선호하고 유지하려 했다. 부자들은 권력자를 흔들 수 있고, 권력자는 부자들에게 영향력을 행사할 수 있으니 이들 지배 계급과 최상류층은 서로 연합하여 빈부 격차가 더 커지는 한이 있더라도 모든 사람이 법을 준수하며 기존 질서를 유지하길 원한다. 그 결과 국가의 질서는 부와 권력을 가지고 상호 공생적 관계를 유지하는 몇몇 사람들에 의해 유지된다. 비록 그들에게 이익이 되는 질서를 어지럽히지는 않지만, 시간이 지남에 따라 이들 상류층 집단은 부와 권력을 차지하기 위하여 서로 투쟁했으며 부와 권력을 원하는 비엘리트들과도 투쟁했다. 경제 상황이 좋고 모든 사람이 여유가

---

[*] 20세기를 예로 들면 미국의 상위 1퍼센트가 소유한 부의 비율은 1920년대 50퍼센트에서 1970년대 말에는 20퍼센트를 약간 상회하는 수준이었다. 영국의 경우 1900년 70퍼센트였고 1980년대에는 15퍼센트였으며 현재는 20~25퍼센트 정도다(세계불평등데이터베이스World Inequality Database 자료 기준). 이러한 불평등의 기원은 최소 로마공화정시대까지 거슬러 올라간다. 발터 샤이델Walter Scheidel은 그의 저서 《불평등의 역사》에서 이에 대해 설명하고 있다.

있을 때는 권력 다툼도 잦아들지만, 상황이 안 좋아지면 암투가 더욱 심해진다. 그러다가 상환 불가능한 채무, 지독한 불황 그리고 심각한 자연재해가 발생해서 대부분의 국민들이 더 이상 참기 어려워지면 이로 인한 고통과 스트레스, 갈등 때문에 혁명이나 내전이 발생한다.

아리스토텔레스는 "부자와 빈자가 투쟁해서 어느 쪽이 이기든 공정하고 대중적인 정부를 수립하는 대신 정치적 패권 Political supremacy**을 차지한다"고 말했다.**

전통적으로 빅 사이클 초기의 평화와 번영의 시기에는 불공평한 부의 분배가 발생하므로 극히 한정된 소수의 사람이 엄청난 부와 권력을 보유하고 통제한다. 그런 불균형 상태가 지속되다가 불황이 덮쳐 가난하고 힘없는 사람들이 가장 큰 타격을 입게 되면 혁명이나 내란이 발생하여 새로운 질서가 탄생하고 다시 새로운 사이클이 시작된다.

● 시대와 장소를 막론하고 부를 가진 사람들은 부를 생산하는 수단을 가진다. 부자들은 이를 유지하기 위해 규칙을 정하고 이를 강제할 수 있는 권력을 가진 사람들과 결탁한다. 항상 이런 형태로 이어지면서 조금씩 변화해왔고 앞으로도 계속 변할 것이다.

1장에서 설명했지만 13세기부터 19세기 사이에는 1) '군주'가 2) 토지가 곧 자본인 시절에 생산수단인 농토를 소유한 귀족 그리고 3) 군대와 연합하여 전 세계의 질서를 유지했다. 노동자들은 단지 생산 수단의 일부로 간주되었고, 사회 운영 방식에 대해서 기본적으로 어떤 목소리도 낼 권리가 없었다.

서로 접촉이 거의 또는 전혀 없어도 사회는 비슷한 방식으로 변화해왔다. 이는 닥친 상황과 의사결정 방식이 유사하기 때문에 당연한 것이었다.* 지금도 그렇지만 모든 국가는 지배력이 미치는 범위가 국가별, 주별, 도시별로 그 수준이 달랐다. 그러나 시대를 막론하고 단위별로 통치력이 작동하고 상호 교류하는 방식은 항상 일정했다. 왕에게는 그를 대표해서 관리해줄 집단이 필요했다. 그 최상부에 있는 사람들이 각료들이며, 이들은 공무원을 감독하고 정부가 제대로 돌아가도록 여러 가지 일을 시켰다. 오늘날 우리가 보는 관료제는 이런 보편적인 상호작용에 국가별 특징이 가미되어 발전해온 것이다. 예를 들어 왕을 도와주던 대신Minister이 모든 국가에서 총리 및 각 부문의 장관Minister으로 변한 것뿐이다(단, 미국에서는 장관을 'Secretary'라고 부른다).

이런 체제는 부와 권력 투쟁을 통해 다양하면서도 시대에 맞는 방식으로 발전해왔다. 1200년대 영국에서는 왕과 귀족 사이에 권력 투쟁이 발생하여 (권력에 변화가 생길 때 항상 그렇듯이) 처음에는 완만한 속도로 진행되다 갑자기 내란으로 발전했다. 모든 투쟁과 마찬가지로 그 원인은 누가 얼마나 갖느냐를 결정하기 위한 싸움에서 시작되었다. 존 왕의 왕실은 보다 많은 세수를 원했지만 귀족들은 이를 반대했다. 귀족들이 세금 징수권에 어느 정도까지 간섭할 수 있는지에 대해 의견이 달랐고, 이로 인해 내란이 발생한 것이다. 귀족들이 승리하여 권력을 잡게 되자 '위원회Council'를 구성해서 세금 부과 규칙을 정했고, 이것이 나중에 최초의 의회Parliament로 발전해서 오늘날 우리가 알고 있는 영국 의회가 되었다. 1215년에 양자 간의 평화 협정을 명문화한 것이 대헌장Magna Carta

---

* 예를 들면 유사 이래 유럽, 중국, 그리고 거의 모든 국가는 왕과 귀족이 지배 계급을 구성했지만 세부적으로는 조금씩 달랐다. 유럽에서는 교회도 지배 계급에 포함되었고 일본에서는 군주(왕과 귀족), 무사 계급, 그리고 상인 계급(상인들과 장인) 등이 지배층을 형성했다.

이다. 그렇지만 다른 모든 문서와 마찬가지로 대헌장은 별 효력을 발휘하지 못했고, 그 결과 또 다른 내란이 발생하여 귀족과 왕이 부와 권력을 놓고 싸웠다. 존 왕의 아들인 헨리 3세가 권력을 물려받은 후 새로운 대헌장이 발표되었는데, 이번에는 제대로 효력을 발휘했다. 하지만 수십 년 후 또 다른 내란이 발생하여 왕실의 세수입을 삭감하자 헨리 3세는 어쩔 수 없이 귀족들의 요구에 굴복했다. 이런 식으로 왕과 귀족 간의 투쟁이 계속되면서 새로운 질서가 수립되고 발전했다.

15세기부터 17세기 사이에는 부의 원천이 완전히 바뀌게 되었다. 최초에는 포르투갈과 스페인을 중심으로 한 탐험과 식민지 개발로 시작해서 나중에는 주식과 채권으로 대표되는 자본주의의 발달에 힘입어 노동력을 절약해주는 기계가 산업혁명을 촉발했다(특히 네덜란드와 영국이 많은 혜택을 입었다). 이로 인해 토지를 소유한 귀족(부를 소유)과 군주(정치권력을 소유)로부터 자본가(부를 소유)와 국회의원/정부 관료(정치 권력을 소유)로 부와 권력이 이동하게 되었고, 이들의 권력이 막강해졌다. 예외적으로 평화로운 권력 이양을 이룬 곳도 있었지만 거의 모든 국가가 이 과정을 거치면서 고통을 겪었다.

17세기와 18세기에 프랑스는 국왕이 1) 성직자, 2) 귀족, 3) 평민과 권력의 균형을 이루어 통치하고 있었다. 그리고 각 계급에는 대표자들이 있어 투표권을 행사했다. 성직자와 귀족의 두 계급은 인구의 2퍼센트에 불과했으나 98퍼센트를 차지하는 평민 계급보다 더 많은 투표권(나중에는 같아졌다)을 보유하고 있었다. 이 3개 계급으로 이루어진 질서 체제를 앙시앵 레짐Ancien régime('구질서'라는 뜻)이라고 부른다. 그런데 제3의 신분인 평민들이 기존 체제에 환멸을 느끼면서 성직자와 귀족 계급에 반란을 일으켜 권력을 잡게 된다. 1789년 5월 5일에 시작된 사태는 불과 하룻밤 사이에 급속하게 과격해지면서 프랑스혁명French Revolution으로 확대되었다. 당시 전 세계 국가의 지배적인 계급은 대부분 인구 비율상 얼마 되지 않는 왕과 귀족들이었고 이들이 대부분의 부를 점유하였다. 이런 상태가 지속되다 갑자기 내란이 발생하여 기존 질서가 완전히 새로운 질서로 대체된 것이다.

국내 질서가 계급 간의 투쟁을 처리하는 방식은 국가마다 조금씩 달랐지만 진행 방향은 유사했다. (개선을 통해) 점진적이든 (내전이나 혁명을 통해) 급진적이든 변화를 거쳐 현재 각 나라의 질서로 자리 잡았다. 앞으로도 계속해서 점진적/급진적으로 변화해서 새로운 질서를 창조할 것으로 생각한다. 부와 권력을 소유하는 계층은 계속 바뀌지만 그 변화를 유발하는 과정은 오늘날까지도 크게 다르지 않다. 변화는 a) 협상을 통한 평화로운 개혁, 그리고 b) 내란과 혁명을 통한 폭력적인 개혁을 통해 발생한다. 평화로운 개혁은 사이클상 초기에 나타나고, 폭력적인 개혁은 사이클상 후기에 발생한다. 이에 대해서는 합당한 이유가 있는데 뒤에서 살펴보겠다.

개인 간의 투쟁과 비교해서 계급 간의 투쟁은 아무리 강조해도 지나치지 않을 정도로 중요하다. 하지만 '용광로Melting pot'로 간주되는 미국에 살고 있는 우리는 개인 간의 투쟁은 중요하게 생각하지만 계급 간의 투쟁에는 별 관심이 없다. 역사를 폭넓게 공부하고 나서야 계급 간 투쟁의 중요성을 깨달았고 다음과 같은 결론을 도출했다.

● **정도는 다르지만 시대를 막론하고 모든 국가의 국민은 '계급'이라는 틀에 갇혀 있다. 자신과 비슷하다고 생각되는 사람들을 스스로 선택해서 계급을 정할 수도 있고, 다른 사람들이 자신을 어떤 계급에 속한다고 정형화해서 계급이 정해지기도 한다.** 권력은 보통 서너 개의 계급이 나눠 가진다. 누구에게 그

리고 어떤 사람들에게 친밀감을 가지는지, 누구와 주로 어울리는지, 그리고 누구와 가장 비슷한지를 보면 어떤 계급에 속하는지 판단이 선다. 계급에 따라 적과 친구, 협력자가 결정된다. 계층을 구분하는 가장 흔한 방법은 재산의 많고 적음에 따라, 우파(자본가)인지 좌파(사회주의자)인지에 따라 구분하는 방법이 있다. 하지만 그 외에도 인종, 민족, 종교, 성, 생활양식(진보적 또는 보수적) 그리고 사는 곳(도시, 교외, 농촌 등)으로 구분하는 방법도 있다. 일반적으로 사람들은 어떤 계급에 소속되려는 경향이 있으며 상황이 좋으면 각 계급 간의 갈등이 줄어들지만, 상황이 안 좋아지면 계급 간의 투쟁이 심해진다.

미국에는 이런 계층 간의 구분이 거의 없지만, 개인 간의 계급은 여전히 중요하며 경제적인 상황이 나빠져 계급 간의 갈등이 심화되면 개인 간의 갈등이 더욱 부각된다.

상황을 보다 잘 이해하기 위해 간단한 실습을 해보자. 다른 사람들이 당신을 어떻게 생각하는지 알기 위해 다음의 리스트를 보고 답을 해보자. 그다음 당신이 어떤 계급에 속한다고 생각하는지 그리고 누가 당신과 가까운지 스스로에게 물어보라. 어떤 계급이 마음에 안 들고 적대적이라고 생각되는가? 어떤 집단이 지배층이고 어떤 집단이 지배층을 무너뜨릴 혁명 계급인가? 어떤 계급이 상승 중이고, 어떤 계급이 하락 중인가? 이것을 종이에 적어놓고 생각해보는 것도 괜찮을 것이다. 계급 간의 갈등이 심해지면 당신이 어떤 계급에 속해 있느냐에 따라, 또는 다른 사람들이 당신이 어느 집단에 속해 있다고 생각하는지에 따라 누구와 같은 편이고, 누구와 적인지를 구별해서 당신의 행동과 최종 입장이 달라지기 때문이다.

1. 부자인가, 가난한가?

2. 우파, 좌파, 또는 중도인가?

3. 어떤 인종인가?

4. 무슨 민족인가?

5. 어떤 종교를 가졌는가?

6. 성별이 어떻게 되는가?

7. 어떤 생활양식(진보 또는 보수)에 가까운가?

8. 거주지(도시, 교외, 농촌)는 어디인가?

오늘날에도 인구 비율 대비 매우 적은 수의 사람들(위의 분류에서도 일부에만 해당되는 사람들)이 대부분의 부와 권력을 차지하는 '최상류층'으로서 사회를 지배한다. 현재 금융 권력의 대부분은 자본가들이 가지고 있다. 민주주의 체제하의 정치 권력은 유권자에게 있고 전제주의 체제하의 정치 권력은 어떤 절차에 의해 선택된 소수의 사람들이 가지고 있다.* 결국 대부분의 국가에서 이들 지배 계층이 내부 질서를 관할하고 있다. 하지만 이들에 대한 비판이 점점 거세지는 것으로 보아 권력 이동이 진행 중인 것 같다. 미국의 경우 정계와 재계에 점점 다양한 계층의 사람들이 떠오르면서 지각 변동이 일어나고 있다. 이러한 권력 이동은 평화적이냐 폭력적이냐에 따라, 그리고 깔끔하게 처리하느냐 어리석게 처리하느냐에 따라 좋을 수도 있고 나쁠 수도 있다. **기원전 500년경에 살았던 공자 이전 시대의 역사를 공부하며 얻은 시공을 초월한 보편적인 진리는**

---

* 그렇다고 해서 독재자들이 국민에게 아무것도 공개하지 않는다는 말은 아니다. 그렇게 되면 쿠데타가 발생할 수도 있다.

● 물려받은 특권이 아닌 능력을 기준으로 다양한 계층의 인재를 뽑아 중책을 맡기는 사회가 가장 오랫동안 성공을 유지할 수 있다는 것이다. 이는 1) 이런 체제에서 가장 뛰어난 인재를 뽑을 수 있고, 2) 다양한 시각을 가진 인재를 영입할 수 있고 3) 가장 공정해서 사회의 불만을 최소화할 수 있기 때문이다.

국가의 내부 질서는 권력과 부를 위한 투쟁을 통해 미래에도 계속해서 변화할 것이라고 생각한다. 부와 권력의 역학 관계를 파악하는 것은 매우 중요하므로 어떤 계급이 상승 중이고 어떤 계급이 하락 중인지를 이해할 필요가 있다(예를 들면 인공지능과 정보기술 개발자들의 위상이 떠오르는 현상 등). 또한 이러한 지형의 변화로 인해 발생하는 반작용 또한 파악할 필요가 있다.

따라서 유효성이 증명된 영구 기관에 의해 모든 것이 변하고 있다. 이 기계는 공산주의, 파시즘, 전제주의, 민주주의 같은 다양한 체제를 만들어냈고 지금도 만들고 있다. 그리고 중국의 '국가자본주의'처럼 혼합된 형태의 체제도 만들어냈고, 미래에도 새로운 형태의 질서를 만들어 우리의 삶에 지대한 영향을 미치며 부와 권력을 분배할 것이다. 이는 인류가 다른 사람들과 어울려 살아가는 양식 및 인간의 본성에 따른 선택 방향에 따라 달라질 것이다.

18. 정치적인 좌/우의 사이클: 자본주의자(우파)와 사회주의자(좌파)는 추구하는 이익도 다르지만 목숨을 걸고 수호하려는 신념도 다르다. 우파인 자본주의자는 전형적으로 독립심, 근면 성실, 높은 생산성 추구, 정부 간섭 최소화, 사유재산 제도를 옹호하며 각 개인의 선택이 사회적으로나 도덕적으로 옳다고 생각한다. 또한 민간 부문이 공공 부문보다 더 효율적이며, 자본주의가 가장 우수한 체제이고, 자수성가한 부자들이 사

회에 커다란 공헌을 하고 있다고 믿는다. 이들은 생산성이 낮아 이익을 내지 못하는 기업에 보조금을 지급하는 정책을 매우 싫어한다. 그들에게 돈을 번다는 것은 이익을 내서 그에 합당한 대가를 받는 것을 의미한다. 모든 사람들의 공평한 기회나 번영에는 큰 관심이 없다. 대중의 이익이 자신들의 이익과 부합하지 않더라도 크게 문제 삼지 않는다. 예를 들어 높은 수준의 공교육을 제공하는 것은 사회 전반적으로 생산을 늘려 부를 창출하는 데 가장 중요한 요인임에도 불구하고 이들은 크게 중요하게 생각하지 않는다.

반면에 전통적인 좌파 사회주의자는 상호의존, 정부의 지원, 부와 기회의 분배가 도덕적으로 옳으며 사회에도 유익하다는 신념을 가지고 있다. 민간 부문을 운영하는 탐욕스런 자본가들보다는 교사, 소방관, 육체노동자 같은 일반 근로자들이 사회에 더 큰 공헌을 하고 있다고 생각한다. 이들은 파이를 공평하게 나누는 데는 관심이 있지만 파이를 키우는 데는 별 소질이 없다. 돈을 벌기 위해 근로자들을 착취하는 자본가보다는 공무원들이 더 공정하다고 생각해서 정부가 보다 적극적으로 시장에 개입해야 한다고 생각한다.

나는 전 세계의 모든 경제 체제를 다 겪어 보았고 그 결과 ● **돈을 벌어 저축하고 이를 자본시장에 투입하는 것(즉 자본주의)이야말로 사람들의 생활 수준을 향상시킬 수 있는 강력한 동기이며, 자원을 배분하는 수단임을 깨달았다. 그러나 자본주의는 불공정한 빈부의 격차와 기회의 박탈을 유발하여 여러 가지 역효과를 낳고, 불경기와 호경기가 반복되어 안정적이지 못하다는 단점이 있다. 오늘날 각국의 정책입안자에게 가장 중요한 과제는 평등과 안정을 해치지 않고 자본주의에 기반한 경제 체제를 구현해서 생산성과 생활 수준을 향상시키는 것이라고 생각한다.**

21. 한 국가 또는 국가 간의 평화/전쟁 사이클을 움직이는 거대한 힘의 균형 사이클: 역사를 공부하고 조금이나마 직접 겪어 보니 힘의 균형 역학이 사실상 모든 권력 투쟁을 움직이는 요인이라는 점을 알게 되었다. 이는 어떤 조직 내의 사내 정치, 국내 질서를 형성하는 지방 및 중앙정부의 정치, 그리고 국가 간의 질서를 구축하는 국제 정치에도 적용된다. 또한 국내 질서뿐 아니라 국제 질서를 형성하고 변화를 결정하는 데도 똑같이 적용된다. 이는 당시의 질서와 사람들에 따라 전개 양상이 달라지기는 하지만 일반적으로 다음에 설명하는 단계별로 발생한다.

1단계_ 연합의 형성: 힘이 불균형할 때(예를 들어 미국 정치에서 민주당이나 공화당 어느 한쪽이 우세할 때) 힘 있는 당이 약한 당을 이용하고 조정하려 할 것이다. 그러면 약한 당은 강한 세력을 무력화하기 위해 자연스럽게 제3의 당과 연합해서 강한 당과 같거나 보다 우세한 세력을 형성하려 할 것이다. 그리고 제3의 당에는 협조하는 대가로 그들이 원하는 것을 줄 것이다. 이런 식으로 약한 당이 더 강해지면 추월당한 당 역시 다른 당과 연합하여 강한 당을 앞서려 할 것이다. 그 결과 각자의 이해관계가 다르지만 "적의 적은 나의 친구다The enemy of my enemy is my friend"라는 격언이 보여주듯 공통의 적이라는 목표하에 연합전선을 구축한다. 이런 역학 관계는 자연스럽게 서로 다른 집단이 같은 크기의 권력을 나눠 갖도록 해서 균형을 이룬다. 때로는 권력 차이가 너무 커서 다른 당을 와해시키고 주도권을 잡기도 하고, 때로는 당내에서 권력의 차이가 너무 심할 경우 한 계파가 다른 계파를 없애고 당을 장악하기도 한다. 이런 식으로 동맹을 맺고 적을 규정하는 행위는 위로는 국제 관계부터 주, 도시, 조직, 그리고 개인 등 거의 모든 관계에 적용된다. 세계화는 이런 관계에 가장 큰 영향을 미쳐 동맹이나 적의 범위가 더 넓어졌다. 전에는 범위가 좁았지만(예를 들어 유럽 국가들은 유럽의 다른 국가에 대항하기 위해서 연합하고, 아시아는 아시아 국가끼리 연합하는 식이었다) 운송 및 통신수단의 발달로 세계가 상호연결되고 더 큰 규모의 국제적 동맹이 가능해졌다. 이런 이유로 제1차 세계대전과 제2차 세계대전에서 크게 두 개의 동맹으로 나누어 싸웠고 앞으로도 그럴 가능성이 크다.

2단계_ 승자와 패자를 결정하기 위한 전쟁: 큰 전투는 양쪽의 힘이 비슷한데 생존하기 위해 반드시 상대방을 없애야 할 때 발생한다. 힘의 불균형이 심할 때는 보통 큰 전투가 발생하지 않는다. 힘이 약한 쪽이 강한 쪽과 싸워봤자 질 것이 뻔하기 때문이다. 설사 싸운다 해도 소규모에 그칠 가능성이 크다. 그러나 양쪽의 힘이 비슷할 때는 실제 전투가 발생하지 않은 채 교착 상태가 유지된다. 목숨 걸고 싸워서 얻는 이득은 얼마 안 되지만 패했을 때 완전히 멸망할 가능성이 더 크기 때문이다. 예를 들어 미국과 소비에트 연방의 관계에서 보듯 전투보다는 대립 상태가 유지되는 것이다.

대개는 폭력적인 큰 전투가 발생하지만 양측 모두 비폭력적인 교전 규칙을 준수한다면 폭력을 사용하지 않고도 생존이 걸린 문제의 해결이 가능하기도 하다. 예를 들어 2020년 미국 대선에서는 양당의 힘은 비슷했지만, 근본적인 사상이 달라서 충돌이 발생했다. 2021년 1월 6일 미국 국회의사당이 습격당하는 사태가 발생했지만, 헌법에 명시된 대로 평화적 정권 교체가 이루어졌다. 그러나 명확한 규정도 없고, 규정이 있다고 해도 잘 지키지 않으면 참혹한 전투가 발생해 수많은 사람의 목숨을 빼앗을 수도 있다.

3단계_ 승자끼리의 다툼: 연합해서 공동의 적을 물리친 다음에는 승자들 사이에서 권력을 차지하기 위한 투쟁이 발생한다. 그리고 패자들 사이에서도 다음 반격을 위한 투쟁이 발생한다. 나는 힘의 균형을 수립하기 위한 이 단계를 '숙청Purge' 단계라고 이름 붙였다. 역사에는 많은 사례가 있는데 그중에서도 프랑스의 공포 정치Reign of Terror와 러시아의 적색 테러Red Terror가 제일 유명하다. 제2차 세계대전 중 같은 연합군이었던 미국과 소련 사이에도 이와 유사한 일이 발생했다. 또한 중국의 국민당과 공산당의 연합전선도 일본을 몰아내고 전쟁이 끝나자마자 치열한 권력 투쟁을 벌였다. 이렇게 전형적인 힘의 역학을 알면 전쟁이 끝나자마자 극심한 권력 투쟁이 발생한다는 점을 예상할 수 있다. 따라서 같은 당의 다른 계파끼리 권력 투쟁을 벌이는지 항상 예의 주시해야 한다. 새로운 정권이 권력을 잡으면 패배한 정권을 어떻게 처리하는지 지켜보기 바란다. 정치 체제와 지도자에 따라 다른 상황이 펼쳐진다. 미국 등 민주주의 국가에서는 패자가 아무런 해를 입지 않고 제약 없이 활동해서 다시 도전할 수 있지만 냉혹한 독재 국가에서는 무슨 수를 써서라도 패자를 제거해버린다.

4단계_ 평화와 번영의 시기가 계속되지만 결국은 빈부 격차와 부채 과잉이 감당할 수 없을 만큼 커진다. 이런 이유로 역사적으로 평화와 번영을 누리는 가장 좋은 시절은 전쟁이 끝나고 지도자와 권력구조가 명확하게 정립되어 국내나 국제적으로 더 이상 큰 권력 투쟁이 없는 때다. 막강한 세력이 있기 때문에 힘이 없는 다른 세력들도 평화로운 삶을 유지할 수 있는 것이다.

5단계_ 국내 및 국제 관계 모두에서 갈등이 커져 혁명적인 변화가 발생한다. 체제가 공정하고 대다수의 사람들이 자제력을 유지하면서 생산적이면 평화와 번영이 지속될 것이다. 그러나 앞에서 언급한 대로 이 시기에는 빈부 격차가 커지고 부채 버블을 조장하여 번영의 시기는 쇠퇴하고 갈등의 원인이 다양해진다.

이 사이클은 5장과 6장에서 다룰 국내 및 국제 질서 사이클을 따라 움직인다.

3장
통화, 신용, 부채, 경제 활동의 빅 사이클

대부분의 국가와 국민은 부와 권력을 원하지만 화폐와 신용이 부와 권력의 성쇠에 가장 큰 영향을 미친다. 때문에 이 작용을 이해하지 못한다면 체제의 작동 방식을 알 수 없고 결국 당신에게 어떤 일이 닥칠지 알수 없게 된다.

예를 들어 광란의 1920년대가 어떻게 부채 버블과 심각한 부의 격차로 이어졌는지 그리고 거품의 붕괴가 어떻게 1930년과 1933년의 대공황으로 이어져 부를 둘러싼 갈등으로 연결되었는지 이해하지 못한다면 프랭클린 루스벨트가 대통령에 당선된 이유도 이해할 수 없을 것이다. 또한 루스벨트 대통령이 1933년 취임하자마자 중앙정부와 미국 중앙은행인 연방준비제도Federal Reserve, 연준가 공동으로 많은 통화와 신용을 제공하는 새로운 정책을 발표한 이유도 이해할 수 없을 것이다. 이 정책은 당시 많은 국가에서도 실시 중이었고 코로나19 사태가 발생한 오늘날에도 진행되고 있다. 통화와 신용의 작용을 이해하지 못하면 1933년 같은 변화가 발생한 이유도 알 수 없고, 그다음에 무슨 일이 일어났는지(제2차 세계대전), 어떻게 전쟁에서 승리하고 패했는지 그리고 1945년에 새로운 세계 질서가 어떻게 수립되었는지도 이해할 수 없을 것이다. 그러니 이 모든 일의 배후에 있는 역학 구도를 이해하면 지금 발생 중인 일과 미래에 발생할 일을 더 잘 이해할 수 있을 것이다.

전·현직 국가 원수, 외무장관, 재무장관, 중앙은행장 등은 물론이고, 세계 유수의 역사학자, 정치인들과 이야기해보니 각자가 서로 다른 퍼즐 조각을 들고 세상의 작동 원리를 설명하려 노력하고 있다는 것을 알았다. 나는 정치와 지정학적 요소의 작용을 실제적인 측면에서 이해하는 데 부족했고, 이 사람들은 통화와 신용의 작용을 잘 몰랐다. 몇몇은 내게 통화와 신용의 작용에 대한 이해야말로 가장 중요하지만 빠트린 퍼즐 조각이라고 알려주었고, 나는 그들의 시각 덕분에 정치적인 선택에 영향을 주는 역학 관계를 이해할 수 있었다. 이번 장은 통화, 신용, 그리고 경제라는 조각을 중점적으로 다룬다.

우선 통화와 신용을 알아보자.

통화와 신용에 관한 영원하고 보편적인 기본 법칙

● 개인, 기업, 비영리단체, 정부를 막론하고 모든 경제 주체는 과거부터 지금까지 기본적으로 동일한 방식으로 금융 문제를 다루어 왔다. 들어오는 돈(수입)과 나가는 돈(지출)이 있고 그 차액이 자신의 순수익이 된다. 돈의 흐름은 손익계산서상의 숫자로 나타난다. 지출보다 수입이 많으면 이익이 늘어나고 저축을 많이 할 수 있다. 수입보다 지출이 많으면 저축액이 줄어들고 다른 누군가로부터 돈을 빌리거나 빼앗아서 그 차액을 메워야 한다. 만일 부채보다 자산이 많으면(즉 순자산이 많으면) 자산을 매각하

여 소득 이상을 지출할 수 있지만, 매각할 자산이 소진된 다음부터는 비용을 절감해야 한다. 자산보다 부채가 많고 수입으로 운영 경비와 이자 비용을 지불하지 못한다면 비용을 삭감하거나 채무불이행을 선언하거나 채무 구조조정을 해야 한다.

모든 경제 주체의 자산과 부채는 재무상태표에 잘 나타나 있다. 기재 여부와 상관없이 모든 국가, 기업, 비영리단체, 개인은 자산과 부채를 보유하고 있다. 경제학자는 각 경제 주체의 소득, 지출, 저축액을 합해 경제 전체의 소득, 지출, 저축액을 알 수 있다. ● **각 주체들이 재정을 관리하는 방식은 손익계산서와 재무상태표에 반영되어 있으며 이는 국내 및 세계 질서를 변화시키는 가장 큰 요인이다.** 자신의 소득, 지출, 저축을 이해하고 다른 사람들은 어떤지 예측해서 모두 합해 보면 세상이 어떻게 돌아가는지 알 수 있을 것이다.

잠시 자신의 재무 상태가 어떤지 살펴보라. 지출 대비 수입은 얼마이며, 미래의 수입은 어떻게 변할 것 같은가? 저축액은 얼마나 되며, 주로 어느 분야에 투자하고 있는가? 이제 상상해보자. 만일 수입이 감소하거나 없어진다면 저축한 돈으로 얼마나 버틸 수 있는가? 당신의 투자 금액이나 저축액은 가치가 감소할 위험이 없는가? 그 가치가 반으로 줄어든다면 재무 상태에는 어떤 영향을 미칠 것인가? 수월하게 자산을 매각해서 비용이나 이자를 감당할 수 있는가? 정부나 다른 데서 돈을 구할 길이 있는가? 이것은 여러분의 경제적 여유를 확보하는 데 가장 중요한 질문이다. 이제 다른 사람, 기업, 비영리단체, 정부 등 다른 주체들로 눈을 돌려보면 이들도 마찬가지 상황이라는 것을 알 수 있을 것이다. 우리가 서로 어떻게 연결되어 있는지 그리고 상황이 바뀌면 당신과 다른 사람들에게 어떤 일이 생길지 생각해보라. 경제란 모든 경제 주체의 활동을 합친 것이므로 이를 잘 이해하면 어떤 일이 일어나고 있는지, 그리고 무슨 일이 생길지 예상하는 데 도움이 될 것이다.

한 주체의 지출은 다른 주체의 수입이므로 비용 삭감은 해당 주체에도 충격을 주지만, 그 지출로 인해 수입이 발생하던 다른 주체에도 피해를 준다. 마찬가지로, 한 주체의 부채는 다른 주체의 자산이기 때문에 채무불이행 선언은 상대의 자산이 줄어드는 결과를 낳아 결국 지출을 줄이지 않으면 안 된다. 이런 인과 관계로 인해 자동적으로 부채가 줄어들고 경제는 위축되어 축소된 파이를 어떻게 나눌 것인지에 대해 논쟁하는 과정에서 정치적 쟁점으로 번진다.

하나의 법칙으로 ● **부채는 소유권에 우선한다.** 즉 어떤 것보다 부채의 상환을 우선한다는 뜻이다. 예를 들어 집을 한 채 소유하고 있는데(즉 지분을 소유하고 있는데) 주택담보 대출금을 갚지 못하면 그 집은 매각되거나 몰수된다. 다른 말로 하면 채권자는 소유자에 우선해 변제받는다. 그러므로 지출이 소득보다 크고 자산보다 부채가 많다면, 자산을 매각하지 않을 수 없다.

하지만 대부분의 사람이 당연하게 생각하는 것과는 달리, **이 세상에 존재하는 통화와 신용에는 딱히 정해진 양이 없다.** 중앙은행이 쉽게 화폐를 찍어내 신용을 창출할 수 있기 때문이다. 중앙은행이 많은 화폐를 발행해서 신용을 창출하면 구매력이 증가하므로 개인, 기업, 비영리단체, 정부, 모두 이 정책을 환영한다. 늘어난 통화와 신용 덕택에 상품과 서비스, 투자자산의 가격이 상승한다. 이는 동시에 갚아야 할 채무를 만들어 내어 개인, 기업, 비영리단체, 정부는 고통스럽지만 지출을 줄여야 한다. 통화, 신용, 부채, 경제 활동이 본질적으로 사이클을 형성하며 움직이는 원인이 바로 여기에 있다. 신용을 창출하는 국면에서는 재화, 서비스, 투자자산에 대한 수요가 늘어나고 생산도 활발해진다. 그에 반해 부채를 상환해야 하는 국면에서는 수요도 줄고 생산도 둔해진다.

　하지만 부채를 갚지 않아도 된다면 어떻게 될까? 그러면 빚 독촉도 없고 고통스러운 상환 기간도 없을 것이다. 하지만 돈을 받을 수 없기에 채권자에게는 끔찍한 일이 될 것이다. 채권자와 채무자 누구에게도 해를 입히지 않고 이 문제를 해결할 방법이 있는지 잠시 생각해보자. 정부에게는 돈을 만들고 빌릴 능력이 있으니 중앙은행이 0퍼센트대 금리로 정부에게 대출을 해서 경제를 부양하도록 하면 어떨까? 또는 다른 사람들에게도 저금리로 돈을 빌려주고 상환 의무를 면제시켜줄 수는 없을까? 채무자는 일반적으로 최초에 빌린 금액(원금)에 이자를 더해 일정 기간에 걸쳐 분할 상환한다. 그런데 중앙은행은 금리를 0퍼센트로 책정하고 만기 연장 조치로 채무자가 갚을 필요가 없도록 할 수 있다. 그러면 채무자들에게 돈을 무상으로 주는 것과 마찬가지지만 대외적으로는 그렇게 보이지는 않을 것이다. 왜냐하면 그 부채는 여전히 중앙은행이 보유한 자산으로 기재되어 정상적으로 대출 기능을 수행하고 있다고 말할 수 있기 때문이다. **코로나19 사태로 발생한 경제 위기의 여파로 지금 정확하게 똑같은 일이 발생하고 있다. 과거에도 여러 번 이런 일이 있었다. 그럼 누가 그 대가를 지불하는가? 여기서 피해자는 중앙은행 외에 현금이나 채권의 형태로 채권자산을 보유하고 있으며 구매력을 유지할 만큼의 수익을 얻지 못하는 이들이다.**

　우리 세대가 공통으로 직면한 가장 큰 문제는 개인, 기업, 비영리단체, 정부가 지출에 비해 수입이 적고, 보유자산의 가치보다 (연금, 의료보험, 기타 사회보장보험을 지불하기 위한) 부채가 훨씬 많다는 점이다. 그렇게 보이지 않을지도 모른다. 아니, 사실 정확히 그 반대로 보이기도 한다. 왜냐하면 속으로는 파산을 향해 가고 있지만 겉으로는 돈이 많아 보일 수 있기 때문이다. 지출이 많고, 자산도 풍부하며, 심지어 현금도 많으니 부유해 보인다. 하지만 잘 살펴보면 부유해 보일 뿐, 재정적 어려움을 겪는 주체를 쉽게 알아차릴 수 있을 것이다. 이들은 수입보다 지출이 많거나 자산보다 부채가 많거나 또는 2가지 모두에 해당된다. 고통스럽지만 비용을 절감하고 자산을 매각하지 않으면 결국 파산할 것이라고 충분히 예상할 수 있다. 우리 모두는 자신의 재무 상태가 앞으로 어떻게 될지, 우리와 관계있는 다른 경제 주체들의 재무 상태가 어떻게 변할지 그리고 전 세계의 경제가 앞으로 어떻게 전개될지 예측해볼 필요가 있다. 간단히 말해 현재 일부 개인, 기업, 비영리단체, 정부는 **순수익과 자산 가치 대비 부채가 과다하므로 재무 구조상 취약하지만 부채를 일으켜 자금을 집행하므로 그렇게 보이지 않을 뿐이다.**

지금까지 말한 내용 중에 아직도 이해가 잘 안 되는 부분이 있다면 당신의 상황에 대입시켜보라고 권하고 싶다. 일자리를 잃고 가격 하락, 세금, 인플레이션으로 인해 투자자산의 가치가 반토막 나는 경우처럼 최악의 시나리오가 발생했을 때 재무상 버틸 수 있는 한계가 어디까지인지 계산해보라. 그리고 나서 다른 경제 주체들의 경우도 계산해서 모두 합하면 세계 경제의 현주소를 그려볼 수 있을 것이다. 나는 브리지워터 헤지펀드 직원들의 도움을 받아 계산해보니 이것이 미래를 예측하는 데 매우 유용하다는 것을 알게 되었다.*

요약하면 이 같은 기본적인 재무 법칙은 당신과 나뿐 아니라 모든 개

---

* 웹사이트 https://economicprinciples.org에 가면 이에 대한 나의 주장을 여러 논문에서 확인할 수 있다.

인, 기업, 비영리단체, 정부에게 적용되지만, 앞에서 말한 한 가지 경우에는 적용되지 않는다. **국가가 통화와 신용을 뚝딱 창출해서 나누어주거나 빌려주어 소비를 일으키는 경우다.** 중앙은행이 화폐를 찍어내 필요한 사람에게 빌려주면 앞에서 설명한 대로 부채로 인한 위기 상황을 방지할 수 있다. 이런 이유로 나는 앞서 말한 법칙을 다음과 같이 수정한다. ● **부채가 소유권에 우선하지만 중앙은행은 화폐를 발행해서 부채를 상환할 수 있다.** 따라서 부채 위기로 인해 정치적으로 수용 불가능한 수준의 사태가 발생하고 경제적인 고통이 발생하기 전에 정부가 돈을 찍어내는 것은 당연한 일이다.

그러나 각국 정부가 찍어내는 돈이 모두 동일한 가치를 지니는 것은 아니다.

전 세계적으로 널리 통용되는 통화를 기축통화라고 한다. 지금 세계를 지배하는 통화는 미국 중앙은행 격인 연준이 발행하는 미국 달러이다. 그다음으로는 중요도 면에서 떨어지긴 하지만 유럽 국가들의 중앙은행인 유럽중앙은행European Central Bank이 발행하는 유로화이다. 상대적으로 덜 중요한 기축통화로는 일본의 엔화, 영국의 파운드화, 그리고 중요성이 빠르게 부각되고 있는 중국의 위안화 등이 있다.

● **기축통화를 보유한다는 것은 매우 중요하다. 기축통화국 지위를 유지하는 동안 엄청난 차입력과 소비력을 갖게 되며 다른 국가에 비해 국제 무역에서 상당한 우위를 차지하기 때문이다.** 그러나 기축통화국이 되는 것은 향후 기축통화국 지위를 상실할 씨앗을 뿌리는 것과 같다. 기축통화국이 아닐 때 빌릴 수 있는 금액보다 더 많이 빌려 부채 상환을 위한 과도한 통화와 신용 창출로 통화의 가치가 하락하여 기축통화의 지위를 상실하기 때문이다. ● **기축통화를 보유하면 엄청난 구매력과 지정학적 우위를 차지할**

수 있지만 그 지위를 상실하면 타격이 매우 크다.

반면, 비기축통화국은 기축통화(예: 달러) 표시 부채가 많거나 기축통화 표시 예금이 많지 않고 그 통화를 벌어들일 능력이 부족한 경우 기축통화 부족에 시달리게 된다. **이 경우, 기축통화 표시 부채를 상환하거나 기축통화만 받는 판매자로부터 물품을 구입하려고 할 때 기축통화가 부족하면 파산에 이를 수 있다.** 이런 사태는 과거에도 많이 발생했고 지금도 많은 국가에서 발생하고 있다. 이는 주정부, 지방정부, 개인 대다수가 처한 상황이기도 하다. 항상 같은 식으로 이런 상황이 전개되었으므로 작동 원리를 쉽게 알 수 있다.

기본에서 출발해 그 위에 쌓아나가는 방식으로 설명을 시작해보자.

돈은 무엇인가

돈은 교환의 매개 수단이며 동시에 부의 저장 수단이다.

'교환의 매개'라는 말은 물건을 사는 대가로 상대방에게 주는 것이라는 뜻이다. 기본적으로 사람들은 자신이 원하는 재화를 가진 사람들과 교환하기 위해 무언가를 생산한다. 그런데 원하는 재화와 교환하기(즉 물물교환) 위해 매번 물건을 소지하는 것이 불편하므로 사실상 지금까지 존재했던 모든 사회는 화폐Currency라는 형태를 만들었다. 화폐는 휴대하기 편하며 모든 사람이 가치가 있다고 동의했으므로 원하는 것과 교환할 수 있다.

'부의 저장 수단'이라는 말은 부의 취득과 소비 사이에 구매력을 저장하는 수단이라는 뜻이다. 부를 저장하는 가장 큰 이유는 나중에 돈에 대한 권리를 사용하기 위해서지만 어떤 사람들은 가치가 유지되거나 오를 것을 기대하고 금, 은, 보석, 그림, 부동산, 주식, 채권 같은 자산으로 부를 저장하기도 한다. 현금을 들고 있는 것보다 더 좋기도 하고, 필요하면 원하는 것을 사기 위해 아무 때나 현금으로 바꿀 수 있다고 생각하기 때문에 이런 자산에 투자한다. 바로 여기서 신용과 부채의 개념이 등장한다. 돈과 부채의 차이점을 제대로 이해하는 것이 중요하다. 돈은 지불 요구를 해결한다. 즉 청구된 금액을 돈으로 지불하면 끝이다. 반면에 부채는 돈을 지불하겠다는 약속이다.

대출을 해주는 이유는 현금을 들고 있을 때보다 나중에 받게 될 원금과 이자로 더 많은 재화와 서비스를 구입할 수 있다고 믿기 때문이다. 모든 것이 잘 진행되면, 채무자는 빌린 돈을 생산적으로 활용해서 이익을 얻고 채권자에게 상환 후에도 돈을 남길 수 있다. 미상환 상태의 부채는 빌려준 사람에게는 자산(예를 들어 채권)이고, 빌린 사람에게는 채무(즉 빚)다. 대출이 상환되면 자산과 부채는 소멸되고, 생산적인 대출을 통해 이익을 나누었으므로 채권자와 채무자 모두 이익을 본다. 생산성 증가로 이익을 보는 이런 종류의 대출은 사회 전체로 봐도 유익하다.*

대부분의 통화와 신용(특히 요즘 정부가 발행하는 화폐)은 그 자체로는 가치가 없다. 회계장부에 입력하는 기장 항목에 불과하므로 쉽게 금액을 바꿀 수도 있다. 이런 체계의 목적은 효율적인 자원 배분으로 생산성을 향상시켜 채권자와 채무자 모두를 이롭게 하는 것이지만 문제는 주기적으로 무너진다는 것이다. 과거에도 그랬듯 이런 경우 통화의 공급

---

* 채무자는 대개 이자를 지불할 의사가 있으며 이는 채권자들에게 대출 동기를 부여하는 것이지만, 최근에는 금리가 마이너스인 채권자산도 생겼다. 뒤에서 이 이상한 채권에 대해 살펴보겠다.

은 화폐화* 되고 통화 가치는 하락하거나 폭락하여 부의 방향이 크게 바뀌며 경제와 시장에 충격을 준다.

이 모든 사태가 의미하는 것은 결국 부채와 신용이라는 기제가 완벽하지 않다는 것이다. 수요와 공급 그리고 화폐의 가치는 사이클을 이루어 오르기도 하고 내리기도 한다. 올라갈 때는 풍요 속에서 모두 행복해하지만 내려갈 때는 고통 속에 구조조정이 이루어진다.

이 사이클이 어떻게 작동하는지 기초부터 시작해 지금 우리가 처한 상태까지 살펴보자.

돈, 신용, 그리고 부

돈과 신용은 부와 관련이 있지만 부와는 다르다. 돈과 신용으로 부(즉 재화와 서비스)를 살 수 있기 때문에 보유한 돈과 신용의 양이 부의 양과 같은 것처럼 보일 수도 있다. 그러나 단지 돈과 신용을 더 많이 창출한다고 해서 더 많은 부를 쌓는 것은 아니다. 보다 많은 부를 창출하기 위해서는 생산성이 높아야 한다. 돈과 신용의 창출과 부의 창출 간의 관계가 혼동될 때가 있지만 이는 경제의 사이클을 움직이는 가장 큰 원동력이 된다. 이 관계를 좀 더 면밀하게 살펴보자.

일반적으로 돈/신용의 창출과 재화/서비스/투자자산의 창출은 상호강화적 관계에 있기 때문에 양자는 종종 같은 것으로 오해받는다. **하지**

---

* 중앙은행이 화폐를 발행하여 부채를 발생시킨다는 뜻이다.

만 이렇게 생각해보자. 세상에는 실물경제와 금융경제가 있는데 둘은 관련성이 있지만 같지는 않다. 각자 자신만의 고유한 수요와 공급 요인이 있다. 실물경제에서는 생산된 재화와 서비스의 양과 이를 원하는 소비자의 수가 수요와 공급을 결정한다. 재화와 서비스에 대한 수요가 많고 그 수요가 증가하는데 이를 생산할 능력이 부족하다면 실물경제의 성장 능력이 제약받는다. 수요의 증가가 생산능력의 증가보다 빠르면 가격이 상승하고 인플레이션이 발생한다. 이 시점에서 금융경제가 개입한다. 인플레이션이 발생하면 중앙은행이 통화량과 신용을 압박하여 실물경제의 수요를 둔화시킨다. 수요가 충분치 않을 때는 그 반대로 통화와 신용을 풀어 수요를 자극한다. **중앙은행은 통화량과 신용의 공급을 조정함으로써 금융자산과 재화, 서비스에 대한 수요와 공급을 조정할 수 있다.** 그러나 100퍼센트 완벽하게 조정할 수는 없으므로 단기 부채 사이클이 생기고, 우리는 교대로 나타나는 호황과 불황을 통해 이를 체감한다.

그렇다면 당연히 나름의 수요와 공급에 의해 결정되는 돈과 신용의 가치도 고려해야 한다. 수요보다 통화의 공급이 많으면 통화 가치는 하락한다. 이때는 돈과 신용이 어디로 흘러가느냐가 중요해진다. 예를 들어 수요 진작을 촉발하는 여신 부문으로 더 이상 흘러가지 않고 다른 통화와 인플레이션 헤지Inflation-hedge 자산 구입(인플레이션에 의한 통화 가치 하락으로 비롯된 손실을 대비하여 일정한 가치를 갖는 자산을 보유하는 행위 – 옮긴이)에 이용된다면 경제 활동을 진작시키는 역할을 하는 대신 통화 가치를 하락시키고 인플레이션 헤지 자산의 가치를 끌어올리는 역할을 하게 된다. 통화와 신용의 수요보다 많은 공급이 발생하는 이런 시기에는 높은 인플레이션이 발생할 수 있는데 이를 '통화 인플레이션Monetary inflation'이라고 한다. 통화 인플레이션이 재화와 서비스에 대한 수요가 약하고 자산 매각이 발생하는 시기와 동시에 발생하면 실물경제에는 디플레이션이 발생하는데 이를 인플레이션형 불황Inflationary depressions이라고 한다. 그러므로 **향후 실물 부문과 금융 부문에서 일어날 일을 정확히 알기 위해서는 실물경제와 금융경제의 수요와 공급이 어떻게 움직이는지를 주시해야 한다.**

정부가 재정 정책과 통화 정책을 통해 금융자산을 생산하는 방식에 따라 누가 구매력을 갖느냐가 결정되고, 어느 분야에서 집행할지 결정된다. 통화와 신용은 보통 중앙은행에 의해 창출되어 금융자산으로 유입되고 민간 여신 부문은 이를 사람들에게 대출하여 소비를 일으킨다. 그러나 위기가 닥치면 시장에서 결정되지 않고 정부가 통화, 신용, 구매력의 사용처를 정할 수 있다. 이렇게 되면 우리가 아는 자본주의는 정상적인 작동을 멈춘다. 지금 코로나19 상황에서 전 세계적으로 이런 일이 발생하고 있다.

실물경제와 금융경제의 관계가 혼동되듯 재화의 가격과 재화의 가치도 혼동된다. 보통 같이 움직이는 경향이 있기 때문에 동일한 것으로 오인할 수 있다. 사람들이 더 많은 돈과 신용을 갖게 되면 더 많이 지출하려 하고 실제 지출하기 때문에 재화의 가격과 재화의 가치는 같이 움직인다. 지출이 경제적 생산을 증가시키고 재화, 서비스, 금융자산의 가격을 올리면 돈과 신용이 부를 증가시킨다고 말할 수 있다. 왜냐하면 우리가 부를 계산하는 방식으로 측정하면 이미 자산을 소유한 이들이 '더욱 부자'가 되기 때문이다. 그러나 이런 부의 증가는 2가지 이유로 인해 현실보다는 환상에 더 가깝다. 1) 신용으로 자산 가격이 오르고 생산이 증가하면 (다른 모든 조건이 동일하다면) 이를 상환해야 할 때는 그 반대 현

상이 나타난다. 2) 단지 가격이 오른다고 해서 재화의 본질적 가치가 높아지지 않기 때문이다.

이렇게 생각해보자. 만약 당신이 주택을 소유하고 있는데 정부가 많은 돈과 신용을 풀어 주택 수요가 증가해 집값이 올랐다고 하자. 하지만 **당신의 집은 여전히 같은 집이다. 실제 부가 증가한 것은 아니고 계산상의 부만 늘어난 것이다.** 이는 주식, 채권 등 다른 투자자산에도 마찬가지로 적용된다. 계산상의 부는 증가하지만 당신이 보유한 자산은 전과 달라진 것이 없기 때문에 실제 부의 양은 증가하지 않았다. 다시 말해 시장가치로 측정하면 재산이 증가했다는 실체 없는 환상을 갖게 된다는 말이다. **경제가 돌아가는 상황을 파악하는 데 있어 중요한 것은 통화와 신용을 풀면 경기가 부양되지만, 다시 거두어들일 때는 경기가 침체된다는 점이다. 이런 이유로 통화, 신용, 경제 성장이 사이클을 보이며 오르내리는 것이다.**

통화와 신용을 조절하는 중앙은행은 금리와 통화량을 변화시켜 시장과 경기를 조절한다. 경제 성장이 너무 빨라 둔화시키려면 통화와 신용을 거두어들이고 금리를 올린다. 이렇게 되면 대출을 받아 사용하기보다는 대출해주려는 사람들이 많아진다. 경제 성장이 너무 느려 경기를 부양할 필요가 있을 때는 통화량을 늘리고 금리를 내려 사람들이 대출을 받아 투자하거나 소비하도록 만든다. 이처럼 통화량과 금리를 조정하면 재화, 서비스, 투자자산의 가격과 유통량을 조정할 수 있다. 그러나 중앙은행은 통화와 신용을 창출할 수 있는 범위 내에서만 경기를 조절할 수 있으므로 그 능력에는 한계가 있다.

중앙은행이 필요하면 경제에 주입할 수 있는 강장제 주사액을 가지고 있다고 해보자. 시장과 경기가 침체에 빠지면 중앙은행은 통화와 신용

이라는 주사액을 경제에 투입해 경기를 살리고, 시장과 경기가 과열 양상을 보이면 주사액을 줄이거나 끊어버린다. 이러한 중앙은행의 조치는 통화와 신용의 가격과 양, 그리고 재화, 서비스, 금융자산의 가격과 양을 주기적으로 오르내리게 만든다. 이런 변화는 보통 단기 부채 사이클과 장기 부채 사이클의 형태로 나타난다. 단기 부채 사이클의 상승과 하락 국면은 다소 차이는 있지만 보통 약 8년에 걸쳐 나타난다. 강장제가 수요를 일으켜 생산능력 포화 시점까지의 주기를 결정한다. 대부분의 사람은 '경기 사이클Business cycle'로 알려져 있는 이런 단기 부채 사이클을 많이 경험했기 때문에 잘 안다고 생각해서 영원히 이런 식으로 진행될 것이라는 잘못된 생각을 하게 된다. 장기 부채 사이클은 일반적으로 50년에서 75년에 걸쳐 진행된다(그러므로 그 기간 안에는 6개에서 10개 정도의 단기 부채 사이클이 들어 있다).* 그래서 장기 부채 사이클로 인한 위기를 일생에 한 번 겪을까 말까 하기 때문에 그것이 발생하리라고 생각하는 사람은 거의 없다. 그 결과 장기 부채 사이클로 문제가 발생하면 사람들은 당황하게 되고 많은 피해를 입는다. 현재 후기 단계에 와 있는 장기 부채 사이클은 1944년 뉴햄프셔주 브레턴우즈에서 구상되어 1945년에 시작된 것이다. 그 당시는 제2차 세계대전이 끝나고 달러와 미국 주도의 새로운 세계 질서가 수립된 시기였다.

이런 장기 부채 사이클은 중앙은행이 보유한 주사제 중 남은 양 때문에 발생한다. 사이클은 기존의 과다한 부채가 구조조정되어 중앙은행의 주사액이 병에 꽉 차 있을 때 시작한다. 부채가 늘어나고 주사액이 거의

---

* 사이클 시점은 대략적인 추정치에 불과하며 사이클상 우리의 위치는 시간보다는 조건에 더 좌우된다.

소진되면 사이클이 끝난다. 즉 **중앙은행이 실물경제의 성장을 견인할 통화와 신용을 창출할 능력을 상실할 때 끝난다는 말이다. 역사적으로 중앙정부와 중앙은행은 화폐와 신용을 창출해 자국 통화의 가치를 떨어뜨리고 화폐적 인플레이션을 발생시켜 신용 축소와 경기 위축으로 발생하는 디플레이션을 상쇄했다. 이는 주로 부채 수준이 높고 금리를 적정 수준까지 낮추기 어려우며 통화와 신용의 창출이 실물경제 활동의 증가보다 더 큰 폭으로 금융자산의 가격을 상승시킬 때 발생한다. 이때 채권자산(다른 사람이 현금으로 갚겠다는 약속)을 보유한 사람은 부의 다른 저장 수단으로 갈아타고 싶어 한다. 이렇게 현금과 채권자산으로는 더 이상 부를 증식할 수 없다는 인식이 만연하게 되면 장기 부채 사이클이 끝나고 통화 체제의 구조조정이 다시 시작된다.**

이 사이클은 매우 중요하며 사실상 역사가 시작된 이후 거의 모든 곳에서 일어나기 때문에 이를 이해하고 잘 대처하기 위해 시대를 초월한 보편적 법칙을 수립할 필요가 있다. 하지만 대부분의 사람, 심지어 경제학자도 그런 것이 있는지 잘 모른다. 장기 부채 사이클을 제대로 이해할 수 있을 정도로 크고 다양한 표본을 확보하기 위해서는 장기간 여러 국가를 연구해야 하기 때문이다. 2부에서 그렇게 할 것이다. 즉 역사적으로 가장 중요했던 빅 사이클을 조사해보고 통화와 신용이 교환의 매개와 부의 저장 수단 역할을 제대로 할 때도 있지만 왜 그렇지 못할 때도 있는지도 같이 살펴볼 것이다. 이번 장에서는 모든 사례를 종합해서 빅 사이클의 전형적인 작동 방식을 설명하겠다.

우선 기초부터 시작해 과거부터 현재까지 다루면서 전형적인 장기 부채 사이클의 템플릿을 제시할 것이다. 그렇지만 모든 사이클이 이 템플릿과 동일하게 전개된다는 말은 아니다. 다만 거의 모든 사례가 이 패턴과 유사하게 진행된다.

장기 부채 사이클

장기 부채 사이클은 6단계로 구분된다.

1단계: a) 부채가 적거나 없고 b) 화폐는 '경화'인 상태

직전 사이클에서 발생했던 채무 부담은 구조조정과 부채의 화폐화로 거의 해소되었지만 그 결과(특히 인플레이션) 금과 은, 또는 구리나 니켈 같은 금속 등의 경화로 복귀하거나 경화와 연동시킨다. 예를 들어 화폐 제도가 무너졌던 독일 바이마르공화국은 금으로 표시된 자산과 토지로 보증되고 달러화에 연동되는 화폐 제도를 선택했다. 아르헨티나는 1980년대 경제 위기를 겪은 후 자국 화폐를 달러화에 연동시켰다.

이 단계에서는 거래에 신뢰 또는 신용이 필요 없기 때문에 '경화'인 것이 중요하다. 그래야만 구매자와 판매자가 서로 모르거나 적이라고 할지라도 즉석에서 거래가 가능하다. "금만이 다른 누군가의 부채가 아닌 유일한 금융자산이다Gold is the only financial asset that isn't someone else's liability"라는 말이 있다. 구매자로부터 금화를 받은 경우 이를 녹여 다른 교환에 사용하면 마치 금화를 사용할 때와 거의 같은 가치가 보장된다. 반면 지폐 같은 채권자산은 가치를 보장한다는 약속(쉽게 찍어낼 수 있으니 대단한 약속도 아니지만)에 불과하다. 전쟁이 발발해서 나중에 지불할 의도나 능력이 있는지 신뢰할 수 없을 때도 금화라면 문제없다. 따라서 금은 안전한 교환의 매개이자 부의 저장 수단으로 이용될 수 있다(은도 금보다는 덜하지만 많이 이용된다).

2단계: 경화에 대한 불만으로 화폐 출현(은행권 또는 지폐)

금속 화폐를 대량으로 들고 다니는 것은 위험하고 불편하다. 하지만 신용을 창출하면 채무자와 채권자 모두에게 이익을 주므로, 믿을 만한 주체들이 모여 안전한 곳에 경화를 보관하고 이를 대신할 종이 청구서를 발행하기로 의견을 모은다. 그 주체들이 바로 은행이다. 물론 초기에는 중국의 사찰처럼 사람들이 신뢰할 만한 모든 기관이 그 역할을 했다. **곧 사람들은 이 같은 종이로 된 '지불요구서**Claims on money**'를 마치 그 자체가 돈인 것처럼 취급했다.** 이 청구서를 내밀어 유형자산으로 바꾸거나 거래에 직접 사용할 수 있었기 때문이다. 일반적으로 금이나 은 같은 경화와 연계되기 때문에 '연계통화체제Linked currency system'라고 부른다.

3단계: 부채의 증가

처음에는 은행에 보관된 만큼의 지불요구서만 발행했다. 그런데 지불요구서의 소유자들과 은행들은 신용과 부채라는 새로운 세계를 발견하게 된다. 지불요구서 소유자들은 은행에 이를 빌려주면 그 대가로 이자를 받을 수 있었다. 은행은 더 높은 이자를 내는 타인에게 그 청구서를 빌려주면 수익을 낼 수 있기 때문에 마다할 이유가 없었다. 은행에서 돈을 빌리는 사람들은 전에 갖지 못한 구매력이 생기므로 좋아했다. 전 사회가 대출을 반긴다. 이를 통해 자산 가격이 상승하고 생산이 증가하기 때문이다. 대출과 차입이 점점 반복되고 늘어나면서 유행이 된다. 구입할 수 있는 재화와 서비스의 양보다 지불요구서(채권자산)의 금액이 더 커진다. 결국 은행에 보관된 실제 경화보다 더 많은 지불요구서가 유통된다.

부채를 상환할 만큼의 수입이 없을 때 또는 (현금을 확보하고 재화와 서비스를 살 수 있다는 기대감으로 사들인) 지불요구서 수량이 재화와 서비스의 양보다 더 빨리 증가해서 현금화가 불가능해지면 문제가 생기기 시작한다. 이 2가지 문제는 일반적으로 같이 발생한다.

첫 번째 문제와 관련해 부채를 마이너스 수입 또는 마이너스 자산으로 생각해보라. 부채는 수입과 다른 자산에 우선한다(부채를 상환하면 수입과 자산이 사라진다). 부채에는 선순위적 성격이 있다. 즉 다른 형태의 자산보다 먼저 처분된다는 뜻이다. 따라서 소득과 자산 가치가 하락할 때 필요한 현금을 조달하기 위해서는 지출을 줄이고 자산을 매각할 필요가 있다. 그것으로도 부족할 때는 a) 채무조정(이 경우 부채와 부채 부담이 줄기 때문에 채권자와 채무자 모두에게 문제가 된다. 한 사람의 부채는 다른 사람의 자산이기 때문이다), 또는 b) 손익계산서와 재무상태표상의 적자를 메우기 위해 중앙은행은 화폐를 찍어내고 정부는 통화와 신용을 살포하는 행위(현재 일어나고 있는 현상)를 해야 한다.

4단계: 부채 위기, 채무불이행 선언, 통화 가치 하락으로 통화량이 증가하고 경화와 단절 발생

두 번째 문제는 채권자산 보유자들에게 다른 부의 저장 수단 및 비용과 비교해서 적절한 수익이 나오지 않을 때 발생한다. 투자자들이 채권자산을 보유하는 이유는 채권이 부의 저장 수단이며 매각을 통해 현금화하여 재화와 서비스를 살 수 있다고 믿기 때문이다. 그런데 부채자산을 화폐, 재화 및 서비스로 전환할 수 있단 믿음이 사라지면 '인출 사태'가 발생하여 서로 자신의 부채자산을 먼저 화폐, 재화, 서비스, 다른 금융자산으로 전환하려는 요구가 쇄도하게 된다. 그렇게 되면 민간은행과 중앙은행은 대출자산에서 돈이 인출되도록 내버려 두어 금리가 오르고 부채 문제와 경제 문제가 악화되도록 방치하거나, 아니면 채권을 매입하기에 충분한 돈을 공급해 금리 인상을 사전에 막고 인출 사태를 역전시키는 '돈 찍어내기' 중 하나를 선택해야 하는 기로에 놓인다.

보통 중앙은행은 어쩔 수 없이 연계 관계를 끊고 돈을 찍어내 가치를 하락시키는 대책을 선택한다. 그렇게 하지 않으면 매우 고통스러운 디플레이션형 불황이 닥치기 때문이다. 여기서 중요한 것은 통화량을 늘리고 통화 가치를 하락시켜 불황을 타개해야 하지만, 조치가 지나쳐 인플레이션이 발생하지 않도록 조심해야 한다는 점이다. 이 균형이 잘 맞을 때를 '아름다운 디레버리징Beautiful deleveraging'이라고 부르며《레이 달리오의 금융 위기 템플릿》에 보다 자세히 설명해놓았다.

일시적으로 채권자산 매입이 효과를 발휘할 수도 있다. 그러나 지불요구 금액의 비율이 경화와 시중에 존재하는 재화, 서비스보다 훨씬 높다면 은행은 벗어날 수 없는 굴레에 갇히게 된다. 간단히 말해 지불할 경화가 부족한 것이다. 이런 사태가 발생하면 중앙은행은 채무불이행을 선언하거나 경화와의 연계를 끊고 화폐를 발행하여 가치를 하락시키는 조치를 선택해야 한다. 채무구조조정과 통화 가치 하락이 지나치면 경제 위기가 발생해 통화 체제 자체가 붕괴될 수도 있다. 부채(통화, 재화, 서비스에 대한 지불요구) 규모가 클수록 통화의 평가절하 필요성이 커진다.

하지만 재화와 서비스의 양은 경제의 생산능력 범위 내에 한정되어 있음을 잊어서는 안 된다. 또한 지불요구 사례에서 보듯 금 같은 경화는 한정되어 있지만 화폐(경화에 대한 지불요구)와 부채(화폐에 대한 지불요구)는 점점 증가한다는 사실도 기억해야 한다. 지불요구가 커질수록 채권

자산의 보유자는 예상했던 금액의 경화나 재화, 용역으로 돌려받지 못할 위험성이 커진다. 민간은행이든 중앙은행이든, 지불요구액만큼 경화를 보유하고 있지 못하면 문제가 생긴다. 물론 중앙은행은 화폐를 발행하거나 채무를 쉽게 탕감할 수 있도록 법을 바꿀 수 있지만, 민간은행은 그렇게 할 수 없으므로 선택지가 별로 없다. **민간은행은 채무불이행을 선언하거나 정부의 지원을 받는 수밖에 없다. 반면에 중앙은행은 자국 화폐 표시 부채를 50~70퍼센트 수준으로 가치를 하락시킬 수 있다. 하지만 외화 표시 부채인 경우는 결국 채무불이행을 선언하는 수밖에 없다.**

5단계: 법정통화가 발행되고 결국 통화 가치가 하락

중앙은행은 통화와 신용 사이클의 주기를 늘려 가능한 오래 지속되길 원한다. 그것이 다른 상황보다 훨씬 더 낫기 때문이다. 따라서 '경화'와 '지불요구 통화'를 별도로 관리하는 것에 얽매어 경기가 살아나지 않으면 대개 정부는 그 제도를 폐기하고 소위 '법정통화' 체제로 전환한다. 이제 경화는 존재하지 않고 중앙은행이 어떠한 제약 없이 찍어낼 수 있는 '종이돈'만 있을 뿐이다. 그 결과, 중앙은행은 경화 보유량이 부족해서 지불요구에 응하지 못하는 위험이 사라진다. 오히려 금, 은 같은 유형자산을 보유해야 하는 의무에서 벗어난 통화 발행 기관(즉 민간은행과 협조하는 중앙은행)이 재화와 서비스 생산량보다 훨씬 많은 통화, 채권자산, 부채를 발행해서 마침내 채권자들이 이를 재화와 서비스로 교환해 달라고 요구하는 사태가 발생할 위험이 있다. 이는 마치 뱅크런Bank run, 예금 인출 사태과 같은 효과를 가지고 디폴트 선언이나 통화 가치가 하락하는 사태를 초래할 것이다.

가장 최근에 부채 증서를 고정비율로 금과 은 등의 유형자산으로 교환할 수 있는 체제로부터 교환이 불가능한 불태환 체제로 전환한 사건은 1971년 8월 15일 저녁, 미국에서 발생했다. 앞에서도 말했지만, 그날 저녁 닉슨 대통령은 TV 방송에 나와 더 이상 달러가 금에 연동되지 않을 것이라고 발표했다. 나는 주가가 폭락하는 대혼란이 벌어질 것으로 예상했지만 반대로 주가는 상승했다. 한 번도 평가절하를 경험해본 적이 없었으므로 그런 조치가 미치는 영향을 몰랐던 것이다.

1971년 이전에 미국 정부는 '총과 버터 정책Guns and Butter policy', 즉 국방과 사회복지 정책에 많은 돈을 지출하면서 부채를 일으켜 필요한 재원을 마련했다. 그 부채는 요구하면 금으로 내주는 청구권이었다. 이자 수익을 올릴 수 있고 미국 정부가 금고에 보관된 금과 교환할 수 있도록 지불보증을 했기 때문에 투자자들은 이를 자산으로 여겨 구매했다. 정부 지출과 재정 적자가 늘어남에 따라 은행에 보관된 금의 양에 변화가 없음에도 불구하고 미국 정부는 보다 많은 부채를 일으켜야 했다(즉 금을 요구하는 청구가 많아졌다는 뜻이다). 눈치 빠른 투자자들은 미지급된 청구 금액이 은행에 보관된 금의 양보다 훨씬 많다는 사실을 알아차렸다. 이 상태가 계속된다면 미국이 채무불이행을 선언할 것임을 깨달은 투자자들은 부채 증서를 은행에 제출하고 금을 요구했다. 물론 가장 부유하고 강력한 미국 정부가 금에 대한 청구권을 가진 사람들에게 지급 약속을 이행하지 못할 것이라는 생각은 그 당시에는 상상할 수 없었다. 따라서 대부분의 사람은 닉슨 대통령의 발표와 그로 인한 시장의 영향에 놀랐지만, 통화와 신용이 어떻게 작동하는지 아는 사람들은 놀라지 않았다.

신용 사이클이 한계점에 다다르면, 중앙정부와 중앙은행은 경제를 계속 움직이게 하기 위해 많은 부채를 만들고, 재화, 서비스, 투자자산의

구입에 사용할 화폐를 발행한다. 금리가 이미 0퍼센트대를 기록하고 있어 더 이상 내릴 수 없었던 2008년 경제 위기 때도 이런 식으로 대응했다. 코로나19 사태로 경기 침체가 심해진 2020년에는 더 큰 규모로 이런 조치가 취해졌다. 금리가 0퍼센트대였던 1929년과 1932년의 부채 위기 때도 마찬가지였다. 이 글을 쓰고 있는 이 시간에도 제2차 세계대전 이후 가장 큰 규모의 부채와 통화가 창출되고 있다.

확실히 부채를 발생시켜 소비를 자극하는 대신 돈을 찍어내어 소비를 자극하는 정책에는 이점이 있다. 돈이 신용처럼 소비되기는 하지만 이론과 달리 실제로는 안 갚아도 되기 때문이다. 생산적으로 사용될 수만 있다면 신용과 부채를 증가시키는 대신 통화량을 늘려 돈을 나눠주는 것이 나쁠 게 없다는 것이다. 하지만 그렇지 못할 때 리스크가 발생한다. 즉 너무 많은 돈을 찍어냈지만 생산적으로 사용되지 못한다면 사람들은 부의 저장 수단으로 해당 통화를 버리고 다른 통화로 갈아탈 것이다.

역사를 보면 ● **그 어떤 정부도 개인을 재정적으로 보호해준 적이 없다.** 당신이 그 입장이 되어도 마찬가지겠지만 대부분의 정부는 통화와 신용의 창출자로서 자신들의 특권을 남용해왔다. 그 이유는 어떤 정부도 사이클 전체를 책임질 정도로 길게 유지되지 않기 때문이다. 각 정부는 사이클의 한 시점에 출범해서 주어진 여건하에서 가장 정부에 이익이 되며 가장 최선이라고 생각하는 정책을 편다(이 정책에는 약속을 지키지 않는 행위도 포함된다. 물론 이로 인해 전체 사이클에 안 좋은 영향을 미치기는 하겠지만).

사이클의 초기에는 그 어떤 주체보다 정부에 많은 자금이 필요한데 정부는 신뢰할 만하므로 대량의 부채를 발생시켜도 큰 문제가 없다. 그런데 사이클 후반기에 집권한 새로운 지도자와 중앙은행은 부채를 상환해야 하지만 주사액이 별로 남아 있지 않는 어려운 상황에 직면한다. 설상가상으로, 만일 파산하면 체제에 커다란 타격을 줄 수 있는 대기업까지('대마불사Too big to fail'의 믿음이 무너지면 안 되니) 지원해야 한다. 그 결과 정부는 개인, 기업 등 다른 경제 주체들보다 훨씬 더 심각한 현금 흐름상의 문제에 봉착한다.

사실상 모든 경우에 있어 정부는 자신이 최대 채무자가 됨으로써 부채가 쌓이는 원인을 제공한다. 부채 버블이 터지면 자산을 사들이고 화폐를 찍어내 가치를 떨어뜨림으로써 정부와 다른 경제 주체들을 위기에서 구제한다. 부채 위기가 크면 클수록 더욱 그런 경향을 보인다. 바람직하지는 않지만 이런 일이 왜 벌어지는지 이해할 수는 있다. ● **돈과 신용을 창출하고 분배해서 모든 사람이 만족한다면, 그렇게 하고 싶은 유혹을 뿌리치기란 매우 어렵기 때문이다.***이것이 대표적인 재정 정책이다. **역사적으로 지도자들은 자신의 통치 기간이 끝나고 한참 뒤에야 상환 기간이 만료되는 부채를 발생시켜 다음 지도자에게 짐을 떠안겼다.**

정부가 돈을 찍어내 금융자산(대부분 채권)을 구입하면 금리가 낮게 형성되어 대출과 구매 활동이 활발해지고 정부는 적극적으로 투자자들로부터 채권을 구입한다. 금리가 낮으니 투자자, 기업, 개인은 대출을 받아 수익률이 높은 자산에 투자해서 이자를 지불하고도 수익을 얻는다.

이렇게 되면 중앙은행은 더욱 많은 양의 화폐를 발행해서 채권 및 다른 금융자산을 매입한다. 자산 가격은 올라가지만 정말 필요한 사람의

---

* 일부 중앙은행은 정부의 직접적인 통제에서 벗어남으로써 정부가 이런 조치를 취하기 어렵게 만들었다. 하지만 사실상 모든 중앙은행은 어느 시점이 되면 정부를 지원하지 않을 수 없고 따라서 평가절하는 항상 발생한다.

수중에 현금, 신용, 구매력이 돌아가지는 못한다. 이런 현상은 2008년 금융 위기 때 발생했고, 그 뒤로 코로나19 위기가 닥친 오늘날에도 발생하고 있다. 돈을 찍어내 금융자산을 매입했지만 필요한 사람에게 현금과 신용이 돌아가지 않으면 정부는 중앙은행으로부터 돈을 빌려 필요한 곳에 사용한다. 미국 연준이 2020년 4월 9일에 이런 계획을 발표했다. 화폐를 찍어내 부채를 구입(부채의 화폐화)하는 방식은 돈을 가진 사람으로부터 돈이 필요한 사람에게 이전하는 효과적인 조치로, 정치가들은 국민의 분노를 자극하는 세금 부과보다 이 방법을 더 선호한다. **이것이 중앙은행이 항상 화폐를 찍어내 가치를 떨어뜨리는 이유다.**

정부가 돈을 찍어내 부채를 인수하면 돈과 부채의 가치는 떨어지는데, 이것은 기본적으로 이를 소유한 사람에게 세금을 부과하여 돈을 빌린 사람이 유리해지는 것과 마찬가지의 효과가 있다. 현금과 채권자산 보유자들이 상황을 제대로 파악하게 되면 자신의 채권자산을 팔고 돈을 빌려 상환 부담이 적은 다른 채권자산으로 갈아타려 한다. 금, 특정 유형의 주식, 이런 문제가 없는 다른 국가로 자신의 부를 이전시킨다. 이런 시기에 중앙은행은 화폐 발행과 직접 또는 간접적인 방식(예를 들어, 민간은행들이 부채를 인수하게 함으로써)을 통해 채권자산을 인수하는 한편, 인플레이션 헤지 자산, 대안 화폐 Alternative currencies **, 역외로 자산이 유출되는 것을 금하는 조치를 취했다.**

이런 리플레이션Reflation 시기에는 통화와 신용이 팽창하여 (주식시장에 유리한) 또 다른 경기 상승을 유발하거나, 통화 가치를 하락시켜 (금, 원자재, 인플레이션 연계 채권 같은 인플레이션 헤지 자산에 유리한) 통화 인플레이션이 발생한다. 장기 부채 사이클 초기에는 신용이 커지고 경제 성장이 양호할 수 있다. 이는 아직 미지급 부채의 규모가 크지 않고 금리 인하를 통해 경기를 부양할 여력이 있기 때문이다(경기 부양에 실패할 경우 통화 발행과 금융자산 인수라는 대체 수단이 남아 있다). 부채 규모가 크고 경기 부양 수단이 별로 없는 장기 부채 사이클의 후반기에는 경기 약세를 동반한 통화 인플레이션이 발생할 가능성이 커진다.

많은 사람이 화폐는 영원하며 '현금'은 가장 안전한 자산이라고 믿지만 사실 그렇지 않다. ● 모든 화폐는 가치가 하락하다 결국 소멸한다. 이런 사태가 발생하면 현금과 채권(나중에 현금을 받는다는 약속 증서)은 가치가 하락하고 결국 시장에서 사라진다. 많은 돈을 찍어내 부채의 가치를 떨어뜨리는 것이 부채로 인한 부담을 줄이는 가장 간편한 방법이기 때문이다. 부채 부담이 충분히 감소하거나 사라지면 신용/채무 확장 사이클이 다시 시작되는데 이는 다음 장에서 설명하겠다.

내 저서 《레이 달리오의 금융 위기 템플릿》에서 자세히 설명한 대로 **정책입안자에게는 소득 대비 이자 부담을 줄이기 위한 4가지 수단이 있다.**

1. **긴축 정책(지출 축소)**
2. **채무불이행과 부채 조정**
3. **많이 가진 자로부터 그렇지 못한 자에게로 돈과 신용을 이전(예: 세금 인상)**
4. **화폐 발행과 평가절하**

이 수단들을 이용하면 자연스럽게 다음 단계로 넘어간다.

- 긴축은 디플레이션을 유발하고 너무 고통스러워 장기간 시행할 수 없다.

- 채무불이행을 선언하고 채무 조정을 실시하는 것도 디플레이션을 유발하며 고통스럽기는 마찬가지다. 탕감되거나 축소된 부채도 결국 누군가의 자산이기 때문이다. 채무자가 파산하면 채무자의 자산은 몰수되고 채권자는 대손처리로 재산을 상실한다.

- 필요 이상으로 많이 가진 사람으로부터 적게 가진 사람에게 돈과 신용을 이전하는 수단(예: 증세를 통한 부의 재분배)은 정치적으로는 어렵지만 앞선 2가지 정책 수단보다는 견딜 만해 일반적으로 많이 이용된다.

- 다른 정책 수단들에 비해 ● **화폐 발행은 사람들이 잘 모르지만 가장 편리한 수단이므로 채무 조정에 가장 일반적으로 활용된다.** 사실 화폐 발행은 사람들에게 실보다 득이 더 크다. 왜냐하면,

  - 채무로 인한 부담에서 해방되고
  - 누구의 재산을 빼앗아 부가 이전되었는지 명확하지 않고(물론 피해자는 자산 보유자이지만)
  - 대부분의 경우 통화의 평가절하로 부를 측정하므로 자산 가치가 올라가 더욱 부유해진 것처럼 느껴진다.

이것이 코로나19 사태가 발생하자 중앙정부와 중앙은행이 엄청난 양의 돈과 신용을 살포하고 있는 현재의 상황이다. 그런데 돈과 신용이 늘어난다고 해도 불평하는 사람이 없다. 오히려 정부가 더 많은 돈과 신용을 제공하지 않는다면 인색하고 잔인한 정부로 평가받을 것이라고 말하고 있다. 그 누구도 정부는 사실상 나눠줄 돈이 없다는 사실을 인정하지 않는다. 정부는 여기저기 돈을 쌓아놓은 경제 주체가 아니다. 그저 사람들이 모인 집단이며, 결국 이들이 돈을 만들어 뿌린 대가를 치러야 한다. 만일 정부 관료들이 균형 예산을 달성하기 위해 지출을 삭감하고 사람

들에게도 동일한 고통 분담을 요구해서 많은 사람이 파산하고, 세금을 부과하여 더 많이 가진 사람들로부터 못 가진 사람들에게 부를 재분배하려고 한다면 사람들이 어떻게 반응할지 상상해보라. 이것보다는 통화와 신용을 창출하는 정책이 정치적으로 훨씬 받아들이기 쉬울 것이다. 이는 마치 모노폴리Monopoly 게임에서 돈을 다 잃고 파산할 때마다 은행가가 더 많은 돈을 발행해 참가자에게 나눠줄 수 있도록 규칙을 바꾸는 것과 같다.

6단계: 다시 경화로 복귀

지나치게 많은 불태환 화폐를 찍어내면 채권자산의 매각과 앞서 설명한 '뱅크런'이 발생하게 된다. 그 결과 돈과 신용의 가치는 하락하고 해당 통화와 부채를 버리고 다른 것으로 갈아타려고 한다. 실제로 이런 일이 발생하면 사람들은 주로 금, 은, 실질가치가 보장되는 주식 그리고 이런 문제가 없는 다른 국가의 자산 등으로 눈을 돌린다. 새로운 기축통화가 나타나야 이런 부의 이전이 가능하다고 생각하는 사람들도 있다. 그러나 중국의 왕조 시대나 로마제국 시대처럼 대체할 통화가 없을 때도 통화 체제가 붕괴하고 부의 이탈이 발생한 것으로 보아 꼭 그렇지는 않다. 통화 가치가 하락하면 사람들은 다양한 대체통화를 고안해내는데 독일 바이마르공화국에서는 건축용 석재를 이용하기도 했다. 통화 가치가 하락하면 사람들은 해당 통화와 해당 통화로 표시된 채권자산을 버리고 다른 자산으로 이동한다.

일반적으로 이 단계의 부채 사이클에서는 빈부 격차와 가치관의 차이로 인한 경제적 갈등이 생긴다. 이는 조세 부담 증가와 부자와 가난한 사람 간의 갈등을 유발한다. 부자들은 경질자산Hard asset 또는 다른 통화로 갈아타거나 아예 다른 나라로 이주하기도 한다. 통치자는 당연히 이런 사태가 번지는 것을 막으려 한다. 따라서 정부는 (거래와 소유를 불법화해서) 금과 같은 경질자산에 대한 투자를 금지하고, (외환 거래를 불가능하게 해서) 외환 투자를 금지하며, (외환 통제를 통해) 해외 투자를 금지하는 조치를 취한다. 결국 풍부한 유동성과 통화 가치 하락을 통해 부채를 청산하기는 하지만 통화와 채권자산 모두 가치가 떨어지는 결과를 낳는다.

통화 가치 하락과 채무불이행이 너무 심해져 통화와 신용 제도가 붕괴되면 정부는 어떤 형태든 경화를 도입해서 부의 저장 수단으로서 통화에 대한 신뢰를 다시 구축하려 한다. 항상 그런 것은 아니지만 통화를 금이나 경화 기반의 기축통화에 연계시켜 경화 지급을 약속하기도 했다. 이때 경화는 다른 국가의 통화일 때도 있었다. 예를 들어, 지난 수십 년 동안 많은 통화 약세 국가들은 자국 통화를 미국 달러에 연계시키거나 아예 달러를 통화로 채택하기도 했다(즉 달러를 교환의 매개와 부의 저장 수단으로 이용했다는 뜻이다).

복습하자면 미상환 부채가 별로 없는 장기 부채 사이클 초기에는 수익을 창출하는 채권자산을 보유하는 것이 유리하다. 그러나 미상환 부채가 많아지고 통화 가치가 하락하는 사이클의 후반부에는 수익률이 높다고 해도 채권자산을 보유하는 것이 위험하다. 그러므로 채권자산을 보유하는 것은 폭발 전까지는 수익이 나지만 결국엔 터지는 시한폭탄을 들고 가는 것과 비슷하다. 대폭발Big blowup(대규모의 채무불이행이나 큰 폭의 통화 가치 하락)은 50년에서 75년에 한 번 정도 발생한다.

이렇듯 부채를 축적했다가 일시에 상각 처리하는 관행은 수천 년간

지속되었으며 아예 제도로 만들기도 했다. 구약성서에는 50년에 한 번씩 부채를 탕감해주는 희년禧年, Years of Jubilee에 관한 구절이 있다. 부채 사이클이 50년에 한 번씩 찾아오므로 사람들은 이에 맞추어 합당한 준비를 하고 행동했다.

내가 이 책을 쓰는 목적은 당신이 부채 사이클의 원인을 이해하고 아무런 동요 없이 잘 대처하도록 하기 위해서다.

그런데 아이러니하게도 **경화와 유형자산 대비 미지급금이 최대치를 기록하고 폭발에 가까워져 위험해질수록 사람들은 더 안전하다고 느끼는 경향이 있다. 이는 돈을 빌려 그것이 주는 보상을 누려왔기 때문이다.** 부채 리스크가 증가하고 수익이 감소하고 있는데도 **마지막 폭발로부터 시간이 오래 흐를수록 기억이 더 희미해진다.** 시한폭탄을 들고 있는 데 따른 리스크와 수익을 제대로 평가하기 위해서는 부채 상환에 쓰일 경화의 양 대비 상환해야 할 부채 금액, 채무자가 보유한 현금 대비 상환해야 할 부채 금액, 부채로부터 나오는 이자 수익 등을 항상 주시해야 한다.

장기 부채 사이클 요약

지난 수천 년간 3가지 유형의 통화 체제가 존재했다.

유형 1. 경화(예: 금속 화폐)

유형 2. 지폐(경화에 대한 지불요구 화폐)

유형 3. 법정통화

경화에는 제약이 가장 많다. 귀금속이나 본질적 가치가 있는 원자재는 마음대로 만들어낼 수 없기 때문이다. 유형 2의 통화 체제에서는 통화와 신용을 쉽게 창출할 수 있다. 그래서 실제 경화 대비 경화에 대한 지불요구가 많아져 결국 '뱅크런'이 발생하게 된다. 그 결과 a) 채무불이행이 선언되어 은행이 문을 닫아 예금자들은 자신의 경화를 잃게 되고, 또는 b) 통화 가치가 줄어들어 예금자들이 돌려받는 금액이 적어진다. 유형 3의 통화 체제에서는 정부가 얼마든지 통화와 신용을 창출할 수 있다. 단, 통화에 대한 신뢰가 사라지면 더 이상 통화 체제가 작동하지 않는다.

역사를 뒤돌아보면 다른 유형의 통화 체제로 자연스럽게 전환하는 국가들이 많았다. 부채 문제, 전쟁 또는 기타 원인으로 현재보다 더 많은 통화와 신용이 필요하게 되면 국가는 유형 1에서 유형 2로, 유형 2에서 유형 3으로 자연스럽게 이동해서 화폐 발행의 유연성을 확보한다. 한참 후에 통화와 부채가 지나치게 풍부해져 통화 가치가 하락하면 부를 저장했던 통화와 채권자산을 버리고 금 같은 경질자산이나 타국 통화로 갈아탄다. 이와 동시에 빈부 갈등이 심화되어 전쟁이 발발하게 되면 많은 사람이 해외로 탈출한다. 이런 국가들은 부의 저장 수단으로서의 통화에 대한 신뢰를 다시 확립해야 자국의 신용시장을 회복시킬 수 있다.

다음 그림은 이런 유형의 변화를 보여준다. 중국의 송나라부터 독일의 바이마르공화국에 이르기까지 제약 있는 통화(유형 1, 유형 2)에서 불태환 통화 체제(유형 3)로 변경한 후 하이퍼 인플레이션Hyperinflation이 발생하면 다시 제약이 있는 통화 체제로 복귀한 사례는 많다.

이러한 빅 사이클은 일반적으로 50년에서 75년 정도 진행되며, 마지막 단계에서는 채무 조정과 통화 체제의 조정이 이루어진다. 부채와 통

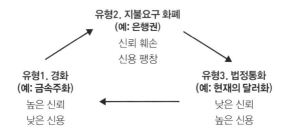

유형2. 지불요구 화폐
(예: 은행권)
신뢰 훼손
신용 팽창

유형1. 경화
(예: 금속주화)
높은 신뢰
낮은 신용

유형3. 법정통화
(예: 현재의 달러화)
낮은 신뢰
높은 신용

화 위기가 발생하면 채무 조정이 급속하게 진행되는데, 정부의 대응에 따라 차이가 나기는 하지만 보통 몇 개월에서 길게는 3년이 걸린다. 그러나 그로 인한 파급 효과는 장기간 지속된다(예를 들어 기축통화 지위를 상실한 경우). 유형별 통화 체제 내에서 보통 두 차례에서 네 차례의 (은행 파산, 대손 처리, 30퍼센트 이상의 통화 가치 하락이 발생할 만큼의) 대규모 부채 위기가 찾아온다. 하지만 이러한 위기는 체제를 완전히 붕괴시킬 정도는 아니다. 나는 지난 50년 동안 많은 국가에 투자했고, 10여 차례 위기를 경험했다. 그 국가들은 모두 같은 과정을 걸었으며, 이에 대해서는 나의 전작《레이 달리오의 금융 위기 템플릿》을 참조하기 바란다.

다음 장에서는 다소 충격적인 과거 사례를 통해 통화 가치가 변하는 원인과 이로 인한 리스크를 보다 자세히 다루겠다.

4장

통화 가치의 변화

이 장에서는 앞에서 설명한 개념들을 보다 면밀하게 살펴보고, 실제 사례와 얼마나 일치하는지도 검토할 것이다. 3장보다 메커니즘을 좀 더 깊이 다루어 일반 독자뿐 아니라 전문 경제학자나 투자자들의 요구도 충족시킬 수 있을 것이다.

앞서 설명했듯, 실물경제와 금융경제는 서로 얽혀 있기는 하지만 같지는 않다. 각자 수급에 영향을 주는 요인들이 다르다. 이 장에서는 금융경제의 수급에 영향을 주는 요인에 더 초점을 맞춰 통화 가치를 결정하는 요인을 살펴볼 것이다. 자산 가치의 상승이나 하락에 대해 신경 쓰는 사람은 많지만 통화 가치의 변동에는 그다지 주의를 기울이지 않는다. 생각해보라. 통화 가치가 하락한다고 걱정하는가? 그런데 주식이나 다른 자산들의 성과에 대해서는 어떤가? 다른 사람들과 마찬가지로 당신도 통화 가치 리스크에는 별 관심이 없다.

이에 대해 알아보자.

모든 통화는 평가절하되거나 가치가 사라진다

1700년 이후 생긴 약 750개의 통화 중에서 약 20퍼센트만이 현재까지 존재하는데 그나마 통화 가치는 모두 하락했다. 1850년의 세계 주요 통화는 오늘날과 전혀 달랐다. 1850년에 달러, 파운드, 스위스 프랑은 존재했지만 당시에 가장 많이 사용되던 통화는 이미 소멸하였다. 당신이 오늘날의 독일 지역에 살고 있었다면 굴덴Gulden이나 탈러Thaler를 사용했을 것이다. 엔화가 생기기 전 일본이라면 대신 코반小判이나 료兩라는 통화를 사용했을 것이다. 이탈리아에서는 6종의 통화 중 한두 개를 사용했을 것이다. 스페인, 중국 등 다른 나라에서도 각기 다른 여러 통화를 사용하고 있었을 것이다. 어떤 통화는 완전히 사라지고(이런 국가들은 대부분은 하이퍼 인플레이션이 발생하거나 전쟁에서 패하여 전쟁 부채가 많은 국가들이었다), 새로운 통화로 대체되기도 했다. 어떤 통화는 새로운 통화로 통합되기도 했다(유럽 각국의 통화는 유로로 통합되었다). 영국 파운드나 미국 달러는 명맥을 유지하긴 했지만 그 가치는 하락했다.

통화는 무엇 대비 평가절하되는가?

돈을 찍어내는 목적은 부채 부담을 줄이기 위해서이므로 부채 금액 대비 통화 가치를 하락시키는 것이 가장 중요하다(즉 채무자가 부채 상환을 쉽게 하도록 부채 금액 대비 통화의 양을 늘린다는 뜻이다). 부채란 나중에 돌려주겠다는 약속이므로 필요한 사람에게 더 많은 통화를 공급하면 부채의 부담을 덜어줄 수 있다. 추가 공급된 통화와 신용이 어디로 흘러가느냐에 따라 그다음에 발생하는 일이 달라진다. **부채 부담이 줄어들며 돈과 신용이 생산성 향상으로 흘러들어가 기업의 수익이 증가하면 실질 주가(물가 상승률이 반영된)가 상승한다.**

　추가 공급된 현금이 채권자산의 실질 및 예상 수익률을 하락시켜 자금이 빠져나오면 금이나 원자재 또는 물가연동채권 등의 인플레이션 헤지 자산이나 (디지털 화폐를 포함한) 기타 화폐로 흘러 들어가게 되어 통화 가치는 더욱 하락한다. 중앙은행은 실질금리(명목 금리에서 물가 상승률을 차감한 금리)가 올라 경제 상황이 나빠져서 국민이 분노하도록 방치하거나, 화폐를 발행해 예금자산과 채권자산을 사들임으로써 실질금리의 상승을 억제하는 방안 중에서 선택해야 한다. 이 경우 중앙은행은 보통 후자를 선택하는데, 그 결과 수익률은 더 낮아진다.

　이런 사태가 장기 부채 사이클의 후반에 발생할수록 통화와 통화 체제가 붕괴될 가능성이 크다. 특히 부채 금액이 너무 커서 요구하는 만큼 재화와 용역으로 지불이 불가하고, 실질금리가 너무 낮아 채권자가 부의 저장 수단으로 채권자산을 보유하려 하지 않으며, 금리 변동으로 자본을 배분하는 정책(재정 정책 1Monetary Policy1, MP1), 또는 통화를 발행해 우량 부채를 인수하는 정책(재정 정책 2MP2)이 제대로 작동하지 않을 경우 체제 붕괴 가능성이 크다. 이렇게 되면 통화 정책이 정치적 해결 방안으로 이용되어 효과적인 자원 분배가 일어나지 않는다.

　평가절하에는 (통화 및 부채 보유자에게는 늘 값비싼 대가를 치르게 하지만) 통화 체제에 유익한 평가절하가 있고 (신용/자본 분배 체계를 교란하지만 새로운 통화 질서를 수립하기 위한 부채 청산에 필요한) 파괴적인 평가절하가 있는데 이 둘의 차이를 구별하는 것이 중요하다.

　그러기 위해 금과 소비자물가지수로 가중평균한 재화 및 서비스의 가

격과 비교해서 통화 가치가 어떻게 변화해왔는지를 보여줄 것이다. 이런 식의 비교가 의미 있는 이유는 금은 시대를 초월하는 보편적 대체통화이고, 통화는 재화와 서비스를 구매하기 위해 존재하므로 결국 가장 중요한 것은 구매력이기 때문이다. 또한 외화와 외화 표시 부채, 주식과도 비교할 것이다. 이들 역시 부의 저장 수단으로서의 역할을 할 수 있기 때문이다. 통화 가치가 큰 폭으로 떨어지면 모든 수단의 역할은 결국 같다. 부동산이나 예술품 같은 것들도 부의 저장 수단 역할을 할 수 있지만 내가 말하려는 요점을 가장 잘 표현하는 수단은 금이다.

금과의 비교

다음 도표는 금과 비교해서 1600년 이후 3대 기축통화의 현물환율 Spot Exchange Rate**을 보여준다.** 이 3가지 기축통화의 환율은 뒤에서 자세히 보

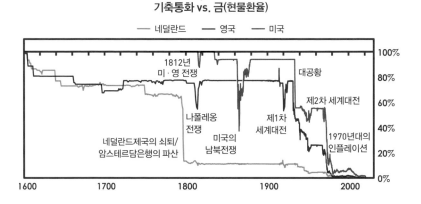

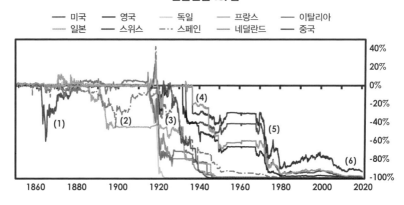

현물환율 vs. 금

— 미국 — 영국 — 독일 — 프랑스 — 이탈리아
--- 일본 — 스위스 -·- 스페인 — 네덜란드 — 중국

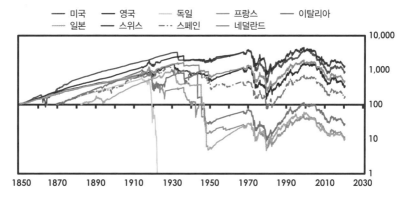

외환수익률 vs. 금(물가연동)[*]

— 미국 — 영국 — 독일 — 프랑스 — 이탈리아
--- 일본 — 스위스 -·- 스페인 — 네덜란드

겠지만 우선은 1850년 이후 모든 주요 통화의 현물환율 수익률과 현금
의 이자 수익률에 집중할 예정이다.

**위의 두 그래프에서 볼 수 있듯이, 오랜 기간 번영과 안정을 누리다가
부채 위기에 직면하면 갑자기 통화 가치의 하락이 발생한다. 역사적으**

---

* 중국은 자료가 부족해서 이 장의 몇몇 도표에는 표시되지 않는다.

로 6번의 커다란 가치 하락 사례가 있었고, 이보다 덜 중요한 사례는 더 많았다.

통화를 보유해서 얻는 수익과 금을 보유해서 얻는 수익을 정확히 비교하기 위해서는 현금이 주는 수익률을 고려해야 한다. 158쪽 아래의 그래프는 주요 통화의 현금 총수익률(즉 환율 변동과 수익률의 합)을 나타낸다. **우리가 주목해야 하는 핵심 요지는 다음과 같다.**

- **큰 폭의 통화 가치 하락은 갑작스럽고 일시적이지만 지속적이지는 않다.** 지난 170년 동안 주요 통화에 대해 6번 큰 폭의 가치 하락이 있었다(기타 통화는 하락 사례가 더 많았다).

- 1860년대 남북전쟁 중 미국은 금태환을 중단하고 (그린백Greenbacks으로 알려진) 화폐를 찍어내 전쟁 비용을 충당했다.

- 1870년대 중반 미국이 이전의 금본위제Gold standard로 복귀한 후, 많은 나라가 금본위제를 채택하면서 제1차 세계대전까지 통화의 대부분은 금에 고정되어 있었다. 단, 일본과 스페인은 예외였다. 일본은 1890년대까지 은본위제Silver-linked standard를 유지했고 이로 인해 1890년대 은 가격이 하락하면서 일본 통화의 환율이 금 대비 평가절하됐다. 스페인은 재정 적자의 확대를 메우기 위해 금태환을 자주 중단했다.

- 제1차 세계대전 참전국들은 중앙은행의 돈 찍어내기와 대출로 전쟁자금을 마련하면서 엄청난 재정 적자에 시달렸다. 외국과의 거래에는 국제적 신뢰 부족(즉 신용 부족)으로 금을 결제 수단으로 이용해야 했다. 종전 후 금과 금에 연동된 승전국 통화로 새로운 금융 질서가 수립되었다.

- 그러나 1919년과 1922년 사이에 패전국들은 통화를 대량 발행하여 가치 하락이 불가피했다. 독일 마르크화와 마르크화 표시 채권은 1920년부터

1923년 사이에 폭락했다. 제2차 세계대전 중에는 군비 조달을 위해 더 많은 양의 통화가 발행되어 가치 하락으로 이어졌다. 일부 승전국도 전후 재건 자금을 조달하기 위해 채무를 지면서 통화 가치가 하락했다.

- 채무 조정이 완료되고 국내 정치와 국제 지정학적 관계에 새로운 질서가 자리 잡으면서, 특히 미국은 1920년대 호황을 맞았고 부채로 인한 버블이 형성되었다.

- 버블은 1929년에 터졌고 중앙은행은 1930년대에 계속해서 화폐를 발행해서 통화 가치를 하락시켰다. 제2차 세계대전이 발발하자 전비를 조달하기 위한 돈 찍어내기는 더욱 심해졌다.

- 전쟁이 마무리된 1944년과 1945년에 새로운 통화 체제가 출범하면서 달러는 금에 연계되고 다른 통화는 달러에 연계되었다. 이 시기에는 중국과 기타 여러 나라뿐 아니라 독일, 일본, 이탈리아의 통화 가치와 채권자산이 급속도로 폭락했고, 승전국의 통화도 대부분 느리기는 했지만 상당한 폭으로 평가절하되었다. 이 체제는 1960년대 후반까지 유지되었다.

- 1968년과 1973년 사이(특히 1971년)에 특히 미국은 과도한 지출과 부채 증가로 금과의 연계를 끊을 수밖에 없었다. 실제 돌려줄 수 있는 양보다 훨씬 많은 양의 금태환 요구가 집중되었기 때문이다.

- 이로 인해 달러 기반의 법정통화 체제가 출범했다. 이 통화 체제는 1970년대에는 인플레이션을 부추겼고, 1980년대에는 부채 위기의 원인이 되었다.

- 2000년 이후에는 금과 비교했을 때 통화의 가치가 하락했다. 그 원인은 대량의 통화와 신용 창출, 인플레이션 대비 낮은 금리 때문이었다. 통화 체제는 완전 변동환율제였기 때문에 과거처럼 갑작스러운 붕괴는 없었으나, 통화 가치는 더욱 지속적, 점진적으로 하락했다. 하지만 화폐와 신용이 증가함에 따라 금리가 너무 낮아져(때로는 마이너스 금리까지 발생했다) 물가 상승

률조차 (낮기는 하지만) 만회하지 못할 정도였다.

이 시기들을 좀 더 자세히 들여다보자.

뒷페이지의 도표에서 볼 수 있듯이, 1850년부터 1913년의 기간에 통화 보유 수익률(단기 대여금 수익률)은 금 수익률 대비 전반적으로 높은 수준이었다. 통화의 대부분은 금이나 은에 고정된 상태를 유지했으므로 채무자와 채권자 모두에게 이익을 가져다주었다. 이 번영의 시기는 2차 산업혁명이라고 불렸으며, 빌린 돈으로 수익을 창출해서 높은 이자를 내고도 상환이 가능했다. 그럼에도 불구하고 사회적으로는 혼란스런 시기였다. 1900년대 초기에는 신용 대출에 의존한 투기적 주식투자 붐이 크게 일어 은행과 증권사의 위기를 초래하기도 했다. 이는 빈부 격차와 여성의 참정권, 노동조합 문제 등 기타 사회 문제로 정치적 긴장감이 고조되던 중에 1907년 금융 공황으로 이어졌다. **자본주의 체제는 위기에 빠졌고 결국 부의 재분배 과정에서 자금을 조달하기 위해 세금을 인상하기 시작했다.** 1913년에는 연방준비위원회가 설립되고 연방소득세가 도입되었다.

멀리 떨어진 중국도 영향을 받았다. (19세기 내내 공황의 원인이 되었던 미국 철도회사 주식의 중국판 버전인) 고무 공장 주식을 위주로 한 주식시장의 거품이 1910년에 터졌다. 어떤 사람들은 이로 인한 경기 침체가 중국 왕조 국가의 종말을 가져왔다고 말하기도 한다.

그러나 이 기간 내내, 대부분의 국가에서는 (지폐를 주화로 교환할 수 있는) 제2유형 통화 체제가 유지되었고, 지폐를 가진 사람들은 평가절하 없이 괜찮은 이자율을 보장받았다. 단, 몇 가지 예외적인 경우도 있

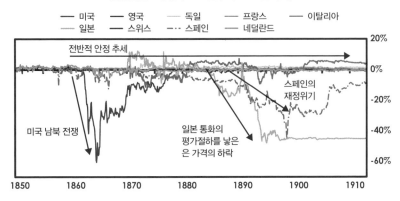

현물환율 vs. 금 (1850년부터 1913년까지)

— 미국　— 영국　— 독일　— 프랑스　— 이탈리아
　일본　— 스위스　-·- 스페인　— 네덜란드

전반적 안정 추세

미국 남북 전쟁

일본 통화의
평가절하를 낮
은 가격의 하락

스페인의
재정위기

20%

0%

-20%

-40%

-60%

1850　1860　1870　1880　1890　1900　1910

없는데 1860년대에 발발한 남북전쟁의 전쟁 자금을 마련하기 위한 미국 달러의 평가절하, 스페인의 국력 약화에 따른 빈번한 평가절하, 1890년 대까지 은본위 통화 체제를 유지했지만 금화 대비 은화의 하락으로 발생한 일본 통화의 급격한 평가절하 등이 그것이다.

1914년 제1차 세계대전이 발발하자 각국은 전쟁 자금을 조달하기 위해 많은 돈을 빌렸다. 이로 인해 전쟁 부채를 청산해야 할 때가 되자 경기가 침체되고 통화 가치가 하락하여 패전국 통화 체제의 붕괴를 초래했다. 종전 후 1918년 파리 강화 회의Paris Peace Conference는 국제연맹League of Nations을 중심으로 새로운 국제 질서를 수립하려 했다. 하지만 이런 노력에도 불구하고 패전국들에 부과된 막대한 전쟁 배상금과 승전국들 사이에 발생한 부채(특히 미국에 진 부채)로 인해 부채 위기와 통화 불안 사태를 피할 수는 없었다.

독일은 통화와 신용의 가치가 완전히 폭락하여 결국 당시 독일이었던 바이마르공화국은 역사상 가장 유명한 하이퍼 인플레이션을 겪게 된다(이는《레이 달리오의 금융 위기 템플릿》에서 자세히 다루었다). 비슷한 기

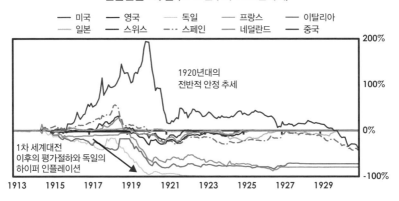

현물환율 vs. 금 (1913년부터 1930년까지)

— 미국　— 영국　… 독일　— 프랑스　— 이탈리아
… 일본　— 스위스　-·- 스페인　— 네덜란드　— 중국

1920년대의
전반적 안정 추세

1차 세계대전
이후의 평가절하와 독일의
하이퍼 인플레이션

간에 스페인 독감이 발생하여 1918년부터 1920년까지 유행했다. 미국을 제외한 사실상 거의 모든 국가는 부채를 화폐화하기 위하여 통화 가치를 하락시켜야만 했다. 그렇게 하지 않으면 세계 시장에서 다른 국가와 경쟁할 수 없었기 때문이었다. 종전 무렵 은 가격이 상승하면서 중국의 은본위 화폐는 금 대비 큰 폭으로 반등했다가 미국의 전후 디플레이션의 영향으로 은 가격이 폭락하면서 자연스레 가치가 하락했다. **전쟁이 끝나고 통화 가치가 하락하면서 1918년 새로운 질서가 수립되자 (특히 미국에서) 광란의 1920년대로 알려진 경기 호황이 시작되었다. 다른 모든 시기와 마찬가지로 이 시기는 그 뒤의 부채 증가, 자산 버블, 그리고 심각한 빈부 격차로 이어진다.**

　1930년대에는 여러 국가에서 동일한 사태가 발생했다. 1930년과 1933년 사이에는 전 세계적 부채 위기로 인해 경제가 위축되어 사실상 모든 국가가 통화를 대량 발행하고 경쟁적으로 평가절하를 실시했다. 이는 통화 가치를 하락시켜 제2차 세계대전이 발발하는 원인으로 작용했다. 또한 부를 차지하기 위한 국내의 갈등은 더욱 격해졌다. 미국은

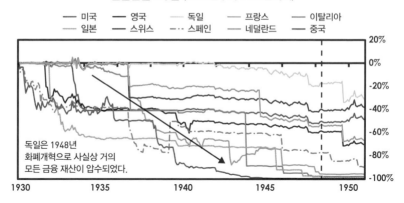

현물환율 vs. 금 (1930년부터 1950년까지)

전쟁 중 금의 형태로 많은 부를 축적했지만, 미국을 제외한 참전국들은 빚더미에 앉게 되었다. 전쟁이 끝난 후, 패전국들(독일, 일본, 이탈리아)은 물론이고 중국에서도 통화 가치와 채권자산 가치가 폭락했고 영국과 프랑스는 승전국임에도 불구하고 상당폭 하락했다. 전후 새로운 질서가 수립되고 번영의 시기가 도래했지만 여기서 이를 자세히 다루지는 않을 것이다. 다만 이 시기의 과도한 차입이 1968년과 1973년 사이에 발생한 대규모 평가절하의 씨앗이 되었다는 점만 언급하겠다.

1950년대 중반까지는 미국 달러와 스위스 프랑만이 1850년대 환율의 절반 이상을 유지한 유일한 통화였다. 다음 도표에서 볼 수 있듯이, 통화의 하락 압력과 금의 상승 압력은 1968년부터 시작된다. **1971년 8월 15일에 닉슨 대통령은 브레턴우즈 체제를 종료하면서 금으로 지급이 보장되는 체제를 포기하고 불태환 체제를 채택했다(이에 대해서는 11장에서 자세히 다룰 예정이다).**

2000년 이후로 금과 비교한 통화 수익률이 점진적으로 감소하고 있고 이는 광범위한 실질금리 하락과 맥을 같이한다.

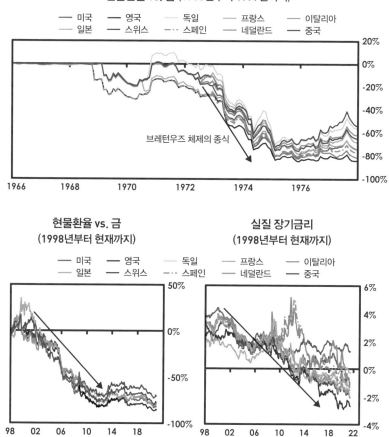

현물환율 vs. 금 (1966년부터 1977년까지)

— 미국　— 영국　독일　— 프랑스　— 이탈리아
일본　— 스위스　-·· 스페인　— 네덜란드　— 중국

브레턴우즈 체제의 종식

**현물환율 vs. 금
(1998년부터 현재까지)**

— 미국　— 영국　독일　— 프랑스　— 이탈리아
일본　— 스위스　-·· 스페인　— 네덜란드　— 중국

**실질 장기금리
(1998년부터 현재까지)**

요약하면 다음과 같다.

- 1850년부터 현재까지 현금의 연평균 이자 수익률은 1.2퍼센트로 각 국가와 시대별로 차이가 크기는 하지만, 금의 평균 실질 수익률인 0.9퍼센트보다 다소 높다.
- 이 기간 동안 현금을 가지고 있었다면 절반의 국가에서는 실질 수익률이 마

1850년 이후 주요 국가의 현금과 금의 수익률(소비자물가지수 대비, 연 수익률)

국가	실질 수익률(소비자물가지수 대비, 연 수익률)					
	1850년~현재		1850년~1912년		1912년~현재	
	국채 투자 수익률	금	국채 투자 수익률	금	국채 투자 수익률	금
영국	1.4%	0.7%	3.1%	−0.1%	0.5%	1.1%
미국	1.6%	0.3%	3.6%	−1.0%	0.4%	1.0%
독일	−12.9%	2.0%	3.0%	−0.9%	−18.2%	3.1%
프랑스	−0.7%	0.6%	2.6%	−0.3%	−2.6%	1.1%
이탈리아	−0.6%	0.3%	4.7%	−0.5%	−2.6%	0.5%
일본	−0.7%	1.0%	5.0%	0.4%	−2.2%	1.2%
스위스	1.5%	0.0%	3.4%	−0.5%	0.5%	0.3%
스페인	1.4%	1.1%	4.5%	0.1%	0.3%	1.5%
네덜란드	1.4%	0.5%	3.3%	0.0%	0.4%	0.7%
중국	—	3.3%	—	—	—	3.3%
평균	1.2%	0.9%	3.6%	−0.3%	−0.1%	1.6%

스위스의 수익률 자료는 1851년 이후이며 독일, 이탈리아, 스페인의 수치는 1870년 이후, 일본의 수익률은 1882년 이후, 중국의 자료는 1926년 이후(1948년부터 1950년은 제외)의 자료이다. 평균값은 재조정되지 않은 수치이며 중국은 계산에서 제외했다.

이너스고 나머지 절반의 국가에서는 플러스였을 것이다. 단, 독일에 있었다면 두 번이나 통화 가치가 완전히 폭락하는 경험을 했을 것이다.

- 이자가 나오는 현금 통화를 보유함으로써 얻는 실질 수익은 대부분의 국가가 금본위제를 채택해서 번영을 구가했던 시기(부채와 상환 부담은 비교적 낮고 소득 증가와 부채 증가율이 거의 비슷했던 2차 산업혁명기)에 왔을 것이다.

- 1912년 이후(불태환 통화 체제 도입 이후) 현금의 실질 수익률은 −0.1퍼센트였다. 같은 시기에 금의 실질 수익률은 1.6퍼센트였다. 이 기간 중 현금을 가지고 있었다면 절반의 국가에서는 실질 수익률이 플러스이고, 나머지 절

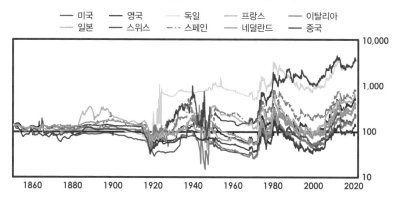

금의 실질 수익률(소비자물가지수 대비, LOG)

― 미국　― 영국　― 독일　― 프랑스　― 이탈리아
― 일본　― 스위스　--· 스페인　― 네덜란드　― 중국

반의 국가에서는 상당한 손실을 기록했을 것이다(프랑스, 이탈리아, 일본에서
는 연 2퍼센트 이상, 독일에서는 하이퍼 인플레이션으로 인해 연 18퍼센트 이상
의 손실을 보았을 것이다).

위의 그래프는 1850년부터 현재까지의 금의 실질 수익률을 보여준다.
1850년부터 1971년 사이에는 금 가격이 상승하여 물가 상승으로 인한
손실을 만회할 만큼의 수익률을 보인다. 물론 상황은 국가마다 상이했
고(예를 들어 독일은 물가 상승률을 훨씬 상회했고, 미국 등 나머지 국가들은
물가 상승률에 채 못 미쳤다), 시기별(예를 들어 1930년대 통화 가치 하락과
브레턴우즈 체제의 초석이 된 제2차 세계대전 중의 평가절하 등)로도 달랐
다. 금은 전후 1971년까지 화폐와 신용이 팽창하는 동안 안정된 가격을
유지했다. 그런 뒤 1971년 통화가 평가절하되고 금과의 연계가 끊어져
제2유형의 통화 체제(금 지급이 보장되는 통화)에서 제3유형의 법정통화
로 전환되었다. 금과의 연계가 끊기자 중앙은행들은 통화와 신용을 무
제한적으로 창출할 수 있게 되었다. 그 결과 물가 상승률은 높아지고 실

질금리는 낮아졌으며 금의 가격은 상승했다. 1980~1981년이 되자 금리가 물가 상승률을 크게 상회하고, 통화 강세와 금의 약세 현상이 나타나 2000년까지 지속되었다. 그러자 중앙은행들이 물가 상승률 대비 금리를 인하했으나, 정상적인 수단으로는 더 이상 금리를 낮출 수 없게 되자 화폐를 찍어내고 금값을 지지하는 금융자산을 인수하였다.

재화와 서비스 대비 현금의 가치

지금까지 우리는 금의 시장 가치 대비 현금의 시장가치를 살펴보았다. 그 과정에서 금이 적절한 가치평가의 기준이 될 수 있는가라는 의문이 든다. **다음 그래프는 재화와 서비스로 구성된 소비자물가지수**CPI **대비 이자 수익 통화의 가치를 보여주며 이를 통해 현금의 구매력 변화를 알 수 있다.** 도표에 명확히 나타나듯 두 차례의 세계대전은 구매력에 매우 큰 악영향을 주었고, 그 이후 구매력이 오르락내리락했다. 통화의 절반

현금 실질 수익률(소비자물가지수 대비)

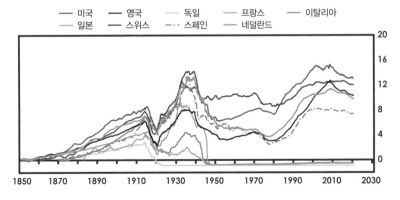

이상은 물가 상승률을 상회할 정도로 수익률이 높았고, 나머지는 낮았다. 각 통화는 모두 평균적으로 약 10년에 걸쳐 큰 변화를 겪었다. 즉 **현금을 부의 저장 수단으로 보유하는 것은 리스크가 매우 큰 행위라는 점을 역사를 통해 확인할 수 있다. 특히 부채 사이클 후반에는 더욱 위험하다.**

평가절하되어 기축통화의 지위를 상실하는 국가들이 보이는 패턴

부채 위기라는 동일한 원인에서 출발하지만 통화 가치가 하락한다고 해서 반드시 기축통화 지위를 상실하는 것은 아니다. 지위 상실은 큰 폭의 통화 가치 하락이 지속적으로 발생할 때 일어난다. 앞서 설명했듯이, 중앙은행이 통화와 신용의 공급을 늘리면 통화와 신용의 가치가 하락한다. 이 자산을 가진 사람들에게는 나쁜 일이지만, 채무자들에게는 좋은 일이다. 이 같은 부채경감 효과로 자금이 기업으로 흘러들어가 생산성을 향상시키고 수익이 증가하면 주가는 상승한다. 그러나 또 한편으로는 현금과 채권자산의 현재 수익률과 미래 수익률을 감소시켜 사람들이 현금과 채권자산에서 탈출해서 인플레이션 헤지자산이나 다른 통화로 갈아탈 수 있다. 이렇게 되면 중앙은행은 화폐를 대량 발행해서 현금과 채권자산을 사들이고, 그 결과 이들의 수익률은 더 나빠진다. 이런 사태가 장기 부채 사이클의 후반부에 발생하면 통화와 통화 체제의 붕괴 가능성이 커진다. 정책 기획자와 투자자들은 통화 체제에 유익한 평가절하와 해로운 평가절하를 구분하는 능력이 있어야 한다.

이 같은 평가절하의 공통점은 무엇인가?

- **2부에서 살펴본 대로 주요국에서는 보유한 경화가 지불요구를 모두 충족시키지 못했기에 전형적인 '뱅크런'을 경험했다.** 경화는 주로 금이었지만 당시는 영국 파운드화가 미국 달러에 연계되어 있었으므로 미국 달러가 경화였다.

- **중앙은행의 금 순보유고는 통화의 평가절하 발생 전부터 감소하기 시작한다.** 때에 따라서는 몇 년 전부터 줄어들기도 한다. 평가절하가 이루어지기 전부터 금태환을 중단한 국가들도 있었다. 영국은 1949년 평가절하 전인 1947년에, 미국은 1971년에 이런 조치를 내렸다.

- **어떤 통화로부터의 탈출과 그 통화의 평가절하는 일반적으로 심각한 부채 문제가 생길 때 발생한다.** 부채 문제는 예를 들면 제4차 영국–네덜란드 전쟁Anglo-Dutch War에 참전한 네덜란드, 세계대전에 참전한 영국, 베트남 전쟁에 참전한 미국처럼 전비 지출 증가로 돈을 찍어낼 수밖에 없는 상황이 닥칠 때 일어난다. 최악의 상황은 전쟁에 패했을 때 발생하는데, 통화와 경제가 완전히 붕괴되어 밑바닥부터 다시 시작하는 상황으로 이어진다. 그러나 승전국도 영국의 경우처럼 자산보다 훨씬 더 큰 부채를 떠안게 되고, 경쟁력마저 후퇴하는 결과를 맞이한다. 또한 서서히 기축통화 지위를 상실한다.

- **중앙은행들이 보이는 전형적인 초기 대응은 단기 금리를 인상하는 것이다. 하지만 이런 식의 대응은 경제적으로 너무 고통스럽기 때문에 재빨리 정책을 바꾸어 화폐 공급을 늘린다.** 보통 그런 후에 금리를 인하한다.

- **평가절하 이후의 결과는 국가별로 크게 달라지지만 핵심 변수는 평가절하 당시 그 국가가 얼마나 큰 경제력과 군사력을 보유하고 있는지이다.** 경제력과 군사력을 더 많이 보유할수록 사람들은 그 통화를 계속 보유하려 한다. 주요 기축통화별로 좀 더 구체적으로 설명하면 다음과 같다.

  − 네덜란드의 경우, 길더화의 붕괴는 빠르게 대규모로 진행되어 1784년 제

4차 영국–네덜란드 전쟁이 끝날 즈음에는 통화량이 급격히 줄어들었다. 이는 세계열강 중 하나였던 네덜란드가 처음에는 영국과의 전쟁에서 패하고, 다음에는 프랑스의 침략에 직면하여 급격하게 몰락의 길로 접어들어 발생한 일이었다.

- 영국의 경우, 네덜란드보다는 서서히 진행되었다. 브레턴우즈 협정 후 기축통화의 지위를 완전히 상실하기까지 평가절하를 두 차례 겪었다. 그리고 그 중간에는 주기적인 국제수지 적자 압력을 경험해야 했다. 파운드를 계속 보유했던 사람들 중 상당수는 정치적 압력으로 인해 그렇게 할 수밖에 없는 경우가 많았고, 이 자산은 같은 기간 동안 달러 표시 자산보다 현저히 저조한 수익률을 보였다.

- 미국의 경우, 두 차례의 급격한 평가절하(1933년과 1971년)와 2000년 이후 금 대비 점진적인 평가절하가 있기는 했지만, 기축통화의 지위를 아직 유지하고 있다.

- 일반적으로 기축통화의 지위를 상실하게 될 때는 신흥 경쟁국에게 경제적 및 정치적 우위를 상실해서 국력이 쇠약해질 때(예: 영국에 뒤처진 네덜란드, 미국에 뒤처진 영국) 그리고 중앙은행이 통화를 발행해 정부 부채를 인수하여 부채를 화폐화할 때이다. 이렇게 되면 아무리 비용을 절감해도 재정 적자와 국제수지 적자의 폭을 메울 수 없어 해당 통화로부터의 탈출이 지속되고 통화 약세를 피할 수 없게 된다.

2부에서는 지난 500년간 여러 제국의 성장과 몰락 그리고 그 이유를 하나의 스토리처럼 엮어서 살펴볼 것이다. 또한 흥망을 일으키는 요소들의 인과 관계도 다룰 것이다. 그러나 그 전에 다음 두 개의 장에서 국내 질서와 국제 질서와 혼란을 먼저 알아보겠다.

5장

내부 질서와 혼란의 빅 사이클

다른 사람들과 어울려 사는 방식이 다르면 얻는 결과가 달라진다. 한 국가 내에는 다른 사람들과 어떻게 어울려 행동하느냐를 규범 짓는 체제, 즉 '질서'가 있다. 이 체제와 체제 내 실제 사람들의 행동에 따라 결과가 달라진다. 이 장에서는 국내 질서와 행동을 결정하는 시대 초월적이며 보편적인 인과 관계를 알아볼 것이다.

연구를 하면서 국내 질서(한 국가를 다스리는 내부 체제)와 국제 질서 (국가 간의 권력을 결정짓는 체제)는 전 세계 어디서나 비슷한 양식으로 꾸준히 변화한다는 것을 알게 되었다. 그리고 역사의 시작부터 지금까지 모든 것을 통합하는 하나의 이야기로 연결된다는 것도 알게 되었다. 이렇게 상호 연결된 사례를 연구하다 보니 일정한 패턴이 보였고, 미래를 예측할 수 있게 되었다. 특히 부와 권력을 향한 끝없는 투쟁으로 인해 내부 체제/질서와 외부 체제/질서가 계속 변화하면서 서로에게 영향을 주어 전체가 마치 하나의 영구 기관처럼 계속해서 같은 원리에 의해 움직인다는 것을 깨달았다.

● **시대를 초월해서 모든 국가의 모든 사람들에게 가장 큰 영향을 미치는 행**

동은 부와 권력을 창조하고 차지하고 분배하는 과정에서 생긴다. 물론 이 외에 이념이나 종교 때문에 투쟁하는 경우도 있기는 하다. 관찰해보니 이런 투쟁은 시간과 공간을 초월해서 발생하며 인간 삶의 모든 부문, 예를 들어 세금, 경제 활동, 경기 호황과 불황, 전쟁과 평화에 영향을 미쳐 마치 밀물과 썰물처럼 어떤 사이클을 두고 진행된다는 사실을 알았다.

이런 투쟁에 소요되는 에너지가 생산적인 활동에 투입되어 건전한 경쟁으로 이어진다면 생산적인 내부 질서와 번영의 시대를 누리지만, 파괴적인 활동에 투입되면 혼란과 고통스러울 만큼 어려운 시대를 감내해야 한다는 것도 깨달았다. 또한 생산적인 질서와 파괴적인 혼란이 논리적 인과 관계에 의해 동일한 원인으로 순환하면서 발생하는 이유를 알게 되었다. 그리고 최강국의 지위에 오른 국가들은 주요 요인들이 동시에 발생하여 시너지 효과가 발생했으며, 낙오하는 국가들은 주요 요인들이 분산된다는 것도 알았다.

지금 이 순간에도 주요 국가들, 특히 미국에서 점점 무질서한 상태가 심해지는 현상이 발생하고 있다. 독자들이 이런 현상을 제대로 이해하도록 하기 위해 이를 수치화해서 설명할 것이다. 미국이 혼란을 어떻게 다스리느냐에 따라 미국과 전 세계 국가의 사람들 그리고 주요 국가의 경제와 시장에 미치는 영향이 달라지기 때문에 이 장에서 나는 주로 미국에 집중해서 이야기하겠다.

다음의 간단한 그림은 미국과 중국이 전형적인 빅 사이클상 어느 지점에 위치해 있는지를 앞장에서 설명한 결정 요인을 기준으로 보여준다. 미국은 내 기준으로 5단계에 있다. 이 단계는 금융 상황이 안 좋고 갈등이 심화되지만 아직도 첨단 기술과 군수 산업 면에서는 가장 앞서가는 단계다. 역사적으로 보면 이 단계는 과다한 지출과 부채가 발생하

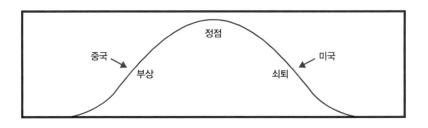

고, 빈부 격차가 확대되며, 정치적 견해의 양극화가 심화되는 단계의 다음 단계이며 혁명과 내전이 발생하기 전 단계다.

그렇다고 해서 미국이 무조건 파멸의 길로 들어서서 대내외적 혼란에 휩싸인다는 뜻은 아니다. 내가 하려는 말은 신호를 제대로 포착해서 현재 어떤 일이 일어나고 있는지를 파악하고, 미래에 어떤 일이 닥칠지를 예상하는 것이 중요하다는 뜻이다. 이 장에서는 과거의 유사한 사례로부터 그 신호를 찾아내서 연구하려 한다.

내부 질서 사이클의 6단계

항상 그런 것은 아니지만 내부 질서는 마치 질병의 확산처럼 비교적 표준화된 단계를 밟아가며 변화한다. 즉 증상을 보면 지금 어느 단계에 와 있는지 알 수 있다는 뜻이다. 예를 들어 증상이 상이하여 3기 암과 4기 암을 구별할 수 있는 것처럼 내부 질서 사이클의 각 단계도 상이하다. 질병 치료와 유사하게 증상에 따라 치료법이 달라져야 하고 그 치료법에 따라 발생 가능한 전개가 달라져야 한다. 예를 들어 젊고 건강한 환경보다 낡고 병든 환경에서는 다양한 범위의 상황과 조치가 전개 가능하다. **암 치료와 마찬가지로 제일 좋은 치료는 진행을 중지시켜 다음 단계로 넘어가는 것을 막는 것이다.** 역사를 공부한 결과 질서에서 혼란으로 변하는 단계는 다음과 같다(역순도 마찬가지).

- **1단계는 새로운 질서가 수립되고 참신한 지도자에게 권력이 집중되며…**
- **2단계는 자원 배분 체계와 정부의 관료 제도가 수립되고 치밀해진다.** 이 단계가 잘 진행되면…
- **3단계인 평화와 번영을 구가하는 단계를 거쳐…**
- **4단계가 되면 지출과 부채가 과다해지고 빈부의 격차가 확대되며…**
- **5단계에는 금융상황이 악화되고 갈등이 심화되어…**
- **6단계에는 혁명과 내전이 발생한 후…**
- 1단계로 돌아가 전체 사이클이 다시 시작된다.

각 단계별로 상황이 다르므로 취해야 할 조치가 상이하다. 어떤 상황은 다른 것보다 훨씬 해결하기 힘들 수도 있다. 장기 부채 사이클 초기 단계에는 정부가 채무를 발생시켜 비용을 감당할 여력이 충분하므로 그럴 능력이 없거나 부족한 사이클 후기보다 훨씬 상황 대응이 용이하다. 이런 이유로 향후 펼쳐질 전개 방향과 지도자가 해결해야 할 문제는 국가가 사이클상 어느 위치에 있느냐에 따라 달라진다. 다양한 상황에서 발생하는 다양한 문제에 대해 지도자는 상이한 접근 방법과 이해도 그리고 기술로 대응해서 문제를 해결해야 한다.* 여러 상황에 직면한 사람

---

* 여러 다른 상황에서 지도자를 위대하게 만드는 요소에 대해 더 깊이 알고 싶은 독자는 곧 출판될 헨리 키신저의 책을 참조하기 바란다.

들이 그 상황을 얼마나 잘 이해하고 적응하느냐에 따라 그 결과가 좋을 수도, 나쁠 수도 있다(개인은 각자의 상황에 처해 있지만 지도자는 모든 국민의 입장을 집합적으로 모아놓은 상황에 직면한다). 지도자와 문화권이 제대로 이해하고 잘 적응하면 그렇지 못한 경우보다 훨씬 더 좋은 결과를 만들게 된다. 이것이 시대와 장소를 초월한 보편적 법칙이다.

단계별 소요 시간은 매우 상이하지만 전체 사이클이 한 바퀴 도는 데는 대략 100년 정도가 걸린다. 물론 사이클 내에 큰 기복이 있을 수도 있다. 모든 형태의 진화와 마찬가지로 내부 질서도 순환 주기를 타고 발생해서 한 단계가 끝나면 자연스럽게 다음 단계로 넘어가는 과정이 반복되면서 한 차원 높은 단계로 발전한다. 예를 들어 설명하면 (혁명이나 내란의 결과 권력을 잡은 사람들에 의해 새로운 질서가 탄생하는) 1단계는 보통 (내란과 혁명이 발생하는 사이클의 최저점인) 6단계의 다음에 발생했다 그다음 단계로 발전해 (평화와 번영의 단계로 사이클의 최고점인) 3단계까지 갔다가 4단계, 5단계로 넘어가서 다시 새로운 질서(1단계)까지 이어진다. 이 과정이 여러 번 반복되면서 상향 발전하는 것이다. 다시 말하지만 전형적인 사이클 주기는 차이는 있지만 보통 100년 정도 소요되며 사이클 내에 그만그만한 작은 사이클이 또 있다. 예를 들면 대략 8년마다 거품과 경기 후퇴가 발생하는 단기 부채 사이클이 있고, 이와 비슷한 주기로 좌파와 우파를 반복하는 정치적 사이클도 있다. **각자 단계는 다르지만 모든 국가가 이런 단계를 통과하고 있는 중이다. 중국과 인도는 미국과 서유럽 국가들과는 완전히 다른 단계를 거치고 있다. 각 국가가 다른 국가와 비교해서 어느 단계에 있느냐는 세계 질서를 결정하는 주요 요인이다. 이 책의 마지막 장에서 다루겠지만 전형적인 사이클의 전개 과정은 다음 표에 잘 나타나 있다.**

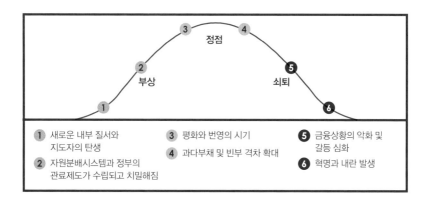

① 새로운 내부 질서와 지도자의 탄생
② 자원분배시스템과 정부의 관료제도가 수립되고 치밀해짐
③ 평화와 번영의 시기
④ 과다부채 및 빈부 격차 확대
⑤ 금융상황의 악화 및 갈등 심화
⑥ 혁명과 내란 발생

이것이 완전한 내부 질서 사이클이다. 물론 각 사이클은 새로운 지도자가 기존 지도자를 대신하고 새로운 사이클이 시작되면 다시 반복된다. 한 국가가 얼마나 빨리 다시 일어나 전성기를 누리는지의 여부는 1) 직전 사이클 끝에 나타난 혁명과 내란이 얼마나 가혹했는지, 2) 새로운 지도자들이 새로운 질서 수립에 얼마나 유능한지에 달려 있다.

역사를 기록하기 시작한 후부터(아마 그 전부터일지도 모른다) 계속 이런 사이클이 발생했다. 사이클은 서로 연결되어 있으며 장기간에 걸쳐 발전하면서 상승하는 형태를 띤다(하단 이미지 참고).

국가 차원에서 보기 위해 중국의 예를 들어보자. **다음 페이지의 도표는 서기 600년부터 내가 추산한 중국의 절대권력과 빅 사이클상의 단계를 보여주고 있다.** 다른 왕조도 존재했고 더 복잡한 사건도 있었지만 최

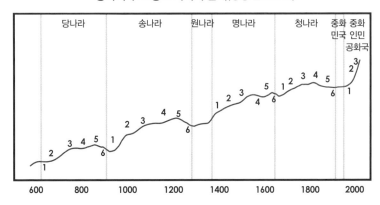

중국의 주요 왕조 국가와 단계(상향 발전 표시)

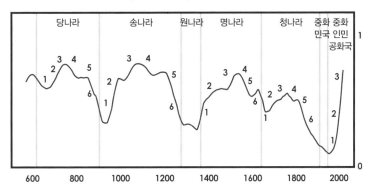

중국의 주요 왕조 국가와 단계

대한 간단하게 만들었다. 그리고 독자들이 전체 그림을 볼 수 있도록 도표화했다.

위의 표는 중국의 상대적 권력을 보여준다. 첫 번째 표는 권력을 절대적 수준으로 표시했지만 다음 표는 다른 제국과 비교한 상대적 권력을 나타냈기 때문에 두 표가 상이하다.

각 나라가 사이클상 상이한 단계에서 국가들끼리 부와 권력을 빼앗는

구조이므로 상승하는 국가도 있고 하락하는 국가도 있다. 따라서 전체적으로 보면 어느 한 국가의 도표보다 안정적이다. 다른 말로 하면 국가별 단계 차이가 미치는 영향이 다양하기 때문에 어느 한 국가의 굴곡보다는 변화가 부드럽다는 뜻이다. 이런 내용이 나타나는 도표가 1장에서 제시한 도표(43쪽)를 업데이트한 아래의 전 세계 1인당 실질 GDP다. 사실상 우리가 가진 가장 정확한 추정치라고 할 수 있다. 이 도표에는 주요 제국(특히 네덜란드제국과 대영제국 그리고 중국의 명나라와 청나라)의 성장과 멸망, 여러 전쟁, 호황과 불황 등이 표시되어 있다. 그러나 이 사건들은 글로벌 수준의 사건은 아니다. 다양하기도 하고 큰 추세에서 보면 소소하기 때문이다. 물론 사건을 직접 겪은 사람들의 입장에서는 엄

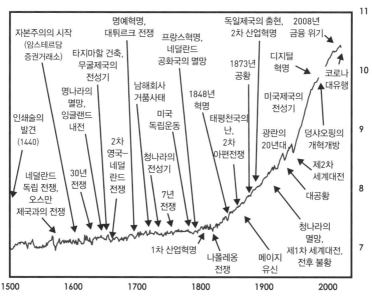

전 세계 1인당 실질 GDP(2017년 미국 달러 기준, LOG)

전 세계 1인당 실질 GDP는 자료 수집의 한계로 1870년까지는 주로 유럽 국가의 데이터를 기준으로 작성되었다.

179

청난 일이겠지만.

또다시 강조하지만, 앞에 나온 전형적인 6단계의 도표(177쪽)는 실제 발생한 사건을 단순화해서 비유적으로 나타낸 것이다. 자세한 내용은 뒤에서 다루겠지만 우선 각 단계의 핵심을 먼저 독자들에게 전달하기 위해 단순화했다. 사이클은 전반적으로 내가 설명한 대로 진행되지만 항상 그렇지는 않다. 예를 들어 질병의 단계(3기 암이라고 해보자)처럼 어느 단계에 있다고 해서 반드시 그다음 단계로 진행하는 것은 아니다. 하지만 중요한 것을 알려준다. 어떤 증상이 나타나면 그것을 기반으로 지금 어떤 단계에 와 있는지 명확하게 알 수 있고, 이 단계에서 발생 가능한 위험성과 다른 단계와 차별화된 치료 방법을 파악할 수 있다. 5단계에 있다면 4단계에 나타나는 증상보다는 6단계로 발전할 가능성이 큰 특정 조건이 있다는 뜻이다. 어느 (도시나 주를 포함해서) 국가가 어떤 단계에 있는지 파악 가능한 명확하고 객관적인 표식이 있어 변화를 유발하는 인과 관계를 제대로 알 수 있다면 100퍼센트 정확하지는 않아도 발생 가능한 일을 예측하고 그에 맞는 대응을 더 잘 할 수 있다.

우리는 역사적으로 발생했던 경제의 위험 신호들, 즉 극심한 불평등이나 엄청난 부채와 적자, 인플레이션, 그리고 낮은 경제 성장률 등을 지표화해서 이 신호가 그 뒤에 발생하는 내전과 혁명의 신호라는 것을 보여주었다. 다음 도표는 위험 신호의 정도에 따라 내란 형태의 전쟁 발발 가능성을 추정해서 보여준다. 과거 데이터를 기준으로 60~80퍼센트의 위험 신호가 존재한다면 6분의 1 확률로 치열한 내전이 발생할 가능성이 있다고 예측할 수 있다. 여러 개의 위험 신호가 동시에 발생한다면 (80퍼센트 이상) 3분의 1 확률로 내전이 발생한다고 볼 수 있다. 따라서 전쟁 가능성이 크지는 않지만 그렇다고 안심할 만한 수준도 아니다. 오

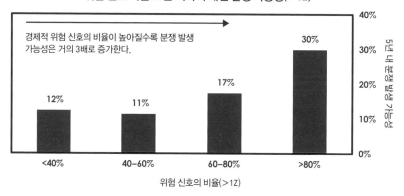

위험 신호 비율로 본 역사적 내전 발생 가능성(>1Z)*

경제적 위험 신호의 비율이 높아질수록 분쟁 발생
가능성은 거의 3배로 증가한다.

위험 신호의 비율(>1Z)

늘날 미국은 60퍼센트와 80퍼센트 사이에 있다.

각 단계별로 모든 요인과 그 요인들의 다양한 위치를 전부 설명하지는 않겠지만 가장 중요한 요인과 표식은 별도로 구별하여 놓겠다. 특히 현재 미국의 혼란스러운 상황과 진행 상황을 중점적으로 다룰 것이다.

사이클의 6단계에 대한 탐구

각 단계를 쉽게 구별하고 다음 단계를 예측할 수 있도록 이제 6단계를 보다 자세히 들여다볼 것이다.

---

* 이 표는 과거에 존재했던 9개 제국의 데이터를 분석한 결과를 기반으로 작성했다(모두 더하면 2,200년에 해당한다). 분쟁 발생 가능성은 실제 발생한 주요한 내란, 반란, 혁명을 포함해서 계산했지만 기존 질서에 변화가 없는 무혈 혁명은 제외시켰다. 또한 이미 내전의 한가운데 있는 경우는 분쟁 발생 가능성에서 제외했다. 내전 그 자체 때문에 경제적 위험신호가 발생한 것일 수 있기 때문이다.

1단계:
새로운 질서가 시작되고 새로운 지도자에게 권력이 집중되는 단계

비록 그 과정이 평화적이라고 해도 내란이나 혁명이 발생한다는 것은 한 편은 이기고 다른 편은 지며 국가는 타격을 입는다는 뜻이다. 1단계는 전쟁이 끝난 뒤에 온다. 승리자는 권력을 얻고 패자는 복종한다. 물론 강하니 승리했겠지만 1단계 초기에는 승리자들이 현명하게 권력을 집중하고 국가 재건에 힘써야 한다.

권력을 획득한 후 새로운 지도자는 일반적으로 잔존 반대 세력을 소탕하고 자기들끼리 권력다툼을 벌인다. 사실 혁명은 두 단계로 나누어진다고 할 수 있는데, 첫 번째는 기존의 집권 세력과 시스템을 무너뜨리기 위한 싸움이다. 두 번째는 전 지도자에게 충성했던 사람들을 제거하고 새로운 집권 세력 간의 주도권 확보를 위한 싸움이다. 나는 두 번째 과정을 '숙청Purge'이라고 이름 붙이고 이 파트에서 다루겠다.

권력 집중과 숙청 과정은 신구 세력 간의 투쟁이 얼마나 심한지, 집권 세력 간 투쟁의 규모가 얼마나 큰지, 그리고 인수하는 정부 각 부처와 관료들의 수준이 얼마나 높은지에 따라 그 형태와 정도가 달라진다.

이 단계에서는 새로운 집권 세력이 잔존 세력을 처형하거나 구금해서 다시 재집권을 노리지 못하도록 한다. 또한 새로 권력을 잡은 사람들끼리 세력다툼을 하는 시기이기도 하다.

사실상 전쟁이나 혁명이 끝난 다음에는 반드시 이 단계를 거친다. 다만 그 강도는 앞 단계의 혁명과 내전의 강도에 따라 달라진다. 가장 안좋은 경우 이 권력 투쟁의 결과, 그 나라 역사상 가장 잔인한 결과를 기록하기도 한다. 예를 들어 1789년 프랑스혁명 뒤의 공포 정치나 1917년 러시아혁명의 여파로 생긴 적색 테러, 중국의 국공내전國共內戰 후 발생한 반우파 운동Anti-Rightist Campaign 등이 그것이다. 혁명이 종료된 후 숙청이 (적색 테러처럼) 한 번으로 끝나는 경우도 있지만, 수십 년을 두고 발생하는 경우도 있다(중국의 문화혁명은 중국공산당이 집권하고 17년 후에 발생했다). 숙청은 권력을 통합하고 이념적 적대 세력이나 국가의 반란 세력을 처단하기 위한 목적으로 실시하는데 때로는 혁명 그 자체보다 더 잔인할 때도 있다. 가장 바람직한 사례는 기본 체제가 잘 정비되어 있어 그대로 유지하려 했던 남북전쟁 직후나 1930년대 루스벨트 대통령의 평화적 혁명 정도였다.

이 시기에 가장 적합한 지도자는 '권력통합형 지도자 Consolidators of power**'다.** 이들은 이전 단계의 승리자와 비슷한 자질을 보유하고 있다. 즉 무슨 수를 써서라도 반드시 승리하려 하고 승리할 능력이 있는 지도자다. 그러나 이 단계에서는 적이 눈에 잘 띄지 않으므로 정치적으로 기민하게 움직여야 한다. 당나라의 태종과 로마의 카이사르Julius Caesar가 이런 면에서 뛰어났다. 비교적 최근에는 미국 건국의 아버지들, 프랑스의 나폴레옹Napoléon Bonaparte 그리고 독일의 오토 폰 비스마르크Otto von Bismarck가 전쟁을 빨리 딛고 일어나 슬기롭게 재건의 시대로 넘어간 사례를 보여주었다.

새로운 질서가 명확히 수립되고 전쟁에 지친 모든 사람들이 재건에 몰두할 때 이 단계는 끝난다.

2단계:
자원 배분 체계와 정부의 관료 제도가 수립되고 치밀해지는 단계

이 시기에는 평화로운 번영의 시대가 시작되므로 나는 이 단계를 '초기 번영 Early prosperity**' 단계라고 이름 붙였다.**

새로운 지도자는 구질서와 이전 권력을 무너뜨린 후에 (또는 동시에) 자원 배분을 보다 효과적으로 할 수 있는 체계를 수립해야 한다. 이 시기는 무엇보다 체제와 제도를 수립해야 하는 시기다. 새로운 체제(질서)를 설계하고 만들어 국민이 법과 규칙을 준수하면서 유사한 목표를 향해 같은 방향으로 나아갈 수 있도록 이끌어 효율적인 자원 배분 체계 하에서 모든 사람에게 이익이 되도록 신속히 생산성을 향상시켜야 한다. 패전 후에도 어쨌든 복구는 필요하므로 이러한 재설계와 재건은 전쟁에서 패한 후에도 겪어야 하는 단계다. 이 단계에 있던 국가의 사례는 1776년에 미국이 독립을 선언한 후 15년의 기간, 프랑스혁명의 막바지인 1799년 쿠데타로 권력을 잡은 나폴레옹의 집권 초기, 1868년 정치적 격변기 후의 메이지 유신明治維新 초기, 일본과 독일 기타 국가들의 1940년부터 1950년 사이의 전후 시대, 국공내전 후의 중국, 소비에트연방 해체 후의 러시아 등을 들 수 있다.

시공을 초월해 이 단계에 잘 맞는 불변의 법칙이 있다. ● **체제의 성공적인 정착을 위해서는 체제 덕분에 대부분의 사람들, 특히 중산층이 번영을 누려야 한다는 것이다.** 아리스토텔레스는 그의 저서 《정치학》에서 "중산층이 두텁고 다른 두 계층보다 더 강력하면 그 국가는 잘 유지된다. … 중산층이 튼튼하면 파벌과 불화가 발생할 가능성이 적다. … 중산층이 없고 가난한 계층이 지나치게 많으면 문제가 발생하고 그 국가는 곧 멸망한다"라고 말하고 있다.

이 시기에 적합한 지도자는 대체로 6단계나 1단계의 지도자와는 완전히 다르다. 나는 이런 지도자를 '토목기사형 지도자Civil engineers'라고 부른다. 물론 이들도 똑똑해야 하고 가능하면 강력해서 다른 사람들에게 영감을 주는 지도자라면 좋지만, 무엇보다도 이 단계의 지도자는 모든 사람에게 도움이 되는 시스템을 설계하고 구축할 수 있어야 한다. 아니면 그런 일을 할 수 있는 사람을 발탁해야 한다. 혁명을 해야 하는 6단계와 1단계의 성공적인 지도자에게 필요한 자질과, 국가 건설을 해야 하는 2단계의 지도자에게 필요한 자질의 차이를 가장 잘 보여주는 사례는 '위대한 지도자'였지만 형편없는 '토목기사'였던 윈스턴 처칠Winston Churchill과 마오쩌둥毛泽东이다. 2단계의 위대한 지도자로는 독일의 콘라트 아데나워Konrad Adenauer, 싱가포르의 리콴유, 중국의 덩샤오핑邓小平 등으로 이들은 전쟁이 끝난 후 권좌에 올라 체제를 구축하여 후대까지 번영을 누리도록 했다.

가장 특이한 지도자는 6단계와 1단계에 이어 2단계까지 모두 거치면서 권력을 누린 지도자다. 즉 내전과 혁명을 겪고 권력을 통합하고 후대까지 훌륭하게 작동하는 적정한 제도와 시스템을 구축한 지도자들이다. 이런 지도자 중 가장 뛰어난 사례는 당 태종(서기 600년경 반란을 일으켜 당나라를 건국한 이후 150년간의 태평성대를 이끌어 중국을 전 세계 최강국으로 만들었다), 카이사르 아우구스투스Augustus(기원전 27년에 최초의 로마제국 황제가 되었고, 그 후 약 200년간 평화와 번성의 시대가 지속되어 로마제국이 전 세계에서 가장 큰 제국으로서의 지위를 누렸다) 그리고 칭기즈칸Chingiz Khan(1206년에 몽골제국을 수립한 후 그가 죽고 나서 세습 문제 등으로 내란이 일어난 것을 빼면 100년 이상 번영을 누리면서 몽골제국을 가장 크고 강한 제국으로 만들었다) 등이다.

변화의 필요 정도에 따라 다르기는 하지만 이러한 재건 단계는 항상 있었다. 잔인한 혁명을 겪은 다음에는 모든 것을 새로 만들어야 하기도 했지만, 새로운 시대에 맞도록 제도와 체제를 수정하는 것만으로 충분할 때도 있다.

3단계:
평화와 번영의 시기

나는 이 시기를 '중간 번영 Mid-prosperity**' 단계라고 이름 붙였다. 이 단계는 내부 질서 사이클의 최정점에 해당한다. 사람들에게 기회가 넘쳐 생산이 늘고, 기대감에 가득 차 원만한 협조가 이루어지며, 부자와 성공한 사람들이 대우받는 단계다.** 이 단계는 거의 모든 사람의 생활 여건이 개선되므로 전반적으로 후세대가 전세대보다 잘 살게 된다. 그러므로 낙관적인 분위기와 미래에 대한 기대가 사회 전반에 퍼진다. 역사적으로 보면 이때는 광범위하고 평등한 기회가 보장되며 능력에 따른 일자리가 보장되는 시기였다. 폭넓은 인적 자원을 통해 재능 있는 사람을 선발했으며 사람들은 이런 제도가 공정하다고 믿었다. 성공한 기업가, 발명가, 모험가들이 새로운 아이디어를 고안해서 사회를 한 단계 높은 수준으로 격상시키고, 이들은 다른 사람들이 닮고 싶은 영웅이 된다. 이들의 혁신적인 아이디어가 사람들의 삶을 향상시키고, 그에 대한 보상을 받는 것을 보기 때문이다. 빚을 지더라도 투자하면 생산성이 향상되고 다시 실질소득이 증가해서 이자를 쉽게 갚고도 수익이 발생하므로 자산 투자의 수익률이 높아진다. 소득은 지출을 초과하고 저축이 부채보다 크므로 저축액으로 미래를 위한 투자도 가능하다. 3단계는 창조성, 생산성, 그리고 에너지가 넘치는 정열적인 시기다.

이 시기에 해당하는 사례는 영국의 빅토리아시대(2차 산업혁명으로 더욱 번영을 누리게 된 19세기의 대부분), 1800년대 말의 독일제국(급속한 산업화와 기술 혁신, 신속한 국방력 확충 시기) 그리고 1960년대 미국 등이다. 예를 들어 미국의 아폴로 프로젝트는 공통의 목표가 어떤 것인지 잘 보여준다. 실제로 우주인이 달에 착륙했을 때 전 미국인이 환호했고 더욱 단결시키는 계기가 되었다.

이 단계는 '감동을 주는 선지자 Inspirational visionary**'의 시대로 1) 한 번도 보지 못한 미래의 비전을 상상하고 전달해서 2) 실제 그 비전을 구현하고, 3) 보다 많은 사람이 번영을 누릴 수 있도록 확대시켜 미래에 투자한다. 동시에 이들 선지자들은 4) 건전한 재정 상태를 유지하고, 5) 원만한 국제 관계를 추구해서 제국을 보호하고 확장시켜 (금전적 또는 사회적 비용을 발생시키는) 어떤 전쟁도 피할 수 있도록 한다.** 그 사례는 다음과 같다.

- 1800년대 중후반 대영제국 빅토리아시대의 윌리엄 글래드스턴William Gladstone 총리는 높은 생산성을 유지하면서도 엄격한 예산 통제로 건전한 재정 상태를 유지했다. 그리고 일반 대중을 위한 정책을 펴서 '인민의 윌리엄The People's William'으로 불렸다. 외교 정책 또한 평화와 번영을 추구했다.
- 1800년대 말 독일제국의 총리였던 오토 폰 비스마르크는 종교가 다른 39개의 크고 작은 국가를 통일해서 독일을 경제 강국으로 만들었다. 그의 리더십하에 독일은 건전한 재무 상태를 유지하면서 경제적 번영을 누렸고, 국제

관계를 잘 헤쳐나가 국익에 기여하고 전쟁을 피할 수 있었다.

- 싱가포르의 리콴유는 1959년부터 1990년까지 총리를 지내면서 이 시기를 성공적으로 이끌었고, 2015년 사망할 때까지 조언을 아끼지 않았다. 그는 원칙을 수립해 사망 후에도 싱가포르의 번영을 이끌었고 전쟁을 피했다.

- 1961년 1월 20일부터 1963년 11월 22일까지 34개월이라는 짧은 재임 기간 중 미국을 이끌었던 존 F. 케네디John F. Kennedy 대통령은 달 탐사 계획을 수립했고, 인권운동의 수준을 격상시켰다. 그리고 린든 존슨 부통령과 공동으로 빈곤과의 전쟁을 선포했다. 또한 미국의 국익에 해가 되는 세력을 효과적으로 억제하여 대규모 전쟁을 예방했다.

- 중국의 덩샤오핑은 '선부기래先富起來(먼저 부자가 되어도 좋다)'나 '흑묘백묘黑猫白猫(검은 고양이든 흰 고양이든 쥐만 잘 잡으면 된다)' 같은 구호로 국민들의 사고방식을 바꾸어 허약하고 비효율적인 공산주의 시스템을 생산적인 국가자본주의 시스템으로 변화시켰다. 또한 중국 경제를 부흥시켜 튼튼한 재정을 유지했으며, 국민들의 교육과 생활의 질을 큰 폭으로 개선하여 평균수명을 늘이고 빈곤율을 감소시켰다. 그리고 국내의 정치적 갈등을 원만하게 해결하여 국제적인 분규에 휘말리지 않으면서 국가의 주권을 지켜냈다.

이 단계에 오래 머물수록 선진국으로서의 위상이 오래 지속된다. **이 시기에 이미 이루어놓은 선진국의 면모를 훼손하는 위협 요인은 기회, 소득, 부, 그리고 가치관의 격차다. 이는 엘리트 기득권층이 화려하고 특별한 지위를 차지하게 되면서부터 발생한다. 이와 더불어 생산성은 하락하고 과도한 채무로 재정 상태가 악화될 수 있다. 위대한 제국이나 왕조는 이런 위협 요인을 제거함으로써 3단계에 오래 머무를 수 있다.** 위협을 제거하지 못하면 과잉의 시대인 4단계로 넘어간다. 이 시기에는 (돈을 빌려서라도) 일을 벌이려는 욕심 때문에 분쟁 직전까지 간다.

4단계:
과잉의 시대

이 시대를 나는 '거품번영 Bubble prosperity **' 단계라고 부른다.** 이전에도 다룬 적이 있으므로 여기서는 간단히 언급하고 넘어가겠다. 전형적인 사례는 다음과 같다.

- 빚을 내서 재화, 서비스, 투자자산을 구입하는 경우가 급속하게 늘어나면서 현금흐름이 악화되어 제대로 이자를 갚을 수 없는 상태가 되고 거품이 형성된다. 부채를 통한 자산 매입이 늘어나는 이유는 투자자, 기업가, 금융기관, 개인, 그리고 정책결정자들이 다가오는 미래가 과거와 같을 거라는 착각에 빠져 지금 같은 추세가 계속될 거라고 믿기 때문이다. 그들은 이미 오를 대로 오른 투자자산의 가격이 비싸다고 생각하지 않고 여전히 매력이 있다고 생각해서 빚을 내서 매입하고 이는 다시 자산 가격 상승으로 이어져 거품을 키운다. 자산 가치가 상승하면서 순자산이 증가하고 소비 수준이 상승하면 대출한도가 증가해서 또 다른 빚을 양산한다. 이 과정이 계속되다 마침내 버블이 터진다. 1988년부터 1990년 사이의 일본, 1929년과 2006~2007년의 미국, 1977~1979년 사이의 브라질과 다른 라틴아메리카의 원자재 생산국들이 그 대표적 사례다.
- 소비재 및 사치품에 자본과 시간이 몰리고 수익형 자산에 대한 투자가 줄어든다. 사회간접자본, 자본재 및 연구개발에 대한 투자가 감소하면서 생산성

증가 효과가 줄고 기반 시설이 낡고 비효율적이 된다.

- 이 국가가 세계적인 강대국이라면 영향력을 확대하고 국제적 이해 관계를 보호하기 위한 국방비 지출이 늘어난다.
- 부채가 증가하고 경쟁력이 하락함에 따라 국제수지 적자폭이 커진다. 기축통화국인 경우 다른 나라에서 기축통화로 저축/투자하려는 성향 때문에 부채를 발생시키기 수월하다.
- 빈부 격차 및 기회의 격차가 확대되면서 계층 간의 분노가 표출된다.

이 단계에 가장 적합한 지도자는 '올바른 사고방식을 가진 잘 훈련된 지도자well-grounded, disciplined leader**'로서 생산성을 높이고 건전한 재무 상태를 유지하기 위한 행동이 어떤 것인지 잘 알고 있으며, 군중들이 지나치게 한쪽으로 몰리는 것을 억제할 수 있어야 한다. 이들은 국민이 부자가 된 후에도 계속해서 시간과 자본을 보다 생산적인 면에 재투자하도록 유도한다.** 앞에서 언급한 대로 싱가포르의 총리였던 리콴유는 싱가포르가 선진국이 된 후에도 시민들이 높은 교육 수준을 유지하고, 엄격한 규율을 잘 지키며, 강인한 성격을 갖도록 하기 위해 노력했다. 그러나 이런 지도자는 드물며 만나기 매우 어렵다. 대중의 열망에 부합하지 않는 지도자는 인기가 없기 때문이다. 거의 예외 없이 국가가 부유해지면 국민과 지도자는 부패와 낭비가 몸에 붙어 돈을 빌려 과소비하고 경쟁력을 잃게 된다. 퇴폐적인 지도자로 가장 좋은 예는 악명 높은 네로 황제(로마에 불을 질러 토지를 압수하고 넓은 궁전을 지으려 했다), 루이 14세(국민소득은 줄어드는데 궁전을 확장하려 했다), 명나라의 만력제萬曆帝(정사를 돌보는 일에는 소홀하고 자신의 왕릉 건축에 몰두했다) 등이 있다.

5단계:
재정 악화와 갈등의 심화

빅 사이클상에서 일어나는 가장 중요한 사건은 부채와 돈 그리고 경제와 관련된 활동이다. 3장과 4장에서 빅 사이클을 포괄적으로 다루었으므로 여기서 다시 설명하지는 않겠다. 그러나 5단계를 제대로 이해하려면 평화와 번영 그리고 좋은 조건의 부채와 신용이 있는 3단계와 과다한 부채 및 타락으로 경제 상황이 나빠지는 4단계가 앞에 있다는 사실을 기억해야 한다. 빅 사이클은 가장 고통스러운 6단계에서 정점을 이루어 경제 주체들이 가난해지고 혁명이나 내란의 형태로 끔찍한 내전이나 전쟁이 발생한다. 5단계에서는 계급 간의 갈등이 어려운 경제 상황과 맞물려 점점 위기 상황을 맞는다. 따라서 지도자, 정책기획자, 그리고 각 단체의 구성원들이 어떻게 대응하느냐에 따라 그 변화 과정이 평화로울 수도 있고 폭력적일 수도 있다.

오늘날 많은 국가에서 이런 징조들이 나타나고 있다. 재정 상태가 양호한 (즉 지출보다 수입이 많고 부채보다 자산 가치가 높은) 국가는 그나마 상황이 나은 편이다. 그렇지 않는 국가는 상대적으로 상황이 안 좋아 다른 국가로부터 자금을 받고 싶어 한다. 문제는 이런 국가들이 상황이 좋은 국가들보다 더 많다는 데 있다.

또한 각국의 상이한 상황 때문에 국가, 주, 도시, 기업, 그리고 국민의 삶의 양식이 달라진다. 예를 들어 교육 수준, 건강 상태, 사회기반시설, 그리고 복지 등이 차이가 난다. 더하여 문화적 차이로 인해 힘든 상황에 대처하는 방식이 달라져 투쟁을 할 수도, 조화롭게 해결할 수도 있다.

전체 사이클에서 5단계가 매우 중요하며, 현재 많은 국가, 특히 미국이 이 단계에 있기 때문에 지면을 할애해 이 단계에서 작용하는 인과 관계와 단계 내의 위치를 확인하는 데 필요한 주요 지표를 설명할 예정이다. 그 후 미국이 현재 구체적으로 어느 위치에 와 있는지를 살펴보겠다.

전형적인 최악의 조합

● **심각한 내부 갈등을 유발하는 각 요인들의 최악의 조합은 1) 국가와 국민(또는 주민, 시민)의 재정 상태가 불안하고(즉 부채와 비부채 의무** Non-debt obligations **금액이 크고), 2) 구성원들 간의 소득, 부, 가치관의 차이가 크고, 3) 경제적 충격을 주는 안 좋은 사건 등으로 구성된다.**

이들의 조합은 혼란과 갈등을 야기하고 때로는 내란으로 이어지기도 한다. 경제적 충격은 여러 가지 원인이 있을 수 있는데 금융 버블이 꺼진다거나 (전염병, 가뭄, 홍수 같은) 자연재해와 전쟁 등이 있다. 이와 동시에 재정적인 압박에도 시달린다. 지출 대비 수입 및 부채 대비 자산으로 본 재무 상황은 재정적인 압박이 발생할 때 일종의 완충 역할을 해야 한다. 소득, 부, 가치관의 차이 정도는 체제의 허약함을 나타내는 지표다. 재정 위기가 발생하면 우선 민간 부문을 덮치고 그 뒤에 공공 부문에 타격을 준다. 정부는 민간 부문의 위기가 경제 전체로 퍼지는 것을 절대로 방치하지 않을 테니 가장 중요한 것은 정부의 재정 상태다. 따라서 정부의 재원이 모두 소진되면 경제가 붕괴된다. 그러나 그 붕괴가 진행되는 과정에서 자금과 정치 권력을 차지하기 위한 치열한 싸움이 발생한다.

50여 개 이상의 내전과 혁명을 연구한 결과, 내전이나 혁명의 발발을 알려주는 가장 확실한 지표는 심각한 빈부 격차와 정부 재정의 파탄이다. 정부 재원이 부족하면 민간 부문을 제대로 지원하지 못해 경제 시스템 전체가 제대로 돌아가지 못하며(미국을 위시한 대부분의 국가들이 2008년 말에 이런 사태를 경험했다), 필요한 것을 구매하지 못하고 일을 시키고도 급여를 주지 못하게 된다. 한마디로 정부가 힘이 없는 상태가 된다.

5단계에서 차입 한도와 구매력의 감소를 나타내는 가장 중요한 지표는 정부의 재정 적자가 커져 중앙은행 이외에는 아무도 국채를 구입하려 하지 않는 상태다. 따라서 더 이상 화폐 발행이 어려운 정부가 세금 인상이나 긴축 재정으로 대응할 때, 또는 정부가 엄청난 통화를 발행해 국채를 사들일 때야말로 중요 지표를 유심히 봐야 할 때다. 보다 구체적으로 표현하면, 정부의 재원이 부족하면(즉 재정 적자가 심해지고 부채 규모가 커지는데 적정 수준의 신용을 창조할 수 없을 때) 정부가 할 수 있는 조치에는 한계가 있다. 세금을 올리고 지출을 줄이거나, 돈을 찍어내서 통화 가치를 하락시키는 방법밖에 없다. 통화 발행 능력이 있는 정부는 당연히 훨씬 덜 고통스러운 통화 발행을 선택한다. 그러나 투자자들은 더 이상 이 통화에 투자하지 않는다. 통화 발행 능력이 없는 정부는 세금을 인상하고 지출을 줄인다. 그렇게 되면 이 통화를 보유한 사람들은 그 국가를 떠난다. 세금을 더 내면서 공공서비스의 질이 악화되는 것을 견딜 수 없기 때문이다. 이런 국가에 빈부 격차마저 커진다면 곧 내전이나 혁명으로 이어진다.*

현재 부채 사이클의 말기 상황이 미국의 연방정부와 주정부 차원에서 발생하고 있다. 다른 점이 있다면 중앙정부에는 통화 발행 기능이 있지만 주정부에는 없다. 연방정부와 다수의 주정부 및 시정부는 심각한 재

---

* 확실히 해둘 것은, 정부 재정이 악화되었다고 해서 반드시 구매력 감소로 이어지는 것은 아니다. 그러나 정부 재정이 튼튼할 때보다는 구매력이 감소할 가능성이 훨씬 커진다.

정 적자, 과다한 부채, 극심한 빈부 격차로 고통받고 있다. 그런데 연방정부에는 화폐를 발행할 수 있는 권한이 있다. 그러므로 지금 이 순간에도 연방정부는 돈을 찍어내서 정부의 부채를 상환하고 수입보다 훨씬 큰 정부 지출을 감당해내고 있다. 이는 연방정부와 필요한 분야에 많은 도움을 주었지만 동시에 달러화와 달러화 표시 채권 자산을 가지고 있는 사람들의 실질 구매력을 큰 폭으로 감소시켰다.

● **시, 주, 연방정부를 막론하고 빈부 격차가 벌어지고 부채 규모가 커지며 소득이 감소하면 분쟁이 발생할 가능성이 커진다.** 재미있는 사실은 미국에서 1인당 소득과 재산이 가장 많은 주와 도시가 가장 부채가 많고 빈부 격차가 크다는 점이다. 예를 들어 샌프란시스코, 시카고, 뉴욕 같은 도시와 코네티컷, 일리노이, 매사추세츠, 뉴욕, 그리고 뉴저지 같은 주들이다.

경제 상황이 어려워지면 정부 지출을 줄이거나 세금을 더 거두는 방법밖에 할 수 없다. 문제는 이를 해결하기 위한 비용을 '가진 자'와 '못 가진 자' 중 누가 낼 것이냐다. 분명한 것은 없는 자는 낼 수 없다는 점이다. 정부가 지출을 줄이면 가난한 사람들이 가장 크게 고통받는다. 따라서 내란이나 혁명이 발생할 가능성이 커지므로 결국 여유 있는 사람들에게 보다 많은 세금이 부과된다. **그러나 부자들이 정부 부채를 갚고 재정 적자를 해소하기 위해 더 많은 세금을 내야 한다는 것을 알게 되면 대개는 살던 곳을 떠나는 공동화**Hollowing-out **현상이 발생한다.** 이것이 현재 미국의 주와 주 사이에 주민들의 이동이 발생하는 이유다. 금융 위기 같은 사건이 한 번 터지면 이런 이동은 더욱 빨라지고 세금으로 인한 사이클이 시작된다.

● **역사를 보면 부의 편중이 심하고 경제 상황이 안 좋을 때 세금을 인상하고 정부 지출을 줄이면 내전이 발생하거나 다른 형태로 갈등이 해결되는 경우가 많**

았다. 확실한 것은 이 과정이 폭력적일 수도 있지만 그렇다고 해서 반드시 폭력이 동원될 필요는 없다는 점이다. 개인에게도 이런 사이클이 발생한다. 내가 거주하는 코네티컷주는 1인당 소득이 미국에서 가장 높지만 빈부 격차와 소득 격차는 가장 크고 1인당 부채와 연금 부담금은 가장 높은 주 중의 하나다. 자신들의 생활에 집중하느라 부자나 빈자, 다른 계층의 사람들과 거의 접촉도 없고 다른 계층을 걱정하지도 않는다. 나는 부자와 빈자의 생활 모두를 알고 있다고 말할 수 있다. 지역사회에서 부자들을 만나 교류하고 있고 내 아내는 소외 지역에 사는 어려운 고등학생들을 도우면서 가난한 사람들과 접촉하고 있기 때문이다. 나는 이런 빈곤 지역의 생활환경이 어떤지, 그리고 (가난한 사람들에게는 부유하고 퇴폐적으로 보이는) 부자들이 사실은 부유하다고 느끼지 못한다는 것을 잘 알고 있다. 이들은 각자 자신들의 일로 힘들어한다. 부자는 일과 삶의 균형을 맞추기 위해 노력하고 자식들을 잘 가르치는 데 온 신경을 쏟고 있다. 가난한 사람들은 생활비와 식비를 마련하고 폭력에서 벗어나 자식들에게 양질의 교육을 받게 하기 위해 애쓰고 있다.*

---

* 물론 부자와 빈자의 이런 노력을 동일한 것으로 간주할 수 없다. 그렇지만 두 집단 모두 자신들의 일에만 몰두하고 접촉이 없는 다른 그룹의 사람들이 처한 환경을 알지 못한다. 거의 모든 동네에는 (안타깝게도 어린이들을 포함해서) 정말로 찢어지게 가난한 사람들이 많지만 사회로부터 외면당하고 있다. 그들에게는 학용품 구입, 영양섭취, 건강관리에 필요한 기초적인 수준의 돈도 없이 폭력과 각종 사건사고에 노출된 환경에서의 삶이 계속되고 있다. 이런 환경에서 자란 어린이들은 어른이 되어도 소외된 삶을 살 수밖에 없고, 이 빈곤의 사이클은 무한 반복된다. 최근에 우리 재단에서 지원한 한 연구에 의하면 미국에서 1인당 소득이 가장 높은 코네티컷주의 고등학생 중 22퍼센트는 관리 밖Disengaged이거나 관리 중단Disconnected 상태다. 관리 밖의 학생은 결석률이 25퍼센트가 넘어 낙제하는 학생이고, 관리 중단 학생은 학교를 중퇴해서 더 이상 추적이 안 되는 학생이다. 이런 사이클로 인해 10년 후에 발생할 인간적, 사회적 비용을 상상해보라. 우리 사회는 상황이 얼마나 나빠질지 예측도 못하고 있다.

두 계층 모두 상대방에 대해 비판적인 고정관념을 가지고 있어서 서로를 도우며 같이 살아야 할 지역사회의 구성원으로 생각하지 않고 증오의 대상으로 생각하기 쉽다. 고정관념 때문에 서로 돕는 것이 쉽지 않고, 가진 사람들은 어려운 사람을 도와줄 만큼 여유가 없다고 생각하거나 가난한 사람들을 도와줄 필요가 없다고 생각한다. 이런 상황에서 미래에 펼쳐질 상황을 상상하고 또 얼마나 더 악화될지를 생각하면 두렵기만 하다. 또한 코로나19가 의료 분야와 예산에 미친 악영향으로 인해 소외된 사람들의 생활이 힘들어지고 빈부 격차가 더욱 심해져 전형적인 최악의 조합이 발생하고 있다.

● **고통받는 사람들이 여전히 존재하는 한 평균값은 중요하지 않다.** 전체에게 유익한 정책(예를 들어 자유무역, 세계화, 인력을 대체하는 기술 등)을 좋아하는 사람들은 그 정책의 혜택이 모든 사람에게 공평하게 돌아가지 않으면 전체가 위험할 수도 있다는 사실을 망각한다. ● **평화와 번영을 누리기 위해서는 모든 사람에게 혜택이 돌아가도록 생산성이 높아져야 한다.** 오늘날 우리가 이렇다고 생각하는가?

파산한 정부가 생산성을 올려서 국민의 삶에 도움을 주기 위해 펼 수 있는 정책에는 어떤 것이 있을까? 과거에 발생한 부채와 비부채 의무를 재조정하고 부담을 줄이면 많은 도움이 된다는 것이 역사적으로 밝혀졌다. 이는 5단계와 6단계에서 볼 수 있는 전형적인 대처 방법이다. 이런 정책을 펴면 그 당시에는 고통스럽지만 일단 부채 부담이 줄어들어 재건할 여력이 생긴다.

● **성공의 필수 요소는 창출된 부채와 현금을 이용해서 생산성을 높이고 적정 투자 수익률을 확보하는 것이다.** 만일 생산성 증가나 수익성 증가 없이 부채와 현금을 살포하면 통화 가치가 하락해서 정부나 그 누구도 구매력의 하락을

피할 수 없다.

● 과거의 사례를 보면 생산성 향상과 투자 수익률에 도움이 되는 소비나 대출로 이자비용을 초과하는 수익을 얻게 되면 채무를 탕감하고도 국민의 생활수준 향상을 꾀할 수 있으므로 이런 정책은 좋은 정책이라고 할 수 있다. 대출을 갚기 위해 정부에 빌려준 돈의 액수가 부족하더라도 중앙은행은 이자비용을 감당할 수만 있다면 통화를 발행하고 최종대출자Lender of last resort 역할을 할 수 있다. (직업교육을 포함한) 모든 수준의 교육에 투자하거나 기반 시설 구축과 연구 개발에 투자하면 항상 그 결과가 좋았음을 역사는 증명하고 있다. 대규모 교육 진흥 및 기반 시설 구축 프로그램은 시간이 걸리기는 했지만 항상 성공했다. 예를 들어 당나라를 포함한 중국의 왕조 국가들, 로마제국, 우마이야 칼리파국Umayyad Caliphate, 인도의 무굴제국, 일본의 메이지 유신, 그리고 지난 수십 년간 중국에서 실시한 교육 개발 프로그램 등이 그 예다. 사실 교육과 사회기반시설에 대한 투자는 비록 부채를 통해 이루어졌다고 하더라도 모든 제국의 성장에 필수 요소이며, 이에 대한 투자 감소는 모든 제국의 쇠퇴 요인이었다. 제대로만 집행된다면 전형적인 최악의 조합을 상쇄하고도 남는다.

전형적인 최악의 조합은 보통 다른 문제와 동시에 발생한다. 다음에 나열한 상황이 자주 발생할수록 내전이나 혁명 같은 극단적인 투쟁이 발생할 가능성이 높다.

+ 향락적 소비Decadence

사이클의 초기에는 시간과 자본이 보통 생산적인 분야에 투입되지만 후반으로 갈수록 탐닉적인 물품에 소비된다. 예를 들어 호화주택, 예술품, 보석, 고가 의류 같은 사치품에 대한 소비가 늘어난다. 이러한 지출은 4단계에서 유행을 시작하지만, 5단계에 가면 이상하게 변한다. 때때로 빚을 내서 소비하는 향락적 지출로 재정 상태는 더욱 악화된다. 이때는 사람들의 심리상태에 변화가 생기는 데 이해되는 부분도 있다. 부자는 자기 돈으로 원하는 곳에 소비할 수 있다고 생각하고, 가난한 사람들은 자신들의 고생을 생각하면 사치스러운 소비는 부당하고 이기적이라고 생각한다. 저축이나 투자와 반대되는 의미의 향락적 소비는 분노를 유발하는 것 외에도 생산성을 감소시킨다.

● **사회가 어떤 곳에 돈을 쓰느냐는 중요하다. 생산성과 수입의 증가를 낳는 투자 상품에 소비하면 사치품에 소비할 때보다 밝은 미래를 향해 전진한다.**

✚ 관료주의 Bureaucracy

● **내부 질서 사이클의 초기 단계에는 복잡한 관료주의를 찾아보기 힘들지만 뒤로 갈수록 관료주의가 팽배하여 합리적인 정책 결정에 방해가 된다.** 사회가 발전함에 따라 절차가 복잡해져 명백히 유익한 시도조차 할 수 없는 단계에까지 도달하기 때문이다. 이렇게 되면 혁명적인 변화만이 이런 사태를 해결할 수 있다. 법과 계약에 근거한 체제는 물론 큰 장점이다. 그러나 분명히 좋은 일임에도 법적인 절차 때문에 못 하는 경우가 있다. 우리 부부는 이런 상황에 대해 특히 관심이 많은데, 이에 가장 근접한 사례를 예로 들어보겠다.

미국 헌법에 의하면 연방정부에는 교육의 책임이 없으므로 주로 주정부와 지방정부 주관으로 교육 정책을 수립, 집행하며 예산 또한 지방정부로부터 지원을 받는다. 주마다 다르기는 하지만 부유한 주의 풍족한 도시 어린이들은 가난한 도시의 어린이들보다 훨씬 양질의 교육을 받는 것이다. 이는 명백히 불공평하고 비생산적인 처사다. 하지만 이런 구조가 우리 정치 시스템에 뿌리 깊이 박혀 있어서 그 접근 방법에 혁명적인 변화가 있지 않는 한 그 구조를 바꾸는 것은 매우 어렵다. 관료주의 때문에 합리적이고 생산적인 일을 못 하는 사례는 여기에서 다 표현할 수도 없을 정도로 많다. 이는 지금 미국에서 커다란 문제점이 되고 있다.

+ 포퓰리즘과 극단주의

혼란이 만연하고 불만이 팽배한 가운데 강인한 성격의 지도자가 나타나 엘리트주의를 혁파하고 보통 사람들을 위해 투쟁하겠다고 선언한다. 이런 사람들을 포퓰리스트라고 한다. 포퓰리즘은 정치적·사회적 현상으로, 최상류층이 자신들의 문제 해결을 위해 노력하지 않는다고 믿는 서민들에게 인기가 있다. 이는 주로 빈부와 기회의 격차가 심할 때 나타나서 가치관이 다른 사람들에게는 문화적 위협으로 간주되며, 권력을 쥐고 있는 '엘리트 기득권층Establishment elites'이 국민을 위해 제대로 일을 하지 않을 때 더욱 인기를 얻는다. 국민의 분노가 축적되어 누군가 자신들의 입장을 정치적으로 대변해주기를 바랄 때 포퓰리스트들이 권력을 잡는다. 이 지도자는 좌파일 수도 있고 우파일 수도 있지만, 중도파라기보다는 극단주의적 성향이 강하며 국민의 감정에 호소한다. 또한 이들은 협조적이지 않고 대립을 추구하며 포용하기보다는 배척하려 한다. 이 때문에 우파 포퓰리스트와 좌파 포퓰리스트 간에는 타협할 수 없는 차이로 잦은 다툼이 발생한다. 극단으로 치달아 혁명이 발생할 때는 좌냐 우냐에 따라 그 형태가 달라진다. 예를 들어 1930년대 좌파의 포퓰리즘은 공산주의의 형태로 나타났고, 우파의 포퓰리즘은 파시즘으로 나타났다. 반면에 미국과 영국에서는 평화적인 혁명으로 변화가 발생했다. 최근의 사례로 2016년에 미국에서 도널드 트럼프 대통령이 당선된 것은 우파 포퓰리즘의 표출이며, 반면에 버니 샌더스Bernie Sanders, 엘리자베스 워런Elizabeth Warren, 알렉산드리아 오카시오-코르테스Alexandria Ocasio-Cortez 의 득세는 좌파 포퓰리즘의 발현이라고 볼 수 있다. 많은 국가에서 점점 포퓰리즘이 득세하고 있다. 시간이 지나봐야 알겠지만 조 바이든Joe Biden 이 대통령에 당선된 것은 극단주의를 경계하고 온건을 추구하는 시류가 반영된 것이라고 볼 수 있다.

포퓰리즘이 나타나면 신호로 생각하고 주의하라. 포퓰리즘과 양극화가 심할수록 5단계가 많이 진행되었으며 혁명과 내전이 멀지 않았다고 생각하라. 5단계에는 그래도 중도파가 조금 남아 있지만 6단계로 넘어가면 더 이상 찾아볼 수 없다.

＋ 계급 투쟁Class Warfare

5단계에서는 계급 투쟁이 심화된다. 왜냐하면 ● 경제 상황이 어려워지고 갈등이 심화되면 어느 집단의 구성원들을 정형화된 타입으로 보는 경향이 늘어나며 그 집단을 적 아니면 우군으로 구분하려 하기 때문이다.

5단계에서는 이런 성향이 심해지고 6단계에는 위험한 정도까지 발전한다. 5단계에서는 문제의 원인이라고 생각하는 한두 개의 희생양 집단을 만들어 이들을 악마화한다. 결국 6단계에서는 이들을 배척하고 투옥하며 심지어 학살하기도 한다. 주로 소수 민족, 소수 인종, 또는 사회적·경제적 비주류 집단이 증오의 대상이 된다. 가장 전형적인 사례는 나치 집단의 유대인 박해로, 당시 유대인들은 사실상 독일에서 모든 문제의 근원으로 지목되었다. 해외에 거주하는 화교 집단도 사회적으로나 경제적으로 어려운 시기에 악마화되어 희생양이 되곤 했다. 영국에서는 가톨릭 신자들이 명예혁명이나 잉글랜드 내전English Civil War 같은 격동의 시기를 포함해 여러 차례 탄압을 받았다. 가난한 사람을 착취하는 이미지가 있는 부유한 자본가들도 자주 악마화되곤 했다. 이는 전형적으로 나타나는 현상으로서 항상 유심히 관찰해야 한다.

+진실이 사라진 언론

사람들이 점점 양극화되고 감정적으로 되면서 언론의 왜곡과 선전 선동이 점점 증가한다. 5단계가 되면 목적을 위해 투쟁하는 사람들은 대중의 감정을 조작하고 대중의 지지를 얻어 상대방을 없애기 위해 종종 언론계 종사자와 협력한다. 즉 좌파적 경향의 언론인은 좌파의 활동가들과 힘을 합치고, 우파적 경향의 언론인은 우파의 활동가들과 같이 행동한다. 언론은 마치 자경단Vigilantes처럼 거칠어진다. 언론에서 공격받고 기소되어 유죄 판결을 받는 일이 흔하게 발생한다. 이들에게는 판사도 배심원도 없다. 1930년대 좌파 포퓰리스트(공산주의) 정부와 우파 포퓰리스트(파시스트) 정부는 언론을 통제하고 이끌어갈 '선전부 장관Ministers of propaganda'을 내세웠다. 선전부에서 제작한 홍보자료는 '국가의 적Enemies of the state'으로 간주되는 집단에 대해 국민의 적개심을 불러일으키기 위한 목적으로 이용된다. 민주주의 국가였던 영국도 제1차 세계대전과 제2차 세계대전 당시 정보부Ministry of Information를 설립해 정부 홍보물을 선전했다. 적과의 선전전*을 이기기 위한 정부의 시책에 협조하는 주요 신문의 편집자들을 승진시켰고, 협조하지 않으면 비난하고 고통을 주었다.

---

* 제1차 세계대전 당시 영국 일간지의 절반을 보유했던 노스클리프 자작Viscount Northcliffe은 반독일 선전물로 유명했으며 1918년 정부는 그를 적성국 선전국장Director of Propaganda in Enemy Countries에 임명했다.

이런 일은 신문뿐 아니라 모든 종류의 출판물에서도 발생했다. 프랑스 혁명 기간 중 혁명가들이 운영하던 신문은 반왕정적, 반종교적 감정을 부추기는 기사를 쏟아냈지만 권력을 잡자 반대 세력의 신문을 모두 폐간시켜버렸다. 빈부 격차가 심해지고 포퓰리스트들이 득세하면 특권층을 끌어내리는 기사가 인기를 얻고 수익도 올린다. 특히 우파 성향의 신문에 좌파 엘리트를 비난하는 기사와 좌파 성향의 신문에 우파 엘리트를 비난하는 기사가 인기가 있었다. 5단계에는 이런 풍조가 만연하며 다른 제재 수단과 결합할 경우 언론이 강력한 무기가 된다는 것을 역사는 입증하고 있다.

모든 사람이 현재 이런 상황이 발생하고 있음을 잘 알고 있다. 전통적인 언론 매체나 소셜미디어를 막론하고 언론에 대한 신뢰는 우리 세대에서 가장 낮다. 2019년 갤럽 조사에 의하면 미디어를 '매우 신뢰'한다는 응답자는 13퍼센트에 불과했으며, '꽤 신뢰'하거나 '매우 신뢰'한다는 응답자는 41퍼센트였다. 1976년도의 조사에서는 72퍼센트가 신뢰한다고 응답했다. 이는 단지 변두리 언론Fringe media의 문제가 아니며 주류 언론과 우리 사회 전체의 문제이다. 이 같은 현상은 한때 언론 정의의 상징이었던 〈월스트리트 저널The Wall Street Journal〉이나 〈뉴욕 타임스The New York Times〉 같은 신문조차 신뢰도가 곤두박질치게 만들었다. 언론사가 재정적으로 어려울 때는 정치적으로 편향된 이야기 외에 자극적인 이야기도 재무 상태 개선에 도움이 된다. 내가 아는 언론계 사람들은 모두 나와 같은 생각이지만, 대놓고 의견을 말하지는 않는다. 〈워싱턴 포스트The Washington Post〉의 편집장을 역임한 마틴 바론Martin Baron은 한때 이런 말을 한 적이 있다. "어떤 사회의 구성원들이 기본적인 사실에 대해서도 의견이 다르다면, 어떻게 민주주의가 제대로 작동할 수 있겠는가?" 이런 이유로 사람들이 소리 높여 의견을 말하기를 꺼리므로 표현의 자유가 침해된다. 전통적인 언론 매체나 SNS에서 왜곡된 사실로 공격받아 사회에서 매장당할 수도 있기 때문이다.

심지어 매우 유능하고 막강한 사람들조차 중요한 문제에 대해 언론에서 대놓고 목소리 높이기를 두려워하고 공직선거에 나서기를 꺼린다. 의견을 내보이는 사람들이 모두 언론에 의해 공격받아 무너졌으므로 내가 아는 사람들은 주위의 이목을 끌고 진실과 정의를 위해 목소리를 높이는 것이 위험하다고 생각한다. 특히 언론을 잘 이용하는 사람과 문제가 생겼을 때는 더욱 그렇다. 언론의 보복이 두려워 한 번도 이 문제는 공식적으로 제기된 적이 없지만 사적인 자리에서는 이것에 대해 계속 토론하고 있다.

얼마 전에 상당한 영향력을 가진 장군이 전역한 지 얼마 되지 않아 나와 점심 식사를 한 적이 있었다. 그에게 어떤 일을 할 계획이냐고 물어보았더니 "당연히 국가를 위해서 봉사하고 싶다"는 대답이 돌아왔다. 그래서 공직선거에 출마해볼 의향이 없느냐고 물어보니 조국을 위해 목숨을 바칠 수도 있지만 공직에 나가 명예에 먹칠을 하고 싶지는 않다고 대답했다. 반대 진영의 사람들이 언론과 SNS를 이용해 거짓을 꾸며내 자신과 가족들을 욕보일 것이 뻔하기 때문이라고 했다. 이 장군을 포함한 사회 지도층들은 자신의 의견을 대놓고 이야기하기를 꺼린다. 극단주의적인 반대파의 공격이 자극적인 것만 쫓는 언론에 이용되고 확대될까봐 두려워하기 때문이다. 내 친구들은 이 책에서 다룬 것 같은 민감한 내용에 대해 공개적으로 목소리를 내는 것은 미친 짓이라고 나를 걱정하고 있다. 보나마나 일부 사람이나 집단이 언론을 이용해 나를 음해할 것이 확실하기 때문이라는 것이다. 친구들 말이 맞을 수도 있지만 그렇다고 해서 내 의지를 꺾을 수는 없다.*

+ 희미해진 준법정신과 원초적 투쟁

● **어떤 결정을 할 때 체제보다 목표가 더 중요해지면 그 체제는 위기에 처한 것이다. 법과 규칙이 명확하고 기꺼이 손해를 감수하더라도 법과 규칙을 준수하는 것이 중요하다고 생각할 때 체제는 제대로 작동한다.** 이 둘 중 하나라도 미흡하면 그 체제는 위험하다. 양측이 각자 원하는 것을 얻기 위해 논리적인 설득을 중지하고 전체를 위한 결정을 포기하면 관련 당사자 간에

* 어떻게 해야 할까? 뉴스 언론 매체는 그 권한에 대한 품질 관리 내지 견제가 없는 유일한 권력이다. 나를 포함한 모든 사람이 언론을 통제하는 것에는 반대하지만 동시에 문제를 해결하기 위해 어떤 조치가 내려져야 한다는 데는 동의한다. 사람들의 저항이 심해지면 언론이 자체 검열조직을 만들어 미국영화협회Motion Picture Association처럼 뉴스에 등급을 매기도록 할지도 모른다. 그러나 내 전문 분야도 아니고 내가 어떤 의견을 개진할 만한 입장에 있지도 않기 때문에 솔직히 어떻게 해야 할지 전혀 감도 잡히지 않는다. 그러나 다음과 같이 현실을 지적하는 것이 나의 임무라고 생각한다. 즉 우리는 언론의 정확성과 정직함이 사라지고 언론계에 근무하는 사람들의 최우선 목적이 선정주의와 상업주의 그리고 정치적인 목적의 여론 조작이 되어버린 시대에 살고 있으며, 이는 우리의 건강을 위협하는 암과 같은 존재라는 점을 지적해야 하겠다. 왜곡된 가짜 언론이 문제라고 생각하고 언론을 통한 선전 선동이 어떤 식으로 발생하는지에 관심이 있다면 여기 몇 가지 팁이 있으니 체크해보기 바란다.

1) 그 기사가 감정을 자극하는 근거 없는 비난으로 가득 차 있는가? 아니면 증거가 확실하고 기사의 소스를 밝히는가? 진실은 외면한 채 흥미 있는 내용에만 몰두하고 소스를 밝히지 않는다면 그런 이야기는 믿지 말기 바란다.

2) 글쓴이가 자신의 주장을 반박하는 글이나 논쟁을 환영하는가? 그리고 그 반박문을 자신의 책 내용에 포함시켜 출판하는가?

3) 언론에서 주장하는 내용대로 법적인 처벌이 진행되었는가? 어떤 사람들이나 집단이 나쁜 짓을 했다고 언론에서 비난받았지만 기소되고 재판에 처해지는 절차가 뒤이어 발생하지 않았다면 스스로 그 이유를 자문해보고 그 이야기를 믿지 마라.

4) 만일 어떤 기자나 언론 기관이 과거에 편향적인 기사를 쓴 적이 있다면 지금 이야기도 편향되어 있다고 생각하라.

상대방의 권력을 시험하는 일종의 내란이 발생한다. 이 단계에서는 어떤 대가를 치르더라도 승리하는 것이 최대의 목적이 되며 비열한 행위가 기본이 된다. 5단계의 후반부는 이성을 포기하고 정열에 휩싸이는 시기다. ● 승리만이 최후의 목적이 되면 비윤리적인 투쟁은 점점 폭력적으로 변한다. 모든 사람에게 투쟁하는 목적이 있고 그 어떤 것도 서로 합의할 수 없다면 그 시스템은 곧 내전이나 혁명에 빠지게 된다.

발생 유형은 몇 가지로 나눌 수 있다.

- **5단계 후반부에는 사법 제도와 경찰력을 지배하는 권력이 이를 정치적인 무기로 사용한다. 또한 사설 경찰조직이 생겨나 폭력배들이 사람들을 두드려 패고 재산을 강탈하며 고용주의 경호원 역할을 한다.** 예를 들어 나치당은 권력을 잡기 전에 준군사 조직을 운영하다 권력을 잡은 후에 공식 조직으로 격상시킨 적이 있다. 금방 사라지긴 했지만 1930년대 영국 파시스트 연합British Union of Fascists이나 미국의 KKK단 같은 조직도 사실상 준군사 집단이었다. 이런 일은 흔하게 발생하므로 다음 단계로 넘어가는 신호로 보아야 한다.

- **5단계 후반으로 갈수록 시위가 다발하고 더욱 폭력적으로 변한다.** 건전한 시위와 혁명 사이에 명확한 구분이 없으므로 권력자들은 체제에 도전할 빌미를 주지 않으면서 시위를 어디까지 허가할 것인지에 대해 많은 고민을 한다. 상황을 잘 관리해서 시위가 혁명으로 발전하지 않도록 유의해야 한다. 시위를 억압하는 것도, 허가하는 것도 지도자에게는 큰 부담이다. 어느 것을 선택하더라도 혁명의 강도가 세져 체제를 전복할 수 있기 때문이다. 어떤 집단도 체제를 무너뜨리도록 방치하지 않는다. 그것은 반역이며 보통은 사형에 처해질 수 있는 중죄다. 그렇지만 반체제 인사들은 기어코 체제 전

복을 시도할 것이므로 이들과 정부는 어느 정도까지 허용 가능한지 간을 보기 위해 서로를 시험할 것이다. 여러 분야에서 불만이 쌓이는데도 지도자들이 방치하면 나중에 막으려 해도 결국 터져버리게 마련이다. 5단계 후기의 갈등이 점점 커져 폭력적인 사태로 발전하면 빅 사이클상 6단계에 해당하는 공식적인 내란 상태로 넘어가는 계기가 된다. ● **치열한 전투로 인명 피해가 발생하면 더 폭력적인 다음 단계, 즉 내전 상태로 넘어가는 확실한 신호로 인식하면 된다. 이런 갈등 상황은 승자와 패자가 확실히 결정될 때까지 계속된다.**

여기서 다음 법칙이 나온다. 그것은 ● **의심스러우면 탈출하라. 내란이나 전쟁에 휘말리고 싶지 않으면 그나마 사정이 조금 좋을 때 탈출해야 한다.** 이는 주로 5단계 말미에 발생한다. 상황이 안 좋아지면 탈출하고 싶어도 불가능해진다. 국가가 자본 통제나 기타 수단으로 탈출을 봉쇄할 때도 마찬가지다.

● **문제를 해결하는 방식이 더 이상 작동하지 않을 때 (경제 상황이 악화되고 내외부의 갈등이 격화되는) 5단계에서 (내전이 발생하는) 6단계로 넘어간다.** 즉 체제가 수리 불가한 상태로 와해되고 사람들 사이에 폭력이 만연하며 국가의 통제력이 더 이상 통하지 않을 때 다음 단계로 넘어간다.

예상했겠지만, 어떤 체계나 질서를 완전히 파괴한 후 새로운 체제를 수립하는 것은 기존 체계나 체제하에서 혁명적인 변화를 추진하는 것보다 훨씬 더 부담스러운 일이다. 그러나 파괴하는 과정이 충격적이기는 하지만 반드시 기존 체제 내에서 변화하는 것보다 나쁜 것은 아니다.

제대로 작동하지 않는 오래된 체제를 유지한 채 변화할 것인지, 아니면 구체제를 버리고 완전히 새로운 체제로 변경할지를 결정하는 것은 절대 쉬운 일이 아니다. 특히 새로운 체제에 대한 홍보가 미흡하고 국내 질서처럼 중요한 체제를 바꿔야 할 때는 더욱 어렵다. 그럼에도 불구하고 (이성적인 판단보다는 감정적인 휩쓸림에 좌우되는 경우가 많기는 하지만) 변화는 발생한다.

● **(지금의 미국처럼) 국가가 5단계에 있을 때 가장 큰 문제는 무너지기 전에 얼마나 버티느냐.** 비교적 활동의 범위가 자유로운 민주주의에서는 지도자를 바꿔서 결과가 안 좋더라도 국민의 실수라고 여기면 그만이기 때문에 여러 가지 시도를 할 수 있다. 이런 체제하에서는 정권 교체가 평화적으로 발생한다. 그러나 '1인 1표'라는 민주주의식 투표 방식에는 일반 조직에서 중요 보직의 적임자를 선발할 때 실시하는 꼼꼼한 능력평가가 아닌 인기 투표로 지도자를 선발한다는 단점이 있다. 따라서 갈등이 심해지면 민주주의적 절차도 여러 번 붕괴된 적이 있음을 역사는 보여준다.

민주주의에는 합의에 의한 의사결정이 필요한 바, 비록 의견이 다르더라도 체제 내에서 협력하며 공존해야 한다. 그런데 각 당은 많은 유권자를 대표해야 하므로 의견이 상이한 사람들로 구성된 위원회가 다 그렇듯 의사결정 시스템이 반드시 효율적인 것은 아니다. ● **민주주의의 가장 큰 위협은 분열되고 상반되는 의사결정 때문에 비효율적으로 체제가 운영되다가 국가가 제대로 돌아가기를 원하는 사람들의 요구에 부합해 인기 있는 독재자가 나타나 혁명을 일으키는 것이다.**

또한 (미국처럼) 연방제를 추구하는 민주주의 국가에서는 주와 연방 정부 사이의 알력이 존재한다는 것을 역사를 통해 알 수 있다. 미국에서 아직 이것이 큰 문제가 되지 않았기 때문에 향후에 이런 현상이 나타난다면 6단계로 넘어가는 신호로 인식해야 할 것이다.

민주주의가 무너진 사례는 너무나 많아 제대로 조사하기도 쉽지 않다. 패턴을 파악하기 위해 조사를 해보았지만 깊숙이 들어가지는 못했고 여기서 이를 자세히 다루지는 않을 예정이다. 5단계를 설명할 때 사용한 요인들(특히 최악의 재정수지 적자, 과소비, 내부의 분규와 혼란, 그리고 중요한 국제 문제 등)이 극단적으로 전개되면 국가의 기능이 제대로 작동하지 않으며 권력 투쟁이 발생한다. 전형적인 사례로는 기원전 400년에서 300년 사이의 아테네와 기원전 27년 이전 100년간의 로마제국,* 1920년대의 독일 바이마르공화국 그리고 혼란을 타파하기 위해 우파 독재(파시즘)를 선택한 1920~1930년 사이의 이탈리아, 일본, 스페인 등이다.

● **최선의 결과를 얻기 위해서는 단계마다 필요한 지도자상이 상이해야 한다. 5단계는 내전이나 혁명으로 가느냐, 아니면 평화롭고 번영을 누리는 공존 상태로 가느냐를 결정하는 갈림길이다.** 물론 평화로운 번영의 상태가 이상적이기는 하나 훨씬 더 어렵다. '강인한 중재자Strong peacemaker'가 나타나 국가를 단결시키고 반대파를 설득해 모든 사람이 공정하고 올바르다고 생각하는 새로운 질서(즉 모든 사람에게 도움이 되는 생산적인 질서)를 수립해야 한다. **역사적으로 그런 사람은 별로 없었다. 우리는 그런 사람이 나타나길 기원할 뿐이다.** 다음 지도자상은 '강인한 투사Strong fighter'로서 내전과 혁명의 가시밭길을 무사히 통과하도록 이끌어주는 지도자다.

---

* 로마의 공화국과 아테네는 민주주의적 요소가 있기는 했지만 모든 사람이 공평한 권리를 가지고 투표에 참가하지는 못했다. 민주주의의 기원은 수천 년 전으로 올라가지만 불과 최근에야 모든 사람에게 참정권이 주어졌다. 미국의 흑인 남성은 1870년에야 투표가 허락되었고 여성은 1920년에 참정권을 얻었다.

6단계: 내전 상태

● **내전은 발생하게 되어 있다. 그러므로 오랜 기간 평화를 누린 사람들이 으레 그렇듯 "우리한테는 발생하지 않아"라고 착각하는 대신 내란이 얼마나 가까이 있나 조심스럽게 신호를 찾아보아야 한다.** 앞부분에서 기존 질서하에서 발생한 비폭력 혁명을 다루었으므로 이 파트에서는 폭력으로 기존 질서를 파괴하고 새로운 질서를 수립하는 내전의 발생 신호와 유형을 살펴볼 것이다. **내전이 어떻게 작동하는지 알기 위해 수없이 많은 사례를 조사할 수도 있지만 우선 가장 중요하다고 생각되는 29개를 선정해서 다음 표에 나열했다. 그리고 이들을 체제와 정권을 크게 바꾼 내전과 그렇지 않은 내전으로 분류했다.** 예를 들어 미국의 남북전쟁은 아주 참혹한 전쟁이었지만 체제와 질서를 전복하지는 못했으므로 표의 아래쪽에 배치했다. 반면에 기존 질서를 무너뜨린 내전은 표의 위쪽에 있다. 물론 이런 식의 분류가 100퍼센트 정확한 것은 아니다. 그러나 다시 한번 강조하지만, 정확성을 추구하느라 보아야 할 것을 못 보는 오류는 저지르지 않겠다. 전부는 아니더라도 표에 나열된 내란의 대부분은 여기서 설명한 전형적인 방식대로 발생한 것들이다.

기존 체제를 전복하고 새로운 질서를 수립한 전형적인 내전은 1917년에 발생한 러시아혁명과 내전이다. 이를 통해 공산주의적 내부 질서가 수립되었고 1980년 말 5단계에 들어갈 때까지 계속 이 체제를 유지했다. 러시아는 기존 체제를 유지하면서 페레스트로이카Perestroika, 재건를 추진했지만 실패하였고 1991년 소비에트연방이 붕괴되었다. 공산주의 질서는 74년간(1917~1991년) 유지되다 이 장에서 1, 2단계로 설명한 전형적인 방식에 의해 새로운 질서로 대체되었다.

내전	국가	발생연도
네덜란드 독립전쟁	네덜란드	1566
잉글랜드내전	영국	1642
명예혁명	영국	1688
미국 독립운동	미국	1775
프랑스혁명	프랑스	1789
스페인내란	스페인	1820
프랑스 2월혁명	프랑스	1848
메이지유신	일본	1868
신해혁명	중국	1911
러시아혁명과 내전	러시아	1917
독일혁명과 제정붕괴	독일	1918
히틀러의 집권/폭압정치	독일	1929
일본 군국주의의 부상	일본	1932
스페인내란	스페인	1936
국공내전	중국	1945
자코바이트의 난	영국	1745
푸가초프의 난	러시아	1773
네덜란드 애국혁명	네덜란드	1781
백련교도의 난	중국	1794
1848년 독일혁명	독일	1848
태평천국의 난	중국	1851
판타이의 난	중국	1856
남북전쟁	미국	1861
회민봉기	중국	1862
파리코뮌	프랑스	1871
의화단운동	중국	1899
1905년 러시아혁명	러시아	1905
호국전쟁	중국	1915
1934년 2월 6일 위기	프랑스	1934

체제/정권 변화

체제/정권 불변

또 다른 예로는 메이지유신을 들 수 있다. 일본이 쇄국 정책으로 근대화에 뒤처지자 1866년부터 1869년 사이에 반란이 발생했고, 그 결과로 생긴 것이 메이지유신이다. 미국은 일본의 개방을 강요했고, 그 결과 혁명파들이 전쟁을 일으켜 쇼군이 이끌던 기존 막부幕府 체제를 종식시켰고, 그때까지 일본을 지배했던 사농공상의 계급 체제를 붕괴시켰다. 메이지유신 이전 일본의 통치 질서는 매우 보수적이었지만(예를 들어 신분 상승이 허락되지 않았다) 메이지유신 이후에는 비교적 진보적인 세력이 집권했고, 천황의 권한을 회복시켜 변화를 추구했다. 초기에는 빈부 격차의 차이와 어려운 경제 상황으로 인해 노사 간의 갈등과 파업 그리고 반란이 빈발했다. 개혁의 일환으로 모든 어린이에게 초등교육을 제공하고 자본주의를 채택해서 외부 세계에 문호를 개방했다. 또한 신기술을 도입해서 경쟁력을 갖추고 부유한 국가가 되었다.

이렇게 국민에게 도움이 되는 개혁을 실시한 국가도 많았지만 반대로 오랫동안 국민에게 고통을 주는 개혁을 실시한 국가도 상당히 많다. 그런데 일본은 이 개혁 덕분에 빅 사이클을 통과하면서 부유한 선진국으로 변모했다. 그러다 시간이 갈수록 점점 사치스러워지고 분열되었으며 경제 공황을 겪고 전쟁을 치르면서 쇠퇴했다. 메이지시대의 질서와 빅 사이클은 1869년부터 1945년까지 유지되었다.

● **내전과 혁명이 발생하면 기존 질서가 철저하게 바뀐다. 부와 정치 권력을 완전히 뒤집어엎어 채권자산과 금융자산의 소유권을 구조조정하고 정치적 결정 과정을 혁신한다.** 이는 기존 체제하에서는 이룰 수 없는 근본적인 변화를 가능하게 한다. 거의 모든 체제는 이 과정을 겪는다. 어느 체제나 다른 계급의 희생으로 일부 층만 이익을 보는 구조이므로 당하는 계급의 인내가 한계에 이르는 시기가 오기 때문이다. 빈부의 격차와 사고방식의

차이가 점점 커지고 경제 사정이 나빠져서 시스템이 다수를 위한 방식으로 작동하지 않으면 국민은 체제를 바꾸기 위해 투쟁에 나서기 마련이다. 경제적으로 가장 타격이 큰 사람들이 기존 체제에서 부와 권력을 누리는 사람으로부터 이를 빼앗기 위해 일어설 것이다. 당연히 이들은 체제를 근본적으로 바꾸고자 할 것이므로, 기득권이 준수하라고 강요하는 법을 파괴해야 한다. 그러므로 내전이라는 형식을 통해 폭력적인 방식으로 이루어질 수밖에 없다. 물론 앞에서 언급한 대로 체제를 그대로 유지하는 평화로운 방식도 있기는 하다.

내전은 대개 매우 참혹하다. 개전 초기에는 우위를 점하기 위해 그나마 온건한 방식의 전투가 벌어지지만 싸움이 격화되고 적개심이 심화되어 무슨 수를 써서라도 이겨야 한다는 정서가 만연하게 되면 급속도로 잔인해져서 5단계에서는 상상하기 힘들 정도의 잔인함이 6단계 혁명에서 벌어진다. 이 단계가 되면 엘리트층이나 온건파들은 외국으로 도피하지 않으면 투옥되어 처형된다. 스페인내전Spanish Civil War이나 중국의 국공내전, 러시아혁명, 프랑스혁명과 관련된 책을 읽다 보면 머리털이 곤두설 정도로 잔인하다.

어떻게 이런 일이 발생할까? 앞에서 나는 5단계에서 어떤 일이 발생해서 6단계로 넘어가는지 설명했다. 뒤에서 설명하겠지만 6단계에서는 앞에서 발생한 일들이 더욱 심화된다.

내전과 혁명은 어떻게 발생할까?

앞에서 설명한 대로 전체 국민 중 일부에게 부가 집중되어 빈부 격차가 심해지면 가난한 다수의 대중이 내전이나 혁명을 통해 소수의 부자 계급을 뒤집어엎는다. 이는 과거부터 계속 발생해왔던 일이다.

내전과 혁명의 전형적인 형태는 좌파 세력이 우파 세력으로부터 권력을 탈취하는 것이지만, 좌파의 부와 권력이 우파로 이동하는 경우도 있다. 물론 이런 경우는 드물거니와 발생 배경도 다르다. 주로 기존 질서가 제대로 작동하지 않는 무정부 상태에 빠져 대다수의 국민이 강력한 지도자가 나타나 국가의 기강을 바로잡고 과거의 영광을 회복하기를 바랄 때 발생한다. 좌파 정부로부터 우파 정부로의 혁명이 발생했던 사례는 1930년대의 독일, 스페인, 일본, 이탈리아, 그리고 해체가 진행된 1980년부터 1990년대 초까지의 소비에트연방, 이사벨 페론Isabel Perón으로부터 군사정권으로 권력이 넘어간 1976년 아르헨티나의 쿠데타, 프랑스 제2제정을 세운 1851년 프랑스의 쿠데타 등이다. 내가 연구한 모든 사례에 있어 성공이냐 실패냐는 한 가지 이유로 결정되었다. 좌파의 혁명과 마찬가지로 우파의 혁명도 광범위하게 경제적 성공이 이루어지면 성공이고 그렇지 못하면 실패다. 이런 이유로 인해 장기적으로 보면 전체적인 부가 늘어나고 분배가 잘 이루어지는 사회로 나아간다(즉 보통 사람들의 소득 수준이 높아지고 복지가 향상된다는 뜻이다). 하지만 빅 사이클 안에서 이를 경험하는 사람은 큰 그림을 볼 수 없다.

내전과 혁명을 이끄는 사람들은 대개의 경우 고등교육을 받은 중산층 출신들이 많았다(지금도 마찬가지다). 예를 들어 프랑스혁명의 삼거두는 부르주아 계급의 가정에서 자란 변호사 조르주 자크 당통Georges Jacques Danton, 부르주아 가문 출신의 의사, 과학자 겸 언론인이었던 장폴 마라Jean-Paul Marat, 그리고 역시 부르주아 출신의 변호사 겸 정치인인 막시밀리앙 로베스피에르Maximilian Robespierre였다. 혁명의 초창기에는 라파

213

예트 후작Marquis de La fayette처럼 온건한 부유층 가정에서 자란 진보적인 귀족들의 지지를 많이 받았다. 마찬가지로 러시아혁명의 주도자인 블라디미르 레닌Vladimir Lenin은 법을 공부한 사람이었고, 레온 트로츠키Leon Trotsky는 교육받은 부르주아 가정에서 자란 사람이었다. 국공내전을 이끈 마오쩌둥은 온건한 부유층 출신이며 법학, 경제학, 정치 이론 등 다양한 분야를 공부했다. 저우언라이周恩来 역시 공무원 집안의 중산층 출신이다. **이 지도자들은 카리스마가 있었으며(오늘날의 지도자도 마찬가지다), 다른 사람들을 이끌고 협력하는 능력으로 거대 조직을 운영하여 혁명을 가능하게 했다. 미래의 혁명가를 알고 싶다면 이런 자질을 가진 사람을 눈여겨봐야 할 것이다.** 시간이 지남에 따라 그들은 보다 공정한 세상을 만들고 싶어 하는 이상주의자에서 어떤 대가를 치르더라도 승리하려는 잔혹한 혁명가로 변한다.

경제적으로 곤란을 겪는 와중에 빈부의 격차가 더 커지면 가장 큰 갈등의 원인으로 작용하지만 그 외에 다른 요인도 기존 지도력과 체제에 저항을 불러일으키는 역할을 한다. 혁명 중에는 각자 다른 목적을 가진 사람들이 뭉쳐서 변화를 위해 노력하므로 단결된 것처럼 보이지만 목적을 달성하면 그들 사이에 권력 투쟁이 발생한다.

앞에서 언급한 대로 **내전이나 혁명의 단계에 돌입하면 정부는 거의 항상 현금, 신용, 그리고 구매력이 부족하게 된다.** 정부는 부자들의 자산을 묶어두려 하고 부자들은 안전한 곳으로 부를 옮기고 안전자산에 투자한다. 정부는 자본을 통제함으로써 부의 이동을 저지하려 한다(즉 역외로의 유출, 다른 통화로의 유출, 금처럼 과세하기 어렵고 덜 생산적인 자산에 대한 투자를 통제한다).

설상가상으로 내부적인 혼란이 가중되면 외적들이 침입하기 쉽다. 국내에서 내전이 발생하면 외부의 공격에 취약해지기 때문에 침입당할 가능성이 커진다. 내전은 국민을 분열시키고 경제적으로 부담을 주어 지도자가 다른 곳에 제대로 집중할 수 없게 만든다. 그러므로 이런 취약점을 이용해 외세가 침범하는 것이다. 그렇기 때문에 내전과 외세의 침략은 같은 시기에 발생한다. 또 다른 이유로는 감정과 분노가 고조되기 때문이다. 대중의 지지를 업고 권력을 잡은 강력한 리더는 타고난 투사들이다. 이들은 내전이 진행 중인데 외세가 침입하면 국민들이 더욱 단결하여 자신을 지지한다는 것을 잘 알기 때문에 오히려 이를 부추기기도한다. 전쟁으로 경제적 어려움을 겪고 있는 국민들은 다른 나라의 자원등 필요한 것을 쟁취하기 위해 더욱 필사적으로 투쟁한다.

● **거의 모든 내전은 결과를 자신에게 유리하게 이끌기 위해 외세를 개입시킨다.**

● **내전과 혁명의 시작은 명확하지 않다. 그러나 혁명의 한가운데 있을 때는 진행 중임을 명확히 알 수 있다.** 역사가들은 언제부터 내전이 시작했다고 날짜를 말하지만 그것도 정하기 나름이다. 아무도 내전이 시작된 시점이나 끝난 시점을 정확히 모르지만 진행 중일 때는 알 수 있다. 역사는 군중들이 바스티유 감옥을 습격한 1789년 7월 14일을 프랑스혁명의시작일로 표기한다. 하지만 당시에는 그 누구도 그날 혁명이 시작했다고 생각하지 않았고, 혁명이 얼마나 잔인하게 전개될 것인가도 예상하지 못했다. 무슨 일이 발생할지 정확히 예측할 수는 없지만 다소 부정확하더라도 현재 어느 위치에 있는지, 어느 방향으로 가고 있는지, 다음 단계에 어떤 일이 발생할지를 알려주는 표시는 얻을 수 있다.

내전이 매우 참혹한 이유는 목숨을 걸고 싸우기 때문이다. 어느 한 편을 선택해서 싸워야 하기 때문에 모두 극단주의자가 되며 중도파는 경쟁에서 낙오된다.

내전을 치르는 데 가장 적합한 지도자는 '따르고 싶은 장군 Inspirational generals**' 같은 유형의 지도자로서 각계각층의 지지를 얻어 여러 유형의 전투에서 승리할 수 있는 강한 지도자다. 전투는 참혹하므로 승리하기 위해서는 무슨 짓이라도 할 만큼 냉혹해야 한다.**

역사에서 내전으로 규정하는 기간은 보통 몇 년 정도이며 정부청사를 장악하는 세력이 공식적으로 승자와 패자를 발표한다. 그러나 시작과 마찬가지로 내전과 혁명의 끝도 역사가들이 규정하는 것처럼 명확하지 않다. 내전이 끝난 후에도 권력을 통합하는 과정이 오랜 시간 소요될 수 있다.

내전과 혁명은 매우 고통스럽지만 이로 인한 적절한 구조조정은 더 나은 미래를 향한 초석이 될 수 있다. 다음 단계를 어떻게 처리하느냐에 따라 혁명이 끝난 후의 미래가 달라진다.

결론

영원한 것은 없으며 모든 것은 변화한다는 것을 역사를 통해 알 수 있다. 그 변화 안에는 어떤 사이클이 있어서 마치 들락날락하는 밀물과 썰물처럼 인력으로 변화시키거나 저항하기 어렵다. 변화에 잘 대처하기 위해서는 현재 사이클상 어떤 위치에 있는지를 파악하고 시대를 막론하고 적용되는 보편적 법칙을 깨닫는 것이 필수이다. 상황이 바뀌면 접근 방식도 달라져야 한다. 즉 최적의 방식은 상황에 따라 유동적인데, 그 상황은 우리가 조금 전에 본 대로 계속 변화한다. 그러므로 어떤 정치·경제 체제가 항상 최고라고 고집스럽게 믿는 것은 잘못된 일이다. 왜냐하면 그 체제가 현재 닥친 상황을 해결하는 데 최적이 아닐 수 있고, 사회가 그 체제를 채택하지 않으면 자연스럽게 소멸하기 때문이다. 따라서 가장 좋은 방법은 상황에 잘 적응하도록 끊임없이 체제를 개혁하는 것이다. 어떤 체제가 적합한지 여부는 사람들이 원하는 것을 얼마나 제대로 구현하느냐인데, 이는 객관적으로 측정 가능하다. 그렇지만 우리가 역사를 통해서 가장 명확하게 알 수 있는 것은 숙련된 협력 관계를 통해 한정된 파이를 키워 분배함으로써 공생 관계를 구축하고, 모든 사람이 행복하게 사는 것이 부와 권력을 쟁취하기 위해 투쟁하여 한쪽이 다른 편을 굴복시키는 내전보다 훨씬 유익하고 덜 고통스럽다는 사실이다.

6장

국제 질서와 혼란의 빅 사이클

사람들 사이의 관계 그리고 사람을 지배하는 질서는 국내 관계든 국제 관계든 기본적으로 같은 원리로 작동하며 때로 뒤섞이기도 한다. 사실상 국가 간에 명확히 구분되고 양자가 모두 인정하는 국경이 수립된 지 얼마 안 되었기 때문에 국내 질서와 국제 질서를 구별하기 시작한 것은 최근의 일이다. 이런 이유로 인해 **국내 질서가 파괴되고 혼란 상태로 전환되는 6단계 사이클의 발생 과정은 단 한 가지 점만 제외하고 국제 질서에도 똑같이 적용된다. 그 한 가지 예외는 ● 국제 관계가 훨씬 더 약육강식의 법칙에 의해 좌우된다는 것이다. 모든 지배 체제에는 효율적이면서도 모두가 인정하는 1) 법 제도와 법을 제정하는 능력, 2) 법 집행 기능(즉 경찰력), 3) 중재하는 기능(사법권), 4) 범죄를 지었을 때 치르는 확실하고 구체적인 대가(벌금 및 구금)가 필요하다. 그런데 국가와 국가 사이에는 이런 제도가 존재하지 않거나 존재한다고 해도 국내만큼 효율적으로 운용하기 어렵다.** 국제연맹이나 국제연합UN 같은 조직을 통해서 국제 질서에 강제성을 부과하려는 시도가 있었지만, 그 조직보다 강대국이 더 강력했기 때문에 전반적으로는 실패했다. **개별적인 국가들이**

다른 국가들을 합친 것보다 더 막강하면 그 나라의 말이 법이 된다. 예를 들어 미국, 중국, 또는 기타 국가가 UN보다 더 힘이 강하다면 UN이 아니라 이들 국가가 모든 것을 결정한다. 힘이 우선이고 부와 권력 수준이 비슷하다면 전쟁을 통해서 우열을 결정해야 하기 때문이다.

강대국 간에 분규가 발생하면 변호사가 나서서 사건을 변호하지 않는다. 상대방을 협박해서 협상으로 결론을 내거나 아니면 전쟁을 벌인다. **국제 질서는 국제법이 아니라 정글의 법칙을 따른다. 국가 간의 분규에는 5가지가 있다. 무역/경제 전쟁, 기술 전쟁, 지정학적 전쟁, 자본 전쟁, 군사 전쟁 등이다.** 항목별로 정의를 내려보자.

1. **무역/경제 전쟁**: 관세 전쟁, 수입 및 수출 장벽 등 경제적 타격을 입히기 위한 방법으로 발생하는 전쟁

2. **기술 전쟁**: 국가 안보를 위한 기술 유출을 차단하기 위한 전쟁

3. **지정학적 전쟁**: 영토와 동맹에 관한 분규로 전쟁이 아닌 협상과 (명시적 또는 암묵적) 약속으로 해결한다.

4. **자본 전쟁**: 기관과 정부에 대한 자금과 신용 공급 중지 같은 제재 조치와 해외 자본 유입 금지처럼 금융 수단을 통한 제재로 발생하는 전쟁

5. **군사 전쟁:** 실제 발포와 군대의 배치가 이루어지는 전쟁

대부분의 전쟁은 이와 같은 범주의 하나 또는 여러 항목에 포함된다 (예를 들어 사이버 전쟁은 모두 해당된다). 전쟁의 목적은 부와 권력을 쟁취하고 이와 관련된 사상을 전파하기 위함이다. **실제 발포나 살인만 없을 뿐이지 살벌한 권력 투쟁이다.** 대부분의 경우 경쟁국 간에 앞의 4가지 전쟁이 점점 심화되다 결국 실제 전쟁이 발생한다. **이런 종류의 전쟁**

은 발포 여부를 막론하고 다른 국가에 대한 국력 과시다. 사안의 중요성 그리고 상대방의 전력에 따라 전면전이 될 수도 있고, 국지전으로 끝날 수도 있다. 일단 전쟁이 발발하면 앞의 4가지 전쟁도 최대한 무기화되어 이용된다.

앞에서 언급했지만 국내외 사이클을 발생시키는 요소는 동시에 나빠지고 동시에 좋아진다. 상황이 안 좋아지면 분쟁 대상이 더 많아져서 전쟁이 터질 가능성이 커지는 것이다. 그것은 인간의 본성이며 좋은 시절과 나쁜 시절을 왔다 갔다 하는 빅 사이클이 존재하는 이유다.

● **국가의 존망이 걸려 있어 국민이 목숨을 걸고 싸울 수밖에 없는 실존적 문제가 발생했지만 평화적 수단으로 해결할 수 없을 때 전면전이 발생한다. 전면전은 어느 편이 원하는 것을 가지고 전쟁 후에도 우위를 유지할 것인지를 확실히 결정한다.** 누가 규칙을 정하느냐에 따라 새로운 국제 질서가 탄생하는 것이다.

다음 도표는 서기 1500년대 이후 인구 대비 사망자 수를 기준으로 전쟁과 평화의 사이클을 표시한 것이다. 그래프에 나타나 있듯이 **평균 150년을 주기로 3개의 분쟁이 발생했다가 소멸하는 추세를 볼 수 있다. 대규모 내전이나 타국과의 전쟁은 기간 자체는 짧지만 그 전의 해묵은 분쟁이 오랜 기간 쌓여서 표출되는 것이다.** 제1차 세계대전과 제2차 세계대전은 사이클상 다른 요인으로 촉발되었지만 그 둘은 매우 밀접하게 연관되어 있다.

도표에서 보듯 각 사이클은 상당 기간 평화와 번영(예를 들면 르네상스, 계몽시대, 산업혁명 등)을 누린 후 잔인하고 폭력적인 국가 간의 전쟁(예를 들어 3년 전쟁, 나폴레옹 전쟁, 제1차 및 제2차 세계대전)이 발생한다. 상승 사이클(평화와 번영의 시기)과 하락 사이클(불황과 전쟁의 시기) 모두

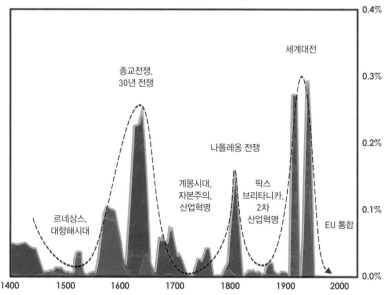

전쟁으로 인한 추정 사망자 비율(인구 대비, 15년 이동평균)

■ 내전 ■ 국제전 ----- 합

세계대전

종교전쟁,
30년 전쟁

나폴레옹 전쟁

계몽시대,
자본주의,
산업혁명

팍스
브리타니카,
2차
산업혁명

르네상스,
대항해시대

EU 통합

0.4%
0.3%
0.2%
0.1%
0.0%

1400   1500   1600   1700   1800   1900   2000

모든 국가에 영향을 미친다. 강대국은 약소국의 희생으로 번영을 누리므로 모든 국가가 동시에 번영을 누리는 것은 아니다. 예를 들어 1840년부터 1949년 사이에 중국이 겪은 소위 '굴욕의 세기(백년국치百年國恥)'는 서양 열강과 일본의 착취로 발생한 것이다.

이 책을 계속 읽어가면서 알게 될 전쟁과 관련하여 ● **2가지 확실한 것이 있는데 1) 전쟁은 절대로 계획대로 진행되지 않으며, 2) 상상한 것보다 더 참혹하다는 점이다.** 이런 이유로 많은 사람이 전쟁을 피하는 방법에 대한 이야기를 한다. 하지만 명분이 좋건 나쁘건 전쟁은 발생한다. 대부분의 전쟁이 참혹하지만 원인은 사소한 것에서 시작하는 경우가 많다. 그러나 꼭 해야 하는 전쟁도 있다. 싸우지 않으면 (노예 상태로 전락하는 것처럼) 도저히 견디기 어려운 상황에 빠지게 되는 경우이다.

국제 질서를 변화시키는 시대를 초월하는 보편적인 힘

2장에서 설명한 대로 자기 이익 추구와 생존이 어느 정도 충족되고 나면 개인, 가정, 기업, 국가를 막론하고 그다음으로 추구하는 것이 부와 권력이다. 군사력을 증강하고 무역을 통제하며 다른 나라에 영향력을 미친다는 측면에서 부와 권력이 동일하기 때문에 ● **국가가 부유하면 군사력도 강해진다.** 총(군사력)을 사는 데도 돈이 들고 버터(사회가 필요로 하는 생필품)를 사는 데도 돈이 필요하기 때문이다. 어느 국가가 이 두 가지를 모두 제공하지 못한다면 내·외부적으로 반대 세력의 도전에 직면할 것이다. 중국의 왕조시대와 유럽의 여러 제국을 연구한 결과 ● **경쟁국보다 더 많은 지출을 할 수 있는 경제적 여유야말로 강대국에 있어 가장 중요한 요소임을 깨달았다.** 미국이 냉전Cold War에서 소련을 이긴 것도 이런 배경 때문이다. 적재적소에 충분한 지출을 할 수 있다면 전쟁을 할 필요가 없다. 장기적으로 선진국의 지위를 유지하려면 너무 지나치지 않은 범위 내에서 '총'과 '버터'를 지속적으로 구입할 수 있어야 한다. 다른 말로 표현하면 경제적으로 여유가 있어서 국민에게 양호한 생활 수준과 외적의 침입으로부터의 보호를 제공해야 한다는 말이다. 진정한 강대국은 200~300년간 이것을 제공해왔지만 어느 국가도 영원히 지속할 수는 없다.

강대국의 세력이 약해지기 시작하거나 신흥 세력의 힘이 세지면 갈등이 발생한다. ● **1) 경쟁국의 군사력이 거의 비슷하고, 2) 양립할 수 없는 근본**

적인 차이가 존재할 때 전쟁이 발발할 가능성이 매우 커진다. 현재 전쟁으로 이어질 가능성이 매우 큰 갈등은 대만을 사이에 두고 벌이는 미국과 중국의 신경전이다.

상대방의 도전에 직면해서 싸움을 선택할 것이냐, 항복을 선택할 것이냐는 매우 어려운 문제다. 전쟁을 하면 인명과 재산상의 손실이 발생할 것이고, 항복할 경우 힘이 없다는 표시이므로 기존에 누리던 지위를 상실할 것이다. 이 대가는 엄청나다. 경쟁 국가가 서로 상대방을 전멸시킬 국방력이 있다면 아무 이유 없이 상대편으로부터 공격받지 않을 거라는 매우 높은 수준의 신뢰가 있어야 한다. 그러나 죄수의 딜레마 문제를 적절히 다스리는 것은 극히 드문 일이다(자세한 설명은 2장의 부록을 참조 바란다).

국제 관계에서는 강대국이 규정하는 대로 정해지기는 하지만 그래도 다른 접근 방법보다 좋은 방법이 있기는 하다. 분명한 것은 공멸하는 접근 방식보다는 공생하는 접근 방식이 훨씬 좋다. 여기서 아주 중요한 원칙이 나온다. ● **공생하는 결과를 얻기 위해서는 상대방에게 가장 중요한 것과 내게 가장 중요한 것을 파악해서 그것들을 교환할 수 있도록 협상해야 한다.** *, **

---

* 공생 방식에 관한 매우 단순한 예를 들어보자. 두 나라가 가장 중요한 쟁점이나 반드시 수호해야 할 10가지를 각각 선정해서 총점이 100점이 되도록 점수를 매긴다면 어떤 거래가 가장 유리한지 알 수 있을 것이다. 예를 들어 대만과의 통일은 중국에 매우 중요한 문제로 손꼽힐 것이다. 전쟁도 불사할 정도이기 때문이다. 그런데 중국과 달리, 대만 문제를 평화적으로 해결하는 것은 미국에게는 상대적으로 우선순위가 낮은 문제이다. 그러므로 미국의 문제 중에서 그보다 우선순위가 높은 것과 중국의 대만 문제를 서로 교환하면 양국 모두 이득을 얻을 수 있을 것이다.
** 순진한 생각일지 모르지만 사려 깊은 의견 불일치Thoughtful disagreement를 잘 이용하면 미·중 간 전쟁을 예방할 수 있을지 모른다. 예를 들어 양국의 지도자나 대표들이 마치 대선 토론처럼 공개적인 토론을 통해 의견 차이를 토의하는 장면을 중계하여 양국의 국민들이 상대방의 입장을 보

세련된 방식의 협조를 통해 공생하는 관계를 맺어 부와 권력을 증가시키고 적절하게 배분하면 어느 한쪽이 다른 쪽에 항복해야 하는 전쟁보다 훨씬 좋은 결과를 낳아 고통스러운 결과를 피할 수 있을 것이다. 상대방의 입장을 이해하고 넘어서는 안 되는 레드라인(절대로 포기할 수 없는 선)을 명확히 이해시키는 것이 가장 중요하다. ● **승리란 소중한 것을 잃지 않으면서 중요한 것을 얻는 것이다. 따라서 승리가 주는 이득보다 더 많은 생명과 재산을 잃는다면 이는 어리석은 일이다.** 그러나 이 '어리석은' 전쟁은 다음에 설명하는 이유로 인해 늘 발생한다.

어리석은 전쟁에 쉽게 빠지는 이유는 1) 죄수의 딜레마, 2) 치고받는 과정에서 발생하는 격화, 3) 항복했을 때 영향력 축소로 인해 치러야 할 대가, 4) 신속한 의사결정을 방해하는 잘못된 정보 때문이다. 서로 경쟁하는 강대국들은 통상적으로 죄수의 딜레마에 빠진다. 즉 상대국이 먼저 우리를 공격하지 않는다면 우리도 상대국을 공격하지 않는다는 확신을 주어야 한다. 단계적 확전이 위험한 이유는 제대로 대응하지 않으면 상대국의 맨 마지막 공세에 굴복하는 셈이 되므로 어쩔 수 없이 단계를 높여 응수해야 하기 때문이다. 마치 치킨게임처럼 너무 밀어붙이면 공멸할 수 있다.

거짓 선전 선동과 감정을 자극해서 국민의 분노를 이끌어내는 방식은 어리석은 전쟁의 발생 가능성을 키우므로 지도자는 진정성을 가지고 신중하게 국민에게 현재 발생 상황을 설명하는 것이 유리하다(특히 국민의 의견이 중요한 민주주의 국가에서는 더욱 그러하다). 지도자가 진실하지

다 잘 이해하게 한다면 정말 도움이 될 것이다. 이로 인해 각국은 상대국을 잘 알게 되고, 각국의 입장을 명확히 알려서 평화로운 방식으로 문제를 해결할 수 있을 것이다.

못하고 국민의 감정을 이용하려 하면 최악의 결과를 낳을 수 있다. 만일 언론까지 장악했다면 더욱 나쁜 결과를 초래한다.

전체적으로 볼 때 공생 관계와 공멸 관계는 사이클을 이루며 왔다 갔다 한다. 즉 사람이나 국가나 태평성대를 누릴 때는 협조가 잘 되고, 상황이 어려워지면 적대시하려는 성향이 있다. 기존 강대국의 세력이 약해질수록 현재 상황, 즉 기존 질서를 그대로 유지하려 한다. 반면에 신흥 강국은 현실에 맞도록 질서를 변경하려 한다.

"사랑과 전쟁에 있어서는 그 어떤 것도 정당화될 수 있다 All is fair in love and war**"라는 말이 있다. 사랑은 잘 모르지만 전쟁과 관련해서는 그 말이 맞다고 생각한다. 미국 독립전쟁 중 영국군이 전투 대형으로 열을 맞추어 준비하고 있을 때 독립군들이 나무 뒤에서 선제공격을 한 적이 있다. 영국군은 불공정하다고 불평했다. 독립군은 영국군이 어리석다고 생각했고 전쟁에서 이겼다. 전쟁의 승리로 독립과 자유를 얻었으니 전투의 룰을 바꾼 것쯤은 아무것도 아닌 게 되어버렸다. 원래 세상은 그렇게 돌아간다.**

이런 사례에서 나는 또 하나의 원칙을 생각한다. ● **힘을 키우고, 힘을 존중하면서 현명하게 이용하라.** 힘이 있다는 것은 좋은 것이다. 어떠한 논쟁이나 규칙, 법도 힘이 있으면 항상 이길 수 있다. 견제가 들어와도 원하는 방향으로 법과 규칙의 해석을 강요할 수 있는 힘이 있거나 뒤집어 엎을 능력이 있는 국가는 원하는 대로 할 수 있다. 또한 힘을 존중할 줄 알아야 한다. 절대 이길 수 없는 전쟁에서 무리하게 맞서는 것은 바보 같은 짓이므로 가능하면 협상으로 최선의 대안을 찾아야 한다(물론 순교자가 되겠다면 다른 도리가 없다. 순교는 전략적으로 현명한 선택이 아니며 어리석은 자존심 싸움에 불과하다). 또한 현명하게 권력을 사용하는 것도 중요하다. 힘으로 남을 괴롭혀서 원하는 것을 강제로 빼앗으라는 것이 아니다. 오히려 관대함과 믿음을 보여주는 것이 공생 관계를 수립하는 데더 효과적이며, 공멸 관계보다 훨씬 더 많은 것을 가져다준다. 다른 말로하면 '하드 파워Hard power'보다는 '소프트 파워Soft power'가 더 효과적이라는 이야기다.*

현명하게 힘을 사용할 때는 언제 협상하고 언제 밀어붙일지를 명확히 결정하는 것이 중요하다. 이를 제대로 하기 위해서는 시간을 두고 어떻게 힘이 변화할 것인지를 예상해야 한다. 가장 힘이 막강할 때 협상을하거나 타협을 강요하거나 또는 전쟁을 해야 한다. 이는 힘이 약해지기시작할 때는 미리 싸워야 하고 힘이 상승하기 시작할 때는 최대한 나중에 싸워야 한다는 뜻이다.

다른 국가와 공멸하는 관계에 빠졌을 때는 어떻게든 그 상태를 벗어나야 한다. 관계를 분리하는 것이 바람직하지만 잘 안 되면 전쟁이라도해야 한다. 힘을 현명하게 사용하려면 가급적 힘을 드러내지 않는 것이좋다. 안 그러면 다른 국가들이 위협을 느껴 힘을 키울 것이고, 그렇게되면 서로에게 위태로운 상호 확전으로 발전할 수 있다. 칼집 속의 칼처럼 힘은 필요할 때만 꺼내어 휘두르는 것이 좋다. 그러나 때로는 힘을

---

* 예를 들면 나는 브리지워터 헤지펀드를 운영하면서 독단적인 의사결정을 할 수도 있지만 그렇게 하지 않는다. 대신에 졸저 《원칙》에서 설명한 아이디어 성과주의Idea-meritocratic-system를 만들어 운용했다. 상당히 높은 수준의 업무 기준을 요구하지만 같이 일하는 사람들에게는 매우 관용적인 태도를 유지했다. 그렇게 하는 것이 '하드 파워'를 강요하는 방식보다 훨씬 더 좋은 관계를형성해서 뛰어난 성과를 거둘 수 있기 때문이다. 그러므로 원만한 관계는 힘을 주고 큰 보상을 준다는 사실을 기억해야 한다. 서로를 아끼고 모든 것을 줄 수 있는 우수한 인력의 협조만큼 강력하고 도움이 되는 것은 없다.

보여주고 이를 사용하겠다고 협박하는 것도 협상력을 높여 전쟁을 예방하는 데 도움이 될 수 있다. 상대방에게 무엇이 제일 중요하고 무엇이 덜 중요한지, 특히 그들이 무엇을 위해 싸울 것인지, 무엇을 위해 싸우지 않을 것인지를 제대로 파악하면 양측이 공정한 해결 방식이라고 생각하는 균형 상태에 도달할 수 있다.

일반적으로는 힘을 보유하는 것이 바람직하지만 불필요한 힘을 갖지 않는 것도 중요하다. 힘을 유지하려면 자원, 특히 시간과 돈을 사용하지 않을 수 없기 때문이다. 또한 힘에는 책임이 따른다. 권력이 없는 사람이 권력이 있는 사람보다 훨씬 만족스러운 삶을 살고 있다는 것을 알고 놀란 적이 한두 번이 아니다.

사례 연구: 제2차 세계대전

많은 경우를 살펴보면서 국제 질서와 혼란의 사이클을 작동시키는 요인과 원리를 다루었으므로 가장 최근에 평화로부터 전쟁으로 넘어간 대표적인 사례인 제2차 세계대전을 간단히 살펴보려 한다. 비록 한 개의 사례에 불과하지만 제2차 세계대전은 어떻게 3개의 빅 사이클, 즉 통화와 신용 사이클, 국내 질서와 혼란의 사이클, 국제 질서와 혼란의 사이클이 서로 겹치고 관계를 맺으면서 비참한 전쟁이 발생할 여건을 조성하고 차세대 질서의 기반을 닦았는지를 잘 보여준다. 제2차 세계대전에 관련된 이야기는 그 자체로도 매우 흥미롭지만 현재 진행 중인 상황과 곧 닥칠 미래에 대한 교훈을 준다는 점에서도 매우 중요하다. 미국과 중국의 경제 전쟁이 언제 군사적 충돌로 비화할지 모르는 현재의 상황에서

1930년대와 현재를 비교하면 장래에 발생할 사태를 예견하고 전쟁을 예방할 수 있는 귀중한 통찰력을 얻을 수 있을 것이다.

전쟁으로 가는 길

1930년대의 상황을 좀 더 파악하기 위해 1939년 유럽에서의 공식적인 개전과 1941년 진주만 공습이 발생하기 전까지의 지정학적 상황을 간단히 요약 설명한 후에 전쟁의 경과와 1945년 미국을 중심으로 한 새로운 질서의 탄생에 대해 다룰 예정이다. 1929년 대공황에 이은 전 세계적인 불황은 거의 모든 국가의 국내 상황을 혼란으로 이끌었다. 절박한 국민은 대중적이면서 전제적이고 국수적이며 군국주의적인 지도자와 정책에 열광했다. 각 국가의 상황이나 민주화 진행 정도 등에 따라 좌파 또는 우파 어느 한쪽으로 쏠렸다. 독일, 일본, 이탈리아, 그리고 스페인에서는 경제 상황이 최악인데다 민주주의 기반이 취약했으므로 내부적으로 극심한 갈등을 겪은 후 우파 출신의 전제적이면서 대중적인 지도자(즉 파시스트 지도자)가 출현했다. 한편 이와 비슷한 상황에 있던 소비에트연방과 중국에서는 좌파 중심의 지도자(즉 공산주의 지도자)가 권력을 잡았다. 미국과 영국에서는 비교적 경제 상황이 양호했고 민주주의 경험이 풍부했으므로 다른 나라처럼 심하지는 않았지만 이전의 지도자보다 더 권위주의적이고 대중적인 지도자가 나타났다.

독일과 일본

제1차 세계대전에서 패배한 후 배상금 지불로 엄청난 빚에 시달리던 독일은 부채의 상당 부분을 탕감해주고 독일에 주둔해 있던 외국 군대를 1930년까지 철수시킨다는 내용의 이른바 영 플랜Young Plan으로 어느 정도 고통에서 해방될 수 있었다.* 그러나 세계적인 불황은 독일을 강타해 실업률은 25퍼센트까지 치솟았고, 여기저기서 파산이 이어졌으며, 전 국민이 빈곤에 시달렸다. 항상 그렇듯 좌파 포퓰리스트(공산주의자)와 우파 포퓰리스트(파시스트) 간의 치열한 권력다툼이 발생했다. 유력한 우파 포퓰리스트이자 파시스트였던 아돌프 히틀러는 국가적 모욕을 자극해 독일 국민의 분노를 이끌어냈고, 베르사유 조약과 이를 강요한 국가들을 적으로 규정했다. 그는 25개조 강령을 선포하고 지지를 구했다. 권력 다툼에서 승리한 히틀러는 질서를 회복하려는 국민의 열망에 부응해 1933년 1월에 총리에 취임했고, 공산화를 두려워하는 기업으로부터 전폭적인 지지를 받았다. 두 달 후 나치당Nazi Party은 최다 지지로 독일 의회Reichstag의 다수당이 되었다.

히틀러는 국제연맹을 탈퇴하고 추가적인 배상금 지급을 거부한 채 1934년부터 독재 체제로 독일을 다스리기 시작하면서 총리와 대통령을 겸하는 최고지도자의 지위에 올랐다. 모든 민주주의 국가에는 지도자에게 특별한 권력을 허용하는 법이 항상 존재한다. 그는 그런 법들을 모두 활용했다. 바이마르 헌법Weimar Constitution의 48조를 이용해 시민의 권

---

* 구체적인 전개 상황과 세부 데이터는 졸저 《레이 달리오의 금융 위기 템플릿》에 설명해놓았다.

리를 박탈하고 공산주의자들의 정치적 반대를 탄압했으며, 의회와 대통령의 승인 없이도 법안을 통과시킬 수 있는 이른바 '수권법Enabling Act'까지 통과시켰다. 그는 반대파를 무자비하게 탄압해서 신문과 방송을 검열하고 장악했으며 게슈타포Gestapo, 비밀경찰를 창설해 반대파를 척결했고, 유대인들의 시민권을 박탈하고, 개신교 교회의 재산을 압수하고 반기를 드는 관계자들을 체포했다. 아리안족Aryans의 우월성을 선전하면서 비아리안족의 공직 취업을 금했다.

한편 히틀러는 독일 경제를 살리기 위해 독재적/파시즘적 방식을 이용해서 대규모 재정 정책과 통화 정책을 통한 경제 부흥에 힘썼다. 국영 기업을 민영화하고 기업의 투자를 장려해서 독일 국민의 생활 수준을 높이는 데 주력했다. 폭스바겐Volkswagen을 설립하여 누구나 자동차를 구입할 수 있도록 했고 아우토반Autobahn의 건설을 지시했다. 정부 지출 확대를 위한 재원은 은행들의 강제 국채 매입으로 충당했다. 기업이 수익을 내서 부채를 상환하거나 중앙은행이 화폐화해서 상환하는 방식을 활용했다. 이 정책들은 대체로 효과가 좋았다. 이는 자국 통화로 돈을 빌려 부채가 늘어나더라도 이자를 상환하기에 충분한 현금흐름을 창출할 수 있는 곳에 투자한다면 매우 생산적인 결과를 만들어낼 수 있다는 것을 보여주는 또 다른 본보기다. 부채를 100퍼센트 상환하지 못하더라도 국가의 경제 목표를 달성하는 데는 비용 대비 효과적이다.

이 정책이 가져다준 경제적 효과는 히틀러가 집권했던 1933년 25퍼센트였던 실업률이 1938년에 이르러서는 0퍼센트가 되었다는 점을 통해 확인할 수 있다. 히틀러가 집권한 시점부터 5년 후인 1938년까지 1인당 국민소득은 22퍼센트 증가했고, 실질 성장률은 연평균 8퍼센트 이상 성장했다. 다음 도표에서 볼 수 있듯이, 독일 증시는 1933년부터 전쟁이

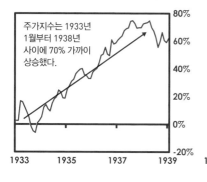

독일 주가지수
(현지 환율 및 누적 수익률 기준)

주가지수는 1933년
1월부터 1938년
사이에 70% 가까이
상승했다.

독일의 1인당 국민소득
(2017년 미국 달러 기준)

1인당 국민소득은
1933년부터 1938년까지
22% 상승했다.

터진 1938년까지 꾸준히 증가하며 70퍼센트 가까이 상승했다.

1935년부터는 군사력 강화에 착수했다. 병역을 의무화하고 다른 어떤 국가보다 국방비 지출을 빠르게 증가시켰다. **경제를 계속 성장시키기 위해 더 많은 자원이 필요했으므로 전쟁으로 이를 확보할 계획이었다.**

독일과 마찬가지로 **일본도 불황으로 인해 큰 타격을 받았고, 이에 대응해 독재 국가로 변모하게 된다.** 일본은 특히 경제 구조가 불황에 취약한 면이 있었다. 천연자원이 부족한 섬나라인 일본은 수출로 번 돈으로 생필품을 수입해야 했다. 1929년과 1931년 사이에 수출이 약 50퍼센트 감소하자 일본 경제는 휘청댔다. **1931년에는 결국 부도가 났다.** 금 보유고를 줄여 금본위제를 포기하고 변동 환율을 도입했다. 통화 가치의 감소가 너무 커 구매력이 거의 고갈되다시피 했다. **이처럼 어려운 상황에 더해 빈부 격차가 지속되자 좌익 세력과 우익 세력 간의 투쟁도 더욱 격화되었다. 1932년 민족주의와 군국주의를 표방한 우익 세력이 집권하면서 질서가 회복되었고, 그에 따라 경제적 안정도 되찾았다.** 일본은 천연자원(예를 들어 석유, 철, 석탄, 고무)과 인적 자원(예를 들어 노예 노동)

을 확보하기 위해 1931년에는 만주를 침공했고, 그 뒤에는 중국을 비롯한 아시아 각지로 뻗어나갔다. 독일의 경우와 마찬가지로, 기존의 무역과 경제 질서로는 자신들이 필요로 하는 것을 확보할 수 없었기 때문에 군사적 침략을 통해 필요한 자원을 확보하는 것이 투자 대비 효과적이었다. 1934년에는 일본의 일부 지역에서 극심한 기근이 일어나 민심이 동요하면서 우익의 군국주의적 침략 노선이 더욱 공고해진다.

그 뒤로 전제주의 방식의 하향식 계획경제가 더욱 강화되어 군산 복합체Military-industrial complex를 설립해 동아시아와 중국 북부에 있는 기존 군사기지를 보호하고 다른 아시아 지역으로의 침략을 지원했다. 독일과 마찬가지로 당시 일본 기업들 대부분은 민간 소유였지만, 생산 활동은 정부의 통제를 받아야 했다.

파시즘이란 무엇인가? 어느 한 국가가 통치 방식을 선택할 때 고려해야 할 선택지에는 어떤 것들이 있는지 알아보자. 1) 상향식(민주주의적) 의사결정 또는 하향식(전제주의적) 의사결정, 2) 생산 설비가 자본가 또는 공산주의자(또는 그 중간의 사회주의자) 중 누구에게 있는지, 3) (개인의 행복을 가장 중요하게 생각하는) 개인주의 또는 (전체의 안녕을 가장 중요하게 생각하는) 집단주의가 있다. 당신이 속한 국가의 가치와 목적에 가장 잘 부합한다고 믿고 선택한 것이 바로 당신이 선호하는 체제다. 파시즘은 전제적이고 집단적이며 자본주의에 가깝다. 정부가 민간 기업의 생산을 지시하는 하향식, 전제적 리더십이 국가와 국민을 더 부유하고 더 강력하게 만들 수 있다고 믿는다.

미국과 그 우방들

1929년 대공황으로 부실 부채가 문제가 되자 미국의 은행들은 여신 한도를 축소했고 이로 인해 해외의 차입국들은 돈을 빌리기가 더욱 힘들어졌다. 이와 동시에 불황의 여파로 수요가 감소하여 미국의 수입이 큰 폭으로 줄었다. 소득이 줄어들자 수요도 감소하여 신용 문제가 점점 심각해져 끝없는 나락으로 떨어졌다. 미국 정부는 일자리를 보호하기 위해 보호주의 정책을 도입해서 1930년 스무트-홀리 관세법Smoot-Hawley Tariff Act을 통과시켜 관세를 인상했고, 이로 인해 다른 경제 상황은 더욱 악화되었다.

● **관세를 인상해서 국내 산업과 일자리를 보호하는 정책은 많이 채택되는 방식이기는 하지만, 생산이 감소하기 때문에 효율적인 방식은 아니다. 관세 전쟁을 벌이는 국가는 수출이 감소하기 때문에 결과적으로 전 세계적으로 불황을 초래한다. 그러나 관세로 인해 보호받는 집단에게는 이익이며, 이를 부과하는 지도자에 대한 지지도가 올라간다.**

소비에트연방은 여전히 1917년부터 1922년 사이에 발생한 혁명과 내전의 여파에서 벗어나지 못하고 있었다. 독일과의 전쟁에서 패배했고, 폴란드와의 전쟁에 많은 자금이 소요되었으며 1921년에는 기근이 덮쳤다. 1930년대 내내 정치적 숙청과 경제적 어려움에 빠져 있었다. 중국도 1928년과 1930년 사이에 내전과 빈곤 그리고 기근으로 고통을 겪었다. **결국 1930년대 경제 상황이 악화되고 관세를 부과하기 시작하자 이들 국가의 상황은 최악으로 치달았다.**

설상가상으로 미국과 소련에 가뭄이 발생해 상황이 더욱 안 좋아졌다. ● **경제 상황이 최악일 때 가뭄, 홍수, 질병 같은 자연재해가 발생하면 조**

직 구성원 사이의 갈등이 최고조에 달한다. 소련에서는 정부의 극단적인 정책과 맞물려 수백만 명이 아사했다. 독일에서는 내부적인 권력 다툼과 나치 독일의 공포심 때문에 수십만 명을 간첩으로 몰아 재판 없이 처형했다.

● **디플레이션형 불황은 채무자에게 충분한 자금이 없어 이자를 제대로 갚지 못하는 상황에서 발생하는 부채 위기다. 따라서 통화량을 늘리고 부채를 재조정하고 정부의 대규모 재정 지출 프로그램으로 화폐와 신용의 공급을 증가시켜 가치를 하락시키는 정책을 도입하는데 문제는 얼마나 빨리 이런 조치를 취하느냐다.**

미국은 1929년 10월 대공황이 발생한 지 3년 반이 지난 1933년 3월에 루스벨트 대통령이 조치를 취했다. 취임 100일 만에 그는 대형 정부 지출 프로그램을 시행했다. 재원은 큰 폭의 세금 인상과 연준의 통화 발행이었다. 일자리 프로그램을 마련했고 실업보험과 사회안전보장 프로그램을 도입했다. 모두 노동자와 노조에 우호적인 대책이었다. 1935년 '부자 흡혈세Soak the Rich Tax'라고 불린 소득세 법안을 통과시켜 개인에 대한 최고 세율을 75퍼센트까지 끌어올렸다(1930년에는 25퍼센트였다). 1941년이 되자 최고 소득세율은 81퍼센트로, 12퍼센트였던 최고 법인세율은 31퍼센트로 늘어났다. 또한 다른 종류의 세금도 많이 부과했다. 이처럼 대폭적인 증세와 경기 회복으로 세수가 증가했지만 정부 지출의 대대적인 증가로 재정 적자는 오히려 GDP 1퍼센트에서 GDP 4퍼센트 수준으로 증가했다.* **1933년부터 1936년 사이 주가지수는 200퍼센트**

---

* 대공황 당시의 구체적인 데이터는 《레이 달리오의 금융 위기 템플릿》을 참조 바란다.

이상 상승했고 실질 경제 성장률은 무려 9퍼센트에 달했다.

1936년이 되자 연준은 돈줄과 신용 한도를 조여 인플레이션에 대처하고 과열 양상을 띠던 경제 성장 속도를 둔화시키려 했다. 그러나 기반이 약했던 미국 경제는 다시 불황에 빠졌고, 다른 국가들도 마찬가지로 안 좋은 상황이 닥쳐 국내 및 국제적 갈등이 점점 고조되었다.

한편 유럽에서는 좌파 포퓰리스트(공산주의자)와 우파 포퓰리스트(파시스트) 간의 분쟁이 격화되어 참혹한 스페인내전으로 비화했다. 우익의 프랑코Franco 총통은 히틀러의 원조를 받아 좌익을 숙청하는 데 성공한다.

● 보통 극심한 불황이 닥쳐 빈부 격차가 너무 커지면 부를 재분배하는 혁명적인 조치가 취해진다. 평화적인 방법은 부자들에 대한 증세와 통화량 증가를 통해 부채의 가치를 낮추는 것이고, 폭력적인 방법은 강제 자산 몰수 같은 것이다. 미국과 영국에서는 부와 정치 권력의 재분배가 이루어지면서도 자본주의와 민주주의 체제가 유지되었지만 독일, 일본, 이탈리아, 스페인에서는 그렇지 못했다.

● 군사적 충돌이 발생하기 전에 일반적으로 경제 전쟁이 먼저 일어난다. 항상 그렇듯 전면전이 선포되기 약 10년 전부터 경제, 기술, 지정학 분야, 그리고 자본 전쟁이 발생해서 서로 상대방을 위협하고 힘의 한도를 테스트한다. 공식적으로 유럽과 태평양에서의 전쟁이 1939년부터 1941년 사이에 발발한 것으로 되어 있지만 이미 10년 전부터 갈등이 싹트고 있었다. 한 국가 내에서 경제적 갈등이 발생해서 권력의 이동이 발생하면 점점 줄어드는 파이를 차지하기 위해 국가 간의 경제 전쟁으로 이어진다. 법이 아니라 힘이 국제 관계를 지배하기 때문에 팽창을 노리는 독일과 일본은 자원과 영토를 놓고 점점 미국, 영국, 프랑스를 시험했다.

열전_{Hot War}, 즉 본격적인 무력 전쟁을 설명하기에 앞서 경제적 수단 및 금융 수단을 무기화하는 가장 일반적인 기법을 설명하겠다. 예나 지금이나 다음과 같은 방법들이 동원된다.

1. **자산 동결/압류**: 적국이나 경쟁국이 의존하는 해외 자산의 사용 및 매각을 금지한다. 목표 집단에 대한 자산 동결(예를 들어 현재 이란 혁명수비대에 대한 미국의 경제 제재, 제2차 세계대전 초기 미국 내 일본 자산 동결) 같은 조치부터 일방적인 부채 상환 거부, 한 국가의 자산에 대한 노골적인 압류 등 강도 높은 조치까지 다양하다(미국의 일부 고위 정책입안자들은 대 중국 부채를 상환하지 않는 방안을 논의 중이다).

2. **자본시장 접근 봉쇄**: 한 나라가 자국이나 다른 국가의 자본시장에 접근하는 것을 봉쇄하는 방법이다(예를 들어 1887년 독일은 러시아의 군사력 증강을 저지하기 위해 러시아의 주식과 채권 구입을 금지했다. 미국은 동일한 조치를 단행할 수도 있다며 현재 중국을 압박하고 있다).

3. **금수 조치 및 교역 차단**: 어느 국가 또는 중립적인 제3국을 대상으로 대상국을 무력화하거나 대상국이 필수품을 확보할 수 없도록 차단(예를 들어 제2차 세계대전 중 일본에 대한 미국의 석유 금수 조치와 일본 선박의 파나마운하 통과 금지 조치)하는 것 또는 수출을 차단하여 자금을 봉쇄(예를 들어 나폴레옹 전쟁 때 프랑스의 영국 봉쇄)하는 방법 등이 있다.

1600년 이후 현재까지 이런 전술의 이용 방법을 알고 싶다면 https://economicprinciples.org 사이트를 참조하기 바란다.

본격적인 무력 전쟁의 시작

1937년 11월, 히틀러는 고위 관료들과의 비밀회의에서 자원을 쟁취하고 국민을 단결시키는 방법으로 유럽 침략 계획을 발표했다. 이 계획을 실행에 옮겨 오스트리아를 합병하고, 원유자원이 있는 지금의 체코슬로바키아 일부 지역을 점령했다. 유럽과 미국은 제1차 세계대전의 참화가 끝난 지 얼마 되지도 않았는데, 또 다른 전쟁에 휘말리고 싶지 않아 조심스레 지켜볼 뿐이었다.

모든 전쟁이 그렇듯이, 전쟁에는 예측 가능한 것보다 불확실한 것이 훨씬 더 많다. 왜냐하면 1) 국방력이 비슷할 때만 전쟁을 벌이기 때문이고(국력이 현저하게 약한 국가가 전쟁을 벌이는 것은 자살행위나 마찬가지다), 2) 상대방의 행동과 반응의 경우의 수가 너무 많기 때문이다. 전쟁을 시작할 때 확실한 것은 극도로 고통스러울 것이며 파멸적인 결과를 불러올 수 있다는 점 정도일 것이다. 따라서 현명한 리더는 전쟁 아니면 항복 외에는 다른 길이 없을 때만 전쟁을 선택한다. 독일이 폴란드를 공격한 1939년 9월 1일이 연합군에게 그런 순간이었다.

독일은 천하무적인 것처럼 보였다. 어느새 덴마크, 노르웨이, 네덜란드, 벨기에, 룩셈부르크, 프랑스를 점령했고 공동의 적을 두고 이념적으로도 가까운 일본, 이탈리아와 굳건한 동맹 관계도 맺었다. (원유자원이 풍부한 루마니아 같은) 지역을 빠르게 점령해서 히틀러의 군대는 신속하게 기존 원유자원을 보호하고 새로운 자원을 확보했다. 나치 군사 조직을 움직이는 원동력은 천연자원 확보였고, 이를 위해 러시아와 중동으로 거침없이 진격해 들어갔다. 소련과의 전쟁은 시간문제에 불과했다. 독일은 소련과 불가침조약을 맺었지만 1941년 6월 소련을 침범했고, 이로써 독일은 서유럽과 소련, 두 전선에서 막대한 비용이 드는 전쟁에 빠져든다.

한편 태평양 지역에서는 일본이 잔인한 방법으로 상하이와 난징을 점령하면서 중국에 대한 침략을 강화했다. 중국 난징 한 곳에서만 약 20만 명의 민간인과 비무장 전투 요원을 살해했다. 미국은 고립주의를 유지하면서도 장제스 정부에 전투기와 조종사를 지원해서 전쟁에 발을 들여놓게 되었다. 미국과 일본 사이에 점차 전운이 고조되고 있었다. 한 일본군이 난징 주재 미국 영사인 존 무어 앨리슨John Moore Allison의 뺨을 때렸고, 일본군 전투기가 미군 함정을 침몰시키는 사건이 발생했다.

1940년 11월, 루스벨트 대통령은 전쟁 불참을 공약으로 내걸어 3선에 성공했다. 그러나 미국은 이미 태평양 지역에서 동조하는 국가에 대해서는 경제적 지원을, 그렇지 않은 국가들에 대해서는 제재를 가하는 방법으로 자국의 이익을 보호하는 조치를 취하기 시작했다. 1940년 초 헨리 스팀슨Henry Stimson 전쟁부 장관은 일본에 대한 공격적인 경제 제재를 시작해서 마침내 수출 통제법The Export Control Act을 통과시켰다. 1940년 중반 미국은 태평양 함대를 하와이로 이동시켰다. 같은 해 10월, 미국은 금수 조치를 강화해 '영국 및 서반구 이외 지역으로의 철강 수출'을 전면 금지했다. 자원 공급을 차단하여 일본이 어쩔 수 없이 점령 지역으로부터 철수하도록 만들려는 속셈이었다.

1941년 3월, 미 의회는 무기대여법Lend-Lease Act을 통과시켰다. 이는 영국, 소련, 중국 등 '미국의 방위에 필수적'인 국가에 전쟁물자의 대여를 허락하는 법이다. 우방을 돕는 일은 지정학적으로나 경제적으로나 미국에 유리했다. 전쟁을 하면서도 생산을 유지하려고 노력하는 우방국에 무기와 식량, 기타 품목을 판매해서 많은 이익을 취할 수 있었다. 그러나 이런 원조가 꼭 경제적인 이유 때문만은 아니었다. 영국의 전쟁자금이 바닥나기 시작하자 미국은 상환을 종전 후로 유예해주기도 했다(때로는 상환금을 전액 면제하는 경우도 있었다). 노골적인 선전포고는 아니지만 무기대여법은 사실상 미국의 중립노선을 끝낸 것이나 마찬가지였다.

● **국가의 힘이 약하면 적국은 약점을 이용해 이득을 얻는다.** 프랑스, 네덜란드, 영국 등은 모두 아시아에 식민지를 두고 있었다. 유럽에서의 전쟁도 힘들어하고 있는 판에 식민지를 제대로 방어하기는 힘들었다. 1940년 9월부터 일본은 프랑스령 인도차이나를 시작으로 동남아시아의 여러 식민지를 침략하면서 소위 '남방자원지역The Southern Resource Zone'을 '대동아공영권Greater East Asia Co-Prosperity Sphere'에 편입시켰다. 1941년에는 네덜란드령 동인도의 유전지대를 확보했다.

일본의 영토 확장은 태평양을 장악하려는 미국에게 커다란 위협이었다. 1941년 7월과 8월, 루스벨트 대통령은 미국 내 일본 자산을 전면 동결시키고, 일본 선박의 파나마운하 접근을 금지했으며, 원유와 천연가스의 대일본 수출을 금지했다. 이 조치로 일본은 국제 교역량의 4분의 3, 석유 수입의 80퍼센트가 차단되었다. 이제 일본은 미국에 항복, 아니면 공격을 선택해야 할 처지가 되었다.

1941년 12월 7일과 8일, 일본은 진주만과 필리핀에서 동시에 미군을 공격했다. 이로써 태평양에서 공식적으로 개전이 선포되었고, 동시에 미국이 유럽 전선에 참전하는 계기가 되었다. 일본이 전쟁에서 승리하기 위한 확실한 복안을 가지고 있는 것은 아니었지만 낙관론에 빠진 일본 지도자들은 미국이 두 개의 전선에서 동시에 전쟁을 치르고 있을뿐더러 개인주의와 자본주의를 표방하는 미국의 정치 체제가 군산 복합체를 통제하는 일본과 독일의 권위주의적/파시즘적 체제보다 열등하다고 믿었기 때문에 승리를 자신했다. 전쟁의 승패를 결정하는 데 중요한 요인인 고통을 참고 조국을 위해 기꺼이 죽을 수 있는 정신력도 자신들이 더 강하다고 믿었다. ● **전쟁에서는 고통을 인내하는 능력이 고통을 가하는 능력보다 훨씬 중요하다.**

전시의 경제 정책

경제 전쟁 전술만큼이나 한 국가의 전시 경제 정책도 주목할 필요가 있다. 일반적인 전시 경제 정책은 자원의 분배를 조정해서 이윤 창출이 아닌 전쟁 수행 최적화로 체제를 전환하여 정부가 거의 모든 것을 통제한다. 예를 들어 1) 어떤 품목을 생산할지, 2) 어떤 품목을 얼마나 사고팔지(배급제도), 3) 어떤 품목을 수입하고 수출할지, 4) 가격, 임금, 이윤, 5) 보유 금융자산 처분 여부, 6) 자산의 국외 반출 등을 정부가 결정한다. 전쟁에는 많은 비용이 들기 때문에 일반적으로 정부는 7) 돈을 찍어내 부채를 창출하고, 8) 신용거래가 안 되므로 국제 거래를 위해 금 같은 비신용 화폐를 이용하며, 9) 통치 방식이 보다 권위주의적이 되며, 10) 적국의 자본거래 차단 등 다양한 경제 제재를 단행하고, 11) 적국이 펴는 경제 제재에 대응한다.

진주만 공습을 당한 미국이 유럽과 태평양 전쟁에 개입하면서 많은 국가에 전시 경제 정책이 실시되었고, 국민은 이 전제적 정책을 그대로 받아들였다. 다음 표는 주요국의 전시 경제 통제 정책이다.

전쟁 중 시장의 움직임은 정부의 통제와 전쟁의 승패에 좌우된다. 다음 표는 주요 국가별로 전시에 시행된 시장과 자본시장에 대한 통제 정

전시 경제 통제 정책 현황

	배급제	생산 통제	가격/ 임금통제	수출입 통제	중앙은행 국영화
연합군					
미국	실시	실시	실시	실시	실시
영국	실시	실시	실시	실시	부분 실시
추축국					
독일	실시	실시	실시	실시	실시
일본	실시	실시	실시	실시	실시

전시 자본시장 통제 정책 현황

	시장 폐쇄	가격 통제	소유권 통제	환율 통제	최고 세율	신주발행 제한	이익률 제한
연합군							
미국	미실시	실시	실시	실시	94%	–	실시
영국	실시	실시	실시	실시	98%	실시	실시
추축국							
독일	실시	실시	실시	실시	60%	실시	실시
일본	실시	실시	실시	실시	74%	실시	실시

책을 보여준다.

여러 국가의 주식시장이 폐쇄되면 투자자들은 주식을 처분하지 못해 돈이 묶이게 된다. 전쟁 중에는 동맹을 맺지 않은 국가와의 자본 및 신용거래가 중지된다. 당연하게 그 국가 화폐의 가치에 의문을 품고 조심하는 것이다. 앞에서도 말했지만 전쟁 중에는 금 또는 은이나 물물교환이 법정화폐 역할을 한다.

전쟁에서 패배하면 부와 국력이 전멸하기 때문에 전시에 개방된 채 남아 있던 주식시장은 주요 전투의 성패에 따라 움직였다. 전투 결과에 따라 전쟁의 승패가 좌우되기 때문이다. 예를 들어 독일이 영토를 확

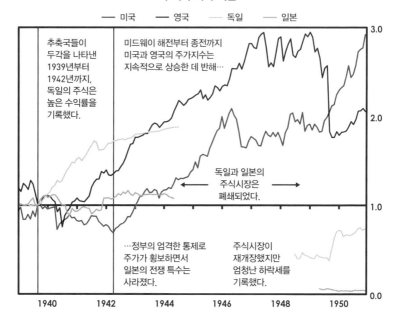

주식 투자 수익률

— 미국　— 영국　— 독일　— 일본

추축국들이 두각을 나타낸 1939년부터 1942년까지, 독일의 주식은 높은 수익률을 기록했다.

미드웨이 해전부터 종전까지 미국과 영국의 주가지수는 지속적으로 상승한 데 반해…

독일과 일본의 주식시장은 폐쇄되었다.

…정부의 엄격한 통제로 주가가 횡보하면서 일본의 전쟁 특수는 사라졌다.

주식시장이 재개장했지만 엄청난 하락세를 기록했다.

장하면서 군사적 우위를 보인 대전 초기에는 독일의 주가가 상승했다. 하지만 미국과 영국 등 연합국들이 전세를 역전시킨 후에는 하락했다. 1942년 미드웨이 해전Battle of Midway이 끝난 이후에 연합국들의 주식은 전쟁이 끝날 때까지 지속적으로 반등세를 보인 데 반해, 추축국들의 주식은 보합세 혹은 하락세를 보였다. 위 도표에서 보듯 독일과 일본의 주식시장은 모두 종전 후 휴장에 들어가 5년 후에나 재개장한 반면, 미국 증시는 엄청난 강세를 보였다.

　전시에는 부를 온전히 보전하기 쉽지 않다. 정상적인 경제 활동이 위축되고 전통적인 안전자산 투자가 위협받고 자본의 이동이 제한되며 전쟁 자금 조달을 위해 많은 세금이 부과되기 때문이다. 부자들의 부를 보호하는 것보다 가장 필요로 하는 곳으로의 재분배가 우선이다. 투자 측면에서 본다면 채권자산을 모두 팔고 금을 사야 한다. 채권을 발행하고 돈을 찍어내 전쟁 자금을 조달하므로 당연히 채권자산과 통화 가치가 하락하고 신용거래가 정지되기 때문이다.

결론

모든 강대국에는 최전성기가 있다. 이는 그 국가가 처한 독특한 상황과 국민의 성격과 문화(예를 들어 성실, 영민함, 절제, 높은 교육 수준 등이 저변에 깔려 있다든지) 덕분이다. 그러나 어떤 강대국도 결국에는 쇠퇴하기 마련이다. 국가에 따라 큰 충격 없이 매끄럽게 하락 과정을 겪는 나라도 있지만 어쨌든 피할 수 없다. 부와 권력을 차지하기 위한 추잡한 다툼으로 경제적 손실과 인명 손실이 발생할 정도로 후유증이 크면 최악의 상태로 전락할 수 있다.

　그러나 강대국이 높은 생산성을 유지하면서 지출보다 수입이 더 많고, 국민 모두에게 혜택이 돌아가는 시스템이 있고, 경쟁국과 공생하는 방법을 찾아 잘 유지한다면 이런 식의 쇠퇴는 일어나지 않을 것이다. 많은 제국과 왕조가 수백 년 동안 유지되었다. 이제 245년 된 미국은 최장 기간 강대국 지위를 유지하는 국가 중의 하나가 되었다.

　2부에서는 미국과 과거의 기축통화국이었던 두 나라 그리고 미래의 기축통화국이 될 국가를 다루겠다. 이 책을 통해 빅 사이클과 이를 구성하는 3개의 사이클에서 역사의 패턴을 발견하고 미래를 예견하는 지혜를 얻기 바란다. 그러나 자세한 내용으로 들어가는 것보다 이 사이클이 나의 투자에 어떻게 반영되었는지 아는 것이 중요하다.

7장

빅 사이클로 판단하는 투자

직업상 내가 하는 게임은 세상이 움직이는 원리를 파악해서 법칙을 개발하고 이에 따른 투자를 하는 것이다. 이 책에서 독자들과 공유하고 있는 연구는 그러한 목적을 위해 수행되었다. 그리고 지금까지 내가 설명한 내용이 나의 투자에 얼마나 반영되었는지 되돌아본다. 제대로 반영되어 있다면 내 접근 방법이 어떻게 작용했는지 보일 것이다. 과거에 발생한 일을 제대로 설명하지 못하거나 내가 잘 알지도 못하는 전략으로 대처하려 한다면 제대로 반영되지 않은 것이다.

지난 500년에 대한 연구에서 짐작했겠지만 부와 권력이 크게 성장했다 하락하는 빅 사이클이 있었고 이를 발생시키는 가장 큰 요인은 부채와 자본시장의 사이클이다. 투자자의 관점에서 대형 투자 사이클Big Investing Cycle이라고 불러도 될 듯하다. 이 사이클을 제대로 알아야 신속하게 대응하고 포트폴리오를 다양화해서 이 사이클의 영향을 피하거나 이익을 취할 수 있다고 생각했다. 사이클을 이해해서 사이클상에서 각 국가의 위치가 파악되면 충분히 가능하리라고 보았다.

지난 50년간 전 세계를 대상으로 투자를 하면서 많은 불변의 진리를 찾아내서 내 투자의 법칙으로 삼았다. 여기서 그 모든 것을 다루지는 않겠다. 이것들은 나의 다음 저서 《투자 원칙Principles: Economics and Investing》에서 자세히 설명하겠지만 우선 여기서는 한 가지 원칙을 설명하겠다.

● **모든 시장은 기본적으로 4개의 결정 요인에 의해 작동한다. 즉 성장률, 물가 상승률, 리스크 프리미엄, 그리고 할인율이다.**

투자란 미래에 돌려받을 돈을 기대하고 현재에 지불하는 행위다. 미래에 받을 금액은 성장률과 물가 상승률에 의해 결정되며, 투자자가 현금을 보유하지 않고 투자함으로써 감수하는 위험은 리스크 프리미엄이다. 그리고 미래에 받을 돈의 '현재 가치'는 할인율*에 의해 결정된다.

이 4가지 결정 요인이 어떻게 변화하느냐에 따라 투자 수익률이 달라진다. 이 요인들이 앞으로 어떻게 움직일 것인지를 알면 투자의 결과를 예측할 수 있다. 이를 알면 각국의 상황에 따라 어떻게 시장에 대응해야 하는지를 알 수 있고, 역으로 시장의 상황에 따라 각국에 다르게 대처할 수 있게 된다. 또한 포트폴리오를 조정해서 어느 한 분야로 쏠리지 않도록 충분히 분산할 수 있다.

정부는 재정 정책과 통화 정책으로 이 요인들에 영향을 준다. 그 결과 정부가 원하는 결과와 실제 현실 간의 상호작용으로 사이클이 움직인다.** 예를 들어 성장률과 물가 상승률이 너무 낮다고 판단되면 중앙은행이 돈을 풀어 보다 많은 신용을 창출하고, 이는 구매력의 상승으로 이어

---

* 할인율이란 미래 금액의 현재 가치를 평가하기 위해 사용하는 이자율이다. 이를 계산하려면 그 이자율(할인율)로 현재에 투자한 금액과 미래에 받을 돈을 비교하면 된다.

** 정부의 체제가 붕괴되면 비정부감독기구가 정부 역할을 하게 되는데 여기서는 이에 관해 다루지 않겠다.

져 경제가 성장하고 시차를 두고 물가가 상승하기 시작한다. 중앙정부가 통화와 신용의 성장을 억제하면 그 반대 현상이 발생해서 경제 성장과 물가 상승이 둔화한다.

시장 수익률과 경제 상황을 바꾸기 위해서 정부와 중앙은행이 하는 역할이 상이하다. 정부는 돈이 어디에서 나오고 어디로 흘러 들어가는지 결정한다. 정부는 세금을 부과하고 예산을 집행할 수 있지만, 통화와 신용을 창출하는 기능은 없다. 중앙은행은 통화와 신용을 창출할 수 있지만 실물경제에서 돈이 흘러 들어가는 곳을 결정할 수는 없다. 정부와 중앙은행의 이런 기능은 재화, 용역, 투자자산의 구매와 판매에 영향을 주어 이들의 가격이 올라가거나 내려간다.

내가 볼 때 각 투자자산에는 나름대로 이 요인들이 반영되어 있다. 이는 미래의 현금흐름에 미칠 효과 측면에서 보면 합당한 수준이라고 생각한다. 각 투자자산이 모여 포트폴리오를 구성하는데 이런 것들을 충분히 반영해서 구성하기는 쉽지 않다. 예를 들면 경제 성장률이 예상보다 높을 때는 다른 모든 조건이 동일하다면 주가가 오를 가능성이 큰데, 경제 성장률과 물가 상승률이 예상보다 높으면 채권 가격이 하락할 가능성이 크다. **나의 목표는 현재 상황과 미래에 발생 가능한 상황을 고려한 후 전략적인 집중과 분산을 통해 다양한 자산으로 포트폴리오를 구성하는 것이다.** 포트폴리오 구성 요소들을 국가별, 상황별로 구분해서 내려가면 개인별, 기업별 수준까지 세분화할 수 있다. 이 개념을 균형 잡힌 포트폴리오에 반영한 결과가 다음 도표이다. 이런 관점으로 역사적 사건과 시장의 흐름 그리고 포트폴리오의 대응을 연구했다.

내 접근 방법은 대부분의 다른 투자자와 2가지 면에서 상이하다. 첫째, 다른 투자자들은 과거의 투자 수익률이 중요하지 않다고 생각하므

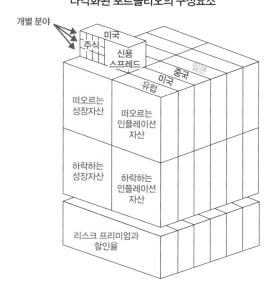

다각화된 포트폴리오의 구성요소

개별 분야

미국
주식
신용 스프레드
일본
중국
미국
유럽

떠오르는 성장자산

떠오르는 인플레이션 자산

하락하는 성장자산

하락하는 인플레이션 자산

리스크 프리미엄과 할인율

로 과거에 유사한 일이 발생했던 기간을 들여다보지 않는다. 둘째, 그들은 내가 바로 앞에서 설명한 관점으로 투자 수익률을 바라보지 않는다. 이런 독특한 시야 때문에 나와 브리지워터 헤지펀드가 경쟁우위를 가지고 있다고 생각한다. 그러나 이를 받아들이는 것은 전적으로 독자의 선택이다.

대부분의 투자자는 살면서 경험한 것을 바탕으로 예측을 한다. 조금 부지런한 투자자는 1950년대나 1960년대라면 투자 결정 방식이 어떤 식으로 작용했을지에 대해 궁금해서 찾아볼 것이다. 나는 많은 투자자와 학자를 알고 있으며 그들이 분야의 최고인 것이 확실하지만 그들 중 그 누구도 과거에 어떻게 왜 그런 일이 발생했는지 제대로 알지 못한다. 장기 수익률에 관심 있는 투자자는 대표적으로 (제1차 세계대전과 제2차 세계대전에서 승리한) 미국과 영국의 수익률을 본다. 이는 제2차 세계대전 중에도 제대로 운용된 주식 및 채권시장이 별로 없기 때문이다. 그러나 이 두 시장이 살아남았다고 해서 그 국가와 그 기간이 시장을 대표한다고 할 수 없다. 영국과 미국의 수익률은 빅 사이클상 가장 좋은 기간에 예외적으로 평화롭고 생산적인 기간을 누린, 매우 축복받은 국가의 수익률이다. 다른 국가와 다른 기간을 보지 않는다면 왜곡된 관점을 가질 수 있다.

빅 사이클에 의거해 시야의 범위를 몇 세기 전까지 확장해서 다른 국가들까지 본다면 매우 충격적인 결과를 얻을 것이다. 독자들도 반드시 알아야 한다고 생각해서 이를 공유한다.

1945년 이전 35년간 사실상 모든 부는 파괴되거나 국가에 압수되었다. 몇몇 국가에서는 자본시장과 자본주의가 기존 질서와 융합하지 못하는 부분 때문에 발생한 분노로 인해 자본가들이 살해당하거나 투옥되기도 했다. 우리가 시야를 몇 세기 전까지 확대시켜 보면 극단적인 호황과 불황이 규칙적으로 반복되었다는 것을 알 수 있다. 즉 (19세기 말부터 20세기 초반의 2차 산업혁명이나 도금시대처럼) 자본이 넘치고 자본주의가 꽃피는 호황기에 이어 (1900~1910년에 부와 권력을 차지하기 위한 국내 봉기와 국제적 갈등이 발생한 시기 같은) 과도기를 거친 후 (1910년부터 1945년 사이에 발생한 것처럼) 전쟁과 불황이 규칙적으로 발생하는 사이클이 있었음을 발견할 수 있다. 또한 불황과 호황을 발생하게 하는 인과관계로 보면 현재는 사이클 초기의 호황기가 아니라 불황과 구조조정으로 대표되는 말기에 와있음을 알 수 있다.

나는 그저 과거에 발생한 일을 제대로 이해해서 독자들에게 똑바로 알려주려고 한다. 사건은 훨씬 전에 시작했지만 나는 우선 1350년부터 풀어가겠다.

자본주의와 시장의 빅 사이클

갚을 수 있는 능력보다 더 많은 돈을 빌리려는 인간의 본성 때문에 빌려주는 사람과 빌리는 사람 사이는 **갈등과 때로는 폭력을 야기하므로 1350년대 이전에는 기독교 국가와 이슬람 국가에서는 이자를 받고 돈을 빌려주는 것이 금지되었다. 그리고 유대교에서는 같은 유대인에게 빌려주는 것이 불법이었다.** 돈을 빌리기가 힘들었기 때문에 모든 화폐는 경화(금과 은)였다. 한 세기 후 대항해시대Age of Exploration가 시작되자 탐험가들은 전 세계를 무대로 금과 은, 기타 경질자산을 구하러 나가 많은 돈을 벌었다. 이렇게 엄청난 부가 축적되었다. 탐험가와 후원자들은 이익을 나눠가졌다. 이런 형태는 보상(인센티브)을 기반으로 부자가 되는 데 효과적인 체계였다.

오늘날처럼 돈을 빌려주고 이자를 받는 체계는 1350년경 이탈리아에서 처음 나타났다. 대출의 규칙이 바뀌고 오늘날과 같은 예금, 채권, 주식 등 새로운 형태의 화폐가 생겨났다. 이제 부는 미래에 돈을 가져다준다는 약속이 되었다. 소위 '금융 재산Financial wealth'이 탄생한 것이다.

채권과 주식시장의 발견은 엄청난 충격을 가져왔다. 전에는 모든 부가 유형적이었다. 이 시장이 새로 창조되면서 얼마나 많은 '금융 재산'이 생겨났는지 생각해보라. 미래에 예금, 주식, 채권이 당신에게서 갑자기 사라졌을 때 자산이 얼마나 남을지 계산해보면 그 차이를 명확히 느낄 수 있을 것이다. 별로 남는 게 없을 것이다. 빈털터리처럼 느껴져서 아마 다르게 행동했을 것이다. 아마 유형자산을 보다 많이 축적했을 것이다. 예금, 채권, 주식이 생겨나기 전에 꼭 이런 상황이었다.

금융 재산이 생겨나고 성장하면서 화폐를 꼭 금과 은에 연동시키지

않아도 되었다. 따라서 좋은 아이디어가 있는 기업가가 회사를 만들어 대출을 받고, 필요한 물품을 구입하기 위해 주식을 발행해 일부를 판매할 수도 있었다. 이렇게 할 수 있는 이유는 지불하겠다는 약속을 금액으로 표시해 회계장부에 기입했기 때문이다. 서기 1350년대에 이런 식으로 돈을 창조한 사람 중 가장 유명한 사람은 피렌체의 메디치Medici 가문이었다. 만일 신용을 창조할 수 있다면(예를 들어 은행이 하는 것처럼 실제 보유한 금액의 5배의 신용을 창조할 수 있다면) 구매력이 대폭 상승하기 때문에 금이나 은 같은 다른 형태의 화폐를 많이 가지고 있을 이유가 없다. 이런 식으로 돈을 만들어내는 것은 과거나 지금이나 일종의 연금술과 다름없다. 돈을 만들어 사용할 수 있는 은행가, 기업가, 자본가들은 모두 부와 권력을 갖게 된다.[*]

이런 식으로 금융 재산을 늘리는 방식은 오늘날까지도 계속되어 금과 은 같은 경화와 부동산 같은 유형자산은 상대적으로 그 중요성이 감소했다. 물론 금융자산의 형태로 이루어진 약속이 많을수록 그 약속이 지켜지지 않을 가능성도 크다. 그렇기 때문에 부채/통화/경제의 사이클이 생기는 것이다.

실제 자산보다 훨씬 많은 금융자산이 존재하는데 사람들이 금융자산을 실제 자산으로 바꾸려 한다고 가정해보자. 마치 뱅크런 같은 사태가 발생하겠지만 실제 그런 일은 일어나지 않는다. 채권과 주식은 실제 구매력보다 훨씬 가치가 크다. 그러나 중앙은행은 필요한 만큼의 통화를 법정통화를 발행해서 공급 가능하다. 이것은 과거부터 항상 일어난 일

---

[*] 오늘날 디지털 화폐에서 이런 형태의 연금술을 볼 수 있다.

이다.

또한 지폐와 (주식이나 채권 같은) 금융자산은 기본적으로 지불하겠다는 약속이므로 그 자체로는 별 쓸모가 없다. 그것으로 무엇을 살 수 있느냐가 중요하다.

3장에서 자세히 설명한 대로 **신용을 창출한다는 의미는 돈을 갚겠다는 약속을 하고 구매력을 창출하는 것이므로 단기적으로는 경기 부양이지만 장기적으로는 불황을 낳는 효과가 발생한다.** 그러므로 사이클이 생기는 것이다. 과거부터 돈을 빌리거나 주식 발행으로 자금을 확보하려는 노력과 돈을 빌려주거나 주식을 구입해서 이익을 보려는 욕망은 공생하는 관계였다. **이런 식으로 구매력이 상승했고 결국 상환 가능액 이상의 대출로 위기가 발생해서 채무불이행으로 인한 금융 위기와 주식시장의 붕괴가 발생했다.**

이 시기에는 비유적이건 실제건 은행가와 자본가들의 목이 달아났고, 엄청난 재산과 많은 사람의 생명이 사라졌으며, 위기를 극복하기 위해 막대한 양의 법정통화(내재가치 없이 인쇄하는 화폐)**를 발행한다.**

투자자의 관점에서 본 빅 사이클에 대한 자세한 설명

1350년부터 지금까지 발생한 모든 관련 역사를 전부 살펴보는 것은 부담이 크므로 당신이 1900년부터 투자를 시작했다면 발생했을 상황에 대해서만 설명하겠다. 그 전에 리스크에 대한 나의 생각을 밝히는 것이 좋을 듯하다. 내 설명에서 리스크가 차지하는 역할이 크기 때문이다.

내 생각에 **오늘날에는 투자 리스크를 감당해도 생각만큼의 수익률을**

얻지 못한다. 이는 거의 유일한 측정 수단인 표준편차를 기준으로 측정한 변동성Volatility의 문제가 아니다.

투자자가 감내해야 할 3가지 가장 큰 리스크는 첫째, 포트폴리오가 충분한 수익을 가져다주지 못할 수도 있다. 둘째, 그 포트폴리오가 파산할 수도 있다. 셋째, 수익의 대부분을 (엄청난 세금 등으로) 빼앗길 수 있다는 점이다.

처음 2가지 리스크는 유사한 것처럼 보이지만 상이하다. 기대 이상의 수익을 거둘 수도 있지만 한두 차례에 걸쳐 엄청난 손실을 입을 수도 있기 때문이다.

보다 정확한 상황을 이해하기 위해 나를 1900년에 떨어뜨려 놓고 그때부터 10년마다 어떤 투자를 했을지 상상해보았다. 1900년 당시 10대 강대국을 선정하면서 투자 결과가 나쁠 수 있는 약소국은 제외했다. 이

주요국의 자산 투자 수익률(실질 수익, 10년 단위, 연평균)[*]

	미국			영국			일본			독일		
	주식	채권	예금	주식	채권	예금	주식	채권	예금	주식	채권	예금
1900-10	9%	0%	1%	3%	2%	2%	4%	1%	4%	3%		2%
1910-20	-2%	-4%	-3%	-6%	-7%	-5%	1%	-5%	-4%	-14%	-10%	-14%
1920-30	16%	7%	5%	10%	8%	7%	-3%	12%	10%	-24%	-95%	-86%
1930-40	0%	7%	3%	1%	5%	1%	6%	4%	-1%	7%	11%	6%
1940-50	3%	-2%	-5%	3%	-1%	-4%	-28%	-34%	-33%	-4%	-16%	-19%
1950-60	16%	-1%	0%	13%	-1%	-1%	27%	-1%	5%	26%	5%	2%
1960-70	5%	-1%	2%	4%	0%	2%	8%	8%	2%	3%	5%	1%
1970-80	-2%	-1%	-1%	-4%	-3%	-3%	3%	-2%	-1%	-7%	4%	0%
1980-90	13%	9%	4%	16%	8%	5%	19%	9%	4%	10%	6%	3%
1990-00	14%	6%	2%	12%	8%	5%	-7%	9%	2%	13%	7%	3%
2000-10	-3%	8%	0%	0%	4%	2%	-3%	4%	1%	-2%	6%	2%
2010-20	11%	4%	-1%	5%	5%	-1%	10%	2%	0%	7%	5%	-1%

주요국의 자산 투자 수익률(실질 수익, 10년 단위, 연평균)

	프랑스			네덜란드			이탈리아		
	주식	채권	예금	주식	채권	예금	주식	채권	예금
1900 – 10	1%	3%	2%	5%	1%	1%		3%	4%
1910 – 20	−7%	−8%	−6%	1%	−6%	−3%	−9%	−8%	−6%
1920 – 30	−2%	−1%	−4%	1%	11%	6%	−6%	−5%	−1%
1930 – 40	−10%	2%	0%	2%	6%	3%	4%	5%	5%
1940 – 50	−20%	−22%	−23%	2%	−3%	−6%	−13%	−30%	−30%
1950 – 60	17%	0%	−2%	14%	0%	−2%	20%	2%	1%
1960 – 70	0%	2%	1%	2%	0%	0%	0%	2%	0%
1970 – 80	−2%	−3%	0%	−3%	2%	−2%	−13%	−8%	−1%
1980 – 90	16%	9%	5%	16%	7%	5%	15%	4%	6%
1990 – 00	13%	10%	5%	20%	7%	4%	9%	15%	6%
2000 – 10	−2%	5%	1%	−6%	5%	1%	−4%	5%	1%
2010 – 20	7%	6%	−1%	8%	5%	−1%	3%	8%	−1%

	러시아			중국			오스트리아–헝가리		
	주식	채권	예금	주식	채권	예금	주식	채권	예금
1900 – 10	−2%	3%	4%	7%	6%	3%	4%	3%	2%
1910 – 20	−100%	−100%	−36%	3%	1%	4%	−9%	−10%	−8%
1920 – 30				9%	6%	1%	−6%	−44%	−44%
1930 – 40				2%	−7%	−6%			
1940 – 50				−100%	−100%	−73%			
1950 – 60									
1960 – 70									
1970 – 80									
1980 – 90									
1990 – 00									
2000 – 10	15%		−2%	4%		1%			
2010 – 20	7%	4%	1%	2%	2%	0%			

* 1950년 이전 중국과 러시아의 채권 수익률은 현지화로 리스크를 헤지한 경화 채권 수익률을 기반으로 산출했다. 공산당혁명 발생기에는 주식과 채권의 완전 디폴트를 가정했다. 도중에 시장이 폐쇄되더라도 10년을 기준으로 연평균을 산출했다.

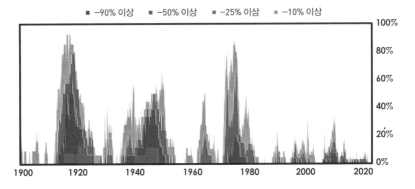

5년간 손실률별 국가의 비율(60/40 포트폴리오 구성, 실질 수익률)

- −90% 이상　　■ −50% 이상　　■ −25% 이상　　■ −10% 이상

렇게 선정한 10대 강대국 중 어느 나라도 사실상 부유하고 위대한 제국 이 될 가능성이 있었고, 특히 포트폴리오를 다각화하려는 투자자에게 매력적인 투자처였다.

이들 중 7개 국가는 적어도 한 번 이상 완전히 망한 적이 있고 그렇지 않은 국가도 수십 년간 처참한 자산 투자 수익률을 기록했다. 강대국 중 독일과 일본은 한때 최강국으로 간주되기도 했지만, 제1차 세계대전 중 모든 부는 사라졌고 엄청난 인명 손실을 겪었다.

다른 국가들도 마찬가지였다. 미국과 영국(기타 국가도 포함)은 예외적 으로 성공적인 사례였지만 이들도 자산이 폭락하는 사태를 경험했다.

1945년 새로운 질서가 시작되기 이전의 수익률을 보지 않았다면 이 처럼 처참한 성과를 알지 못했을 것이다. 또한 지난 500년간 전 세계를 조사하지 않았다면 이런 현상이 전 세계 곳곳에서 규칙적으로 발생했다 는 사실도 몰랐을 것이다.

앞 페이지의 표는 매 10년간 연평균 실질 투자 수익률을 나타낸다. 10년 전체로 보면 손실은 8배 더 크고 이익은 15배 더 크다.*

254쪽의 도표를 보면 보다 명확해질 것이다. 이 도표의 숫자는 주식과 채권을 5년간 60/40로 구성해서 투자했을 때의 손실률을 보여준다.

256쪽의 표는 주요국의 손실이 가장 큰 투자 사례를 보여준다. 참고로 미국은 제외했다. **오직 미국, 캐나다, 호주만이 지속적인 손실을 보지 않았다.**

당연히 내가 만일 그 시대에 살고 있었으면 어떻게 행동했을까를 생각해보았다. 이 책에서 설명하는 여러 신호가 나타나는 것을 본다고 해도 이 정도로 나쁜 결과가 나타날 것이라는 예상은 하지 못했을 것이라고 확신한다. 앞에서도 말했지만 10개국 중 7개국에서 대폭락을 경험했다. 1900년대 초반에 수십 년 전까지 되돌아본 사람들조차 이런 사태가 발생할 것을 전혀 예상하지 못했다. 19세기 후반의 상황을 생각한다면 낙관적이지 않을 이유가 전혀 없었다.

현대인들은 당시 사람들이 제1차 세계대전의 발발을 예상하기 쉬웠을 거라고 생각하지만 절대 그렇지 않았다. 제1차 세계대전 발발 전 약 50년간 주요 열강들 사이에는 아무런 갈등이 없었다. 이 기간 동안 세계는 유례없는 혁신과 생산 증대를 경험했고, 엄청난 부와 번영을 누렸다. 높은 수준으로 세계화가 이루어져 교역량이 몇 배로 늘었고, 각 나라는 그 어느 때보다 서로 연결되었다. 미국, 프랑스, 독일, 일본, 그리고 오스트리아-헝가리제국 등은 어지러울 정도로 빠른 기술 진보가 이루어지는 떠오르는 강대국이었다. 물론 영국은 여전히 세계 최강국의 지위를

---

* 10년간 복리로 계산하면 이자가 재투자되기 때문에 손실보다 이익이 더 크다. 반면에 손실을 보더라도 달러로 표시하면 별로 크지 않다. 연이율로 환산하면 평균적으로 이익 10퍼센트, 손실 5퍼센트다. 급격하게 수익률이 변해도 이 기준에서 벗어나지 않는다.

주요국의 최고 손실률 사례[*]

60/40 포트폴리오 중 20년간 −40% 이하의 수익률 사례

국가	기간(20년)	최저 수익률	비고
러시아	1900~1918	−100%	러시아 내전이 끝나고 공산주의 집권, 채무변제 거부, 금융시장의 붕괴 발생
중국	1930~1950	−100%	제2차 세계대전 중 자산시장 폐쇄, 공산당 집권 후 말살
독일	1903~1923	−100%	제1차 세계대전 후 바이마르공화국의 하이퍼 인플레이션으로 자산시장 붕괴
일본	1928~1948	−96%	제2차 세계대전 후 시장을 재개장하자 시장과 화폐 붕괴하고 인플레이션 발생
오스트리아	1903~1923	−95%	바이마르공화국만큼 심하지는 않았지만 하이퍼 인플레이션으로 자산 수익률 폭락
프랑스	1930~1950	−93%	대공황과 제2차 세계대전 및 독일의 점령으로 수익률 하락 및 인플레이션 발생
이탈리아	1928~1948	−87%	다른 추축국과 마찬가지로 제2차 세계대전이 끝난 후 시장 폭락
이탈리아	1907~1927	−84%	제1차 세계대전 후 경제불황과 인플레이션이 발생하여 무솔리니에게 집권 기회 부여
프랑스	1906~1926	−75%	20세기 초에 제1차 세계대전을 겪은 후 1920년 초에 인플레이션형 통화위기 발생
이탈리아	1960~1980	−72%	1960~1970년 사이에 일련의 불황과 높은 실업률, 인플레이션, 통화 가치 하락 발생
인도	1955~1975	−66%	독립 후 일련의 가뭄으로 경제성장률 저하 및 인플레이션 발생
스페인	1962~1982	−59%	프랑코 총통 퇴진 후 민주화 과정에서 1970년대 인플레이션 및 불황 발생
독일	1929~1949	−50%	대공황과 제2차 세계대전 패전 후 독일 자산 가치 폭락
프랑스	1961~1981	−48%	1960~1970년대에 걸쳐 성장률 둔화, 통화 가치 하락 및 인플레이션 발생
영국	1901~1921	−46%	20세기 초 제1차 세계대전을 겪은 후 1920~1921년에 불황 발생

---

* 벨기에, 그리스, 뉴질랜드, 노르웨이, 스웨덴, 스위스 등 중소국과 신흥국은 제외시켰다. 정확성을 높이기 위해 각 국가가 최악의 손실률을 보인 20년만을 선정했다. (독일은 1903~1923년을 채택했으므로 1915~1935년 기간은 제외) 60/40 포트폴리오는 20년간 매월 리밸런싱을 했다고 가정했다.

사유재산 몰수 발생 시기[**]

	1900	1920	1940	1960	1980	2000
영국						
미국	Yes	Yes				
중국			Yes	Yes		
독일		Yes				
프랑스						
러시아	Yes	Yes	Yes			
오스트리아– 헝가리제국						
이탈리아		Yes				
네덜란드						
일본			Yes			

엄격한 자본 통제 시기

	1900	1920	1940	1960	1980	2000
영국	Yes	Yes	Yes	Yes		
미국	Yes	Yes				
중국			Yes	Yes	Yes	
독일	Yes	Yes	Yes	Yes		
프랑스	Yes			Yes		
러시아	Yes	Yes	Yes	Yes	Yes	Yes
오스트리아– 헝가리제국	Yes					
이탈리아		Yes				
네덜란드				Yes		
일본		Yes		Yes		

[**] 이 도표가 아주 정밀하다고는 할 수 없다. 그러나 20년 단위로 명확한 증거가 있는 사례만 포함했다. 여기에 예를 든 압류 사례는 정부 또는 혁명 세력의 주도로 대규모의 광범위하고 강제적인 개인 재산의 압류가 있었던 경우다. 자본 통제는 투자자들이 국가 간의 자금과 자산의 이동을 금지하는 상당한 조치가 있던 경우로 한정했다(단, 제재 조치처럼 한 나라만을 대상으로 하는 제한 조치는 제외했다).

누리고 있었고, 러시아는 급속히 산업화가 진행 중이었다. 도표상의 국가 중 오직 중국만이 하락 추세를 보이고 있었다. 유럽 국가 간의 튼튼한 유대관계로 평화가 유지되고, 힘의 균형이 이루어진 상태였다. 빈부 격차로 인한 불만이 커지고, 부채가 늘어나기는 했지만 1900년도에 들어서도 번영이 계속 유지될 것처럼 보였다.

그러나 1900년부터 1914년 사이에 상황이 악화되어 국제적 긴장이 고조되었다. 그리고 앞에서 설명한 최악의 수익률 구간이 도래했다.

그러나 최악의 수익률로 끝이 아니었다.

이에 더해 재산 몰수, 징벌적 세금, 자본 통제, 시장 폐쇄 등의 영향으로 개인들의 재산은 엄청난 타격을 입었다. 현대의 투자자는 이런 사태를 알지도 못하고 가능하지도 않다고 생각한다. 과거 수십 년의 데이터에도 이런 상황이 보이지 않기 때문이다. 257쪽의 두 표는 어느 시대에 이런 사태가 발생했는지를 보여준다. 당연한 이야기지만 가장 악랄한 형태의 사유재산 몰수는 빈부의 차가 커서 계급 간의 갈등이 최고조에 달하고 공황이 오거나 전쟁이 발발했을 때 일어났다.

259쪽의 그래프는 기간별로 주식시장을 폐쇄한 국가와 관련한 통계다. 전쟁 기간 중에는 이런 사례가 많았으며 공산주의 국가에서는 몇십 년간 문을 닫기도 했다.

1900년 이전의 상황도 비슷했다. 더욱 안 좋은 것은 **부와 권력을 두고 다투는 이 기간 중 많은 사망자가 발생했다는 점이다.**

세계대전에서 두 번이나 이긴 미국 같은 승전국의 투자자에게도 방해물은 있었다. 바로 타이밍과 세금이었다. 투자자들은 공포에 질려 대체로 상황이 안 좋아 주가가 바닥일 때 주식을 팔고, 주가가 고점일 때 자금이 넘쳐 기대감에 가득 차 주식을 산다. 이는 투자자들의 실질 수익률

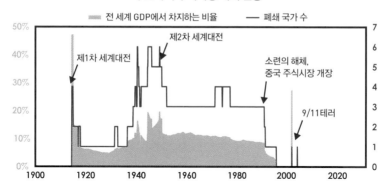

주요국의 주식시장 폐쇄 현황

전 세계 GDP에서 차지하는 비율 ── 폐쇄 국가 수

제1차 세계대전
제2차 세계대전
소련의 해체,
중국 주식시장 개장
9/11테러

주요 폭력적 분규의 사망자 수(인구 중 비율)
국내 및 국제 분규 모두 포함

	1900	1910	1920	1930	1940	1950	1960	1970	1980	1990	2000	2010
영국	0%	2%	0%	0%	1%	0%	0%	0%	0%	0%	0%	0%
미국	0%	0%	0%	0%	0%	0%	0%	0%	0%	0%	0%	0%
중국	0%	0%	1%	2%	3%	1%	1%	1%	0%	0%	0%	0%
독일	0%	3%	0%	9%	15%	0%	0%	0%	0%	0%	0%	0%
프랑스	0%	4%	0%	0%	1%	0%	0%	0%	0%	0%	0%	0%
러시아	0%	4%	5%	10%	13%	0%	0%	0%	0%	0%	0%	0%
오스트리아－헝가리	0%	2%										
이탈리아	0%	2%	0%	0%	1%	0%	0%	0%	0%	0%	0%	0%
네덜란드	0%	0%	0%	1%	2%	0%	0%	0%	0%	0%	0%	0%
일본	0%	0%	0%	1%	4%	0%	0%	0%	0%	0%	0%	0%

이 시장의 수익률에 못 미친다는 의미다. 최근 조사에 의하면 미국의 주
식 투자자들은 2000년부터 2020년 사이에 평균 주가지수 대비 연 1.5퍼
센트 저조한 실적을 보이고 있다.

세금과 관련한 다음 페이지의 표는 20년 이상 S&P 500 종목에 투자

20년 연동 S&P 수익률과 세율[*]

	세전	세후(401K 퇴직연금)	세후(위탁계좌)
연평균 총 수익률	9.5%	8.2%	7.9%
평균차감(연간 총 수익률)		−1.3%	−1.6%
평균차감율(총 수익률의 비율)		−14%	−17%
연평균 실질 수익률	6.2%	4.9%	4.6%
평균차감(연간 실질 수익률)		−1.2%	−1.6%
평균차감율(실질 수익률의 비율)		−20%	−26%

하는 개인에게 세금이 미치는 영향을 보여준다(분석 기간 중 상위 20개 종목의 평균 세율을 적용했다). 이 표는 세금이 유예되는 퇴직연금계좌(연금을 받을 때 세금을 낸다)에 투자하는 방법과 마치 주식이 위탁계좌에 보관되어 있는 것처럼 실제 주식을 보유하고 배당금을 매년 재투자하는 방법으로 나누어 세금의 영향을 보여준다. 투자 방식에 따라 세금의 영향이 다르기는 하지만(퇴직연금계좌가 영향이 제일 적다) 어떤 방식이건 세금이 미치는 영향이 상당하다. 특히 세금을 떼고 난 후의 실질 수익률은 크게 줄어든다. 미국 주식 투자자들은 어떻게 20년을 잘라놓고 보아도 실질 수익의 4분의 1을 세금으로 빼앗긴다.

---

[*] 401K 퇴직연금계좌에 대해 투자 기간 종료 시(2017년 미국의회예산처가 발표한 상위 20퍼센트에 적용되는 연방평균 실효세율인) 26퍼센트의 소득세를 적용했다. 증권계좌는 배당금(동일한 26퍼센트 소득세)과 투자수익에 대해 분리과세하므로 원금과 배당금 재투자 양쪽에서 발생하는 수익에 (20퍼센트로) 과세하고 손실은 상계 처리했다.

대형 자본시장 복습

앞에서 전형적인 부채와 자본 사이클이 어떻게 움직이는지 설명했다. 다시 설명하면 **상승 사이클일 때 채무가 늘어나고 유형자산보다 금융재산과 부채가 계속 증가하다 어느 시기가 되면 예금, 채권, 주식을 미래에 지불하겠다는 약속을 지키지 못하는 시기에 도달한다.** 그때에는 '뱅크런' 같은 대량 인출 사태가 발생하므로 정부는 통화 발행으로 부채 부담을 덜고, 주가의 하락을 저지하려는 조치를 취한다. **그 결과 통화 가치가 폭락하고 유형자산보다 금융자산의 가치가 하락해서 물가 상승률을 반영한 금융자산의 실질 가치도 하락한다. 그리고 다시 사이클이 시작된다.** 아주 간단하게 설명했지만 요지는 알았을 것이다. 사이클 하락 시에는 금융자산의 실질 수익률은 마이너스를 기록하고 불황이 닥친다. 이 시기는 사이클상 반자본주의, 반자본가 사상이 득세하는 시기로 그 기조가 최고조에 달할 때까지 계속된다.

이 사이클은 다음 2개의 도표에 잘 나타난다. 첫째 표는 총 유형자산에서 금융자산이 차지하는 비율을 보여준다. 두 번째 도표는 화폐(즉 현금)의 실질 수익률을 보여준다. 전 세계의 자료가 아닌 미국의 자료만 보여주는 이유는 미국이 1900년 이후 가장 꾸준한 추세를 보이기 때문이다. **도표에서 보다시피 실물자산보다 금융자산이 더 많아지면 수익률이 역전되며 금융자산, 특히 현금과 채권자산의 실질 수익률이 나빠진다. 이는 채무자가 부담하는 금리와 수익률이 낮아야 부담이 적어져서 채권자산이 증가하고 경제를 활성화시킬 수 있기 때문이다.** 이것이 전형적으로 장기 부채 사이클의 후반기에 발생하는 일이다. 정부는 보다 많은 화폐를 찍어내 부채 부담을 줄이고 새로운 채권자산을 창출해 구

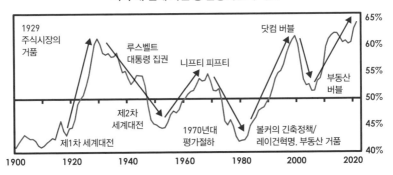

미국 내 전체 자산 중 금융자산의 비율

1929
주식시장의
거품

루스벨트
대통령 집권

닷컴 버블

니프티 피프티

부동산
버블

제2차
세계대전

제1차 세계대전

1970년대
평가절하

볼커의 긴축정책/
레이건혁명. 부동산 거품

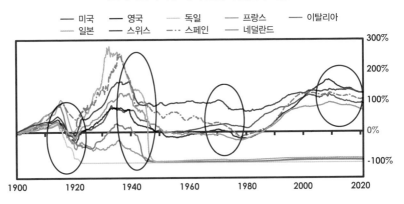

소비자물가지수 대비 현금의 실질 수익률

── 미국   ── 영국   ── 독일   ── 프랑스   ── 이탈리아
── 일본   ── 스위스   ··· 스페인   ── 네덜란드

매력을 증가시킨다. 이는 다른 부의 축적 수단이나 재화와 서비스와 비
교했을 때 통화 가치를 하락시킨다. **결국 금융자산의 가치가 떨어져 실
질자산보다 저렴해지면 반대 현상이 발생해서 평화와 번영의 시기가 돌
아오고, 사이클은 상승 단계에 접어들어 금융자산의 실질 수익률이 좋
아진다.**

앞에서 설명한 대로 통화의 평가절하 기간에는 경화와 경질자산의 가
치가 상승한다. 다음의 도표는 전형적인 주식 60/채권 40 포트폴리오의

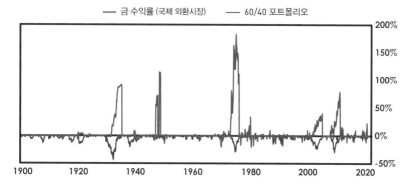

금 수익률과 60/40 포트폴리오

— 금 수익률 (국제 외환시장)　　— 60/40 포트폴리오

가치가 하락하면 금값이 상승한다는 것을 보여주고 있다. 그렇다고 해서 금이 좋은 투자라거나 나쁜 투자라는 이야기를 하려는 것이 아니다. 경제와 시장의 작동 원리를 설명하고 그것이 과거 시장의 움직임과 투자 수익률에 어떻게 반영되어 나타났는지를 보여주려는 것뿐이다.

　투자자들이 스스로 자주 점검해야 할 가장 중요한 포인트는 이자 지급액이 평가절하 리스크를 상쇄하느냐이다.

　전통적인 채무/통화/자본시장의 사이클은 앞에서 본 도표에 나타나듯 과거부터 전 세계 곳곳에 여러 번 나타났다. 이 사이클은 1) 실질적/유형적 화폐 및 부, 그리고 2) 금융화폐 및 금융재산의 비교를 통해 명확히 알 수 있다. 금융화폐나 금융재산은 실제적(본질적) 가치를 가진 유형화폐 및 재산을 증식시켜줄 때만 가치가 있다. 이 사이클이 작동하는 방식을 보면 상승 국면에서는 금융화폐와 금융재산(즉 부채와 자본자산)이 실질화폐와 실질자산보다 더 증가한다는 것을 알 수 있다. 증가하는 이유는 a) 금융자산을 창조해서 판매하는 분야에 있는 사람들에게 금융자산이 수익성이 높고, b) 정책결정자에게 화폐, 신용, 기타 자본시장의 자산은 수요를 발생시키기 때문에 경기 부양에 좋고, c) 금융자산의 가치는 올라가고 통화와 채권자산은 내려가기 때문에 더 부유해진 것 같은 착각을 불러일으키기 때문이다. 이런 식으로 정부와 중앙은행은 실제 존재하는 실질화폐와 실질자산보다 항상 훨씬 많은 가치를 창조해왔다.

사이클의 상승 국면에서는 금리가 하락하면서 주식, 채권, 기타 투자자산의 가격이 올라간다. 다른 모든 조건이 동일하다면 금리 하락은 자산 가격의 상승을 초래하기 때문이다. 또한 통화량을 늘리면 금융자산에 대한 수요가 늘어나 리스크 프리미엄을 줄인다. 금리 하락으로 투자자산의 가격이 올라가고 보다 많은 통화량이 시스템 내에 풀리면 투자자산이 보다 매력적으로 보인다. 동시에 금리와 금융자산의 미래 예상 수익률은 내려간다. 투자자산이 실제 존재하는 자산보다 많을수록 위험도가 올라간다. 위험도는 높은 금리로 상쇄할 수 있는데, 금리가 오르기는 쉽지 않다. 왜냐하면 모든 상황이 좋아 보이고 부채와 자본시장 위기에 대한 나쁜 기억이 사라졌기 때문이다.

앞에서 보여준 도표에는 금리가 포함되지 않았기 때문에 전체 상황을 보여주는데 다소 부족하다. 그래서 1900년까지의 금리를 다음 4개의 도표에 표시했다. 미국, 유럽, 일본의 실질(즉 물가 상승률이 반영된) 채권금리, 명목(물가 상승률이 반영되지 않은) 채권금리, 그리고 실질 예금금리, 명목 예금금리다. 도표에서 볼 수 있듯이 과거에는 매우 높았지만 지금은 매우 낮다. 기축통화국 정부 채권의 실질금리는 현재 역대 최저치에 근접했고 명목 채권금리는 0퍼센트대에 머물러 있다. 도표에서 나타나듯 1930~1945년과 1915~1920년 사이의 대화폐화 시대Great monetization period만큼은 아니지만 실질 예금금리는 더 낮았다. 명목 예금금리는 역대 최저치에 근접했다.

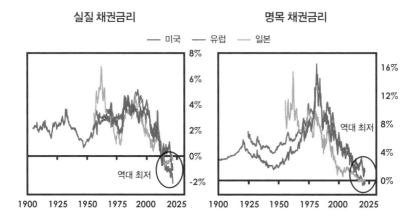

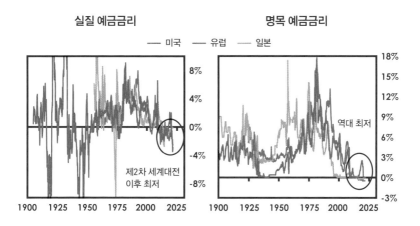

이 숫자가 투자자에게 주는 의미는 무엇일까? 투자의 목적은 재산을 저장해놓았다가 미래에 구매력으로 전환하기 위함이다. 투자를 할 때는 목돈을 미리 내고 미래에 돌려받는 형태를 취한다. 그러면 현재 금리하에서 투자 상황이 어떤지 살펴보자. 지금 100달러를 투자하면 몇 년 후에 원금을 돌려받고 추가로 투자에 대한 보상을 받을 수 있을까? 미국의 투자자가 일본, 중국, 유럽 채권에 투자했다면 (금리가 매우 낮거나 0에 가

명목금리 기준 원금 회복 기간   실질금리 기준 원금 회복 기간

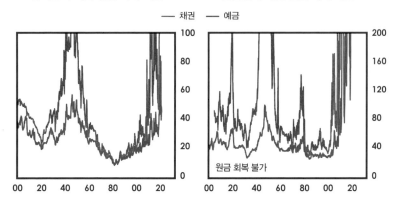

까우므로) 각각 45년, 150년, 30년* 후에 원금을 받을 것이다. 유럽의 투자자는 명목금리가 마이너스이므로 원금을 돌려받을 가능성이 거의 없다. 그리고 투자가 미래의 구매력을 저장하는 것이므로 물가 상승률도 고려해야 한다. 현재 미국과 유럽의 투자자는 절대로 구매력을 회복할 수 없으며, 일본이라면 250년이 걸린다. 사실 실질금리가 마이너스인 이 지역의 투자자들에게 미래의 구매력은 현재보다 훨씬 작을 것이 확실하다. 그러므로 물가 상승률보다 적은 이자를 받느니 차라리 아무것이라도 사서 인플레이션에 대비하는 것이 어떨까? 물가 상승률 이상의 수익을 가져다주는 투자 상품은 많다. 위 도표는 미국의 명목 및 실질 예금금리와 채권금리하에서 원금 회복 기간을 보여준다. 정말 말도 안 되게 길며 역사상 이렇게 긴 적은 없었다.

---

* 2021년 8월 명목 채권 수익률 기준(종신 지급 가정)

결론

지금까지 투자의 관점에서 본 1900년 이후 빅 사이클에 대해 설명했다. 500년 전(중국은 1,400년 전)으로 시계를 돌려도 기본적으로 동일한 이유로 같은 사이클이 반복되어왔음을 보았다.

앞에서 지적한 바와 같이 1945년 이전의 끔찍했던 기간은 빅 사이클 말기의 과도기에 전형적으로 나타나는 현상으로 획기적인 변화와 구조조정을 거쳐 새로운 질서를 수립하기 위한 과정이다. 구질서가 가고 새로운 질서가 정착하면서 고통스러운 과도기가 끝나고 엄청난 호황을 누리는 시기가 온다. 과거에 이런 과정이 여러 번 반복되었지만 미래는 확신할 수 없으므로, 이렇게 끔찍한 사태와 나의 실수를 방어할 리스크 헤지 수단 없이는 함부로 투자하지 않는다.

제2부

지난 500년간 세상의 작동 원리

8장

지난 500년의 요약

1부에서는 내가 생각하는 영구기관의 작동 방식에 대해 설명했다. 2부에서는 이 영구기관이 지난 500년간 한 일을 보여줄 것이다. 1부에서 했던 것과 같은 방식으로 나는 모든 것을 요약해서 공유할 것이다. 이 장은 2부의 나머지 장을 위한 서론으로 네덜란드, 영국, 미국, 중국에서 빅 사이클이 어떻게 전개되었는지 자세히 다룰 예정이다. 마지막으로 3부에서는 내 모형을 주요국에 적용했을 때 알 수 있는 내용을 여러분에게 전달해서 미래를 예상해볼 것이다. 그러나 그 전에 서기 1500년으로 돌아가 당시의 세계가 어떤 모습인지 먼저 파악할 필요가 있다.

서기 1500년의 세상

서기 1500년은 지금과 많이 다르지만 작동 원리는 오늘날과 같았다. 1500년 이후 많은 진화가 있었지만 항상 그랬던 것처럼 진화는 발전을 낳고, 빅 사이클은 변화와 장애물을 만드는 식으로 변화해왔다.

서기 1500년과 지금의 세상이 다른 점 중 중요한 것을 간추리면 다음과 같다.

그때는 지금보다 세상이 훨씬 '컸다.' 1500년에는 말을 타고 하루에 이동할 수 있는 거리가 약 40킬로미터였지만 지금은 그 시간이면 지구 반대편으로 여행이 가능하다. 아폴로 우주선의 조종사들은 1500년에 파리에서 로마로 이동했던 여행자보다 더 짧은 기간에 달을 왕복했다. 지리적으로 영향력이 미치는 지역이 매우 작았으므로 세계는 더 커 보였다. 유럽에서 볼 때 러시아는 완전히 다른 세계였고, 중국과 그 인근 국가는 훨씬 더 먼 세상이었다. 지금 보면 작은 국가들이 여러 개 있었던 것처럼 느껴지지만 당시에는 전혀 그렇게 보이지 않았다. 오늘날과 같은 국경이 없었기 때문에 부와 권력을 두고 이웃끼리 거의 항상 전쟁이 발생했다.

그런데 1500년이 되자 상황이 급속히 변하기 시작했다. 스페인과 포르투갈을 위시한 유럽의 강국들은 대항해시대를 맞아 저 멀리 떨어진 제국과 접촉하기 시작했다. 다른 발전의 시대와 마찬가지로 대항해시대가 열리게 된 것은 기술의 발전 덕분이었다. 장기간 항해가 가능한 선박을 발명해서 전 세계를 탐험하며 무역이나 약탈로 부를 축적할 수 있었다. 부유한 지도자들이 항해 자금을 대고 탐험가들이 가져오는 수확물을 나누었다.

국가라는 개념이 없었고 유력한 가문들이 영토를 다스렸다. 당시에는 국경으로 구분되고 지배 질서로 다스리는 주권 국가라는 것이 없었다. 국가는 아직 탄생 전이었다. 대신 **유력한 가문들이 지배하는 영토와 왕이나 황제가 다스리는 제국이 있어서 부와 권력을 두고 이웃과 거의 매**

일 분쟁을 겪었다. 정복 전쟁으로 왕국의 영토가 커지면 제국이 된다. 통치권이 가문을 중심으로 세습되므로 만일 다른 곳에 있는 영토를 다스리던 통치자가 자식 없이 서거하면 친척이 그 영토를 물려받는 것이 가능했다. 이는 오늘날의 재산 상속이나 가족기업 상속과 비슷하다. 분가와 영지 분할로 인한 영토 상실을 방지하기 위해 정략결혼이 흔했다.

종교와 종교 지도자에게 막강한 권력이 있었고, 오늘날 우리가 알고 있는 것 같은 과학은 존재하지 않았다. 당시에 국가를 다스리는 소수의 엘리트층은 신으로부터 왕권을 물려받았다고 주장하는 군주, 신을 대신하는 성직자, 토지를 소유하면서 농노를 감독하고 짐승처럼 다스렸던 귀족들로 구성되어 있었다. 군주는 장관, 관료 조직, 군대를 거느리고 영토를 통제하고 지켰다.

유럽과 중국은 지구상의 반대편에 위치해서 거의 접촉이 없었지만 기본적인 통치 방식은 비슷했다. 물론 중국의 통치 조직이 더 크고 선진화되어 있었고 종교적인 영향은 덜했다.

지금보다 훨씬 불평등했다. a) 모든 사람은 평등하게 대접받아야 하며, b) 법에 의해 평등하게 보호받아야 한다는 개념이 존재하지 않았다. 이는 국내 관계나 국제 관계 모두 해당되어 무력과 폭력으로 획득한 권력이 모든 것을 지배했다. 서기 1300~1400년까지는 서유럽 대부분의 지역에 농노제(사실상 영주들이 소작농들을 소유물로 생각했다)가 존재했기 때문에 혁명 말고는 자신의 권리를 주장할 방법이 없었다. 1500년대에 들어서 다소 바뀌기는 했지만 1700년대 계몽시대가 도래하기 전까지 평민들의 권리는 취약했다.

서기 1500년의 제국들

유럽

- **합스부르크 왕가는 스페인과 스페인이 다스리던 모든 영토뿐 아니라 신성 로마제국의 일부 지역도 통치했다. 그곳은 오늘날 우리가 네덜란드, 벨기에, 이탈리아, 독일, 오스트리아라고 부르는 지역이다.** 당시 서유럽에서 가장 강력한 제국이었다.

- **발루아 왕가, 후에 부르봉 왕가는 합스부르크 왕가의 최대 경쟁 가문으로 프랑스 지역을 다스렸다.** 이 두 가문 사이에 여러 번의 전쟁이 발생한다.

- **영국은 튜더 왕가가 다스렸는데** 아직은 별 힘이 없었고 성장 중이었다.

- **유력한 가문이 지배하는 공화국 형태로 운영되던 피렌체, 베네치아, 밀라노 등이 중심지로 떠오른다.** 1500년대의 금융, 상업, 학문, 예술 분야에서의 혁신은 모두 이 지역에서 발생했다. 이들 도시 국가들은 매우 부유했고 그 뒤에 유럽과 서양 세계의 형성에 중심적인 역할을 한다. 그 원인이 된 혁명적인 사상에 대해서는 뒤에서 자세히 다룰 것이다.

- **교황령**Papal States**은 교황과 가톨릭교회가 다스리는 지역을 말한다.** 기독교가 지배하는 유럽에서 군주, 귀족, 교회는 엘리트층끼리 서로 협조해서 자기들에게 유리하도록 통치 질서를 유지하는 전형적인 방식을 그대로 따라했다. 그 결과 교회는 가난한 농민들에게 받은 십일조로 막대한 부를 축적했다. 게다가 농민들은 교회 소유의 농지에 가서 무료로 일을 해주기도 했다.

- **나중에 로마노프 왕조가 된 루릭 왕조가** 러시아 지역을 통치했으나 유럽에서 볼 때는 변방이었다.

- **가문의 이름을 딴 오스만제국은** 1453년에 점령한 콘스탄티노플을 지배했다.

스웨덴
러시아
잉글랜드
합스부르크
네덜란드
독일
(합스부르크
지배 지역 외의)
신성로마제국
합스부르크
중부유럽
폴란드–리투아니아
프랑스
베네치아
제노바 교황령
포르투갈
합스부르크
스페인
합스부르크
이탈리아
오스만제국

그 외에도 수백, 아니 수천 개의 가문이 유럽 전역을 지배했다. 이들은 자신을 지키기 위해 끝없이 이웃과 다투었다. 우군과 적군을 잘 이용하는 것이 중요했으며 이들은 항상 바뀌었다. 위 지도는 1550년대 중소 왕가를 제외한 유럽의 주요 세력을 보여준다.

아시아

명나라는 중국 대륙의 거의 대부분을 다스렸으며 당시 전 세계에서 가장 강력한 제국이었다. 유럽의 다른 제국과 마찬가지로 '천명Mandate of heaven'을 받은 황제가 다스리는 가족 중심의 통치 체제였다. 황제는 대신과 장군들이 이끄는 관료 조직을 관리했으며 관료 조직은 농민들을 관리하는 지방의 토호 세력과 공생 또는 적대 관계를 형성했다. 서기

1500년은 명나라의 전성기였으며 부나 기술, 국력 등 모든 면에서 유럽에 월등히 앞섰고 동아시아와 일본에 막강한 정치적, 문화적 영향을 미쳤다. [*]

당시 유학자들은 사회의 지배층으로 인정받아 정계에 진출했다. 고위직으로 나가기 위해서는 유학에 정통해야 하고 어려운 과거시험을 통과해야 했다. 정책 결정은 지도자가 유교적 이상을 어떻게 해석하느냐에 좌우되었다. 당시 주류 사조인 '주자학Neo-Confucianism'은 보다 합리적이고 철학적이며 학구적이고 인간적인 측면을 강조했다. 근거 중심의 실용적이고 과학적인 사고방식은 중국이 중세 서유럽에 비해 압도적 우위를 유지할 수 있던 비결이었다. 당시에는 학자와 과학자들의 영향력이 막강해서 뛰어난 기술적 진보(화약, 인쇄술, 건축술 등)를 이룰 수 있었다. 다른 지역과 비교했을 때 문맹률은 매우 낮았으며 의학 부문의 수준도 상당히 높았다. 예를 들면 초기 형태의 백신 접종으로 천연두를 예방하는 프로그램이 유럽보다 수백 년 앞서 광범위하게 실시될 정도였다. 금융 시스템도 비교적 잘 갖추어져 초기 단계의 기업과 은행이 존재해서 종이돈을 사용(남용)하기도 했으며 앞선 형태의 금융시장이 존재했었다. 군사력 또한 최강이어서 전 세계에서 가장 규모가 큰 해군을 보유했고, 육군은 약 100만 명의 상비군을 유지했다.

역사학자 폴 케네디는 그의 명저 《강대국의 흥망》에서 다음과 같이 기술하고 있다.

---

[*] 중국 왕조의 가족 관계를 사랑과 보호의 관계로 오해해서는 안 된다. 서유럽과 마찬가지로 가족 간의 싸움은 냉혹해서 서로 죽이는 일도 다반사였다.

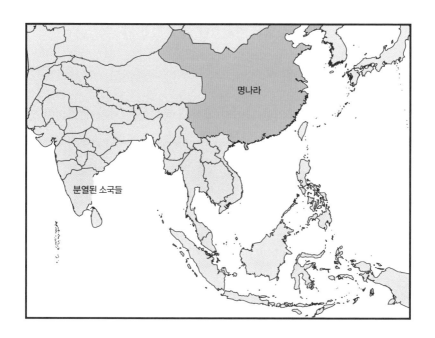

"근대 이전의 문명 중에서 중국보다 앞선 문명은 없었다. 15세기 중국의 인구는 1억~1억 3천만 명으로 유럽의 5천만~5천 500만 명보다 많았고 문화는 앞서 있었다. 11세기부터 제대로 갖추어진 운하로 연결된 비옥한 토지와 관개시설, 식견 높은 관료들에 의해 움직이는 조직적이며 중앙집중적 관료 체계 등은 중국 사회를 한 단계 높은 세련되고 질서 정연한 국가로 만들어 외국 사신들의 부러움을 자아냈다."

당연하면서도 역설적이지만 명나라가 멸망한 원인 중 하나는 이 압도적인 부와 권력이었다. 더 이상 필요한 것이 없다고 생각한 명나라의 황제는 해외 원정을 중지하고 문호를 닫아버린 후 쾌락에 빠져 관료와 환관에게 정사를 맡겨버렸다. 결국 내부 권력투쟁과 부패가 만연해 국가

기반이 취약해지고 군사력도 약해졌다. 실용적인 학문 연구와 혁신은 제쳐둔 채 탁상공론에 몰두했다. 이런 이유로 유럽과 비교해서 중국의 쇠퇴가 가속화된다.

1500년대 중국을 제외한 나머지 아시아 국가들은 거의 분열되어 있었다. 인도는 북쪽의 델리 술탄국Delhi Sultanate(이슬람계), 남쪽의 비자야나가라제국Vijayanagara Empire(힌두계) 등을 포함해 여러 국가로 분리되어 있었다. 그러나 1520년대 무굴제국이 인도를 점령하면서 가장 강력한 제국 중 하나가 되었다. 이와 유사하게 일본은 고립된 상태로 1500년대에 여러 세력으로 나뉘어 내전을 겪었지만 아직 중요한 제국으로 떠오르지 못하고 있었다.

중동

- 앞에서 언급했지만 1500년대가 되자 오스만제국이 중동의 대부분을 차지하고 페르시아의 사파비 왕조Safavid dynasty(오늘날의 이란)와 경쟁 관계를 형성하고 있었다.

아메리카 대륙

- 멕시코에 있던 아스테카제국(수도였던 테노치티틀란Tenochtitlán은 당시 유럽의 어느 도시보다 인구가 많았다)과 남미에 있던 잉카제국이 가장 컸다. 그러나 곧 유럽의 침략이 시작되어 두 제국이 멸망한 후 새로운 식민지가 탄

생하고 276년 후에 미국 건국의 씨앗이 뿌려졌다.

아프리카 대륙

- **유럽 면적의 3배에 달하는 이 광활한 대륙은 드문드문 자리 잡은 수십 개의 왕국으로 나뉘어 있었다.** 당시 가장 큰 제국은 서아프리카에 있던 송가이제국으로 무역과 이슬람 학문으로 유명한 곳이다.

지금까지 1500년에 각 대륙을 차지하고 있던 세력에 대한 설명이었다. **곧 엄청난 변화가 세계 질서에 닥친다.**

1500년 이후의 세계

1500년 이후에는 너무나 중요한 일들이 많이 발생해서 요약하기 어려울 정도다. 그러나 전 세계적인 변화의 주요 뼈대만 추려 다음 장에서 독자들에게 전달할 수는 있을 것 같다. 가장 중요한 변화는 사람들의 행동 양식 변화를 초래한 사고방식의 변화였다. 그중에서도 특히 부와 권력을 어떻게 분배할 것인가에 대한 생각이 바뀌었다. 역사는 여기서부터 시작된다. 시대를 구분하기는 쉽다. 대개는 '혁명'이나 '시대'라고 이름이 붙어 있기 때문이다(물론 다른 이름이 붙어 있는 경우도 있기는 하다). 독자들은 요약한 내용을 읽으면서 진화와 사이클에 주의를 기울여주기 바란다. 1) 수백 년에 걸쳐 엄청난 진화와 발전을 이룩한 사고방식의 혁명과 2) 한 시대의 종말과 새로운 시대의 시작을 알리는 평화와 번영 그리고 전쟁과 불황의 사이클을 볼 수 있을 것이다.

상업혁명(1100~1500년대)

상업혁명은 순수 농업 기반 경제로부터 다양한 품목을 거래하는 교환 경제로의 변화를 의미한다. 상업혁명은 12세기에 발생해서 1500년이 되자 2가지 이유로 이탈리아의 도시 국가를 중심으로 꽃피운다. 첫째, 기독교 중심의 유럽과 오스만제국 간의 전쟁으로 육로를 통한 교역(주로 향신료와 사치품의 교역)이 막히자 해상 교역이 활성화되었다. 둘째, 이탈리아의 도시 국가는 로마의 공화정을 모형으로 한 공화정부를 채택한 곳이 많았다. 공화정부는 유럽보다 창의적이고 민심을 읽을 줄 알았기 때문에 강력한 상인 계급이 탄생할 수 있었다.

가장 대표적인 곳이 베네치아로서 여러 단계의 견제와 균형 체계를 갖추고 다른 유럽과 비교해서 훨씬 더 능력을 중요시하는 정부 체제를 운영했다. 도제Doge라고 불린 지도자에게는 후계자 선정 권한이 없었으며, 가족의 정치 참여도 금지되었다. 새로운 도제는 여러 귀족 가문에서 선발된 인원으로 구성된 위원회에서 투표로 선발되었다. 또한 제 기능을 하는 금융시장이 존재해서 선진 회계장부 기록 방식이 도입되었고, 공정하게 계약을 집행하도록 강제하는 기구도 있었다. 1500년 이전에도 개인 간 또는 정부 간의 대출이 없었던 것은 아니지만 대부분 부유한 개인들 사이에서 거래가 이루어졌고, 대출금을 갚지 못하는 경우도 많아서 추방당하거나 심지어 처형당하는 일도 있었다. 그러나 무역으로 부자가 된 상인 계급은 금융 시스템이 제대로 작동하면 번 돈을 다시 투자해서 이익을 창조할 수 있었으므로 이들이 신용대출시장 같은 혁신적인 제도를 많이 만들었다.

무역을 통한 수익금이 계속 유입되고 표준화된 화폐가 필요하자 이탈리아 도시 국가에서 주조한 동전, 그중에서도 피렌체의 피오리노(플로린 금화)가 신뢰성이 높아 전 세계 어디에서도 인정받는 화폐 역할을 했다. 이 화폐를 바탕으로 이들 도시 국가들은 효과적인 대출 제도와 공개적인 채권시장을 만들었다. 베네치아는 12세기 초에 5퍼센트 이자율을 보장하는 무기한 채권을 발행해서 정부가 만기 시의 재무 상태나 필요성에 따라 재발행(즉 차입)하거나 되사들였다. 채권을 보유한 베네치아의 상인들은 정부에 상당한 영향력을 행사할 수 있었기 때문에 채무불이행은 생각하기 힘들었다. 상환이 보장되자 상인들은 채권을 신뢰하기 시작했고, 유통시장에서의 거래가 가능해지자 채권이 거의 현금 역할을 했다.

이렇듯 적정한 이율에 돈을 빌릴 수 있는 능력은 베네치아에 커다란 도움이 되었다. 1500년대까지 몇 번의 전쟁에서 패배한 후 이 도시 국가는 결국 디폴트를 선언했지만, 유동적인 채권시장은 네덜란드나 영국 등 다른 국가에서 크게 활성화되었다.

르네상스시대(1300~1600년대)

고대 그리스와 로마의 사고방식을 모방하는 새로운 사고방식이 1300년경 이탈리아의 도시 국가에서 시작해서 1600년대까지 유럽 전역에 전

파되었던 시기를 르네상스시대라고 한다. 당시의 사상가들은 신의 뜻으로 세상을 설명하던 방식에서 벗어나 논리적인 사유로 사고방식의 대전환을 이루었다. 이로 인해 유럽의 예술과 기술이 한 단계 상승했다. 르네상스는 상업혁명으로 부를 축적해서 창의성과 지성을 이용해 무역, 생산, 금융 분야에서 발전을 이룩한 북이탈리아의 도시 국가에서 시작되었다. **르네상스는 5장에서 설명한 역사상 가장 위대한 자기강화 사이클 중의 하나다. 즉 창의력과 상업이 서로를 강화시켜 경제 호황과 위대한 진보를 가능하게 했다.**

그 중심에는 봉건적 국왕이 아닌 상인이자 금융가인 메디치 가문의 구성원 같은 사람들이 있었다. 그들은 축적된 부를 이용해 예술과 건축, 학문연구를 후원했다.* 화려한 예술과 건축의 전성시대였지만 과학, 기술, 상업도 높은 수준으로 도약했다. **15세기 중반에는 인쇄술의 발전으로 지식과 사상이 널리 퍼질 수 있었다.**

그러나 유럽 르네상스시대의 혁신이 중국에서는 이미 몇 세기 전부터 나타나고 있었다. 인쇄술과 과학적 지식 그리고 능력에 따른 인재 배치

---

* 메디치 가문은 르네상스 기간 중 피렌체를 지배했고 발전시켰으며(그러나 엄밀히 말하면 메디치 가문의 지배 기간 대부분에 피렌체는 공화국 체제를 유지했다), 무역업과 금융업으로 부를 축적했다. 이들은 부와 권력과 지혜를 이용해 보다 큰 부와 권력을 획득해서 예술과 학문의 발전에 기여했다. 또한 유럽 내에서 상당한 정치 권력도 확보하였다. 권력을 얻고 공직에 봉사하기 위해 메디치 가문에서는 4명의 교황을 배출했다. 그리고 수많은 예술가와 정치 지도자가 나와 부자들뿐 아니라 중산층과 서민들을 위한 정책을 폈다. 그러나 오랜 기간 권력을 누린 가문이나 왕조가 그렇듯 허약한 가장과 지도자가 나타나고 경제가 어려운 때 장기 집권에 대한 불만이 표출되어 변혁으로 이어졌다. 메디치가는 여러 사건으로 피렌체에 대한 지배력을 상실했다. 그 뒤로 약 300년간 권력을 회복하고 르네상스는 계속되었지만 어려움을 겪다가 16세기 중반경 소멸했다. 전쟁, 무역로 변경, 부실채권 등으로 재정이 악화되고 사회적 표준과 정치 행위 등 기존 질서의 변화가 주요 원인이었다.

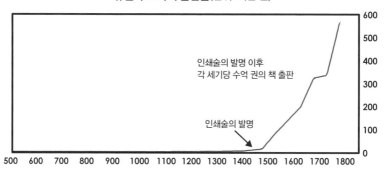

유럽 주요국의 출판물(단위: 백만 권)

인쇄술의 발명 이후
각 세기당 수억 권의 책 출판

인쇄술의 발명

등의 주요 요소를 활용해 훨씬 전부터 문화의 꽃을 피웠다. 앞에서 설명한 주자학을 중국의 르네상스라고 생각할 수도 있다. 종교 중심의 세계관에서 벗어나 논리와 근거 중심의 창의적인 사고가 지배했다.

16세기 말과 17세기 초에 걸쳐 유럽 전역에 이 사조가 퍼지면서 영국의 셰익스피어Shakespeare와 프랜시스 베이컨Francis Bacon, 프랑스의 데카르트Descartes, 네덜란드의 에라스뮈스Erasmus 같은 사람들이 영향력을 떨쳤다. 농부보다는 귀족층에 더 해당되기는 하지만 생활 수준도 급격하게 향상되었다. 그러나 이탈리아는 이러한 평화와 번영의 시대가 오래 지속되면서 사치와 퇴폐 풍조가 만연하고 경쟁력을 상실하면서 경제 여건이 안 좋아져 쇠락의 길을 걷게 된다.

대항해시대와 식민주의(1400~1700년대)

대항해시대는 1400년대 유럽인들이 부를 찾아 전 세계를 여행하며 다른 세계의 사람들과 최초로 접촉하면서 시작되었고, 그 결과 세계는 좁

아졌다. 그 시기는 르네상스시대와 거의 비슷하다. 르네상스시대 기술의 발전이 조선술과 항해술의 발달을 불러왔고 이렇게 건조된 배들이 가져온 부가 다시 르네상스의 원동력이 되었다.

지배 가문은 수익성 있는 항해의 후원자가 되어 탐험가들과 이익을 나누었다. 예를 들어 포르투갈 왕자인 엔히크 항해왕자Henry the Navigator 는 초기 항해를 후원해서 아프리카와 아시아에 무역제국을 건설했다. 스페인이 그 뒤를 이어 신속하게 광물자원이 풍부한 아스테카제국과 잉카제국을 포함한 서반구의 상당 부분을 점령해서 식민지화했다. 스페인과 포르투갈은 경쟁국이었지만 아직 정복되지 않은 땅은 널렸으므로 분쟁이 발생한다고 해도 재빨리 합의에 도달했다. 합스부르크제국에 편입되고 엄청난 수익을 창출하는 은 광산을 소유하게 되면서 1500년대에는 스페인이 포르투갈보다 강력해졌고, 1500년대 말부터 약 60년간은 합스부르크의 왕이 포르투갈을 통치했다. 풍부한 부를 바탕으로 두 나라 모두 예술과 과학 기술의 전성기를 맞는다. 스페인제국은 너무나 광활해서 '해가 지지 않는 제국'으로 불리기도 했다. 이 표현은 후에 대영제국을 표현하는 말로도 사용된다.

유럽 각국이 항해로부터 얻는 수익이 더욱 커지면서 무역이 국가 경제에 영향을 미치기 시작한다. 특히 은 같은 부의 유입으로 생필품과 서비스 가격의 인상이 촉발된다. 스페인 가격 혁명Spanish Price Revolution이라 고도 불린 이 현상으로 **유럽에서는 수백 년간 안정적으로 유지되던 물가가 수십 년마다 2배씩 폭등했다. 이는 최근에 경험한 일들로만 판단해서는 절대 예측하기 어려운 경제적 충격이 사회에 미치는 영향을 여실히 보여준다.**

유럽은 대상을 확대해 아시아, 그중에서도 중국, 일본, 그리고 인도를

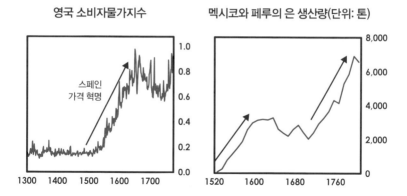

영국 소비자물가지수　　　멕시코와 페루의 은 생산량(단위: 톤)

스페인
가격 혁명

무역과 약탈의 대상으로 삼았다. 그전에도 마르코 폴로Marco Polo 같은 탐험가들이 다녀간 적이 있기는 하지만 포르투갈이 1513년에 최초로 중국의 문을 두드렸다. 유럽인들은 중국의 도자기, 비단 같은 제품에 매료되어 더 많이 찾았으나 중국은 유럽산 특산물을 별로라고 생각해 구입에 별 관심이 없었다. 그러나 유럽과 마찬가지로 중국에서도 결제 수단으로 이용된 은만은 받아들였다. 뒤에서 다루겠지만 당시 중국은 오랜 기간 통화 공급 수단으로의 귀금속이 부족했다. 유럽 역시 중국과의 무역에 지불하기에는 은이 부족했고, 중국은 다른 상품에는 관심이 없었다. 은 부족 사태는 결국 아편 전쟁과 뒤에서 다룰 여러 흥미진진한 사건으로 이어진다.

명나라에는 중국식 대항해시대가 있었지만 중단된다. 1400년대 초에 명나라의 영락제永樂帝는 가장 신임하는 제독 정화鄭和에게 명령하여 7차례에 걸쳐 전 세계를 도는 '정화의 원정Treasure voyages'을 하도록 했다. 식민지를 개척하기 위한 항해가 아니었으므로(역사학자들 사이에는 항해의 상업성에 대해서 의견이 분분하다), 중국의 위세를 전 세계에 떨치는 것에 만족했다. 원정대는 당시 전 세계에서 가장 크고 앞선 해군력과 함선을

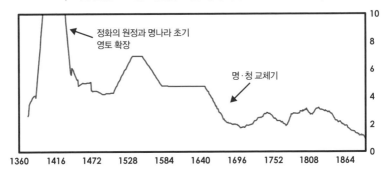

조공 국가의 수
(30년 단위로 조공 사신을 보낸 국가의 수를 기준으로 산출)

정화의 원정과 명나라 초기
영토 확장

명·청 교체기

보유하고 있었는데, 유럽은 한 세기 후에나 이런 규모의 선박을 만들었을 정도였다.

중국에 조공을 바치는 국가의 숫자에 나타나듯 중국의 국제적 영향력이 급속히 증가했으나 명나라는 원정을 중단하고 안으로 틀어박혔다. 원정에 드는 비용 때문이었는지, 아니면 필요한 모든 것이 중국에 있으므로 원정이 필요 없다고 판단했는지 이유는 명확하지 않다.

이로 인해 중국뿐 아니라 일본에도 쇄국이라고 불린 고립의 시대가 도래했다. 수백 년간(중간에 그렇지 않을 때도 있었지만) 중국과 일본은 외국에 대한 개방 정책에서 고립 정책으로 방향을 선회했다.

종교개혁(1517~1648년)

1500년대 유럽에는 개신교의 종교 개혁 운동이 일어나 로마 가톨릭교회에 반기를 들었다. 이로 인해 여러 전쟁이 발생했고 당시 유럽의 기존 질서가 무너지는 결과를 낳았다. 앞에서도 언급했지만 당시 유럽의 질서는 군주, 귀족, 그리고 교회가 공생하는 관계를 잘 유지하기 위한 것이었다. 종교개혁은 가톨릭교회의 권력을 무너뜨려 부패를 척결하고 중간에 교회를 배제한 채 신과 직접 소통하는 독자적인 종교를 추구했다. 가톨릭교의 주교와 고위 성직자들은 마치 왕처럼 궁에서 살았으며 교회는 '면죄부Indulgences(지옥에서 고통받는 시간을 줄여주는 효과가 있다고 한다)'를 판매했다. 가톨릭교회는 종교이면서 그 자체가 국가로서 실제로 오늘날 이탈리아의 상당한 면적(교황령)을 직접 통치했다.

종교개혁은 1517년 마르틴 루터Martin Luther가 《95개 논제》를 발표해서 교황의 권위와 성경 해석권 독점에 도전하면서 시작되었다. 루터는 주장을 철회하라는 교회의 요구를 거부하였고, 이단자로 낙인찍혀 파문당했다. 그렇지만 그의 사상과 여타 신학자들의 생각은 귀족들의 지원과 새로운 인쇄술의 힘으로 유럽 전역에 뿌리내렸다. **늘 존재했던 권력 투쟁과 더불어 종교개혁은 유럽의 기존 질서를 무너뜨렸다.**

종교개혁은 주요 가톨릭 국가에 영향을 미쳐 내부 갈등이 확대되고 사회의 불안정성이 더 커졌으며 국가 간의 관계에도 영향을 미쳤다. **종교전쟁은 기존 질서와 권력층에 대한 저항전쟁과 뒤엉켜 발생했다. 프랑스에서는 내전으로 확대되어 300만 명이 사망했고, 후에 잉글랜드 내전으로까지 이어진다. 결국 종교개혁으로 개신교도들은 상당한 권리와 자유를 획득한다. 또한 신성로마제국의 권위와 합스부르크 가문에도 타격을 주어 독일의 분열을 초래하고 1600년대 중반 처참한 30년 전쟁의 토대가 되어 그 후 100년간 내전이 발생하기도 한다. 항상 그렇듯 큰 전쟁은 새로운 질서를 창조해서 평화와 번영의 시대를 낳는다.**

30년 전쟁 후의 새로운 세계 질서(1648년)

30년 전쟁은 표면적으로는 개신교 국가가 가톨릭 국가에 저항하는 전쟁으로 보이지만 잘 들여다보면 지정학적 이해 관계가 얽히고설킨 복잡한 전쟁으로, 부와 권력을 쟁취하기 위해 누가 누구에게 줄을 서느냐를 결정했다. 전쟁이 끝난 후 베스트팔렌 조약으로 새로운 질서가 창조된다. 이 조약으로 국가 간의 지리적 경계와 그 경계 내에서는 국민이 원하는 대로 결정할 수 있는 주권이 확립된다. 전쟁 후에 늘 그렇듯 새로운 질서가 생겨나고 국가 간의 평화가 지속되며 그 와중에 네덜란드가 경제 강국으로 부상한다. 그러나 부와 권력을 차지하기 위한 투쟁, 특히 점점 세력이 약해지는 군주와 국민 간의 전쟁은 유럽 전역에서 계속되었다.

자본주의의 탄생(1600년대)

네덜란드를 시작으로 누구나 참여해서 이용할 수 있는 공개적 주식시장이 개장함에 따라 투자자들은 구매력을 효과적으로 기업가에게 이전하여 기업들이 늘어난 구매력을 생산적인 곳에 투입해서 보다 많은 이익을 창출할 수 있도록 했다. 이는 자원 배분의 효율성을 크게 향상시켰고, 경기를 진작시키는 효과가 있었다. 또한 자본시장의 사이클을 만들어내기도 했다. 자본주의가 탄생하기까지 많은 요소가 필요했지만 일련의 경제 및 금융 상황, 그중에서도 특히 1602년 암스테르담 증권거래소Amsterdam Stock Exchange의 개장과 1694년 영란은행Bank of England(영국의 중앙은행 - 옮긴이)이 프랑스와의 전쟁 자금 확보를 위한 채권을 발행한 것과 같이 공개적으로 주식과 채권을 거래할 수 있는 시장의 발달과 관련이 깊다. 과학 기술의 혁명과 함께 자본주의가 탄생하면서 1장의 도표에서 본 것처럼 실질 GDP가 획기적으로 성장하게 된다. 다음 장에서 이로 인한 영향을 자세히 다룰 것이다.

과학혁명(1500~1600년대)

과학혁명은 르네상스의 연장선상에서 신에 대한 탐구로부터 논리적 추론에 의한 진리 탐구, 권위에 대한 도전, 그리고 자신에 대한 탐구로 관심 분야가 변화하는 과정이다. 이러한 요소들은 과학적 방법의 발전을 가져와서 인류가 세계를 보다 잘 알 수 있었고 과정의 표준화를 제정함으로써 과학적 발명의 유효성을 검증해서 생활 수준을 향상시킨 여러 발명을 가능케 했다.

과학적 방법은 1600년대 초 프랜시스 베이컨이 최초로 정립했다. 물론 그보다 앞선 1500년대에 천문학 분야에서 특히 코페르니쿠스Coperni-cus와 갈릴레오Galileo의 저술에서 방법상 상당한 발전이 있기는 했다. 이들의 발견으로 그리스 로마 시대 이후 최초로 태양계에 대한 유럽인들의 지식이 크게 확대되었고, 해부학과 수학, 물리학(예를 들어 뉴턴의 운동법칙) 등 여러 분야에서도 같은 현상이 발생했다. 유럽 각국은 이런 연구를 지원하고 후원했는데 가장 유명한 것이 영국의 왕립학회Royal Society로서 1660년에 설립되어 사상과 발견을 공유하는 데 크게 이바지했다(뉴턴이 1703년부터 1727년까지 회장으로 재임했다). 그 뒤 몇 세기에 걸쳐 과학혁명은 유럽 강국, 특히 영국의 경제 성장과 경쟁력 강화에 큰 역할을 했으며, 이를 뒷받침한 사상과 과학적 방법은 계몽주의 운동을 통해 보다 많은 분야로 확대되었다.

1차 산업혁명(1700~1800년대)

1700년대 영국에서 시작된 산업혁명은 사람들의 창의성을 자극하고 생산력을 높일 수 있도록 자본을 제공해서 기계 중심의 새로운 제조 방식으로의 이동을 가능하게 했다. 또한 수천 년간 지속된 방식을 깨고 처음으로 지속 가능하고 광범위한 생산성 향상을 이룩했다. 농기계의 발명으로 생산성이 늘어나자 인구가 증가하고, 농촌에 많은 인구가 필요 없게 되어 도시화가 가속되었다. 사람들이 도시로 몰려들자 기업들은 충분한 노동력 공급의 덕을 보았고 선순환이 발생해 국내 또는 국가 간에 부와 권력의 분배가 이루어졌다. 새로 도시로 이주해온 사람들은 새로운 형태의 재화와 서비스를 필요로 함에 따라 정부의 역할이 더 커지고 주택, 위생, 교육, 그리고 사법 기구, 규제 기관, 중앙은행처럼 새로운 산업자본주의 체제에 걸맞은 기반 시설의 구축이 필요했다. 이로써 중앙정부의 관료 조직과 생산 수단을 보유한 자본가들에게 권력이 집중되었다.

지정학적으로 보면 산업화의 덕을 가장 많이 본 국가는 가장 중요한 혁신을 주도한 영국이었다. 영국은 1800년경에 1인당 국민소득에서 네덜란드에 근접하고, 19세기 중반에는 역전시켜 전 세계 총생산량의 20퍼센트를 점유해 정상에 오른다.

계몽시대와 혁명의 시대(1600~1700년대)

이성의 시대라고도 불리는 계몽시대는 기본적으로 과학적 방법을 이용해 사람이 어떻게 행동해야 하는가를 탐구했던 시기였다. 이런 식의 사고방식은 1700년대와 1800년대 유럽에서 유행했으며, 군주와 교회의 권력을 축소시키고 초기 계몽운동의 특징인 개인의 권리를 신장시켰다. 경제학 같은 새로운 학문 분야에는 애덤 스미스Adam Smith가 나타났고, 존 로크John Locke와 몽테스키외Montesquieu는 정치 철학에서 새로운 사상을 폈다. 특히 이들의 계몽사상은 합리성과 개인의 자유를 널리 알리고 군주와 종교의 권위를 약화시켜 군주제 폐지 운동을 이끌어냈다(이 시기를 혁명의 시대The Age of Revolutions라고 한다). 미국, 프랑스, 스페인, 독일, 포르투갈, 그리고 이탈리아 등이 이 운동에 휩쓸렸다. 항상 그렇지만 격변의 시기에는 강력한 지도자가 나타나서 혼란에 종지부를 찍고, 질서를 회복하기를 바라는 염원이 있다. 프랑스에는 나폴레옹이 나타나 전 유럽을 정복하는 과정에서 프랑스뿐 아니라 유럽의 역사가 뒤바뀌기도 했다. 나폴레옹은 위대하고 자애로운 독재자의 전형을 보이며 혼란 대신 질서와 번영을 가져다주었고 군사력으로 제국을 확장하였다. 하지만 다른 지도자와 마찬가지로 그도 지나친 욕심 때문에 몰락했다.

나폴레옹 전쟁과 그 이후의 새로운 국제 질서(1803~1815년)

나폴레옹 전쟁은 1803년부터 1815년까지 영국과 그 우방국들이 나폴레옹과 그 우방국을 무찌른 전쟁이다. 이 승리는 빈 회의Congress of Vienna

를 통해 새로운 국제 질서를 탄생시켰다. 또한 국경을 확실히 정해서 그어떤 국가도 지나치게 지배적인 위치를 갖지 못하도록 힘의 균형을 통해 전쟁을 피하려 했다. 이로 인해 영국이 강대국으로 부상했으며 항상 그렇듯 전쟁 후에 팍스 브리타니카_{Pax Britannica}라 불린 평화와 번영의 시대가 출현했다.

아시아로 진출하는 서양 강대국들(1800년대)

영국과 기타 서유럽 국가들은 1700년대 중반부터 1800년 사이에 포함_{Gunboats}으로 인도, 중국, 일본 등의 문호를 두드려 이들 국가의 기반을 뿌리째 흔들었다. 당시 중국과 일본은 쇄국 정책을 펴고 있었다. 인도를 지배하던 무굴제국은 남아시아로 세력을 확장했으나 1700년대에 들어서 급격히 국력이 쇠락했다. 군사력이 월등히 앞섰던 서구 열강은 이 세 나라에 개방을 강요했다. 중국은 영국에 저항했으나 패배했고, 이를 본 일본은 1853년 미국의 페리 제독_{Commander Matthew Perry}이 4척의 군함을 이끌고 도쿄만에 나타나자 스스로 개항했다. 이 같은 일련의 사태로 청나라는 멸망했으며, 일본을 지배하던 막부는 무너졌고, 영국의 인도 지배는 공고해졌다. 일본과 중국은 근대화의 필요성을 절실하게 느껴 메이지유신(일본)과 양무운동_{洋務運動}(중국)이 일어났다. 일본에서는 이 운동이 성공했으나 중국은 실패했고, 이로 인해 백년국치라 불리는 고통을 겪게 된다.

2차 산업혁명(1850~1900년대 초반)

1800년대 중반부터 두 번째 혁신의 물결이 일어났다. 처음에는 증기기관(철도)을 중심으로 일어나더니, 전기, 전화, 표준화된 기계 부품, 그리고 여러 부문의 혁신이 20세기 초까지 계속되었다. 1차 산업혁명의 중심이 주로 영국이었던 것과 달리 2차 산업혁명은 미국이 많은 덕을 보았다. **이 시기는 상당한 부와 빈부 격차 그리고 잉여 자본을 낳았고, 미국의 도금시대로 이어졌다.**

공산주의의 탄생(1848년)

1800년대 공산주의의 탄생은 자본주의와 이로 인한 빈부의 격차에 대항해서 생겨났다. 산업혁명의 열매를 노동자가 아닌 자본가들이 독점하는 세태에 반발한 것이다. 공산주의자와 기득권 세력 간의 분쟁은 20세기에 들어오면서 더욱 격화되어 여러 국가에서 혁명이 발생했다. 러시아와 중국에는 이로 인해 공산정권이 들어섰다.

　20세기에는 호황과 불황, 전쟁과 평화, 두 번의 빅 사이클이 있었고, 지금 우리는 두 번째 빅 사이클의 막바지에 있는 것으로 생각된다. 여기까지 나의 이야기를 잘 따라온 독자라면 이에 대해서는 충분히 알고 있을 것이다. 더 자세한 내용은 뒤에 나올 10장과 13장에서 살펴볼 예정이므로 대략적인 설명은 여기에서 멈추고 다음 장으로 넘어가 네덜란드가 최초로 기축통화국이 된 과정을 살펴보겠다.

9장

빅 사이클로 본
네덜란드제국과 길더화의 부상과 쇠퇴

1500년대 중반 몇 번의 저항 끝에 네덜란드인들은 합스부르크 스페인의 지배에서 벗어나 1581년 마침내 실질적인 독립을 이루었다. 1625년부터 1795년 몰락까지 네덜란드제국은 엄청난 부와 권력을 쌓아 합스부르크 왕조와 중국을 제치고 세계에서 가장 부유한 국가가 되었다.

네덜란드는 앞장에서 설명한 전형적인 원인으로 강대국의 지위에 올라 1650년경 네덜란드 황금시대The Dutch Golden Age로 알려진 최전성기를 맞는다. 인구가 적고 국토 면적이 좁아 유럽대륙의 군사 강국으로 떠오르지는 못했지만, 막강한 경제력과 앞선 금융 시스템 그리고 전 세계 각지의 무역 기지와 식민지를 보호할 수 있는 강력한 해군으로 이런 약점을 극복하고 길더화를 기축통화의 지위에 올려놓았다.

다음 첫 번째 도표는 네덜란드의 부상과 쇠퇴를 발생시킨 8가지 국력 요소를 보여준다. 이 도표에서 이전의 최강 세력이었던 합스부르크가의 쇠퇴 과정은 생략했다. 대신 네덜란드의 흥망을 보여주는 그다음 도표에 주요 사건과 함께 집어넣었다. 숫자는 내부 질서 사이클 6단계를 나타낸다.

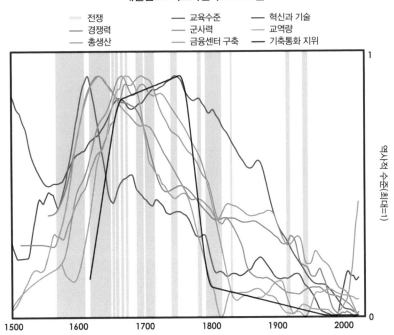

네덜란드: 지표화된 주요 요소들

전쟁　교육수준　혁신과 기술
경쟁력　군사력　교역량
총생산　금융센터 구축　기축통화 지위

역사적 수준(최대=1)

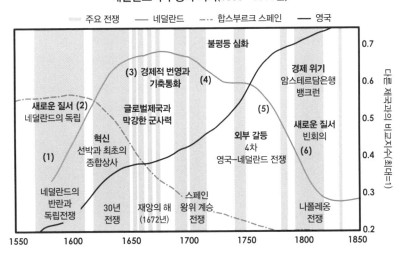

네덜란드의 부상과 쇠퇴(1550~1850년)

주요 전쟁　네덜란드　합스부르크 스페인　영국

불평등 심화

(3) 경제적 번영과
기축통화 　(4)

경제 위기
암스테르담은행
뱅크런

새로운 질서 (2)
네덜란드의 독립

글로벌제국과
막강한 군사력

(5)

혁신
선박과 최초의
종합상사

외부 갈등
4차
영국-네덜란드 전쟁

새로운 질서
빈회의

(1)

(6)

네덜란드의
반란과
독립전쟁

30년
전쟁

재앙의 해
(1672년)

스페인
왕위 계승
전쟁

나폴레옹
전쟁

다른 제국과의 비교지수(최대=1)

이 모든 것은 합스부르크 스페인의 몰락에서 시작되며 이는 동시에 네덜란드 빅 사이클의 초기 단계다.

합스부르크 스페인제국에서 네덜란드제국으로

제국이 약해지고 타락하면 새로운 제국이 탄생한다. 오래된 합스부르크 제국이 약해지고 타락하자 네덜란드제국이 나타난 것이다.

1519년부터 1556년까지 신성로마제국 황제와 합스부르크제국의 황제는 카를 5세Charles V였다. 그의 통치하에 있던 영토는 오늘날의 네덜란드, 벨기에, 이탈리아, 독일, 오스트리아, 그리고 스페인 등으로 유럽에서 가장 강력한 제국을 형성했다. **스페인은 대항해시대에 얻은 부와 권력으로 특히 강력했으며*** 스페인 함대는 누구도 부인하지 못하는 유럽 최강의 해군력을 보유하고 있었다. 스페인 은화는 거의 기축통화 역할을 해서 멀리 중국에서까지 사용될 정도였다. 그러나 **최전성기에 뿌려진 하락의 씨앗이 싹트고 혁명적인 권력의 이동이 시작되면서** 1500년대 중반부터는 상황이 변하기 시작했다.

---

* 1500년이 되자 오늘날 스페인의 영토는 기독교 세력과 그 지역을 700년간 지배했던 무슬림 세력의 전쟁이 500년 만에 끝나면서 점차 통일된다. 가장 큰 왕국인 카스티야와 아라곤이 1469년 통치자의 결혼으로 하나가 되었고, 1492년에는 그라나다에 있던 마지막 무슬림 왕국이 정복되었다. 떠오르는 스페인 왕국은 막강한 군사력을 자랑했고 가톨릭교회와 밀접하게 연결되어 있어서 국토회복운동Reconquista of Muslim Spain의 상당 부분은 교황이 후원하는 십자군전쟁의 형태로 진행되었으며 스페인 종교재판Spain Inquisition에서 보듯 종교와 정치가 밀접한 관계를 유지하고 있었다.

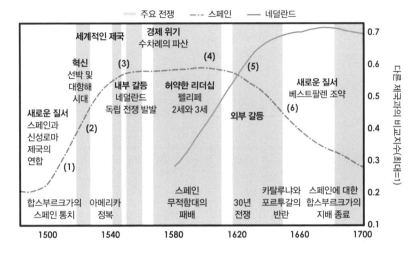

합스부르크 스페인의 부상과 쇠퇴(1500~1600년대)

—— 주요 전쟁　—‐‐ 스페인　—— 네덜란드

세계적인 제국

경제 위기
수차례의 파산 (4)

혁신
선박 및
대항해
시대 (3)

내부 갈등
네덜란드
독립 전쟁 발발

허약한 리더십
펠리페
2세와 3세

(5)

새로운 질서
베스트팔렌 조약 (6)

새로운 질서
스페인과
신성로마
제국의
연합 (2)

외부 갈등

(1)

합스부르크가의
스페인 통치

아메리카
정복

스페인
무적함대의
패배

30년
전쟁

카탈루냐와
포르투갈의
반란

스페인에 대한
합스부르크가의
지배 종료

다른 제국과의 비교지수(최대=1)

0.7
0.6
0.5
0.4
0.3
0.2
0.1

1500　　1540　　1580　　1620　　1660　　1700

　　합스부르크 가문의 후퇴는 여러 면에서 전형적인 방식으로 진행되었다. 부와 권력을 가진 지배층에 대한 서민들의 반란이 발생해 기존 질서를 뒤집었다. 예를 들어 앞장에서 설명한 대로 종교에 대한 새로운 생각이 부패하고 국민을 착취하는 가톨릭교회에 대한 반란인 종교개혁으로 **나타났다.** 가톨릭교회와 신성로마제국은 기존 질서를 수호하는 부유하고 강력한 정치 세력이었다. **반란은 일반적으로 개신교도**Protestantism**로 알려진 반대 집단이 기존 질서에 도전하면서 시작되었다.** 마르틴 루터는 1517년《95개 논제》를 발표해서 교황의 성경 해석권과 권위에 도전했다. 자신의 주장을 철회하지 않자 이단아로 몰려 파문당했지만 그의 사상은 귀족들의 지원과 새로운 인쇄 기술 덕분에 유럽 전역에 뿌리내렸다.

　　당시의 어려운 경제 상황과 맞물려 양 세력 간의 갈등이 고조되더니

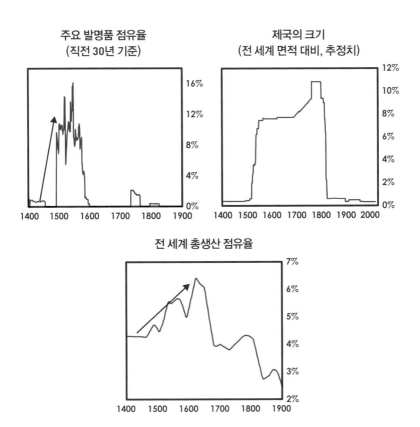

주요 발명품 점유율
(직전 30년 기준)

제국의 크기
(전 세계 면적 대비, 추정치)

전 세계 총생산 점유율

곳곳에서 사회 불안과 끔찍한 내전*이 발생했고 결국 1600년대 중반 처참한 30년 전쟁으로 비화된다.

카를 5세는 종교개혁이 기존 질서에 미치는 충격과 이로 인한 손실을 제대로 막지 못했다. 그는 아우크스부르크 회의 Peace of Augsburg에 억지

---

* 예를 들어 1550년부터 1600년 사이에 발행한 프랑스 종교전쟁으로 수백만 명이 사망했으며, 잉글랜드는 새로운 왕이 즉위하면서 몇 차례 종교가 바뀌는 사태를 겪었다. 1600년대 중반 참혹했던 잉글랜드 내전도 종교 분쟁이 주요 원인이었다.

로 서명했고, 이로 인해 신성로마제국과 합스부르크 가문의 세력은 약해졌다. 왕은 권좌에서 물러났고 제국은 둘로 갈라졌다. 신성로마제국은 동생 페르디난트 1세에게 넘겨주고 제국의 나머지 영토인 스페인, 네덜란드, 벨기에, 이탈리아, 그리고 스페인의 해외 식민지는 아들인 펠리페 2세Philip II에게 물려주었다. 이를 기점으로 제국은 자연스럽게 몰락의 길을 걷게 된다.

- **복수의 전선에 국방력이 분산되었다.** 스페인은 네덜란드에서 장기간 반란군과 싸워야 했고 한편으로는 오스만제국, 이탈리아의 여러 도시 국가, 프랑스, 그리고 영국과 전쟁을 벌였다. 전쟁에는 많은 돈이 필요해서 30년 전쟁이 발발하기 전에도 이미 합스부르크 가문의 재산을 조금씩 갉아먹고 있었다.
- **국가 재정이 어려워지자 증세, 화폐 남발, 차입 증가라는 전형적인 조치를 취한다.** 펠리페 2세는 재위 중 4번이나 파산을 선언했다.
- **중하층 계급은 물가 상승으로 고통받았다.** 스페인 가격 혁명 이후 물가는 유례없이 빠른 속도로 상승했다.
- 앞에서 나열한 이유로 인해 **국내 갈등이 더욱 격화되었다.**
- **리더십이 약화되었다.** 펠리페 2세와 그 아들 펠리페 3세는 정치보다는 호화스러운 생활을 좋아해서 결국 적자를 메우기 위해 화폐 발행을 남발한 결과 인플레이션과 경제 위기를 초래했다. 그 주위 사람들도 다 마찬가지였다.

다음 도표는 당시 가장 광범위하게 유통되던 은화의 가치 변동을 보여준다. 흔히 은화에 저질 금속을 섞는 방식으로 통화를 '남발'하자 결국 가치가 하락한다. 도표에서는 1600년대 초반부터 이런 현상이 발생했음

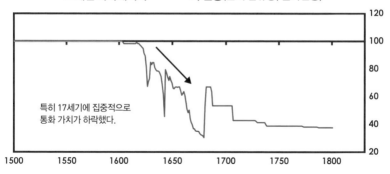

스페인 마라베디화maravedi coin**의 변동(은의 함유량, 물가연동)**

특히 17세기에 집중적으로
통화 가치가 하락했다.

을 볼 수 있다.

　1500년대에 발생한 사건 때문에 합스부르크제국이 끝난 것도 아니
고 네덜란드에 대한 지배력을 상실한 것도 아니다. 그런 사태는 1648년
30년 전쟁이 끝난 다음에야 발생한다. 그렇지만 네덜란드가 성장하는
발판을 만든 것은 사실이다.

부상

1581년부터 1625년까지 네덜란드제국은 1장에서 설명한 전형적인 단
계를 밟아 성장했다. 보다 구체적으로는 다음과 같다.

- 침묵공 빌렘William the Silent의 주도하에 스페인을 상대로 독립 전쟁Eighty Years'
  War을 승리로 이끌어 1581년 독립을 선언한다. 실질적으로 네덜란드 독립
  의 아버지였던 빌렘은 유능한 군사 지도자로 네덜란드의 여러 주들을 통합
  했다.

- 독립선언 후 몇십 년간 지속된 스페인과의 전쟁에도 불구하고 네덜란드는 독립할 수 있었고 통일 네덜란드공화국의 성장을 위한 씨앗이 뿌려졌다(펠리페 2세가 네덜란드와의 무역을 중단하자 할 수 없이 거래처를 찾아 해외로 나선 것이 전화위복이 되었다).
- **네덜란드 공화국의 설립에는 각 주가 고도의 자치권을 유지한다는 전제가 깔려 있었으므로 한 사람의 왕이나 지도자가 아닌 정치적 집단에 의해 통치되는 방식을 선택했다.** 귀족들이 중요한 역할을 맡기는 했지만 이런 체제로 효과적인 견제와 균형 그리고 연대가 가능했다.
- **네덜란드의 전통 가치관과 문화는 교육, 저축, 성실, 그리고 인내의 덕목을 강조한다.**
- 스페인으로부터 독립하면서 보다 **개방적이고 창의적인 사회가 되었다.**
- 전 세계로 항해가 가능한 선박을 발명해서 부를 모을 수 있었고 자본주의를 발명해서 이러한 사업과 여러 생산적인 노력을 가능케 했다. 그 외에도 여러 혁신적인 시도로 부와 권력을 쌓을 수 있었다. 또한 최초의 주식회사인 **네덜란드 동인도회사**Dutch East India Company**를 설립해서 전 세계 무역의 3분의 1**[*]**을 담당하기도 했다.** 이렇듯 새로운 사상, 사람, 기술에 대한 개방성 덕분에 네덜란드는 빠른 속도로 성장할 수 있었다.
- **군사력에 대한 투자를 늘려** 영국을 여러 전쟁에 묶어놓음으로써 무역에 보다 집중할 수 있었다.
- **암스테르담은행**Bank of Amsterdam**을 설립해 혁신적인 금융과 통화 체제를 도입, 금이나 은을 제치고 네덜란드 길더화가 최초의 기축통화가 되었다.**[**]

---

* 필자의 단순 계산에 근거한다.

이렇게 전형적이면서도 건전한 기본 단계를 밟아 네덜란드는 부유해졌고, 1인당 소득은 다른 유럽 강대국의 2배에 달했다. 또한 교육과 사회기반시설에 지속적으로 투자해 계속 우위를 유지해나갔으며 문해율Literacy rates은 전 세계 평균의 2배였다. 자본시장은 계속 발전하여 **암스테르담은 전 세계에서 가장 중요한 금융 중심지가 되었다.** 이 모든 것

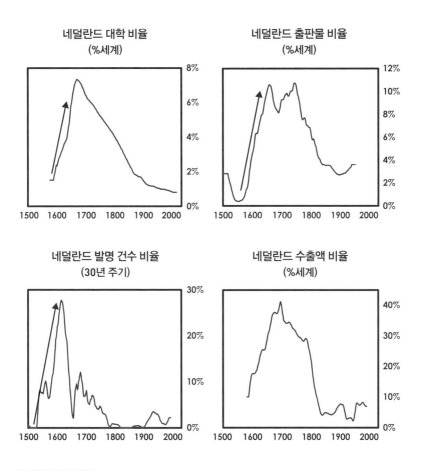

** 여기서 '길더화'는 귀금속으로 만든 주화(마찬가지로 '길더화'라고 부른다)가 아니라 암스테르담은행에서 발행한 지폐를 의미한다.

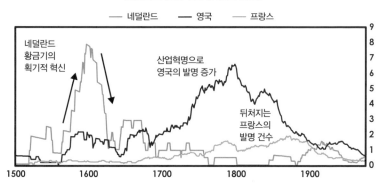

네덜란드 발명 건수(100만 명당)

― 네덜란드 ― 영국 ― 프랑스

네덜란드
황금기의
획기적 혁신

산업혁명으로
영국의 발명 증가

뒤처지는
프랑스의
발명 건수

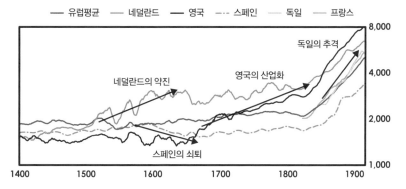

1인당 실질 GDP(2017년 미국 달러 기준)

― 유럽평균 ― 네덜란드 ― 영국 ---- 스페인 ― 독일 ― 프랑스

네덜란드의 약진

영국의 산업화

독일의 추격

스페인의 쇠퇴

을 불과 100~200만 명의 인구로 해냈다.

303~304쪽의 표는 1600년대 네덜란드의 교육, 혁신, 무역과 소득 수준의 단면을 보여주는 도표로서 자세한 내용은 이 장의 뒷부분에서 자세히 다룰 것이다.

한마디로 네덜란드 국민은 매우 근면하고 창의적이면서 교육 수준이 높은 사람들이었다. 사실 스페인으로부터 독립한 지 얼마 후에 맞은 전성기에 전 세계 발명 건수의 4분의 1이 네덜란드에서 나왔을 정도였다.

요약하면, 네덜란드의 가장 중요한 발명은 1) 유럽에서 익힌 전술로 전 세계를 누비며 부를 축적하는 데 이용한 효율적인 범선과 2) 이런 활동을 가능케 한 자본주의다.

네덜란드의 자본시장 사이클

네덜란드는 오늘날 우리가 아는 자본주의를 만들었다. 이는 네덜란드 국민과 인류 모두에게 엄청난 일이지만 대부분의 위대한 발명이 그렇듯 동시에 치명적인 부작용도 발생했다. 생산 활동, 무역, 그리고 사유 재산은 전부터 내려온 제도였지만 많은 사람이 주식시장처럼 회사의 소유권 지분을 구입해서 수익을 낼 수 있는 제도는 존재하지 않았다. 네덜란드는 세계 최초의 상장회사인 네덜란드 동인도회사를 설립했고, 1602년에는 최초의 주식시장을 개설했다.

다른 발명과 마찬가지로 이런 자본시장의 발전은 자신들의 필요와 이익 추구 때문에 생겨났다. 새로운 무역로를 개척하는 항해는 위험을 내포했으므로 상인들이 미래 이익의 일부를 주는 대가로 위험한 항해를 팔아 위험을 분산시키는 것이 당연했다. 네덜란드가 1500년대 중반에 항해 사업에 주식출자 제도를 도입한 것은 정말로 파격적인 사건이었다. 그러나 1600년까지 이런 주식은 소수의 상인들이 독점해서 투명성이 부족했고, 현금화가 쉽지 않았다. 따라서 외부 투자자들에게 그리 매력적인 투자처가 아니었다.

1602년 암스테르담 증권거래소가 문을 열고 네덜란드 동인도회사가 상장되면서 보다 많은 사람이 주식을 보유하게 되었다(성인 50명 중 1명은 주식 투자를 했다). 그리고 주식의 소유와 양도에 대한 명확한 기준이 정립되면서 시장은 더욱 투명해졌다. 네덜란드 동인도회사 역시 혁명적인 발명품이었다. **세계 최초의 다국적 회사로 현대 주식회사의 특징인 주주, 회사 로고, 이사회 등을 갖추고 있었다.** 자본시장 덕분에 투자자들은 투자가 가능했고, 상인들은 자금 모집을 할 수 있었으며, 모든 사람이 쉽고 편리하게 자산을 사고팔 수 있었기에 부의 축적이 가능했다. 1700년대 초 가장 높을 때 동인도회사의 배당금은 네덜란드 GDP의 1퍼센트에 육박했다.

무엇보다 네덜란드는 유럽과 아시아, 특히 수익성이 좋은 중국과 인도네시아와의 무역에서 스페인과 포르투갈을 제치고 유럽 최대의 교역국으로 떠올랐다.

주식시장 개설 외에 네덜란드는 혁신적인 은행 시스템을 도입해서 네덜란드와 외국 상인들의 국제 무역을 금융 면에서 지원하기 시작했다. 그 전의 국제 통화 체제는 엉망이었다. 1500년대 말에 네덜란드 내에는 800여 개의 국내외의 주화가 유통되었지만, 대부분 불순물을 섞어 질이

네덜란드 동인도회사의 배당금
(%GDP)

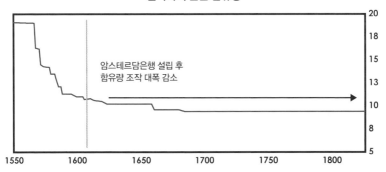

길더화의 순은 함유량

암스테르담은행 설립 후
함유량 조작 대폭 감소

떨어졌으므로 위폐와 다를 바 없었다. 화폐의 가치에 대한 확신이 없으므로 국제 무역이 빨리 성사되지 못하고 비용도 많이 들었다.

그러다 1609년 신뢰할 수 없는 유통 화폐로부터 상인들을 보호하기 위해 외국환 은행으로서 암스테르담은행이 설립되었다. 이 은행은 금융 안정성을 높이기 위해 네덜란드 화폐, 은행의 신용장, 네덜란드의 금융 시스템을 도입해서 전 세계 금융의 중심 역할을 도맡았다. 이 네덜란드 화폐는 경화로 지급 보장이 되는 제2유형의 화폐였다. 이로써 길더화는 세계 최초로 진정한 의미의 기축통화가 되었다.

이 시스템으로 길더화는 교환수단이자 부의 축적 수단으로 확고히 자리를 잡았다. **암스테르담은행이 발행한 환어음**Bills of exchange**은 기축통화로 그 지위가 격상되어 발트해와 러시아의 상인들은 길더화와 암스테르담은행의 환어음으로 가격을 산정하고 거래 대금을 지불했다.**[*]

---

* 1650년이 되자 예를 들어 런던의 상인이 모스크바에서 수입한 상품의 대금을 암스테르담에 개설된 계좌에서 인출된 자금으로 지불하는 형태가 일상화되었다. 1650년을 전후해 은행의 계좌 수와 지불준비금은 꾸준히 늘었다.

새로운 국제 질서: 30년 전쟁과 베스트팔렌 조약

이런 와중에 30년 전쟁(1618~1648)이 발발했다. 유럽의 많은 국가가 얽힌 이 전쟁에서 네덜란드는 별다른 역할을 하지 않았지만, 이 전쟁이 유럽 국가들의 국내외 질서에 미친 영향이 워낙 광범위하므로 어느 정도 자세히 다룰 필요가 있다. 30년 전쟁은 국내외 질서가 동시에 변하면 어떤 일이 발생하는지 보여주는 전형적인 사례다.

여기에는 힘의 균형을 이루기 위한 요소들이 모두 동원된다. 30년 전쟁은 부와 권력을 차지하기 위한 전쟁의 전형이지만 다만 그 기간이 길었던 것뿐이다. 한쪽에서는 합스부르크 오스트리아의 가톨릭을 신봉하는 황제가 독일의 가톨릭 영토(주로 바이에른 지역)와 스페인 및 교황령과 연합하고 있었다. 그리고 맞은편에서는 개신교를 신봉하는 독일 귀족들이 각각 시기는 상이하지만 덴마크, 네덜란드, 스웨덴, 프랑스와 연대를 이루고 있었다. 전쟁은 돈, 종교(개신교 대 가톨릭), 그리고 지정학적인 목적으로 벌어졌다. 연대 관계는 상당히 복잡했다. 예를 들면 가톨릭을 믿었던 프랑스 왕정은 리슐리외Richelieu* 추기경에게 정사를 맡겼지

---

* 리슐리외 추기경은 당시 프랑스에서 가장 중요한 인물로서 1624년부터 1642년 사이에 수석국무대신을 지냈다. (믿기 어렵겠지만) 그는 왕가를 지배하기 위해 경쟁 관계에 있는 두 왕족, 즉 왕의 모친과 왕의 아들인 루이 13세Louis XIII에게 각각 자문을 해줄 정도로 비상한 머리를 가지고 있었다. 그는 국내 질서의 역할에 대해 독특한 견해를 가지고 있었는데 그것은 왕이나 교회, 귀족들이 원하는 것 이상으로 국가에 전권을 주어야 한다는 것이다. 이렇게 큰 그림을 볼 줄도 알았지만, 또한 뛰어난 행정가로서 시스템의 운영 방향을 잘 알고 있었다. 프랑스 국내 전반에 걸쳐 비효율인 것들을 제거하고 세금을 제대로 거두었으며 귀족과 지방 세력을 통제했다. 그는 국익과 힘의 균형의 조화를 주장했다. 예를 들어 프랑스는 합스부르크가의 주도권에 맞설 수 있는 정책을 펴서 균형을 유지해야 한다고 주장했다. 중부 유럽의 분열 상태를 유지해서 힘의 균형을 맞춘다는 생각

만, 루터교를 믿는 스웨덴과 대다수가 칼뱅주의자인 네덜란드와 (처음에는 은밀하게 나중에는 대놓고) 연합했다. 이는 종교 이념보다 돈이나 지정학적 이유가 더 중요했다는 뜻이다.

합스부르크 가문은 이 전쟁에서 패하면서 그 위상에 상당한 타격을 입었다. 베스트팔렌 조약에서 새로이 수립된 국제 질서는 신성로마제국에 속해 있던 개별 공국의 자치권을 확대했고 나아가 오스트리아 황제가 다른 국가에 대해 가지고 있던 얼마 안 되던 지배력도 무너뜨렸다. **가장 중요한 것은 이 조약에서 오늘날 우리가 알고 있는 국가의 경계가 정해져서 그 경계선 내에서 스스로 결정할 수 있는 주권이 주어졌고**(예: 종교, 언어, 법률 등), 그러한 경계선을 존중해서 (선전포고가 아닌 이상) 더 이상 국경을 초월하는 막강한 권력 같은 것은 존재하지 않도록 했다. 이렇게 탄생한 국가의 개념으로 민족주의와 국익이 더욱 강조되었고, 경쟁국 간의 힘의 균형의 개념을 재설정했다. **또한 종교의 권위는 훨씬 약해졌다.**

베스트팔렌 조약에는 내가 '전쟁의 피로 Exhaustion of war**'라 부르는 현상이 반영되어 그 뒤 장기간에 걸친 평화와 번영을 가져왔다.** 모든 큰 전쟁과 마찬가지로 30년 전쟁도 엄청난 인명과 재산의 손실을 입혀 유럽 전체 인구의 4분의 1이 전쟁과 질병 또는 기근으로 사망했다. **전쟁은 이를 원하는 사람조차 상상하기 힘들 정도로 참혹하기 때문에 질서를 재수립하기 위한 조약이 성립되어 다음 전쟁이 발생할 때까지 평화의 시대를 구가한다.**

(이 지역이 단결하면 유럽의 다른 지역을 지배할 것이기 때문에)은 1624년 프랑스혁명 전까지 많은 공감을 얻었다(자세한 내용을 알고 싶으면 헨리 키신저의 《세계 질서》를 읽어보기 바란다).

네덜란드는 이 새로운 힘의 균형과 안정의 시대를 가장 잘 이용했다. 제일 중요한 것은 합스부르크가의 침략으로부터 자신을 지킬 수 있게 된 것이다.

● **전쟁은 재정적으로 엄청난 타격을 입힌다. 패자에게는 당연하고 승자도 피해로부터 자유로울 수 없다.** 프랑스는 '전승국'이었고 전쟁 내내 깊이 관여하지도 않았지만, 이로 인한 경제 문제와 불안정으로 전국에 걸쳐 반란이 발생했다. 패자인 합스부르크제국은 상황이 더욱 심각했다. 그러나 프랑스나 스페인과 비교하면 네덜란드는 피해가 적은 편이었다. 평화로운 시기를 잘 이용해서 네덜란드 황금시대를 이루어냈다. 또한 전쟁 중에 이룬 국방력 강화의 덕을 보아 네덜란드 동인도회사의 선박과 함께 전 세계에 국력을 과시했다.

정점

황금시대를 맞아 네덜란드 국민은 '편안한 삶'을 원했고, 그 결과 재정 상태가 악화되고 다른 국가들이 부상해서 위협하기 시작했다. 자본주의는 새로 불어 닥친 계몽주의와 결합해 영국을 중심으로 산업혁명이라는 변혁을 가져왔다. 1600년대에는 혁신, 무역, 부에 있어 타의 추종을 불허했지만 네덜란드는 변화의 추세를 따라가지 못했다. 오래되어 쇠락하는 제국을 유지하는 비용을 더 이상 감당할 수 없게 되었다.

다음 표는 그 과정을 보여준다.

최전성기에 네덜란드에는 앞에서 보았던 현상들이 역으로 나타난다.

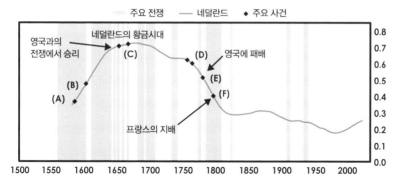

타 열강 대비 네덜란드의 지위(추정치)

범례: 주요 전쟁 — 네덜란드 ◆ 주요 사건

- 영국과의 전쟁에서 승리
- 네덜란드의 황금시대 (C)
- (D) 영국에 패배
- (B)
- (A)
- (E)
- (F)
- 프랑스의 지배

(A) 스페인으로부터 독립선언
(B) 네덜란드 동인도회사, 암스테르담은행, 증권거래소 설립
(C) 1, 2차 영국-네덜란드 전쟁
(D) 7년 전쟁과 1763년 금융 위기
(E) 4차 영국-네덜란드 전쟁, 암스테르담은행 예금 인출 사태
(F) 네덜란드 동인도회사 국유화, 네덜란드제국의 멸망

- **교육 및 과학 기술 경쟁력 약화**

- 동인도회사의 몰락으로 인한 전반적인 **경쟁력 상실**

- **1700년대 산업혁명으로 영국이 네덜란드를 추월해서 유럽의 경제 및 금융 강국으로 부상한다.**

- 다른 국가보다 경제 성장이 저조해서 (그렇게 작은 나라가 운영하기에는) 광활한 제국을 유지하기가 점점 힘들어졌다. (전 세계에 퍼져 있는 부를 보호하기 위해) 무력 충돌이 잦아지고 **한도를 넘어선 과다한 부채에 시달렸다.**

- 이 모든 상황에 더해 네덜란드가 영국에 패배하면서 (주요 자산을 넘겼고) **길더화는 기축통화 지위를 잃었다.**

- 일련의 금융 위기와 중앙은행의 예금 인출 사태를 겪은 후 **금융 중심지로서 제 기능을 못하게 되었다.**

베스트팔렌 조약으로 유럽은 어느 정도 평화와 안정을 되찾았지만, 네덜란드는 여전히 많은 분규에 휘말려 있었다. 이는 적이 네덜란드의 허약함을 간파하고 공격했기 때문인데, 특히 무역과 관련한 해전이 많았다. 다음은 제국을 건설하고 유지하기 위해 네덜란드가 치러야 했던 전쟁을 요약한 것이다.

- **네덜란드 독립 전쟁(1566~1648)**: 이 전쟁은 가톨릭을 신봉하는 스페인에 맞서 신교도가 주축인 네덜란드의 반란이었다. 네덜란드가 독립을 선언한 것은 1581년이었지만 30년 전쟁과 네덜란드 독립 전쟁을 끝낸 베스트팔렌 조약(1648)이 성립되고 나서야 완전한 독립을 얻을 수 있었다.

- **1차 영국-네덜란드 전쟁(1652~1654)**: 이 전쟁은 무역 전쟁으로서 영국 의회가 1651년 항해법Navigation Act을 통과시켜 미국에서 들어오는 모든 상품은 영국 선박을 이용해야 한다고 규정하면서 시작했다. 이 싸움은 전반적으로 교착 상태에 빠져 양국의 무역 전쟁을 해결하지 못했다.

- **덴마크-스웨덴 전쟁Dano-Swedish War(1657~1660)**: 이 전쟁은 스웨덴이 네덜란드의 동맹인 덴마크에 선전포고를 해서 수익성 높은 발트해의 교역로를 차지하겠다고 위협하면서 발생했다. 네덜란드가 스웨덴을 물리쳤다.

- **2차 영국-네덜란드 전쟁(1665~1667)**: 영국과 네덜란드 간에 또 다른 무역 분쟁으로 전쟁이 발발했고 네덜란드의 승리로 끝났다.

- **프랑스-네덜란드 전쟁Franco-Dutch War(1672~1678)과 3차 영국-네덜란드 전쟁(1672~1674)**: 이 역시 무역 전쟁이었다. 네덜란드는 침입하려는 프랑스를 굴복시키고 일부 관세를 인하했다. 하지만 이 전쟁에는 엄청난 비용이 소모되었다.

- **4차 영국-네덜란드 전쟁(1780~1784)**: 미국 독립 전쟁Revolutionary War에서 미

국을 지지한 네덜란드에 대한 보복 목적으로 영국이 시작했다. 네덜란드의 대패로 끝나면서 길더화는 기축통화의 지위를 완전히 상실하게 된다.

역설적이게도 네덜란드의 쇠퇴는 거의 100년간 평화를 가져다준 한 전투의 승리에서 비롯되었다. 1688년 오라네 공 빌렘William Ⅲ of Orange이 영국의 인기 없는 왕의 딸인 메리 2세Mary Ⅱ와 결혼해서 영국을 침입한 후 권력을 잡았다. 이 사건은 명예혁명Glorious Revolution으로 알려져 있으며 영국에 새로운 질서를 가져다주었다. 네덜란드 입장에서는 빌렘이 영국 왕으로 있는 것이 단기적으로는 좋았겠지만, **경제 통합과 군사 협조의 결과는 네덜란드의 경제력과 길더화가 그 후 100년간 하락하는 데 중요한 역할을 했다.**

1688년 이후 영국의 경쟁력이 상승하자 네덜란드 상인들은 사업을 런던으로 옮겨 국제 금융 중심지로의 위상 강화에 힘을 실었다. 통합으로 영국의 상인들도 네덜란드의 무역에 참여할 기회가 열렸다. 빌렘 3세는 영국으로 이주하면서 네덜란드 통치에 대한 관심이 줄어들었다. 그가 후계자 없이 사망하자 두 국가 간의 직접적인 연결고리가 끊어졌고, 그의 지도하에 통합되었던 네덜란드의 여러 주는 분열하기 시작했다. 두 나라는 4차 영국-네덜란드 전쟁 발생 전까지 80년 이상 프랑스에 맞서 군사적 협력을 유지했지만 1700년대 중반이 되자 여러 시장에서 부딪히기 시작한다.

18세기 중반이 되자 네덜란드는 더 이상 세계 최강의 제국이 아니었다. 영국은 네덜란드로부터 혁신을 배우고 교육에 투자해서 국민들의 역량을 키웠다. 영국 사람들의 능력과 자본주의가 결합하면서 산업혁명이 가능했고, 이로 인해 공정을 표준화하고 가내 수공업에서 공장으로 생산을 이전하는 등 생산을 효율적으로 하기 위한 개선이 지속적으로 이루어졌다. 또한 변화를 유발하는 새로운 발명도 많이 이루어졌다. 이로써 영국은 생산량과 무역량이 늘어나고 강력한 군사력을 기를 수 있었다.

그리고 항상 그렇듯 **네덜란드도 매우 부유해지면서 경쟁력을 상실한다.** 그들의 임금은 전반적으로 유럽 다른 지역보다 높았으며 네덜란드 동인도회사 역시 경쟁력을 잃어버렸다. 예를 들면 차 같은 새로운 인기 품목을 제대로 취급하지 못했다. **다른 나라와 비교했을 때 저조한 네덜란드의 경제 성장 때문에 거대한 제국을 유지하기 힘들어졌고** 여러 곳에서 발생한 무력 충돌로 해외에 **광범위하게 퍼져 있는** 부를 지킬 여력이 없어졌다.

이렇듯 1725년부터 1800년 사이에 전형적인 방식으로 네덜란드의 금융은 몰락했다. 다음 표는 암스테르담은행의 성장과 몰락을 잘 보여준다.

늘 그렇듯 다른 분야에서는 네덜란드의 지위가 약해져도 길더화의 기

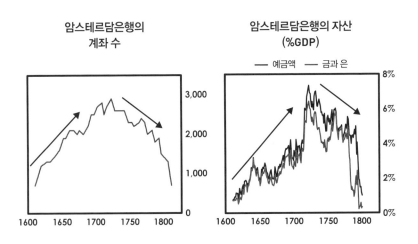

축통화로서의 지위는 여전히 유지되었다. 그 이유는 국제적인 기업 간의 신용거래에서 환어음을 압도적으로 많이 이용하므로 네덜란드와 거래를 하고 싶은 기업은 암스테르담은행에 계좌를 개설해야 했고, **전 세계 무역의 40퍼센트는 암스테르담은행을 통해 길더화로 결제가 이루어졌기 때문이다.** 무역과 금융 거래에서 네덜란드의 중요성, 길더화를 유용한 교환 수단 및 부의 축적 수단으로 만든 암스테르담은행의 정책, 네덜란드 기업과 은행이 길더화를 고집한다는 사실, 이 3가지 이유로 인해 길더화는 최초의 기축통화 지위를 군건히 유지했다.* 이로 인해 네덜란드는 더 많은 부채를 질 수 있는 '예외적 특권'을 누리게 되었다.

쇠퇴

1750년이 되자 영국(과 프랑스)은 네덜란드를 앞서가기 시작했다. 자신들이 성장하기도 했고 네덜란드가 약해지기도 했다. 네덜란드는 a) 보다 많은 빚을 졌고, b) 부를 차지하기 위한 내전이 발생했으며, c) 국방력이 약해졌다. 이런 원인으로 네덜란드는 쇠퇴했고 공격받았다.**

해외로부터 수입이 줄어들자 네덜란드 부자들은 영국으로 투자처를 옮겼다. 성장성과 수익률이 좋았기 때문에 보다 매력적이었다.*** 그렇지

---

* 결제 데이터를 보면 길더화가 전 세계 무역의 상당 부분을 차지했다는 것이 확실히 드러난다. 1760년대 암스테르담은행을 통한 결제액은 네덜란드 전체 연간 GDP의 1.5배였다(어떤 자료에 의하면 2배가 넘는다고도 한다). 1868년에 영국이 GDP의 3.6배, 미국은 1955년에 2.7배였다.

** 단적인 예로 이 당시 애국주의 운동 Patriot Movement이 인기를 끌었다.

*** 이 기간 중 네덜란드는 해외 투자가 늘었다. 영국 동인도회사의 주식이나 런던시가 발행하

만 길더화는 여전히 기축통화로 널리 사용되었다. 앞에서 설명한 대로 기축통화는 제국의 성장과 쇠퇴에 다른 요소보다 늦게 작용한다. 그다음 단계는 **늘 그래왔듯 신흥 강국이 전통 강국에 무력으로 도전한다.**

1770년대부터 영국은 네덜란드가 미국 독립운동 기간 중 미국과 무기를 거래한 후부터 네덜란드의 수출에 제동을 걸기 시작했다. 그 보복으로 1781년 카리브해에서 대규모 공격을 감행해서 그 지역과 동인도제도에 있던 네덜란드령 영토를 점령했다. 보유 선박의 절반과 주요 교역로에 대한 접근권을 잃게 된 동인도회사는 생존을 위해 암스테르담은행으로부터 많은 부채를 지게 된다. 네덜란드가 패하자 경쟁국들은 이를 해상 운송에서 네덜란드의 몫을 차지할 기회로 여겼다. 네덜란드와 네덜란드 동인도회사에 대한 영국의 봉쇄 조치로 유동성 위기가 발생했다. 오른쪽의 표는 이런 사태의 영향을 잘 보여준다.

손실과 부채액이 커지자 암스테르담은행은 보다 많은 돈을 찍어내는 전통적인 방법에 의지할 수밖에 없었다. 더 많은 돈을 찍어내 네덜란드 동인도회사에 대출을 해줄수록 은행에는 요구한 만큼의 금과 은이 없다는 점이 명백해졌고 전형적인 '예금 인출 사태'로 이어져 투자자들이 은행에 몰려와 지폐를 제출하고 금을 요구했다. 은행의 금·은 재고가 소진되면서 길더화에 대한 수요는 감소했지만 318쪽 표에서 보듯 공급은 급증했다.

318쪽의 도표는 4차 영국-네덜란드 전쟁 기간 중 암스테르담은행의 대출이 폭발적으로 증가했음을 보여준다(참고로, 전쟁 초기 은행의 재무

는 정기 연금(채권)을 매입하기도 했다. 자세한 설명은 다음 문헌을 참조할 것. 하트, 용커, 반 잰 덴Hart, Jonker, and van Zanden의 《네덜란드 금융사A Financial History of the Netherlands》

네덜란드 동인도회사의 재무 상태(%GDP)*

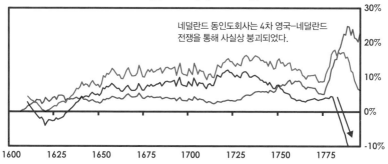

네덜란드 동인도회사는 4차 영국-네덜란드 전쟁을 통해 사실상 붕괴되었다.

자산 ── 부채 ── 자본

30%
20%
10%
0%
-10%

1600 1625 1650 1675 1700 1725 1750 1775

네덜란드 동인도회사의 손익(단위: 100만 길더)

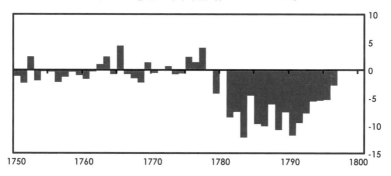

10
5
0
-5
-10
-15

1750 1760 1770 1780 1790 1800

상태표에 의하면 미상환 대출이 2천만 길더였으므로 결국 대출이 50퍼센트 정도 늘었음을 보여준다). 네덜란드은행도 별다른 방도가 없었다. 정부가 동인도회사로부터의 대출에 의존하고 있었기 때문에 망하게 놔둘 수 없었다.

---

* 이 도표는 네덜란드 동인도회사가 국내(즉 네덜란드)라고 보고한 재무제표만을 보여준다. 아시아 지역에서 발생하는 매출과 채무는 제외했다. 단 아시아산 제품을 유럽에 판매한 매출은 포함했다.

암스테르담은행의 자산(%GDP)

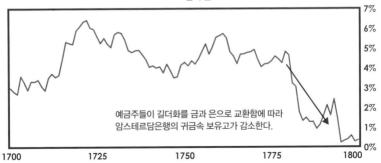

— 금과 은

예금주들이 길더화를 금과 은으로 교환함에 따라
암스테르담은행의 귀금속 보유고가 감소한다.

암스테르담은행 대출 현황(단위: 100만 길더)

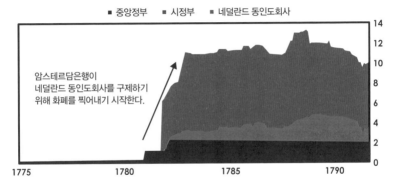

■ 중앙정부　　■ 시정부　　■ 네덜란드 동인도회사

암스테르담은행이
네덜란드 동인도회사를 구제하기
위해 화폐를 찍어내기 시작한다.

　금리가 상승하자 암스테르담은행은 길더화를 평가절하했고 이는 가
치 저장 수단으로서 길더화의 신뢰성에 타격을 주었다.* 그 결과 기축통
화 지위도 영국 파운드화에 내주었다.

---

* 암스테르담은행은 시대를 앞선 관계로, '지폐'가 아니라 원장Ledger을 활용했다. 퀸Quinn과 로
버츠Roberds의 《화폐 경쟁으로 본 암스테르담은행The Bank of Amsterdam Through the Lens of Monetary
Competition》을 참조할 것.

네덜란드에 발생한 사태는 제국의 흥망을 아주 간략하게 다룬 1장과 화폐, 신용, 부채의 작동방식을 다룬 2장에서 설명한 것처럼 전형적인 현상이다. **암스테르담은행은 제1유형 통화 체제(귀금속)에서 제2유형 통화 체제(귀금속과 연동된 종이화폐)로 넘어갔다.** 항상 그렇지만 이같은 통화 체제의 변동은 재정 압박이나 무력 충돌이 있을 때 발생한다. 이것이 위험한 이유는 통화의 신뢰도가 떨어지고 뱅크런이 발생할 리스크가 커지기 때문이다. 실제로 뱅크런이 발생하기도 했다. 암스테르담은행의 환어음(즉 단기 채권자산)은 거의 200년간 신뢰할 만한 부의 저장 수단이었다. 그런데 환어음이 (금과 은으로 주조된) 길더화 대비 크게 할인된 가격에 거래되기 시작했다. 암스테르담은행은 통화 가치가 떨어지는 것을 막기 위해 주화와 귀금속 보유고(지불준비금)를 이용해 공개시장에서 자국 통화를 매입했지만 외환 보유고가 부족했다. 예금주들이 금과 은으로 돌려달라고 요청함에 따라 경화로 보장되는 암스테르담은행의 예치 금액은 1780년 3월 1천700만 길더에서 1783년 1월 30만 길더로 급감했다. 예금 인출 사태는 네덜란드제국과 기축통화였던 길더화의 종말을 의미했다. 1791년에 암스테르담시가 은행을 인수했고, 1795년 네덜란드공화국은 프랑스혁명 정부에 의해 무너져 속국으로 전락했다. 네덜란드 동인도회사는 1796년에 국유화되어 주식이 휴지조각이 되었고 1799년에 해체된다. 320쪽 도표는 파운드화와 금에 대한 길더화의 교환 비율을 보여준다. 암스테르담은행의 신용도가 추락하자 투자자들은 다른 자산과 통화로 이탈했다.**

** 과거 데이터를 보면 1795년이 되자 은행 예금은 명목가치 대비 25퍼센트 할인된 가격에 거래되었다. 퀸과 로버츠의 《어떤 기축통화의 종말Death of a Reserve Currency》을 참조할 것.

네덜란드 길더화의 추이*

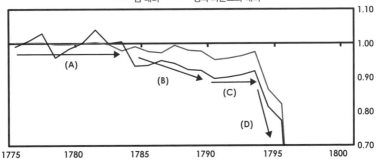

— 금 대비　— 영국 파운드화 대비

(A) 길더화는 네덜란드의 쇠퇴기 내내 대부분 안정적이었다.
(B) 4차 영국–네덜란드 전쟁으로 통화 발행과 길더화에 대한 초기 압박(암스테르담은행의 뱅크런)이 발생했다.
(C) 프랑스혁명 초기 투자자들이 안전한 투자처를 찾으려 했기 때문에 짧게나마 안정기를 맞는다.
(D) 프랑스가 네덜란드를 정복하고 암스테르담은행 계좌는 완전히 사라진다.

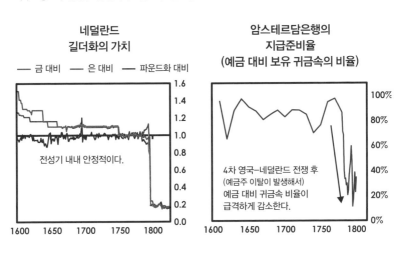

네덜란드
길더화의 가치

— 금 대비　— 은 대비　— 파운드화 대비

전성기 내내 안정적이다.

암스테르담은행의
지급준비율
(예금 대비 보유 귀금속의 비율)

4차 영국–네덜란드 전쟁 후
(예금주 이탈이 발생해서)
예금 대비 귀금속 비율이
급격하게 감소한다.

---

* 암스테르담은행 예금주들의 행동을 제대로 반영하기 위해 은행이 문을 닫을 때 금고에 남아 있는 귀금속을 비율대로 나눠 받았다고 가정했다(전체 보장 금액의 약 20퍼센트 수준이었으므로 전체적으로 약 80퍼센트의 평가절하가 발생했다).

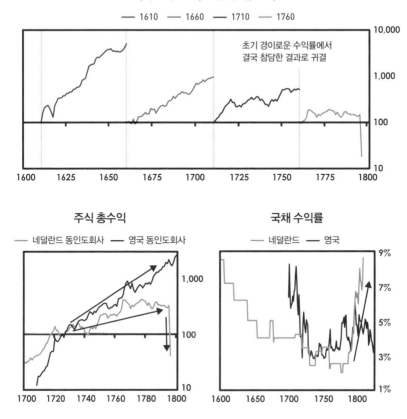

네덜란드 동인도회사 주식의 초기 투자 대비 수익률
(시초가=100, 50년 주기, LOG)

초기 경이로운 수익률에서
결국 참담한 결과로 귀결

주식 총수익

국채 수익률

위의 도표는 각기 다른 해에 시작하는 네덜란드 동인도회사 주식의
수익률을 보여준다. 대부분의 버블 기업과 마찬가지로 초기 실적이 좋
아 펀더멘털이 튼튼한 듯 보였다. 투자자들이 몰려 실제 펀더멘털이 약
해진 후에도 멈추지 않았다. 결국 펀더멘털의 붕괴와 과도한 부채 부담
으로 파산한다.

항상 그렇지만 추락하는 제국의 자산 투자 수익률은 부상하는 제국보
다 떨어진다. 예를 들어 영국 동인도회사 투자 수익률은 네덜란드 동인

도회사를 훨씬 상회했고 영국 국채 수익률도 네덜란드 국채 수익률보다 훨씬 높았다.

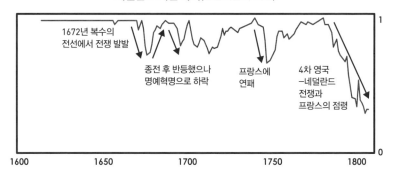

네덜란드 채권 가격(연금지급식 채권)

네덜란드제국의 몰락으로 빅 사이클의 다음 단계가 펼쳐진다. 즉 대영제국과 기축통화의 탄생과 몰락이다. 이 이야기는 (기본적으로는 약 1세기 후에 다른 옷을 입고 다른 언어를 말하는 사람들이 기술적으로 더 발전된 형태로 벌이는 이야기이다.) 다음 장에 계속 이어진다.

10장
빅 사이클로 본 대영제국과
파운드화의 부상과 쇠퇴

비등한 국력을 지닌 두 개 이상의 국가(또는 국가 동맹)가 맞서 싸우다가 어느 한쪽이 승리하여 새로운 규칙, 즉 새로운 세계 질서를 확립할 만큼 지배적인 위치에 올라섰을 때 비로소 세계 질서가 바뀐다. 이러한 변화가 일어나기 전에 신흥국은 기존의 지배국에 비견할 만한 국력을 갖추고 있어야 한다. 따라서 모든 강대국은 강대국이 되기 훨씬 전부터 부상하기 시작한다. 마찬가지로 기존의 강대국은 더 이상 강력한 국력을 유지하지 못하는 상태가 되더라도 계속해서 오랜 기간에 걸쳐 쇠퇴의 길을 걷는다. 이러한 현상은 네덜란드, 영국, 미국, 중국제국의 사이클을

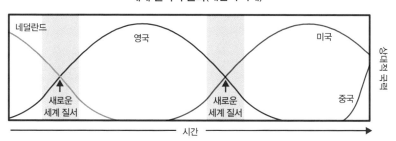

세계 질서의 변화(개념적 사례)

간략하게 표시한 앞의 도표에서 확인할 수 있다. 이 도표는 이전 장에서 이미 다룬 바 있다.

영국제국은 우위를 점하기 훨씬 이전부터 대국으로 부상하기 시작했다. 국가 경쟁력을 높이고 네덜란드에 대항하기 위해 먼저 교육적, 제도적, 기술적 강점을 구축한 덕분에 가능한 일이었다. 아래 도표는 내가 8가지 지표로 가늠한, 1600년부터 현재까지 영국제국의 국력을 나타낸 것이다. 영국의 경쟁력, 교육, 혁신, 기술 수준은 1600년대 초반에 급격히 상승한 후 1600년부터 1800년까지 꾸준히 증가했다. 이러한 노력은 영국의 생산량, 세계 무역 점유율, 군사력이 함께 증가하면서 1700년부터 1900년까지 많은 성과로 이어졌다. 전형적인 시차와 함께, 영국의 금

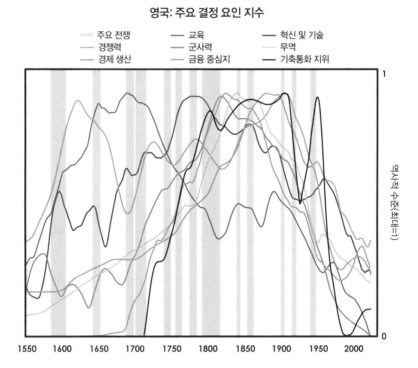

영국: 주요 결정 요인 지수

융시장과 금융 중심지(런던)를 세계 선두주자의 반열에 올려놓기 위한 금융 발전이 뒤따랐으며, 이후 더 오랜 시차를 두고 파운드화가 세계 기축통화로 자리 잡으며 네덜란드 길더화를 앞질렀다.

1700년대 후반에 영국의 주요 무역·금융 경쟁국이었던 네덜란드가 몰락했지만, 1800년대 초반까지 영국은 강대국으로 완전히 올라설 수 없었다. 바로 나폴레옹이 이끄는 프랑스가 마지막까지 강력한 경쟁국으로 남아 있었기 때문이다. 알다시피 나폴레옹은 나폴레옹 전쟁을 치르면서 유럽을 정복하고 프랑스를 최강국으로 만들기 위해 발 빠르게 움직였다. 앞서 2장 부록에서 설명했듯, 이러한 움직임은 일반적인 형태의 강대국 간 대립과 권력 투쟁에 따른 불균형을 불러왔으며, 동맹과 전쟁이 단계적으로 확대되면서 국가 간 갈등을 최고조에 이르게 했다. 이번 장의 후반에 영국제국의 성장을 설명하고 상징적인 프랑스 사례를 간략히 다룰 것이다. 하지만 지금은 핵심만 짚어보려 한다. **영국은 사실상 경제 전쟁과 군사 전쟁에서 모두 승리했다. 지배력을 확립하기 위한 전쟁을 치른 후에 전형적으로 전개되는 빅 사이클 각본에 따라 승전국은 새로운 세계 질서를 수립했고, 오랫동안 비교적 평화롭게 번영하는 시대(영국의 경우 100년)를 거쳤다. 이때 영국제국은 역사상 가장 위대한 제국으로 자리매김했다.** 영국은 전성기에 이르렀을 때의 인구가 세계 인구의 2.5퍼센트밖에 되지 않았지만, 세계 총소득의 20퍼센트 이상을 생산했고 전 세계 광활한 토지의 20퍼센트 이상과 세계 인구의 25퍼센트 이상을 다스렸다.

그럼 시대별로 차근차근 짚어보기로 하자. 앞서 도표에서 볼 수 있듯, 영국이 부상하기 시작한 1600년경부터 살펴보자. 다음 도표는 주요 사건이 벌어진 시점을 보여준다. 괄호 안 숫자는 내부 질서 사이클의 6단

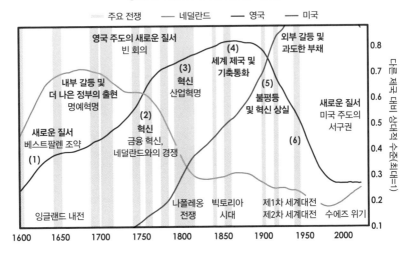

영국의 부상과 쇠퇴 (1600년~현재)

주요 전쟁 ── 네덜란드 ── 영국 ── 미국

영국 주도의 새로운 질서
빈 회의

외부 갈등 및
과도한 부채

(4)
세계 제국 및
기축통화

내부 갈등 및
더 나은 정부의 출현
명예혁명

(3)
혁신
산업혁명

(5)
불평등
및 혁신 상실

새로운 질서
미국 주도의
서구권

(2)
혁신
금융 혁신,
네덜란드와의 경쟁

새로운 질서
베스트팔렌 조약
(1)

(6)

잉글랜드 내전

나폴레옹
전쟁

빅토리아
시대

제1차 세계대전
제2차 세계대전

수에즈 위기

다른 제국 대비 상대적 수준(최대=1)

0.8
0.7
0.6
0.5
0.4
0.3
0.2
0.1

1600 1650 1700 1750 1800 1850 1900 1950 2000

계가 나타나는 대략적인 시점을 표시한 것이다.

부상

영국이 성장할 수 있었던 배경을 이해하려면 1600년대 말 영국과 유럽의 전반적인 상황을 살펴볼 필요가 있다. 17세기 초, 영국과 유럽에서 벌어진 대규모 분쟁은 이전의 모든 질서를 근본적으로 바꾸거나 뒤집어 놓았다. 9장에서 설명했듯 **30년 전쟁으로 초토화된 유럽에서는 대대적인 변화가 일어났다. 30년 전쟁은 이념, 종교, 경제 계급 간에 벌어진 전쟁이었고 베스트팔렌 조약을 통해 새로운 유럽 질서를 세우는 토대를 마련했다. 베스트팔렌 조약으로 오늘날 우리에게 익숙한 국가들이 탄생했고, 각국이 저마다 다른 선택을 하면서 유럽은 분열했다.** 영국제국은 부와 권력을 둘러싸고 여러 형태의 갈등을 겪었다. 계급 간 투쟁으로 볼 수 있는 잉글랜드 내전이 수 세기에 걸쳐 잔인하고 격렬하게 이어졌고, 네덜란드 통령을 지낸 빌렘 3세(영국의 윌리엄 3세)를 유혈 사태 없이 영국의 국왕으로 추대하는 명예혁명이 일어났다. 이러한 내부 갈등은 공통적으로 군주제를 약화시키고 의회의 권력을 강화했으며, 잉글랜드, 스코틀랜드, 아일랜드 등 세 왕국의 관계에 대한 합의를 이루어냈다. **특히 잉글랜드 내전을 계기로 왕(찰스 1세**Charles I**)은 재판을 받고 처형되었다. 반란을 주도한 지휘관 올리버 크롬웰**Oliver Cromwell**의 통치 아래 군주제가 폐지되고 잉글랜드 연방**Commonwealth of England**이 수립되었다.**

　영국은 이러한 분쟁을 거치며 군주제에서 벗어나 법치주의를 확립했으며 왕과 의회 사이에 새로운 권력 균형을 이루어 훗날 제국으로 올라서는 토대를 마련했다. 영국 의회는 강력한 권력을 앞세워 실력 중심으로 국가 지도자를 선출하는 체제를 적절하게 허용했고, 총리는 왕실이 아닌 의회의 신임을 받아야 했다. 윌리엄 피트William Pitt Elder와 그의 아들 윌 피트Will Pitt Younger, 로버트 필Robert Peel, 윌리엄 글래드스턴, 벤저민 디즈레일리Benjamin Disraeli 등 많은 정치인이 뒤를 이어 영국의 부상과 전성기를 이끌며 국가 기틀을 형성하는 데 기여했다. 이들은 모두 지주 귀족이 아닌 상인 가문 출신이었다.

　의회의 이러한 혁명적 강화는 1600년대 후반부터 유럽 전역에 퍼졌던, 누가 어떤 권한을 가져야 하는지, 정부가 어떻게 작동해야 하는지에 대한 새로운 계몽주의의 영향을 크게 받았다. 그것은 영국인 프랜시스 베이컨(1561~1626)의 초기 과학 사상에 의해 형성되었다. **이 새로운 인간 중심 철학의 핵심은 사회가 이성과 과학에 근거해야 하며 정부의 권력은 신이 아닌 국민에게서 나온다는 사고방식에 있다.**

이 시기에는 토론과 회의가 권장되었다. 기초 교육이 개선되고(문맹률이 감소했다), 인쇄물을 통해 사상이 보급되고(당시 최초의 백과사전과 사전이 대량으로 인쇄되어 배포되었다), 국경을 초월한 엘리트 계층(외국과 교류하며 교양을 쌓은 지식인)이 늘어나면서 정치·사회 사상을 논할 수 있는 새롭고 폭넓은 '공론장Public sphere'이 마련되었다. 당시 주요 사상가들은 서구권에서 오늘날까지 중요하게 여기는 주요 사상과 개념을 만들어냈다.

계몽주의 사상은 러시아의 예카테리나 2세Catherine the Great와 같은 독재 군주부터 미국 건국의 아버지들이 채택한 대의 정부Representative government 형태에 이르기까지 다양한 방식으로 많은 국가에 영향을 끼쳤다. 영국은 특히 계몽주의의 강력한 정치 제도와 법치주의가 제공하는 이점을 누리는 동시에 계몽주의가 강조하는 과학과 그에 근거한 주요 발견을 받아들였다.

이러한 강점은 즉각적으로 번영을 불러오지는 않았다. 하지만 점차 법치주의를 존중하는 영국의 체제가 강력한 교육과 결합하면서 영국은 상업과 혁신 분야에서 경쟁 우위를 확보할 기반을 다질 수 있었고, 이는 영국제국의 부상으로 이어졌다.

동시에 영국은 중앙 집권화된 강력한 재정 당국을 설립하여 재정적으로 탄탄해졌고, 덕분에 경쟁국보다 훨씬 더 많은 세수를 거둘 수 있었다. 18세기까지 영국의 세금 부담은 프랑스의 거의 2배에 달했다. 1694년에 설립된 영란은행은 영국 정부 부채의 유동성을 표준화하고 규모를 늘려 차입 능력을 향상시키는 데 도움이 되었다. 이러한 개혁 조치와 더불어 국채 수익률은 1700년대 초반에 다른 국가들보다 급격하게 하락했다.

영국 국채 수익률

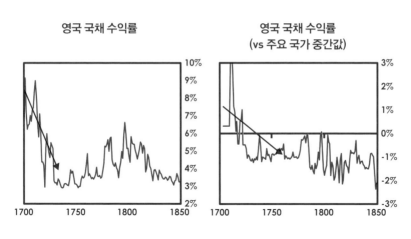

영국 국채 수익률
(vs 주요 국가 중간값)

영국 정부 총세입(%GDP)

대규모로 확대된 재정 상태

주요 발명
(인구 100만 명당)

주요 발명 점유율

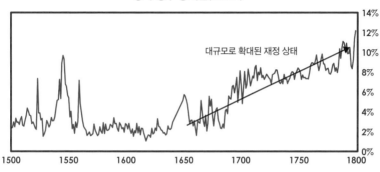

— 네덜란드 — 영국 — 프랑스

1700년대 초까지 제국의 부상을 암시하는 전형적인 징후들이 많이 나타났다. 앞의 도표에서 당시 영국이 주요 경쟁국보다 앞서 혁신에 나섰다는 사실을 엿볼 수 있다.

산업혁명

창의적인 문화가 조성되는 동시에 고등 교육을 받은 인구가 늘어나고 투자 자본이 등장하면서 영국은 국가 경쟁력을 높이고 커다란 번영을 이루어냈다. 특히 자본은 인간의 노동에 의존해왔던 많은 일을 기계에 맡겨 더 효율적으로 수행하기 위해 새로운 아이디어 개발을 지원했다. 철과 석탄 등 영국의 풍부한 지하자원은 1차 산업혁명으로 일컬어지는 경제적 전환을 달성하는 데 커다란 원동력이 되었다. 8장에서 설명한 바와 같이, 이러한 전환은 대부분이 가난하고, 소수의 엘리트 지주 계층만이 권력을 갖는 농촌/농경 사회에서 벗어나(엘리트 계층이 불균형적으로 커다란 혜택을 보긴 하지만) 다수가 이전보다 훨씬 부유하고, 중앙정부 관료와 자본가가 권력을 갖는 도시/산업 사회로 유럽을 탈바꿈시켰다. 영국은 전투에서 네덜란드를 물리치고 세계를 선도하는 제국으로 거듭나기 30년 전인 1750년경에 지정학적인 강점을 활용하여 유럽에서 네덜란드를 제치고 경제·금융 강국으로 자리잡았다.

생산성 혁명은 농업에서 시작되었다. 농업 발명품은 생산성을 높여 농업의 노동 집약도를 낮추었고, 덕분에 식량이 풍족하고 저렴해지자 인구가 늘어나기 시작했다. 농업 생산성이 향상되고 인구가 증가하면서 사람들은 도시로 몰려들었고, 노동 공급량은 꾸준히 늘어나 산업 발전에 유리하게 작용했다. 산업혁명을 주도한 건 증기 기관 같은 완전히 새로운 발명품뿐만이 아니었다. 자원 투입을 표준화하고 장인에서 공장으로 생산 주체를 옮기는 등 보다 효율적으로 생산하기 위해 기존 개념을 채택하고 개선하는 노력도 병행되었다. 풍부한 노동력과 자원, 연결된 세계 시장이 맞물리면서 폭발적인 혁신을 지원했다. 다음 목록은 영국에서 일어난 혁신의 시점과 속도를 정리한 것이다.

- 1712년: 증기 기관 발명
- 1719년: 실크 공장 설립
- 1733년: 나는 북 flying shuttle(일종의 기초 방직기) 발명
- 1764년: 다축방적기 spinning jenny 발명
- 1765년: 분리형 응축기(증기 기관용) 발명
- 1769년: 수력 방적기(직물 기계용 수력) 발명. 증기 기관 개선
- 1785년: 동력 직조기 발명. 철 정제 발달
- 1801년: 바퀴 달린 증기 기관차 발명
- 1816년: 철도용 증기 기관차 특허
- 1825년: 맨체스터와 리버풀을 연결하는 철도 건설 개시

이처럼 유럽은 농업과 산업에 일어난 획기적인 변화를 거치면서 도시에 세운 공장에서 기계로 상품을 찍어내고 도시화와 산업화를 이루어냈다. 새로운 도시 인구에 맞는 새로운 유형의 상품과 서비스가 필요해지면서 정부는 점차 규모가 커지고 주택, 위생, 교육에 재정을 쏟아야 했다. 더 나아가 법원, 규제 기관, 중앙은행과 같은 새로운 산업 자본주의 체제가 융성할 수 있는 기반 시설도 마련해야 했다. **권력은 생산 수단을**

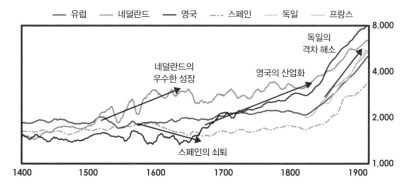

1인당 실질 GDP (2017년 미국 달러)

— 유럽　— 네덜란드　— 영국　---- 스페인　— 독일　— 프랑스

네덜란드의
우수한 성장

독일의
격차 해소

영국의 산업화

스페인의 쇠퇴

통제하는 중앙정부 관료와 자본가의 손에 주어졌다.

이러한 현상은 영국에서 가장 두드러졌다. **영국은 가장 중요한 혁신을 선도했는데, 새로운 생산 방법을 이용해서 다른 국가들을 앞지르며 세계 최고의 초강대국이 되었다.** 1인당 생산량에서 볼 수 있듯, 영국의 생활 수준은 1800년경에 네덜란드를 따라잡았다. 그리고 영국이 전 세계 생산량의 20퍼센트를 차지하며 정점에 이른 19세기 중반에는 네덜란드를 앞질렀다. 영국은 이러한 경제 성장에 발맞추어 1700년대 후반 네덜란드를 확실히 제치고 19세기 내내 강대국의 지위를 유지하며 세계에서 강력한 무역 국가로 거듭났다. 이와 동시에 1800년대 거의 전반에 걸쳐 모든 국가의 생산량이 빠르게 늘어났다. 당시 전 세계 국가 대부분은 내부 질서 사이클의 3단계와 4단계에 이른 상태였다.

영국은 세계 경제 강국으로 올라서면서 국익을 확고히 사수할 필요가 있었고 당연히 군사 행동에 나설 수 있어야 했다. **특히 해군을 포함한 영국의 군사력은 식민지를 건설하고 다른 유럽 열강의 식민지를 점령할 뿐만 아니라 세계 무역로에 대한 통제권을 확보하는 데 도움이 되었다.**

영국은 군사력을 동원해 경제 활동을 지원했기 때문에 제국이 벌어들인 세수만으로도 군비를 충당할 수 있었다. 영란은행의 금융 혁신과 길더화의 붕괴로 런던은 **세계 금융 중심지로 거듭나고 파운드화는 세계 기축통화가 되었다. 다시 말해, 영국제국은 성장하는 제국에서 나타나는 전형적인 빅 사이클 단계를 차근차근 밟아간 것이다.**

영국은 중국의 가장 주된 교역국으로 거듭나며 네덜란드를 대체했다. 산업혁명을 겪은 유럽에선 중국산 사치품에 대한 수요가 이전보다 다소 줄어들었지만, 대신 한 가지 상품에 대한 수요는 늘어났다. 그것은 바로 찻잎이었다. 한편 중국은 유럽산 제품에 관심이 없었던 터라 계속해서 귀금속으로 대금을 지불받길 원했다. 이러한 수요 불일치는 영국과 중국 간 갈등의 씨앗이 되어 아편 전쟁과 백년국치로 번졌다. 누가 이러한 결과를 상상이나 했을까?

돌이켜보면 영국의 부상은 정해진 수순이었다. 과거에 무슨 일이 있었는지 되짚어보고 설명하기는 쉽다. 하지만 그것을 예상하고 실시간으로 전개되는 모습을 직접 목격하는 것은 전혀 다른 이야기다. 내가 그 시대를 살고 있었다면 무슨 생각을 했을까? 지표와 체제를 해석하고 당시 상황을 고려해볼 때 과연 나는 투자를 잘할 수 있었을까? 실제로 어떤 선택을 했을지, 결과는 어땠을지 가늠해보기 위해 데이터와 의사결정 규칙을 세우는 것은 매우 중요한 과정이다. 나는 지표들이 당시 무엇을 가리켰을지 짐작할 수 있고, 앞서 내가 설명한 대로 상황이 흘러갔을 가능성이 있다고 본다. 그렇지만 당시 영국이 세계를 호령하는 제국으로 성장할 것이라고는 분명하게 확신할 수 없었을 것이다. 내가 1700년대 초반을 살고 있었다면 내 지표가 가리키듯 여전히 정점에 있는 네덜란드와 주요 강국으로 떠오르던 부르봉 왕조의 프랑스를 고려하고, 당시 두 국가가 모두 호황을 누리고 있었다는 점도 인식했을 것이다.

프랑스는 왜 실패했을까?

1700년대 초반 프랑스는 교육과 배움의 중심지였고, 볼테르Voltaire와 몽테스키외를 비롯한 유명한 사상가를 낳은 계몽주의의 발상지였으며, 급성장하는 출판 산업의 본고장이었다. 따라서 내 지표들은 프랑스를 네덜란드와 영국에 비할 만한 강대국이라고 가리켰을 것이다. 1720년부터 1780년까지 파리에서 출간된 예술 서적과 과학 서적은 2배로 늘어났다. 정보의 양이 증가하면서 사람들의 문맹률도 함께 낮아져 18세기에 프랑스의 문해율은 거의 2배로 증가했다.

프랑스도 대규모 부채 사이클 상승의 초기 단계에서 경제적으로 견고한 모습을 보였을 것이다. 투자 호황은 거품으로 변하기 직전이었고, 이는 후에 폭락으로 이어졌다. 당시 프랑스에서 가장 유명한 경제학자는

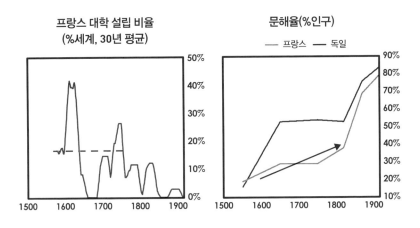

스코틀랜드 태생의 존 로John Law였는데, 그는 새로운 통화 발행이 경제를 부양할 것이라고 생각했다. 1716년 그는 토지, 금, 은, 정부 법안 등으로 보증된 지폐를 발행할 수 있는 국립은행인 방크 제네랄Banque Génerale을 설립했고, 이를 기점으로 사이클이 상승하기 시작했다. 방크 제네랄에 설립 자본을 제공한 주주들은 은행의 이사회 자리를 꿰찼다. 프랑스는 재무장관 장바티스트 콜베르Jean-Baptiste Colbert의 교역 법령Ordinance of Trade이 상법으로 성문화된 1673년부터 주식시장을 운영하고 있었기 때문에 전형적인 자본시장의 상승 요소를 모두 갖추고 있었다.* 이와 동시에 로는 서부회사Company of the West를 설립했다. 미시시피회사Mississippi Company로도 불리는 서부회사는 프랑스가 점령한 루이지애나(오늘날 미국의 절반에 해당)에서 독점권을 부여받은 무역 회사였다. 로는 프랑스 국채를 통한 미시시피회사의 주식 매수를 허용했다. 새로운 개척지에서 흥미진진한 기회를 찾아 나서는 신생 회사 그리고 이러한 노력을 지원하는 은행과 정부 재정까지 필요한 모든 재료가 적절하게 갖추어졌다. 회사의 규모가 커지자 국채 보유자들은 선뜻 채권을 주식으로 전환했다. 당시 이러한 선택은 훌륭한 투자로 인식되었다. 만일 그 시대를 살고 있었다면, 당신은 그 주식을 샀을까? 나는 어땠을까? 사지 않았다면 후회했을까? 미시시피회사의 주가는 치솟았고 전형적인 방식으로 거품을 일으켰다. 하지만 모든 거품이 그러하듯, 담보로 삼은 실물자산의 가치가 지급되어야 할 청구 금액에 크게 미치지 못하면서 결국 거품은 붕괴

---

* 이 법에 근거하여 동인도와 서인도에서 독점적으로 거래할 수 있는 주식회사가 설립되었다. 콜베르의 법안은 정부를 통하지 않고 민간 자금을 이용해서 무역 회사에 자금을 지원하기 위한 목적으로 제정되었다.

했고 주식과 어음의 가치는 빠르게 폭락했다.

당연히 프랑스인들은 가치가 하락하는 지폐를 경화 화폐로 황급히 바꾸었다. 새로 도입된 법안은 금리를 5퍼센트 이상 부과하는 것을 금지했는데, 이는 신용도가 가장 높은 차용인과 가장 안정적인 투자만이 자본을 조달할 수 있음을 의미했다. 결과적으로 신규 사업자가 자금을 조달하는 것은 거의 불가능해지면서 실질 통화량이 부족했다.

게다가 전형적인 사이클에서 나타나듯, 전쟁은 막대한 비용을 수반하기에 재정 상황을 악화시켰다. 프랑스가 참가한 전쟁을 몇 가지 살펴보면 다음과 같다.

- **9년 전쟁**War of the League of Augsburg**(1688~1697):** 프랑스는 루이 14세의 지휘 아래 오늘날의 서독까지 영토를 확장하여 잉글랜드, 스페인, 오스트리아, 여러 독일어권 국가를 상대로 전쟁을 일으켰다.

- **스페인 왕위 계승 전쟁**War of the Spanish Succession**(1701~1714):** 스페인과 동맹을 맺은 프랑스는 스페인 왕위 계승권을 놓고 잉글랜드, 오스트리아, 네덜란드로 이루어진 연합국과 전쟁을 벌였다. 루이 14세의 손자가 스페인 왕위를 계승하면서 전쟁은 끝이 났지만, 프랑스는 이를 위해 다른 열강에 많은 이권을 양보해야 했다(스페인이 지배하고 있었던 이탈리아와 벨기에 내 영토를 오스트리아에 넘기고, 영국과 네덜란드에 식민지와 교역권을 양보했다).

- **오스트리아 왕위 계승 전쟁**War of the Austrian Succession**(1740~1748):** 프랑스는 스페인과 프로이센, 여러 독일 공국과 동맹을 맺고 오스트리아, 영국에 맞서 싸우며 오스트리아 영토를 탐내는 독일 공국들을 지원했다.

- **7년 전쟁**Seven Years' War**(1756~1763):** 오스트리아, 스웨덴, 러시아와 동맹을 맺은 프랑스는 독일 영토뿐만 아니라 특히 북미 지역을 포함해서 프랑스와

영국의 해외 식민지를 장악하기 위해 영국, 프로이센과 전쟁을 벌였다(이 전쟁은 프렌치 인디언 전쟁French and Indian War으로도 불린다).

- **미국 독립 혁명**American Revolution**(1775~1783):** 프랑스와 스페인은 미국 혁명군과 연합하여 영국 정부에 대항했다.

이와 같은 전쟁 중에 다수는 프랑스에 영토와 전략적 이익을 제공했지만, 실제로는 제공받은 이익보다 훨씬 많은 비용이 들었고, 결과적으로 프랑스 정부 재정은 심각한 타격을 입었다. 현대 금융 체계를 갖추지 못했던 프랑스는 부채를 통해 정부 자금을 조달하는 데 영국보다 어려움을 겪었고, 결국 세금에 지나치게 의존해야 했기 때문에 대중의 지지를 얻을 수도 없었다. 미국 독립 혁명 때 영국과 프랑스가 마주한 상반된 경험은 프랑스의 열악한 재정 상태가 지정학적 위치에 미치는 영향을 보여주는 대표적인 사례라 할 수 있다. 프랑스는 영국 정부가 지불하는 금리보다 최소 2배 높은 변동금리로 자금을 빌려 모든 전쟁 물자를 충당해야 했다. 이로 인해 프랑스의 부채 상환액은 1천400만 파운드 이상으로 증가했지만, 영국의 부채 상환액은 700만 파운드에 그쳤다(두 국가의 국가 부채는 각각 약 2억 2천만 파운드였다). 귀족과 성직자, 심지어 특권을 누리는 특정 도시들에도 더 낮은 세금이 부과되는 경우가 많았기 때문에 나머지 다른 사회에는 더 높은 수준의 세금이 부과되었다. 이러한 정책은 이미 높아질 대로 높아진 프랑스의 소득 불평등을 악화시켰고, 많은 프랑스 노동자는 기본적인 생활을 하기도 쉽지 않았다. 이처럼 심각한 소득 불평등은 더 많은 계급 투쟁을 초래했다.

극심한 소득 불평등과 더불어 최상위 계층의 부정부패와 사치도 있었다. 루이 16세Louis XVI의 궁중은 어처구니없는 지출로 악명이 높았다. 이를테면 베르사유 정원 근처에 소박한 마을을 재현하기 위해 막대한 비용을 들여 마리 앙투아네트의 햄릿Marie Antoinette's Hamlet으로 불리는 관상용 농장을 만들었을 정도다. **프랑스는 7년 전쟁과 미국 독립 전쟁 등 2가지 주요 전쟁을 치르면서 막대한 재정 적자를 기록했다.** 미국 독립 혁명이 일어났을 때 프랑스의 재정 적자는 GDP의 약 2~3퍼센트를 차지했는데, 이는 연간 세수입의 약 3분의 1에 해당하는 금액이었다. 한편 미국 독립 혁명은 자유와 평등을 내세우는 계몽주의 사상을 대중에게 널리 알리는 계기가 되었고, **1788년과 1789년에 불어닥친 흉년으로 빵 가격이 급등하고 기근은 극심해졌다.** 혁명이 고개를 들기 딱 좋은 상황이 만들어진 것이다.

프랑스의 정치적 의사결정 체계가 비효율적이고 대중을 제대로 대표하지 못하면서 프랑스 정부는 세수를 늘리거나 필요한 변화를 일으킬 수 없었다. 시대에 뒤떨어진 체제를 통한 의사결정은 사실상 모든 하위 계층에서 받아들여지지 않았다. 귀족과 성직자는 불리한 의사결정에 저항했고 그들만의 광범위한 특권을 얻어낼 수 있었다. 조세 정책을 제정하려면 지역 관청(고등법원Parlements)이 필요했지만 종종 반대에 부딪혔다. 프랑스의 입법부로 볼 수 있는 삼부회Estates General는 왕이 소집했을 때 프랑스의 3가지 신분(성직자, 귀족, 평민)을 대표하는 사람들이 모여 특정 법안을 승인하는 기구였다. 정부가 새로운 국세를 부과하려면 삼부회의 동의를 얻어야 했지만, 삼부회의 권한과 절차가 불분명했고 대표자 선출 방식과 신분별 투표권 수 등을 둘러싼 논란이 제대로 해결되지 않았다. 1789년 인구의 98퍼센트를 대표하는 제3신분 평민은 제1신분과 제2신분 구성원들을 초대하여 자체 의회를 구성했다. 이렇게 조직된 국회가 열리는 것을 저지하기 위해 루이 16세는 회의장을 폐쇄했다.

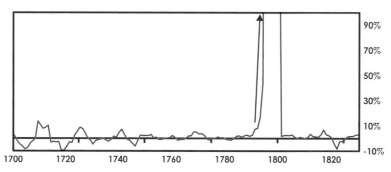

프랑스 인플레이션(5년 평균)

그러자 시위, 폭동, 반란이 일어났다. **1791년 새로 선출된 국민 공회**National Convention**는 프랑스를 공화국으로 선언했고**, 1793년 1월 루이 16세(당시 공식적인 호칭은 '시민 루이Citizen Louis')가 사형을 선고받았다. 혁명에서 흔히 나타나는 것처럼, 얼마 지나지 않아 지배 세력은 열의가 부족하다고 여겨지는 사람들을 숙청하고 폭력을 휘두르기 시작했다. 프랑스혁명 말기에는 이러한 공포 정치가 행해지면서 2~3만 명이 처형된 것으로 추정된다. 1795년에 이르러 프랑스는 파산했고, 아시냐Assignat(프랑스혁명 때 정부 지출을 충당하기 위해 발행한 통화)는 하이퍼 인플레이션을 겪게 되었다.

혁명이 늘 그렇듯이, 프랑스혁명도 반동으로 이어져 혁명을 이끈 지도자들이 체포되고 새로운 헌법이 제정되고 승인되었다. 새로운 체제(총재 정부Directorate)는 비효율적인 것으로 판명되었고 재정적 문제를 겪으며 제 기능을 수행하지 못했다. 그럼에도 **프랑스 정부는 계속해서 돈을 찍어내고 부유층 시민들에게 정부를 위해 자금을 대줄 것을 강요했다.** 결국 정부는 나폴레옹이 이탈리아를 무력으로 정복하면서 획득한 경화를 도입했고, 부채의 3분의 2에 대해 채무불이행을 선언함으로써

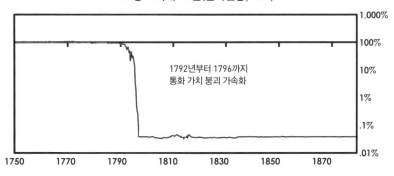

프랑스 화폐 vs 금(물가연동, LOG)

1792년부터 1796까지
통화 가치 붕괴 가속화

비로소 인플레이션 악순환에 종지부를 찍을 수 있었다. 세금 인상과 같은 추가 조치는 정부의 재정을 더욱 강화했다. 1796년 프랑스 정부는 통화 발행에 사용했던 인쇄기를 부수는 의식을 거행했다.

나폴레옹의 등장

거품, 심각한 빈부 격차, 값비싼 전쟁 비용은 붕괴와 혁명으로 이어졌다. 혁명은 낡은 질서를 버리고 새로운 질서를 도입하는 계기로 작용했다. 이 새로운 질서는 서로 대립했던 혁명 지도자들로 구성되었고, 10년 동안 고통스러운 혼란의 시기가 이어졌다. 프랑스는 이러한 혼란을 통제할 강력한 지도자가 필요했다. 과거에도 이처럼 전형적이고 극단적인 혁명 사례는 무수히 많았다. **때마침 등장한 나폴레옹은 이 위기를 극복할 전형적인 영웅이었다.** 프랑스가 공화정 체제를 유럽 전역에 전파하려 했던 시기에 그는 군사령관으로서 훌륭한 명성을 쌓았고 큰 인기를 얻었다. 1799년 그는 쿠데타를 일으켜 제1통령으로 집권한 후 결국 황제의 자리에 올라 1814년까지 독재적 권력을 행사했다. **중앙 집권화된 권력과 광범위한 대중적 지지로 무장한 나폴레옹은 경제를 안정시키고 정부의 전문성을 높였다.** 프랑스는 다른 유럽 강대국들에게 다시 떠오르는 제국이자 강력한 경쟁국으로 널리 인식되었다.

오스트리아와 러시아가 프랑스에 전쟁을 선포했다. 나폴레옹은 초기에 군사적으로 상당한 승리를 거두었고, 얼마 지나지 않아 스페인, 포르투갈, 이탈리아 그리고 많은 독일 지역까지 점령했다. 이 책에서는 그가 다른 지도자들처럼 과도하게 선을 넘었다는 점만 언급하고 나폴레옹 전쟁의 역사를 별도로 다루진 않을 것이다. 나폴레옹의 러시아 원정은 전세를 뒤집으며 나폴레옹의 패권을 흔들었다. **결국 프랑스는 패했고, 영국과 러시아가 주요 승전국이 되었다.**

전쟁에서 승패를 결정한 중요한 요인은 바로 영국이 지닌 탄탄한 자본력이었다는 점에 주목해야 한다. **영국은 강점인 자본력을 내세워 프랑스에 대항하는 유럽연합군에 많은 자금을 빌려줄 수 있었다.** 영국이 속한 연합군이 계속해서 패배했음에도 전투를 계속 이어갈 수 있었던 배경에는 영국의 금융 자원과 해군력이 있었다.

새로운 세계 질서: 빈 회의

이제 상황이 어떻게 전개되었는지 이해할 수 있을 것이다. 전쟁이 끝나면 승전국이 한데 모여 새로운 세계 질서를 만든다. 빈 회의에서도 그러했다. 30년 전쟁의 승전국들이 베스트팔렌에서 합의했던 것처럼, **영국 제국, 오스트리아, 프로이센, 러시아로 이루어진 4개국 동맹은 빈 회의**

(1814~1815)에서 세계 질서를 유리하게 재편하여 견제와 균형 체제를 구축했는데, 이러한 체제는 다음 세기에도 유럽 강대국들 사이에서 어느 정도 유지되었다. 이러한 발전의 지정학적 중요성은 헨리 키신저의 설명에서 잘 드러난다.

> 세계 질서는 이상주의적인 세대의 모든 희망을 충족시키지는 못했지만, 이 세대에게 아마도 더 소중한 것, 즉 대규모 전쟁이나 끝없는 혁명 없이 그들의 희망이 실현될 수 있는 안정기를 제공했다. … 뒤이은 안정기는 모든 주요 강대국이 받아들인 '정당한' 질서가 구축되었음을 가장 잘 보여주는 증거였다. 이후 각국이 세계 질서를 뒤집기보다는 체제 내에서 조정을 모색했기 때문이다.

핵심 집단과 프랑스가 협상하여 가장 중요한 의사결정을 했지만, 모든 주요 강대국이 빈 회의에 참석했다. 제1차 세계대전 이후 파리 강화 회의에 참석하고 제2차 세계대전 이후 협상에 나섰던 미국과 마찬가지로, 19세기 영국 역시 새로운 영토를 얻으려 하지 않았다. **영국의 주요 목표는 유럽에서 전쟁을 초래한 힘의 불균형을 해결하는 것이었다. 이탈리아, 독일, 저지대 국가**Low Countries(스헬데강, 라인강, 뫼즈강의 낮은 삼각주 지대의 주변 지역을 일컫는 말로, 오늘날의 벨기에, 네덜란드, 룩셈부르크, 프랑스 북부 지역 일부, 독일 서부 지역 일부가 포함된다. – 옮긴이)**와 같이 이전에는 약하고 분열된 국가로 이루어진 지역들이 프랑스와 같은 중앙 집권 국가에 대항하기 위해 상당한 영토를 통합했고,** 국경을 이루는 국제 하천에 대해 이뤄낸 항해 규칙 합의는 무역을 확대하는 데 도움이 되었다. 전술 면에서 파리 조약은 프랑스를 포함하되 파괴하지 않는

것을 목표로 한 만큼, 프랑스의 영토 손실을 최소화했다.[*]

 승전국은 모두 군주제를 택했고, 옛 영광을 되찾기 위해 많은 정책을 제정했다(예컨대 프랑스는 부르봉 왕조를 복권시켰다). 그럼에도 새로운 계몽주의 사상은 계속 영향을 미쳤다. **각국 정부는 정도는 다를지언정 대중을 좀 더 대표하고 법치주의에 근거한 체제로 전환했다**(제정 러시아Tsarist Russia**는 대체로 독재 국가로 남았다**). 영국에서는 점진적으로 개혁이 진행되어 자유화가 이루어졌고, 유럽 대륙에서는 혁명(자유주의를 내세운 1848년 혁명이 가장 유명하다)이 연달아 일어나며 변화를 촉발했다. **이후에 나타난 민족주의 운동은 독일과 이탈리아의 통일로 이어졌으며, 다민족으로 구성된 오스트리아와 오스만제국을 위태롭게 했다.**

정점에 다다른 영국의 세력

영국제국만큼 새롭게 접어든 안정기에 많은 이득을 본 강대국은 없었다. **영국의 주요 경제적, 군사적 경쟁국들의 세력이 약해졌을 뿐만 아니라, 국가 간 세력 균형이 맞춰지면서 영국은 본국 가까이에서 벌어지는 값비싼 군사적 충돌을 피하고 무역과 식민지에 집중할 수 있었다.** '위대한 고립Splendid isolation'**으로 알려진 이 정책은 '제국의 세기**Imperial Century'

---

[*] 1814년 파리 조약으로 프랑스는 1792년 당시의 영토를 기준으로 국경을 되돌려 놓아야 했다. 이는 전쟁으로 영국이 차지한 식민지의 일부를 프랑스가 되찾는 것을 의미했다. 나폴레옹이 유배지에서 돌아온 후 치른 전쟁에서 또다시 패하면서 1815년 프랑스에 불리한 조건으로 파리 조약이 체결되었다. 프랑스는 많은 배상금을 지불하고, 연합군의 프랑스 주둔을 받아들이고, 추가로 일부 영토까지 내놓아야 했지만, 여전히 프랑스혁명 당시 지배했던 영토의 대부분을 지킬 수 있었다.

를 여는 발판이 되었다. 물론 이 기간에도 경제 상황이 좋지 않았던 시기(예: 영국의 1825년 공황, 미국의 1837년, 1873년 공황)가 있었고, 군사적 분쟁(예: 오스만제국과 서유럽 강국들이 결성한 동맹군 그리고 러시아 사이에 벌어진 크림 전쟁Crimean War)도 있었다. 그러나 이러한 경제적, 군사적 위기는 영국이 정점에 오르며 매우 번영하는 상황을 갑자기 반전시킬 만큼 중대하진 않았다. 앞서 언급했듯, 19세기 후반인 1870년경 정점에 오른 영국은 세계 총소득의 20퍼센트를 생산하고, 세계 수출의 40퍼센트를 점유했으며, 세계 영토의 20퍼센트를 지배하고, 세계 인구의 25퍼센트를 관리했다. 물론 영국의 파운드화는 세계에서 인정받는 기축통화가 되었다. 이후에 나오는 도표들은 영국의 지배적인 세력을 이해하는 데 도움이 될 것이다.

지정학적으로 영국은 19세기 내내 대외적으로 영토를 확장하여 캐나다, 호주, 인도, 아프리카의 많은 지역을 지배하게 되었다.* 영국제국이 명시적으로 지배하지 않았던 지역에서도 일방적인 조건으로 교역권을 따내며 점차 외국 정부의 행정에도 개입할 수 있었다(예: 중국 현지 법률이 아편을 금지하고 있었지만, 영국은 중국에 아편을 수출할 수 있도록 보장하는 조약을 체결함으로써 중국과 벌인 아편 전쟁을 종결했다). 영국은 이러한 방식으로 식민지를 유지하며 상품, 부, 소득의 확실한 원천을 확보하고 유리한 조건으로 무역 협정을 맺었다. 다음의 도표는 이러한 성과를 분

---

* 영국이 초기에 영토를 확장했을 때 영국 동인도회사의 역할이 매우 중요했다. 18세기 후반에 설립되어 19세기까지 운영된 영국 동인도회사는 오늘날 인도, 파키스탄, 방글라데시에 해당하는 지역의 정치와 경제에 대한 관리를 통합했다. 1857년 대규모 반란으로 영국 정부가 개입하여 인도를 영국 영토로 점령할 때까지 동인도회사는 이 광대한 지역을 직접 관할했다.

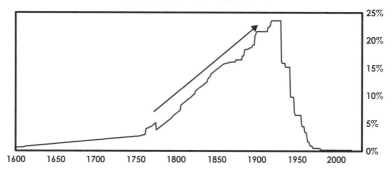

영국제국의 규모(%세계, 추정치)

명하게 보여준다.

정점

파운드화의 기축통화 지위는 식민지 확장, 군사력 투사 범위, 세계 무역, 투자 흐름 측면에서 영국이 갖는 지배력을 보완했다. **산업혁명을 시작으로 제국의 확장과 함께 전 세계 수출 시장에서 영국의 점유율이 증가하였고, 영국은 1850년경 세계 수출의 약 40퍼센트를 차지하며 정점을 찍었다. 영국 파운드화로 거래되는 무역의 비율은 영국의 무역량을 넘어섰다.** 1850년부터 1914년까지 세계 무역의 약 60퍼센트가 파운드화로 표시되었다. 이러한 일련의 상황은 빅 사이클의 전형적인 최상위 단계를 나타내는 쇠퇴의 씨앗이 뿌려지는 계기로도 작용했다.

세계 수출에서 영국이 차지하는 비율은 감소했지만, 영국은 이 기간에 계속해서 경상수지 흑자를 기록했다. 1870년 이후 해외 투자 수익이 국내로 유입되면서 무역수지 적자가 지속되었다. 다른 국가들의 투자

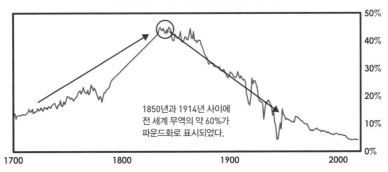

세계 수출 시장의 영국 점유율(%전체)

1850년과 1914년 사이에
전 세계 무역의 약 60%가
파운드화로 표시되었다.

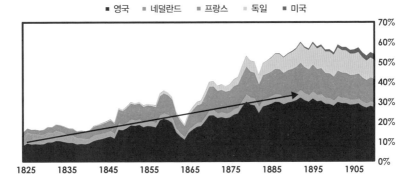

해외 투자(%전 세계 선진국 GDP)

■ 영국　■ 네덜란드　■ 프랑스　■ 독일　■ 미국

매력도가 높아지면서 경상수지 흑자로 벌어들인 소득이 국경을 넘어 해외 투자에 투입되는 비율이 점차 증가했다.

1818년 영국 로스차일드 은행Rothchild Bank은 처음으로 정부에 대규모 대출을 해주었다. 그 대상은 바로 프로이센이었다. 파운드화의 유동성이 증가하자 돈을 빌리려는 다른 국가들이 뒤따랐고, 점차 전 세계 부채와

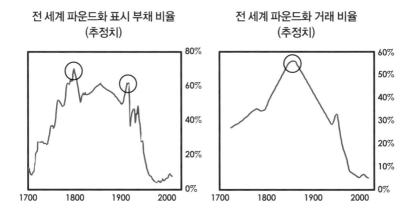

전 세계 파운드화 표시 부채 비율
(추정치)

전 세계 파운드화 거래 비율
(추정치)

무역, 자본 흐름은 모두 파운드화로 표시되었다.* 영란은행의 경제 운영 정책에 힘입어 파운드화에 대한 신뢰가 강화되었고, 영란은행은 금융 공황의 영향을 완화하기 위해 '최종 대출자' 역할을 수행하기 시작했다.**

19세기 후반 영국제국이 수십 년에 걸쳐 영토와 금융 범위를 계속 확장했지만, 1) 경쟁력 저하, 2) 불평등과 갈등 증가, 3) 독일과 미국 등 새로운 경쟁국의 부상 같은 전형적인 요인들이 불거지면서 몰락의 씨앗

---

* 대체로 1800년대에는 전 세계적으로 민간에서 파운드화를 널리 보유하고 있었다. 특히 오늘날 중앙은행의 포트폴리오에서 달러가 수행하는 역할과 달리, 당시 중앙은행에는 파운드화 준비금이라고 할 만한 게 존재하지 않았다는 점에 주목할 필요가 있다. 중앙은행은 제1차 세계대전을 겪으면서 자국 통화를 제외한 다른 형태의 자산으로 주로 귀금속을 보유했다.

** 1866년 공황은 이것을 잘 보여준다. 사건을 요약하자면, 런던 금융시장은 무역 금융을 위한 가장 유동적인 시장이었지만, 10년간의 호황 이후 많은 대출 기관이 과도하게 확장되었고 그중 한 대형 기관(오버엔드 거니 상회Overend, Gurney & Co.)이 파산하고 말았다. 이는 19세기형 리먼 브라더스Lehman Brothers 사태에 상응하는 중대한 사건이었다. 그러나 영란은행이 '최종 대출자' 역할을 맡겠다는 의지를 내보이며 금융 체계에 대한 신뢰가 상실되는 것을 저지하자 위기는 며칠 만에 사그라들었다.

이 싹트기 시작했다.

경쟁력 저하

한 걸음 물러나 생각해보면 1800년대 중반부터 후반까지 나타난 경제 성장은 크게 2차 산업혁명이었다. 이 기간에는 과학과 공학이 중요한 역할을 하며 계속해서 혁신을 주도했다. 합성 섬유와 새로운 합금이 생산되고 석유와 전기 같은 새로운 에너지원의 사용이 급증했으며, 전화기와 백열전구에 이어 자동차도 개발되었다. **교통, 통신, 사회기반시설이 개선되었고,** 기업 자본주의Corporate capitalism가 떠오르면서 생산성을 향상시켰다. **결과적으로 산업화를 효율적으로 이루어낼 수 있었던 국가(주로 미국과 독일)에서 1인당 생산량이 크게 증가했다.** 당시 영국은 이

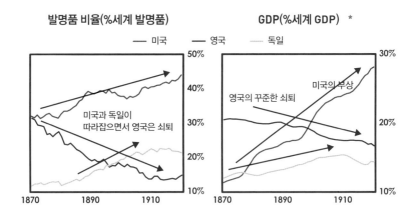

발명품 비율(%세계 발명품)

GDP(%세계 GDP) *

미국 · 영국 · 독일

미국과 독일이 따라잡으면서 영국은 쇠퇴

영국의 꾸준한 쇠퇴

미국의 부상

---

* 영국의 GDP 점유율은 영국제국이 지배한 국가들의 소득을 포함한다.

러한 새로운 발전을 이끌어낸 핵심 발명품들을 보유하고 있었음에도 이들 국가의 성장 속도를 따라가지 못했다. 영국이 자국 산업을 재편하는 데 실패하면서 영국의 1인당 생산량은 다른 주요 산업 강국에 비해 현저히 감소했다. 앞의 도표는 지속적으로 변화하는 혁신과 경제력을 보여준다.

불평등 심화

영국에서 산업화로 얻게 된 이익은 일방적으로 분배되어 극심한 불평등을 초래했다. 1800년대 후반까지 인구의 상위 1퍼센트가 전체 부의 70퍼센트 이상을 소유했는데, 이는 다른 국가보다 높은 수치였다. 영국의 상위 10퍼센트는 놀랍게도 전체 부의 93퍼센트를 소유하고 있었다.**

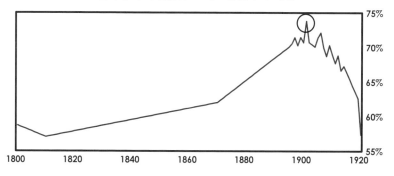

영국 부의 격차(상위 1%가 소유한 부의 비율)

** 오늘날 영국에서 상위 1퍼센트는 전체 부의 약 20퍼센트를, 상위 10퍼센트는 약 50퍼센트를 보유하고 있다.

앞에 도표에서 볼 수 있듯, 부의 격차가 정점에 달했던 시기는 영국제국이 정점에 이른 시기인 1900년경과 일치한다. 1부에서 설명한 전형적인 빅 사이클 조건과 더불어 이처럼 크게 벌어진 빈부 격차는 다음 세대에 부와 권력을 둘러싼 갈등에 불을 지피는 원인이 되었다.

사회가 변화하고 불평등이 극심해지면서 심각한 갈등이 촉발되었다. 1800년대 중반 영국 정부는 투표권을 확대하고 민주적인 선거를 해치는 부정부패를 줄이는 개혁 법안에 주로 초점을 맞추는 정책으로 대응했다. 1900년대 초반에는 이러한 정치 개혁에 이어 공적 연금 제도와 의료 보험, 실업 보험을 도입했고, 뒤이어 학생들에게 무료 급식을 제공하는 법안을 포함한 사회 개혁을 실시했다. 노동조합이 늘어나면서 노동자들의 교섭력도 강화되었다. 1911년에는 적격 노동자의 약 25퍼센트가 조합원이었고 노동당Labour Party은 중요한 정치 세력이 되었다. 노동자들의 세력은 점차 커지고 대규모 파업이 일어나기도 했다. 예를 들어, 1912년에는 광부들이 최초로 벌인 전국적인 파업을 계기로 최저 임금제가 시행되었다.

지정학적 경쟁국의 부상

영국은 국내 문제도 해결해야 했지만 해외에 있는 제국령에서 경쟁국들도 상대해야 했다. 아프리카에서는 프랑스와, 중동과 중앙아시아에서는 러시아와, 아메리카 대륙에서는 미국과 영향력을 놓고 경쟁했다. **하지만 가장 중요한 경쟁국은 독일이었다.** 또 다른 강대국으로 부상한 미국은 행복한 고립주의를 유지하며 바다 건너 유럽에서 벌어지는 갈등에 관심이 없었다.

빈 회의에서 새로운 세계 질서가 시작되었을 때, 독일은 여전히 여러 개의 작은 국가로 분열되어 있었다. 합스부르크 왕가가 통치하는 오스트리아제국이 많은 영향력을 행사하는 동안 프로이센은 빠르게 성장하여 유럽에서 손꼽힐 만큼 강력한 군대를 확보했다. **프로이센은 다음 세기에 걸쳐 다른 독일어권 국가들을 성공적으로 통합하여 일류 강국의 반열에 올랐다. 그것은 오토 폰 비스마르크의 뛰어난 전략적, 외교적 리더십*** **그리고 탄탄한 교육과 경쟁력 등 성공을 결정짓는 전형적인 요소들 덕분에 가능한 일이었다.**

독일은 통일 이후 떠오르는 강국의 전형적인 사이클을 경험했다. 새로운 독일(그리고 이전 독일어권 국가들)은 국가 경제를 영국 수준으로 끌어올리려면 효과적인 교육 체계를 갖추는 것이 무엇보다 중요한 일이라고 판단했고, 기본 토대부터 차근차근 구축해나갔다. 독일은 실용적인 무역 기술과 고급 과학 지식 이론과 응용을 아우르며 두루 가르치는 데 집중했다. 초등 교육은 1860년대부터 법적으로 모든 국민이 받아야 할 의무 교육이 되었다. 독일은 새로운 연구 대학 세 곳도 설립했다.

독일 정부는 혁신 문화를 조성하기 위해 기업에 기술적 조언과 지원, 신용을 제공하고, 발명가와 이민자 기업가에게 보조금을 지급하고, 기계라는 선물을 제공했으며, 산업 장비 수입품에 대해 관세를 면제하거

---

* 프로이센은 후에 독일제국으로 탈바꿈하기 전까지 호엔촐레른 가문Haus Hohenzollern이 다스리는 군주 국가였다. 비스마르크는 처음에 프로이센의 장관으로 임명되었고, 그 후 1871년부터 1890년까지 통일된 독일의 수상이 되어 막강한 영향력을 행사했다. 역사가 에릭 홉스봄Eric Hobsbawm에 따르면, "(비스마르크는) 1871년 이후 거의 20년 동안 벌어진 다자간 외교전에서 논쟁의 여지없이 세계에서 가장 뛰어난 성과를 낸 정치인으로 남았다."

공교육 지출(%GDP)

■ 독일　■ 영국　■ 프랑스

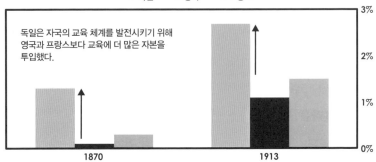

독일은 자국의 교육 체계를 발전시키기 위해
영국과 프랑스보다 교육에 더 많은 자본을
투입했다.

세계 특허 신청 비율

―― 독일　―― 영국

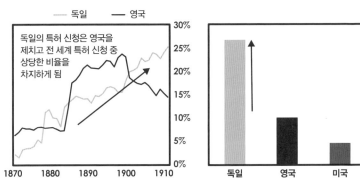

독일의 특허 신청은 영국을
제치고 전 세계 특허 신청 중
상당한 비율을
차지하게 됨

1900~1913년 노벨상 수여 비율

세계 제조업 생산량 상대적 비율

■ 독일　■ 영국　■ 프랑스

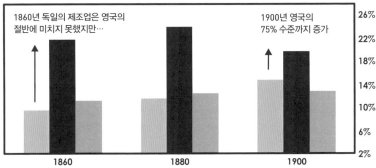

1860년 독일의 제조업은 영국의
절반에 미치지 못했지만…

1900년 영국의
75% 수준까지 증가

나 할인해주었다. 독일은 명시적으로 경제 발전을 목표로 하는 강력한 법치주의를 유지했다.

이처럼 노력을 기울인 결과, 1860년부터 1900년까지 세계 제조업 생산량에서 독일이 차지하는 비율은 약 5퍼센트에서 13퍼센트로 증가했지만, 다른 유럽 열강의 비율은 그대로이거나 감소했다. **1900년 독일의 GDP는 영국(제국령 제외)을 넘어섰지만, 영국은 여전히 세계 최고의 무역 국가였다.**

비스마르크가 경제 발전과 전 세계 경쟁국들과의 외교를 우선시하는 노련한 외교관이었던 데 반해 그의 후임자들은 전문성이 떨어졌지만 더 공격적이었다. **1888년 빌헬름 2세**Wilhelm II**는 황제로 즉위한 후 비스마르크를 해임하고 독일을 세계 강국으로 만들기 위한 정책을 폈다.** 이러한 움직임은 러시아와 영국을 비롯한 다른 강대국들이 프랑스(1871년 프로이센-프랑스 전쟁Franco-Prussian War 이후 독일의 강력한 경쟁국이었다)와 동맹을 맺어 독일을 견제하도록 만들었다. **빌헬름 2세는 독일의 군대, 특히 해군을 증강하고 영국을 상대로 군비 경쟁을 벌이기 시작했다.** 이

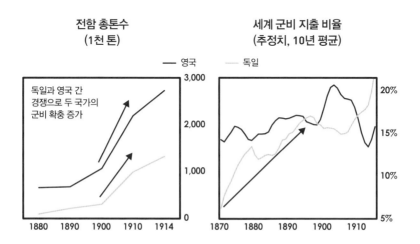

는 강대국 사이에 또 다른 경쟁을 불러왔다.

영국은 해군력에서 우위를 유지했지만, 군비 경쟁은 주요 강국들의 재정을 압박하였고 지정학적 질서를 더욱 불안정하게 만들었다. **영국과 독일 간 경쟁은 유럽 전역에 고조되고 있던 경쟁 중 하나에 불과했다. 프랑스와 독일이 대립하고 있었고, 독일은 러시아의 산업화에 대해 점점 우려하고 있었으며, 오스트리아와 러시아는 발칸 반도에서 영향력을 행사하기 위해 고군분투하고 있었다. 이 국가들은 그 어느 때보다 교류와 상업으로 밀접하게 얽혀 있었고 대부분의 사람은 전쟁이 벌어지지 않을 것이라고 믿었다. 하지만, 1914년 정세가 일촉즉발로 전개되더니 결국 전면전이 벌어졌다. 이 전쟁은 전 세계가 좁아져 서로 밀접하게 연결되면서 사상 처음으로 세계 주요 지역이 어떤 식으로든 연루될 수밖에 없었던 첫 번째 세계대전이었다.**

제1차 세계대전의 복잡성과 규모, 광범위한 기록을 고려할 때, 전반적인 상황은 끔찍했다고 말할 수 있다. **이 전쟁으로 약 850만 명의 군인과 1천300만 명의 민간인이 목숨을 잃었고, 유럽 전역이 황폐해지고 약해졌으며 많은 부채를 지게 되었다.** 이후 1917년에는 러시아가 혁명에 휩싸였고, 1918년에는 스페인 독감이 번지면서 이후 2년 동안 전 세계적으로 약 2천만~5천만 명이 목숨을 잃었다. 유럽 인구 비율로 보면 나폴레옹 전쟁이나 30년 전쟁 때보다도 이 기간에 더 많은 사람이 사망했다. 그러나 전쟁은 끝이 났고 다시 새로운 세계 질서가 세워졌다.

1919년 제1차 세계대전의 승전국인 미국, 영국, 프랑스, 일본, 이탈리아는 파리 강화 회의에 모여 베르사유 조약을 체결하며 새로운 세계 질서를 수립했다. 이때 강대국으로 인정받게 된 미국이 협상에서 중요한 역할을 수행했다. 사실 '새로운 세계 질서New world order'는 세계 통치 체제(국제연맹이 설립되었으나 얼마 못 가 해체되었다)를 제안한 미국 대통령 우드로 윌슨Woodrow Wilson이 그리는 미래상을 설명하기 위해 만들어진 용어이다. 1815년 빈 회의가 상대적으로 지속 가능한 질서를 만들었다면, 파리 강화 회의에서 내건 조건은 정반대의 결과를 초래했다. 당시에는 예상하기 어려웠지만 두 번째 전쟁은 불가피했다. 패전국(독일, 오스트리아-헝가리, 오스만제국, 불가리아)의 영토는 분할되었고, 이들은 승전국에 배상금을 지불할 것을 강요받았다. **이러한 부채 부담의 여파로 독일에선 1920년부터 1923년까지 인플레이션 불황**Inflationary depression **이 빚어졌다.** 그 외 많은 국가는 평화와 번영을 누리며 이른바 광란의 1920년대에 접어들었다. 하지만 모든 호황이 늘 그렇듯이, 그동안 쌓인 부채와 빈부 격차 문제가 터지면서 1929년 대공황이 발생했다. 두 번의 대규모 호황과 불황 사이클은 전형적인 단계를 거쳐 발생하긴 했지만, 비정상적으로 가까운 시점에 연달아 발생했다. 1920년대 호황에서 불황으로 넘어가는 과정에 대해서는 이 책의 다른 장에서 다루었으므로 이번 장에서는 넘어가고 대공황에 대해 논하고자 한다.

커다란 부의 격차와 함께 대공황은 거의 모든 주요 국가에서 포퓰리즘과 극단주의에 힘을 실어주었다. 예컨대 미국과 영국 등 일부 국가에서는 자본주의와 민주주의가 유지되는 가운데, 부와 정치 권력의 재분배를 초래했다. 그 외 경제가 취약한 국가(독일, 일본, 이탈리아, 스페인)에서는 포퓰리즘 독재자들이 통제권을 장악하고 제국을 확장할 방법을 모색했다.

일반적으로 전면전이 시작되기 전에 약 10년 동안 경제적, 기술적, 지정학적, 자본적으로 소규모 충돌이 빚어진다. 대공황 이후부터 제2차 세계대전 이전까지의 기간도 이러한 규칙과 일치하는 모습을 보였다.

독일과 일본은 점차 확장 정책을 펼치면서 자원과 영토 지배력을 놓고 영국, 미국, 프랑스와 잦은 경쟁을 벌였고, 결국 국가 간 긴장은 전쟁으로 치달았다.

제1차 세계대전이 끝난 지 불과 20년 만에 발발한 제2차 세계대전에서는 인명과 비용 면에서 훨씬 더 많은 대가를 치러야 했다. 독일과 일본이 패배하고 미국, 영국, 소비에트 연방(소련)이 승리했지만, 경제적으로는 영국과 소련도 큰 타격을 입었으며 미국은 상대적으로 엄청난 부를 얻었다. 다음 도표에서 볼 수 있듯, 독일과 일본의 1인당 GDP는 전쟁의 여파로 최소 절반이나 하락했고 통화 가치는 폭락했다. **늘 그래왔듯, 1945년에도 승전국들이 모여 새로운 세계 질서를 결정했다.***

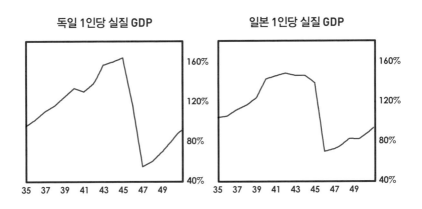

* 이 도표는 해당 기간에 뉴욕과 독일 간 실제로 이뤄진 거래를 기반으로 책정한 달러, 독일 마르크화의 공식 환율과 비공식(암시장) 환율을 나타낸 것이다. 비공식 환율은 해당 기간에 독일 마르크화의 실제 가치가 폭락하고 있었음을 보여준다.

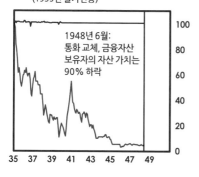

━━ 독일 현물환율 vs 미국 달러(1935년 물가연동)
━━ 독일 암시장 현물환율 vs 미국 달러
(1935년 물가연동)

1948년 6월:
통화 교체, 금융자산
보유자의 자산 가치는
90% 하락

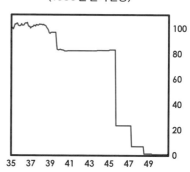

일본 현물환율 vs 미국 달러
(1935년 물가연동)

쇠퇴

나폴레옹 전쟁 이후 영국이 부상했던 것처럼, 1945년 연합군의 승리로 미국이 세계에서 지배적인 제국으로 올라서면서 엄청난 부와 권력의 전환이 이루어졌다. 영국은 전쟁으로 막대한 부채를 지게 되어 수익보다 오히려 유지 비용이 더 많이 드는 덩치 큰 제국으로 전락했다. 영국보다 경쟁력 있는 수많은 경쟁국이 생겨났으며, 영국의 극심한 빈부 격차는 정치적 간극을 더욱 벌려 놓았다.

영국 파운드화가 세계 기축통화로서의 지위를 완전히 상실하기까지는 그로부터 20년이 더 소요되었다. 영어가 국제 비즈니스와 외교적 의사소통의 구조에 매우 깊숙이 엮여 있어 쉽게 대체하기 어렵듯이, 기축통화 지위도 마찬가지로 하루아침에 대체하지 못한다. 다른 국가의 중앙은행들은 1950년대까지 외환 보유고의 상당한 금액을 파운드화로 보유했으며, 1960년에도 전체 국제 무역의 3분의 1이 여전히 파운드화로 표시되었다. **그러나 전쟁이 끝난 후 파운드화는 기축통화 지위를 잃어**

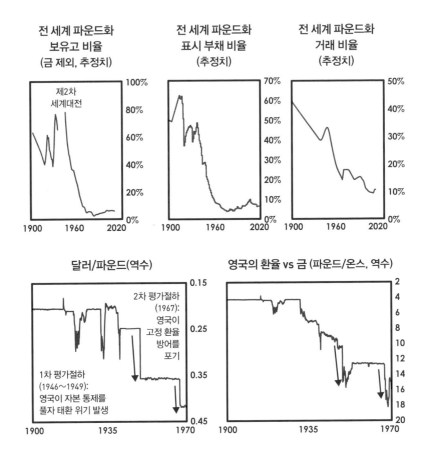

전 세계 파운드화
보유고 비율
(금 제외, 추정치)

제2차
세계대전

전 세계 파운드화
표시 부채 비율
(추정치)

전 세계 파운드화
거래 비율
(추정치)

달러/파운드(역수)

2차 평가절하
(1967):
영국이
고정 환율
방어를
포기

1차 평가절하
(1946~1949):
영국이 자본 통제를
풀자 태환 위기 발생

영국의 환율 vs 금 (파운드/온스, 역수)

가고 있었다. 영국과 미국의 상반된 재정 상황, 영국의 늘어난 부채 부담과 낮은 순보유고Net reserves를 고려하면 파운드화 채권을 보유하는 것이 불리해진다는 사실을 영리한 투자자들은 인식하고 있었다.

영국 파운드화의 가치 하락은 몇 번의 상당한 평가절하를 동반하며 장기간에 걸쳐 일어났다. 1946~1947년 파운드화의 태환성(시장에서 자유롭게 거래되고 교환될 수 있음을 뜻한다. – 옮긴이)을 허용하려는 시도가 실패하면서 1949년 파운드화 가치는 달러 대비 30퍼센트나 평가절하되었다. 통화 가치 하락은 단기적으로 효과가 있었지만, 이후 20년 동안 이어진 영국의 경쟁력 약화는 계속해서 국제수지를 악화시켰고, 이러한 하방 압력은 1967년 파운드화의 평가절하로 끝이 났다. 이 시기에 독일 마르크화는 세계에서 두 번째로 널리 보유되는 기축통화로 자리잡아 파운드화를 대체하기 시작했다. 앞의 도표는 이러한 변화를 보여준다.

1947년 파운드화의 태환 중단과 1949년 평가절하

1940년대는 파운드화에 있어 '위기의 해'로 여겨지곤 한다. 제2차 세계 대전으로 영국은 동맹국과 식민지로부터 막대한 자금을 차입해야 했고, 이렇게 늘어난 부채는 파운드화로 유지해야 했다. 전쟁이 끝났을 때 영국은 세금을 인상하거나 정부 지출을 줄이지 않고는 부채를 상환할 수 없었기 때문에 영국의 채권을 옛 식민지에서 선제적으로 매각하는 행위를 금지했다. 이러한 규제는 세계 경제의 유동성을 감소시키고 미국의 수출 이익에 영향을 미치기 때문에 미국은 영국이 가능한 한 빨리 파운드화의 태환성을 되찾기를 간절히 바랐다. 영란은행도 파운드화의 세계 거래 통화 역할을 회복하고, 런던의 금융 부문 수익을 늘리고, 해외 투자자들에게 파운드화 저축을 장려하기 위해 자본 통제를 해제하길 원했다. **1946년 파운드화의 잠재적인 가치 하락에 대한 완충 장치를 제공할 목적으로, 미국이 37억 5천만 달러(영국 GDP의 약 10퍼센트)를 영국에 대출해주기로 합의했다.** 1947년 7월, 부분적으로 태환성이 도입되자 예상대로 파운드화는 상당한 매도 압력을 받았고, 영국과 파운드화 통용 지역Sterling Area 국가들은 파운드화의 달러 연동을 유지하기 위해 긴축 정책으로 전환했다. 이들은 사치품 수입을 제한하고, 국방비를 삭감했다. 그리고 달러와 금 보유고를 줄였으며, 외환 보유고를 달러로 다각화하지 않기로 합의했다. 영국 총리 클레멘트 애틀리Clement Attlee는 국민에게 전쟁 때와 같은 희생정신을 보여달라고 촉구하는 인상적인 연설을 했다.

> 우리는 또다시 영국을 위해 싸우고 있습니다. 이 전투는 소수로는 절대 승리할 수 없습니다. 온 국민이 단합해서 노력해야 합니다. 저는 앞으로 국민들이 단합한다면 분명 영국이 다시 승리하리라고 확신합니다.

하지만 총리가 연설을 끝마치자마자, 파운드화의 가치 하락은 가속화되었다. **그해 8월 말에 태환이 중단되었고, 태환을 앞두고 파운드화 자산을 매입한 미국과 다른 해외 투자자들은 분노에 휩싸였다.** 벨기에 국립은행National Bank of Belgium 총재가 파운드화 거래를 중단하겠다고 위협했을 정도로 외교적 개입이 필요한 상황이 벌어졌다. **2년 후 영국과 미국의 정책입안자들이 현재 환율로는 파운드화가 태환성을 회복할 수 없다고 판단하면서 파운드화의 평가절하가 이루어졌다.** 이후 영국이 경쟁력을 되찾으면서 경상수지가 개선되었고, 1950년대 중후반에는 태환성을 완전히 회복했다. 다음 도표는 이러한 과정을 보여준다.

파운드화의 펀더멘털은 여전히 취약했지만 평가절하가 공황으로 이어지진 않았다. 파운드화의 태환성을 회복하기 위해 통화 가치의 급락을 기꺼이 감수한 미국 정부 그리고 정치적인 이유로 통화가 파운드화에 고정된 인도, 호주 등 파운드화 통용 지역 경제가 여전히 영국 자산을 많이 보유하고 있었기 때문이다. 그러나 **전쟁 직후 벌어진 상황을 경**

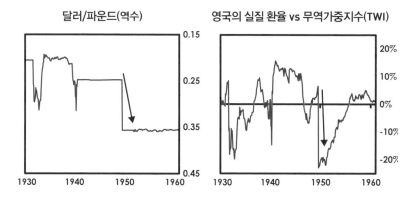

달러/파운드(역수)

영국의 실질 환율 vs 무역가중지수(TWI)

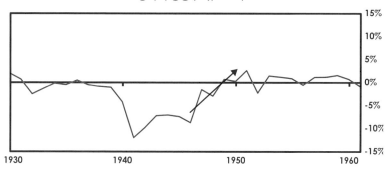

영국의 경상수지(%GDP)

험으로 터득한 사람들은 파운드화가 제2차 세계대전 이전과 같은 국제
적 역할을 담당하지 못할 것이라는 점을 분명히 알 수 있었다.

1950년대와 1960년대 파운드화를 지원하려는
국제적 노력의 실패와 1967년 평가절하

1949년의 평가절하는 단기적으로 도움이 되었지만, 이후 파운드화는 계속해서 국제수지 불균형에 따른 압박을 마주해야 했다. 국제정책입안자들은 (특히 냉전이 나타난 배경과 공산주의에 대한 우려를 감안할 때) 파운드화 가치의 붕괴나 달러로의 급격한 전환이 새로운 브레턴우즈 체제에 매우 해로운 영향을 줄 가능성을 우려했다. **결과적으로 파운드화의 가치를 높이고 국제 유동성 원천으로서의 역할을 유지하기 위해 많은 노력이 행해졌다.** 영국은 유럽 공동 시장Common Market 내 모든 거래를 파운드화로 표시하고, 모든 통화를 파운드화에 고정할 것을 의무화했다. 그 결과 1950년대와 1960년대 초반에 영국은 지역 경제 강국으로, 파운드화는 지역 기축통화로 인식되었다. 하지만 이러한 조치는 여전히 근본적인 문제를 해결하지 못했다. 영국은 부채가 너무 많고 경쟁력이 떨어져 부채를 갚지 못했고, 여전히 필요한 수입품을 구매할 수도 없었다. 파운드화는 1967년에 다시 평가절하되어야 했다. **그 후 영국이 파운드**

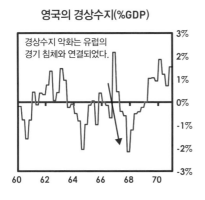

영국의 경상수지(%GDP)

경상수지 악화는 유럽의
경기 침체와 연결되었다.

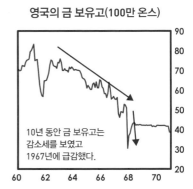

영국의 금 보유고(100만 온스)

10년 동안 금 보유고는
감소세를 보였고
1967년에 급감했다.

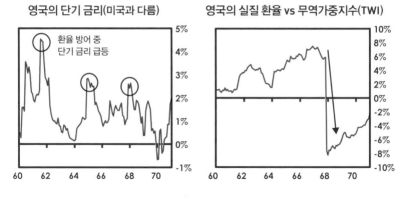

영국의 단기 금리(미국과 다름)

환율 방어 중
단기 금리 급등

영국의 실질 환율 vs 무역가중지수(TWI)

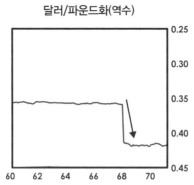

달러/파운드화(역수)

화의 내재가치를 달러로 보장하지 않는 한, 파운드화 통용 국가들조차 외환 보유고를 파운드화로 보유하는 것을 꺼리는 상황이 벌어졌다.

평가절하 이후 파운드화를 향한 신뢰는 거의 남지 않았다. 각국의 중앙은행은 파운드화를 적은 금액으로 새로운 보유고에 축적하는 것이 아니라, 그동안 준비금으로 보유했던 파운드화를 팔고 달러, 독일 마르크화, 엔화를 사들이기 시작했다. 중앙은행 보유고에서 파운드화가 차지하는 비율은 2년 만에 무너졌다. **1968년 이후 외환 보유고에 파운드화 비중을 높게 유지했던 국가들은 사실상 달러를 보유한 셈이나 다름없었다. 1968년 파운드화 합의**Sterling Agreement**에 따라 파운드화는 달러 가치**

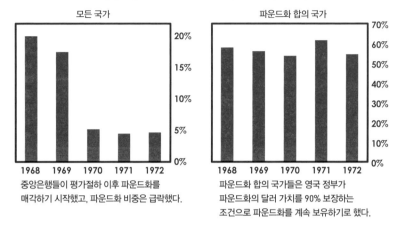

중앙은행 보유고의 파운드화 평균 비중(%전체)

모든 국가

중앙은행들이 평가절하 이후 파운드화를
매각하기 시작했고, 파운드화 비중은 급락했다.

파운드화 합의 국가

파운드화 합의 국가들은 영국 정부가
파운드화의 달러 가치를 90% 보장하는
조건으로 파운드화를 계속 보유하기로 했다.

의 90퍼센트까지 보장되었기 때문이다.

제2차 세계대전 이후의 유럽

빅 사이클에서 늘 나타나듯이, 국가들은 전쟁의 끔찍한 대가를 치른 후 다시는 전쟁이 일어나지 않도록 새로운 세계 질서를 만든다. 당연히 새로운 세계 질서는 새롭게 제국으로 떠오른 승전국 중심으로 돌아간다. 제2차 세계대전 이후 승전국은 분명히 미국이었다.

전후에 확립된 질서에서 가장 중요한 지정학적 요소는 다음과 같다.

- **미국은 우세한 강대국이었으며 사실상 세계 경찰이 되었다.** 당연히 미국과 제2의 강대국이었던 소련 사이에는 긴장이 고조되었다. 미국과 미국의 동맹국은 북대서양조약기구NATO라는 군사 동맹을 맺고 소련의 구성국들은

바르샤바조약기구Warsaw Pact, WP를 형성하면서 양측이 냉전을 벌이며 대립했다.

- **전 세계 분쟁을 해결하기 위해 국제연합UN이 출범했다.** 빅 사이클의 전형적인 과정을 따르기라도 하듯, UN은 전쟁의 승전국들이 지배하는 주요 권력 기관인 UN 안전보장이사회와 함께 부상하는 제국의 심장부(이 경우에는 뉴욕)에 본부를 두었다.

새로운 세계 질서를 이루는 가장 중요한 재정적 구성 요소는 다음과 같다.

- 달러를 세계 기축통화로 확립한 브레턴우즈 통화 체제
- 새로운 세계 금융 체제를 지원하기 위해 설립된 국제통화기금IMF과 세계은행
- 새로운 세계 금융의 중심지인 뉴욕

유럽의 관점에서 보면, 새로운 세계 질서의 핵심은 유럽 국가들을 위축시키는 새로운 강대국들이 출현하면서(특히 유럽 국가들의 식민지가 독립하면서) 유럽 강대국들이 정점에 올랐을 때 이루어낸 힘의 균형이 약화되어 무색해진 세상으로 전환되었다는 점이다. 이러한 압박과 두 차례의 세계대전을 경험한 후 분열의 대가로 얻은 명확한 교훈을 고려할 때, 유럽의 통합은 분명한 가치가 있었다. 그것은 점차 유럽연합EU으로 발전한 새로운 유럽 질서를 확립하는 원동력이 되었다.

유럽연합의 주요 창시자인 로베르 쉬망Robert Schuman의 이야기는 유럽이 통합한 이유를 설명하는 데 도움이 된다. 쉬망의 아버지는 프랑스 시

민권자였으나 1871년 그의 고향 알자스-로렌Alsace-Lorraine이 독일에 합병되면서 독일 시민권자가 되었다. 쉬망은 독일인으로 태어났지만 제1차 세계대전 이후 알자스-로렌이 프랑스령으로 반환되면서 국적을 프랑스로 바꿨다. 그는 제2차 세계대전 때 정치 행보를 시작했으며 당시 친독일 정권인 비시Vichy 정권에 합류하지 않고 레지스탕스Resistance 활동에 참여했다. 그는 전쟁이 끝날 때까지 은신해야 했고 그에게 걸린 현상금만 10만 라이히스마르크화Reichsmark에 달했다. 쉬망의 핵심 동료는 전후 서독의 초대 총리를 지낸 콘라트 아데나워였다. 중도파 정치인이자 시장이었던 그는 나치Nazi에 의해 정치계에서 퇴출되었고, 1944년에는 강제 수용소에 구금되었다. 1949년 독일 기독교민주연합Christian Democrat의 대표로 출마한 선거에서 총리로 선출된 후 그의 정책은 다른 유럽 열강과 화해하고 독일 경제를 재건하는 데 중점을 두었으며, 공산주의를 반대했다. 쉬망과 아데나워의 계획은 다른 유럽연합 창립자들과 함께 전쟁을 '상상할 수 없을 뿐만 아니라 실질적으로도 불가능하게' 만드는 것이었다.

그들은 첫 번째 단계로 유럽 석탄 철강 공동체European Coal and Steel Community를 설립했다. 이는 좁은 의미의 경제 협정처럼 보이지만, 이 공동체의 명시적 목표는 유럽 연방을 만드는 것이었다. 이에 대해 쉬망 선언Schuman Declaration은 다음과 같이 밝히고 있다.

석탄과 철강 생산을 통합하면 유럽 연방의 첫 번째 단계로 경제 발전에 필요한 공동 기반이 마련될 것이며, 오랫동안 군수품 제조에 전념하며 계속해서 희생해온 지역의 운명을 바꿔놓을 것입니다.

이 협정으로 고등 행정기관High Authoriy, 공동 의회Common Assembly, 사법 재판소Court of Justice 등 초국가적 기구가 설립되었다. 이들은 각국에 기구의 결정과 규정을 적용하고, 세금을 부과하고 채권을 발행할 수 있고, 노동자 복지 프로그램을 만들 수 있다. 총 6개국이 협정에 서명했고, 시간이 지나면서 더 많은 국가가 합류했다. 궁극적으로 유럽 석탄 철강 공동체는 (1957년 로마 조약Treaty of Rome을 통해) 관세 동맹으로 발전했고, (1985년 셴겐 협정Schengen Agreement을 통해) 국경을 개방했으며, (1992년 마스트리흐트 조약Maastricht Treaty을 통해) 유럽 시민권 공유를 포함한 정치·경제 연합 체계에 대한 합의로 이어졌다.

이처럼 유럽의 새로운 지정학적 질서는 늘 새로운 금융·경제 질서와 함께 세워졌다. 마스트리흐트 조약은 재정 적자에 관한 규칙을 포함한

미국과 중국, 유로존 비교

	유럽	미국	중국
제국 지수(0~1)*	0.55	0.87	0.75
1인당 GDP(2017년 미국 달러, PPP 조정)	41,504	60,236	16,411
GDP(%세계, PPP 조정)	13%	17%	23%
인구(%세계)	4%	4%	18%
수출(%세계)	12%	11%	15%
군사비(%세계)	9%	28%	19%
대졸자(%세계)	13%	20%	22%
특허권(%세계)	11%	17%	41%
노벨상(%세계)	11%	32%	2%
주식시장 시가총액(%세계)	8%	55%	10%
통화 국제 거래(%세계)	28%	55%	2%
통화 공적 보유고(%세계)	21%	62%	2%

* 비교 목적으로 주요 유로존 국가들을 유럽제국이라는 하나의 단위로 취급한다.

새로운 공동 통화(유로)와 공동 경제 규칙의 토대를 마련했다. 과거에 서로 대항하며 전쟁을 벌였던 27개 회원국(그리고 4억 명 이상의 국민)의 통합은 매우 인상적인 위업으로, 유럽연합을 다른 강대국에 견줄 만한 위치에 올려놓았다.

앞서 2장에서 8가지 국력 지표와 기타 지표에 반영된 빅 사이클 쇠퇴가 발생하는 전형적인 이유를 설명했듯이, 21세기 초 유럽연합에서도 마찬가지로 상대적인 쇠퇴와 위기가 발생했다. 이는 다른 제국이 위기를 경험한 이유와 일맥상통한다.

구체적으로 살펴보면, 유럽은 많은 부채를 짊어지고 있고, 경제가 근본적으로 취약하며, 내부 갈등 지수가 상대적으로 높고, 경제 활력과 창의력 수준이 비교적 뒤처지며, 군사력이 강하지 않다. 회원국 간 부와 소득 불평등은 포퓰리스트를 부추겼고, 다수의 포퓰리스트들이 유럽연합을 반대하고 영국을 유럽연합에서 탈퇴하도록 이끌었다. 즉, (영국을 포함해서) 유럽 전체가 얼마 전만 해도 세계를 호령하는 제국이었지만, 이제 2차 강국으로 전락한 것이다.

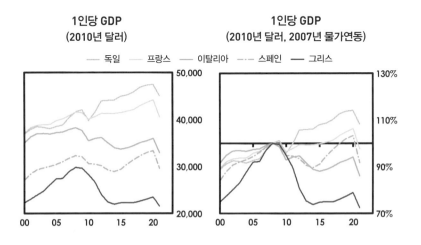

이제 또 다른 강대국인 미국과 중국으로 관심을 돌려보자.

11장

빅 사이클로 본 미국과 달러화의 부상과 쇠퇴

이번 장에서는 19세기에 시작된 미국의 빅 사이클 성장과 미국이 영국을 점차 앞지르며 세계에서 가장 강력한 제국으로 자리잡은 과정 그리고 최근에 나타난 미국의 쇠퇴를 살펴본다. 세계 최고의 제국인 미국의 이야기는 지금도 전개되고 있고 오늘날 전 세계와 깊은 연관이 있으므로, 앞서 네덜란드와 영국에 대해 살펴본 것보다 더 상세하게 미국의 빅 사이클을 짚어보고자 한다. 특히 미국의 빅 사이클은 달러의 세계 기축통화 지위 그리고 달러에 미친 경제·통화 정책의 영향력과도 관련이 있다.

다음 도표는 미국의 전반적인 사이클을 구성하는 8가지 국력 유형을 보여주는데, **1700년 이후 미국의 흥망성쇠에 얽힌 뒷이야기를 엿볼 수 있다.** 교육 분야의 탄탄한 발전과 우수성은 혁신과 기술의 진보, 세계 시장에서 통하는 경쟁력과 경제 생산을 불러왔으며, 이 모든 것은 금융 시장의 발전과 금융 중심지의 역할, 군사력과 세계 무역 시장을 이끄는 리더십 그리고 상당한 시차를 두고 기축통화로서의 달러의 출현을 촉진했다. 교육, 경쟁력, 무역의 상대적 우위는 줄어들었지만, 혁신과 기술,

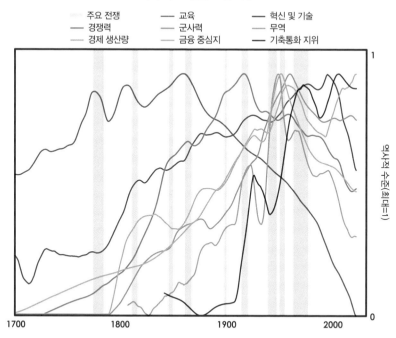

미국: 주요 결정 요인 지수

주요 전쟁 ── 교육 ── 혁신 및 기술
── 경쟁력 ── 군사력 ── 무역
── 경제 생산량 ── 금융 중심지 ── 기축통화 지위

역사적 수준(최대=1)

1700 1800 1900 2000

금융시장, 기축통화와 금융 중심지 지위에서 미국은 여전히 상대적으로 강력한 우위를 점하고 있다. **이 도표는 깊은 연관이 있는 미국 소득과 재무상태표 조건의 편차와 내부 갈등을 보여주진 않는다**(미국의 현재 상황을 더 자세히 살펴보려면 이 책의 마지막 장을 참조하길 바란다).

다음 도표는 독립 전쟁 이전부터 미국의 전반적인 사이클 전개를 보여주기 위해 모든 요인을 결합하고 주요 사건을 표시한 것이다. 각 숫자는 내부 질서 사이클의 6단계가 나타나는 대략적인 시점을 나타낸다.

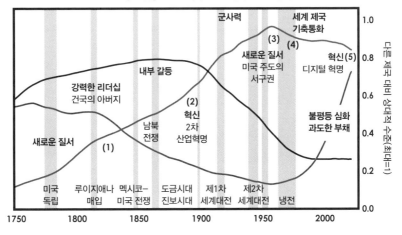

미국의 사이클 전개 1750년~현재

주요 전쟁 ── 미국 ── 영국 ── 중국

군사력

세계 제국
기축통화

(3) (4)

새로운 질서
미국 주도의
서구권

혁신 (5)
디지털 혁명

내부 갈등

강력한 리더십
건국의 아버지

(2)
혁신
2차
산업혁명

불평등 심화
과도한 부채

남북
전쟁

새로운 질서

(1)

미국
독립

루이지애나
매입

멕시코─
미국 전쟁

도금시대
진보시대

제1차
세계대전

제2차
세계대전

냉전

1750   1800   1850   1900   1950   2000

1.0
0.8
0.6
0.4
0.2
0.0

다른 제국 대비 상대적 수준(최대=1)

이제 미국의 탄생부터 현재 시점까지 일어난 사건들을 살펴보자.

부상

새로 등장한 국가와 왕조가 모두 그러하듯, **미국도 일반적인 혁명과 혁명 후 과정을 거쳤다. 미국은 1) 강력한 지도자들로 구성된 집단이 지배권을 손에 쥐기 위해 싸웠고, 2) 싸움에서 승리한 집단이 지배권을 통합했다. 3) 새로운 지도부는 대중의 지지를 얻을 미래상을 그리고 있었지만, 4) 정부가 그것을 구현하기 위해 어떻게 나서야 하는지에 대해 갈등을 겪으며 여러 파벌로 나뉘었다. 이렇게 분열된 파벌들은 5) 통제 체제를 파악하고 협정에 이를 제시했으며**(미국의 경우, 처음에는 연방 규약Articles of Confederation에, 이후에는 헌법에 이를 명시했다), **6) 정부의 각 부분**

(예: 통화·신용 체제, 법률 체제, 입법 체제, 군대 등)을 조직하고, 7) 사람들에게 일자리를 제공하여 국가 체제가 잘 작동하도록 했다. 미국은 협상과 합의를 존중하는 태도를 보이고 훌륭한 기회를 제공하는 통치 체제를 설계하여 고유하고 평화로운 방식으로 이와 같은 일들을 수행했다.

8가지 국력 유형을 보여주는 앞의 도표를 살펴보면 미국의 혁신, 기술, 경쟁력 요인은 남북 전쟁 때 주춤했다가 다시 세계대전 때까지 꾸준히 상승했다. 하지만, 그보다 앞서 교육 수준이 급격하게 향상했음을 알수 있다. 국내외 통화·부채, 경제, 군사 상황은 모두 기복이 많았다. 이 모든 상황을 여기에서 자세히 설명하지는 않겠지만, 대신 이 모든 것이 앞서 설명한 기본적인 인과 관계와 같은 방식으로 전형적인 패턴을 따른 결과라는 점은 언급하고자 한다. 미국의 성장은 제2차 세계대전 이후 가장 두드러졌지만 실제로는 1800년대 후반에 시작되었다. 이번 장에서는 바로 그 이야기를 다룰 것이다.

미국 남북 전쟁 이후 도래한 2차 산업혁명은 영국과 유럽 대륙, 미국에서 부와 번영이 평화롭게 추구되며 소득과 부가 크게 늘어나고 기술이 발전한 전형적인 시기 중 하나였다.

미국에서는 이러한 이득을 얻기 위해 자유시장 자본주의 체제를 도입하여 자금을 조달했는데, 늘 그래왔듯 자본주의 체제는 많은 부를 창출한 동시에 부의 격차를 크게 벌려 놓았다. 1913년 연방 소득세를 허용하는 헌법 수정안이 통과된 것을 시작으로, 이러한 부의 격차는 부유층의 강력한 독점을 해체하고(독점 금지법trust busting), 부유층에 대한 세금을 인상하는 진보시대 정책으로 사회적 불만을 촉발했다. 미국의 강점은 더욱 강화되어 세계 경제 생산량과 세계 무역에서 미국이 차지하는 비율과 자본력을 늘렸고(예컨대 뉴욕은 세계 최고의 금융 중심지로 거듭났다), 미국은 계속해서 혁신을 선도했으며, 미국의 금융 상품은 전 세계에 널리 활용되었다.

미국 달러와 자본시장의 오랜 상승

전 세계에 군림하는 기축통화가 되기 위한 미국 달러의 여정은 순탄하게 흘러가지 않았다. 미국이 탄생한 후 첫 100년 동안 미국의 금융 체계는 충분히 개발되지 못했다. 3장과 4장에서 설명했듯, 미국의 은행 업무는 다른 국가들과 마찬가지로 전통적인 방식으로 이루어졌다. 다시 말해 경화가 은행에 투입되었고, 은행들은 실제 보유한 것보다 훨씬 더 많은 금액을 대출해주었다. 이러한 다단계 사기가 흔들리기 시작하자, 은행들은 의무를 이행하지 못했고 돈의 가치는 평가절하되었다. 미국에는 금융시장을 통제하거나 최종 대출자 역할을 맡을 중앙은행이 없었다. **미국은 많은 호황/불황 사이클을 거쳤는데, 부채로 조달한 투자 광풍이 불면서(토지, 철도 등에 투입) 호황이 지나치게 확장되어 결국에는 신용 손실과 신용 경색을 초래하는 전형적인 모습이 이어졌다. 당시 금융 공황은 매우 흔한 일이었다.** 1836년과 1913년 사이에 뉴욕에서만 8건의 금융 공황이 발생했으며, 지역 금융 공황도 흔하게 발생했다. 당시 은행 체계는 고도로 분할되어 통화량이 경직되었고, 예금 보험이라는 것도 없었으며, 피라미드형 준비금 체제(뉴욕에 있는 소수의 대형 은행이 '거래처' 역할을 하거나 상당수의 국내 은행들을 위해 준비금을 보유했다)로 인해 은행 한 곳이 위험해지면 다른 은행에도 연쇄적으로 영향을 미칠 위험이 컸다.

뉴욕은 런던과 마찬가지로 세계 금융 중심지가 되기 전부터 이미 무역 중심지로 자리 잡았고, **20세기에 접어들고 나서야 금융 중심지로 발전할 수 있었다.** 1913년에는 세계 20대 은행에 미국 은행 두 곳만이 13위와 17위로 이름을 올렸다. 반면 영국 은행은 9곳이 순위에 이름을 올렸고, 상위 5위권에 3곳이나 포함되었다. 이 시점에 미국은 경제 생산량에서 영국을 크게 넘어섰으며 수출 시장 점유율에서는 대등한 수준에 이르렀다.

새로 떠오른 금융 중심지 뉴욕에서 비롯된 가장 중요한 금융 혁신 중 상당수는 대규모 무역 중심지의 수요에 맞춘 서비스였다. 투자 은행은 미국에서 인기를 얻었고, 1800년대에 자본 청산 기관clearinghouse으로 등장했다. 자본 대부분은 유럽에서 유입되어 당시 미국에 호황을 일으켰다. 이전의 런던과 마찬가지로, 뉴욕에서도 보험 회사가 은행보다 더 빠르게 발전했다. 전쟁이 발발하기 전에는 대형 보험 신탁 회사의 규모가 대형 은행보다 컸다.

미국 경제가 유럽과 영국 시장보다 더 역동적이고 빠르게 변화했다는 사실은 미국 남북 전쟁 직후부터 호황을 누리던 미국 주식시장에도 반영되었다. 앞서 설명한 바와 같이 **19세기 후반은 평화와 번영이 이어진 호황기였고, '2차 산업혁명', '도금시대', '강도남작시대**Robber Baron Era**(강도남작은 불공정한 사업 관행과 과점으로 산업을 지배하여 막대한 재산을 축적한 사업가와 은행가를 가리키는 용어로, 부정적인 의미로 쓰였다. ─옮긴이)'로도 불렸다. 이름에서 알 수 있듯, 당시 자본주의와 혁신이 번성하면서 부의 격차가 심각하게 벌어졌고 부정부패가 만연해져 사회적으로 분노가 쌓인 시기였다.** 사회적 반발은 1900년경에 시작되었고, 1907년에는 한 차례 부채 문제가 터지기도 했다. 이처럼 혼란이 이어지자 1913년 연방준비제도(연준)로 불리는 미국의 중앙은행 체제가 탄생했다. 1910년, 미국 주식시장의 시가총액은 영국을 넘어섰다. 1901년에 설립되어 15년 만에 가장 가치 있는 미국 기업이 된 US 스틸US Steel과 같은 새로운 기업과 산업 부문도 빠르게 성장했다.

그 후 1914년에 제1차 세계대전이 발발하여 1918년에 끝이 났다. 전쟁이 그렇게 오래 지속될 것이라고는 아무도 예상하지 못했다. 미국은 전쟁 기간 대부분에 걸쳐 참전하지 않았고 전쟁 중에도 유일하게 금 태환성을 유지한 주요 국가였다. 전쟁의 여파로 유럽의 경제와 시장이 큰 타격을 입었으며, 유럽 정부가 취한 정책도 자국 통화에 대한 신뢰를 더욱 약화시켰다. 이와 대조적으로 미국의 상대적인 재정 및 경제적 지위는 전쟁의 수혜를 입었다. 전쟁을 치르는 동안 연합국은 대부분 미국으로부터 부채를 조달했기 때문에 전 세계 국채를 표시할 때 달러를 사용하는 경우가 늘어났다.

전형적으로 짜여진 시나리오처럼, 승리한 강대국(이 경우 미국, 영국, 프랑스, 일본, 이탈리아)들은 전쟁 후에 모여 새로운 세계 질서를 수립했다. 1919년 초, 파리 강화 회의가 6개월 동안 열렸고, 이어서 베르사유 조약 Treaty of Versailles**이 체결되었다.** 이 조약에 따르면, 전쟁에 패한 강대국(독일, 오스트리아-헝가리, 오스만제국, 불가리아)들의 영토는 분할되었고 승전국들이 통제권을 쥐게 되었다. 패권국들이 승전국들의 전쟁 비용을 떠안게 되면서 승전국들에 큰 빚을 져야 했고, 이러한 부채를 금으로 지불해야 했다.

지정학적으로 미국은 고립주의를 유지하면서도 새로운 세계 질서를 형성하는 데 중요한 역할을 했기 때문에 이익을 얻었다. 하지만, 영국은 계속해서 세계 식민지 제국을 확장하고 감독하는 데 치중했다. 전쟁 직

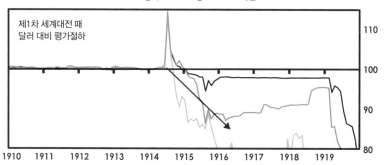

현물환율 vs 미국 달러(물가연동)

── 영국 ── 프랑스 ── 독일

제1차 세계대전 때
달러 대비 평가절하

후 통화 체제는 유동적이었다. 대부분의 국가에서 금 태환성을 회복하기 위해 노력했지만, 급격한 평가절하와 인플레이션을 겪은 후에야 금 대비 통화 가치가 안정을 찾기 시작했다.

　일반적으로 전쟁이 끝난 후 새로운 세계 질서가 세워지고 나면 위대한 혁신과 생산성, 자본시장 호황에 힘입어 평화와 번영의 시기가 찾아온다. 이러한 상승기 말에는 상당한 부채가 쌓이고 부의 격차는 더욱 벌어지기 마련이다. 광란의 1920년대에는 투기 자산(특히 주식)을 매입하기 위해 많은 부채(금으로 교환할 수 있는 지폐로 빚을 갚겠다는 약속)가 생겨났다. 연준이 부채를 줄이기 위해 1929년에 시행한 긴축 통화 정책의 여파로, 거품이 붕괴하고 세계 대공황이 시작되었다. 대공황은 전 세계 거의 모든 국가에 경제적 고통을 안겼고, 이는 국내는 물론이고 국가 간 부를 둘러싼 투쟁을 불러일으켰다. 이러한 갈등은 10년 후에 벌어진 무력 전쟁의 도화선이 되었다.

　앞서 6장에서 대규모 외부 구제 질서와 혼란의 사이클이 나타나는 전쟁 기간의 한 예로, 제2차 세계대전으로 이끈 사건들과 당시 전쟁 상황에 대해 자세히 살펴보았다. 여기서 기억해야 할 중요한 점은 1945년 연합군의 승리가 세계 질서의 변화를 가져왔다는 점이다. 종전을 기점으로 부와 권력의 엄청난 전환이 이루어진 것이다. **미국은 전쟁을 치르기 전과 치르는 도중에 다른 국가들에 많은 군수품을 판매하고 자금을 빌려준 덕분에 비교적 큰 수혜를 입은 승전국이 되었다. 기본적으로 모든 전투는 미국 영토 밖에서 일어났기 때문에 미국은 물리적으로 피해를 보지 않았고 미국인 사망자도 다른 주요 국가보다 적었다.**

정점

전후 지정학·군사 체제

전형적으로 짜여진 시나리오처럼, 승리한 강대국들은 한데 모여 새로운 세계 질서와 통화·신용 체제를 결정했다.

　미국, 러시아(당시 소련), 영국은 전쟁을 통해 강대국으로 부상했고, 그중에서도 미국은 가장 부유하고 군사적으로 가장 강력한 국가였다. 전쟁으로 독일, 일본, 이탈리아는 심각하게 파괴되었고, 영국은 파산했으며, 프랑스는 황폐해졌고 승리에 크게 기여하지도 못했다. 중국은 일본의 항복 직후 다시 내전을 벌이고 있었다. **전쟁 직후 미국과 러시아는 비교적 좋은 협력 관계에 있었지만, 상반된 이념을 가진 두 강대국이 '냉전'에 돌입하기까지는 그리 오랜 시간이 걸리지 않았다.** 다음 도표는 제2차 세계대전 이후 미국, 영국, 러시아, 중국의 전반적인 국력 지수를 보여준다. 러시아는 1980년까지 미국을 견제하는 수준까지 올라섰

제국의 상대적 지위

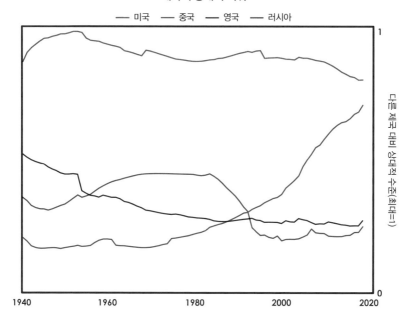

다른 제국 대비 상대적 수준(최대=1)

고, 중국보다 훨씬 강력했지만 미국만큼 강력하지는 않았다. 1980년 이후 러시아는 쇠퇴의 길을 걷기 시작했고, 중국은 매우 빠르게 성장하기 시작했으며, 미국은 계속해서 점진적으로 쇠퇴했다.

미국과 러시아가 주도하는 연합으로 나뉘어 각국이 분열되는 것은 처음부터 예고된 일이었다. 미국 대통령 해리 트루먼Harry Truman은 1947년 3월 연설에서 오늘날 트루먼 독트린Truman Doctrine으로 불리는 미국 외교 정책에 관한 원칙을 다음과 같이 설명했다.

모든 국가는 2가지 삶의 방식 중에서 하나를 선택해야 합니다. 그 선택은 자유롭지 않은 경우가 너무 많습니다. 한 가지 삶의 방식은 다수의 의사에 근거하며, 자유 제도, 대의정치, 자유 선거, 개인의 자유 보장, 언론과 종교의 자유 그리고 정치적 억압으로부터의 자유가 특징입니다. 또 다른 삶의 방식은 다수에게 강제로 부여된 소수의 의사에 근거합니다. 그것은 공포와 억압, 언론과 방송 통제, 선거 조작, 개인의 자유 억압에 의존합니다. 저는 미국의 정책이 무력을 가진 소수 혹은 외부 압력이 지배권을 휘두르려는 시도에 맞서 저항하는 자유 국민을 지원해야 한다고 믿습니다.

6장에서 설명했듯이, 국내 정치에 비해 ● **국제 관계는 훨씬 원시적인 힘의 역학에 따라 좌우된다. 국가에는 법과 행동 기준이 있지만, 국가 간에는 가공되지 않은 권력이 가장 중요하다. 반면 법과 규칙, 심지어 상호 합의된 조약과 중재 조직(예: 국제연맹, 국제연합, 세계무역기구WTO)은 그리 중요하지 않다. 따라서 강력한 군사력을 확보하고 군사 동맹을 맺는 것이 중요하다.** 1949년 미국 진영의 12개국(후에 더 많은 국가가 합류했다)이 북대서양조약기구NATO 군사 동맹을 창설했으며, 1954년에는 미국, 영국, 호주, 프랑스 뉴질랜드, 필리핀, 태국, 파키스탄이 동남아시아조약기구SEATO를 설립했다. 이에 대항하여 1955년 소련 진영의 8개국은 바르샤바조약기구를 창설했다.

다음 도표에서 볼 수 있듯, 미국과 소련은 핵무기 개발에 막대한 투자를 했고 다른 여러 국가도 그 뒤를 따랐다. 오늘날 11개국이 수량과 역량의 차이는 있어도 핵무기를 보유하고 있거나 곧 보유할 예정이다. 핵무기를 보유하는 것은 분명히 세계 권력 경쟁에서 어마어마한 협상 카드로 작용하므로, 어떤 국가에서는 핵무기를 보유하려 하지만 나머지 국가에서는 다른 국가가 보유하지 않길 바라는 이유를 짐작해볼 수 있다. 핵전쟁은 일어나지 않았지만, 미국은 제2차 세계대전 이후 1950년

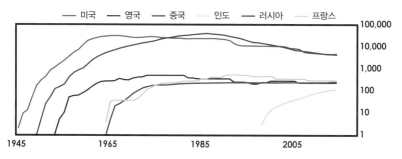

핵무기 비축량 (탄두 수량, LOG)

— 미국　— 영국　— 중국　— 인도　— 러시아　— 프랑스

대 한국 전쟁, 1960년대와 1970년대 베트남 전쟁, 1990년과 2003년 두 차례의 걸프 전쟁, 2001~2021년 아프가니스탄 전쟁 등 수많은 재래식 전쟁을 치렀다. 돈과 생명, 대중의 지지 측면에서 전쟁은 미국에 엄청난 비용이 드는 행위였다. 전쟁은 그럴 만한 가치가 있었을까? 그것은 내가 판단할 문제가 아닐 것이다. 미국보다 훨씬 규모가 작고 취약한 경제를 가진 소련은 미국과 군사적으로 경쟁하고 제국을 유지하는 데 많은 돈을 지출하다 결국 파산하고 말았다.

　물론 군사력은 핵무기 이외에도 많은 부분으로 구성되며, 냉전 이후 많은 것이 변했다. 나는 군사 전문가는 아니지만 내게 깨달음을 준 몇몇 전문가와 이야기를 나눈 적이 있다. 그들은 미국이 여전히 전반적으로 가장 강력한 군사 강국이지만 전 세계 모든 지역에서 모든 면에 걸쳐 우세한 것은 아니며, 미국을 상대로 한 군사적 견제가 늘어나고 있다고 말했다. 미국이 지리적 강점을 지닌 중국, 러시아와 전쟁을 벌인다면 패하거나 적어도 믿기지 않을 만큼 피해를 볼 가능성이 크며, 몇몇 2차 강국과 부딪힌다면 받아들이기 힘들 정도로 큰 피해를 볼 수 있다. 미국이 유일한 패권국이었던 1945년 직후의 좋았던 옛 시절은 지나간 지 오래다. 많은 고위험 시나리오가 있겠지만, 그중에서도 나는 중국이 대만을 통제하기 위해 강력한 조치를 취하는 것이 가장 우려되는 일이라고 생각한다.

다음번 중대한 군사적 충돌은 어떤 모습으로 벌어질까? 이제 전쟁은 새로운 기술이 적용되어 이전과 매우 다른 양상을 띨 것이다. 전통적으로 전쟁에서 승리한 국가는 더 많은 돈을 지출하고 더 많이 투자했고, 적국보다 국가의 수명이 길었다. 그러나 그것은 미묘한 균형에 지나지 않는다.

● **군사비 지출은 정부 자금을 사회 정책에 지출할 기회를 박탈하며, 군사 기술이 민간 부문의 기술과 밀접히 연관되어 있으므로 주도 세력이 떠안게 될 가장 큰 군사적 위험은 경제 전쟁과 기술 전쟁에서 패하는 것이다.**

국가 간 거래는 좀 더 상호 대등하게 이루어진다. 즉 통화 보유자에게 피해를 주면서 인위적으로 통화 가치를 낮추는 것은 쉽지 않으므로, 국제적으로 거래되는 통화는 더 나은 가치를 지닌 통화가 될 가능성이 크다. 이러한 통화는 해당 통화로 표시된 부채 형태로 부를 저장할 때 적합하다. 때로는 전 세계 부채가 지나치게 많아지면 통화 가치를 평가절하하는 것이 모든 정부에 득이 된다. 그러한 시기에 금(그리고 최근에는 디지털 통화)이 선호될 수 있지만, 정부는 이러한 대체통화를 완전히 금지할 수는 없어도 불법으로 취급할 가능성이 크다. 불태환 통화에 기반한 통화·신용 체제가 무너지면 결국 태환 통화 체제로 향한다.

전후 통화·경제 체제

전쟁 이후에 등장한 새로운 통화·경제 체제는 미국이 주도하는 진영의 체제와 소련이 주도하는 진영의 체제로 나뉘었다. 일부 비동맹국은 널리 통용되지 않는 자체 비동맹 통화를 가지고 있었다. 1944년 44개국 대표들이 뉴햄프셔주 브레턴우즈에 모여 달러를 금에 연동하고 다른 국가의 통화를 달러에 연동하는 통화 체제를 만들었다. 소련의 통화 체제는 누구도 원하지 않는 루블화를 중심으로 구축되었다. ● **국가 간 거래는 국내 거래와 큰 차이점이 있다.** 정부는 통화 공급과 차입 비용을 늘리거나 줄이고 통화 가치를 올리거나 낮춰 막대한 권력을 휘두를 수 있으므로 국내에서 사용되는 통화를 통제하려 한다.

통화와 경제는 매우 중요하므로 나는 각 체제가 작동하는 방식을 다시 짚고 넘어가고자 한다. 전쟁 이후 통화 체제에서는 국내 기업과 민간이 정부가 통제하는 지폐를 사용했다. **그들은 다른 국가에서 생산한 물건을 사고 싶을 때 보통 중앙은행의 도움을 받아 자국의 지폐를 다른 국가의 지폐로 환전했는데, 이때 자국의 중앙은행은 다른 국가의 중앙은행과 금으로 결제했다.** 예를 들어, 미국인이 달러로 지불하면 다른 국가의 판매자는 자국의 중앙은행에서 이 달러를 현지 통화로 환전하거나, 달러가 자국 통화보다 부의 저장 수단으로 더 낫다고 판단되면 달러로 보유했다. 결과적으로 금은 미국 중앙은행의 보유고에서 다른 국가의 중앙은행으로 흘러나가고 달러는 해외에 쌓여갔다.

브레턴우즈 협정을 계기로 달러는 세계 최고의 기축통화가 되었다. 미국이 두 차례의 세계대전을 치르면서 단연코 가장 부유하고 강력한 국가로 거듭났다는 점에서 이러한 변화는 자연스러운 일이었다. 제2차 세계대전이 끝날 무렵 미국은 역대 최대 규모로 금과 통화를 축적했다. 이는 전 세계 정부가 보유하고 있는 모든 금과 통화의 약 3분의 2에 달하는 규모로, 미국이 8년간 수입한 물품 금액과 같았다. 전쟁이 끝난 후에도 미국은 수출을 통해 계속해서 많은 돈을 벌어들였다.

한편 유럽과 일본 경제는 전쟁으로 황폐해졌다. 미국은 이를 해결하는 동시에 공산주의의 확산을 저지하기 위해 유럽과 일본에 막대한 원조 계획(이른바 마셜 플랜 Marshall Plan**과 닷지 플랜**Dodge Plan**)을 내놓았다. 이러한 정책은 a) 전쟁으로 폐허가 된 국가의 재건을 지원했고, b) 이 국가들이 미국 상품을 구매하는 데 지원금을 사용하면서 미국 경제에 긍정적으로 작용했으며, c) 미국의 지정학적 영향력을 넓히고, d) 세계에서 지배적인 기축통화로서 달러의 지위를 공고히 하는 데 도움이 되었다.**

통화 정책과 관련하여 연준에서는 1933년부터 1951년까지 자유시장을 활성화하기보다는 국가의 더 큰 목표를 달성하기 위해 통화량과 비용(금리), 통화 흐름을 통제했다.* 구체적으로 연준은 부채를 매입하기 위해 많은 돈을 찍어냈고, 대출 기관이 부과할 수 있는 금리의 상한선을 설정했으며, 돈이 흘러 들어갈 수 있는 범위를 통제했다. 따라서 인플레이션이 아무리 높아도 금리는 허용할 수 없는 수준까지 오르지 않았으며, 정부 정책은 국채보다 다른 투자 선택지가 더 매력적으로 보이지 않도록 만들었다. **전쟁이 끝나고 군사비 지출이 감소하면서 미국은**

---

* 1933년부터 1951년까지 루스벨트 행정부는 고정 환율을 변경했고, 연준과 재무부 간 새로운 통화 합의가 이루어졌으며, 1942년부터 1947년까지는 연준이 장단기 금리차Spread를 통제하는 명시적 수익률 곡선 통제 정책이 지속되었다.

잠시 경기 침체를 겪은 후 오랜 기간 평화와 번영이 지속되는 단계에 들어섰는데, 이는 새로운 빅 사이클이 시작될 때 전형적으로 나타나는 패턴이다.

전쟁이 끝난 후 경기 침체가 닥치면서 실업률은 2배(약 4퍼센트)로 오르고 약 2천만 명이 군대나 다른 비슷한 직업군에서 벗어나 새로운 일자리를 찾아야 했다. 그러나 이와 동시에 사람들의 소비재 구매를 제한했던 배급 제도가 폐지되면서 소비 지출이 급증했다. 재향 군인을 위한 저렴한 주택담보대출도 제공되면서 주택 시장에 호황을 불러왔다. 국가 경제가 이익을 창출하는 활동을 중심으로 돌아가자 노동 수요가 늘어났고 고용은 매우 빠르게 회복되었다. 마셜 플랜과 닷지 플랜의 영향으로 미국 상품에 대한 외국의 수요도 늘어나면서 수출이 강세를 보였고, 미국의 민간 부문은 1945년부터 1970년대까지 세계 시장에 진출하고 해외에 투자했다. 주식은 저렴했고 배당 수익률은 높았다. 덕분에 수십 년 동안 이어진 강세장은 세계 금융 중심지로서 뉴욕의 지배력을 강화하고, 더 많은 투자 자본을 유치하고, 달러의 기축통화 지위를 더욱 공고히 하는 데 도움이 되었다. 이 모든 것이 전형적인 빅 사이클 상승이었고, 이러한 상승세는 상호 자기 강화적인 형태로 나타났다.

미국은 충분한 자금을 바탕으로 교육을 발전시키고 놀라운 기술(예: 달에 갈 수 있는 기술)을 발명하는 등 많은 일을 추진할 수 있었다. 1966년 미국 주식시장은 역대 최고치를 찍었다. 당시에는 아무도 몰랐지만, 그것은 지난 16년 동안 이어진 호황의 끝을 암시했다. 그때는 내가 세상사를 직접 접하기 시작할 무렵이었다. 나는 1961년 12살 때 투자를 시작했다. 물론 그땐 내가 무엇을 하고 있는지, 나와 동시대 사람들이 얼마나 운이 좋은지 알지 못했다. 운 좋게도 나는 적절한 시기에 적절한 장소에서 태어난 셈이었다. 미국은 제조업의 선두주자였기 때문에 노동력이 중요했다. 대부분의 성인은 좋은 직업을 가질 수 있고, 자녀들은 대학 교육을 받으며 제약 없이 성장할 수 있었다. 대다수가 중산층이었기 때문에 대다수가 행복했다.

미국은 전 세계가 달러를 사용하도록 만드는 데 도움이 될 만한 일이라면 무엇이든 했다. 미국 은행들은 해외 시장에서 영업하며 대출을 늘렸다. 1965년에는 미국 은행 13곳만이 해외 지점을 열었지만, 1970년에는 79곳이 해외 지점을 운영했고 1980년에는 미국의 거의 모든 주요 은행들이 적어도 한 곳 이상의 해외 지점을 운영하면서 미국 은행들의 총 해외 지점 수는 787개로 늘어났다. 해외 대출도 덩달아 호황을 맞았다. 그러나 이러한 사이클에서 늘 전형적으로 나타나듯 a) 일부 은행이 재정적으로 무분별하게 사업을 확대하면서 과도하게 성장했고, b) 특히 독일과 일본 은행들도 세계 시장에 뛰어들면서 경쟁이 격화되었다. 그 결과 미국은 무역 흑자가 반전되었고, 미국 은행들의 대출과 국가 재정이 점차 악화되기 시작했다.

미국인들은 우주 프로그램, 빈곤과의 전쟁, 베트남 전쟁에 비용이 얼마나 들지 전혀 생각하지 않았다. 그들은 미국이 매우 부유하다고 느꼈고 달러가 기축통화로서 안전해 보였기 때문에 '총과 버터' 재정 정책, 즉 국방과 민생을 모두 챙기는 재정 정책을 무기한 감당할 수 있을 것이라고 여겼다. 1960년대가 저물 무렵, 실질 GDP 성장률은 0퍼센트에 근접했고, 인플레이션은 약 6퍼센트, 단기 정부 금리는 약 8퍼센트, 실업률은 약 4퍼센트에 육박했다. 1960년대 미국 주식은 연 8퍼센트의 수익률을 기록했고, 채권은 하락했으며, 주식 변동성과 연동된 채권은 연간 -3퍼센트의 수익률을 기록했다. 공식적인 금 가격은 달러 기준으로 계속 고정되었지만 1960년대 후반에는 시세가 소폭 상승했고, 원자재 가격은 계속 약세를 보이며 연 1퍼센트의 수익률을 기록했다.

1970년대: 고개를 든 국제수지 문제
– 낮은 성장률과 높은 인플레이션

3장에서 살펴보았듯이, 경화에 대한 청구권, 즉 지불요구서(어음 혹은 지폐)가 들어오면 처음에는 은행에 보관된 경화와 동일한 양의 경화가 청구된다. 그러나 지폐 소유자가 청구하면 은행은 곧 신용과 부채가 가진 경이로운 힘을 발견하게 된다. 채권자들은 지폐를 은행에 빌려주는 대가로 이자를 받을 수 있으니 좋고, 이들에게 돈을 빌리는 은행은 다른 사람들에게 돈을 빌려주는 대가로 더 높은 이자를 받아 이익을 남길 수 있으니 좋다. 은행에서 돈을 빌리는 사람들은 이전에 없던 구매력을 얻게 되어 이득이다. 그리고 사회 전체로 보면 자산 가격과 생산성이 상승하므로 이득이다.

1945년 이후 외국의 중앙은행은 이자를 지불하는 채권을 보유할지, 아니면 이자를 얻지 못하는 금을 보유할지 선택할 수 있었다. 달러 표시 채권은 금만큼 좋은 것으로 여겨졌고 금으로 교환할 수 있었으며, 이자를 받아 더 높은 수익률을 올릴 수 있었기 때문에 각국의 중앙은행은 1945년부터 1971년까지 금 보유고를 줄이고 달러 표시 채권을 늘렸다. **4장에서 설명한 바와 같이, 투자자들의 이러한 결정은 전형적인 행동이며 이는 a) 실질 통화(금)에 대한 청구가 은행이 보유한 실질 통화량을 크게 초과하고, b) 은행의 실질 통화(금 보유고)가 감소하고 있다는 것을**

인식할 때 끝나게 된다. 지폐를 금으로 바꾸기보다 채권(경화에 대한 청구권)을 유지하는 것이 합리적이지 않다면, 즉 금리 수준이 충분히 높지 않다면 투자자는 더 이상 채권을 늘리지 않을 것이다. 이때 뱅크런이 발생하면 채무불이행과 채무 재조정이 이루어질 것이다. 금에 연동된 브레턴우즈 통화 체제가 붕괴한 것도 바로 이 때문이다.

1969~1970년에 인플레이션이 가속화되고 경제가 취약해지면서 연준은 긴축 통화 정책을 유지할 여력이 없었다. 미국의 국제수지는 악화되고 달러 가치는 급락했다. 미국은 흑자를 내기는커녕 지속 불가능할 정도로 막대한 국제수지 적자를 기록했다(미국은 수출보다 수입이 많았다). 1971년 여름, 유럽을 여행하는 미국인들은 달러를 독일 마르크화, 프랑스 프랑화, 영국 파운드화로 환전하는 데 어려움을 겪었다. **닉슨 행정부는 달러를 '평가절하'하지 않겠다고 선언했지만, 1971년 8월 미국은 금 태환 약속을 어기고 대신 지폐를 제시했다.** 통화와 신용의 증가는 더 이상 제약을 받지 않았고, 그로부터 10년 동안 스태그플레이션Stagflation(물가 상승과 경기 불황이 한꺼번에 발생하는 현상 – 옮긴이)이 발생했다. 동시에 다른 산업화 국가들은 경제력을 되찾았고 세계 시장에서도 경쟁력을 갖추게 되었다.

미국인들은 이러한 문제를 상황이 반전될 조짐이 아니라 일시적인 조정에 불과하다고 여겼다. 하지만 그로부터 10년에 걸쳐 경제 문제로 정치 문제가 빚어졌고, 반대로 정치 문제로 경제 문제가 빚어지기도 했다. 베트남 전쟁과 워터게이트 사건Watergate scandal이 장기화되었고, 석유수출국기구OPEC 주도로 유가가 상승했고, 가뭄의 여파로 식량 가격이 인상되었다. 이처럼 각종 비용이 증가하자 미국인들은 생활 방식을 유지하기 위해 더 많은 돈을 빌려야 했고, 연준은 통화 공급량을 빠르게 늘려 급증한 대출을 충당하고 금리가 받아들이기 어려운 수준으로 인상되는 것을 막았다.

이러한 적자에 따라 발행된 달러는 흑자를 내는 국가로 넘어가 미국 은행에 예치되었고, 이는 다시 라틴아메리카와 원자재를 생산하는 신흥국 등에 대출되었다. 저축/대출 기관들은 단기 금리(그들이 빌리는 금리)와 장기 금리(그들이 빌려주는 금리)의 차이를 이익의 원천으로 삼았고, 단기간 빌린 돈으로 장기간 주택담보대출과 기타 대출을 내주었다. 인플레이션과 그것이 시장에 미치는 영향이 2가지 큰 파도로 밀려오면서 극심한 통화 긴축, 주식시장의 급락, 깊은 경기 침체가 연이어 발생했다. **1970년대 초, 미국인 대부분은 그동안 인플레이션을 경험한 적이 없었기 때문에 경계하지 않았고, 인플레이션이 그대로 발생하도록 내버려두었다. 1970년대 말에 이르자 사람들은 인플레이션을 두려워했고 그것이 사라지는 일은 없을 것이라고 생각했다.**

1970년대 말까지 실질 GDP 성장률은 약 2퍼센트, 인플레이션은 약 14퍼센트, 단기 금리는 약 13퍼센트, 실업률은 약 6퍼센트에 달했다. 10년 동안 금값은 급등했고 원자재값은 상승하는 인플레이션을 따라잡아, 각각 연간 기준으로 약 30퍼센트와 15퍼센트의 수익률을 보였다. 그러나 높은 물가 상승률은 주식의 연간 명목 수익률 5퍼센트와 주식 변동성에 상응하는 국채 수익률 4퍼센트를 무색하게 만들었다.

브레턴우즈 체제 이후

1971년 달러와 그 외 통화들의 금 연동이 해제된 후 전 세계가 고정되

지 않은 불태환 통화 체제(또는 3장에서 설명한 제3유형)로 전환되면서 달러는 금, 기타 통화, 주식 등 거의 모든 자산군에서 가치가 하락했다.

새로운 통화 체제는 미국, 독일, 일본의 주요 경제정책입안자들의 협상으로 타결되었다.* 닉슨 행정부가 달러와 금 사이의 태환 제도를 일방적으로 폐지했을 때 폴 볼커는 닉슨 행정부에서 국제 통화 문제 담당 차관으로 일했고, 1979년부터 1987년까지 연준 의장을 지냈다. 그는 임기 중에는 물론이고 임기 전후에도 달러 기반 통화 체제를 형성하고 이끄는 데 누구보다도 많은 일을 해냈다. 나는 운이 좋게 개인적으로 그와 알고 지내는 사이어서 그가 훌륭한 인격과 역량, 영향력, 겸손함을 두루 갖춘 인물이었다고 단언할 수 있다. 특히 세상에는 경제 분야 공직에서 일하는 영웅과 롤 모델이 부족한 상황이다. 볼커는 그 분야에서 전형적인 영웅이자 롤 모델이었기에 나는 그와 그의 생각이 깊이 연구할 만한 가치가 있다고 본다.

나는 당시의 인플레이션 심리를 아주 잘 기억하고 있다. 미국인들은 인플레이션이 발생했을 때 돈을 빌리거나 급여를 받는 즉시 물건을 구매하여 '인플레이션을 앞지르려' 했다. 사람들은 금이나 해변에 자리한 부동산처럼 생산이 제한된 재화를 사들였다. 달러 채권에서 비롯된 공포는 금리 상승으로 이어졌고, 금 가격은 1944년에 고정되어 공식적으로 1971년까지 유지되었던 35달러에서 1980년에는 850달러 수준까지 치솟았다.

대부분의 사람은 통화와 신용의 역학이 어떻게 작동하는지 이해하지

---

* 기존 통화 체제에서 새로운 불태환 체제로 전환하는 과정을 훌륭하게 설명한 글을 읽어보고 싶다면, 나는 폴 볼커와 교텐 토요오行天豊雄가 쓴 《달러의 부활》을 추천하고 싶다.

못했지만 높은 인플레이션과 금리를 경험하며 그것이 주는 고통을 처절하게 느꼈다. 따라서 통화와 신용은 오랫동안 정치 문제로 남았고, 동시에 사회적으로도 많은 갈등과 저항이 생겨났다. 베트남 전쟁이 발발했고, 석유 파동은 높은 유가 상승과 배급으로 이어졌으며, 기업과 노조는 임금과 복지를 놓고 투쟁했고, 워터게이트 사건이 벌어져 닉슨 대통령은 탄핵될 위기에 처했다. 이러한 정치·사회 문제가 절정에 이른 건 1970년대 후반 이란 테헤란에 있던 미국 대사관에서 52명의 미국인이 444일 동안 인질로 잡힌 사건이 벌어진 때였다. 미국인들은 나라가 무너지고 있다고 느꼈다. 그러나 대부분은 당시 공산주의 국가들의 경제 상황이 훨씬 안 좋았다는 사실을 알지 못했다.

다음 장에서도 살펴보겠지만, 1976년 경제적으로 어려움을 겪고 내분이 일어났던 중국에서 마오쩌둥이 죽고 덩샤오핑이 정권을 잡았다. 덩샤오핑의 시장 개혁을 계기로, 중국의 경제 정책은 기업의 민영화, 채권과 주식시장의 발전, 기업가적인 기술/상업 혁신, 심지어 억만장자 자본가의 융성 같은 자본주의적 요소를 허용하며 큰 전환점을 맞이했다. 물론 모든 자본주의적 요소는 중국 공산당의 엄격한 통제 아래 이루어졌다. 이러한 지도부와 접근 방식의 변화는 당시에는 대수롭지 않아 보였을지라도 21세기를 형성하는 커다란 하나의 힘으로 작용했다.

1979~1982년 긴축 통화 정책과 보수주의로의 전환

대부분의 정치 지도자가 그러하듯, 통화의 메커니즘을 제대로 이해하지 못했던 대통령 지미 카터 Jimmy Carter는 인플레이션을 멈추기 위해 무슨 일이라도 해야겠다고 생각했고, 1979년 8월 강력한 통화 정책 담당자(볼커)를 연준 의장으로 임명했다. 1979년 10월, **볼커는 기본 통화 공급량M1 증가율을 5.5퍼센트로 제한하겠다고 발표했다.** 이를 계산해보니, 그가 정말 계획대로 실행했다면 통화 공급이 매우 부족해지면서 금리가 치솟아 채무 상환 비용을 부담하는 데 필요한 신용을 얻지 못한 채무자들은 파산하게 되었을 것으로 추정된다. 볼커는 정치적 반발에도 아랑곳하지 않고 계획을 고수했다. 독일 총리 헬무트 슈미트Helmut Schmidt의 말을 빌리자면, 볼커는 금리를 '예수 그리스도가 태어난 이래' 역대 최고 수준으로 끌어올렸다.

1980년 대통령 선거에서 카터는 물러나고 로널드 레이건Ronald Reagan이 선출되었다. 레이건은 필요한 영역에 규칙을 도입할 보수주의자로 인식되었다. 당시 주요국들도 비슷한 움직임을 보이며 인플레이션으로 불거진 혼란을 규칙으로 해결할 보수주의 정권을 선출했다(미국, 영국, 독일, 일본, 프랑스, 이탈리아, 캐나다로 구성된 당시 G7 국가들을 살펴보면 40년 전과 오늘날 세계 권력의 균형이 얼마나 달라졌는지를 알 수 있다). 임기 초기에 미국의 레이건과 영국의 마거릿 대처Margaret Thatcher는 노동조합을 상대로 역사적인 싸움을 벌였다.

● **경제와 정치는 좌파와 우파 사이에서 양극단을 다양하게 오고 가는데, 특히 한쪽이 너무 과격해지고 다른 한쪽에서 벌어진 문제에 대한 기억이 희미해질 때쯤이면 다시 변화를 거친다. 이것은 넥타이 폭과 스커트 길이가 시간이 지나면서 계속 바뀌는 패션 유행과도 같다. 어느 한 극단에서 큰 인기를 얻으면 그리 오래 지나지 않아 반대쪽으로도 비슷한 움직임이 나타난다는 점을 예상해야 한다.** 긴축 통화 정책으로의 전환은 부채 문제를 통제하고 대출을 축소했지만, 세계 경제를 대공황 이후 최악의 경기 침체로

몰아넣었다. 연준은 천천히 금리를 인하하기 시작했지만, 시장은 계속해서 하락했다. 1982년 8월에 멕시코가 부채를 상환하지 못했지만, 흥미롭게도 이후 미국 주식시장은 오히려 반등했다.

그다음 일어난 일은 내게 너무도 고통스러운 교훈과 경험으로 남게 되었다. 나는 부채 위기를 예상해서 수익을 올릴 수 있었지만, 동시에 a) 한 번도 오지 않은 채무불이행으로 촉발될 불경기를 예상하고, b) 그것이 올 것에 베팅하다가 많은 돈을 잃었다. 내 개인적인 손실과 고객의 손실이 발생하면서 나는 신생 회사였던 브리지워터 어소시에이츠의 모든 직원을 내보내야 했고, 돈이 한 푼도 없어 생활비를 감당하는 것조차 버거워져 아버지에게 4천 달러를 빌려야 했다. 하지만 그 일은 의사결정에 대한 내 전반적인 접근 방식을 완전히 바꿔놓았다는 점에서 내게 일어난 가장 좋은 사건 중 하나이기도 했다. 나는 중앙은행이 부채에 표시된 통화를 찍어내고 부채를 재조정할 수 있다면 부채 위기가 체계적으로 잘 관리될 수 있고, 위험하지 않다는 점을 간과했다. 연준은 상환되지 않는 대출을 해준 은행에 자금을 공급할 수 있으므로 현금흐름 문제가 발생하지 않았고, 미국 회계 체계에 따르면 은행은 이러한 악성 부채를 손실로 처리할 필요가 없었기 때문에 당장 해결할 수 없는 심각한 문제는 없는 셈이었다. 나는 **자산 가치가 통화와 신용 가치의 역수이고(즉 통화와 신용이 저렴할수록 자산 가격은 더 비싸진다), 통화 가치는 기존 통화량의 역수라는 점을 알게 되었다. 따라서 중앙은행이 통화와 신용을 많이 창출하고 통화를 더 저렴하게 만들 땐 더 공격적으로 자산을 소유하는 것이 현명한 대처 방법이다.**

인플레이션 완화와 1980년대 호황

1980년대 미국에서는 인플레이션과 금리가 하락하면서 주식시장과 경제가 호황을 누렸지만, 부채 부담을 안고 있었던 신흥국에서는 중앙은행이 구제할 만한 여력이 없는 상황에서 인플레이션 불황을 겪었다. 채무 재조정 과정은 1982년부터 1989년까지 천천히 진행되었고, 당시 미국 재무부 장관이었던 니콜라스 브래디Nicholas Brady의 이름을 딴 브래디 플랜Brady Plan이라는 합의에 이르며 이러한 국가들의 '잃어버린 10년lost decade'에 종지부를 찍었다(1990년대 초반에 여러 국가와 합의가 이루어졌다). **1971년부터 1991년까지 발생한 전반적인 부채 사이클은 미국의 정책과 시장의 반응으로 빚어진 결과로, 전 세계 거의 모든 사람에게 많은 영향을 주었다. 미국은 금본위제에서 벗어났고, 그에 따라 발생한 인플레이션을 극복하기 위해 긴축 통화 정책을 시행하면서 달러는 강세를 보였으며 인플레이션은 극적으로 하락할 수 있었다.** 시장에서는 다음과 같은 과정을 통해 빅 사이클이 전개되었다. 우선 a) 1970년대 인플레이션과 인플레이션 헤지 자산의 가치가 급등하고 채권시장은 약세를 보였다. b) 1979년부터 1981년까지 뼈를 깎는 긴축 정책이 시행되면서 현금은 최고의 투자가 되었고, 미국 외 국가에선 디플레이션 채무 재조정이 일어났다. c) 1980년대 들어 물가 상승률이 하락하고 채권, 주식, 기타 디플레이션 자산은 우수한 실적을 기록했다. 다음 도표는 1945년부터 현재까지 달러 표시 물가 상승률과 금리의 상승과 하락을 보여주며 이러한 사이클을 잘 전달해준다. 미래를 예상할 땐 이러한 움직임과 그 이면에서 작동하는 메커니즘을 고려할 필요가 있다.

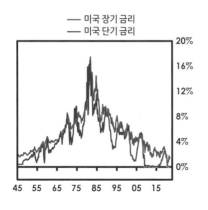

미국 장기 금리
미국 단기 금리

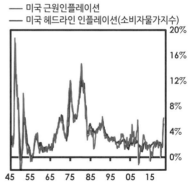

미국 근원인플레이션
미국 헤드라인 인플레이션(소비자물가지수)

달러는 이 모든 과정을 견디고 전 세계를 선도하는 기축통화로 남았다. 빅 사이클이 나타난 기간은 세계 대부분의 부채에 표시되는 통화를 보유함으로써 미국이 얻을 수 있는 이점을 강력하게 입증한 것이다.

1990~2008년: 부채로 조달한 세계화, 디지털화 그리고 호황

소련은 경제 활성화에 실패하면서 미국 레이건 행정부의 군비 경쟁에 맞서 자체적으로 a) 제국, b) 경제, c) 군대를 지원할 재정적 여력이 부족했다. 결국 소련은 1991년에 붕괴했다. 당시 공산주의는 어디서든지 실패했거나 실패하는 중이었다는 사실이 분명했기 때문에 공산주의에서 멀어지는 국가들이 많아졌다. 그리고 전 세계는 세계화와 자유시장 자본주의가 번영하는 시대에 들어섰다.

그로부터 내가 이 글을 쓰고 있는 현재 시점까지 세 번의 경제 사이클이 전개되었다. 미국 경제는 2000년 닷컴 버블 Dotcom bubble**로 정점을 찍은 후 경기 침체에 빠졌고, 2007년 버블로 정점을 찍은 후 2008년 글로**

벌 금융 위기Global financial crisis를 경험했다. 2020년 코로나바이러스가 촉발한 경기 침체 직전인 2019년에도 정점을 찍었다. 이 기간에는 소련이 쇠퇴하는 동시에 중국이 부상했다. 세계화가 진행되고 인간을 대체하는 기술도 발전했지만, 이는 기업의 이익에는 긍정적인 효과가 있을지라도 부와 기회의 격차를 더 벌리는 결과를 낳았다.

국가와 국경의 중요성은 희미해졌고, 일반적으로 상품과 그것들이 생산한 소득은 비용 면에서 가장 효율적으로 이루어질 수 있는 지역에서 만들어졌다. 이는 신흥국의 생산과 발전으로 이어졌으며, 국가 간 사람들의 이동을 가속화하고, 국가 간 부의 격차를 축소하고, 국내에서는 부의 격차를 확대했다. 선진국의 저소득층과 중산층 노동자들의 상황은 악화되었지만, 생산 시설이 많은 신흥국의 노동자들은 상대적으로 큰 이득을 보았다. 지나치게 단순화한 면이 있지만, **이 시기에 특히 중국을 비롯한 다른 국가들의 노동자와 기계가 미국의 중산층 노동자를 대체했다고 말하는 것이 정확할 것이다.**

다음 도표는 1990년 이후 미국과 중국의 상품·서비스 수지*를 실질(인플레이션 조정) 달러로 표시한 것이다. 다음 장에서 중국을 다룰 때 살펴보겠지만, 1978년 덩샤오핑이 집권한 후 중국의 경제 개혁과 개방 정책 그리고 2001년 세계무역기구 가입은 중국의 경쟁력과 수출을 폭발적으로 끌어올렸다. 대략 2000년부터 2010년까지 중국의 흑자와 미국의 적자가 가속화되다가 이후 이러한 격차가 일부 축소되었는데(최근 팬데믹 기간에 확대되었다), 중국은 계속해서 흑자를 내고 미국은 적자를 내

---

* 이 지표는 국가 전체가 벌어들인 것보다 지출이 더 많은지 측정한다.

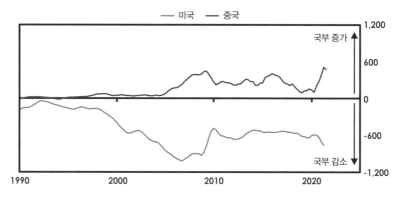

상품 · 서비스 수출입 차액(실질, 10억 미국달러, 12개월 이동 평균)

는 경향이 있다는 점에 주목해야 한다. 이러한 흑자는 중국에 막대한 자금력을 안겨주었다.

● **대부분의 사람들은 값을 지불하는 데 쓸 돈이 어디에서 오는지가 아니라 무엇을 얻는지에만 집중하므로, 선출된 공직자들은 돈을 많이 빌려 쓰려는 강력한 동기를 갖게 된다. 그들은 유권자에게 원하는 것을 제공하고 부채와 그 외 책임을 떠안겠다며 온갖 공약을 내세우지만, 언젠가 이것은 문제를 일으키기 마련이다.** 1990년부터 2008년까지 확실히 이러한 흐름이 나타났다.

1945년부터 2008년까지 장기 부채 사이클 전반에 걸쳐 연준은 경제 회복을 원할 때마다 금리를 낮추고 통화와 신용 공급을 늘려 주식과 채권 가격을 올리고 수요를 증가시켰다. 2008년까지 이러한 사이클이 이어졌다. 즉 금리는 인하되고, 소득보다 부채가 더 빠르게 증가하여 지속 불가능한 거품이 형성되었다. 2008년 거품이 터지고 금리가 대공황 이후 처음으로 0퍼센트를 찍자 상황이 반전되었다. 내 저서《레이 달리오의 금융 위기 템플릿》에서 종합적으로 다룬 바와 같이, 통화 정책에는 1) 금리 기반 통화 정책(이 방식은 첫 번째로 사용되었고 가장 선호되는 통화 정책이므로 '통화 정책 1'로 일컫는다), 2) 통화 발행과 채권을 중심으로 금융자산 매입(이를 '통화 정책 2'로 일컬으며 오늘날 흔히 '양적 완화Quantitative easing'로 부른다), 3) 중앙정부가 재정을 국채로 조달해 쓰고 중앙은행이 국채를 매입하는 방식으로 재정 정책과 통화 정책 간 조정(이 방식은 처음 2가지 정책이 더 이상 유효하지 않을 때, 세 번째이자 마지막으로 사용하는 접근법이므로 '통화 정책 3'으로 일컫는다) 등 3가지 유형이 있다. 다음 도표는 1933년과 2008년의 부채 위기가 어떻게 금리를 0퍼센트로 끌어 내렸고 이후 연준이 어떻게 대규모 통화 발행에 나섰는지 보여준다.

이러한 통화 정책의 변화는 시장에 커다란 영향을 주었고 중요한 의

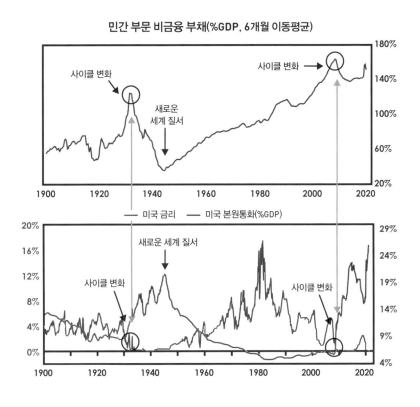

민간 부문 비금융 부채(%GDP, 6개월 이동평균)

— 미국 금리　— 미국 본원통화(%GDP)

미를 가졌다.

2008~2020년 통화 발행으로 이룬 자본주의 호황

2008년 부채 위기가 발생하자 금리는 0퍼센트를 찍을 때까지 연이어 인하되었고, 이에 따라 기축통화를 발행하는 세계 3대 중앙은행(연준 주도)은 금리 중심의 통화 정책에서 통화 발행과 금융자산 매입 중심의 통화 정책으로 전환했다. 중앙은행이 돈을 찍어내어 금융자산을 매입하자 다른 금융자산을 매입한 투자자의 손으로 돈이 흘러갔고, 이는 금융자산 가격을 상승시켜 경제 회복에 도움이 되었다. 특히 금융자산을 소유할 만큼 부유한 사람들에게 이득이 돌아가면서 부의 격차는 더욱 벌어졌다. 사실상 돈을 공짜로 빌릴 수 있었기 때문에 대출을 받은 투자자와 기업가는 이 점을 이용해서 주가와 기업의 이윤을 올리기 위해 자산을 매입했다. 한편 이러한 돈이 부유층에서 서민층으로 비례해서 흘러가지

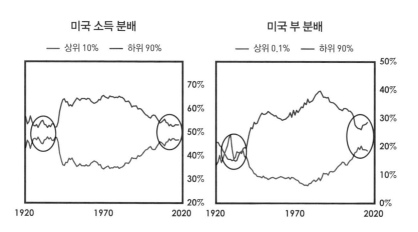

않으면서 부와 소득 격차는 계속해서 벌어졌다. 부와 소득 격차는 1930~1945년 이후 최대치로 확대되었다.

2016년 직설적인 사업가이자 우파 자본가 겸 포퓰리스트인 도널드 트럼프는 일자리를 잃고 고군분투하는 보수적 가치를 지닌 사람들을 지원하겠다는 공약을 내걸고 기성 정치인과 '엘리트들'을 향해 반기를 들며 대통령에 당선되었다. 그는 법인세를 낮추고 연준이 수용할 수 있는 수준의 대규모 재정 적자를 냈다. 이러한 부채 증가는 상대적으로 강력한 시장 경제 성장에 필요한 자금을 공급하고 저소득층의 생활을 개선하는 데 도움이 되었지만, 부와 가치관의 격차를 더욱 벌려 놓았고 갈수록 '가진 자'에 대한 '못 가진 자'의 분노를 부추겼다. **이와 동시에 점점 더 극단적으로 되어가는 공화당원들과 점점 더 극단적으로 되어가는 민주당원들과 함께 정치적 간극도 커져만 갔다.** 이러한 상황은 다음 두 도표에서 확인할 수 있다. 다음 도표는 공화당 상원과 하원의원과 민주당 상원과 하원의원이 각각 과거에 비해 얼마나 보수적이고 진보적인 색채를 띠게 되었는지 보여준다. 이 측정값에 따르면 그들은 더욱 극단적인

주요 정당의 이념 위치

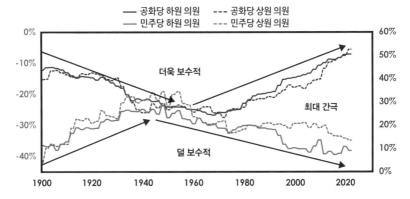

이념을 갖게 되었고, 이러한 간극은 그 어느 때보다 크게 확대되었다. 나는 이러한 해석이 정확히 들어맞는지 확신할 수는 없지만 대체로 맞다고 생각한다.

다음 도표는 일반 의원들의 정당 이념에 따른 선출 비율이 역대 최고 수준을 기록했음을 보여준다. 이는 정당의 정책을 넘어 서로 타협하고 합의에 이르려는 의지가 줄어들고 있다는 점에서도 알 수 있다. 다시 말해, 국가의 정치적 분열이 뿌리 깊이 자리잡고 있다는 뜻이다.

트럼프는 더욱 적극적으로 협상에 나섰는데, 특히 중국과 이란 등 경쟁국을 상대로 경제적·지정학적 의견 충돌을 문제 삼았으며, 유럽과 일본 등 동맹국을 상대로 무역과 군사비 지출에 대해 압박했다. 트럼프의 임기가 끝이 난 2021년에도 중국과 무역, 기술, 지정학, 자본에 대한 갈등은 격화되었다. 미국은 1930~1945년 기간에 시행된 것과 같은 경제 제재를 가하거나 고려하고 있었다.

2020년 3월 코로나바이러스 팬데믹(세계적 대유행)이 전 세계를 강타

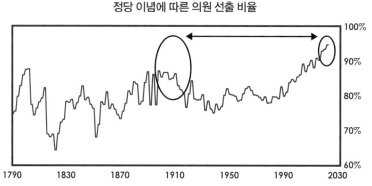

정당 이념에 따른 의원 선출 비율

이 도표는 정치 이념 선호도를 나타낸 학문적 모형 노미네이트NOMINATE로 측정한 값을 나타낸 것으로, 각 의회에 걸쳐 의원의 좌파적 또는 우파적 이념이 선거 결과를 평균적으로 얼마나 예측할 수 있는지 보여준다.

하면서 미국 전역(그리고 전 세계 많은 국가)이 봉쇄 조치를 취했고, 소득과 고용, 경제 활동이 급감했다. 미국 정부는 사람들과 기업들에 자금을 많이 지원하기 위해 국채를 대규모로 발행했고, 연준은 돈을 많이 찍어내어 국채를 대규모로 사들였다. 다른 중앙은행들도 마찬가지였다. 이러한 상황이 반영된 다음 도표는 현재 구할 수 있는 오랜 기간의 데이터를 토대로 주요 국가들의 실업률과 중앙은행의 재무 상태를 정리한 것이다. 도표에 나타나듯, 중앙은행의 통화 발행과 금융자산 매입 수준은 앞서 전쟁 기간의 금액에 버금가거나 그 이상으로 상승했다.

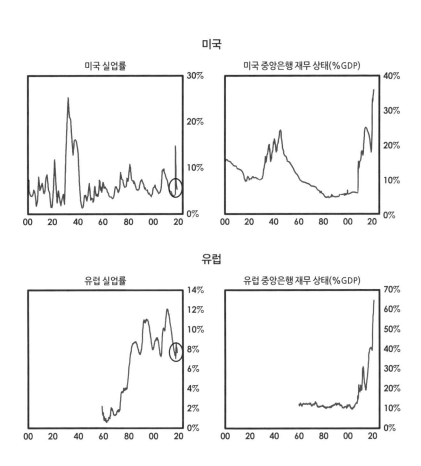

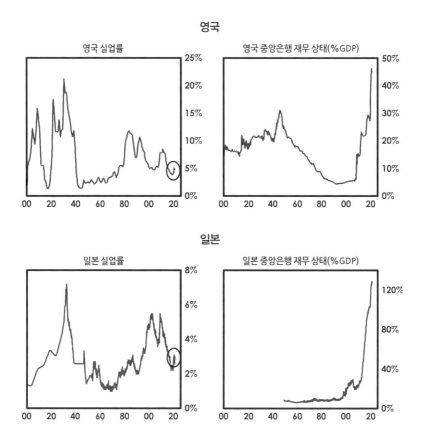

영국

영국 실업률

영국 중앙은행 재무 상태(%GDP)

일본

일본 실업률

일본 중앙은행 재무 상태(%GDP)

역사가 증명하고 4장에서 설명했듯이, ● **통화와 신용이 크게 증가하면 통화와 신용의 가치가 떨어지고 다른 투자자산의 가치가 오른다.**

2020년 연준의 통화 발행과 채권 매입은 1933년 3월 루스벨트, 1971년 8월 닉슨, 1982년 8월 볼커, 2008년 11월 벤 버냉키Ben Bernanke, 2012년 7월 마리오 드라기가 취한 조치와 매우 흡사했다. 이제 일반적인 운영 규정으로 자리 잡은 이러한 통화 정책은 더 이상 작동하지 않을 때까지 지속될 것이다.

현재 빅 사이클 내 미국의 위치

내가 만든 모형의 통계에 따르면, 미국은 현재 빅 사이클에서 대략 70퍼센트, ±10퍼센트 위치에 도달한 상태다. 미국은 아직 본격적인 전투가 시작되는 6단계의 내전과 혁명으로 넘어가지 않았지만, 현재 내부 갈등이 고조되고 있다. 최근 치러진 선거는 국가가 얼마나 분열되어 있는지 적나라하게 보여준다. 현재 미국은 서로 양립할 수 없다는 듯 경계선을 긋고 거의 50:50으로 분열된 상태다.

다음 그림은 50년 전 인구의 정치 성향 분포를 나타낸다. 당시에는 각 정당의 대다수가 온건파였고 극단주의자도 그리 정도가 심하지 않았다.

50년 전 정치 판도

현재 정치 판도는 다음과 같이 바뀌었다. 정치 성향은 더욱 짙어졌고 극단주의자의 수도 늘어났다.*

2021년 정치 판도

---

* 그림에서 음영은 양극화 정도를 나타낸다.

● 양극화가 심해지면 a) 문제를 해결할 혁신적인 변화의 기회를 줄이는 정치적 교착 상태가 나타날 위험이 커지거나, b) 어떤 형태로든 내전과 혁명이 발생할 수 있음을 지난 역사는 보여주었다.

5장에서는 빅 사이클이 5단계에서 6단계로 확대될 확률을 암시하는 전통적인 징후를 살펴보았다. **현재 내가 지켜보는 가장 중요한 3가지 징후는 1) 규칙이 무시되고, 2) 양측이 서로 감정적으로 공격하고, 3) 유혈 사태가 발생하는 것이다.**

이 책의 마지막 장에서는 상황이 어떻게 전개되는지 추적하는 데 사용하는 정량적 측정 기준을 살펴볼 것이다. 나는 이러한 지표를 계속해서 관찰하고 https://economicprinciples.org 웹사이트에 공유할 예정이다. 하지만 먼저 현재 세계적인 강대국으로 부상하고 있는 중국에 대해 알아보고, 중국이 미국과 어떤 식으로 충돌하는지 살펴보자.

12장

빅 사이클로 본 중국과 위안화의 부상

미국과 중국 사이에 감정의 골이 너무 깊어져 내게 이번 장은 펴내지 않는 것이 좋겠다고 조언하는 사람들이 많았다. 그들은 우리가 일종의 전쟁을 벌이는 중이며, 내가 중국을 칭찬하면 미국 독자들을 멀어지게 할 것이고 중국에 대해 비판하면 중국인들을 분노하게 할 것이라고 말했다. 그리고 언론이 내용을 왜곡해서 상황을 악화시킬 것이라고 덧붙였다. 어쩌면 이런 지적이 사실일 수도 있지만, 그렇다고 나처럼 두 국가를 잘 아는 사람이 그토록 중요한 미·중 관계에 대해 공개적으로 언급하지 않을 수도 없는 노릇이다. 정직하게 의견을 내지 않는 것은 내 자존심이 허락하지 않는다.

나는 비판을 두려워하지 않으며 오히려 기꺼이 받아들인다. 이 책에서 나는 최신 데이터로 반복해서 학습하는 과정을 전달하고자 한다. 나는 직접적인 경험과 연구를 통해 내 관점을 개발하고, 배운 내용을 기록하고, 똑똑한 사람들에게 그 결과물을 보여주며 스트레스 테스트를Stress-test 진행한다. 차이점이 있다면 그것을 탐구해서 생각의 폭을 넓히는 방식으로 죽을 때까지 학습을 이어갈 것이다. 이 연구는 내가 거의

40년에 걸쳐 중국을 탐구한 결과를 담고 있지만, 여전히 불완전하고 옳고 그름을 판단할 방식이 아직 정해지지 않았기에 독자들은 무엇이 진실인지 알아내려는 마음으로 이 연구 결과를 인용하거나 비판해주길 바란다.

이번 장은 중국과 중국의 역사에 초점을 맞추고, 다음 장은 미·중 관계를 다룰 것이다. 이번 장에서는 중국인의 뿌리를 제대로 이해하기 위해 그동안 그들이 역사를 살아오면서 그들 자신과 미국인을 어떤 관점에서 바라보고 있는지 살펴본다. 나는 중국 문화와 국가 운영 방식을 연구하는 전문 학자는 아니지만, 그동안 중국을 수없이 오가며 직접 접했고 역사와 경제를 연구했다. 그를 통해 미국과 전 세계를 아우르는 관점을 가지고 있다는 점에서 과거와 현재를 내 고유한 방식으로 이해하고 있다고 생각한다. 독자들은 이 책을 읽은 후에 그것이 사실인지 아닌지 스스로 판단할 수 있을 것이다.

중국의 문화는 수천 년 동안 수많은 통치 왕조의 흥망성쇠와 유가, 주자학 등 여러 사상의 발전을 통해 진화해왔다. 나는 이것이 가족과 공동체가 서로 어떻게 행동해야 하고, 지도자는 어떻게 이끌고, 추종자는 어떻게 따라야 하는지에 대해 중국인이 선천적으로 품게 되는 기대치를 의미한다고 생각한다. 나는 이러한 전형적인 중국의 가치와 국가 운영 방식이 반복적으로 나타나는 것을 목격했다. 오랜 기간 싱가포르 총리를 지낸 리콴유와 중국의 개혁과 개방을 주도한 덩샤오핑의 리더십과 경제 접근 방식을 예로 들 수 있다. 두 사람은 유교적 가치와 자본주의 관행을 결합했고, 특히 덩샤오핑의 경우 '중국 특색 사회주의 시장경제Socialist market economy with Chinese characteristics'라는 개념을 만들어냈다.

지난 몇 년 동안 나는 제국과 통화의 흥망성쇠를 연구하는 일환으로,

중국인들의 사고방식과 특히 역사의 영향을 많이 받는 중국 지도자들을 이해하기 위해 중국 역사를 조사하기 시작했다. 나는 당나라 직전 시대인 서기 600년의 역사부터 살펴보았다.[*] 내가 직접 접한 사람들과 일을 통해 받은 인상에 대해서는 꽤 확신할 수 있지만, 그렇지 않은 사람들과 일에 대해서는 확신할 수 없다. 마오쩌둥 같은 역사적 인물에 대한 내 생각은 내가 수집한 사실과 대화, 책에서 수집한 전문가의 생각, 추측 등에 근거한다. 하지만 나는 내 경험과 내 연구팀이 기울인 노력, 그리고 세계에서 가장 지식이 풍부한 중국 학자, 실무자들과 함께 광범위하게 다각도로 수행한 분석 등을 토대로 도달한 결론에 대해서는 대단히 확신하고 있다.

나는 1984년 중국을 처음 방문한 이후로 지위가 낮은 사람부터 높은 사람에 이르기까지 많은 중국인을 가까이에서 접하고 개인적으로 알고 지내면서 그들의 근현대사를 미국만큼이나 직접 경험할 수 있었다. 결과적으로 나는 미국과 중국의 관점을 꽤 잘 이해하고 있다고 생각한다. 중국에서 상당한 시간을 보내본 적이 없는 사람들에게 나는 편파적인 단체에서 자주 그려내는 풍자만화는 무시하고, 옛 '공산주의 중국'에 대해 자신이 알고 있다는 낡은 생각과 고정관념을 버리라고 말한다. 그것들은 틀렸기 때문이다. 중국에서 오랜 기간 중국 사람들과 함께 일해본 사람들이 말하거나 작성한 내용을 다각도로 분석해볼 필요가 있다. 여담이지만, 나는 언론 왜곡과 폭력에 가까운 맹목적인 충성이 만연해진 상황이 다양한 관점을 깊이 탐구하려는 자세를 가로막는 현시대의 무서

---

[*] 중국의 여러 왕조에 대한 전체 보고서는 https://economicprinciples.org 웹사이트에서 확인할 수 있다.

운 징후라고 생각한다.

분명히 말하자면, 나는 이념에 치우치지 않는다. 어떤 문제가 발생했을 때 그것이 미국이나 중국의 이념 혹은 내 개인적인 신념과 일치하는지에 따라 어느 한 편을 선택하지도 않는다. 나는 실용주의자이며, 연구하는 박사들처럼 논리와 인과 관계에 기대어 어떤 방법이 시간이 갈수록 효과가 있는지 살펴보고 문제에 접근한다. 내가 할 수 있는 유일한 일은 알게 된 내용을 독자들과 나누는 과정에서 독자들이 인내하고 열린 마음가짐을 갖길 바라는 것뿐이다.

나는 이 책의 서두에서 18가지 결정 요인을 논할 때 국가의 건전성에 가장 중요하다고 여겨지는 요인들을 나열했다. 그중에서도 교육, 경쟁력, 혁신과 기술, 무역, 경제 생산량, 군사력, 금융 중심지, 기축통화 지위 등 국력을 나타내는 8가지 지표에 주목했다. 나는 이러한 요인을 중점적으로 들여다보며 중국의 강점과 약점을 평가하고, 중국의 상황을 중국인들이 이해하는 대로 그들의 시각에서 이해하려 노력한다.

당신의 기억을 되살리자면, 다음 도표는 8가지 유형의 지표로 국력을 측정한 후 세계 주요 국가의 상대적 순위를 매긴 것이다. 1500년 이후 나타난 위대한 제국들의 흥망성쇠를 조사하면서 나는 각각의 지표를 살펴보았다. 이제 중국에 대해서도 똑같은 분석을 수행하고 중국 역사의 오랜 사이클을 간략하게 전달하는 동시에 좀 더 세부적으로 중대 사건들을 자세히 살펴볼 것이다.

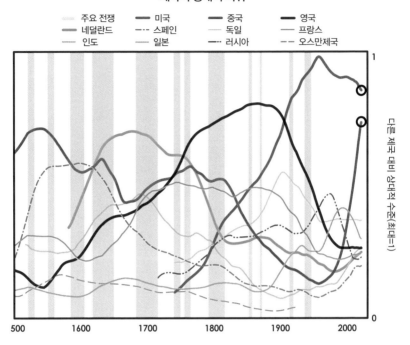

제국의 상대적 지위

주요 전쟁　　미국　　중국　　영국
네덜란드　- -・ 스페인　　독일　　프랑스
인도　　일본　-・- 러시아　- - 오스만제국

다른 제국 대비 상대적 수준(최대=1)

500　　1600　　1700　　1800　　1900　　2000

　　오른쪽 도표는 국가의 성장을 더 세분화해서 1800년부터 현재까지
나타난 중국의 8가지 국력 지표를 보여준다.

　　제국으로 부상한 후 장기간에 걸쳐 쇠퇴한 네덜란드, 영국, 미국의 사
이클과 달리 중국의 사이클은 지난 200년에 걸쳐 오랜 쇠퇴가 이어진
후 급속한 상승이 뒤따랐다. 순서는 바뀌었어도 사이클을 이끈 힘은 동
일했다. 강대국 8개국 중 7개국이 1940~1950년 기간에 최저점을 찍었
다. 그 이후로 중국의 경제 경쟁력과 무역이 본격화된 1980년대까지 경
제 경쟁력, 교육, 군사력 등 이들 제국의 결정 요인 대부분이 개선되었
다. 이 시기는 덩샤오핑의 개방·개혁 정책이 도입된 직후였고, 그것은
우연이 아니었다. 내가 중국을 처음 방문했던 1984년부터 2008년경까

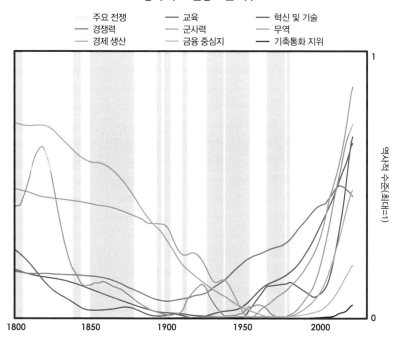

중국: 주요 결정 요인 지수

주요 전쟁 — 교육 — 혁신 및 기술
경쟁력 — 군사력 — 무역
경제 생산 — 금융 중심지 — 기축통화 지위

역사적 수준(최대=1)

지 중국의 부채 증가율은 경제 성장률과 맞물려 매우 견고한 모습을 보였다. 다시 말해, 경제에 부채 부담을 안기지 않고도 매우 빠른 속도로 성장을 이룬 것이다. 그 후 2008년 금융 위기가 닥쳤고, 중국은 다른 국가들과 마찬가지로 경제 부양을 위해 부채를 많이 활용하면서 소득 대비 부채가 늘어났다. 2012년에 집권한 시진핑习近平은 중국의 부채와 경제 관리를 극적으로 개선하고 혁신과 기술의 성장을 꾸준히 이끌었으며, 교육과 군대를 강화하며 미국과 극심한 갈등에 직면했다. **현재 중국은 무역, 경제 생산량, 혁신, 기술 분야에서 미국과 거의 대등하게 겨루고 있으며 군사와 교육 강국으로서 강력하고 빠르게 성장하고 있다. 금융 부문에서는 신흥 강국이지만, 기축통화와 금융 중심지 지위 면에서**

는 뒤떨어져 있다. 이 모든 내용은 이번 장의 뒷부분에서 더 자세히 살펴보겠지만, 중국의 현재를 이해하려면 먼저 중국의 오랜 역사를 들여다볼 필요가 있다.

간략하게 살펴보는 중국의 거대한 역사

중국을 근본적으로 이해하고 싶다면 기본적으로 중국의 역사와 중국 내에서 반복되는 여러 패턴을 이해하고, 중국 지도자들이 그러한 패턴을 연구하며 얻어낸, 세월이 흘러도 변치 않는 보편적인 원칙이 무엇인지 알아야 한다. 기초적인 것이라도 중국 역사를 이해하는 일은 상당한 노력이 필요하다. 약 4000년에 달하는 중국의 역사는 너무나 방대하고 복잡하며 매우 다양하고 때로는 모순되는 해석을 낳기도 한다. 나는 진실의 근원이 단 하나일 수 없다고 확신한다. 단언컨대 나 자신도 진실의 단일 공급원이 될 수 없을 것이다. 하지만 지식이 풍부한 사람들이 나와 동의하는 부분이 많고, 중국인과 외국인을 막론하고 많은 학자와 실무자가 내게 귀중한 통찰을 제공해주었다. 내가 배운 모든 내용을 한데 모으는 노력은 내게 값진 경험일 뿐만 아니라 대단히 흥미로운 작업이었다. 내 관점이 가장 바람직하다고 할 수는 없지만, 세계에서 훌륭한 정보통으로 손꼽히는 사람들과 함께 다각도로 연구한 결과라는 점은 보장할 수 있다.

중국의 문명은 기원전 2000년경에 하나라를 시작으로 약 400년 동안 지속되었고 아시아에 청동기시대를 열었다고 여겨진다. 오늘날까지 중국인의 행동 방식에 가장 큰 영향을 미치는 사상을 발전시킨 공자孔子는 기원전 551년부터 기원전 479년까지 살았다. 기원전 221년경에 우리가 현재 중국이라고 부르는 영토 대부분을 통일한 진秦나라에 이어, 400년 역사를 자랑하는 한나라는 지금도 활용되는 통치 체제를 개척했고, 당나라는 서기 618년에 등장했다.

다음 도표는 600년부터 오늘날까지 1400여 년에 걸쳐 등장한 여러 제국을 나타낸 것으로, 앞서 살펴본 도표와 같이 전반적으로 동일한 국력의 지표를 중국에도 적용한 것이다. 중국은 약 1840년부터 1950년까지 급격한 쇠퇴를 겪었지만, 이 기간을 제외하면 역사적으로 세계에서 가장 강력한 제국으로 손꼽혔다. 중국은 내전에서 벗어나면서 처음에는 서서히, 그 후 매우 빠르게 다시 부상하기 시작했다. 오늘날 중국은 미국에 이어 제2의 강국이 되었으며 점차 미국을 넘어설 기세다.

이 기간에 중국을 지배한 왕조 대부분은 문화적으로도 강국이었다. (나는 여러 왕조 중에서도 주요 왕조만 도표에 나열했다). 왕조마다 고유의 흥미로운 이야기가 있지만, 각국의 이야기를 이번 장에서 모두 다루기에는 지면이 부족할 것이다.

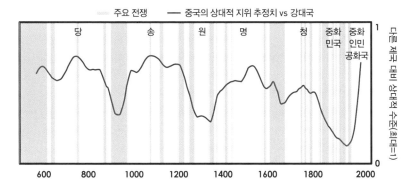

- **많은 중국인이 중국제국의 정점에 당나라(618~907)가 있었다고 생각한다.** 중국은 당나라 바로 직전에 수나라에 의해 재통일되었고, 오랜 기간 벌어진 분열과 내전도 끝이 났다. 수나라가 짧은 역사를 끝으로 멸망하자 당나라가 권력을 장악했다. 당나라는 아버지와 아들이 세운 나라다. 이 두 명의 강력한 지도자 중에서도 제2대 황제인 태종이 유명하다. 두 사람은 중국을 군사적으로 통일했을 뿐만 아니라, 안정적인 정부 체제와 매우 효과적인 정책을 수립하여 양질의 교육을 제공하였고, 우수한 기술 개발과 국제 무역, 다양한 사상을 장려했다. 태종은 혁명적인 통치자로서 권력을 공고히 했으며, 당나라를 건국한 후 후계자에게 권력을 안정적으로 이양해 자신이 없어도 나라가 굳건하게 유지될 수 있도록 대비했다. 이후 150년 동안 번영의 시기가 지속되었고, 특히 당나라는 강력한 군대에 힘입어 중앙아시아에서 귀중한 무역로를 관리할 수 있었다. 그러나 700년대 후반에 이르러 당나라는 다른 제국과 같이 전형적인 이유로 쇠퇴의 길을 걷게 되었다. 통치 체제의 질이 저하되고 경제력과 가치관의 격차가 벌어져 분열이 일어나자 중앙정부는 힘을 잃고 부패하기 시작했고(내부 갈등이 더해지며 반란이 연달아 일어났다), 재정이 악화되었고, 자연재해의 여파도 컸다.

- **그 후 등장한 송나라(960~1279)는 도읍지에 따라 크게 북송과 남송 시기로 나누어진다. 송나라 때 중국 경제는 세계에서 가장 혁신적이고 역동적으로 흘러갔다.** 당나라의 쇠퇴는 900년대에 내전과 분열을 일으켰고, 이러한 갈등을 발판 삼아 960년에 송나라가 권력을 잡았다. 전형적인 사이클에서 볼 수 있듯, 송나라의 황제 태조는 사회 혼란을 다스릴 질서를 세워야 했고, 그 일을 실현할 수 있었던 강력하고 획기적인 통치자였다. 그는 군사 지도자로서 성공적으로 권력을 장악했고, 황위에 오르자 a) 앞서 권력을 잡기 위해 싸운 여러 파벌을 통합하고, b) 군사와 민간 통치 체제를 하향식 중앙 집

414

중형 체제로 만들고, c) 교육과 체제의 질을 확대하기 위해 (특히 제국의 검증 체제를 중심으로) 광범위한 개혁을 시행했다. 태조와 그의 후계자들이 주도한 교육과 능력주의에 대한 투자는 송나라를 전형적인 부흥의 길로 이끌었고, 이는 엄청난 과학 기술의 발전으로 이어졌다.[*] 그러나 몇 세대가 지난 후, 1100년경 송나라는 통치자의 권력이 약해지고 재정 문제가 불거지는 등 전형적인 요인들이 어우러지며 쇠퇴했다. 이미 자체적으로 취약해진 상태에서 외부 세력의 공격을 받는 일도 잦았다. 1100년대와 1200년대에 송나라는 먼저 중국 북부 영토의 절반을 잃었고, 남송으로 알려진 부흥 기간이 지난 후에는 몽골의 통치자인 쿠빌라이 칸Kublai Khan에게 정복되었다.

- **쿠빌라이 칸은 비교적 역사가 짧은 원나라(1279~1368)를 세웠다.** 그는 나라를 잘 다스렸고 전형적인 개국 군주의 행보를 보였다. 그는 교육을 장려하고 국가를 통일했으며 다른 몽골의 많은 지도자와 다르게 능력주의를 표방하며 개방적인 통치 방식을 선호했다. 쿠빌라이 칸의 통치 기간에 오랜 갈등이 매듭지어지자 중국의 경제와 무역은 견고한 성장세를 이어갔다. 동시에 원나라는 값비싼 정복 전쟁을 추구했다. 쿠빌라이 칸의 말년에는 부정부패가 늘어났으며, 안정적인 후계 구도를 구축하지 못한 탓에 그의 사후에는 내전과 위기가 잦았다. 이처럼 늘어난 부패와 불안정은 반란을 야기하면서 원나라는 한 세기도 채 넘기지 못한 채 멸망했다.

- **명나라(1368~1644)가 다스린 중국은 대체로 번영하고 평화로운 제국이었다.** 가난한 집안에서 태어난 홍무제洪武帝는 베이징을 점령하고 몽골을 몰아낸 위대한 장군이 되어 명나라를 건국했다. 그는 14년 동안 약 3만 명을 숙

---

[*] 송나라의 많은 발명품 중에는 이동식 인쇄기, 항해용 나침반, 지폐 등이 있다.

청하여 권력을 통합했다. 초기 명나라의 지도자들은 대중의 지지를 받지 못했던 원나라를 상대로 반란을 일으켜 권력을 장악했고, 우수한 교육과 문명을 갖춘 능력주의 사회를 건설해 혁신을 촉진했다. 시간이 흐르면서 명나라는 유럽과의 무역을 확대하여(중국 상품의 품질이 우수했다) 엄청난 양의 은을 수입하고, 국가 동력을 자급 농업에서 공업으로 전환했다. 하지만 통화와 재정 정책을 제대로 관리하지 못하여 중국이 국제 무역에 미치는 영향력을 꾸준히 지원하는 데 실패했으며, 일련의 위기에 적절히 대응하지 못한 채 중국을 위험에 노출시켰다. 설상가상으로 소빙하기Little Ice Age가 대륙을 덮치면서 농업 재해와 기근이 발생했다. 결국 전쟁과 기근, 생태학적 재난이 발생한 상황에 경직되고 비효율적인 국정 상태까지 더해져 회복할 수 없는 재앙이 나라를 덮치자 거의 300년이나 이어져 내려온 명나라는 1644년에 몰락했다.

- **이웃 만주족이 세운 청나라(1644~1912)는 명나라의 불안정한 정국과 반란을 틈타 권력을 잡았다.** 명나라의 마지막 황제가 반란군을 피해 스스로 목숨을 끊고 반란군이 베이징을 점거하자 마침내 명나라의 역사는 막을 내렸다. **그 후 청나라의 통치 아래 중국제국의 사이클이 다시 시작되었다. 이때 중국은 역사상 최대 규모로 영토를 확장하여 세계 인구의 3분의 1을 지배했으며, 세 명의 황제가 장기간 통치하면서 주도한 개혁 조치로 오랫동안 경제적 번영을 이루었다.** 그 후 유럽 열강이 중국에 도착했다. 이 책의 앞부분에서는 대항해시대Age of Exploration에 유럽 열강이 어떻게 군사력을 앞세워 자원이 풍부하지만 군사적으로 취약한 국가들과 교역하고 이들을 착취했는

---

* 1700년대에 세계 GDP에서 중국이 차지한 비율은 30퍼센트에 달했고 중국의 인구는 2배 이상 증가했다.

지 살펴보았다. 이러한 행위는 중국에서 '굴욕의 세기'로 일컫는 1800년대 초반에 일어나기 시작했다. 유럽은 교역을 제안했지만, 중국은 유럽이 제시한 상품들을 전혀 원하지 않았다. 결국 영국인들은 중국에 아편을 가져가 거래하며 중국인들을 아편에 중독시키기 시작했다. 1800년대에 군사 대립이 연이어 발생하면서(아편 전쟁이 대표적인 예) 중국의 쇠퇴가 가속화되었다. 중국은 쇠퇴의 길로 접어들지 않기 위해 여러 시도를 했지만 번번이 실패했고, 1912년 청나라가 멸망할 때까지 내부 갈등과 반란(태평천국의 난이 대표적인 예)이 계속되었다.

오늘날까지 중국 지도자들은 지난 역사의 교훈을 마음에 새기고 있으며, 이러한 역사는 특히 전형적인 패턴을 형성한다는 점에서 내게 매우 흥미로운 소재이기도 하다.

전형적인 왕조의 사이클이 전개되는 방식

전형적인 제국과 마찬가지로 중국의 주요 왕조 국가들은 저마다 차이는 있을지라도 대략 150~250년 동안 지속되었고, 대체로 동일한 흥망성쇠의 패턴을 따랐다.** 특히 5장에서 설명한 내부 질서 사이클이 몇 번이

** 중국 대부분의 왕조는 역사가 짧고 규모가 작은 왕조 또는 특정 지역에 기반을 둔 왕조로, 정국이 불안정한 시기에 빠르게 부상하고 쇠퇴했다. 문헌마다 전체 왕조의 수를 다르게 기록하고 있는데, 이는 소규모 왕조 또는 지역 왕조를 그 외 형태의 행정 체제와 비교하여 구분하는 기준이 명확하지 않기 때문이다. 주요 왕조와 관련하여, 중국을 통일하고 때로는 장기간 통치했던 왕조로는 약 9개가 있다. 이 9개 국가는 이번 사례 연구에서 초점을 맞춘 600년부터 현재에 이르는 기간

고 계속해서 전개되었다. 사이클을 다시 정리하면 다음과 같다.

- **1단계:** 새로운 질서가 시작되고 새로운 지도자가 권력을 강화한다.
- **2단계:** 자원 배분과 정부 관료 체제가 정립되고 개선된다.
- **3단계:** 2단계를 잘 수행하면 **평화와 번영의 시기가 찾아온다.**
- **4단계:** 과도한 정부 지출과 부채가 발생하고 부의 격차와 정치적 간극이 벌어진다.
- **5단계:** 재정 상태가 매우 나빠지고 갈등이 극심해진다.
- **6단계:** 내전과 혁명이 발생한다.
- 다시 1단계로 돌아가 2단계 등등이 뒤따르며, 전체 사이클이 또다시 전개된다.

이 사이클을 빠르게 검토해보자. **권력을 장악하고 위대한 제국을 건설하는 데 필요한 개선 사항을 구현해내는 강력한 지도자가 등장할 때 전형적인 사이클이 시작된다.** 다른 대부분의 제국과 마찬가지로, 새로운 지도자가 지배권을 손에 쥐기 위한 전쟁에서 승리하더라도 그 후 **사람들을 모으고 통합하는 일은 결코 쉽지 않다**(지도자의 권력을 확립하는 과정에서 갈등을 겪기도 한다). 하지만 일반적으로 지배 권력에 이의를 제기하려는 주체가 더 이상 존재하지 않기 때문에 평화가 찾아온다(1단계).

이제 새로운 통치자는 제국 건설에 착수한다. **제국이 성공하려면 서로 협업할 수 있는 영리하고 결단력 있는 사람들이 필요하고, 재정적으**

에 걸쳐 등장한 5개 국가(당, 송, 원, 명, 청)와 그보다 앞서 800년 이전 기간에 등장한 4개 국가(진泰, 한, 진晉, 수)이다.

로도 탄탄해야 한다. 이러한 요건을 충족하려면 **우수한 교육과 자기 훈련**을 거친 사람들을 교육하고 생산하는 체계가 마련되어야 한다. **가장 유능한 인재에게 가장 중요한 역할을 맡기려면 능력을 중심으로 사람들을 선발해야 한다. 중국 왕조에서는 종종 과거**科擧 **제도를 통해 관리를 뽑았으며, 일반적으로 새로 들어선 왕조는 교육 개혁을 실시했다. 이와 동시에 효과적으로 자원을 배분하는 체계도** 필요하다(2단계).

일반적으로 제국은 평화가 계속되고 권력이 상승하는 시기에 경제적으로 활황이며 재정 상황을 개선한다. 보통은 이전 제국이 발행한 부채가 청산되었기 때문에 한정된 재정 자원과 적은 부채로 국정 운영을 시작하고, 때로는 이전 전쟁에서 승리하면서 얻어낸 자산을 활용하기도 한다. 중국 역사에서 주요 변수는 토지 소유권의 분배와 토지세였다. 새로운 왕조가 들어서면 이전 체제가 낳은 '부패한 관료'의 세력을 줄이거나 무너뜨려 국가가 사용할 수 있는 자원을 크게 늘리기도 했다. 이렇게 얻은 자원으로 새로운 왕조는 이익을 얻고 세력을 확장하고 상업력, 기술력, 군사력을 구축하여 서로 영향을 주면서 강화한다. 예컨대 강력한 기술을 보유하면 경제적으로나 군사적으로나 왕조에 도움이 된다. 기술은 경제적·군사적 목적으로 활용될 수 있고, 강력한 군대는 국가의 상업적 이익(예: 무역로 보호)을 지킬 수 있어 재정적으로도 왕권을 강화할 수 있기 때문이다.

제국이 정점에 이르면 정부는 제대로 작동하고, 자원과 인력은 생산적으로 활용되며, 이전에 진행한 투자는 새로운 이익을 가져다준다. 경제는 탄탄하고 자체적으로 지속되며, 민생이 풍요로워지고, 학문과 예술, 무역, 건축, 기타 우수한 문명 요소에서 훌륭한 성과가 나타난다(3단계).

제국의 쇠퇴는 일반적으로 강력한 제국을 건설한 세력이 자취를 감추고 경쟁 세력이 등장하면서 발생한다. 지도자는 힘을 잃거나 종종 부패하고, 다른 사람들의 부정부패를 허용한다.* 일반적으로 왕조 국가는 국가를 과도하게 확장하고 종종 많은 부채를 떠안게 되며, 부채 문제를 해결하기 위해 많은 돈을 찍어낸다. 이때 돈의 가치는 평가절하된다. 사람들은 점차 분열되고 함께 잘 살아갈 능력과 단합된 목적을 상실하고 만다. 부의 격차가 더욱 벌어지면서 생산성이 저하되고 정치적 갈등이 빚어진다. 가뭄이나 홍수 같은 자연재해가 빈번하게 발생하여 왕조의 문제를 악화시키기도 한다. 이러한 문제가 동시다발적으로 발생할수록 왕조가 무너질 가능성은 커진다.

제국의 몰락은 자체적으로 반란을 부추기고 피비린내 나는 내전을 동반한다(5단계, 6단계). 결국 강력한 지도자가 새롭게 등장한 후 갈등에서 승리하고 새로운 왕조를 세우면 사이클이 다시 시작된다(다시 1단계).

여러 왕조의 쇠퇴에는 다음과 같은 공통 주제가 있다. 이러한 주제는 이 책에서 언급한 다른 강대국의 쇠퇴 사례에서도 확인할 수 있다.

1. 왕조의 사이클이 진행되는 동안 늘어나는 불평등과 재정 문제는 국가를 쇠퇴로 이끄는 주요 원인이다. 왕조가 처음 세워졌을 땐 이전 왕조의 최상류층에 집중되었던 토지와 자산의 소유권이 재분배되면서 사

---

* 일반적으로 '나쁜' 황제는 제국의 일을 관리하기는커녕 공적 분야에 투자하지도 않고 부정부패를 용인하거나 심지어 한패가 되어 악행을 저지르기도 한다. 이념적으로 경직되고, 판단력이 좋지 않으며, 최고 참모진을 제대로 평가하지 못하고, 자신의 지위로 얻은 호화로운 생활에만 몰두한 것으로 유명해진 황제들도 있다. 대부분의 왕조 역사에서 마지막 황제는 이미 나라가 약해질 대로 약해진 후에 보위에 올라 통치권이 제한되고 정치적 사건에 관여조차 못할 때가 많다(예: 어린 황제).

회는 좀 더 평등하게 시작한다. 이는 사회적 갈등을 방지하고 국가 재정에도 도움이 된다(종종 최상류층은 소규모 토지를 소유한 대중보다 세금을 더 수월하게 피할 수 있었다). 그러나 시간이 지날수록 토지는 점점 더 소수의 가문에 집중되고, 이들은 뇌물을 주거나 공적 영향력을 남용하여 재산을 은닉함으로써 세금을 회피하면서 부를 더 축적할 수 있었다. 이로 인한 불평등은 직접적으로 사회적 갈등을 촉발했고, 국가의 과세 기반이 약해지면서 국가는 위기에 더욱 취약해졌다.

2. 통화 문제는 흔히 제국의 쇠퇴를 일으킨 원인이 되었다. 송, 원, 명의 경우, 정부는 금속 주화로 통화 공급량을 충분히 유지하는 데 어려움을 겪었다. 특히 전쟁과 자연재해 또는 인적 재해가 발생했을 때 필요한 자금을 지원하려면 돈을 찍어내는 수밖에 없었다. 세금 징수와 관련된 문제도 돈을 찍어내는 강력한 동기로 작용했다. 국가가 돈을 자꾸 찍어내는 데 의존하면서 높은 인플레이션 또는 하이퍼 인플레이션이 발생했고, 상황은 더욱 악화되었다.

3. 통치 체제와 기반 시설의 질은 각 왕조의 초기에 상승하다가 점차 하락하는 경향이 있다. 송, 명, 청 왕조의 후기에는 수년 동안 공공사업에 투자를 제대로 집행하지 않은 탓에 기근과 홍수에 허덕여야 했다. 수십 명의 황제를 일반화하여 설명하기는 어렵지만, 일반적으로 나라를 세운 선구적인 초대 황제(예: 기술과 과학을 받아들인 송과 원의 개국 군주)의 뒤를 이어 더 경직되고 보수적인 통치자(예: 청나라)가 보위에 올라 제국의 부와 호화로운 생활에 지나치게 집중하거나(예: 북송 왕조의 마지막 통치자) 대외 무역 지원을 축소했다(예: 명나라).

4. 주로 농업 문제, 높은 부채, 부적절한 통치 체제, 자연재해, 때로는 외부 세력과의 갈등이 빚어진 어려운 시기에 경제적 격차까지 벌어지면

서 내부 갈등이 발생하는 경우가 많다. 심각한 자연재해와 급격한 기후 변화가 나타나는 기간은 고통스러울 만큼 매우 파괴적이며 종종 왕조가 몰락하는 시점과 일치했다. 전형적인 하향 곡선이 나타나는 시점에는 1) 부적절한 기술과 투자(신규 프로젝트와 유지 관리)로 인해 기반 시설이 자연재해에 취약해지고, 2) 자연재해(중국의 경우, 일반적으로 가뭄이나 주요 강의 홍수)가 발생하면서 작물에 피해를 주고 지역 사회를 무너뜨리거나 수확량을 줄여 식량 부족과 기근 문제를 일으키며, 3) 이러한 재난이 닥치면 국내에서 민중을 중심으로 봉기가 일어난다. 이러한 과정은 송, 원, 명, 청 왕조의 쇠퇴에 중요한 역할을 했다.

5. 열악한 조건과 커다란 부의 격차는 중대한 봉기를 일으키는 원인이 되는데, 이는 서민들이 최상류층의 과도한 세력에 저항하기 때문이다(예: 송나라 방랍의 난, 원나라 홍건적의 난, 청나라 백련교도의 난). 반대로 국민 대부분이 양호한 생활을 누리면 국내 정세는 안정을 찾게 되는데, 이는 왕조의 번영기에 나타나는 주요 특징이다.

6. 상업, 기술, 군사력보다 학문을 선호하는 고립주의와 유교 문화의 영향은 사업, 기술, 군사 분야에서 중국의 경쟁력을 약화시켰고, 결국 중국은 더 강력한 '야만인(오랑캐)'(예: 몽골, 아편 전쟁의 외부 세력, 마오쩌둥시대에 고립을 택한 중국과 달리 개방을 택한 그 외 국가들)에게 패하거나 밀려났다.

중국의 물리적 지리와 지질학적 특징도 왕조의 흥망성쇠에 커다란 영향을 미쳤다. 중국의 지형은 다양하고 종종 변덕스럽다. 예를 들어 북쪽은 더 춥고 건조하며 지면이 편평하고, 남쪽은 산이 많고 훨씬 따뜻하고 습해서 중국의 각 지역에서는 작물 생산이 일관되지 못할 때가 있다. 하지만 통일된 중국은 지역의 다양성과 조화 덕분에 대체로 자립할 수 있다. 지난 역사를 살펴보면 중국은 이러한 지리적 특징을 갖고 있음에도 깨끗한 물과 경작지, 연안 해양 어업의 생산량이 부족해서 종종 식량 부족에 시달리곤 했다. 그러한 이유로 **중국은 식량 공급이 불안정한 때가 많았고** 오늘날에도 많은 식량을 수입하고 있다. 중국은 석유, 광물과 식품 등 **주요 천연자원도 부족하다. 극심한 대기 오염을 개선하기 위해 노력하고 있지만, 여전히 중국의 대기 오염은 사람들의 건강을 위협하고 농업 생산에 부정적인 영향을 끼치고 있다.**

이러한 지리적 특성과 사건들은 **중국의 과거와 현재 지도자들에게 교훈을 주었고 자연재해와 정치적 참사가 반복되거나 용납할 수 없는 결과를 초래하지 않도록 보호 장치가 마련되었다.** 다시 말해, 중국 역사에는 많은 교훈이 담겨 있다. 오늘날 중국 지도자들이 장기적인 계획을 수립할 때나 현재 진행 중인 사건을 처리할 때 역사의 교훈들은 모두 실제 의사결정에 영향을 미친다.

특히 내게 흥미로운 점은 중국 역사가 매우 방대하고 잘 기록되어 있어 오랜 역사를 거슬러 올라가 전형적인 빅 사이클 패턴을 관측할 수 있다는 점이다. 17세기부터 19세기까지 동서양이 좀 더 활발하게 교류했을 때 어떤 일이 일어났는지 그리고 세계가 훨씬 더 작아지고 상호 연결되면서 중국과 서양의 빅 사이클이 서로 어떤 영향을 주었는지 살펴보는 작업도 몹시 흥미로웠다.

아마도 내가 수많은 국가의 역사를 공부하면서 얻은 가장 큰 수익은 원인과 결과의 큰 패턴을 바라볼 수 있는 능력일 것이다. 내 관점을 매우 장기적인 관점으로 전환하면 마치 구글Google 지도에서 화면을 축소했을 때처럼 이전에는 보지 못했던 등고선을 볼 수 있고, 기본적으로 똑같은 이유로 똑같은 사건이 어떻게 반복되는지 알 수 있게 된다. 공부할 역사가 많다는 점도 중국인의 사고방식에 어떤 영향을 미쳤는지 이해할 수 있다. 그것은 현재 일어나고 있는 일에 더 초점을 맞추는 미국의 사고방식과 매우 다르다. 대부분의 미국인은 미국의 역사가 300~400년에 불과하다고 여기고(유럽인들이 대륙에 정착하면서 미국이 시작되었다고 믿기 때문이다), 역사에서 배움을 얻는 데 그다지 관심이 없다.

역사에 관심이 있든 없든 미국인에게는 300년이라는 세월도 매우 오래전으로 보이지만, 중국인에게는 전혀 긴 세월이 아니다. 대부분의 미국인에게는 미국 체제를 뒤집을 혁명이나 전쟁이 거의 일어날 가망이 없는 일처럼 보이겠지만, 중국인에게는 필연적인 사건으로 보일 것이다. 그들은 역사가 반복되는 것을 목격했고, 어떤 일이 발생하기에 앞서 필연적으로 나타나는 패턴을 연구했기 때문이다. 대부분의 미국인은 특히 현재 일어나고 있는 사건을 중심으로 특정 사건에 집중하지만, 대부분의 중국 지도자는 현재 벌어지는 사건을 더 넓은 시야에서 바라보고 더 점진적인 패턴의 맥락을 파악한다.

미국인들은 충동적이고 전술적이며, 현재 원하는 것을 손에 넣기 위해 싸운다. 중국인들은 대개 전략적이며, 미래에 원하는 것을 얻어낼 방법을 계획한다. 나는 중국 지도자들이 미국 지도자들보다 훨씬 더 철학적이라는 점도 알게 되었다(말 그대로 철학을 읽는 사람들이다). 예를 들자면, 나는 도널드 트럼프 대통령과 회의를 하고 돌아온 어떤 중국 지도자를 만난 적이 있다. 그는 미·중 분쟁이 일어날 가능성을 우려했고 대통령과의 회의를 어떻게 접근했는지 설명했는데, 나는 그의 방식이 트럼프 대통령의 방식과 전혀 다르다는 인상을 강하게 받았다. 나는 그와 수년 동안 알고 지내면서 주로 중국과 세계 경제, 시장에 대해 이야기를 나누며 우정을 쌓아왔다. 그는 매우 유능하고 현명하고 겸손하며 호감이 가는 사람이다. 그는 트럼프 대통령과의 회의를 앞두고 미·중 분쟁에 따른 보복이 통제를 벗어나 전쟁으로 이어지는 최악의 시나리오에 대해 우려했다고 말했다. 그는 지난 역사를 언급하고 자신의 아버지에 대한 개인적인 이야기를 들려주면서, 전쟁은 상상할 수 없을 정도로 고통스럽고 전쟁이 끼칠 피해는 역사상 가장 많은 인명을 앗아간 과거 전쟁들보다 훨씬 심각할 수 있다고 하였다. 그는 제1차 세계대전을 예로 들었고, 마음을 진정시키고 평온을 얻기 위해 이마누엘 칸트Immanuel Kant의《순수이성 비판》을 읽고 나서 자신은 그저 최선을 다할 뿐이며 결과는 자연스레 나타날 것이라는 점을 깨달았다고 했다. 나는 그에게 평온을 비는 기도Serenity Prayer*를 알려주고 명상을 권한 후 집으로 돌아가 《순수이성 비판》을 다시 꺼내 읽었는데 이해하기 쉽지 않았다. 나는 과거나 지금이나 여전히 그를 존경하고 그의 관점을 매우 존중한다.

내가 여러 중국 지도자와 일반 중국인들과 나눈 대화 중 한 예로 이 일화를 책에 담은 이유는 전쟁의 위험을 바라보는 한 중국 지도자의 관점을 독자들과 공유하기 위해서다. 나는 독자들이 내 시각과 중국인들의 시각으로 사안을 다르게 바라볼 수 있기를 바란다.

중국의 역사와 철학은 특히 유가儒家, 도가道家, 법가法家, 마르크스주의Marxism 사상을 중심으로 중국인의 사상에 지대한 영향을 끼치고 있고, 그 정도는 미국 역사와 유대-기독교, 유럽 사상의 뿌리가 미국 사상에 미치는 영향보다도 훨씬 크다. 한 저명한 중국 역사가에 따르면, 마

---

* "신이시여, 바꿀 수 없는 것들을 받아들이는 침착함과 바꿀 수 있는 것들을 바꾸는 용기 그리고 그 차이를 아는 지혜를 제게 주소서."

오쩌둥은 기원전 400년부터 기원후 960년 사이에 등장한 16개 왕조와 중국의 1400년 역사를 총 20권 분량의 연대기로 엮은《자치통감資治通鑑》그리고 그보다도 분량이 더 많은《이십사사二十四史》는 물론이고, 마르크스를 비롯한 여러 비중국인 사상가들이 쓴 수많은 글과 중국 역사서를 여러 번 읽었다고 한다. 마오쩌둥은 철학적으로 글을 쓰고 말했으며, 시를 짓고 서예를 연습했다. 그의 생각과 더 중요하게는 그의 사고방식이 궁금하다면 그의 저서《실천론實踐論》과《모순론矛盾論》그리고 여러 주제에 대한 그의 지시 사항을 요약해서 펴낸《마오 주석 어록毛主席语录》을 읽어보길 바란다.*

중국 지도자들은 한 세기 이상을 내다보고 미래를 계획하는데, 이는 괜찮은 왕조가 지속되는 최소한의 기간이 한 세기이기 때문이다. 그들은 전형적인 개발 사이클에서 각 국면이 저마다 수십 년에 걸쳐 진행된다는 사실을 알고 계획을 수립한다.

현재 중국제국의 첫 번째 국면은 마오쩌둥시대에 혁명이 일어나고 나라를 장악하고 권력과 제도가 확립되면서 발생했다. 세계의 강대국(미국)을 위협하지 않으면서 부와 권력을 축적하고 응집력을 구축하는 두 번째 국면은 덩샤오핑을 시작으로 시진핑에 이르기까지 마오쩌둥의 후임자들이 집권한 기간에 발생했다. 이러한 성과를 바탕으로 2049년 중화인민공화국 건국 100주년을 향해 나아가는 세 번째 국면은 '번영하고 강력하고 민주적이며 문화적으로 선진화되고 조화를 이룬 현대 사회주의 국가'가 되는 것이며, 시진핑과 그의 후임자들이 집권하는 기간에 일

---

* 내게 이 책들을 소개하고 중국 정치를 이해하는 데 도움을 준 전 호주 총리이자 현 아시아 소사이어티 정책 연구소Asia Society Policy Institute의 CEO인 케빈 러드에게 감사를 전한다.

어날 것이다. **중국의 궁극적인 목표는 중국 경제를 미국의 약 2배 규모로 만들어 성장의 이점을 널리 공유하는 것이다.**** 단기 목표와 그것을 달성할 방법은 중국 제조 2025 계획***과 시진핑의 새로운 중국 표준 계획 2035, 일반적인 5개년 계획****에 명시되어 있다.

중국 지도자들은 단순히 계획을 실행하려고만 하지 않는다. 그들은 성과를 판단할 명확한 지표를 설정하고 대부분의 목표를 달성한다. 나는 이 과정이 완벽하고 정치나 여러 면에서 어떤 문제도 발생하지 않으며, 무엇을 해야 할지에 대해 의견이 일치하지 않아 잔인한 싸움을 벌이는 경우가 없다고 주장하는 것이 아니다. 실제로 그 과정은 완벽하지 않을뿐더러 (비공개적으로) 문제가 발생하기 때문이다. 내가 말하고자 하는 바는 중국인이 역사에 근거해서 훨씬 장기적인 관점에서 계획을 수립하고, 이를 단기 계획과 운영 방식으로 세분화해서 진행하며, 이러한 접근법을 따르면서 설정한 목표를 훌륭하게 달성한다는 점이다. 공교롭게도 내가 역사에서 패턴을 찾고 전술적 의사결정을 다루는 방식은 사안을 바라보고 행동하는 방식에 비슷한 영향을 끼쳤다. 예를 들자면 이제 내게 지난 500년은 근래의 역사이며 가장 유의미한 역사적 사이클은 100여 년이 되었다. 이러한 관점에서 수집한 패턴은 사건이 어떻게 일어나고 앞으로 몇 주, 몇 달, 몇 년 동안 어떻게 대처해야 할지 예측하는

** 중국 인구는 미국의 약 4배에 달하므로 1인당 소득이 미국의 절반 수준만 되더라도 전체로 보면 미국 소득의 2배에 이를 것이다. 향후 중국의 성장세가 가로막히거나 미국의 1인당 소득이 중국 수준으로 낮아질 가능성은 없을 것으로 보이며, 이대로 가면 중국 경제는 4배 더 커질 것이다.
*** 중국 제조 2025 계획은 중국이 대부분의 영역에서 자립하고 인공 지능, 로봇 공학, 반도체, 제약, 우주 항공 등 첨단 기술 분야에서 세계 최고의 선두주자가 되는 것이다.
**** 2021년 3월, 중국은 14차 5개년 계획과 2035년 목표를 발표했다.

데 도움이 된다.

중국의 교훈과 운영 방식

중국의 문화는 중국인이 수천 년 동안 경험하고 배우며 얻은 교훈의 연장선상에서 발전했고, 이는 여러 사상에 담겨 있다. 세상일이 어떻게 작동하고 현실에 대처할 때 어떤 방식이 가장 적절한지 제시함으로써 사람들이 서로 어떻게 대해야 하고, 정치적 의사결정을 어떻게 내려야 하고, 경제 체제가 어떻게 작동해야 하는지 분명하게 알려준다. 서구에서 지배적인 사상은 유대-기독교, 민주주의, 자본주의, 사회주의로 볼 수 있는데, 각 개인은 대개 이러한 사상 중에서 자신에게 맞는 조합을 선택한다. 마르크스주의와 자본주의가 도입된 20세기 초반까지만 해도 중국의 주요 사상은 유가, 도가, 법가였다. 황제는 일반적으로 자신이 선호하는 사상을 선택한 후 그것을 실천하고 배우며 적응해나갔다. 제국과 사상이 조화를 이루며 잘 작동하면 왕조는 생존하고 번영하지만(중국어로 '천명天命'), 반대로 그렇지 않으면 실패하고 다른 왕조로 대체된다. 역사가 기록되기 전부터 계속된 이러한 과정은 총체적으로 의사결정을 내려야 하는 사람들이 존재하는 한 앞으로도 계속될 것이다.

중국의 여러 사상을 단 몇 문장으로 정의할 수는 없지만, 간단히 살펴보면 다음과 같다.

- **유가는 위계에 따라 각자의 본분을 자각하고 실천함으로써 화합을 이룰 방안을 모색한다.** 그 대상은 가족(남편과 아내, 아버지와 아들, 형제, 자매 사이

등)을 시작으로 통치자와 백성까지 확장된다. 사람들은 윗사람을 존중하고 따르며, 윗사람은 자비로우면서도 엄격하게 행동 규범을 적용한다. 모든 사람은 친절하고 정직하고 공정해야 한다. 유가는 화합과 폭넓은 교육, 능력주의를 중시한다.

- **법가는 전제 군주에 의한 신속한 '천하天下' 통일과 정복을 추구한다.** 법가에서는 세상을 죽거나 죽임을 당하는 야생이라고 주장하며, 통치자의 중앙 집권 정부를 향한 철저한 복종을 요구하지만 그다지 인仁을 베풀지는 않는다. 법가에 상응하는 서구의 사상은 파시즘이다.

- **도가는 자연의 법칙과 조화를 이루며 사는 것이 가장 중요하다고 가르친다.** 도가에서는 자연이 상호 반대되는 음과 양으로 구성되어 있으며 둘의 균형이 잘 맞으면 조화를 이룬다고 믿는다.

중국에서 마르크스주의가 마오쩌둥과 그의 후임자들의 지지를 얻은 20세기 초 이전까지만 해도 유가와 주자학이 가장 영향력 있는 사상이었고, 일부에서는 법가가 채택되기도 했다. 마르크스주의에 대해서는 중국의 20세기 역사를 다룰 때 간단히 설명할 것이다.

이와 같은 **중국의 체제는 모두 위계질서를 따르며 평등하지 않다.** 중국의 부주석이자 저명한 역사가 겸 문화 탐험가인 왕치산은 중국인이 무엇보다 가족과 집단을 우선시하는 반면, 미국인은 개인을 우선시한다는 점이 중국인과 미국인의 주된 차이라고 말했다. **미국은 아래에서 위로 움직이며(예: 민주주의) 개인에게 최적화되어 있지만, 중국은 위에서 아래로 움직이고 집단에 최적화되어 있다.** 그는 중국어로 '국가國家'는 각각 '나라國'와 '가족家'을 뜻하는 두 글자로 구성되어 있다고 하면서, 중국 지도자들은 부모가 가정을 꾸려나가듯 국가를 운영하려 한다고 설명했다. 각자가 본분을 자각하고 자식들은 어른들을 공경해야 한다는 것이다. 결과적으로 중국인은 더 겸손하고 타인을 존중하며 규칙에 얽매이지만, 미국인은 더 거만하고 평등을 중시하며 규칙을 기피한다. 나는 중국인이 질문하고 배우는 데 관심이 있다면, 미국인은 자신의 생각을 전달하는 데 관심이 있다는 점을 깨달았다.

중국인은 수천 년 동안 많은 왕조를 거치면서 통치 체제 구조(즉 중앙정부의 보고 체계와 그것이 지역과 지방정부 간 상호 작용으로 확장되는 방식)에 대한 접근법을 차근차근 발전시켜 왔다. 하지만 중국의 이러한 접근법을 깊이 파헤치면 이 책의 주제에서 크게 벗어날 것이다.

다른 국가들을 정복하고 점령한 일반적인 제국들과 달리 중국이 멀리 떨어져 있는 국가들을 점령하는 일은 비교적 드물었다. **중국은 기본적으로 커다란 산과 바다처럼 자연적으로 발생한 경계에 둘러싸인 거대한 평야이며 대부분의 인구가 평원 전역에 퍼져 살고 있다. 중국의 세상은 대부분 지리적 경계에 갇혀 있었고, 대부분의 전쟁은 영토를 장악하기 위해 중국인끼리 벌였다. 하지만 때로는 외국에서 건너온 침략군을 상대로 전투가 벌어지기도 했다.**

중국의 전통적인 군사 철학에서는 전쟁에서 승리하는 이상적인 방법으로 단지 싸우는 것이 아니라 자신의 힘을 과시하는 것만으로 적군을 굴복시킬 만큼 조용히 힘을 기르는 것이라고 가르친다. 적군의 행동에 영향을 주기 위해 심리를 광범위하게 이용할 필요도 있다.* **하지만 중국 안에서도 왕조 간 폭력적인 전쟁이 많이 벌어졌다. 중국 밖에서 벌어진**

---

* 중국의 병법서인 《손자병법》을 읽어보면 이러한 전통적인 군사 철학을 이해할 수 있다.

몇 안 되는 전쟁들은 중국의 상대적 세력을 확립하고 무역을 개방하기 위한 것이었다.

학자들은 중국이 이미 영토가 너무 넓어 통제하기 어려웠고 고립을 통해 문화의 고유성을 유지하고자 했으므로 제국의 확장을 선호하지 않았다고 해석한다. **전통적으로 중국인들은 앞서 언급한 몇 가지 사상에서 예상할 수 있는 방식과 유사하게 국경 너머의 다른 제국들과 관계를 맺는 것을 선호했다. 즉 중국은 각국이 저마다 지위를 인식하고 그에 맞게 행동하길 바랐다.** 실제로 중국은 매우 강력한 국가였기에 그보다 약한 국가들은 중국에 호의를 베풀며 선물로 '공물Tribute'을 바쳐 그 대가로 평화를 보장받고, 권한을 인정받고, 교역할 기회를 얻어냈다. 일반적으로 이러한 조공국들은 중국의 간섭을 받지 않고 자체적으로 관습을 유지하며 국가를 운영했다.**

** 역사가인 존 페어뱅크John Fairbank는 그의 훌륭한 저서 《중국의 세계 질서: 전통적인 중국의 외교 관계The Chinese World Order: Traditional China's Foreign Relations》에서 중국과 그 외 국가들의 관계를 다음과 같이 설명했다. "등급으로 구분되어 동심원적 위계에 따르는 중국의 대외 관계는 크게 세 개의 주요 지역으로 나뉘는 다른 민족들과 국가들을 포함한다. 첫째, 중국 문화 지역Sinic Zone 은 중국에서 지리적으로 가깝고 문화적으로 비슷한 조공국으로, 고대에 중국제국에서 통치했던 지역에 속한 한국과 베트남, 류큐 제도가 포함되며, 짧은 기간이지만 일본도 포함된다. 둘째, 내륙 아시아 지역The Inner Asian Zone은 민족적으로나 문화적으로 중국이 아니고 중국 문화권에서 외부 또는 변두리에 자리하거나 때로는 만리장성 국경에 가로막혔던 내륙 아시아의 유목민 또는 준유목민으로 구성된 조공국과 부족을 일컫는다. 셋째, 일반적으로 '외곽 야만인(외이外夷)'으로 구성된 외곽 지역Outer Zone은 육로나 해상에서 멀리 떨어져 있는 동남아시아와 유럽의 다른 국가들, 일본을 포함하는데, 이들은 교역할 때 조공을 보내기로 되어 있었다."

중국의 통화와 경제 역사

통화, 신용, 경제의 역사는 매우 길고 복잡하다. 중국은 이 책의 초반에서 통화와 신용과 관련된 빅 사이클을 설명했을 때 다룬 모든 범위의 통화·신용·경제 체제와 사이클을 두루 경험했다. 중국인이 가장 많이 사용한 통화는 금속으로 만든 경화(국내에서 통용된 통화 대부분이 동화였고, 일부는 은화였다)로, 중국이 9세기에 지폐를 발명한 후에도 19세기 후반 위안화가 도입될 때까지 경화의 사용이 오랫동안 이어졌다. 은은 국제적으로 통용되는 주요 통화였지만 때때로 금도 통용되었다.

중국은 체제를 여러 번 바꾸었고 각 체제를 어떻게 관리했는지에 따라 다양한 시기에 번영이나 몰락을 불러왔기 때문에 서로 다른 체제를 이해하는 것은 매우 중요하다. 중국은 1) 경화에서 경화를 담보로 하는 지폐로 전환한 후(제1유형에서 제2유형), 2) 통화에 대한 신뢰가 늘어나면서 아무 담보 없이도 지폐를 유통시켰으며(제2유형에서 제3유형), 3) 과도하게 돈을 찍어내어 신뢰를 잃으면서 지폐 체제가 붕괴되고 다시 경화의 사용으로 돌아가는(제3유형에서 제1유형) 사이클을 여러 번 경험했다.

3장에서 설명했듯이, 통화 체제에는 3가지 기본 유형이 있다. 내가 제1유형 통화 체제로 일컫는 첫 번째 체제에서 통화는 내재가치를 가지고 있다(주화는 금, 은, 구리로 만들어지기 때문이다). 제2유형 통화 체제로 불리는 두 번째 체제에서 통화는 내재가치가 있는 자산과 연동되어 있다(일반적으로 지폐 형태이며 고정 환율에 따라 금이나 은으로 교환할 수 있다). 제3유형 통화(또는 불태환 통화) 체제에서 통화는 객관적 가치를 지닌 자산과 연동되어 있지 않다. 다음 도표는 당나라 이후 중국 역사 전반에

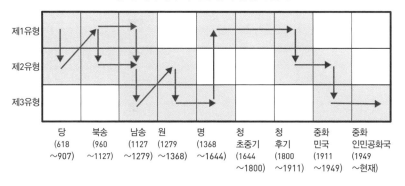

중국 역사에서 나타난 통화 유형의 변화*

	당 (618~907)	북송 (960~1127)	남송 (1127~1279)	원 (1279~1368)	명 (1368~1644)	청 초중기 (1644~1800)	청 후기 (1800~1911)	중화 민국 (1911~1949)	중화 인민공화국 (1949~현재)
제1유형									
제2유형									
제3유형									

걸쳐 이러한 통화 체제가 어떻게 반복되었는지 매우 간단하게 보여준다. 사실 중국의 여러 지역에서는 다양한 통화를 사용했고 다른 국가의 주화와 주괴(예: 16세기 후반 스페인 은화)를 사용하기도 했다. 하지만 **위 도표는 대략적으로나마 중국이 다른 국가들처럼 다양한 통화 체제를 확립하고 있었음을 보여준다. 각 체제는 본질적으로 동일한 방식으로 작동했는데, 특히 부채 문제가 불거지면 경화를 버린 후 인플레이션과 하이퍼 인플레이션을 경험하고 결국에는 경화로 회귀하는 사이클이 반복되었다.**

당나라 초기에 통화는 주로 동화(즉 경화)로 이루어졌다. 그러나 경화 공급은 늘 한정적이기 마련이다. 당시 중국은 빠르게 성장하고 있었고, 구리 공급이 이러한 성장 속도를 따라가지 못해 동화가 충분히 공급될 수 없었다. 게다가 동화는 가치가 낮아서 상인들이 거래할 때 수십만 개의 동화를 직접 가지고 다녀야 했으므로 실용성이 매우 떨어졌다. 이러

---

* 이 도표는 주자밍 교수와 함께 제작했다.

한 문제가 대두되자 경화는 아니지만 돈으로 여겨지는 어음의 초기 형태가 고안되었다. '비전飛錢'은 기본적으로 은행에서 발행하는 수표 같은 어음으로 시작되었는데, 상인들이 이를 통화처럼 유통하면서 당나라 정부에서는 비전 발행과 사용을 감독하기 시작했다.* 그렇지만 여전히 일상적인 통화 거래는 주로 동화로 이루어졌다.

진정한 의미의 지폐(법정통화로 널리 사용되도록 고안된 지폐)는 중국 역사에서 조금 늦게 등장했다. 1100년대 초, 송나라 정부는 통화 발행 산업을 장악하고 최초의 상품 담보 지폐를 만들었다. 이 지폐는 곧 사람들에게 받아들여졌고 지폐의 가치를 뒷받침하는 담보의 중요성은 부차적인 것으로 취급되었다. 이로써 법정통화 체제의 초기 형태가 도입되었다. 그러나 채권과 마찬가지로 지폐에도 만기가 있었고, 만기가 지난 지폐는 회수되었다.

송나라는 법정통화를 발명했을 뿐만 아니라 최초로 지폐를 과도하게 발행하고 평가절하하기도 했다. 1100년대 중반에 이르러 외국과 전쟁이 벌어지고 내란이 이어지자 송나라 국고에 대한 재정 수요가 급증했다. 쇠퇴하는 제국에서 흔히 나타나듯, 송나라는 세금 인상이나 긴축 재정으로 사회적 불만을 가중하지 않기 위해 법정통화를 찍어내어 재정 적자를 충당했다. 처음에는 재정 적자의 화폐화를 관리할 수 있었다. 최초의 법정통화로 알려진 회자는 1160년부터 적당한 수량만큼 발행되었고 30여 년 동안 거의 액면 가격에 거래되었다. 그러나 얼마 지나지 않

---

* 이러한 약속 어음은 오늘날의 환어음과 비슷했다. 이전의 약속 어음은 변동 단위로 표시되었지만, 이윽고 정부 발행 어음은 고정 단위로 표시되었다. 정부 관청에서는 현금 주화를 대신하여 이러한 어음(교자交子와 회자會子로 알려져 있다)을 발행했다.

아 송나라 정부는 좀 더 자유롭게 회자를 찍어냈고, 시중에 유통되는 회자의 양은 3배 이상으로 불어났다. 계속되는 국내외 분쟁으로 재정 압박이 증가하면서 통화 공급량은 1209년과 1231년 사이에 다시 약 3배로 증가했다. 결국 지폐의 시장 가치(정화正貨 기준)는 1195년에서 1230년대 사이에 90퍼센트 이상 하락했다.

이와 같은 패턴은 몇 번 더 반복되었다. 원나라는 금속 통화의 제약을 극복하기 위해 새로운 지폐를 만들었지만(마르코 폴로도 감탄했다), 돈을 과도하게 찍어내면서 결국 통화 붕괴를 일으켰다. 명나라 초기에도 금속 통화의 제약을 해결하기 위해 지폐를 만들어 새로운 국가 건설에 필요한 자금을 충당했지만, 결국에는 돈을 과도하게 찍어내면서 통화 붕괴를 불러왔다. 이들의 사례도 매우 흥미롭지만, 여기에서는 다루지 않을 것이다.

명나라 초기에 법정통화가 실패하자 중국은 20세기까지 지폐 실험을 포기했다. 대신 14세기 중반부터 1933년경까지 주로 은과 같은 다양한 유형의 금속 동전이 사용되었다. 은의 내재가치는 은화 가치의 상당 부분을 차지했고, 동전 자체에도 약간의 웃돈이 붙었다. 1933년에 이르기까지 대부분의 기간에 중국은 직접 주조하지 않고 스페인 동전을 시작으로 멕시코와 북미에서 건너온 동전을 대신 사용했다. 1933년에 중국인들은 직접 중국 주화를 만들어 유통하기 시작했다. 2년 후, 중국 정부는 직접 통화를 발행하기 위해 위안화를 법폐法幣(법정통화)로 대체했다. 제2차 세계대전과 뒤이어 벌어진 중국 내전의 막바지에 중화민국Republic of China, ROC 정부가 과도하게 통화를 찍어내면서 법폐는 걷잡을 수 없는 하이퍼인플레이션을 겪었다. 중화인민공화국People's Republic of China, PRC이 건국된 후 도입된 인민폐人民幣는 오늘날까지 사용되고 있다.

중국의 전반적인 경제는 기본적으로 농업과 봉건 제도에서 시작해 청동기시대와 철기시대를 거치며 다양한 제조 기술을 다졌고, 실크로드Silk Road를 통해 외국인과 교역하는 방식으로 발전했다. 이러한 변화는 부유한 상인 계층이 생겨나고 부의 격차가 크게 벌어져 그들의 부를 몰수하기 위한 폭동이 발생하는 사이클을 일으켰다. 중국은 늘 지능적이고 근면한 사회였기 때문에 수많은 기술 혁신과 발명품으로 경제 발전을 이끌었다. 중국 역사에서 민간 기업도 여러 시기에 걸쳐 생겨났으며, 부의 격차가 크게 벌어지면 정부가 셀 수 없이 다양한 방법으로 부를 몰수하고 재분배하는 사이클이 나타났다. 중국 역시 앞서 3장에서 살펴본 것과 같은 부채 사이클을 경험했으며, 이러한 사이클은 같은 이유로 발생했다. 이러한 대규모 부채 사이클에는 부채 증가가 과도하지 않은 안정적인 기간과 거품이 형성되는 기간, 부채를 상환할 자금이 부족해져 위기가 발생하는 기간, 그리고 부채 위기를 완화하기 위해 돈을 찍어내는 인플레이션(때로는 하이퍼 인플레이션)이 발생하는 기간이 있었다.

과거 강력한 제국들은 세계 기축통화를 가지고 있었지만, 중국의 강력한 왕조 국가들은 그렇지 않았다는 점이 흥미롭다.

그 이유는 다음과 같다.

- 해외여행이 보편화되기 전까지만 해도 세계 기축통화라는 개념이 없었고 (교역은 제한적이었고 일반적으로 귀금속으로 거래가 이루어졌다), 중국은 역사를 통틀어 전 세계 많은 국가가 중국의 약속 어음을 부의 저장 수단으로 보유하고 거래하길 원할 정도로 광활한 제국(세계 강대국)이었던 적이 없었다. 중국은 유럽에 필적하는 금융 중심지로서 명성을 쌓은 적도 없었으며 유럽만큼 상업이 활발하게 이루어지지도 않았다. 중국은 송나라 때 금융시장

을 발전시키며 앞서 나갔지만(최초의 주식회사를 설립하고 지폐를 사용했다), 1600년대에 이르러 중국의 금융·자본시장 발전은 유럽보다 많이 뒤처졌다. 문화적으로 상업은 중국 지도자들에게 높이 평가받지 못했기 때문에 상업과 관련된 법률 체제와 금융시장 발전은 더디게 진행되었다. 중국은 상업을 더디게 발전시키고 고립 정책을 시행한 탓에 혁신 면에서 유럽보다 뒤떨어졌다. 이에 대해서는 나중에 다시 논할 것이다.

• 중국은 민간 상업과 금융시장을 지원하는 데 일관성이 없었다. 송나라·당나라시대에는 민간 상업과 금융시장을 강력하게 지원했지만, 세계 무역제국이 처음 등장했던 명나라·청나라시대에는 상업과 금융을 적대적으로 취급했다. 결과적으로 중국의 사회·법률 구조는 자본 축적과 투자를 촉진하는 데 그다지 도움이 되지 않았다(예: 중국의 기업법은 유럽보다 발달이 더디었고 중국 기업들은 주로 가족이 운영하는 경향이 있었다). 중국은 전반적으로 전략 산업에 투자하거나 혁신을 추진할 의지와 능력이 부족했는데, 이는 유가 사상의 영향이 컸던 탓으로 보인다. 명나라·청나라시대에는 유교의 보수적 학파가 힘을 얻으면서 상인과 기업인의 지위를 학자보다 낮게 대하는 관점이 팽배했다.

1920년대와 1930년대 중국은 내란과 전쟁을 겪으면서 부채가 급증했고, 돈을 갚겠다는 약속이 실제 상환 능력을 크게 넘어서는 전형적인 사이클로 이어졌다. 이는 광범위한 채무불이행을 일으켰고, 결국 정부는 금속 태환 체제를 포기하고 금속 동전과 은의 민간 소유를 금지했다. 앞서 설명했듯이, **통화는 1) 정부가 독점적으로 통제하는 국내 거래(따라서 불태환 통화 또는 사기 통화를 찍어낼 수 있다), 그리고 2) 실질 가치가 없는 통화는 받아들여지지 않는 국제 거래에서 사용된다. 통화의 실질**

가치를 판단하는 기준은 통화가 국내와 마찬가지로 국제적으로 동일한 환율로 활발하게 거래되는지의 여부다. 국제적으로 국내 통화를 자유롭게 교환하는 것을 가로막는 자본 통제가 도입된 경우, 해당 통화는 평가절하되기 쉽다. 기축통화에는 그러한 자본 통제가 없다. 따라서 원칙은 이렇다. ● 특히 국내 부채 문제가 발생했을 때 자본 통제가 적용되는 통화를 보유하고 있다면 얼른 빠져나와야 한다.

중국은 1930년대에 2가지 통화를 사용했다. 하나는 국내 거래를 위한 법정통화이고, 다른 하나는 국제 결제를 위한 금이었다. 법정통화는 많이 발행되고 자주 평가절하되었다. 제2차 세계대전과 중국 내전이 벌어진 격동의 시기가 지난 후 1948년 12월에 최초의 인민폐가 법정통화로 발행되었고, 정부는 하이퍼 인플레이션을 끝내기 위해 통화 공급을 제한적으로 유지했다. 1955년에 두 번째 인민폐가 발행되었고, 1962년에는 세 번째 인민폐가 발행되었다. 1955년부터 1971년까지 환율은 미국 달러에 대해 2.46으로 고정되었다. 그 후 1970년대와 1980년대에 또다시 높은 인플레이션이 발생했는데, 1971년에 전 세계적으로 금에 대한 돈의 가치가 평가절하되고 인플레이션 압력이 커지면서 중국이 단계적으로 가격 통제를 철폐하고 신용을 확대하고 국유 기업 간 지출을 제대로 관리하지 않은 것이 원인이었다. 2005년에는 달러에 대한 고정 환율 제도가 폐지되었다.

다음 도표는 1750년으로 거슬러 올라가 중국의 물가 상승률을 보여준다. 여기에는 하이퍼 인플레이션 기간도 포함된다. 초기에는 인플레이션이 비교적 안정적으로 유지되었다. 이와 같은 결과는 주로 중국이 무게로 가치가 정해지는 금속(은과 구리)을 통화로 사용한 것에 기인한다. 청나라가 몰락하자 각 지방은 독립을 선언하고 자체적으로 은화와 동화

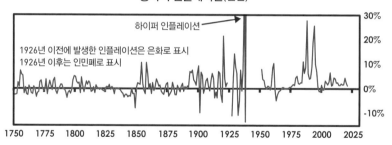

중국의 인플레이션(연간)

를 발행했는데, 이러한 주화들도 무게로 평가되었다. 이것이 국가가 몰락한 불확실한 시기에도 이례적으로 높은 수준의 인플레이션이 발생하지 않았던 이유다.

다음 도표는 1920년 이후 달러와 금 기준으로 중국 통화 가치, 해당 기간의 인플레이션과 성장률을 보여준다. 주요 평가절하가 두 번에 걸쳐 이루어졌는데, 첫 번째는 1948년에 새로운 환율이 책정되었던 시기였고, 두 번째는 1980년과 1990년대 사이에 수출을 지원하고 경상수지 적자를 관리하기 위해 연달아 평가절하가 단행된 시기였다.* 이때 높은 인플레이션을 초래하기도 했다. 도표에서 볼 수 있듯이, 1978년경까지 중국 경제는 비교적 빠르지만 불규칙하게 성장했고, 그 후 여전히 빠르지만 전보다 덜 불규칙하게 성장세를 이어갔다. 최근에는 코로나19 팬데믹의 영향으로 성장률이 잠시 급락하는 모습을 보였다.

---

* 1985~1986년과 1993년의 평가절하는 무역을 개방하고 경제 특구Special Economic Zone를 확대한 후에 시행되었다. 중국 시장이 개방되고 생산 능력을 구축하는 과정에서 외화와 수입 수요가 큰 폭으로 늘어났지만, 경제 특구에서 수출량을 크게 늘리는 것은 아직 수년이 소요되는 일이었다. 이와 같은 불일치는 중국의 경상수지 적자를 늘리는 역할을 했다.

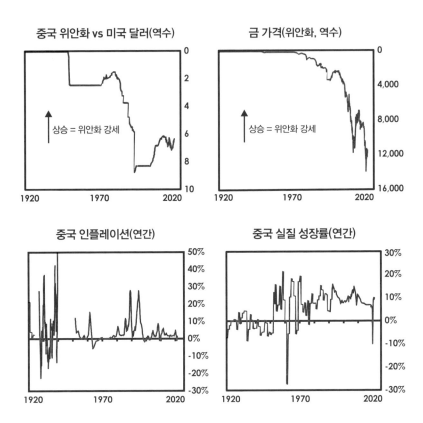

중국 위안화 vs 미국 달러(역수)

상승 = 위안화 강세

금 가격(위안화, 역수)

상승 = 위안화 강세

중국 인플레이션(연간)

중국 실질 성장률(연간)

　대부분의 중국인은 저축에 강한 열망을 품고 있고 적절하게 위험을 인식하고 있어 안전한 유동자산(예: 현금 예금)과 유형자산(예: 부동산, 금)에 자산을 축적하려는 모습을 보인다. 일부 투자자들은 주식과 부채 등 위험 자산에 대한 경험이 부족해서 비교적 빠른 속도로 습득하고 있어도 여전히 미숙할 수 있다. 하지만 나는 중국 정책입안자들이 통화, 신용, 통화 정책, 재정 정책 그리고 부실 부채의 구조 조정을 이해할 때 마치 역사를 바라보듯이 시대를 초월하는 깊이 있는 관점으로 접근하고 있음을 알게 되었다.

1800년~현재

먼저 1800년부터 중화인민공화국이 건국된 1949년까지의 기간을 간단히 설명하고, 마오쩌둥의 시대와 덩샤오핑의 시대(1978~1997), 시진핑이 등장한 2012년부터 현재까지의 기간을 차례로 자세히 살펴볼 것이다. 다음 장에서는 미·중 관계를 짚어볼 것이다.

쇠퇴(1800~1949년)

1800년 이후 중국은 a) 마지막 왕조(청)가 타락하고 약해진 동시에, b) 영국과 몇몇 서방 국가들이 강해지면서 쇠퇴하기 시작하였고, 이후 영국과 다른 자본가, 식민주의자 등이 중국 경제를 장악하려는 움직임이 이어졌다. 한편, c) 부채 부담이 감당할 수 있는 수준을 넘어서고 잦은 통화 발행으로 돈의 가치가 떨어지면서 중국의 금융·통화 체제는 붕괴했고, d) 중국 내부에서는 대규모 반란과 내전이 벌어졌다. 모든 주요 강국이 함께 중국의 추락을 밀어붙이면서 중국은 1840년부터 1949년까지 계속해서 쇠퇴의 길을 걸었고 혹독한 빅 사이클을 경험했다. 1945년 제2차 세계대전이 끝난 후 중국에 남아 있던 외국인 대부분이 본국으로 송환되었고(홍콩과 대만 제외), 부와 권력을 어떻게 분배할지 결정하기 위한 내전이 중국 본토에서 벌어졌다. 엄밀히 말해, 공산주의와 자본주의 간의 전쟁이었다. 장기간에 걸쳐 나타난 중국의 쇠퇴는 전형적인 빅 사이클의 사례였으며, 이후 마찬가지로 전형적인 빅 사이클 상승이 뒤를 이었다. 즉 새로운 지도자가 주도권을 잡아 권력을 공고히 다진 후 다음 세대에 물려줄 국가의 기틀을 구축하기 시작하였고, 다음 세대는 이전 세대의 업적을 기반으로 발전한 것이다.

앞서 논의한 바와 같이, 1800년대 초반은 영국이 제국으로 부상하고 전 세계로 영향력을 확장하던 시기였다. **영국제국이 중국과 깊이 접촉하게 된 시기도 바로 이때였다.** 영국 동인도회사는 영국에서 잘 팔리는 중국의 차와 비단, 도자기를 수입하려 했지만, 중국은 영국산 제품에 관심이 없었다. 결국 영국은 당시 세계적인 통화나 다름없었던 은으로 물품값을 지불해야 했다. 영국은 은이 부족해지자 인도에서 중국으로 아편을 밀수해 팔았고, 그렇게 벌어들인 은으로 중국 제품을 사들였다. 중국이 아편 단속 정책을 펼치자, **영국은 기술적으로 우수한 영국 해군을 앞세워 1839~1842년에 제1차 아편 전쟁을 일으키고 승리했다. 이를 계기로 영국은 중국과 조약을 체결하여 홍콩을 할양받고, 상하이를 비롯한 중국 항구 여러 곳을 영국 무역상들에게 개방하도록 이끌었다(이후 중국은 다른 강대국들과도 조약을 맺게 된다). 아편 전쟁을 시작으로 중국은 점차 힘을 잃어 결과적으로 많은 북부 지역을 러시아와 일본에 넘기고 오늘날 대만에 해당하는 타이완섬도 일본에 넘겨야 했다.**

청나라 정부는 내부 반란을 진압하기 위해 외국인들에게 많은 돈을 빌렸다. 특히 의화단의 난(1901년 중국의 외세 배척 운동) 이후 청나라가 지급한 거액의 배상금 역시 막대한 부채로 남게 되었다. 반란은 실패로 돌아갔고 승리를 거머쥔 외세는 중국에 약 1만 8천 톤에 달하는 은을 배상금으로 요구했는데, 이 배상금은 제국 열강이 통제하는 항구에서 나오는 관세 수입을 담보로 하는 40년 만기 채권으로 구성되었다. 재정이 부족했던 청나라 정부는 아편 전쟁 이후 수십 년 동안 많은 반란을 겪었고, 이를 진압하는 데 남은 국고를 모조리 쏟아부어야 했다. **당시 중국은**

1) 강력한 지도자가 없었고, 2) 재정이 건전하지 못했다. 또한 3) 내부 반란으로 생산성이 떨어졌고, 많은 목숨이 희생되었으며, 자금이 낭비되었다. 게다가 4) 외세에 맞서 싸우느라 재정과 인명 측면에서도 큰 대가를 치러야 했고, 5) 불가항력의 자연재해를 경험했다. 이처럼 여러 가지 내·외부적 요인이 맞물리면서 중국은 쇠퇴했고 이른바 백년국치를 맞이했다.

백년국치는 중국 지도자들의 관점을 형성하는 데 중요한 역할을 했다. 이를 통해 마오쩌둥이 자본주의를 기업이 제국주의(영국과 다른 자본주의 열강이 중국에 그러했듯, 국가를 통제하고 착취하는 침략주의적 경향)를 통해 이윤을 추구하고 노동자를 착취하며 탐욕스러운 최상류층에게 부를 안겨주는 체제라고 생각한 이유를 짐작해볼 수 있다. 자본주의를 바라보는 내 관점과 마오쩌둥의 관점은 완전히 다르다. 그의 견해도 사실에 기초하지만, 자본주의에 대한 그의 경험은 나와 전혀 다르기 때문이다. 자본주의는 내게 그리고 미국으로 건너온 전 세계 이민자들을 포함해서 내가 아는 거의 모든 사람에게 엄청난 기회를 제공했다. 내가 성장한 미국은 누구에게나 제약 없이 배우고, 기여하고, 공정하게 보상받을 수 있는 기회의 땅이었다. 다른 사람의 관점에서 바라보는 경험은 무엇이 진실인지 알아내기 위해 근본적으로 열린 마음과 사려 깊은 견해 차이가 얼마나 중요한지 다시금 상기하게 해주었다. 이를 계기로 나는 마르크스주의를 공부했고, 그것이 마오쩌둥과 다른 사람들에게 하나의 사상으로서 의미가 있었던 이유를 이해할 수 있었다. 그전까지 나는 마르크스주의를 좋게 말하면 비현실적이라고 생각했고, 나쁘게 말하면 잠재적으로 사악하고 위협적인 사상이라고 생각했다. 실제로 마르크스가 무엇을 주장하는지에 대해서는 제대로 아는 바가 없었다.

마르크스 레닌주의

나는 마르크스 레닌주의Marxism-Leninism를 직접 조사해보기 전까지 그것이 고장난 체제라고만 여겼다. 이론적으로 자원이 '능력에 따라 각자에게서, 필요에 따라 각자에게로' 분배되므로 창의적이고 효율적인 인센티브가 부족하기 때문에 생산량을 많이 끌어올리지 못한다고 생각했다. 나는 마르크스Karl Marx가 뛰어난 사상가이며, 그가 제시한 몇 가지 훌륭한 이론과 형편없어 보이는 이론(아마 그 자신도 동의할 것이다)이 그가 지지한 진화 체계에서 적절하게 시험을 거쳐 개량되지 않았다는 사실을 인지하지 못했다. 마르크스는 철학을 판단할 때 그것이 이루어낸 성공과 실패가 기준이 되어야 한다고 믿은 실용주의자였다. 그가 살아있다면 오늘날 거의 총체적이고 보편적으로 나타난 공산주의의 실패를 어떻게 진단하고, 결과적으로 그의 생각을 어떻게 바꿨을지 자못 궁금해지는 대목이다.

마르크스의 가장 중요한 이론/체계를 '변증법적 유물론 Dialectical materialism**'이라고 부른다.** '변증법적'은 상반되는 대상들이 상호 작용하여 변화를 일으키는 방식을 말하며, '유물론'은 모든 것이 기계적인 방식으로 다른 대상과 상호 작용하며 물질적(즉 물리적)으로 실재하고 있음을 의미한다. **간단히 말해, 변증법적 유물론은 '반대'의 '모순'을 관찰하고 영향을 끼쳐 변화를 일으키는 체계로, 이때 반대는 '투쟁'을 빚어내고, 이 투쟁이 해소되면 진보한다. 마르크스는 이것이 모든 사례에 적용된다고 보았다. 자본주의와 공산주의가 충돌하면서 나타나는 계급 간 갈등과 투쟁은 그러한 많은 사례 중 하나에 불과하다.**

마르크스의 주장은 상당 부분 맞는 것으로 들린다.

나는 마르크스주의 전문가는 아니지만, 변증법적 유물론의 과정은 내가 스스로 발견하고 내 저서《원칙Principles》에서 설명한 과정과 유사하다. 나는 갈등과 씨름한 후 되돌아보고 그 경험에서 원칙을 얻은 다음 더 나은 방향으로 개선한다. 그리고 이러한 과정을 몇 번이고 반복한다. 나는 이렇게 끝없이 점진적으로 반복하는 과정을 '순환고리Looping'라고 부른다. 마르크스는 갈등과 실수를 통해 배우고 발전하는 것이 최선의 접근 방식이라고 믿었던 것으로 보인다.

　나는 자본주의가 가장 창의적이고 생산적인 사람들과 자본을 적절하게 할당한 의사결정에 대해 보상하고, 그렇지 못한 의사결정에는 불이익을 주는 자본시장을 갖춘 인센티브 체계로서 a) 장기적으로 생산성을 높이고(따라서 파이의 크기를 더 키우고), b) 부의 격차를 크게 벌리며, c) 자본시장(특히 부채시장)의 규모를 지나치게 확대하면 시장 붕괴를 일으킬 것이라고 본다. 자본시장과 경제 붕괴가 있는 곳에는 동시에 막대한 부와 가치관의 격차가 나타나기 마련이어서 일종의 혁명을 불러올 가능성이 크다. 이 혁명은 조화롭고 생산적인 결과로 이어질 수 있지만, 대부분은 커다란 갈등과 파괴가 선행된다. 따라서 지금까지 내가 대상을 바라보는 방식과 마르크스가 대상을 바라보는 방식은 근본적으로 다르지 않다. 아마도 근본적인 차이는 무엇을 선택하고 무엇이 수행되어야 한다고 생각하는지에서 나타날 것이다. 누군가 내게 a) 자본주의의 성과와 공산주의의 성과 중에 무엇을 가질 것인지, b) 현재 자본주의가 나아가는 길이 과거 공산주의가 나아간 길보다 더 논리적이라고 생각하는지 묻는다면, 나는 두 질문에 모두 자본주의라고 답할 것이다. 반면에 누군가가 내게 a) 파이가 더 효과적으로 성장하고 더 공정하게 분배되기 위해서는 자본주의와 공산주의 체제를 모두 개혁해야 하는지 그리고 b) 진화에 대한 마르크스의 변증법적 유물론 접근과 내 저서에서 설명한 순환 고리 5단계 과정이 대체로 유사하고 적절하게 진화하는 가장 좋은 방법 인지 묻는다면, 나는 두 질문에 (두 접근법의 정확한 차이점에 구애받지 않고) 그렇다고 답할 것이다. 역사를 통틀어 부의 격차는 모든 체제를 위협할 수 있는 중요한 문제라는 지적에 나도 공감한다. 갈등은 투쟁을 낳고 투쟁을 통해 해결책을 찾으면 진보로 이어진다고 믿는다. 나는 계층 (즉 '가진 자'와 '못 가진 자') 사이의 갈등이 앞서 설명한 통화와 신용, 내부 질서/무질서, 외부 질서/무질서 등 3가지 빅 사이클과 더불어 제국의 흥망성쇠를 좌우하고 역사의 진보를 이끈 주요 원동력이라고 생각한다.

주요 국가의 모든 사이클은 1930~1945년의 쇠퇴/갈등 국면에 있었으며, 이는 중국과 전 세계에 혁명과 전쟁을 불러왔다. 그러나 늘 그렇듯이 쇠퇴를 이끈 힘이 지나가면서 새로운 국내외 질서가 시작되었다. 구체적으로 외부 전쟁은 1945년에 끝이 났고 외세는 중국 본토를 대부분 떠났다. 중국의 공산주의자와 자본주의자는 1949년까지 내전을 벌였고, 전쟁이 끝난 후 마오쩌둥 치하의 공산주의라는 새로운 국내 질서가 수립되었다. 1949년 이후 마르크스의 글을 읽고 자신의 행동에 대해 고민했을 마오쩌둥의 입장을 상상해보자. 마오쩌둥은 마르크스주의자였으니 조화를 향한 기존의 유교적 접근 방식을 경멸했을 만하다. 우리가 알고 있는 민주주의는 중국에 뿌리를 두고 있지 않다. 하지만 독재적 접근 방식을 선호하는 법가 사상은 중국에서 나왔다. 반면에 오늘날 자본주의는 성장하고 있으며 깊숙이 뿌리내리고 있다.

레닌은 마르크스의 이론을 기반으로 국가 건설을 위한 2단계 과정을 정립했다. 그 과정은 먼저 '민주집중제Democratic centralism(당원들만 투표하는 제도)'를 통해 노동자들을 이끄는 지도자를 선출하고, 궁극적으로 생산 수단을 공동으로 소유하고 사회적·경제적 평등과 보편적인 번영을 누리는 더 높은 수준의 공산주의 국가로 발돋움하는 것이다. **마오쩌둥은 매우 오랜 진화 과정을 거친 끝에 공산주의 이상을 달성하는 마르크스 레닌주의의 접근 방식을 좋아하게 되었다. 덩샤오핑은 1986년 시사 프로그램 〈60분**60 Minutes**〉과의 인터뷰에서 이러한 관점을 강조하면서 자신이 채택하고 있는 자본주의와 공산주의는 양립할 수 없는 것이 아니라고 덧붙였다. 그는 "마르크스주의에 따르면, 공산주의 사회는 물질적 풍요에 기초하고 있다. … 물질적 풍요가 있어야 비로소 '능력에 따라 각자에게서, 필요에 따라 각자에게로'라는 공산주의 사회의 원칙이 적용될 수 있다. 사회주의는 공산주의의 첫 번째 단계이다…"라고 말했다. 그의 말은 사실일 수도 있고 아닐 수도 있다. 시간이 지나면 밝혀질 것이다.** 내가 보기에 지금까지는 자본주의가 중국을 비롯해서 세계 어디에서든 경쟁에서 이기고 있다. 하지만 중국식 공산주의와 자본주의의 조합은 지난 40년 동안 놀라운 경제적 성과를 냈다는 점에는 의심의 여지가 없다.

다음 절에서는 1949년부터 현재까지 중국에서 어떤 일이 있었는지 간략하게 요약하고, 각 시기에 대해 자세히 살펴볼 것이다.

부상 : 1949년~현재

1949년부터 현재까지 중국의 발전을 다소 지나치게 단순화해보면 크게 3단계로 나누어 생각할 수 있다.

1. 마오쩌둥의 시대(1949~1976년)

2. 덩샤오핑과 후임자들의 시대(1978~2012년)

3. 시진핑의 시대(2012년~현재)

각 시기에 중국은 이전 단계에서 거둔 성과를 바탕으로 장기적인 성장 그래프를 따라 움직였다. 간단히 살펴보면, 다음과 같은 사건들이 일어났다.

- **마오쩌둥은 1949년부터 사망한 해인 1976년까지 (다른 여러 장관과 특히 종신 총리였던 저우언라이와 함께) 권력을 강화하고 중국의 기관과 통치 체제, 사회기반시설의 토대를 마련했으며, 공산당의 황제로서 중국을 다스렸다.** 중국은 나머지 세계와 관계를 단절한 채 정부가 모든 것을 소유하고 엄격한 관료적 통제를 유지하는 엄격한 공산주의 체제를 따랐다. 마오쩌둥과 저우언라이가 사망한 직후인 1976~1978년, 강경파 4인방과 개혁파 사이에 권력 투쟁이 벌어졌다. 마침내 덩샤오핑과 개혁파가 1978년에 권력을 장악하자 두 번째 시대가 열렸다.

- **덩샤오핑은 1997년에 사망할 때까지 그를 지지하던 장관들과 함께 중국을 직간접적으로 통치했다.** 이 시기에 중국은 좀 더 집단 지도 체제로 전환하고, 개방 정책을 펼치며 외부 세계와 접촉하고, 시장/자본주의 관행을 도입하고 개발했으며, 재정적으로 훨씬 탄탄해졌다. 그 외 영역에서도 강력했으나, 미국이나 다른 국가에 위협적으로 보이지 않는 수준까지였다. 당시 미국이 중국에서 매력적인 가격에 판매되는 품목을 사들이면서 미국과 중국은 공생 관계로 간주되었고, 중국은 이러한 관계를 유지하는 데 필요한 자금을 지원하기 위해 미국인에게 돈을 빌려주었다. 결과적으로 미국은 달러

표시 부채를 지고, 중국은 달러 표시 자산을 확보하게 되었다. 덩샤오핑이 사망한 후에도 그의 후임자인 장쩌민江澤民과 후진타오胡錦濤(그리고 이들과 함께 중국을 이끈 지도자들)는 같은 방향으로 국가 운영을 계속 이어갔기 때문에 중국의 부와 권력은 근본적으로 미국을 위협하는 것처럼 보이지 않는 건전한 방식으로 성장했다. 하지만 2008년 글로벌 금융 위기가 닥치자 미국과 여러 선진국에서 자산 가격에 대한 긴장이 고조되었고, 제조업 일자리가 중국에 쏠리는 현상에 대한 불평이 쏟아졌으며, 중국을 포함한 모든 국가에서 부채 조달을 통한 성장이 증가했다.

- **2012년 시진핑이 집권했을 때 중국은 더욱 부유하고 강력해졌지만, 과도한 부채를 안고 있었고 지나치게 부패했으며 미국과 점점 대립각을 세우고 있었다.** 시진핑은 경제 개혁을 가속화하고 부채 증가를 억제하는 동시에 경제를 공격적으로 개혁하는 도전을 감행했으며, 선도 기술을 구축하려는 시도를 지원하고 좀 더 포괄적인 입장을 취했다. 그는 중국의 교육 격차와 소득 불평등을 줄이고 환경을 보호하며 정치적 통제를 강화하는 데 더욱 적극적으로 나섰다. 중국의 국력이 증강하고 시진핑의 대담한 목표(예: 일대일로一帶一路 구상, 중국 제조 2025 계획)가 더욱 분명하게 드러난 상황에서 도널드 트럼프(중국에 미국 제조업 일자리를 빼앗기는 상황을 저지하겠다는 공약을 내세운 포퓰리스트이자 민족주의자)가 대통령으로 당선되자 미·중 분쟁은 고조되었다. 미국과 비교했을 때 중국은 지배적인 강대국에 도전할 만큼 빠르게 힘을 기른 강국이 되었다.

이제 단계별로 자세히 살펴보자.

1단계: 기반 구축(1949~1976년)

마오쩌둥과 공산주의자들은 내전에서 승리한 후 1949년 중화인민공화국을 수립하고 빠르게 권력을 장악했다. 마오쩌둥은 사실상 황제(중화인민공화국 주석)가 되었고 저우언라이는 수상(총리)이 되었다. 새 정부는 새로운 중앙은행인 중국인민은행의 지원을 받아 국내 교통과 통신 인프라를 신속하게 수리하고 은행 체계를 국유화했다. 정부는 인플레이션을 낮추기 위해 신용을 강화하고 통화 가치를 안정시켰으며, 대부분의 기업을 국유화하고 대지주로부터 농지를 몰수해 해당 농지를 경작한 농민들에게 재분배했다. 모든 국민은 일을 하든 하지 않든 기본급을 받았고 성과급은 없었다. 이처럼 보장된 기본소득과 모든 사람에게 제공되는 혜택을 통틀어 '철밥통(테판완鐵飯碗)'이라고 불렀다. 이러한 변화로 안정적인 경제가 만들어졌지만, 동기 부여는 거의 없었다.

국제적으로 중국은 고립된 국가였는데, 얼마 지나지 않아 새 정부는 전쟁에 휘말렸다. 앞장에서 설명했듯이, 1945년 새로운 세계 질서는 미국이 이끄는 민주 자본주의와 소련이 이끄는 독재 공산주의라는 두 개의 주요 이념 진영으로 세계를 나누었다. 어느 쪽에도 속하지 않는 제3세계도 있었다. 이러한 비동맹 중립국 중 다수는 최근까지 식민지였는데, 특히 쇠퇴하는 영국제국의 지배를 받고 있었다. 물론 중국은 소련이 이끄는 진영에 속했다. 1950년 2월 14일, 마오쩌둥과 스탈린Joseph Stalin은 군사적으로 협력하고 양국을 지원하는 중소우호동맹상호원조조약Sino-Soviet Treaty of Friendship, Alliance and Mutual Assistance을 체결했다.

제2차 세계대전이 끝날 무렵, 한국은 38선을 기준으로 분단되어 북쪽은 러시아, 남쪽은 미국이 차지했다. 1950년 6월, 북한이 남한을 침공했다. 중국은 자국 문제에 몰두하느라 다른 전쟁에 휘말리려 하지 않았기 때문에 초반에는 참전하지 않았다. 미국은 UN과 협력하여 군대를 투입하여 중국과 국경을 접하고 있는 북한과 전쟁을 벌이기 시작했다. 특히 더글라스 맥아더Douglas MacArthur 장군이 중국까지 공격하겠다는 뜻을 분명히 밝히면서 중국은 미국의 개입을 위협으로 여겼다. 소련과 중국은 서로 지원하겠다는 조약을 맺었지만, 스탈린은 미국과 전쟁을 벌이고 싶지 않았기 때문에 중국의 기대와 달리 군사적으로 지원하지 않았다. 중국은 훨씬 더 강력한(핵무장한) 미국이라는 강대국을 상대로 전쟁을 벌일 준비가 제대로 되어 있지 않았지만 한국 전쟁에 참전하여 미군과 UN군을 다시 38선 밑으로 밀어냈다. 이것은 마오쩌둥이 처음 시도한 엄청난 도전이었고, 중국인에게는 위대한 승리로 여겨진다.

중화인민공화국을 건국한 해인 1949년부터 마오쩌둥이 사망한 해인 1976년까지 중국 경제는 연평균 약 6퍼센트씩 빠른 속도로 성장했고, 연평균 약 1~2퍼센트의 물가 상승률을 기록했으며, 약 40억 달러의 외환 보유고를 축적했다. 중국은 완만한 성장세를 보였지만, 여전히 가난에서 벗어나지 못했고 그 과정에서 다음과 같이 많은 변동성을 겪었다.

- 1952년부터 1957년까지 소련의 지원을 받은 덕분에 중국의 산업 생산은 연 19퍼센트, 국민 소득은 연 9퍼센트, 농업 생산은 연 4퍼센트 성장했다. 중국 정부는 산업 시설을 건설하고 소련에서 많은 장비를 수입했다. 규모의 경제를 달성하기 위해 협동조합을 설립하여 농민들이 함께 일하도록 만들고 농업 관행과 방식을 개혁했다. 이 시기에는 생산성이 매우 높았다. 하지만 1953년에 스탈린이 사망한 후 권력을 잡은 니키타 흐루쇼프Nikita Khrushchev 가 스탈린과 그의 정책을 비판하고 마오쩌둥과 거리를 두면서 중국과 소련

의 지도자들은 공개적으로 서로를 비판했고 이후 소련의 지원이 줄어들기 시작했다.

- 1960년경 소련은 중국의 동맹국에서 적국으로 태세를 바꾸고 경제 지원을 철회했다.

- 1958년부터 1962년까지 가뭄이 이어졌고, 상부의 지시에 따라 산업 강국을 목표로 대약진 운동이라는 경제 정책이 시행되었지만 제대로 관리되지 못한 데다, 소련의 경제 지원까지 축소되면서 중국 경제 규모는 25퍼센트나 줄어들었고 약 1천600만~4천만 명의 인구가 기근으로 사망했다. 이 기간에 산업 생산량은 19퍼센트 하락했는데, 이는 1959년에 기록한 최고치에서 약 36퍼센트나 하락한 수치였다. 역사가들은 중국 역사에서 이 시기가 끔찍했다는 점에 모두 동의하지만, 그것이 마오쩌둥의 부실한 관리 때문이었는지, 아니면 다른 원인이 있었는지에 대해서는 의견이 분분하다.

- 1963년과 1966년 사이에 중국 경제는 회복했고 최고치를 경신했지만, 문화 대혁명이 일어났다.

전형적인 사이클에서 늘 나타나듯, 마오쩌둥의 리더십과 이념에 문제를 제기하는 세력이 있었다. 내부 세력이 중국 황제들을 끌어내리는 경우가 대부분이었기 때문에 마오쩌둥(그리고 다른 사람들)도 이러한 위험을 늘 안고 있어야 했다. 그래서 1966년부터 1976년까지 그는 '계급을 정화'하고 '마오쩌둥 사상'을 강화하기 위해 이른바 문화 대혁명이라는 정치 혁명을 추진했다. 마오쩌둥은 라이벌이었던 린뱌오林彪를 몰아내고 정치·이념 전쟁에서 승리한 후 헌법에 '마오쩌둥 사상'을 명기했다. 쿠데타를 조직했다는 혐의를 받았던 린뱌오는 음모가 실패하자 비행기 추락 사고로 사망했다. 마오쩌둥이 거둔 승리의 대가는 처참했다. 문화 대혁명은 교육을 축소하고 수많은 생명을 해치거나 희생시켰으며(적게는 수십만에서, 많게는 2천만 명에 이르는 것으로 추산된다) 중국 경제에 큰 타격을 입혔다. 총리 저우언라이가 업무를 관장한 1970년대 초에 이르러서야 상황은 안정을 찾기 시작했다. 1969년에는 국경을 놓고 중국군과 소련군이 충돌했다.

1971년은 중국에서 큰 변화가 일어난 해였다. 문화 대혁명으로 국가는 혼란에 휩싸이고 마오쩌둥의 건강은 나빠지고 있었다. 이를 계기로 저우언라이가 막후에서 점차 리더십을 발휘하면서 1973년에 '공산당 부주석'으로 선출되어 마오쩌둥의 후계자 위치가 되었다. 1971년 중국은 국경과 관련하여 소련의 위협을 받게 되었다. 당시 소련은 군사적으로 훨씬 강력하고 중국과 2천500마일(약 4천23킬로미터)에 달하는 국경을 공유하고 있었다. 1975년, 미국이 베트남에서 철수하자 소련은 중국 남부와 900마일(약 1천448킬로미터)에 달하는 국경을 접하고 있는 베트남과 동맹을 맺고 병력과 무기를 베트남으로 보냈다. 마오쩌둥은 주적을 식별하고 적국의 동맹국을 무력화하여 적국에서 멀어지게 하기 위한 지정학적 원칙을 세웠다. 그는 소련을 중국의 주적으로 규정하고, 소련이 아직 본격적으로 달아오르지 않았지만 그럴 가능성이 있는 전쟁을 미국과 벌이고 있다는 사실을 인지했다. 그는 이를 이용해서 미국에 전략적으로 접근했다. 헨리 키신저는 당시 중국 관리들의 말을 다음과 같이 인용했다. "중국과 소련 사이에 전쟁이 일어날 경우, 소련의 수정주의자들이 승리하는 것은 미 제국주의자들이 가장 피하고 싶은 시나리오일 것이다. 그렇게 되면 자원이나 인력에서 미국보다 훨씬 강력한 거대 제국을 소련이 건설할 수 있을 테니 말이다."

나는 개량주의자인 저우언라이가 수십 년 동안 미국과 전략적 관계를 구축하길 원했다는 것을 알고 있다. 내 중국인 친우이자 17년 동안 저우 언라이의 통역사로 활동하며 첫 키신저-저우언라이 회담을 통역한 지 차오주冀朝铸가 내게 알려주었기 때문이다.* 중국은 소련의 위협을 무력화하고 지정학적·경제적 지위를 강화하기 위해 미국과 국교를 수립하고자 했다. **1971년에 중국과 미국이 관계 구축으로 이득을 얻을 수 있다는 점이 분명해지자, 양국은 관계 구축을 위한 회담을 제안했다.** 1971년 7월 키신저가 중국을 방문했고, 1971년 10월 UN은 마오쩌둥이 이끄는 중국 공산당을 인정하고 중국에 안전보장이사회 의석을 내주었다. 1972년 대통령 리처드 닉슨이 중국을 방문했을 때, **닉슨과 저우언라이는 외교 성명인 상하이 코뮈니케**Shanghai Communiqué**에 서명했다. 이 성명에서 미국은 "대만해협을 사이에 둔 모든 중국인이 하나의 중국만이 존재하고 대만은 중국의 일부라고 하는 주장을 인지한다.** 미국 정부는 이같은 입장에 이의를 제기하지 않는다. 중국인들 스스로 대만 문제를 평화적으로 해결하는 것이 미국의 관심사임을 재확인한다"라고 선언했다. **이러한 확언에도 불구하고 중국과 대만의 통일은 여전히 중국과 미국 사이에 가장 논란의 여지가 큰 쟁점으로 남아 있다.**

이러한 화해 분위기가 조성되면서 미국과 중국 간 외교 관계와 무역, 교류의 물꼬가 트였다.

---

* 지차오주는 하버드대학 3학년생이 될 때까지 미국에서 자랐다. 그의 형제는 저우언라이와 막역한 사이였고, 저우언라이는 이들 형제를 미국으로 보내 미국인들과 좋은 관계를 구축하려 했다. 한국 전쟁이 발발하자 지차오주는 중국으로 귀국해 저우언라이의 통역사가 되었고, 후에 UN 주재 중국 대표와 영국 주재 중국 대사를 지냈다. 나는 그의 사생활을 존중하므로 그에게 들은 많은 이야기를 공개하진 않을 것이다. 다만 이 이야기는 민감한 정보가 아니라고 보기에 이 책에 언급했다.

그 후 1976년 1월에 저우언라이가 사망하고 9월에 마오쩌둥이 사망하자 중공은 첫 승계 위기에 직면했다. 1976년부터 1978년까지 4인방(문화 대혁명을 조장한 강경 보수파)과 개혁파(경제 현대화와 외부 세계에 개방하길 원했던 세력) 사이에 일어난 권력 다툼에서 개혁파가 승리하면서 1978년 덩샤오핑이 최고 지도자의 자리에 올랐다.

2단계: 덩샤오핑과 그의 후임자들이 다른 국가에 위협을 조성하지 않으면서 경제 개혁·개방을 통해 국력을 증대하다(1978~2012년)

덩샤오핑은 74세의 나이에 접어들었고 이미 풍부한 경험을 갖춘 상태였다. **1978년부터 1997년에 사망할 때까지 그가 펼친 가장 중요한 정책은 개혁·개방으로 정리할 수 있다.** '개혁'은 시장을 통해 자원을 할당하고 사람들에게 인센티브를 제공하는 시장 개혁을 의미하고, '개방'은 외부 세계와 상호 작용하며 배우고 개선하고 거래하는 것을 의미했다. **자본주의는 중국식 공산주의의 일부가 되었다.** 당시 중국은 1인당 소득이 연 200달러도 채 되지 않을 만큼 여전히 매우 가난한 국가였다. 덩샤오핑은 중국이 계속 약한 국가로 남길 바라는 강력한 외세의 방해를 받지 않는다면 이러한 변화가 중국을 재정적으로 더 탄탄하게 만들 것이라고 확신했다. 문제는 중국에 이득이 되고 체제를 위협하지 않는 방식으로 이러한 변화를 추구하는 것이었다. **1979년 중국은 미국과 완전한 국교를 수립했다.**

초기에 덩샤오핑은 a) 1980년대 말까지 소득을 2배로 늘리고 국민이 충분히 먹고 입을 만한 식량과 옷을 보장했으며, b) 20세기 말까지 1인당 GDP를 4배로 늘리고(이 목표는 예상보다 5년 앞선 1995년에 달성했다), c) 2050년(중화인민공화국 건국 100주년)까지 1인당 GDP를 중간급 선진국의 수준으로 끌어올리는 70개년 계획을 세웠다. 그는 중국이 '중국 특색 사회주의'로도 불리는 '사회주의 시장 경제'를 통해 이러한 목표를 달성할 것임을 분명히 했다. 그는 마르크스 레닌주의를 비판하지 않으면서도 급진적으로 전환을 꾀했다. 실제로 앞서 언급했듯, 그는 두 체제를 근본적으로 상충한다고 보지 않고 오히려 변증법적 유물론의 시각에서 바라보며 극복할 수 있는 반대 대상으로 보았고, 공산주의의 이상적인 위치를 향해 장기 계획을 바탕으로 진보하도록 이끌었다.

덩샤오핑은 임기 동안 정부의 의사결정 구조도 개혁했다. 구체적으로 살펴보자면, 그는 단일 지도자(과거 마오쩌둥)가 장악하는 의사결정 과정에서 중앙정치국 상무위원회가 합의에 도달하지 못한 사안에 대해 의결하는 방식으로 의사결정 과정을 전환했다. 그리고 최고 지도자가 개인적으로 중앙정치국 상무위원을 임명하는 방식에서 당 원로들과 상담, 협의를 거쳐 일반적으로 자격을 갖춘 공직자 후보를 선출하는 방식으로 바꾸었다. 덩샤오핑은 자신의 통치 철학을 제도화하기 위해 새로운 중국 헌법을 제정하여 1982년에 채택했다. 이 새로운 헌법을 통해 많은 변화가 적용되면서 그가 원했던 경제 개혁과 개방 정책이 촉진되었다. 헌법으로 지도자의 임기 제한(두 번의 5년 임기)을 설정하고, 덩샤오핑의 '집단 지도 체제/민주집중주의' 정책을 공식화함으로써 독재적인 의사결정을 억제했다. 새로운 헌법은 중국인에게 종교, 의견, 표현, 언론의 더 큰 자유를 제공하여 '사실로부터 진실을 추구'할 것을 장려했다. **이러한 개혁이 시행된 덕분에 이후 처음으로 장쩌민과 후진타오가 이끈 중앙정치국 상무위원회로 질서 있는 권력 이양이 가능해졌고, 헌법으로**

규정된 두 번의 5년 임기가 끝나면 다음 지도자에게 정권이 이양되었다. 덩샤오핑 이후 집권한 정권들은 연달아 덩샤오핑의 기본 방향을 철저히 따르면서 중국을 더 부유하고 강력하게 만들기 위해 시장 주도형/자본주의 경제로 만들어 국제 무역을 늘리고 다른 국가들을 보고 배우도록 했다. 또한 다른 국가들이 중국과의 교류와 무역을 통해 위협을 느끼지 않고 만족할 수 있도록 했다.

중국이 굴욕의 한 세기를 겪으며 잃어버린 영토를 되찾는 일도 매우 중요한 장기 목표였다. 1984년 중국은 영국과 끈질기게 교섭한 끝에 1997년 '일국양제一國兩制(한 국가 두 체제)' 방식으로 홍콩의 주권을 돌려받는 데 합의했다. 1986년에는 포르투갈과 1999년 마카오 반환에 합의했다.

1984년, 나는 처음으로 중국을 직접 접촉했다. 중국의 유일한 '창구 회사(외부 세계와 자유롭게 거래할 수 있는 회사)'인 중국국제신탁투자공사China International Trust Investment Corporation, CITIC의 초청을 받아 중국을 방문한 것이다. 회사 임원들은 내게 세계 금융시장이 작동하는 방식에 대해 알려달라고 요청했다. 덩샤오핑의 개혁·개방 정책의 연장선에서 설립된 CITIC은 가족 사업이 국유화된 후에도 중국에 남기로 결정한 나이든 중국인 자본가 룽이런榮毅仁이 경영하는 회사였다.

당시 중국은 매우 가난하고 낙후된 국가였다. 하지만 나는 중국인이 똑똑하고 정중하며, 빈곤이 보편화되었다는 것을 금방 알 수 있었다. 내가 가봤던 대부분의 다른 개발도상국과 달리, 중국에서는 가난한 사람들이 전혀 다른 세기를 사는 것 같았다. 중국의 더딘 발전은 외부 세계에 대한 접근이 전반적으로 제한적이고 의욕을 꺾는 체계에서 비롯되었다. 예를 들어, 나는 10달러짜리 계산기를 중국인들에게 선물했는데 최고위층조차도 그것을 기적의 장치처럼 대했다. 당시 모든 사업체(소규모 식당 포함)는 정부가 소유했고 관료주의적이었다. 중국인들은 직업을 선택할 수 없었고, 경력을 전혀 신경 쓰지 않았으며, 아무리 일을 잘해도 금전적인 인센티브를 받지 못했다. 주택과 같은 재산을 사적으로 소유할 수 없었고, 세상에 존재하는 모범 사례와 제품 등을 접할 수도 없었다.

중국에서 빈곤의 원인은 닫혀 있는 문이라는 점이 분명해 보였다. 나는 중국이 닫힌 문을 제거하면 자연스레 선진국과 같은 수준의 생활을 영위하게 될 것이라고 믿었고, 그러한 미래를 쉽게 상상할 수 있었다. 나는 CITIC의 '초콜릿 빌딩Chocolate Building' 10층에서 강연했던 적이 있다. 내가 창밖으로 보이는 후통胡同(가난한 동네)의 2층 건물들을 가리키며 청중에게 머지않아 저것들은 사라지고 고층 빌딩이 그 자리를 대신할 것이라고 말하자, 그들은 믿을 수 없다는 듯 "당신은 중국을 모르는군요"라고 말했다. 나는 그들에게 개방이 불러올 경제적 이익의 힘을 모른다고 답했다.

개방은 자연스럽게 좋은 기회를 만들었고, 중국인들은 이를 최대한 활용해서 내 기대치를 뛰어넘는 훌륭한 성과를 냈다. 그것은 독특한 중국 문화의 영향을 받은 덩샤오핑의 개혁을 만들고 구현한 결과물이었다. 개혁 초기에 많이 언급된 목표는 '철밥통 깨기'였다. 더 이상 의욕을 떨어뜨리는 고용 보장과 기본 혜택을 제공하지 않고, 인센티브 기반 보상으로 대체하기 위한 포석이었다. 세계화도 많은 도움이 되었다. 전 세계가 중국을 포함하길 원했다.

덩샤오핑은 열의를 갖고 학습했고, 다른 정책입안자들에게 자신과 같은 방식으로 외국인들에게 배우도록 지시했다. 그는 특히 싱가포르의 리콴유를 비롯하여 비슷한 문화권에 속하는 '아시아의 네 마리 호랑이'의 경제를 이끈 지도자들에게 조언을 구했다. 나는 중화인민공화국 상무부MOFTEC 장관과의 만찬에서 그가 싱가포르 공항 운영(승객이 수하물을 찾는 데 얼마나 오래 기다려야 하는지를 포함)에 대한 세부 사항과 싱가포르가 어떻게 그토록 훌륭한 결과를 달성했는지 그리고 중국이 그러한 실무 방식을 자체적으로 어떻게 구현할 것인지를 이야기했던 것으로 기억한다. 수년이 흐른 후 나는 리콴유와 다른 귀빈들을 집으로 초대한 자리에서 그에게 현재와 과거의 지도자들에 대해 어떻게 생각하는지 물었다. 그는 지난 50년 동안 지도자들 대부분과 알고 지냈고 그 자신도 위대한 지도자였기 때문에 그의 견해가 무척 궁금했다. 그는 주저 없이 덩샤오핑을 20세기 가장 위대한 지도자로 꼽았다. 왜 그럴까? 덩샤오핑은 영리하고 현명한데다 개방적이었고 매우 실용적이었으며, 인구가 10억 명에 이르는 국가를 위해 위대한 성과를 낸 인물이었기 때문이다.

1987년 덩샤오핑은 공식적으로 중앙정치국 상무위원회에서 물러났지만 여전히 중국의 실질적인 지도자였고, 중국은 계속해서 개방 정책을 시행하며 엄청난 속도로 더욱 자본주의적인 모습을 구현하고 있었다. 나는 수년에 걸쳐 중국이 진화하는 데 작은 역할을 맡았다. 1989년에 CITIC에서 채권 거래를 담당했던 친구인 왕리Wang Li는 자신과 함께 새로운 중국에서 최초의 주식시장을 세울 조직, 이른바 증권거래소 집행위원회Stock Exchange Executive Council, SEEC를 만들기 위해 임명된 사람들을 내게 소개했다. 그들은 선견지명이 있는 경제 개혁가이자 역사가인 왕치산의 요청으로 7개 회사에서 지명된 사람들이었다.

중국은 여전히 매우 가난했고 SEEC는 운영 자금이 부족한 탓에 지저분한 호텔에 사무실을 두고 있었다. 그렇지만 그들에게는 가장 중요한 목표가 있었다. 또한 커다란 변화를 만들어가겠다는 분명한 사명감과 좋은 성품을 지닌 똑똑한 사람들, 빠르게 습득하는 열린 마음 그리고 목표를 달성하기 위한 결단력이 있었다. 그것은 그들에게 단순한 업무가 아니라 나라를 발전시킬 고귀한 사명이었다. 나는 그들을 도울 수 있어 기뻤다. 그 후 수십 년 동안 나는 그들을 포함한 많은 사람이 중국 금융 시장을 세계 최대 규모로 키워내는 과정을 지켜보았다.

그러던 중 모든 것에 의문을 갖게 된 충격적인 사건이 발생했다. 1989년 중국 민주화 운동이 시위로 번지면서 천안문 사태로 알려진 탄압으로 이어졌다. 민주화 운동을 처리할 방식을 두고 지도부에서는 분열이 나타났다. 덩샤오핑은 자유주의 세력을 제쳐놓고 보수 세력이 주장한 탄압을 감행하는 결정적인 선택을 했다. 당시 나와 대화를 나눈 중국인 대부분은 중국이 옛 마오쩌둥과 4인조의 방식으로 되돌아가지는 않을지 우려했다. CITIC 출신으로 나와 가까운 친구이자, 형제가 중국 국방부 장관을 지낸 구Gu 부인이 당시 우리 가족과 함께 지내고 있었기 때문에 나는 그녀와 다른 중국인 친구들의 시각에서 사건이 전개되는 양상을 이해할 수 있었다. 구 부인은 '해방' 이후 초기 몇 년 동안 마오쩌둥의 이상을 따르는 신봉자였다. 그러나 문화 대혁명이 닥치자 그녀의 남편은 핍박받다 세상을 떠났고, 친구들은 그녀를 외면했다. 그녀는 끔찍한 기억을 극복한 후 사랑하는 조국을 위해 일하며 CITIC에서 고위직까지 올라갔지만, 이제 끔찍했던 옛 시절로 다시 돌아갈지도 모른다는 생각에 눈물을 흘렸다. 천안문 사태는 중국이 대부분의 국가와 맺은 외교 관계를 크게 후퇴시켰지만, 덩샤오핑과 정부의 계속된 개혁을 막지는 못했다. 시간이 흐른 후 정부의 탄압에 비통해했던 대부분의 중국 친구들은 당시 정부가 올바른 조치를 취했다고 믿게 되었다. 그들이 가장 두려워했던 것은 혁명이 불러올 무질서였기 때문이다.

그 후 10년 동안 중국 경제는 견고한 성장세를 보였고 서방과의 관계와 무역도 더할 나위 없이 좋았다. 중국에 큰 도움이 된 세계화는 1995년에 세계무역기구WTO가 결성되면서 시작되었다고 볼 수 있다(세계화 시대는 사실상 2016년 도널드 트럼프가 미국 대통령으로 당선되면서 끝이 났다). 중국이 2001년에 WTO에 가입하면서 세계 무역에서 중국의 위상은 치솟았다. 그 해 미국은 WTO 회원국의 80퍼센트와 무역을 했으며, 이는 중국보다 많았다. 이제 중국은 회원국의 약 70퍼센트에 미국보다도 큰 무역 상대국이 되었다.

세계화 기간에 중국과 미국은 공생 관계로 발전했다. 중국이 소비재를 비용 면에서 매우 효율적으로 제조하였고, 미국은 중국으로부터 돈을 빌려 이 소비재를 구매했다. 그것은 미국인에게는 '선구매 후지불' 거래였고, 중국인에게는 세계 기축통화로 저축할 기회를 주었다. 부유한 사람들이 가난한 사람들보다 대출을 더 잘 받을 수 있는 위치에 있다는 이유로, 평균 소득이 미국인의 약 40분의 1에 불과한 중국인들이 미국인들에게 돈을 빌려주는 모습이 내겐 이상하게 느껴졌다. 이는 미국인이 과소비를 충당하기 위해 얼마나 기꺼이 빚을 지는지 그리고 중국인이 저축을 얼마나 중요하게 여기는지를 단적으로 보여주는 사례이며, 주요 기축통화국의 채권/부채로 저축하려는 신흥국이 어떻게 기축통화국을 과잉 부채로 이끌 수 있는지도 일깨워준다.

1992년, 중국의 '삼각채三角債' 부채 위기가 정점에 이르렀다. 삼각채는 중국 5대 국유 은행이 중앙정부의 묵시적 보증을 받아 비효율적이고 수익성이 떨어지는 대형 국유 기업에 대출을 제공하면서 발생한 부채와 경제적 문제를 말한다. 당 최고위의 대담한 개혁가였던 주룽지朱鎔基

는 중국 경제를 보다 효율적으로 만들기 위해 구조 조정을 실행했다. 이 과정에서 많은 논란이 일었고 기존 체제에서 혜택을 받았던 많은 사람이 손해를 봐야 했기 때문에 구조 조정을 실행하는 데에는 많은 용기와 지성, 상부의 지원이 필요했다. 당시 모범 사례(예: 부실 채권 전담 은행을 통한 부실 채권의 회수, 매각, 상환)가 중국 환경에 맞게 조정되어 적용되었다. 주룽지는 1998년에 총리가 되었고, 2003년에 은퇴할 때까지 중국 경제를 현대화하고 더 효율적으로 만들기 위한 개혁을 계속해서 적극적으로 추진했다. 그의 보좌관으로 일한 사람들 중 다수는 오늘날 중국 고위 경제정책입안자로 활동하고 있다.

1995년, 나는 11살 아들 맷을 중국으로 보냈다. 아들은 구 부인과 그녀의 남편과 함께 살면서 당시 가난한 지역이었던 후퉁의 한 초등학교史家胡同小学**에 다녔다.** 맷은 3살 때부터 나와 중국을 여러 번 방문했고 구 부인과도 잘 알고 지냈지만, 중국어를 구사하지 못했기 때문에 단기간에 집중적으로 중국어를 학습해야 했다. 학교는 가난했지만(11월 말까지 히터를 틀지 못해 학생들은 수업 시간에도 외투를 입었다), 똑똑하고 학생을 배려하는 교사들이 아이들에게 인성 발달을 포함해서 훌륭한 교육을 제공했다. 맷은 그동안 익숙했던 안락한 생활을 중국에서는 누리지 못했지만(아들이 살았던 오래된 아파트 건물에는 온수가 일주일에 이틀만 나와서 온수로 샤워할 수 없었다), 부유한 공동체에 있을 때보다도 더 훌륭한 교육과 사랑을 받으며 잘 성장했다. 맷은 지금도 그때 만난 선생님, 친구들과 끈끈한 관계를 유지하고 있고, 그러한 경험을 바탕으로 중국 고아들을 돕는 재단을 세워 12년 동안 운영했다. 나는 그 무렵에 **중국인으로 구성된 팀을 고용해 중국 기업에 미국 기관 자금을 투자하기도 했다. 나는 수년 동안 노력을 이어갔지만, 브리지워터와 동시에 운용하는 것이**

너무 버겁게 느껴져 중국 투자 사업을 중단해야 했다.

1995~1996년에 덩샤오핑의 건강이 악화되고 있다는 소식이 전 세계에 전해졌다. 중국 지도자들은 그의 사망이 중국의 권위를 흔들어 놓을 기회로 인식되지 않을지 우려했고, 특히 대만에서 독립을 지지하는 국민 투표를 실시할 것이라는 전망에 긴장하지 않을 수 없었다. 중국에서 독립주의자로 여겼던 대만의 리덩후이李登輝 총통이 1996년 총통 후보로 지명되기 직전에 미국을 방문하면서 논란이 일었다. 구 부인은 대만과의 관계를 담당하는 중국 관리를 알고 지냈는데, 내가 그를 만날 수 있도록 주선해주었다. 그는 중국이 대만의 독립을 막기 위해서라면 전쟁을 포함해 무슨 일이든 할 것이라고 말했다. 그는 새로운 중국 지도자가 국민 투표를 허용한다면 중국인들은 그의 리더십이 약하다고 생각할 것이라고 설명했다. 중국은 체첸공화국에서 벌어진 러시아의 잔혹한 반군 진압이 독립을 지지하는 국민의 수를 얼마나 줄어들게 했는지 목격했다. 중국은 그것과 비슷하게 대만해협에서 벌인 일련의 미사일 시험이 대만의 독립 의지를 약화시키길 바랐다.

1996년 3월, 재선을 앞두고 있던 빌 클린턴 대통령은 항공모함 2척을 대만해협에 투입했다. 추가로 양측의 군사 움직임과 위협이 뒤따랐다. 결국 대만은 국민 투표를 하지 않았고, 내 중국인 친구들은 중국 정부의 조치가 성공을 거두었다고 생각했다. 반면 미국인들은 중국에 굴욕감을 주었다고 생각했다(이것은 최근 미국 전함을 투입하는 결정을 내리는 데 관여한 한 미국인 친구에게서 들은 이야기다). '제3차 대만해협 위기'를 계기로 중국은 해당 지역에서 군사력을 대폭 강화했다. 나는 이 사례를 통해 a) 대만의 중국 통일이 얼마나 중요한 문제인지, b) 중국이 지금처럼 군사적으로 강하지 않았던 25년 전에도 상황이 얼마나 위험했는지 지적하고 싶다. 요컨대, '제4차 대만해협 위기'가 현실로 닥친다면 정말 우려스러울 것 같다.

옛 모습을 거의 찾아볼 수 없을 정도로 중국을 변모시킨 덩샤오핑은 1997년 2월 19일에 사망했다. 그가 집권했을 때 인구의 90퍼센트는 극빈층으로 살았지만, 그가 사망할 즈음 극빈층 비율은 절반 이상이나 감소했으며 최근 데이터 기준으로 1퍼센트 미만을 기록했다. 1978년 그의 개혁이 시작된 이후 1997년 그가 사망할 때까지 중국 경제는 연평균 10퍼센트씩 성장했고, 경제 규모는 6배 이상 커졌으며 평균 물가 상승률은 8퍼센트였다. 중국의 외환 보유고는 40억 달러에서 거의 1천500억 달러로 증가했다(인플레이션을 감안하여 외환 보유고 금액을 오늘날 달러 가치로 조정하면 2천500억 달러 이상 증가한 셈이다). 이러한 외화 보유고는 1978년 연간 수입 금액의 60퍼센트에 달했고, 1998년에는 수입 금액의 125퍼센트에 달했다(외채 상환액의 거의 800퍼센트에 해당하는 금액이다).

덩샤오핑의 후임자인 장쩌민과 후진타오 그리고 그들을 보좌한 사람들은 많은 우여곡절을 겪으면서 개혁과 발전을 이어나갔다. 그러다 1997년 아시아 금융 위기가 닥쳤다. 총리로 선출된 주룽지를 필두로, 중국은 수익성이 없는 국유 기업을 매각하고, 수출과 외환 보유고를 늘리고, 부정부패를 척결하였으며, 시장과 시장 기능을 발전시키고 개선하는 등 부채와 기업 구조 조정을 성공적으로 수행했다. 이러한 조치와 다른 여러 가지 변화는 모두 중요한 진전이었다. 나는 운 좋게도 부채 구조 조정과 자산 매각을 비롯한 몇 가지 개선 작업을 할 수 있었다. 이러한 사건들을 지금 돌이켜보면 그리 크게 와닿지 않을 수 있지만, 당시에는 모두 의미 있는 성과였다. 나 역시 부정부패와 그릇된 행동을 맞닥뜨린 적이 있고, 더 많은 개혁을 불러온 선과 악의 지속적인 투쟁을 가까이에서 지켜보았다.

전쟁이 끝나면 평화와 번영의 시대가 도래하기 마련이다. 주요 강대국이 아직 신흥국의 부상에 위협받지 않고 신흥국은 강대국과 공생 관계를 맺어 강대국으로부터 많은 것을 배울 수 있다. 이러한 협력 관계는 신흥국이 강대국을 위협할 만큼 강력해질 때까지 지속된다. 배움 이외에도 얻을 수 있는 게 있다. 양국은 (불리해질 때까지) 무역을 하고 자본시장을 유리하게 이용해서 서로 이익을 얻는다.

구체적으로 살펴보면, 1978∼2008년 중국의 고속 성장이 가능했던 이유는 1) 전 세계가 여전히 빅 사이클의 평화와 번영 국면에 있었고, 세계화와 자본주의가 더 나은 세상으로 향하는 지름길이라고 널리 받아들여졌다(당시에는 재화와 서비스를 비용 면에서 가장 효율적인 곳에서 생산하고, 국적에 대한 편견 없이 재능 있는 사람들이 자유롭게 교류해야 하며, 민족주의는 나쁘고 전 세계의 균등한 기회와 이윤을 추구하는 자본주의는 선한 것이라는 믿음이 팽배했다). 동시에 2) 덩샤오핑이 끔찍한 결과를 낳은 공산주의와 고립주의 정책에서 훨씬 효과적인 시장/국가자본주의와 개방 정책으로 방향을 틀었기 때문이다. 이러한 변화를 계기로 중국은 외부 세계로부터 많은 것을 습득하고 막대한 외국 자본을 유치했으며, 거대한 수출국이자 채권국이 되었다.

중국은 비용 면에서 효율적으로 생산할 수 있게 되면서 처음에는 값싼 상품을, 나중에는 발전된 상품을 세계에 공급했고, 그 과정에서 훨씬 더 부유해졌다. 다른 신흥국들도 비슷하게 움직였고 세계는 확장되었다. 가장 가난한 국가들이 빠르게 성장하고, 가장 부유한 국가들은 천천히 성장하면서 국가 간 부의 격차도 좁혀졌다. 이러한 상황은 특히 전 세계

상류층을 중심으로 대부분 국가의 생활 수준을 끌어올렸다. 중국은 미국에 버금가는 강대국이 되었고, 양국은 세계의 새로운 부와 기술 대부분을 만들어냈다. 15세기부터 20세기까지 세계 강대국의 발원지였던 유럽은 상대적으로 취약해졌고, 일본과 러시아는 부차적인 강대국이 되었다. 그 외 국가들은 모두 주변국이었다. 인도 같은 신흥국들도 발전했지만, 그중 세계 강국의 지위를 달성한 국가는 없었다.

3단계: 미·중 분쟁의 서막과 세계화의 종말

부채 증가로 이뤄낸 번영의 시기는 전형적인 부채 거품을 일으키고 부의 격차를 크게 확대한다. 미국에서 2008년에 (1929년과 마찬가지로) 거품이 붕괴하자 세계 경제는 위축되었고, 미국을 비롯한 다른 국가들의 중산층이 (1929~1932년과 유사하게) 피해를 보았다. 금리는 (1931년과 같이) 0퍼센트로 인하되었지만, 금리 완화만으로 충분한 효과가 나타나지 않자 중앙은행은 2008년 이후 (1934년과 마찬가지로) 많은 돈을 찍어내고 금융자산을 매입했으며, 덕분에 2009년에는 (1933~1936년처럼) 대부분의 국가에서 자산 가격이 급등하기 시작했다. 이러한 현상은 '가진 자(금융자산을 보유한 사람)'에게 '못 가진 자(금융자산을 보유하지 않은 사람)'보다 더 많을 이득을 안겨 주었고, (1933~1938년처럼) 부의 격차는 더욱 벌어졌다. 특히 중국인과 이민자들에게 일자리를 빼앗긴 '못 가진 자'는 세계화로 이득을 본 최상류층에 항의하며 들고 일어나기 시작했다. 경제적 불황기가 커다란 빈부 격차와 맞물리면서 전형적인 포퓰리즘과 민족주의가 (1930년대와 유사하게) 전 세계로 확산되었다. 이때 강대국은 확실히 신흥 강대국을 위협으로 받아들이게 된다. **평화, 번영, 세계화의 시대가 저물기 시작했고, 국내에선 부자와 빈자 간 갈등이, 국외에선 신흥 강대국(중국)과 세계 강대국(미국) 간 분쟁이 벌어지는 시대로 바뀌어갔다.**

중국인들은 특히 미국의 국책 모기지 기관인 패니메이Fannie Mae와 프레디맥Freddie Mac의 채권을 포함해 미국 달러 표시 채권을 많이 보유하고 있었다. 꽤 오랫동안 미국 정부는 이 채권을 보유한 중국인들에게 미국 정부의 채권 보장 여부를 알리지 않았다. 나는 데이비드 맥코믹David McCormick(현재 브리지워터의 CEO이며 당시 미국 재무부에서 국제 관계 차관을 지낸 인물)과 행크 폴슨Hank Paulson(미국 재무 장관)과 마찬가지로 상위 중국인 채권자들과 대화를 나눴다. 우리는 미국이 야기한 이 심각한 부채 문제를 다루기 위해 중국이 선뜻 배려하고 협력하는 모습에 깊은 인상을 받았다. 그들은 침착하게 문제에 공감하고 협조했다.

2008년 11월, G20 정상들은 워싱턴 D.C.에 모여 적극적인 재정·통화 정책을 통해 함께 경제를 활성화하기로 합의했다. 이를 위해서는 정부 부채를 대폭 늘리고 중앙은행에서 더 많은 통화와 신용을 창출하여 필요한 자금을 조달해야 했다. **이러한 정책의 결과로 2009년부터 2012년까지 중국의 부채는 경제 성장보다 훨씬 빠르게 증가했다.**

세계 강대국이 된 중국

2012년, 시진핑이 집권하면서 새로운 정부가 출범했다. 질서 정연하게 중앙정치국 위원이 먼저 선출되고 장관, 차관, 고위 부하직원들이 차례로 선출되었다. 그 후 첫 번째 국가 계획이 수립되었다. 새로운 지도자가 집권할 땐 늘 그렇듯이, 부패를 청산하여 법치를 강화하고 시장 기반 개혁을 추가하고 강화하여 중국 경제를 탄탄하게 세우기 위한 많은 열망과 흥분이 서려 있었다. 난상 토론이 여러 번 진행되었는데, 운 좋게도 나는 이러한 토론에 몇 번 참여할 수 있었다. 도움이 될 만한 다양한 관점을 가진 사람들이 모여 서로 협력하며 훌륭한 토론을 이어갔고, 그들의 솔직하고 친절한 태도와 열린 마음, 지성은 가히 놀라웠다.

그 이후로 나는 중국의 금융·경제 상황을 면밀히 관찰했고, 과도한 부채 증가, 그림자 은행 체계의 개발과 관리, 금융 체제의 취약성, 미국과의 무역 분쟁 등 여러 문제에 대해 최고 경제정책입안자들과 수많은 대화를 나눴다. 나는 항상 그들의 관점에서 사안을 바라보려 했고, 내가 그들의 입장이라면 어떻게 했을지 생각했다. 마치 의사가 동료들과 환자에 대해 솔직하게 논의하듯, 나는 그들에게 내가 보고 경험한 것을 그대로 공유했다. 그것은 내가 이 책에서 독자에게 공유하는 것과 같은 방식이었다.* 나는 모든 일이 기계처럼 돌아가며 세월이 지나도 변함없는, 보편적인 인과 관계가 있다고 믿는다. 중국 지도자들도 그렇게 생각했으므로, 우리는 거의 언제나 비슷한 결론에 도달했다.

수년 동안 시진핑 정부는 시장과 경제를 개혁하고 개방하기 위한 정책을 적극적으로 추구해왔다. 이를테면 부채 증가율을 관리하고, 더 유연하게 통화를 관리하고, 중국이 세계 선두주자로 올라서고자 하는 산업을 중심으로 기업가 정신과 시장 지향적인 의사결정을 지원했다. 합

---

* 나는 그들이 기밀을 발설하거나 내 요청을 거절해야 하는 곤란한 입장에 놓이게 될 질문을 절대 던지지 않는다. 언제나 그들을 이해하고 돕는 것이 내가 원하는 바임을 분명히 밝힌다.

리적인 규제를 만들어 잘 발달한 규제 기관이 운영하도록 하고, 미래 기술·산업 분야에서 역량을 구축하고, 가장 낙후된 지역과 뒤처진 사람들을 위한 경제적 혜택을 확대하였으며, 오염과 환경 파괴를 통제했다. 그러나 많은 사람이 그렇게 생각하지 않는 이유는 아마도 a) 개혁이 이루어질 때 다른 통제가 동시에 강화되고, b) 중소기업에 대한 일부 지원(신용 가용성 등)이 국유 대기업에 비해 좋지 않고(중소기업의 발전을 촉진할 의지가 없는 것이 아니라 기술적인 문제와 관련이 있다), c) 정부가 경제를 하향식으로 지시하며 때로는 은행과 기업에 비경제적인 대출을 요구하고(국가 전체에 바람직한 일을 하기 원하기 때문이다), d) 중국은 국가 목표를 달성하기 위해 기업과 협력하고, e) 외국 기업이 중국 기업과 동일한 조건으로 운영할 수 없도록 규제하며, f) 재정 정책과 통화 정책을 조정하여 주요 기축통화국보다 더 많이 경제를 규제하기 때문이다. 이 모든 것은 일반적으로 자본주의 세계에서는 반기지 않는 조치이다.

확실히 이러한 정책을 비판하는 미국인이 많다. 나는 이 비판의 가치를 이 책에서 깊이 분석하진 않겠지만, 우리는 **모든 국가의 지도자가 통화 정책과 재정 정책을 적절히 관리하고 조정함으로써 '국가(경제에 미치는 정부의 영향력과 통제)'와 '자본주의(자유시장 경제와 자본시장)' 사이에서 적절한 균형을 찾으려 한다는 사실을 알아야 하며, 정부 정책의 숨은 의도를 이해하기 위해 노력해야 한다.** 예를 들어, 시진핑 주석은 a) 가격을 책정하고 자원을 배분할 때 정부의 역할을 줄이고, 자본시장을 발전시키고, 기업가 정신을 독려하는 동시에 b) 그 자신과 공산당이 대부분의 중국인에게 가장 바람직하다고 판단되는 방향으로 거시경제를 이끌고 시장과 그 외 삶의 다양한 측면을 규제하고 싶다고 언급한 바 있다. 다시 말해, 그는 자본주의와 마르크스 공산주의가 혼합된 체제를 원하는 것이다. 이러한 생각은 자본주의와 공산주의가 공존하는 모습이 익숙하지 않고, 그것을 눈여겨보거나 중국의 상황과 관점을 이해하기 위해 관련 정책입안자와 대화해본 적이 없는 사람들에게는 당연히 혼란스럽게 느껴질 것이다. **따라서 겉보기에는 커다란 모순(즉 마르크스와 중국 지도자들이 일컫는 '변증법') 같아도 그 속에 존재하는 일관성을 알아차리기는 쉽지 않다.**

중국의 상황과 관점을 이해하려면 고정관념(예: 공산주의자들이 하는 일)을 버리고 이들의 행보를 지켜보고, 겉보기에 일관성이 없는 두 체제를 잘 조절하기 위해 중국이 노력하고 있고 앞으로도 계속 노력할 것이라는 사실을 보이는 그대로 받아들이길 바란다. 그들에게 자본주의는 국민 대부분의 생활 수준을 높이는 수단이지, 자본가를 섬기기 위한 것이 아니다. 이러한 생각이 좋든 나쁘든 간에 그들은 매우 인상적인 성과를 달성했기 때문에 중국인이 미국식이나 서구식 접근 방식을 따르기 위해 그들의 방식을 포기할 것이라고 기대해서는 안 된다. 오히려 중국이 서구권을 연구하고 배운 것과 마찬가지로, 우리도 그들의 방식을 연구하여 배울 점을 찾아야 한다. 궁극적으로 우리는 접근 방식의 맞대결을 마주하고 있고, 각 방식을 이해해야만 비로소 이 경쟁 게임에서 승리할 수 있다.

외교 정책 면에서 중국은 더욱 강력하고 단호해졌으며, 미국은 더욱 대립하는 모양새다. 2012년부터 내가 이 글을 쓰고 있는 현재 시점까지 중국의 힘은 점점 커지고 분명해졌으며 더욱 공개적으로 드러났다(예: 중국 제조 2025 계획은 현재 미국이 장악한 특정 산업군을 지배하기 위한 계획을 선전한다). 이러한 움직임은 2016년 도널드 트럼프가 대통령으로 당선된 후 미국에서 강한 반발을 불러일으켰다.

트럼프는 세계화에 밀려나 중국이 부당하게 경쟁하고 미국의 일자리를 빼앗고 있다고 믿는 사람들의 분노를 이용해서 새로운 보호주의와 민족주의 풍조를 끌어냈다. **강력해진 중국은 트럼프뿐만이 아니라 온건한 정책입안자들에게도 자극이 되었다. 한때 서로 이득을 본 미·중 관계는 이제 치열한 경쟁으로 치달았다.**

기본적으로 중국은 압박을 원하지 않지만, 미국(그리고 몇몇 다른 국가)은 중국을 압박하려 한다. 지정학적으로 이것은 무엇을 의미할까? 알다시피, 국가의 경계는 시간이 지나면서 끊임없이 바뀌고 종종 분쟁을 야기하지만, 국제법은 분쟁 해결에 그다지 도움이 되지 않는다. 2009년, 중국은 UN에 동중국해와 남중국해 지역에 대해 '명백한 영유권'을 갖고 있다고 선언했다. 이 지역은 중국이 제시한 제2차 세계대전 시대의 지도에 '구단선九段線'으로 표시되어 있다. 이 지도는 수많은 섬이 속한 베트남의 동쪽과 말레이시아의 북쪽, 필리핀의 서쪽을 포함하는데, 이 지역은 중국에 필요한 해상 운송에 중요한 위치이며 아직 발견되지 않은 원유가 매장된 곳으로 알려져 있다. 아마도 막대한 원유를 수입하고 중동 원유 수입이 차단될 위험을 안고 있는 중국에 지하자원은 매우 매력적인 요소일 것이다. 앞서 6장에서 살펴보았듯이, 제2차 세계대전 때 미국이 일본의 자원 수입을 차단했던 사례 연구를 떠올리면 이 문제를 바로 이해할 수 있다. 현재 중국의 원유와 기타 수입품 수요 가운데 상당량이 말라카해협을 통과한다.

이러한 모든 움직임과 권리 행사로 인해 중국을 위협하거나 적국으로 인식하는 흐름이 나타났고, 세계화는 역전되었으며, '전운'이 감돌면서 무역과 경제를 시작으로 기술과 지정학, 최근에는 자본에 이르기까지 경쟁 범위가 확장되었다. 이러한 전쟁은 모두 예상보다 가벼운 수준에 그치고 있지만 주의 깊게 관찰해야 할 것이다. 인지된 국가의 실제 권력은 실존하는 권력과 일치하게 된다. 실존하는 권력은 내가 주시하고 있는 권력의 지표와 기타 사실에 반영된다.

중국은 내부적으로 성장을 지속하고 국경을 넘어 투자와 사업 활동을 확장하고 있다. **개발도상국, 특히 중앙아시아를 거쳐 국경을 접한 국가들(카자흐스탄, 파키스탄, 타지키스탄, 아프가니스탄)을 시작으로 하여 유럽, 아라비아반도와 남아시아를 거쳐 지중해와 아프리카에 이르기까지 일대일로 구상을 하며 막대한 투자를 해왔다.**

투자에 배정된 어마어마한 금액은 마셜 플랜 이후 최대 규모로 꼽힌다. 이는 '부$_{wealth}$가 곧 권력'이라는 사실을 잘 보여준다. 이러한 정책은 도로와 기타 기반 시설, 자원, 무역으로 이득을 얻은 국가들에 의해 높이 평가되었지만, 대출 상환에 문제를 겪고 중국이 지나치게 통제하고 있음을 알게 된 피원조국과 미국의 분노를 유발했다. 중국이 소프트파워를 행사하면서 해당 국가들에 대한 미국의 영향력을 약화시켰기 때문이다.

중국 내부 정치와 관련하여, 시진핑은 2018년에 a) 자신과 지지자들(이른바 '핵심' 지도부)을 중심으로 권력을 통합하고, b) 중국 공산당이 모든 것을 통제한다는 것을 분명히 하기 위해 중국 헌법을 수정하였으며, c) 주석과 부주석의 임기 제한을 없앴다. 또한 d) 정부 관리가 당의 뜻에 따라 일관되게 운영되도록 감독위원회를 설립하고, e) '시진핑 사상'으로 불리는 시진핑의 관점을 헌법에 정식으로 명기했다. 이 글을 쓰고 있는 현재, 커다란 정치적 변화와 강화된 통제, 광범위한 부의 분배가 모두 이미 진행 중이다. 일각에서는 시진핑이 마오쩌둥보다 더 독재자의 행보를 보이고 있다고 우려한다. 나는 중국 정치 전문가가 아니라서 중국의 내부 정치 문제에 대해 그다지 언급할 게 없지만, 내가 들은 내용을 전달하고자 한다. 시진핑은 통제를 강화하는 행보로 논란을 일으키고 있다. 이는 점점 힘들어지는 세계에서 중국이 더욱 어려운 국면에 접어들고 있고, 이러한 시기에 지도부의 단결과 연속성이 매우 중요하며 향후 몇 년 동안 이러한 추세가 지속될 것이라는 믿음 때문이다. 앞서 언급했듯이, ● **위기가 닥치면 독재에 더 가깝고 덜 민주적인 지도부를 선호하는 경향이 있다.**

그 후 2019년 말에 코로나19 팬데믹이 중국에서 시작되어 2020년에 전 세계적인 경제 침체와 엄청난 규모의 통화 발행, 통화·신용 창출을 초래했다. 이러한 상황은 미국의 다양한 사회적 갈등(인종 차별과 논란을 일으킨 대통령 선거 운동과 관련된 시위 등)과 동시에 일어나 오늘날에 이르렀다.

지난 40년을 되돌아보면, 중국은 고립주의에서 개방주의로, 강경 공산주의에서 '시장 개혁'과 자본주의로 방향을 틀었다. 이러한 전환은 중국은 물론이고 미국과 전 세계 경제에 엄청난 영향을 미쳤다. 중국은 세계에서 가장 낙후된 국가로 손꼽혔지만, 이제 경제적, 기술적, 군사적, 지정학적으로 가장 강력한 2대 국가 중 하나로 탈바꿈했다. 이러한 진전의 대부분은 강대국에 위협받지 않고 세계화와 협력이 활성화되었던 평화와 번영의 시대에 이루어졌다. 이 기간은 2008년 부채 거품이 붕괴될 때까지 지속되었고, 미국과 나머지 국가 대부분은 전형적인 빅 사이클이 전개되는 방향으로 움직이며 더욱 민족주의와 보호주의 색채를 띠며 대립하게 되었다.

중국의 개혁·개방의 결과는 몇 가지 대표적인 통계를 담은 다음 표에서 찾아볼 수 있다. 1인당 생산량은 25배 증가했고, 빈곤선 이하로 사는 인구 비율은 96퍼센트에서 1퍼센트 미만으로 감소했다. 기대 수명은 평

중국의 성장 (1949~1978년)

	1949	1978	2018	1949년 이후 변화	1978년 이후 변화
1인당 실질 GDP*	348	609	15,243	44배	25배
세계 GDP	2%	2%	22%	12배	11배
빈곤선 이하 인구(하루 1.90달러)**	—	96%	1%	최소 -96%	-96%
기대 수명	41	66	77	+36년	+11년
유아 사망률(출생아 1천 명당)	200	53	7	-96%	-86%
도시화	18%	18%	59%	+41%	+41%
문해율	47%	66%	97%	+50%	+31%
평균 교육 기간	1.7	4.4	7.9	+6.2년	+3.5년

* 2017년 미국 달러, PPP 조정
** 세계은행은 1981년 이후 빈곤 데이터만 확보하고 있다.

균 약 11년 늘어났고, 평균 교육 기간도 80퍼센트 증가했다. 거의 모든 영역에서 이와 같은 인상적인 통계를 쉽게 확인할 수 있다.

중국의 성장을 보여주는 지표는 대체로 포괄적이지만, 국력을 정확하게 측정할 수 없으므로 정확하진 않다. 교육을 예로 들어보자. 교육 지수는 상당히 빠른 속도로 증가하고 있지만, 전반적인 교육 수준과 평균으로 구성되어 있어 중국이 상대적으로 개선된 정도를 완전히 포착하지 못한다. 이러한 왜곡은 다음 표에서 가장 잘 드러난다. 중국의 평균 교육 수준은 미국의 평균 교육 수준보다 상당히 낮지만, 중국에서 고등 교육을 이수한 전체 인구는 미국보다 훨씬 많다. STEM(과학, 기술, 공학, 수학) 졸업생 수는 미국의 약 3배에 달한다. 평균적으로 중국 교육의 질은 특히 대학 수준에서 그리 높지 않다고 여길 만한 이유가 있다. 예컨대 최근 대학 순위를 살펴보면 세계 상위 50개 대학 중 중국 대학은 2곳(29위 칭화대, 49위 베이징대)만이 이름을 올렸으나 미국 대학은 30곳에 달했다.

	미국				중국			
	1980년	오늘날	변동	변동(%)	1980년	오늘날	변동	변동(%)
평균 교육 기간	11.9	13.6	+1.7	14%	4.6	7.9	+3.3	+72%
정부의 교육 지출 (%GDP)	5.30%	5.50%	0.20%	+4%	1.90%	5.20%	3.30%	+174%
제3차 교육 인구 (추정치, 100만 명)	25	60	+35	+140%	3	120	+117	+3,900%
제3차 교육 인구 (%생산가능인구)	17%	28%	11%	+68%	1%	12%	11%	+2,272%
제3차 교육 인구 (%세계)	35%	15%	−20%	−57%	4%	31%	+27%	+590%
STEM 전공 (100만 명)	3	8	+5	+141%	1	21	+21	+4,120%
STEM 전공 (%세계)	29%	11%	−18%	−62%	5%	31%	+26%	+535%

중국에서 어떤 대상의 평균이 미국의 평균보다 낮아도 중국의 총량은 미국의 총량보다 많다. 이는 중국의 평균 발전 수준이 미국보다 낮더라도 중국 인구가 미국 인구의 4배 이상에 달하기 때문에 나타나는 현상으로, 여러 통계에서도 드러난다. 예를 들어, 미국은 전 세계를 통틀어 군사적으로 강력하고 중국은 동중국해와 남중국해 지역에서 군사적으로 강력한 것으로 보이지만, 양국의 군사력은 기밀이라서 대외적으로 알려지지 않은 것이 많다.

결론적으로, 현대 중국에서는 가장 기본적인 생활 조건이 역사상 가장 빠른 속도로 개선되었고, 강력한 제국을 만드는 요인들도 확실히 상승했다. 이제 모든 면에서 중국은 세력을 확장하는 주요 강대국이다. 다음 장에서는 미·중 관계로 눈을 돌려 현재 상황과 미국과 중국에 가장 중요한 문제를 짚어본다.

13장
미·중 관계와 전쟁

이번 장에서는 미국과 중국이 현재 어떤 입장에 처해 있는지, 그리고 그 것이 미·중 관계에 어떤 의미가 있는지 짚어볼 것이다. 미국과 중국은 현재 여러 영역에서 경쟁 관계에 있고, 해당 영역에서 '갈등'을 겪거나 '전쟁'을 벌이는 중이기 때문에 이들의 위치를 살펴볼 필요가 있다. 대 부분 이러한 갈등은 과거에 전형적으로 벌어진 충돌이 새로운 형태로 다시 나타난 것에 불과하므로(예: 전통적인 기술 전쟁에서 등장한 신기술, 전통적인 군사 전쟁에서 등장한 새로운 무기 등), 이러한 사례를 연구하면 서 알게 된 보편적이고 세월이 흘러도 변치 않는 원칙을 살펴보고 역사 에서 반복적으로 일어난 사건에 비추어 국가 간 분쟁을 분석할 것이다. 나는 사람들이 고려할 만한 가능성을 폭넓게 탐색하되 미래가 어떤 모 습일지에 대해서는 다루지 않으려 한다. 그것은 이 책의 마지막 장에서 논할 것이다. 이번 장에서는 단순히 사실을 전달하는 데 그치지 않고, 더 나아가 여러 의견(불확실한 추측)을 공유하고자 한다.

이번 장에서는 주로 미·중 관계에 초점을 맞추고 있다. 하지만 실제 로 거시적 투자자와 전 세계 정책입안자들이 참여하는 게임에서는 각자 다양한 위치를 고려하고 주요 상대국들의 움직임을 예측해야 하며, 유리한 수를 두기 위해 여러 사항(경제, 정치, 군사 등)을 비교하고 검토해야한다. 이제 이 다차원 게임에 관련된 다른 국가들은 러시아, 일본, 인도, 기타 아시아 국가, 호주, 유럽 국가를 포함하며 이들은 모두 여러 사항과 요소를 고려해서 다음 수를 결정한다. 나는 글로벌 거시 투자 게임을 통해 승리하는 의사결정을 내리기 위해 관련된 모든 사항을 동시에 고려하는 것이 얼마나 복잡한 일인지 잘 알고 있다. 내 일이 권력을 쥔 사람들이 하는 일만큼 복잡하지 않으며 내가 그들만큼 좋은 정보에 접근할수 없다는 것도 알고 있다. 따라서 어떤 일이 벌어지고 있고, 어떻게 해야 문제를 가장 잘 해결할 수 있는지 내가 그들보다 더 잘 알고 있다고 여기는 것은 오만한 생각일 것이다. 이러한 이유로 나는 겸손하게 내 의견을 제시할 것이다. 이것은 다소 모호하게 들릴 수도 있지만, 나는 현재 벌어지는 권력 전쟁에 비추어 개인적으로 미·중 관계와 세계를 어떻게 바라보고 있는지 지나칠 정도로 정직하게 밝히고자 한다.

미국과 중국의 현재 위치

나는 운명이 이끄는 힘과 빅 사이클 현상이 두 나라와 지도자들을 지금의 위치에 두었다고 생각한다. 그것은 상호 강화적인 빅 사이클에 따른 성공을 미국에 안겨주었고, 이는 여러 영역에서 과잉으로 이어져 결국 약세를 초래했다. 마찬가지로 그것은 중국의 빅 사이클 쇠퇴로 이끌었고, 이는 견디기 힘든 악조건으로 이어져 현재 중국이 경험하는 상호 강화된 상승세와 혁명적인 변화를 불러왔다. 따라서 빅 사이클에서 나

타나는 전형적인 이유로 미국은 쇠퇴하고 중국은 부상하는 것처럼 보인다.

미국은 운명이 이끄는 힘과 대형 부채 사이클에 이끌려 현재 너무 많은 부채를 안고 있고, 경화로 상환할 수 없을 정도로 더 많은 부채를 빠르게 생산해야 하는 장기 부채 사이클의 후반부에 자리하고 있다. 따라서 재정 적자를 메우기 위해 돈을 찍어내는 전형적인 방식으로 부채를 화폐화해야 한다. 역설적으로 지금처럼 좋지 못한 재정 상태는 이러한 전형적인 과잉으로 이어진 미국의 성공이 불러온 결과이기도 하다. 예를 들어, **미국 달러가 세계에서 지배적인 기축통화가 된 것은 미국이 세계적으로 대성공을 거두었기 때문이다. 덕분에 미국인은 나머지 국가(중국 포함)로부터 과도하게 돈을 빌릴 수 있었지만, 동시에 다른 국가(중국 포함)에 많은 돈을 빚지며 재정적으로 취약해졌다. 미국이 과도한 부채를 점차 화폐화하며 채권국에 실질적으로 마이너스 금리를 지불한 탓에 이들 국가(중국 포함) 역시 미국의 채권을 보유함으로써 취약해진 건 마찬가지다.** 다시 말해, 세계 기축통화로 저축을 늘리고 싶었던 중국이 돈을 많이 빌리고 싶었던 미국인에게 너무 많이 빌려주면서 전형적인 기축통화 사이클이 전개되었다. 이제 중국과 미국은 채권국과 채무국이라는 골치 아픈 관계로 얽힌 채 권력 전쟁을 벌이는 셈이다.

운명이 이끄는 힘과 부의 사이클이 작동하는 방식은 특히 자본주의 체제에서 적절한 인센티브를 마련하고 자원을 배분하여 미국인에게 큰 발전을 이루고 막대한 부를 창출할 기회를 제공했지만, 결과적으로 부의 격차를 크게 벌려놓으며 갈등을 초래했고 이제 미국이 강대국의 지위를 유지하는 데 필요한 국내 질서와 생산성을 위협하기에 이르렀다. **과거 미국이 강대국으로 부상하는 동안 중국에서는 부채와 자금 부족,**

국내외 갈등으로 인해 재정이 붕괴되는 전형적인 빅 사이클 금융 쇠퇴가 발생했고, 이러한 악조건이 극단으로 치달으면서 빚어낸 혁명적인 변화는 결과적으로 인센티브와 시장/자본주의 접근 방식을 채택하여 중국에 커다란 발전과 엄청난 부를 안겨 주었지만, 동시에 중국의 큰 골칫거리로 떠오른 커다란 빈부 격차를 낳았다.

마찬가지로, 운명이 이끄는 힘과 전 세계 권력 사이클이 작동하는 방식에 따라 이제 미국은 현재의 지위와 기존 세계 질서를 방어하기 위해 싸우거나 후퇴해야 하는 유감스러운 상황에 처해 있다. 예컨대, 미국은 제2차 세계대전 때 태평양 전쟁에서 승리했다는 이유로 대만(대만이 지도에서 어디에 있는지 철자가 어떻게 되는지조차 모르는 미국인이 태반이다)을 방어할지, 아니면 후퇴할지 선택해야 하는 입장에 놓여 있다. 현재 미국이 비경제적인 조치일지라도 세계 질서를 수호하기 위해 70여 개국에 군사 기지를 두고 있는 것도 운명이 이끄는 힘과 전 세계 권력 사이클 때문이다.

● 역사는 국가의 쇠퇴를 초래하는 과잉을 빚지 않으면서 강력한 국력을 유지하는 데 모든 국가의 성공이 달려 있음을 보여준다. 진정으로 성공한 국가들도 200~300년 동안 어느 정도 국력을 유지할 수 있었지만, 그것을 영원히 지속할 수 있는 국가는 없었다.

지금까지 네덜란드, 영국, 미국 등 기축통화 제국의 흥망성쇠를 중심으로 지난 500년 역사에 초점을 맞추고, 1400년에 이르는 중국 왕조 역사를 간략하게 살펴보았다. 이 책의 목표는 전체적인 맥락에서 현재 세계가 다다른 위치를 파악하고 빅 사이클의 작동 원리를 통해 원인/결과 패턴을 이해함으로써 더 나은 관점에서 현재 상황을 바라보는 것이다. 이제 이러한 큰 그림을 놓치지 않고 깊숙이 들어가 자세히 살펴볼 필요가 있다. 화웨이Huawei, 홍콩 제재, 영사관 폐쇄, 전함 이동, 전례 없는 통화 정책, 정치적 투쟁, 사회적 갈등 등의 여러 쟁점이 돌이켜보면 사소해 보일지라도 당시에는 매우 중요한 문제로 떠올랐을 수 있다. 우리는 매일 눈보라처럼 쏟아지는 소식과 정보에 파묻히곤 한다. 각 쟁점을 제대로 살펴보려면 적어도 각각 하나의 장에 걸쳐 자세히 검토해야 하지만, 이번 장에서는 주요 쟁점만 다루고자 한다.

역사는 전쟁을 1) 무역/경제 전쟁, 2) 기술 전쟁, 3) 지정학적 전쟁, 4) 자본 전쟁, 5) 군사 전쟁 등 5가지 주요 유형으로 구분해왔다. 나는 여기에 6) 문화 전쟁과 7) 자체적인 전쟁을 추가하려 한다. 합리적인 사람이라면 모두 이러한 '전쟁'이 발생하지 않는 대신 협력이 이루어지길 바랄 테지만, 현실적으로 전쟁이 존재한다는 사실을 인식해야 한다. 우리는 역사에서 과거 사례와 실제 일어나고 있는 발전 사례에 대한 이해를 바탕으로 앞으로 일어날 가능성이 가장 큰 사건과 이에 대처하는 방법을 모색할 필요가 있다.

현재 이러한 여러 전쟁이 다양한 수준으로 일어나고 있다. 이들을 각각의 분쟁으로 잘못 판단해선 안 되며, 오히려 서서히 전개되는 더 커다란 하나의 갈등으로 바라보고 그것의 연장선상에서 상호 연관된 사건으로 인식해야 한다. 전쟁이 발생하는 과정을 관찰할 땐 양측의 전략적 목표를 주시하고 이해하려 노력해야 한다. 예를 들어, 그들은 갈등을 앞당기고 있는가(중국이 더 빠른 속도로 힘을 기르고 있는 만큼 시간은 중국의 편이므로, 차라리 이러한 행동이 미국에 더 이롭다고 믿는 미국인들이 있다), 아니면 갈등을 완화하려는 노력을 기울이고 있는가(전쟁을 하지 않는 편이 낫다고 믿기 때문이다)? 이러한 갈등이 걷잡을 수 없이 확대되는 것을 막기 위해서는 양국 정상들이 갈등의 심각성 정도를 알리는 '레드라인(협상에서 어느 한쪽이 절대 양보하지 않으려는 쟁점이나 요구 사항 – 옮긴이)'과 '지뢰선'이 무엇인지 명확하게 밝히는 게 중요할 것이다.

이제 역사가 남긴 교훈과 전쟁이 제공하는 원칙을 염두에 두고 각 전쟁을 살펴보자.

무역/경제 전쟁

모든 전쟁이 그러하듯, 무역 전쟁 역시 각국의 의지에 따라 정중한 분쟁에서 생명을 위협할 만큼 위험한 분쟁으로 발전할 수 있다.

미·중 무역 전쟁도 지금까지는 심각한 수준으로 발전하지 않았다. 다른 비슷한 분쟁이 벌어진 기간에 반복적으로 등장했던 제재와 비슷하게 전형적으로 관세와 수입 제한이 이 전쟁에서도 적용되었다(예: 1930년 스무트-홀리 관세법Smoot-Hawley Tariff Act). 무역 협상과 성과는 2019년에 잠정적으로 시행된 매우 제한적인 '1단계' 무역 협정에 반영되었다. 이 '협상'은 타당한 해결을 위해 (WTO와 같은) 국제법과 판결을 기대하기보다 서로의 세력을 시험하는 자리였다. 세력을 시험하는 것은 이 모든 전쟁이 어떻게 진행될 것인지 암시한다. 문제는 이것이 어디까지 확대되고 어떤 형태로 나타날 것인가이다.

무역 분쟁 외에도 중국이 경제를 다루는 방식에 대해 미국은 경제적으로 다음 3가지 주요 비판을 제기했다.

1. **중국 정부는 광범위한 개입주의 정책과 행위를 추구한다.** 이는 수입 제품과 서비스, 외국 기업의 시장 접근을 제한하기 위해 불공정한 관행을 만들어

국내 산업을 보호한다.

2. **중국은 중국 산업에 상당한 정부 지침과 자원, 규제 지원을 제공한다.** 여기에는 특히 민감한 산업 분야에서 외국 기업의 첨단 기술을 뜯어내도록 설계된 정책이 포함된다.

3. **중국은 지적 재산을 훔치고 있다.** 그중 일부는 국가의 지원을 받거나 정부의 직접적인 통제를 벗어나 수행되는 것으로 여겨진다.

일반적으로 미국은 중국의 행태를 바꾸려 하는 동시에(예: 시장을 미국에 개방하도록 만들려고 한다), 자체적으로 유사하게 (미국 시장에서 중국을 폐쇄하는 방식으로) 중국에 대응해왔다. 중국이 자국의 행위를 인정하지 않듯(예: 지적 재산권 도용), 미국 역시 그들이 하는 일부 행위를 인정하지 않을 것이다. 행위를 인정하게 되면 막대한 선전 비용을 부담해야 하기 때문이다. 모든 지도자는 자신의 대의를 따르는 지지자들에게 악을 행하는 군대에 맞서 선을 위해 싸우는 군대의 수장으로 보이길 원한다. 바로 이 때문에 미국과 중국은 상대국이 악한 일을 저지르고 있다고 비난하면서도 자국에서 행하는 유사한 일은 공개하지 않는 것이다.

● **상황이 잘 돌아가면 도덕적으로 우월한 지위를 유지하기 쉽다. 그러나 험난한 싸움을 하게 되면 이전에 부도덕하다고 여겼던 일을 쉽게 정당화하기 시작한다(이제 비도덕적인 일을 도덕적인 일이라고 일컫는다).** 싸움이 더 치열해지면 현재 수행하는 일을 이상적으로 그려내는 것(국내 선전 활동에 도움이 된다)과 승리를 위해 실제 수행하는 일로 양분되는데, 이는 전쟁에서 지도자들이 '우리는 선하고 그들은 악하다'라는 메시지를 유권자들에게 각인시키길 원하기 때문이다. 이러한 이분법은 대중의 지지를 모으는 가장 효과적인 방법으로, 사람들이 기꺼이 죽거나 다른 사람을 죽이는

상황까지 몰고 갈 수 있다. 만일 유능한 지도자가 사람들 스스로 적용하는 윤리적인 법을 제외하고 "전쟁에 법은 없다. … 그들이 따르는 것과 같은 규칙을 따라야 한다. 그렇지 않으면 스스로 패널티를 부여하듯 불리한 규칙에 얽매여 미련한 싸움을 하게 될 것이다"라고 말하면 어떨까? 이것이 진실된 설명일지라도 사람들에게 감동을 주기는 쉽지 않다.

나는 앞으로 나올 수 있는 좋은 무역 협정은 이미 다 나왔고, 이 전쟁은 축소될 가능성보다 악화될 위험이 더 크며, 당분간 바이든 행정부가 조약이나 관세를 변경할 일은 없을 것이라고 보고 있다. 미국과 중국이 궁극적으로 어떤 접근 방식을 취하든 그것은 현재 전개되고 있는 빅 사이클의 운명을 양국이 바라보는 방식에 커다란 영향을 미칠 것이다. 현재 상황에서 미국의 두 정당이 아마도 유일하게 동의하는 것은 바로 중국을 향한 매파적 태도일 것이다. 매파적 태도가 어느 정도이고 그것이 정확히 어떻게 표현되는지, 그리고 중국의 반응은 어떠한지에 대해 지금은 알 수 없다.

이 전쟁이 어떻게 악화될 수 있을까?

전통적으로 무역/경제 전쟁에서 가장 위험한 요소는 어떤 국가가 다른 국가에 꼭 필요한 수입을 차단할 때 발생한다. 제2차 세계대전 참전으로 이끈 미국과 일본의 연구 사례(6장 참조)는 현재 미·중 관계의 지리적 상황과 쟁점이 유사하다는 점에서 유용한 참고 사례로 볼 수 있다. 예를 들어, 중국이 석유를 비롯한 필수 원자재와 기술, 필수 수입품 등을 미국이나 다른 국가에서 수입하는 상황에서 미국이 중국의 수입을 차단하면 전쟁이 확대될 것이라는 명백한 신호가 될 것이다. 마찬가지로 중국은 제너럴 모터스(미국보다 중국에서 더 많은 자동차를 판매하고 있다), 애플 같은 미국 기업을 차단하거나 많은 최첨단 제품, 자동차 엔진, 방어

체계 생산에 필요한 미국산 희토류 원소 등을 수입하는 것을 차단함으로써 전쟁을 단계적으로 확대해나갈 수 있다. 나는 이러한 움직임이 나타날 가능성이 크다고 말하는 것이 아니라, **양국에서 필수 수입품을 차단하려는 움직임의 단계적 확대 신호가 되어 훨씬 심각한 갈등을 초래할 수 있음**을 분명히 밝히고자 한다. 그런 일이 벌어지지 않는다면 발전은 정상적인 과정으로 진행될 것이고, 주로 각 국가의 진화하는 경쟁력을 기반으로 국제수지가 개선될 것이다.

이러한 이유로 양국은 국내 생산을 늘리며 '**디커플링**decoupling(**탈**脫**동조화**)'**으로 전환하고 있다. 특히 이러한 움직임은 중국에서 더욱 두드러진다.*** 시진핑 주석이 말했듯이, 세계는 "지난 100년 동안 볼 수 없었던 변화"를 겪고 있으며 "보호무역주의가 늘어나고, 세계 경기 침체가 지속되고, 국제 시장이 축소되는 외부 환경에 직면하고 있다.… (중국은) 거대한 내수 시장의 이점을 최대한 활용해야 한다." 중국은 지난 40년에 걸쳐 이러한 작업을 수행할 능력을 키워왔다. 앞으로 5년 동안 미국과 중국은 서로 독립적인 행보를 보이게 될 것이다. 향후 5~10년 동안 차단 위험이 있는 수입 의존도를 줄이는 속도는 미국보다 중국에서 훨씬 빠르게 나타날 것이다.

---

* 디커플링은 상황에 따라 필요하긴 하지만 쉽지 않을 것이며 효율성을 크게 저하시킬 것이다. 중국은 높은 자립도를 달성하기 위해 '이중 순환Dual circulation' 전략을 추진하겠다고 밝혔다. 한 전문가는 이를 광범위한 디커플링이 아닌 구분된 디커플링으로 묘사했는데, 나는 이것이 일리 있는 분석이라고 본다.

기술 전쟁

기술 전쟁에서 승리한 국가는 아마도 군사 전쟁을 비롯한 모든 전쟁에서도 승리할 가능성이 크기 때문에 기술 전쟁은 무역/경제 전쟁보다 훨씬 심각하다.

미국과 중국은 이제 세계 일류 첨단 기술 분야에서 지배적인 역할을 하고 있으며, 이러한 첨단 기술 분야야말로 대표적인 미래 산업이다. **중국의 기술 분야는 국내에서 빠르게 발전하여 중국 사람들에게 서비스를 제공하고 세계 시장에서 경쟁력을 키웠다. 이와 동시에 중국은 미국과 다른 국가들의 기술에 여전히 크게 의존하고 있다.** 이 때문에 미국은 중국 기술 발전에 의한 경쟁에 영향을 받기 쉽고, 중국 역시 핵심 기술이 차단될 위험에 노출되어 있다.

현재 미국은 기술 유형에 따라 다르겠지만 일부 영역에서 주도권을 잃고 있다. 하지만 전반적으로는 더 뛰어난 기술력을 가지고 있는 것으로 보인다. 예를 들어, 첨단 인공지능(AI) 칩 개발에서는 미국이 앞서 있지만 5G에서는 중국보다 뒤처져 있다. 현재 미국 기술 기업의 시가총액은 중국의 약 4배에 달하며, 이는 현재 미국의 기술 우위가 일부 반영된 것으로 볼 수 있다. 하지만 이러한 시가총액 계산법은 미국보다 중국에서 규모가 큰 일부 대기업(예: 화웨이, 앤트그룹Ant Group)과 비기업(즉 정부)의 기술 개발을 포함하지 않는다는 점에서 중국의 상대적 강점을 과소평가한다. 중국 최대 규모의 상장 기술 기업(텐센트Tencent, 알리바바Alibaba)은 이미 미국 최대 규모인 'FAAMG(페이스북Facebook, 애플Apple, 아마존Amazon, 마이크로소프트Microsoft, 구글Google의 앞 글자를 따서 만든 용어로 미국 기술 기업 주식을 일컫는다. –옮긴이)' 주식에 이어 세계에서 7번째와

8번째로 큰 기술 기업으로 꼽힌다. 몇몇 중요한 기술 분야는 중국이 주도하고 있다. 현재 세계 최대 민간 슈퍼컴퓨터의 40퍼센트가 중국에 있고, 중국은 일부 AI/빅 데이터와 양자 컴퓨터/암호화/통신 기술 경쟁에서 선두를 달리고 있다. 중국은 세계 최대 규모를 자랑하는 전자 상거래와 모바일 기반 결제 등 핀테크 분야를 비롯하여 다른 여러 기술에서도 미국보다 우위를 점하고 있다. 미국의 뛰어난 정보 기관조차도 알아내지 못할 만큼 비밀리에 개발 중인 기술이 있을 수도 있다.

빅 데이터와 빅 AI, 빅 컴퓨팅을 결합하면 우수한 의사결정이 가능해지므로 중국은 관련 기술과 의사결정의 질을 미국보다 빠르게 발전시킬 수 있을 것이다. 중국은 1인당 데이터를 미국보다 훨씬 많이 수집하고 있고(인구는 미국의 4배 이상에 달한다), 이를 최대한 활용하기 위해 AI와 빅 컴퓨팅에 막대한 금액을 투자하고 있다. 이러한 기술 분야에 쏟아붓는 자원도 미국보다 훨씬 많다. 게다가 벤처 투자자와 정부는 중국 개발자들에게 거의 무제한으로 자금을 제공하고 있다. 인력 공급과 관련하여, 중국에서 대학을 졸업하고 기술직에 종사하는 STEM(과학, 기술, 공학, 수학) 졸업생 수는 미국의 약 8배다. 미국은 전반적으로(일부 영역에서는 뒤처지지만) 기술 측면에서 선두를 달리고 있고, 특히 일류 대학과 기술 대기업을 중심으로 새로운 혁신을 꾀하기 위한 대규모 기술 허브 몇 곳도 보유하고 있다. 미국이 경쟁에서 배제된 것은 아니지만 중국의 기술 혁신 능력이 훨씬 빠른 속도로 향상하고 있어 미국의 상대적 지위는 하락하고 있다. 이제 37년 전 중국이 내가 선물한 휴대용 계산기를 보고 경탄했던 지도자들의 국가라는 점을 기억하고, 지금으로부터 37년 후 중국의 모습을 상상해보자.

미국은 이러한 기술 위협에 맞서기 위해 화웨이를 포함한 중국 기업

들이 미국에서 사업을 운영하는 것을 막고, 국제적으로 그들의 제품과 서비스가 채택되는 것을 방해하고, 생산에 필요한 품목을 구하지 못하도록 제재를 가해 그들의 성공 가능성을 저해하는 방식으로 대응해왔다. 미국이 이런 제재를 가하는 것은 중국이 이들 기업을 이용해서 미국을 포함한 여러 지역에서 스파이 활동을 펼치기 때문일까? 미국은 중국 기술 기업들의 경쟁력이 향상되는 것을 우려하고 있는 걸까? 아니면 미국 기술 기업들이 중국 시장에 자유롭게 진출하지 못하도록 중국이 가로막는 것에 대해 보복 조치를 하는 걸까? 논란의 여지는 있지만, 중국 기업들이 빠른 속도로 경쟁력을 높이고 있다는 것은 틀림없는 사실이다. 미국은 이러한 경쟁 위협에 대응하여 위협적인 기술 기업들을 억제하거나 제거하려는 움직임을 보이고 있다. 예컨대 미국은 현재 지적 재산권에 대한 접근을 차단하고 있다. 얼마 전까지만 해도 미국이 다른 국가에 비해 훨씬 많은 지적 재산을 보유하고 있었기 때문에 지금보다 더 강력하게 제재를 가할 힘이 있었을 것이다. 이제 중국도 미국에 똑같이 대응하기 시작했는데, 중국의 지적 재산이 여러 면에서 개선되고 있어 점차 미국도 불리해질 수 있다.

일반적으로 기술 도용이 커다란 위협으로 여겨지는 것은 맞지만,* 미국이 중국 기술 회사에 가한 조치를 설명하기에는 충분하지 않다. 어떤 기업이 한 국가에서 법을 위반하는 경우(예: 미국에서 화웨이) 그 기업은 해당 범죄에 대해 법적으로 기소되고 해당 기술에 내장된 스파이 장치를 보여주는 증거가 있어야 하는데, 이것이 공개되지 않고 있다. 점점 향

---

* 2019년 CNBC 글로벌 CFO 위원회 설문 조사에서 북미 기업 5곳 중 1곳은 중국 기업에 지적 재산을 도용당했다고 답했다.

상되는 경쟁력에 대한 두려움이 커지면서 중국 기술 기업을 공격할 동기도 많아지겠지만, 정책입안자들이 그것을 언급하는 일은 없을 것이다. 미국 지도자들은 미국 기술의 경쟁력이 떨어지고 있다는 사실을 인정할 수 없을뿐더러, 경쟁이 최상의 결과를 내는 데 필요한 가장 적절하고 공정한 과정이라고 믿고 살아온 미국인들에게 자유 경쟁을 허용하는 것에 반론을 제기할 수도 없기 때문이다.

　지적 재산 도용은 역사가 기록된 순간부터 계속 이어져 왔으며 도용을 방지하는 것은 언제나 쉽지 않았다. 이전 장에서 살펴보았듯이 영국은 네덜란드의 지적 재산을, 미국은 영국의 지적 재산을 도용했다. '도용'은 법을 어기는 것을 의미한다. 국가 간 전쟁이 벌어지는 상황에서는 분쟁을 해결하기 위한 법률이나 판사 혹은 배심원이 존재하지 않으며, 의사결정권자는 의사결정을 내린 실질적인 이유를 늘 공개하지는 않는다. 나는 미국의 공격적인 행동의 이면에 타당한 이유가 없다고 말하려는 것이 아니다. 그 이유가 타당한지에 대해 알지도 못한다. 그저 실질적인 이유가 문서에 명시된 것과 정확히 일치하지 않을 수 있다는 점을 지적하려 한다. 보호무역 정책은 국내 기업들을 외국 기업들과의 경쟁으로부터 보호하려는 조치로, 오래전부터 존재해왔다. 화웨이의 기술은 어떤 면에서는 미국 기술보다 낫다는 점에서 확실히 위협적이다. 알리바바와 텐센트의 제품을 미국의 동급 제품과 비교해보자. 미국인들은 이 기업들이 미국에서 경쟁하지 않는 이유에 대해 의문을 가질 것이다. 대부분은 아마존과 다른 많은 미국 기술 기업이 중국에서 자유롭게 경쟁하지 못하는 것과 같은 이유다. **현재 중국과 미국은 대대적인 디커플링 단계 중 하나인 기술적 디커플링이 진행 중이며, 이는 5년 후 펼쳐질 세계에 커다란 영향을 미칠 것이다.**

기술 전쟁이 악화되면 어떤 일이 벌어질까?

미국은 (영향력이 빠르게 축소되고 있지만) 기술 시장을 주도하고 있다. 그 결과, 중국은 현재 미국의 영향력이 닿는 미국 제조업체와 그 외 국가의 제조업체들로부터 기술을 수입하는 데 크게 의존하고 있다. 이는 중국의 커다란 약점이 되고, 미국에는 커다란 무기가 된다. 이러한 중국의 취약성은 다른 여러 기술에서도 발견되지만, 특히 첨단 반도체 분야에서 가장 두드러진다. 미국의 영향을 받을 수 있는 세계 최고의 칩 제조업체 대만적체전로제조주식유한공사Taiwan Semiconductor Manufacturing Company, TSMC가 대만 기업으로서 중국을 포함한 전 세계에 필수 부품인 반도체 칩을 공급한다는 점에서 TSMC와 중국의 역학 관계는 주시해야 할 흥미로운 사례가 될 것이다. 이처럼 중국의 경제 성장에 필요한 기술은 중국이 수입하는 경우가 많고, 미국의 경제 성장에 필요한 중국산 수입품은 훨씬 적은 상황이다. **만일 미국이 중국에 공급되는 필수 기술을 차단한다면 무력 전쟁으로 번질 위험이 크게 증가할 것이다.** 반면 지금과 같이 갈등이 계속 전개된다면 중국은 5~10년 후에 기술적으로 미국보다 훨씬 독립적이고 강력한 위치에 올라설 것이며, 그때쯤이면 기술적 디커플링이 더욱 가시화될 것이다. 이처럼 미·중 관계는 하루가 다르게 변하므로 예의 주시할 필요가 있다.

지정학적 전쟁

중국 본토, 대만, 홍콩, 동중국해, 남중국해에 관한 통치권은 아마도 중국의 가장 중요한 문제일 것이다. 이 외에도 중국의 일대일로 구상에

관여하는 국가들을 포함해서 전략적으로 중요한 여러 영역의 경제 분야가 있다.

예상대로 19세기 중국이 경험한 굴욕의 세기와 당시 외국 '야만인'의 침략은 마오쩌둥을 비롯한 중국 지도자들에게 강력한 동기로 작용했다. 그들은 오늘날까지 국경 내에서 완전한 주권을 갖고 외세에 빼앗긴 중국의 영토(예: 대만, 홍콩)를 되찾아야 하며, 또다시 힘을 잃고 외세에 밀려나선 안 된다고 굳게 믿고 있다. 주권을 확보하고 고유한 문제 해결 방식(즉 문화)을 유지하려는 중국의 열망은 국내 정책을 바꾸라는 미국의 요구(예: 민주주의를 강화하고, 티베트와 위구르족, 홍콩과 대만을 다루는 방식을 바꿀 것)를 중국이 거부하는 이유이기도 하다. 사적인 자리에서 만난 몇몇 중국인은 중국이 미국의 내정에 간섭하지 않는다는 점을 지적한다. 예컨대 미국이 국내에서 사람들을 어떻게 대하든 중국은 왈가왈부하지 않는다는 것이다. 그들은 미국과 유럽 국가들이 문화적으로 전향하는 경향(즉 그들의 가치관과 유대-기독교 신앙, 도덕, 운영 방식 등을 다른 사람들에게 강요하는 태도)이 있으며 이는 십자군 전쟁 이전부터 수천 년에 걸쳐 이어져 왔다고 생각한다.

중국인에게 주권 위험과 전향 위험은 중국이 최선이라고 믿는 방식을 행하는 것을 가로막고, 중국의 무한한 잠재력을 위협하는 위험한 조합으로 여겨진다. 중국인은 위계 질서가 있는 통치 구조에 따라 그들이 최선이라고 믿는 방식으로 문제를 해결하고 주권을 확보하는 것이 지극히 신성한 일이라고 믿는다. 주권 문제와 관련하여, 그들은 미국이 할 수만 있다면 중국 공산당을 무너뜨리려 할 것이라고 확신하며, 이것은 절대 참을 수 없는 위협이라고 생각한다.* 나는 이것이 중국인들에게는 목숨 걸고 싸울 만한 가장 심각한 실존적 위협이며, 미국이 본격적인 전쟁으로 번지는 것을 막고자 한다면 중국을 다룰 때 주의해야 한다고 생각한다. 나는 중국이 주권을 제외한 나머지 문제에 대해서는 비폭력적으로 영향을 미치고 본격적인 전쟁은 피할 것으로 본다.

아마도 가장 위험한 주권 문제는 대만일 것이다. 중국의 압박이 없는 한 미국은 대만과 중국의 통합을 허용하겠다는 묵시적 약속을 절대 이행하지 않을 것이라고 믿는 중국인이 많다. 그들은 미국이 대만에 F-16 전투기와 여러 무기 체제를 판매한 이상, 중국이 평화로운 통일을 이루는 데 도움을 줄 것으로 보이진 않는다고 지적한다. 결과적으로 그들은 중국의 안전과 통일을 보장하려면 미국에 대항할 힘을 확보하고, 더 강력해진 중국을 마주한 미국이 현명하게 대만 문제를 묵인해주길 바라는 길밖에 없다고 믿는다. 내가 알기로는 중국은 이제 동아시아에서 군사적으로 더욱 강력해졌다. 상호 확증 파괴Mutually assured destruction(적국이 먼저 핵무기를 쏘면 적국에 보복 반격을 가한다는 전략-옮긴이)를 통해 전쟁을 억제할 가능성이 크지만, 중국 군대 역시 더 빠른 속도로 군사력을 증강할 가능성이 있다. 따라서 앞서 언급했듯이, **특히 '제4차 대만해협 위기'와 같이 주권을 놓고 충돌이 벌어진다면 대단히 우려해야 할 것이다.** 그렇다면 미국은 대만을 방어하기 위해 싸울 것인가? 현재로서는 불확실하다. 미국이 싸우지 않는다면 그것은 중국에 의미 있는 지정학적 승리가 될 것이고, 미국에는 큰 굴욕으로 남을 것이다. 영국이 수에즈 운

---

* 미국이 세계 질서를 관리하기 위해 흔히 '정권 교체'를 해결책으로 제시했다는 해석이 널리 받아들여지고 있다.

하에 대한 통제권을 상실함으로써 중동과 다른 국가들에 영국제국의 종말을 알린 것과 마찬가지로, 미국이 대만 문제에 나서지 않으면 태평양 지역과 다른 국가들에 미국제국의 쇠퇴를 알리는 계기가 될 것이다. 이것은 대만을 잃는 것 이상의 큰 의미가 있다. 이를테면 영국의 경우, 기축통화로서 파운드화의 종말이 선언된 것이나 다름없다. 미국이 대만을 방어하는 모습을 보여줄수록 전쟁에서 패하거나 후퇴하면 굴욕은 더욱 배가될 것이다. 머지않아 운명의 힘에 이끌려 직접적인 충돌이 촉발될 것으로 보이는 가운데, 미국이 대만을 지지하며 군사력을 과시하고 있다는 점은 우려할 만한 일이다. 실제로 미국이 중국과 대만을 둘러싼 주권 전쟁에 뛰어든다면 미국인의 목숨이 희생될 수 있으므로 대중의 지지를 얻기 쉽지 않을 것이며, 미국이 패할 수도 있다. 따라서 중요한 문제는 이것이 더 광범위한 전쟁으로 확대될 가능성이다. 그것은 모든 국가가 두려워하는 최악의 시나리오다. 상호 확증 파괴에 대한 두려움이 전쟁을 억제하듯, 대만을 둘러싼 전쟁과 그것이 불러올 파괴에 대한 두려움이 전쟁을 막을 수 있기를 바란다.

그와 동시에 나는 **중국이 (동아시아 국가들에 영향력을 행사하며 할 수 있는 모든 것을 하고 싶어 하는 욕구와는 별개로) 미국과 본격적으로 전쟁을 벌이려 하지 않으며, 다른 국가들을 강제로 통제하지 않으려는 욕구가 강하다고 생각한다.** 중국 지도부는 본격적인 전쟁이 얼마나 끔찍한지 알고 있고, 의도치 않게 제1차 세계대전처럼 흘러갈 가능성을 우려하고 있다. 그들은 가능하다면 협력 관계를 더욱 선호할 것이고, 세계를 여러 개의 세력권으로 기꺼이 나눌 의향도 있을 것이다. 그럼에도 중국은 자체적인 '레드라인(타협할 수 없는 쟁점을 의미하며, 이 한계선을 넘으면 본격적인 전쟁으로 돌입하게 된다)'을 갖고 있으며, 앞으로 더 어려운 시기가 다가올 것으로 예상한다. 예를 들어, 시진핑 주석은 2019년 신년사에서 중국의 주권에 대해 다음과 같이 밝혔다. "전 세계적인 관점에서 보면 우리는 한 세기 동안 한 번도 볼 수 없었던 큰 변화의 시기에 직면해 있다. 이러한 변화가 어떤 결과를 불러오든 중국은 국가 주권과 안보를 수호하는 데 계속해서 단호하고 확실한 태도로 대처할 것이다."*

전 세계에 영향을 미치는 미국과 중국의 가장 중요한 영역은 우선 인접성(인접 국가와 지역에 관심이 많다)과 필수품 획득(필수 광물과 기술 공급이 차단되지 않도록 관리하는 데 가장 많이 신경 쓰고 있다)이며, 그다음으로 수출 시장이다. 중국의 가장 중요한 지역은 첫째로 중국의 일부로 간주하는 지역이고, 두 번째로 국경을 맞대고 있는 지역(중국해)과 주요 공급로(일대일로 국가들) 혹은 주요 수입 품목을 공급하는 지역이며, 세 번째로 그 외 경제적 또는 전략적으로 중요한 협력 국가들이다.

중국은 지난 몇 년 동안 일대일로 국가, 자원이 풍부한 개발도상국, 그리고 몇몇 선진국 등 중국에 전략적으로 중요한 국가들과 관련된 활동을 대폭 늘려왔다. 이는 지정학적 관계에 큰 영향을 미치고 있다. 이러한 지역에서 미국이 구호 활동을 줄여나가는 동안, 중국은 경제적 활동을 펼치며 해당 국가에 대한 투자를 늘리고 있다(예: 대출, 자산 매입, 도로와 경기장 등 기반 시설 건설, 국가 지도자를 위한 군대와 기타 지원 제공). 이와 같은 경제 세계화가 너무 광범위하게 이루어지면서 대부분의 국가에서는 중국인의 국내 자산 매입을 허용하는 정책을 두고 고심해야 했다.

일반적으로 중국은 인접 국가에 더 많은 영향력을 행사하고 싶어 하

---

* 이 성명은 대만 통일 문제와 관련하여 작성된 것이다.

면서도 대부분의 비경쟁 국가들과 일종의 조공 관계를 원하는 것으로 보인다. 많은 국가가 이처럼 변화하는 상황에 대응하여 미국과 중국 중에서 어느 국가와 함께하는 것이 나을지 다각도로 고민하고 있으며, 인접 국가들은 이 문제를 매우 심각하게 받아들이고 있다. 나는 세계 여러 지역의 지도자들과 논의하면서 가장 중요한 2가지 고려 사항이 경제와 군사라는 말을 여러 번 들었다. 거의 모든 지도자가 경제를 기준으로 선택해야 한다면 경제적으로(무역과 자본 흐름 면에서) 더 중요한 중국이 답이지만, 군사적 지원을 기준으로 선택해야 한다면 우위를 점하고 있는 미국이 답이라고 말하면서도 정말 필요할 때 미국이 군사적으로 그들을 보호해줄지 의문이 든다고 우려했다. 대부분은 미국이 그들을 위해 싸워줄지 확신하지 못했고, 아시아 태평양 지역의 몇몇 지도자는 미국의 군사력으로 승리할 수 있을지 의문을 제기하기도 했다.

중국이 이들 국가에 제공하는 경제적 이익은 상당하며, 미국이 제2차 세계대전 이후 주요 국가에 경제적 이익을 제공한 것과 대체로 유사한 방식으로 지원하면서 원하는 관계를 확보하고 있다. 몇 년 전만 해도 미국에 대적할 경쟁국이 딱히 없었기 때문에 미국이 원하는 바를 전달하기만 하면 대부분의 국가는 이를 따랐고, 일이 수월하게 진행되었다. 유일한 경쟁국은 소련(돌이켜보면 그다지 경쟁국은 아니었다)과 소련의 동맹국, 그리고 경제적으로 경쟁 관계에 있지 않았던 몇몇 개발도상국에 불과했다. **지난 몇 년 동안 다른 국가에 미치는 중국의 영향력은 확대되고 있지만, 미국의 영향력은 오히려 줄어들고 있다.** 이러한 현상은 미국의 세계 질서가 시작된 시기에 미국이 설립한 UN, 국제통화기금, 세계은행, 세계무역기구, 세계보건기구, 국제사법재판소 등 여러 국제기구에서도 나타나고 있다. 미국이 이러한 조직에서 물러나면서 미국의 영향력은 약해지고, 대신 중국이 더 많은 역할을 수행하기 시작했다.

앞으로 5~10년 동안 다른 분야에서도 디커플링이 일어날 것이고, 두 강대국과 협력 관계를 맺는 국가들이 속속 나타날 것이다. 중국과 미국이 자본과 군사력을 넘어 다른 국가들과 상호 작용하는 방식(소프트파워를 사용하는 방식)은 국가 간 동맹을 맺는 방식에도 영향을 미칠 것이다. 동맹을 맺을 땐 방법과 가치가 중요할 것이다. 예를 들어, 트럼프시대에 나는 전 세계 지도자들이 미국과 중국의 지도자들을 가리켜 '무자비하다Brutal'라고 표현하는 것을 들었다. 바이든 대통령이 집권한 후 그러한 표현은 줄어들었지만, 다른 국가들은 미국과 중국 지도자들의 입맛대로 이행하지 않으면 대가를 치르게 될 것을 크게 두려워하고 있고, 어느 한쪽으로 쏠리는 것을 좋아하지도 않는다. **역사를 통틀어 가장 강력한 국가는 덜 강력할지라도 집단적으로 더 강력한 국가 동맹에 무너지는 것이 일반적이라는 점에서 이러한 동맹이 어떤 양상으로 펼쳐질지 지켜볼 필요가 있다.**

아마도 가장 흥미로운 관계는 중국과 러시아의 관계일 것이다. 새로운 세계 질서가 시작된 1945년 이래 중국, 러시아 그리고 미국은 3개국 중 2개국이 동맹을 맺어 나머지 한 국가를 무력화하거나 제압하려 했다. 러시아와 중국은 각각 상대국에 필요한 것을 많이 가지고 있다(중국은 러시아의 천연자원과 군사 장비가 필요하고, 러시아는 중국의 자본이 필요하다). 러시아는 군사적으로 강하기 때문에 중국의 훌륭한 군사 동맹국이 될 것이다. 이러한 현상은 각국이 문제를 다루는 방식에서도 드러난다. 예컨대 화웨이 제품을 허용하는 문제는 미국과 중국 중에서 선택하는 문제로 귀결되는 것이다.

미국과 중국에는 국제 정치적으로 위험과 기회가 있을 뿐만 아니라,

국내 정치적으로도 중대한 위험과 기회가 있다. 양국에서는 정부를 장악하기 위해 서로 다른 파벌들이 경쟁하고, 지도부가 바뀌면 필연적으로 정책 변화로 이어지기 때문이다. 다음 정권을 예측하기는 거의 불가능하지만, 누가 정권을 잡든 앞서 논의한 빅 사이클 방식으로 현재 전개되고 있는 어려운 문제에 직면하게 될 것이다. 모든 지도자(그리고 현재 점진적으로 변화하는 사이클을 경험하는 우리 모두)는 이러한 사이클의 다양한 위치에서 발을 내딛거나 물러나기 때문에 그들은(그리고 우리는) 마주칠 가능성이 있는 특정 상황을 결국 맞닥뜨리게 된다. 지난 역사를 살펴보면 사람들은 과거 사이클에서 똑같은 위치에서 발을 내딛거나 물러나는 모습을 보였으므로, 이들이 어떤 일을 경험하고 비슷한 단계에서 문제를 어떻게 해결했는지에 대해 연구하고 몇몇 논리를 사용한다면 조금이나마 가능한 상황을 예상해볼 수 있을 것이다.

자본 전쟁

역사가 증명하듯, 어떤 갈등이 발생할 때 가장 위험한 요소 중 하나는 돈/자본에 대한 접근성을 차단하는 것이다. 이러한 현상은 a) 상대국이 가하는 조치 또는 b) 해로운 결과를 자초하는 행위(예: 과도한 부채를 지고 자국 통화를 평가절하)를 통해 자본을 공급하는 사람들이 돌아설 때 발생할 수 있다. 6장에서는 전통적인 자본 전쟁이 전개되는 방식을 살펴보았다. 그중 몇몇 방식이 지금도 사용되며 더 강력하게 적용될 수 있으므로 주의 깊게 관찰해야 한다.

돈이 없으면 권력도 없으므로, 자본 전쟁의 목표는 적에게서 자본을

차단하는 것이다.

자본 전쟁의 정도는 갈등의 심각성에 좌우된다. 현재 가해지는 '제재'는 금융, 경제, 외교, 군사 등 광범위한 영역에서 발생하며 각 영역에서 다양한 형태로 적용된다. 다양한 제재 형태와 대상은 본문의 내용에서 지나치게 벗어난 주제이므로 이 책에서는 자세히 설명하지 않으려 한다.

알아두어야 할 주요 사항은 다음과 같다.

- **미국의 위대한 힘은 세계를 주도하는 기축통화를 보유하는 데서 나온다. 기축통화는 a) 세계 통화를 발행하여 해외에서 널리 채택되게 하고, b) 자본을 가져갈 주체를 통제할 수 있는 능력을 제공하기 때문에 미국에 막대한 구매력을 안겨준다.**
- **미국은 기축통화 지위를 잃을 위험에 처해 있다.**

미국 달러는 여전히 지배적인 세계 기축통화로서 전 세계 자본 거래, 무역, 준비금에 사용된다. 역사적으로나 논리적으로 볼 때, 주요 세계어가 대체되기까지 오랜 시간이 걸리듯 주요 기축통화가 대체되는 것도 그만큼 오래 걸린다. 이미 너무 많은 사람이 세계어와 기축통화를 채택해 사용하고, 기존에 구축한 체제와 밀접하게 얽혀 있기 때문이다. 중앙은행의 외환 보유고 금액에서 엿볼 수 있는 기축통화의 지위는 다음 표와 같다.

달러는 세계 무역, 자본 흐름, 준비금을 지배하는 세계 최고의 기축통화이며, 미국은 이러한 세계 통화를 발행하고 적국에 제재를 가할 수 있는 선망의 위치에 올라서 있다. 현재 미국은 상당수의 제재를 적국에 적용하고 있으며, 이는 미국이 가장 많이 사용하는 무기이다. 2019년 기

중앙은행 외환 보유고의 통화별 비율

미국 달러	51%
유로	20%
금	12%
일본 엔	6%
영국 파운드	5%
중국 위안	2%

2019년 자료 기준

준으로 미국이 개인, 기업, 정부를 대상으로 가한 제재만 약 8천 건에 달했다. 미국은 이러한 권한을 통해 필요한 자금을 얻을 수 있고 금융 기관 등 다양한 기관들의 거래를 막아 적국이 자본과 신용을 확보하지 못하도록 차단할 수 있다. 이러한 제재는 완벽하거나 포괄적이지는 않지만 대체로 효과적이다.

미국이 기축통화국으로서 이러한 지배적인 지위를 잃을 위기에 처한 이유는 다음과 같다.

- 중앙은행 외환 보유고와 국부펀드 등 외국의 포트폴리오에 포함된 달러 표시 채권 금액은 여러 기준에 따라 책정된 적정 기축통화 보유 규모에 비해 비정상적으로 많다.*

---

* 달러 표시 채권 비중은 a) 해외 투자자가 포트폴리오의 균형을 잘 맞추기 위해 보유하는 자산 배분의 비율, b) 무역과 자본 흐름 조달 수요를 충족하기 위한 적정 기축통화 보유 규모, c) 다른 경제에 비해 미국 경제의 규모와 중요성 등과 비교했을 때 큰 편이다. 달러 표시 채권이 현재 비정상적으로 많은 이유는 달러가 세계 최고의 기축통화이고 달러가 실제보다 더 안전한 자산으로 인식되고 있으며, 달러 차입금이 불균형적으로 많기 때문이다. 이제 여러 시장에서 보유 비중을 결

- 미국 정부와 중앙은행이 달러 표시 채권과 통화를 엄청나게 빠른 속도로 늘리고 있어 연준에서 상당 부분을 화폐화하지 않고서는 미국 채권을 향한 적절한 수요를 찾기 어려울 것이다. 동시에 미국 정부가 무시해도 될 정도의 매우 낮은 명목 수익률과 마이너스 실질 수익률을 지불하고 있으므로, 미국 달러 표시 채권을 보유할 만한 금전적 인센티브도 그리 매력적이지 않다.

- 전쟁 중에 교환 수단이나 부의 저장 수단으로 채권을 보유하는 것은 평상시보다 그리 바람직하지 않다. 전운이 감도는 상황에서 채권 가치(법정통화로 지불받는 약속)와 법정통화의 가치는 다른 자산에 비해 하락할 것이다. 현재 이런 일은 벌어지지 않고 있지만, 전쟁이 격화되면 문제가 될 것이다.

- 중국이 보유한 1조 달러에 달하는 미국 채권은 전체 채권 발행 잔액인 약 28조 달러(2021년 5월 기준)의 4퍼센트에 불과한 금액이므로 관리하기 힘든 위험은 아니다. 그러나 다른 국가들은 미국이 중국에 가한 조치가 그들에게도 가해질 수 있다고 인식하고 있기 때문에 중국이 보유한 달러 자산에 대한 조치는 해당 자산을 보유한 다른 국가들이 인식하는 달러 채권 자산의 보유 위험을 증가시킬 수 있고, 이는 해당 자산에 대한 수요를 감소시킬 것이다. 지금은 이것이 문제가 되지 않지만, 향후 중요한 문제로 떠오를 가능성이 있다.

- 기축통화로서 달러의 역할은 주로 국가 간 자유로운 교환에 달려 있다. 따라서 미래에 미국이 자국의 이익을 위해 전 세계의 이익에 반하는 방식으로 달러 흐름을 통제하거나 통화 정책을 시행한다면 달러는 이전만큼 세계를

정하는 책임자 대부분은 앞으로도 많이 매각될 미국 채권 규모에 맞춰 비중을 확대할 계획이 없으며, 실제로 미국 채권 보유 비중을 축소하는 방안을 고려하고 있다. 이러한 상황이 발생한다면 연준에서는 더 많은 채권을 매수해야 할 것이다.

주도하는 기축통화로 선호되지 않을 것이다. 지금은 이것이 문제가 되지 않지만, 사이클의 다음 단계에서 전형적으로 등장하는 외환 통제 가능성이 제기되면 문제로 떠오를 것이다.

- **미국의 제재로 피해를 본 국가들은 제재를 피하거나 제재를 가하는 미국의 세력을 약화시킬 방법을 구상하고 있다.** 예를 들어, 러시아와 중국은 미국의 제재를 받고 있고 앞으로 더 많은 제재에 직면할 위험에 처해 있다. 두 국가는 이를 대체할 결제 체계를 개발하기 위해 서로 협력하고 있으며, 중국의 중앙은행은 미국 제재의 영향을 덜 받기 위해 디지털 통화를 만들었다.

적당한 대체 통화가 없는 이유는 다음과 같다.

- **달러(중앙은행 보유고의 51퍼센트)**는 11장에서 설명한 방식대로(이번 장에서는 반복하지 않을 것이다) 펀더멘털이 약해지고 있다.
- **유로(20퍼센트)**는 재정이 취약하고 조직적이지 못한 소규모 국가들이 모여 만든 법정 화폐로, 구조가 취약하고 고도로 분할된 통화 연합에 의해 미약하게 결합되어 있다. 유럽연합은 재정, 경제, 군사 면에서 기껏해야 2차 강대국에 불과한데다, 중앙은행이 자유롭게 통화를 찍어낼 수 있으므로 유로화와 유로화로 표시된 채권을 매수하는 것은 그리 매력적인 일이 아니다.
- **금(12퍼센트)**은 흔히 보유하는 경화다. 오랜 기간 가치를 인정받았으며 법정통화를 포함한 다른 보유 자산을 대체할 효과적인 분산 수단으로 여겨진다. 1971년 이전에 금은 세계 통화 체제의 기본 토대였으나 지금은 상대적으로 죽은 자산이 되었다. 금은 국제 무역과 자본 거래에 쓰이는 경우가 거의 없고, 해외 계정의 균형을 맞추는 데 사용되지도 않기 때문이다. 금은 현

재 가격 수준에서 부의 상당 부분을 차지하기에 규모가 너무 작은 시장이기도 하다. 법정통화 기반 자산(즉 신용자산)에서 금으로 전환하는 것은 해당 통화 체제를 포기하는 경우에만 가능하며(역사를 돌이켜보면 가능한 시나리오다), 이러한 전환이 실제로 일어나면 금값은 폭등할 것이다.

- **엔화(6퍼센트)**는 일본인을 제외한 외국인들이 국제적으로 널리 사용하지 않는 법정통화이며 달러와 똑같은 문제에 시달리고 있다. 이를테면 과도한 부채가 빠르게 증가하고 있고 낮은 이자를 지불하며 화폐화를 진행하고 있다는 점이다. 일본은 중간 수준의 세계 경제 강국에 불과하고 군사력이 약하다.

- **파운드화(5퍼센트)**는 상대적으로 펀더멘털이 약하고 시대에 뒤처진 법정통화로, 영국은 국가 경제력과 지정학적 세력을 측정한 지표를 기준으로 볼 때 상대적으로 약하다.

- **위안화(2퍼센트)**는 펀더멘털에 근거해서 기축통화로 선택된 유일한 법정통화다. 중국은 상당한 잠재력을 갖고 있다. 세계 무역과 자본 흐름, 세계 GDP에서 중국이 차지하는 비율은 미국과 맞먹는다.* 중국은 자국 통화를 다른 통화와 상품 및 서비스 가격에 비해 비교적 안정적으로 관리했으며 외환 보유고의 규모도 상당하다. 금리는 0퍼센트가 아니고 실질금리도 마이너스가 아니며, 많은 채권을 발행하여 화폐화하지도 않는다. 중국에 대한 투자를 늘리려면 중국 통화로 자산을 매수해야 하므로 위안화는 강세를 보이게 된다. 이러한 점은 위안화에 긍정적으로 작용한다. 단점은 구조조정해야 할 국내 부채가 비교적 많고, 위안화가 세계 무역과 금융 거래에 널리 사

---

* 이 데이터는 구매력 평가에 맞게 조정되었다.

용되는 통화가 아니며, 중국의 청산 체계가 아직 발달하지 못했고, 자본 유출입과 환전이 자유롭지 않다는 점이다.

따라서 달러와 경쟁할 만한 매력적인 세계 기축통화는 아직 없는 실정이다.

● **지난 역사를 살펴보면 a) 통화가 선호되지 않고, b) 대체할 만한 매력적인 통화가 없을 때도 통화는 여전히 평가절하되고 자본은 다른 투자 수단(예: 금, 상품, 주식, 부동산 등)을 찾아 이동한다. 결과적으로 반드시 강력한 대체 통화가 존재해야만 통화의 평가절하가 일어나는 것은 아니다.**

상황은 바뀔 것이다. 미국과 중국이 자본 전쟁을 벌이는 한 중국 통화와 자본시장의 발전은 미국에 불리하고 중국에 유리하다. 미국이 중국의 통화와 자본시장을 약화시키기 위해 공격을 감행하거나 중국이 (통화와 자본시장의 매력을 떨어뜨리는 정책으로 전환하여) 자국의 통화와 자본시장을 훼손시키지만 않는다면 중국의 통화와 자본시장은 아마도 빠르게 발전하고, 점차 미국 시장과 경쟁하게 될 것이다. 중국은 상대적으로 더 강해지고 자립도를 높여 미국의 압박에도 영향을 덜 받게 될 가능성이 크다. 이러한 점진적인 변화를 받아들일지, 아니면 더 공격적으로 방해할 것인지 결정하는 것은 미국 정책입안자들에게 달려 있다. 중국이 미국의 달러와 자본시장에 타격을 주기에는 힘이 부족하므로 자국 통화를 강화하는 방안이 최선이지만, 달러를 흔들어 놓으려는 시도를 할 가능성이 있다.

과거 사이클에 대한 연구에서 설명했듯이, 일반적으로 사이클이 진행되면서 전쟁은 격화된다. 역사적 사례를 현대 사례(예: 제2차 세계대전 이전의 미국과 일본의 움직임, 그리고 현재 미국과 중국의 움직임)와 비교하면 사이클의 전개를 이해하는 데 도움이 될 것이다.

군사 전쟁

나는 군사 전문가는 아니지만 군사 전문가들과 이야기를 나누고 관련 주제를 연구하며 알게 된 내용을 전달하고자 한다. 읽고 싶지 않다면 넘어가도 좋다.

● **다음에 벌어질 주요 군사 전쟁은 아마도 대부분의 사람이 생각하는 것보다 훨씬 심각할 것이다. 하지만, 정확히 어떤 모습으로 전개될지 상상하는 것은 불가능하다.** 마지막으로 가장 강력한 무기가 실전에 투입되어 대중에 모습을 드러낸 이후로 상당수의 무기가 비밀리에 개발되었고, 온갖 형태의 전쟁에서 고통을 가할 수 있는 창의력과 역량이 크게 발전했기 때문이다. 이제 상상을 초월할 정도로 다양한 유형의 전쟁이 가능하며, 알려진 것보다 훨씬 많은 무기 체제가 갖추어져 있다. 물론 핵전쟁은 무서운 전망이지만, 나는 생물학, 사이버, 화학, 우주 등 여러 전쟁 유형과 관련해서 똑같이 무서운 전망을 접했다. 이들 중 다수는 검증되지 않았기 때문에 어떻게 진행될지 확실히 알 수 없다.

알려진 바에 따르면, **미국과 중국이 동중국해와 남중국해에서 벌이는 지정학적 전쟁은 군사적으로 확대되고 있다. 양국이 서로 상대국의 한계를 시험하고 있는 것이다. 중국은 이제 동중국해와 남중국해에서 미국보다 군사적으로 강해졌고, 그 지역에서 전쟁이 벌어진다면 미국이 패할 가능성이 있다. 하지만 미국은 전 세계적으로 전 영역에 걸쳐 더 강력하므로 전쟁 규모가 확대되면 '승리'할 가능성이 크다.** 그렇지만 다른 국가들의 행동과 비밀리에 존재하는 기술 등을 포함해서 알려지지 않은 사항이 무수히 많기 때문에 규모가 큰 전쟁을 예측하기는 너무 복잡하다. 전문가들이 유일하게 동의하는 견해는 그러한 전쟁은 상상도 할 수 없을 만큼 끔찍할 것이라는 점이다.

중국의 군사력은 다른 국가와 마찬가지로 특히 지난 10년 동안 매우 빠르게 발전해왔으며, 중국의 경제·기술 발전 속도가 계속해서 미국을 앞지른다면 미래에는 더욱 빠르게 발전할 것으로 예상된다는 점에 주목해야 한다. **중국이 5~10년 후에 전반적으로 군사적 우위를 점할 수 있다고 생각하는 사람들도 있다. 그것이 현실이 될지는 잘 모르겠다.**

잠재적으로 군사적 충돌이 발생할 만한 위치는 대만, 동중국해, 남중국해, 북한이 손꼽히며 그다음으로는 여러 이유로 인도와 베트남이 지목된다(여기에서는 깊이 다루지 않을 것이다).

미국과 중국 간 대규모 전쟁이 본격적으로 벌어진다면 앞서 언급한 모든 유형의 전쟁이 최대 수준으로 치러질 것이다. 역사를 통틀어 많은 국가가 그래왔듯, 양국은 생존을 위해 전력을 다해 싸울 것이다. 두 국가 간 전쟁은 제3차 세계대전으로 확대될 수 있고, 이는 제2차 세계대전보다 훨씬 치명적인 결과를 낳을 가능성이 크다. 서로를 해칠 수 있는 기술이 발전하면서 제2차 세계대전은 제1차 세계대전보다 훨씬 더 많은 목숨을 앗아갔다.

대리전(분쟁 당사국이 직접 적국과 전쟁을 하지 않는 대신, 다른 동맹국 등으로 하여금 상대편 국가와 싸우도록 하여 일어나는 전쟁 – 옮긴이)도 미국과 중국 간에 벌어질 수 있는 전쟁 형태로, 세계적인 강대국의 세력과 전 세계 영향력을 서서히 약화시키는 데 매우 효과적인 방식이므로 주시할 필요가 있다.

나는 전쟁 시기를 예측할 때, ● **국가에 대규모 내부 혼란이 벌어지는 순간이야말로 상대편 국가가 취약한 국정 상황을 적극적으로 이용할 수 있는 적절한 시점**이라는 기본 원칙을 고려한다. 예컨대 일본은 1930년대 중국이 계속되는 내전으로 분열되고 국력이 고갈되었을 때 중국을 침략하려는 움직임을 보였다.

● **대규모 내부 갈등이 벌어진 동시에 지도자가 교체되거나 취약한 시점에 적국이 공격적인 움직임을 취할 위험이 높다는 사실을 역사는 알려준다.** 시간은 중국의 편이기에 전쟁을 벌여야 한다면 늦추는 것이 중국에 유리하고(예: 5~10년 후 중국은 더 강해지고 높은 자립도를 달성할 가능성이 크다), 반대로 전쟁을 앞당기는 것은 미국에 유리하다.

나는 이제 전쟁 유형에 문화 전쟁과 자체적인 전쟁이라는 2가지 유형을 추가하려 한다. 문화 전쟁은 양국이 포기하지 않고 목숨을 바칠 대상을 포함하여 앞으로 문제를 해결할 방식을 좌우하며, 자체적인 전쟁은 국가의 영향력을 결정하고 앞서 1장에서 살펴본 중요한 기준에 따라 강한 국가와 약한 국가로 판가름할 것이다.

문화 전쟁

● **사람들이 공존하는 방식은 함께 직면한 상황을 어떻게 처리할지 결정하는 데 가장 중요하게 작용하며, 그들이 가진 문화는 서로를 대하는 방식을 결정하는 데 가장 중요한 요인이 될 것이다.** 미국인과 중국인이 가장 중요하게 여기는 가치와 그들이 생각하는 바람직한 공존 방식은 앞서 살펴본 갈등을 해결할 때 서로를 대하는 방식을 좌우할 것이다. 미국인과 중국인이

목숨 걸고 지키는 가치와 문화적 규범은 서로 다르다. 이러한 차이를 평화롭게 극복하려면 양국이 서로의 가치관과 규범을 알고 그것을 다룰 방법을 이해하는 것이 중요하다.

앞서 설명했듯이, **중국 문화에서는 지도자와 사회가 대부분의 결정을 내리는 상의하달식으로 국가가 운영되며, 높은 수준의 시민의식을 요구하고, 개인의 이익보다 집단의 이익을 우선시한다. 중국인들은 각자의 역할과 수행 방법을 인식하고, 위계에 따라 윗사람을 존경해야 하고 '프롤레타리아**Proletariat **계급의 규칙'을 추구한다. 쉽게 말하자면 이는 기회와 보상이 보편적으로 분배된다는 것을 의미한다. 이와 대조적으로, 미국 문화에서는 하의상달식으로 국가가 운영되며, 개인의 자유를 높은 수준으로 추구하고, 집단주의보다 개인주의를 선호하고, 획기적인 사고와 행동을 존중하고, 지위보다는 생각의 폭에 따라 사람들을 존중한다. 이처럼 중요한 문화적 가치관은 각국이 선택한 경제와 정치 체제의 원동력이 되었다.**

이러한 차이는 대부분 일상생활에서 분명하게 드러나지 않는다. 일반적으로 그 차이는 미국인과 중국인이 가진 여러 공통된 신념에 비해 그다지 중요하지 않으며, 모든 중국인이나 미국인이 그러한 신념을 갖는 것도 아니다. 때문에 많은 미국인이 중국에서 편안하게 생활하고, 마찬가지로 많은 중국인이 미국에서 편안하게 살고 있다. 중국의 문화적 가치관은 광범위하게 퍼져 있지 않다. 예를 들어, 싱가포르, 대만, 홍콩 등 다른 지역에 사는 중국인들은 서구의 민주주의 체제와 유사한 통치 체제를 운영하고 있다. 그렇지만 이러한 문화적 차이는 거의 모든 것에 교묘하게 영향을 주며, 커다란 갈등이 발생했을 때 당사자끼리 싸울 것인지 평화롭게 해결할 것인지를 좌우하는 결정적인 요소가 된다. **중국인**

과 미국인의 가장 큰 문제는 일부 사람들이 상대국의 가치관과 행동 방식을 이해하거나 공감하지 못한 채 각자 최선이라고 생각하는 방식을 서로 허용하지 않는 데서 발생한다.

양국은 개방을 통해 교류를 늘리고 공통된 관행(예: 비슷한 경제적 자유를 공유하며 비슷한 수요와 제품, 결과를 생산)을 따르면서 양국의 환경과 사람들이 이전보다 훨씬 비슷해졌지만, 접근 방식에는 여전히 두드러진 차이를 보인다. 접근 방식의 차이는 각국의 정부와 사람들이 상호 작용하는 방식, 특히 지도자와 정책입안자 수준에서 미국인과 중국인이 상호 작용하는 방식에서 드러난다. **이러한 문화적 차이에는 사소한 것도 있지만 매우 심각한 것도 있다. 사람들은 그러한 중요한 문화를 목숨 걸고 사수하기 위해 싸움도 마다하지 않을 것이다.** 이를테면 대부분의 미국인은 "자유가 아니면 죽음을 달라"는 신념을 갖고 있지만, 중국인에게 개인의 자유는 집단의 안정성만큼 중요하지 않다.

이러한 차이는 일상생활에서도 나타난다. 예를 들어, 중국 정부는 온정주의를 내세우며 어린이들이 이용할 수 있는 비디오 게임의 유형과 하루에 게임을 할 수 있는 시간까지 규제하지만, 미국 정부는 비디오 게임을 부모가 결정할 일로 여기고 국가 차원에서 별도로 규제하지 않는다. 접근 방식마다 장점을 찾을 수 있을 것이다.

중국의 위계적인 문화에 익숙한 중국인은 정부의 지시를 당연한 것으로 받아들이지만, 미국의 비위계적인 문화에 익숙한 미국인은 어떤 일을 관철하기 위해 정부에 맞서는 것을 용인한다. 이와 유사하게, 서로 다른 문화적 성향은 코로나19 예방을 위해 마스크를 착용해야 한다는 말을 들은 미국인과 중국인의 엇갈린 반응에서도 드러났다. 중국인은 지침을 따랐고, 미국인은 따르지 않는 경우가 종종 있었다. 때문에 2차 유행에서 확진자 수와 사망자 수에 영향을 주었고, 경제적 충격으로 이어졌다. 이처럼 문제를 다루는 방식의 문화적 차이는 중국인과 미국인이 개인 정보, 표현의 자유, 언론의 자유 등 많은 문제에 대해 반응하는 방식뿐만 아니라 더 나아가 국가 운영 방식에도 다르게 영향을 끼친다.

이처럼 서로 다른 문화적 접근 방식에는 장단점이 있다. 여기에서는 각 장단점을 자세히 살펴보지 않는 대신 **미국인을 미국인으로, 중국인을 중국인으로 만드는 문화적 차이가 각국에 뿌리 깊이 박혀 있다**는 점을 짚고 넘어가려 한다. 중국의 인상적인 경제 성장과 그 이면에 깊이 스며든 문화를 고려하면 중국이 자국의 가치관과 체제를 포기할 가능성은 희박하다. 중국인과 그들의 체제를 미국식으로 바꾸려는 것은 그들에게 가장 근본적인 신념을 지배하겠다는 의미이며, 그들은 그 신념을 지키기 위해 목숨을 걸고 싸울 것이다. 양국이 평화롭게 공존하려면, 미국인이 미국의 가치관과 삶의 방식이 가장 훌륭하다고 믿듯이 중국인도 그들의 가치관과 그것을 실천하는 방식을 가장 훌륭한 것으로 여긴다는 사실을 이해해야 한다.

예를 들어, 지도자를 선택할 때 대부분의 중국인이 일반 대중은 아는 게 적고 역량이 부족하므로 '1인 1표' 방식으로 국민이 직접 선택하는 것보다 현명하고 능력 있는 지도자가 그들을 대신해서 결정권을 쥐는 것이 낫다고 생각한다. 우리는 이러한 차이를 받아들일 필요가 있다. 대부분의 중국인은 일반 대중이 충동적으로 지도자를 선택할 것이며, 선출되기 원하는 정치인들이 국민에게 이롭지 않더라도 지지율을 끌어올리기 위해 무엇이든 퍼주려 할 것이라고 생각한다. 그들은 민주주의 국가가 매우 힘든 시기에 제대로 기능을 하지 못하는 무정부 상태에 빠지기 쉽다고 믿는데, 그 이유는 사람들이 강력하고 유능한 지도자를 지지하기보다는 무엇을 해야 할지를 놓고 논쟁하는 데 시간을 다 써버린다고 보기 때문이다. 이러한 관점은 플라토Plato의 주장과 일치하며 실제로 여러 국가에서 발생한 사례들이 있다.

중국인들은 한 지도자의 임기가 국가의 장기적인 성장에 필요한 전체 기간 중 극히 일부에 지나지 않으므로, 지도자가 결정권을 갖는 체제가 여러 세대에 걸쳐 더 나은 전략적 의사결정을 하는 데 도움이 된다고 믿는다.* 그들은 집단에 이로운 것이 가장 중요하고, 그것이 국가에 이로운 최선의 길이며, 최고 지도부가 가장 잘 결정할 수 있다고 믿는다. 중국의 통치 체제는 대기업과 특히 여러 세대를 이어져 내려온 기업에서 흔히 볼 수 있는 지배 구조와 닮아 있다. 중국인들은 이러한 방식을 따르는 중국 체제의 근본적인 이유와 중국이 느끼는 민주주의 의사결정의 문제점을 미국인과 다른 서구인들이 왜 쉽게 이해하지 못하는지 의아해한다.

분명히 밝히건대, 나는 각 의사결정 체제의 장점을 분석하려는 것이 아니다. **두 체제에 관한 논쟁이 있다는 점을 밝히고, 미국과 중국이 서로의 관점에서 사안을 바라볼 수 있도록 지원하고 싶다. 무엇보다 각국이 최선이라고 생각하는 일을 수행할 권리를 서로 받아들이고, 용인하고, 심지어 존중하는 방안, 또는 중국인과 미국인이 타협할 여지가 없다고 믿는 가치를 목숨 걸고 지키며 싸우는 방안 중에서 미국과 중국이 선택해야 한다는 점을 알리고자 한다.**

---

* 미국 국민은 자신들을 대표할 정권을 뽑는 것을 아주 중요하게 여기지만, 사실 중국으로서는 이것이 충동적으로 교체한 것처럼 보이기 때문에 다소 연속성이 부족한 미국의 정책과 방향성에 대응하기가 쉽지 않다.

미국과 중국은 역사가 매우 다르며, 이에 따른 문화적 차이로 인해 경제와 정치 체제도 다르다. 경제를 논할 땐 다른 국가와 마찬가지로, 중국에도 전통 좌파(정부의 생산 수단 소유, 빈곤층, 부의 재분배를 선호하며, 중국에서는 공산주의라고 일컫는다)와 전통 우파(민간의 생산 수단 소유, 체제 내에서 성공하는 모든 개인, 제한된 부의 재분배를 선호한다) 등 2가지 관점이 존재하며, 모든 사회는 두 관점을 오고 가며 변화해왔다. 특히 중국에서 이러한 변화는 두드러졌다. 그러므로 중국인을 문화적으로 좌파 또는 우파로 정의하는 것은 옳지 않다. 상대적으로 짧은 역사를 가진 미국에서도 이와 유사하게 체제 선호도가 변화해왔다. 나는 미국의 역사가 더 오래되었다면 유럽과 마찬가지로 변화의 폭이 더 컸을 것으로 본다.

이러한 이유로 '좌파'와 '우파' 성향의 대립은 진화하는 핵심 가치보다는 혁명적인 추세를 중심으로 좌우를 오고 가며 빅 사이클을 이루는 것으로 보인다. 현재 미국과 중국에서는 이러한 변화가 일어나고 있으므로, 자본주의와 같은 '우파' 정책이 미국보다 중국에서 더 선호되고 반대로 '좌파' 정책이 중국보다 미국에서 더 선호된다고 봐도 과언은 아니다. 문화적 선호를 바탕으로 경제 체제를 뚜렷하게 구분하는 경우는 그리 많지 않은 것 같다. 경제 체제와 대조적으로, 중국인이 선호하는 하향식/위계적 성향은 그들의 문화와 정치 체제에 뿌리 깊이 박혀 있는 반면, 미국인은 상향식/비위계적 성향이 강하다. 어떤 방식이 가장 효과적이고 마침내 승리할 것인지는 독자들의 토론 주제로 남겨두려 한다. 부디 편견을 버리고 이야기를 나누어보길 바란다. 참고로 역사에 대한 지식이 풍부한 관찰자들은 두 체제 중 어느 것도 항상 좋거나 나쁘기만 한 건 아니라는 결론을 내렸다. ● **어떤 체제가 적절한지는 a) 주어진 상황과 b) 각 체제를 이용하는 사람들이 서로를 대하는 방식에 따라 달라진다. 늘 지속 가**

능하고 효과적인 체제는 없다. 만일 한 체제에 속해 살아가는 개인들이 각자가 원하는 것을 뒤로하고 현 체제를 충실히 따르지 않는다면, 체제가 시대의 흐름에 발맞춰 분열하지 않고 유연하게 변화하지 못한다면, 결국 어떤 체제든 무너질 것이다.

이 책에서는 미국과 중국이 현재 공존하고 있는 세상에서 가능한 한 최선의 방법으로 공통된 발전 문제를 어떻게 해결할지, 그리고 양국의 강력한 문화적 성향과 절대 포기하거나 타협할 수 없는 신념의 차이가 양국의 관계를 어디로 이끌고 갈지 상상해보려 한다. 예를 들어, 대부분의 미국인과 서구인은 정치적 견해를 포함하여 자신의 의견을 세우고 표현할 자유를 지키기 위해 필사적으로 싸울 것이다. 반대로 중국인은 권위에 대한 경의를 더 중요하게 여기는데, 이러한 성향은 개인과 그들이 속한 조직의 상대적인 힘의 차이에서 드러나며 집단 내 개인의 행동을 조직이 책임지는 형태로도 나타난다.

미국과 중국 간 문화 충돌은 2019년 10월 휴스턴 로키츠Houston Rockets의 당시 단장이었던 대릴 모리Daryl Morey가 홍콩의 민주화 시위를 지지하는 이미지를 트위터에 게시하면서 발생했다. 그는 재빨리 게시물을 내리고 자신의 견해가 팀이나 NBA의 견해를 대표하지 않는다고 해명했다. 그러자 언론, 정치인, 대중 등 미국 측에서 모리가 표현의 자유를 지지하지 않는다고 비판했고, 중국 측에서는 리그 전체에 책임을 묻겠다면서 중국 국영 TV 채널에서 모든 NBA 경기 방송을 중단했다. 그리고, 온라인 상점에서 NBA 상품을 내리고, 팀에 모리를 해고할 것을 요구하는 등 보복 조치를 가했다.

이러한 충돌이 발생한 이유는 미국인이 표현의 자유를 매우 중요하게 여기고 개인의 행동에 대해 조직이 처벌되어서는 안 된다고 믿기 때문이다. 반면에 중국인은 해로운 영향을 끼치는 비판을 처벌하고 집단에 속한 개인의 행동에 대해 그 집단이 책임져야 한다고 생각한다. 이처럼 사람들을 대하는 방식에 대한 뿌리 깊은 신념의 차이가 커다란 갈등을 유발하며 심각한 사건으로 확대되었던 사례들을 어렵지 않게 떠올려볼 수 있을 것이다.

중국인은 우월한 위치에 올라섰을 때 a) 상대적인 위치를 명확히 하고(즉 하위에 있는 당사자가 자신의 종속된 위치를 인식하고), b) 하위에 있는 당사자는 복종하며, c) 그렇지 않으면 처벌이 뒤따를 것이라는 사실을 공고히 하려는 경향이 있다. 이것이 중국 권력의 문화적 성향/양식이다. 한편 그들은 필요할 때 힘을 보태주는 멋진 친구가 될 수도 있다. 예를 들어, 코로나19 환자와 사망자가 치솟은 1차 유행 때 코네티컷 주지사는 필사적으로 개인 방역 용품을 구하려 애를 썼지만, 미국 정부나 다른 미국 업체에서 조달받지 못했다. 나는 중국 친구들에게 도움을 요청했고, 그들은 필요한 물품을 많이 제공해주었다. 중국의 세계화가 진행되면서 많은 국가의 지도자와 국민은 중국의 관대함과 보복에 좋은 감정과 싫은 감정을 두루 느껴왔다. 이처럼 몇몇 문화적 차이는 당사자 간 상호 이득이 되는 방향으로 조율될 수 있지만, 일부 심각한 차이는 협상을 통해 극복하기가 매우 어려울 것이다.

나는 중국인과 미국인이 서로 다른 가치관을 가지고 있으며, 각자 상대편이 바라는 방향과 다르게 선택할 것이라는 사실을 깨닫고 이러한 차이를 받아들이는 것이 가장 중요하다고 생각한다. 예를 들어, 미국인과 중국인은 서로 인권 문제를 대하는 방식을 탐탁지 않게 생각할 수 있다. 이러한 차이를 해소하려면 어떻게 해야 할까? 자신이 생각하는 바람직한 해결책을 상대편에게 요구하고 맞서 싸워야 할까? 아니면 서로가

하는 일에 간섭하지 않기로 합의해야 할까? 나는 다른 나라 사람들이 좋지 않다고 굳게 믿는 일을 그들에게 강요하는 것은 너무 어렵고 부적절하며 아마도 불가능한 일이라고 생각한다. **미국이 중국에 압력을 행사하는 능력과 중국이 미국에 압력을 행사하는 능력은 상대적 국력에 의한 작용으로 나타날 것이다.**

지금까지 내가 꼭 알아야 하지만 그다지 깊이 알지 못하는 미·중 전쟁 문제에 대해 살펴보았다. 문제는 이러한 전쟁이 일대일 충돌보다 훨씬 더 복잡하게 돌아간다는 점이다. 이러한 전쟁은 많은 국가가 여러 측면에서 다른 국가들과 연관되어 있으므로, 다차원 체스 게임을 하는 것과 같다. 예컨대 미·중 관계를 살펴볼 땐 양자 외교를 넘어 다자 외교 관계와 관련된 모든 중요한 측면을 따져보아야 한다. 이를테면 주요 아시아, 유럽, 중동의 정부들과 민간 부문, 그리고 이들 국가의 중요한 외교 관계 등을 고려해야 한다. 다시 말해, 미·중 관계를 떠올릴 땐 사우디아라비아와 미국, 그리고 사우디아라비아와 중국의 관계까지 생각해야 한다. 사우디아라비아와 이란, 사우디아라비아와 이스라엘, 사우디아라비아와 이집트 등 중요한 외교 관계와 기타 유사한 관계도 모두 고려해야 한다. 성능이 좋은 컴퓨터와 많은 데이터의 도움 없이는 현재 무슨 일이 일어나고 있는지 제대로 이해하기는커녕 따라가기도 버겁다. 이러한 다차원적인 관계 분석은 내 능력을 넘어서는 영역이며, 솔직히 말하자면 나는 세계 지도자들과 이야기를 나눌 때 그들이 이 다차원 체스 게임을 두는 다른 사람들의 진정한 생각을 제대로 이해조차 하지 못한다는 점을 깨닫고 충격을 받은 적도 있다.

불필요한 전쟁의 위험

앞서 6장에서 설명했듯이, 약소국으로 인식될까 봐 우려한 나머지 적국의 사소한 행동에도 더 적극적으로 대응하며 보복 조치를 취하면 어리석은 전쟁으로 이어지곤 한다. 특히 양측이 상대편의 동기를 제대로 이해하지 못할 때 전쟁이 벌어진다. 역사는 이것이 쇠퇴하는 제국에서 두드러지는 문제임을 보여준다. 퇴각은 곧 패배로 간주되므로, 기울어가는 제국들은 논리를 벗어나 더 치열하게 싸우는 모습을 보이는 것이다.

대만 문제를 떠올려보자. 미국이 대만을 방어하기 위해 싸우는 것이 비논리적으로 보일지라도 대만에 대한 중국의 공격에 맞서지 않는다면 다른 국가들에게 미국의 위상과 권력이 크게 흔들리는 인상을 심어줄 수 있다. 이들은 동맹국을 위해 싸우지도 않고 승리하지도 못하는 미국을 더 이상 지지하지 않을 것이다. 그러한 패배를 겪은 지도자는 국민에게도 나약하게 보일 것이며, 권력을 유지하는 데 필요한 정치적 기반까지 잃을 수 있다. 물론 갈등이 빠르게 확산되는 상황에서 오해에 따른 오판은 위험하다. 평화로운 방식으로 서로 협력하고 경쟁하는 것보다 상호 파괴적인 전쟁이 훨씬 안 좋은 결과를 불러올 게 뻔하지만, 이러한 모든 역학 관계는 전쟁을 가속화하는 촉매제가 될 수 있다.

미국과 중국에서 거짓말과 감정적인 언사가 오가며 긴장을 고조할 위험도 있다. 예를 들어, 여론 조사 기관 퓨Pew의 최근 설문 조사에 따르면, 미국인의 73퍼센트가 중국에 대해 부정적인 견해를 갖고 있었고, 73퍼센트가 미국이 중국의 인권 수준을 향상시켜야 한다고 생각했으며, 50퍼센트는 미국이 코로나19와 관련하여 중국이 보인 행동에 대해 '중국에 책임'을 물어야 한다고 생각했다. 나는 미국에 대한 중국의 여론 조사를 보진 못했지만, 많은 사람에게서 중국의 인식이 나빠졌다는 이야기를 들었다. 사람들의 적대적인 태도가 계속되면 갈등이 가속화되는데 그리 오랜 시간이 걸리지 않을 것이다.

궁극적으로 미국과 중국의 지도자와 국민은 양국이 체제와 역량을 놓고 경쟁하고 있음을 인식해야 한다. 양국은 필연적으로 자국에 가장 효과적이라고 믿는 체제를 따를 것이다. 미국은 권력 면에서 약간 우위에 있지만, 그 권력은 조금씩 축소되고 있으며 수적으로 열세에 놓여 있다. 물론 인구수도 중요하지만 다른 요인(예: 2장에 열거된 18개의 결정 요인)이 더 중요하며, 인구가 적은 제국도 자체적으로 잘 운영한다면 세계를 주도하는 강국이 될 수 있음을 역사가 증명하고 있다. 이 모든 것을 종합해보면, 한 국가가 강국으로 올라서는 데 가장 중요한 요건은 국가 스스로 행동하는 방식이라는 점을 의미한다.

자체적인 전쟁: 적은 우리 자신

우리는 스스로 강점과 약점을 가장 잘 통제할 수 있기에 우리가 마주할 가장 큰 전쟁은 자체적인 전쟁일 것이다. 국가를 강하고 약하게 만드는 요인이 매우 명확하고 이러한 강점과 약점은 측정할 수 있으므로, 각국에서 벌어지는 상황을 쉽게 알 수 있다. 이러한 요인은 앞서 1장과 2장에서 제시되었고 18개의 결정 요인으로 측정되었다. 이번 장에서는 이들을 간단히 검토한 후 다음 3부에서 대부분의 국가들의 결정 요인들을 살펴보고 앞으로 일어날 일을 예측할 수 있도록 선행 지표를 분석할 것이다.

우선 위대한 제국을 만드는 데 도움이 되는 특정 요인을 하나씩 살펴보자. 이를테면 …

- … **강력하고 유능한 리더십으로 성공에 꼭 필요한 요소를 제공한다.**
- … **우수한 교육은 그러한 필수 요소 중 하나다.** 이는 지식과 기술을 가르치는 것뿐만 아니라 …
- … **곧은 인격, 시민의식, 철저한 직업의식**을 배양하는 것을 의미한다. 이러한 교육은 가정과 학교에서 주로 이루어지며 시민의식의 발전으로 이어지는 데 …
- … **부정부패가 적고 법치를 중요시하고 존중하는 사회**의 모습으로 나타난다.
- … **사람들이 협력에 관한 공통된 견해를 가지고 함께 단합하는 능력 역시 중요하다.** 사람들이 지식, 기술, 훌륭한 성품, 그리고 행동과 협력에 필요한 시민의식을 갖고 …
- … **효율적인 자원 배분 체제**를 마련하고 …
- … **세계화에 발맞춰 열린 사고방식으로 체제를 개선할 때**, 국가는 성공에 필요한 가장 중요한 구성 요소를 갖추게 된다. 이로써 국가는 …
- … **세계 시장에서 더 많은 경쟁력을 확보**하고, 지출보다 수입을 더 많이 늘리면서 …
- … **소득은 견고한 성장세**를 보일 것이다. 늘어난 소득은 …
- … **투자로 이어져 사회기반시설과 교육, 연구, 개발을 발전시키고** …
- … **빠르게 생산성을 증대할 것이다**(노동 시간당 생산량 증대). 생산성이 개선되면 부와 생산 능력도 늘어난다. 국가가 더 높은 생산성 수준을 달성하면 …
- … **새로운 기술**을 생산적으로 발명할 수 있게 된다. 새로운 기술은 상업적으로나 군사적으로 가치 있게 쓰일 수 있다. 이러한 분야에서 국가의 경쟁력이

높아지면 자연스럽게…

… **세계 무역의 상당 부분을 점차 차지**하게 될 것이다. 이를 위해 국가는…

… **강력한 군사력**을 확보하여 무역로를 보호하고 국경을 넘어 국가에 중요한 사람들에게 영향력을 미친다. 국가는 경제 강국으로 발돋움하면서…

… **널리 통용되는 강력한 통화를 갖추고 주식시장과 신용시장을 발전시킨다.** 당연히 무역과 자본 흐름을 지배하는 국가들은 자국 통화를 전 세계적으로 선호되는 교환 수단이자 부의 저장 수단으로 사용되도록 이끌고, 궁극적으로 **세계 기축통화**로 만든다.

… 이들 국가는 **자국에 세계를 선도하는 금융 중심지**를 건설하여 자본을 끌어모으고 분배하며 전 세계로 무역 범위를 확대한다.

이와 같은 책정 기준을 높이는 것은 무엇이든 좋고, 낮추는 것은 무엇이든 좋지 않다. 따라서 모든 국가의 시민들은 이러한 기준을 높이는 데 자신이 속한 집단과 지도자가 얼마나 잘 기여하고 있는지 스스로 질문을 던져볼 필요가 있다. 나는 그들이 인과 관계를 기억하고 국가를 쇠퇴로 이끄는 과잉과 분열을 피할 수 있기를 바란다.

현재 주어진 상황에서 중국과 미국이 마주하는 내분과 도전 과제는 외부에서 벌어지는 전쟁과 도전 과제보다 훨씬 중대하다. 여기에는 국가 지도부와 정부 내 모든 단계에서 벌어지는 정치 전쟁, 다양한 파벌(예: 부자와 빈자, 농촌과 도시, 보수와 진보, 인종 등) 간 전쟁, 인구 통계학적 변화, 기후 변화 등이 포함된다. 다행히 이러한 충돌을 불러오는 가장 중요한 힘은 우리 스스로 통제하고 측정할 수 있어 현재 어떻게 대처하고 있는지 확인할 수 있다. 그리고, 만일 대처 방식이 적절하지 않으면 올바른 방향으로 나아가도록 변화를 꾀할 수도 있다. **대체로 우리는 이**

러한 노력에 걸맞은 결과를 얻게 될 것이다. 처칠이 영국 사람들에게 말했듯, 우리는 '승리할 자격'이 있다!

제3부

14장

미래

나는 14살 때 "수정 구슬에 기대어 사는 자는 머지않아 그 유리를 집어 삼키게 된다"라는 시장의 격언을 직접 경험으로 익혔다. 이 격언은 미래와 과거를 보는 시각에도 영향을 미쳤다. 나는 과거를 바라보며 1) 앞으로 어떤 일이 일어날지 알아내고, 2) 내 예측이 빗나가거나 중요한 것을 놓쳤을 때 나 자신과 다른 사람들을 보호하는 방법을 배웠다. 우리는 이 책에 설명된 사건의 패턴과 인과 관계에 대해 논할 수 있겠지만, 만일 당신이 단순한 관심을 넘어 실용적인 목적으로 이 책을 읽는다면 나와 마찬가지로 이 2가지 활동을 잘 수행해야 한다.

이번 장의 목적은 미래에 접근하는 방법에 대한 아이디어를 나누는 것이다. 미래에 대해 내가 모르는 것이 내가 아는 것보다 훨씬 많을 수 있지만, 내가 알고 있는 것 또한 많다. 미래에 대처하려면 1) 현재 일어나는 일을 예상할 수 없을지라도 제대로 인식하고 적응하며, 2) 일어날 수 있는 일을 확률에 따라 제시하고, 3) 그것을 완벽히 알진 못하더라도 용납할 수 없는 사태로부터 자신을 보호할 수 있을 정도로 이해를 넓힐 필요가 있다.

과거에 상황이 어떻게 바뀌었는지 알고 나면 미래에도 비슷한 일이 일어날 가능성을 고려하게 된다. 모르는 것보다는 훨씬 이득이다. 예를 들어, 혁명과 전쟁 그리고 불가항력에 따른 폭력적인 사건 등이 벌어져 거의 모든 재산이 증발하거나 몰수된 역사적 사례는 수없이 많다. 나는 이러한 사실에 착안하여 계속 같은 일이 반복되고 있음을 암시하는 선행 지표를 찾고 있다. 선행 지표를 확보한다면 비록 완벽하진 않을지라도 미래에 일어날 수 있는 일에 대해 아무 준비 없이 넋 놓고 있기보다 적어도 나 자신을 지킬 수 있는, 더 나은 위치에 올라서게 될 것이다.

이와 같은 사례는 최악의 시나리오이지만, 반대로 최상의 시나리오를 인식하지 못하는 것 역시 바람직하지 않다. 나는 아버지와 친구분들이 대공황과 제2차 세계대전 이후 찾아온 호황을 제대로 누리지 못했다는 것을 아주 잘 기억하고 있다. 당시 그들의 사고방식은 과거 끔찍한 시절에 형성되었기 때문이다. 인생이라는 게임을 펼칠 때 세상이 어떻게 돌아가는지 이해하고, 가능성의 범위(위험과 보상 포함)를 폭넓게 상상하고, 적절하게 베팅하는 법을 알기 위해 최선을 다한다면 결국 빛을 볼 날이 온다.

내가 이 책에서 전달할 모든 견해는 논쟁의 여지가 있다. 이 프로젝트는 현재 진행 중인 작업이며, 전반적으로 미래 예측과 관련된 평가 확률을 높이는 데 목적이 있다. 나는 독자와 함께 이것을 발전시켜 나가고자 한다. 이를 위해 웹사이트 https://economicprinciples.org에 내가 이해한 패턴과 얻은 깨달음을 지속적으로 업데이트할 계획이다.

접근 방법

나는 빠르게 검토하기 위해 **a) 시간이 흐르면서 생산성 향상처럼 주로 개선과 변화를 일으키는 진화, b) 경제에 주기적으로 상승세와 하락세를 불러오는 사이클(예: 부채 거품과 붕괴)과 그 과정에서 나타나는 충격 (불가항력에 의한 비주기적 상승세와 하락세), c) 현재 사이클에서 자리하고 있는 지점을 알려주고 앞으로 다가올 일을 예측할 수 있도록 도움을 주는 지표에 대한 내 견해에 근거해서 연구를 진행했다.** 이제 각각에 대한 나의 생각을 간단히 정리하려 한다.

진화

가장 중요한 것들은 알아보기 쉽고 앞으로 예측하기 쉬운 방식으로 진화하므로, 500년에 한 번 발생할까 말까 하는 게임 체인저Game changer(시장의 흐름을 통째로 바꾸거나 판도를 뒤집어놓을 만한 결정적인 사건, 인물, 제품, 서비스 등을 가리키는 용어 – 옮긴이)가 등장하지 않는 한 미래에 그것들이 대략적으로 어느 위치에 가 있을지 파악하는 것은 그리 어렵지 않다. 다음 도표는 인구, 기대 수명, 번영이 전개된 흐름을 보여준다.

먼저 전 세계 인구 도표를 보자. 다음 장 왼쪽 도표는 1500년, 오른쪽 도표는 1900년부터 시작한다. 두 도표를 통해 1900년을 기준으로 되돌아보는 100년 전과 오늘날을 기준으로 되돌아보는 100년 전을 비교했을 때 각각 관점이 얼마나 다른지 알 수 있다. 20세기에 인구가 급격하게 증가했다는 점에 주목해보자. 이 책에 언급된 대공황과 두 차례의 세

세계 인구(백만)

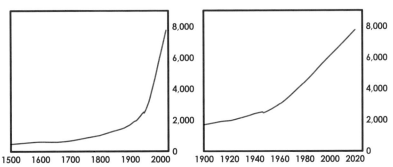

계대전, 수많은 자연재해를 포함한 주요 역사적 사건들은 커다란 진화 추세에 뚜렷한 영향을 미치지 않았다는 점도 알아둘 필요가 있다.

아래 두 도표는 인구 증가율을 보여준다. 이전 도표에는 기복이 나타나지 않았는데, 이는 장기 추세와 비교하면 변동폭이 미미하기 때문이다. 만일 우리가 이러한 변동성을 개인적으로 경험했다면 그것은 마치 삶과 죽음을 경험한 것처럼 매우 생생하게 느껴졌을 것이다.

세계 인구 증가율(10년 변동, 추정치)

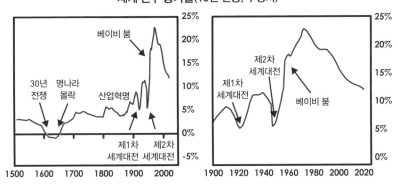

다음 두 도표는 비슷하게 전개된 기대 수명을 보여준다. 전쟁이나 전

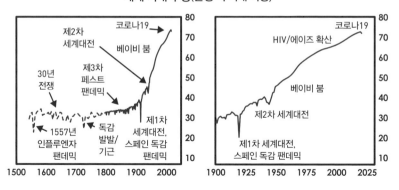

세계 기대 수명(출생 시 기대 여명)*

염병처럼 커다란 사건이 발생할 때 평균 기대 수명은 크게 달라지기 때문에 이 도표에는 이전 도표들보다 더 많은 기복이 나타난다(웹사이트 https://economicprinciples.org에서 대규모 사망이 발생한 사건들과 장소들을 확인할 수 있다). 기대 수명은 약 350년 동안 거의 똑같은 수준(약 25~30년)에 머물러 있었지만, 1900년경부터 영아 사망률이 크게 개선되고 항생제 개발 등 의학이 발전하면서 빠른 속도로 개선되었다.

이제 실질(인플레이션 조정) GDP로 측정한 경제적 번영 수준을 살펴보자. 다음 장의 도표는 전반적으로 비슷한 흐름을 보여준다. 1인당 생산량의 실질 가치는 19세기까지 완만하게 증가하다가 급등했고, 그 과정에서 기복은 있었어도 전반적으로 점진적인 증가세가 지배적이었다.

---

* 신뢰할 수 있는 데이터 기록이 제한적이다 보니 본 페이지에 나오는 많은 도표는 지금보다 적은 수의 국가들이 남긴 과거 기록에 의존한다. 1800년대 이전 기대 수명은 전적으로 (점선으로 표시된) 영국의 데이터에 근거한다. 세계 실질 GDP는 주로 1870년대 이전 유럽 국가들의 혼합된 데이터에서 얻은 값이다. 1900년대 이전 전체적인 재산을 보여주는 적절한 기록이 없어 1900년대 이전의 흐름은 정확히 파악할 수 없다.

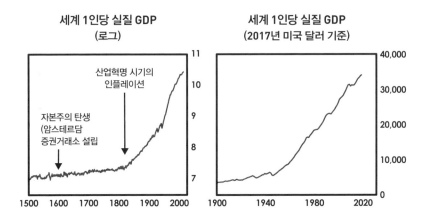

세계 1인당 실질 GDP (로그)

자본주의 탄생 (암스테르담 증권거래소 설립

산업혁명 시기의 인플레이션

세계 1인당 실질 GDP (2017년 미국 달러 기준)

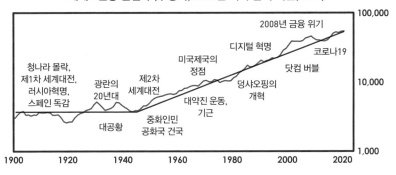

세계 1인당 실질 부(추정치, 2017년 미국 달러 기준, LOG)

청나라 몰락, 제1차 세계대전, 러시아혁명, 스페인 독감

광란의 20년대

대공황

제2차 세계대전

중화인민 공화국 건국

대약진 운동, 기근

미국제국의 정점

덩샤오핑의 개혁

디지털 혁명

2008년 금융 위기

닷컴 버블

코로나19

위 도표는 1900년 이후 1인당 실질 부의 수준을 보여준다. 1900년부터 1945년까지는 19세기 호황에서 1945년 새로운 세계 질서로 전환되는 사이클 후반부에 해당했기 때문에 이렇다 할 만한 부의 증가가 없었다. 이윽고 찾아온 평화와 번영의 시기에 새로운 세계 질서가 세워졌고, 상승을 둘러싼 변동폭은 그것을 경험한 개인에게는 크게 느껴졌을지라도 전반적인 상승 추세는 강력하고 매우 안정적으로 유지되었다(연평균 4퍼센트).

이러한 변화를 고려하면서 미래를 전망해보기로 하자.

세계가 현재에 이르게 된 과정을 돌이켜보면 점진적인 발전이 저절로 일어난 것이 아님을 알 수 있다. 매일 현재에 영향을 준 사건이 발생했고, 사람들의 행동이 그러한 사건을 형성한 것이다. 동시에 우리는 그것들을 개별적으로 예측할 수 없다는 사실도 알고 있다. 아마도 특정한 전쟁, 가뭄, 전염병, 발명품, 번영기, 쇠퇴 등을 각각 예측하려는 시도는 실패했을 것이다. 그러나 그러한 발전에 대해 알지 못하더라도 이미 일어난 발전에 힘입어 훨씬 더 많은 인구가 오래 살고 더 높은 생활 수준을 누리게 해줄 또 다른 발전이 일어날 것이며, 인류는 창의력을 발휘해 계속해서 발전할 것으로 예상할 만한 충분한 이유도 있다. 그러한 발전 과정에서 호황과 불황, 풍요와 기근, 건강과 질병의 시기도 닥칠 것이라고 분명하게 말할 수 있다.

지난 100년 동안 벌어진 사건에 근거해서 과거를 추정하는 작업만으로도 꽤 훌륭한 추정치를 얻을 수 있다는 결론에 도달할 수 있다. 예컨대 지난 100년 동안의 데이터를 단순히 추정해보면 향후 10년 동안 세계 인구가 지금보다 약 10~15퍼센트, 1인당 생산량은 약 20퍼센트, 1인당 부는 약 30퍼센트 증가하고, 평균 기대 수명은 약 7.5퍼센트 늘어날 것으로 예측할 수 있다. 다음 20년 동안 어떻게 변화가 전개될지 구체적으로 알진 못하더라도 세계 인구는 25~30퍼센트, 1인당 생산량은 45퍼센트, 1인당 부는 70퍼센트, 기대 수명은 15퍼센트 정도 증가할 것으로 예상하는 것이 합리적일 것이다.

분석이 단순하고 그리 세심하지 않더라도 아마도 실제와 크게 동떨어진 결과를 내놓진 않을 것이다. 하지만 실제와 다를 가능성도 있다. 국가별, 국내 하위 집단별로 똑같은 통계를 보다 보면 훨씬 더 상세하게 분석할 수 있다. 모든 정보를 처리하는 것은 인간에게는 매우 복잡하지만, 컴퓨터로 작업하는 인간에게는 그리 복잡하지 않다.

하지만 순수하게 추정만으로 분석하는 것은 충분하지 않다. 예를 들어, 1750년대를 사는 사람의 관점에서는 군주와 토지를 소유한 귀족이 군인의 도움을 받아 농민을 감독하는 것이 미래의 통치 체제이며, 농지는 계속해서 가장 중요한 수익 자산으로 남고, 1인당 소득은 연간 0.5퍼센트씩 증가하고, 기대 수명은 약 30년으로 일정하게 유지될 것으로 전망하는 것이 합리적이다. 그들은 이것이 시대를 초월한 보편적 진리라고 믿었을 것이다. 과거에는 늘 그래왔기 때문이다. 현재 우리가 알고 있는 자본주의와 민주주의의 개념은 물론이고, 미국의 건국과 세계 강대국 지위는 당시로서는 상상도 하지 못할 일이었다.

몇 가지 대대적인 변화가 패러다임의 전환을 일으켜 진화 속도를 바꿀 때 예상치 못한 사건이 발생한다. 19세기 초, 현대 금융 도구와 사람의 일을 대신하는 기계의 발명, 창의적이고 생산적인 기회를 확대한 포괄적인 사회의 발전, 지식을 널리 공유할 수 있는 책과 도서관의 확대, 과학적 방법의 적용 등이 결합되면서 패러다임의 전환이 이루어졌다. 이러한 변화는 예상하지 못한 일이었지만, 그것을 인식하고 이해하여 그것에 적응하는 것은 가능했을 것이다. 따라서 ● **과거를 추정하는 것은 일반적으로 합리적인 작업이며, 미래는 예상을 빗나갈 것이기에 깜짝 놀랄 준비를 하는 것이 좋다.**

나는 약 50년 동안 투자하면서 과거에 일어난 사건과 당시 논리적으로 보였던 결정에 근거해서 확립한 믿음이 틀린 것으로 밝혀진 사례를 여러 번 목격했다(최근 사례를 하나 꼽아보자면, 채권 수익률이 마이너스를 찍을 수 없다는 믿음은 이제 깨졌다). 최근 일반적인 통념이 깨진 대표적인

사례로는 디지털 혁명을 들 수 있다. 나는 이러한 경험과 관찰을 통해
● **패러다임의 전환을 인식하고 이해하여, 그것에 적응할 필요성을 깨닫게 되**
었다. 비록 그러한 전환을 예측할 수 없을지라도 유용한 지표를 이용해서 예측
하려는 시도는 역시 중요하다. 적절한 지표를 확보하면 패러다임의 전환처
럼 보이는 것이 단지 일시적인 유행에 그칠지 판단하는 데 도움이 되며,
이러한 작업은 역시 중요하다.

사이클과 충돌

사이클과 충돌은 앞서 여러 장에서 종합적으로 다루었지만, 과거에서
미래로 관심을 돌리는 현 단계에서 다시 되짚어볼 필요가 있다.
　사이클과 충돌은 대규모 거시적 흐름에 비교하면 미미할 수 있지만,
많은 사람에게 피해를 주고 목숨을 앗아갈 수도 있다. 지난 500여 년 동
안 경제 침체와 부의 감소, 전쟁에서의 죽음, 전염병으로 인한 사망을
보여주는 다음 장의 도표를 살펴보면 사이클과 충돌에 대한 관점을 알
수 있다. 도표는 주로 평균치를 포착하는데, 평균은 가장 직접적으로 타
격을 받은 사람들이 경험한 상황의 심각성을 과소평가하는 경향이 있으
므로 실제 어려웠던 시기는 도표에 나온 것보다 더 심각했다. 대부분은
이처럼 암담한 상황을 고려하지 않고, 1945년 이후에 나타난 긍정적인
추세만을 보고 이후 시점을 추정한다. 어떤 식으로 추정할지는 당신에
게 달려 있다. 나는 과거에 이처럼 대규모로 위험천만한 일이 벌어진 것
을 보면서 다시는 그런 일이 일어나지 않을 거라는 믿음을 내려놓게 되
었다. 그런 일이 아직 일어나지 않았다는 단순한 사실보다는 다시는 일

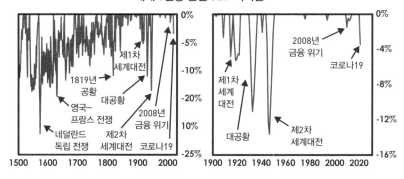

세계 1인당 실질 GDP 하락률

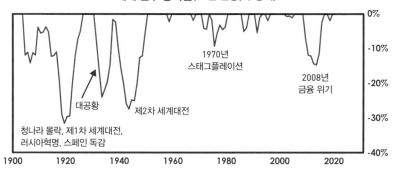

세계 인구 증가율(10년 변동, 추정치)

어나지 않을 것이라는 확실한 증거를 확보하지 않는 한, 향후 비슷한 일이 벌어질 것이라고 가정하고 최악의 결과로부터 나 자신을 보호하려는 노력을 기울일 것이다.

　그동안 수행한 연구와 50여 년간의 투자 경험에서 내가 도출한 가장 중요한 원칙은 ● **시장과 인생에서 성공을 거두려면 a) 생산성 향상으로 이어지는 진화가 빚어내는 상승세에 베팅하되, b) 그 과정에서 맞닥뜨릴 사이클과 충돌에 무너질 정도로 지나치게 공격적으로 베팅해선 안 된다는 점이다.** 다시 말해, 상황이 더 나아지는 것에 베팅하는 것(예: 실질 소득의 상승)은 거

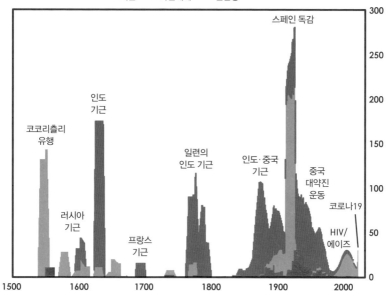

범주별 세계 사망자 수(10만 명당 비율, 15년 이동 평균)

■ 기근　■ 자연재해　■ 전염병

스페인 독감

인도
기근

코코리츨리
유행

러시아
기근

프랑스
기근

일련의
인도 기근

인도·중국
기근

중국
대약진
운동

코로나19

HIV/
에이즈

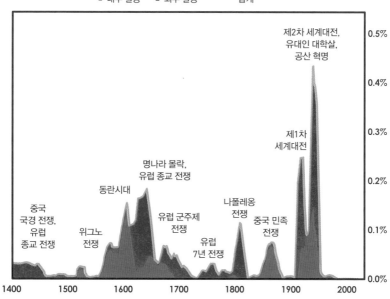

갈등에 따른 추정 사망자 수(주요 강대국, 인구대비, 15년 이동 평균)

■ 내부 갈등　■ 외부 갈등　── 합계

제2차 세계대전,
유대인 대학살,
공산 혁명

제1차
세계대전

명나라 몰락,
유럽 종교 전쟁

동란시대

유럽 군주제
전쟁

나폴레옹
전쟁

중국
국경 전쟁,
유럽
종교 전쟁

위그노
전쟁

유럽
7년 전쟁

중국 민족
전쟁

의 확실한 방법이 될 수 있다. 그러나 그 과정에서 맞닥뜨릴 충돌로 인해 망할 수 있을 만큼 너무 많이 베팅하는 것은 바람직하지 않다. 따라서 적절한 지표를 확보하면 많은 도움이 된다.

적절한 지표

현재 일어나는 모든 일은 이전에 일어났던 사건들이 빚어낸 결과이므로, 나는 중요한 변화에 대해 불완전하지만 꽤 적절하고 논리적인 선행 지표와 동행 지표를 활용한다.

그중에는 정량화할 수 있는 지표와 그렇지 못한 지표들이 있다.

앞서 설명했듯이, 나는 국내와 국가 간 부와 권력의 조건과 변화 대부분을 설명하는 18가지 결정 요인을 찾았다. 이 책의 후반부에서 그동안 다룬 11개 주요 강대국의 18가지 결정 요인에 대한 정보를 제공할 것이다(상위 20개국에 대한 정보는 https://economicprinciples.org에서 확인할 수 있다). 하지만 먼저 과거에 가장 큰 영향을 미쳤고 향후 일어날 사건에 가장 큰 영향을 미칠 것으로 예상되는 혁신, 부채/돈/자본시장 사이클, 내부 질서/무질서 사이클, 외부 질서/무질서 사이클, 불가항력 등 5가지 결정 요인의 전체적인 양상에 대해 논하고자 한다. 도표를 살펴볼 땐 결정 요인들이 상호 강화적이어서 함께 상승하거나 하락하기도 하지만, 반대로 한 국가의 이익이 다른 국가의 희생으로 발생할 수도 있다는 점을 명심해야 한다. 예를 들어, 새로운 기술을 발명하면 모든 인류의 생활 수준이 향상될 수 있지만, 발명 능력이 뛰어난 국가는 우위를 점하게 된다. 군사력 수준을 높이는 것은 다른 국가를 희생시켜 일부 국가에 이익을 가져다주는 셈이므로 인류 전체에는 이롭지 않다.

인류의 창의성

앞서 논한 바와 같이, 혁신과 창의성은 한 국가의 상황을 좌우하는 가장 강력한 결정 요인이다.

지난 150년 동안 발명되거나 발견되어 어느새 우리 삶에서 빠질 수 없는 존재가 된 것들을 모두 떠올려보자. 이를테면 전화(1876), 전구(1879), 내연기관 자동차(1885), 라디오(1895), 영화(1895), 비행기(1903), 텔레비전(1926), 항생제(1928), 컴퓨터(1939), 핵무기(1945년), 원자력 발전소(1951), GPS(1973), 디지털 카메라(1975), 온라인 쇼핑(1979), 인터넷(1983), 온라인 검색(1990), 온라인 뱅킹(1995), 소셜 미디어(1997), 와이파이(1998), 아이폰(2007), 크리스퍼CRISPR 유전자 편집Gene editing(2012) 등은 이전에는 아무도 상상조차 할 수 없었던 엄청난 혁신이었다. 진보는 대대적으로 꾸준하게 전개되어 미래를 설계하지만, 보통은 상상하기 힘든 독특하고 획기적인 발전을 통해 진행된다. 기술과 기법의 진화는 그러한 양상을 띠며 발생한다. 삶에 대한 접근과 국내 정치와 국제 정치 등 거의 모든 영역에서 진화는 비슷한 방식으로 일어난다.

나는 인류의 창의적인 진화가 가속화되고 있으며 대부분 그로부터 혜택을 받을 것이라고 믿는다. 현재 경험할 수 있는 중요한 발명품과 앞으로 경험하게 될 더 많은 발명품이 모든 생각의 질과 양을 향상시킬 것이기 때문이다. 이러한 발명은 컴퓨터, AI, 다른 사고와 관련된 기술이 발전하는 형태로 나타나고 있다. 그것들은 인간 활동과 의사결정의 많은 영역에 적용될 수 있으므로, 거의 모든 영역에서 발명과 발전을 더욱 가속화하고 생산성과 생활 수준을 빠르게 높일 것이 분명해 보인다.

이제 인간은 상대적으로 불리한 사고 영역에 도움을 주는 컴퓨터를 가지고 있다(예: 컴퓨터는 인간의 두뇌보다 훨씬 더 많은 메모리를 갖고 있고, 정보에 쉽게 접근할 수 있으며, 더 많은 데이터를 엄청나게 빠른 속도로 처리하고, 감정적 실수를 저지르지 않는다). 동시에 인간은 컴퓨터가 고유한 한계(예: 컴퓨터는 상상력, 직관, 상식, 가치 판단, 감성 지능 등이 전무하다)를 극복하도록 도울 수 있다. 이처럼 인간과 컴퓨터 사이의 협력은 생각의 양과 질을 모두 향상시키므로,* 거의 모든 삶의 영역에서 근본적인 개선이 이루어진다는 것을 의미한다. 나는 이러한 변화를 경험했기 때문에 익히 잘 알고 있으며, 이미 이러한 개선이 일어날 몇몇 징조를 발견했다.

다시 말해, **컴퓨터와 인간의 능력은 점차 더 빠른 속도로 발전할 것이다. 무엇보다도 AI를 결합한 양자 컴퓨팅의 발전과 폭넓은 활용은 이전에는 상상조차 못했던 수준으로 학습과 개선 속도를 끌어올리고 전 세계 부와 권력을 바꿔놓을 것이다. 향후 5~20년 후에 이러한 변화가 다채롭게 나타날 것인데, 나는 이것이 지금까지 세계가 한 번도 본 적 없었던 대대적인 부와 권력의 전환을 일으킬 것이라고 생각한다. AI를 결합한 양자 컴퓨팅의 탄생은 마치 컴퓨터와 주판의 차이처럼 전통적인 컴퓨팅에 획기적인 변화로 인식될 것이며, 인류에게 세상의 모든 일을 바라보고, 이해하고, 형성하는 엄청난 능력을 제공할 것이다. 나는 장기**

---

* 머지않아 컴퓨터 코드를 읽고 쓸 수 없는 것은 마치 단어를 읽고 쓸 수 없는 것과 같은 의미를 가질 것이다.

적으로 이러한 미래를 매우 낙관적으로 전망하고 있으며, 위대한 새로운 발견이 나타날 것으로 기대하고 있다.

양자 컴퓨팅의 도움이 없더라도 인간의 수명은 우리가 알고 있는 여러 이유로, 또 알지 못하는 여러 이유로, 향후 20년 동안 대폭 늘어날 것으로 예상된다(20~25퍼센트 이상). 곧 개발될 것으로 예상되는 기술로는 의료, 건강 모니터링, 조언용 웨어러블 등에 활용될 AI와 로봇, 유전자 분석 및 편집의 발전과 활용, mRNA 백신 기술 발전, 영양과 약물의 비약적인 발전 등을 꼽을 수 있다. 과거 사례를 돌이켜 본다면 현재로서는 헤아릴 수조차 없는 많은 것이 발명될 것이다.

당연히 이러한 변화가 투자에 미칠 영향을 생각하지 않을 수 없다. 현재 일어나고 있는 발전에 베팅하고 싶다면, 다른 모든 조건이 동일할 때 새로운 발명품을 만드는 기업과 그로 인한 이익을 얻는 기업의 주식을 사는 것이 올바른 선택일 것이다. 하지만 투자 수익이 혁신의 성과와 일치할지는 정부가 생산성의 이익을 분배하는 방식에 달려 있다. 세계가 재정적으로 지나치게 확장되고 빈부 격차가 크게 벌어지면 역풍이 발생하기 마련이다. 가격도 중요한 요소다. 훌륭한 기업에 투자하고도 주가가 너무 비싸서 돈을 잃거나, 형편없는 회사에 투자하고도 주가가 너무 저렴해서 돈을 벌 수 있다. 마지막으로, 혁신에도 단점이 있다. 인류의 창의성과 그것이 만들어내는 새로운 기술은 좋은 영향과 나쁜 영향을 줄 수 있다. 사람들에게 해를 입히는 기술의 발전은 의료 발전과 함께 일어날 것이다. 나는 **인류가 존속하는 한 창의성과 생활 수준의 향상은 훨씬 빠르게 더 나은 방향으로 나아갈 것**이라고 생각한다.

다음 도표는 최근 주요 국가에서 나타나는 창의성과 기술 발전, 기업가 정신을 분석한 값을 보여준다. 막대 상단의 화살표는 각국의 지위가 상승세인지, 보합세인지, 아니면 하락세인지 나타내고 있다. 이 지표의 약 절반은 1) 외부 순위와 1인당 혁신 측정값의 조합(경제 혁신이 얼마나 널리 퍼져 있는지 파악하는 데 도움이 된다)에, 나머지 절반은 2) 국가별 주요 혁신 지표(예: 연구원, 연구 개발 비용, 특허, 노벨상, 벤처 캐피털 자금)의 절대 비율에 비중을 두고 있다. 다른 지표와 마찬가지로, 이 값 역시 대체적으로는 맞더라도 완벽하진 않으므로, 대략적으로 가늠하기 위한 것이라고 볼 수 있다. **도표에서 볼 수 있듯이, 미국은 이러한 측정값에서 최상위권에 올랐으며 2위인 중국을 약간 앞서고 있다(미국은 전 세계 연구 비용과 연구원 수에서 차지하는 비율이 높고, 벤처 캐피털 자금과 같은 다른 분야에서도 선두에 있다). 그러나 미국의 위치는 안정적인 반면 중국의 순위는 빠르게 상승하고 있다. 일반적으로 기술 전쟁에서 승리하는 국가가 경제 전쟁과 군사 전쟁에서도 승리한다는 점을 기억하자.** 이번 장에서 언급한 여러 측정값에 대한 자세한 내용은 이번 장의 후반부에서 확인하길 바란다. 각 지표에 대한 간략한 설명을 읽을 수 있다.

현재 혁신과 기술 점수[*]

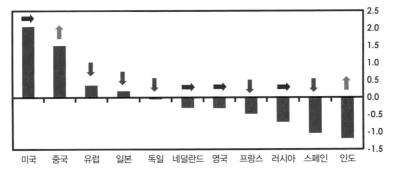

---

[*] 화살표는 20년 동안의 변동폭을 나타낸다.

부채/통화/자본시장/경제 사이클

앞서 설명했듯, 사이클은 경제 기복을 이끄는 가장 큰 동인으로서 국내외 정치와 전쟁에 큰 영향을 끼친다. 따라서 현재 각 국가가 사이클에서 어느 위치에 자리하고 있는지 알아야 다음에 전개될 가능성이 큰 사건들을 예측할 수 있다.

내가 지난 역사와 현재 상황을 해석하고 경제 기계가 작동하는 방식을 이해한 바에 따르면, 특히 달러를 중심으로 세계 기축통화로 표시된 지불 약속은 규모가 방대하고 너무 빠르게 증가하고 있어 경화로 다 지불하기 어려울 정도다. 다시 말해, 이러한 기축통화로 표시된 부채는 과잉 상태에 진입했으므로 부채를 상환하려면 돈을 더 찍어내야 할 것이며, 부채 증가율**과 금리는 아마도 인플레이션과 경제/소득 성장률보다 낮게 유지될 것이다. 이는 주요 기축통화국의 부채/통화/자본시장/경제 사이클이 늦게 나타나고 부는 많이 가진 자에게서 못 가진 자에게로 어떤 형태로든 점차 재분배될 수 있다는 사실을 시사한다. 이것이 어느 정도 사실로 드러날지는 국가마다 다르지만 전 세계적으로 사실로 드러날 가능성이 크다.

따라서 장기적으로 가장 큰 위험은 대부분의 사람들이 간과하기 쉬운 '돈의 통화 가치' 위험이다. 앞서 4장에서 다룬 내용이 이 개념을 이해하고 대비하는 데 도움이 되길 바란다.

** 결과적으로 채권 자산(특히 현금)은 아마도 수익률이 저조하겠지만, 부채를 지는 것은 괜찮은 선택일 수 있다. 특히 자금 조달 비용보다 더 높은 수익을 내는 견고한 투자 상품과 수익성이 있고 파괴적인 기술에 잘 투자한다면 부채 증가는 그리 나쁘지 않을 것이다.

대규모 재정 적자를 겪는 기축통화국의 적자와 부채는 자국 통화로 표시된다. 채무자인 기축통화국은 부채를 상환하기 위해 돈을 찍어낼 수 있는데, 이는 채무국으로서 진 위험을 해당 채권을 보유한 채권국으로 이전하는 효과가 있다. **따라서 위험은 대규모 채무국이 채무불이행을 선언하는 것이 아니라, 채권국이 평가절하될 자산을 보유하는 것이다. 즉 채권 자산을 보유함으로써 얻는 수익이 물가 상승률보다 낮아질 수 있다.** 나는 (3장에서 설명했듯이, 성경에 나오는 희년이 도래했을 때 부채가 탕감되었던 것처럼) 채권국에서 채무국으로 막대한 부의 이전이 이루어질 시점이 과거와 똑같은 이유로 점차 다가오고 있다고 생각한다.

달러와 다른 기축통화에는 어떤 의미가 있을까? 현재의 기축통화는 저물고 다른 통화가 대체할 수 있을까? **아마도 현재의 기축통화는 과거의 기축통화와 유사하게 오랜 기간에 걸쳐 서서히 기울다가 매우 빠르게 쇠퇴할 것이다.** 과거 사례에서 보았듯이, 기축통화가 쇠퇴하는 속도는 국력을 나타내는 다른 지표들이 하락하는 속도보다 현저히 느리다. 기축통화국의 펀더멘털이 통화 가치를 충분히 입증하지 못하는데도 기축통화를 이용한 업무 처리 방식이 이미 확립되어 있고, 사람들은 기존 방식을 유지하려는 성향이 강하기 때문에 기축통화의 지위는 오랫동안 지속되곤 한다. 그러다 통화의 펀더멘털이 취약해져 해당 통화로 표시된 채권을 보유하는 것이 불리하다는 사실이 분명해지면 해당 통화는 급락한다.

기축통화의 쇠퇴 속도가 채권 보유자에게 지급되는 금리를 앞지르면 쇠퇴는 빠르게 진행된다. 순손실은 매도를 부르고 더 많은 손실을 일으켜 자기 강화적인 악순환이 이어진다. 네덜란드 길더화와 영국 파운드화는 국가 부채가 많은 상황에서 지정학적 위기/패배가 불거지면서 모두 곤두박질쳤다. 이러한 사건들은 채권자들에게 통화의 펀더멘털이 생각했던 것보다 취약하고 채권금리가 통화 가치의 하락을 충당하지 못한다는 사실을 분명하게 보여주었다.

나는 이런 종류의 쇠퇴가 발생할 때 이를 식별할 수 있는 훌륭한 동행지표와 단기적으로 이러한 현상이 발생할 시기를 알려주는 적절한 선행지표를 확보했다. 반면 이러한 쇠퇴는 재정과 관련되어 있고 수요와 공급에 기반하기 때문에 내가 갖고 있는 장기 선행 지표는 시기를 그다지 잘 맞추지 못한다. 국가의 재정 상태는 사람과 기업의 재정 상태와 마찬가지로 매우 쉽게 평가할 수 있다(국가 재정이 흑자인지 적자인지, 부채보다 자산이 더 많은지, 부채가 자국 통화 또는 외국 통화로 표시되어 있는지 확인하고, 자금을 조달한 주체와 그 이유를 파악하면 된다). 이것들은 모두 장기적인 동인이기 때문에 이를 토대로 어떤 국가와 통화가 취약한지 쉽게 알 수 있지만, 언제 큰 폭의 하락이 일어날지 예측하기는 어렵다.

다음 도표에 표시된 부채 부담의 지표는 a) 자산 수준 대비 부채 수준, b) 국내외 흑자 및 적자 규모, c) GDP 대비 부채 상환 비용 규모, d) 외국 통화와 자국 통화로 표시된 부채 금액, e) 외국인과 자국민이 보유한 부채 금액, f) 국가 신용 등급에 근거해서 측정한 것이다. 내가 이처럼 구성한 이유는 이 방식이 돈을 지급하기로 한 약속인 채권 자산과 통화의 실질 가치가 하락하는 징후를 포착하는 데 가장 신뢰할 수 있는 방법이라는 사실이 입증되었기 때문이다. 그러한 가치 하락이 과도한 채권 수요를 충족하기에 충분한 통화와 신용을 창출하지 못해 발생한 채무불이행 때문이든, 아니면 지나치게 필요 이상으로 통화와 신용을 창출해서 발생한 평가절하 때문이든 간에 말이다. 나는 한 국가가 기축통화국의 지위를 상실했을 때 노출될 위험을 가늠하기 위해 기축통화 지위를

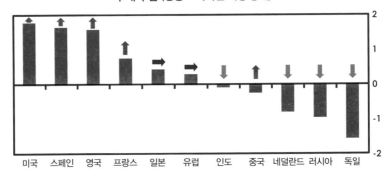

부채 부담 (상승 = 악화된 재정 상태)

미국　스페인　영국　프랑스　일본　유럽　인도　중국　네덜란드　러시아　독일

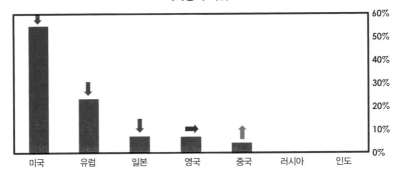

기축통화 지위*

미국　유럽　일본　영국　중국　러시아　인도

제외하고 이 지수를 만들었다. 기축통화 상태는 두 번째 도표에서 확인할 수 있다.

이 도표들은 매우 상황을 분명하게 보여준다. 예를 들어, **미국의 부채 부담은 높다. 하지만 부채가 세계 최고 기축통화인 달러로 표시되기 때**

---

* 유럽 통화 연합European Monetary Union에 속한 개별 국가들은 기축통화 지위를 나타내는 지표에 반영되지 않으며(모든 회원국이 유로를 사용한다) 유럽 전체로 표시된다. 이 측정값은 국가별 통화로 표시된 세계 거래, 부채, 공식 중앙은행 보유고 비율의 평균을 보여준다.

문에 미국은 부채 상환을 위해 돈을 찍어낼 수 있다. 따라서 채무불이행의 위험은 줄어들어도 평가절하 위험은 증가한다. 만일 미국이 기축통화국의 지위를 상실한다면 심각한 재정 문제를 겪게 될 것이다. 러시아와 독일은 부채가 가장 적어 부채 부담 기준으로 가장 높은 순위를 기록했다. 러시아는 기축통화국이 아니지만, 독일은 현재 두 번째로 중요한 기축통화인 유로를 사용하므로 기축통화 지위에서 상당히 높은 순위에 올라 있다고 볼 수 있다. 중국은 부채 부담이 높은 편으로, 중간 순위를 기록하고 있고 기축통화국으로 부상하고 있다. 중국에서는 대체로 자국민이 자국 통화로 표시된 부채를 보유하고 있다.

내부 질서 및 무질서 사이클

나관중의 고전《삼국지연의》는 다음과 같은 구절로 시작한다. *"천하는 나뉜 지 오래되면 반드시 합쳐지고, 합쳐진 지 오래되면 반드시 다시 나뉘는 법이다. 지금까지 늘 그래왔다."* 이러한 현상은 중국을 비롯하여 거의 모든 지역에서 실제로 일어난 일이며 앞으로도 계속해서 나타날 가능성이 있으므로, 훌륭한 원칙이라 할 수 있다. 앞서 5장에서 내부 질서와 무질서의 빅 사이클에 대해 설명했으므로, 이번 장에서는 되풀이하지 않는 대신 ● **평화는 유익하고 전쟁은 대가가 따른다**는 핵심 원칙을 상기시키고자 한다.

이 핵심 원칙은 국가 내부와 국가 간에 모두 적용된다. 각국이 협력하고, 적절하게 경쟁하고, 싸움에 자원을 낭비하지 않는다면 생산성과 생활 수준이 향상된다. 반면 국가끼리 다툼을 벌이면 자원(때로는 생명을 포함)을 낭비하고, 생산한 것보다 더 많은 양을 파괴하여 생활 수준을 떨어뜨린다. 이러한 이유로 국가 내부에서 벌어진 갈등의 정도는 그만큼 중요한 지표가 된다.

다음 도표에서 볼 수 있듯이, 이 글을 쓰는 시점에도 여러 국가에서 다양한 갈등이 진행되고 있다. 내부 갈등이 유독 높게 나타난 미국은 사이클의 5단계(경제적 여건이 좋지 않고 갈등이 심한 시기)에 진입한 반면, 중국은 3단계(평화와 번영의 시기)에 있는 것으로 보인다. 이러한 갈등은 빠르게 변화할 수 있다. 예를 들어, 아랍의 봄, 홍콩에서 벌어진 갈등, 시리아와 아프가니스탄의 내전, 최근 페루와 칠레에서 벌어진 대규모 시위 등을 일으킨 변화는 내부 질서의 획기적인 변화로 이어졌다. **이 책이 독자의 손에 들릴 때쯤이면 이러한 측정값은 시대에 뒤처진 과거의 수치가 될 것이기에 나는 웹사이트 https://economicprinciples.org에 정기적으로 데이터를 업데이트할 것이다.**

결국 ● **권력의 법칙과 시험은 지배자를 알아내는 방법이다.** 준수되는 규칙의 틀 내에서 이것이 발생하기도 한다. 이때 내부 질서를 지원하고 상호 합의된 생산적인 방식으로 권력을 잡기 위한 투쟁이 벌어진다. 그러

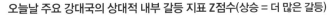

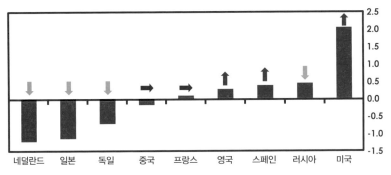

오늘날 주요 강대국의 상대적 내부 갈등 지표 Z점수(상승 = 더 많은 갈등)

나 권력 투쟁은 비생산적이고 치열한 방식으로 발생하여 지도부와 내부 질서를 폭력적으로 흐트러트릴 수도 있다. **나는 향후 10년 이내에 미국이 6단계(내전 형태)로 넘어갈 확률이 약 30퍼센트에 불과하다고 보지만, 이는 여전히 높은 위험이며 내가 선정한 동행 지표와 선행 지표를 통해 주의 깊게 관찰해야 할 것이다.**

민주적이지 않은 질서를 포함한 모든 내부 질서에는 의사결정을 내리고 권력을 획득하고 공유하는 방식에 관한 규칙이 있다. 이러한 통치 규범이 얼마나 잘 존중되거나 무시되는지는 누구나 지켜볼 수 있으므로, 새로운 내전이 벌어져 내부 질서가 위협받는 시점도 쉽게 알 수 있다. 예컨대 박빙의 승부를 겨루던 선거가 끝나고 결과가 발표되었을 때 패자가 결과에 승복하면 분명히 질서는 존중된 것이다. 어떤 지도부가 권력 투쟁을 벌이다 비로소 권력을 장악하게 되면 그에 따른 무질서와 더불어 혁명적인 변화가 일어날 위험이 크다.

미국에서 바로 그런 상황이 벌어질 조짐이 나타나고 있다. 일각에서는 불법 선거 가능성을 제기하며 자신들의 목표를 위해 싸울 의지를 내비치기도 했다. 이 문제는 계속 주시해야 할 것이다.

통계로 확인할 수 있듯, 현재 미국에서는 이례적으로 극심한 양극화가 나타나고 있다. 유권자의 감정에 대한 설문 조사 데이터는 양극화와 비타협적인 태도를 보여준다. 2019년 퓨의 설문 조사에 따르면, 공화당 지지자의 55퍼센트와 민주당 지지자의 47퍼센트는 상대편을 다른 미국인보다 더 부도덕하다고 여겼으며, 공화당 지지자의 61퍼센트와 민주당 지지자의 54퍼센트는 자신이 믿는 가치를 상대편이 공유하지 않는다고 말했다. 상대편이 따뜻하게 또는 차갑게 느껴지느냐는 질문에 민주당 지지자의 79퍼센트, 공화당 지지자의 83퍼센트가 상대편이 '차갑게' 또는 '매우 차갑게' 느껴진다고 답했다(그중 민주당 지지자의 57퍼센트와 공화당 지지자의 60퍼센트는 '매우 차갑게' 느껴진다고 답했다). 또 다른 연구에 따르면, 민주당 지지자의 80퍼센트는 인종차별주의자들이 공화당을 장악했다고 생각하고, 공화당 지지자의 82퍼센트는 사회주의자들이 민주당을 장악했다고 생각하는 것으로 나타났다. 2010년 연구에 따르면, 공화당 성향을 지닌 부모의 거의 절반과 민주당 성향을 지닌 부모의 3분의 1이 자녀가 다른 정당을 지지하는 사람과 결혼하면 못마땅할 것이라고 답했다. 이는 양당에서 겨우 5퍼센트만이 그렇다고 답했던 1960년과 대비된다. 최근에 진행한 조사에 따르면, 공화당 지지자의 15퍼센트와 민주당 지지자의 20퍼센트가 상대편의 다수가 '그냥 죽어버리면' 나라가 더 좋아질 것이라고 답했다.

매우 중요하고 강력한 정치적 갈등과 변화가 앞으로 몇 년 동안 전개될 것이다. 이러한 갈등과 변화는 특히 미국을 포함한 주요 국가에서 점점 더 무질서해지는 내부 질서의 다음 단계가 어떤 양상을 띨지 보여줄 지표가 될 것이다. **미국은 사이클의 불안정한 5단계에 진입한 것처럼 보이지만, 가장 오랫동안 지속되고 가장 널리 칭송받은 내부 질서(헌법 체제)도 갖추고 있다.** 5장에서 설명했듯이, 미국이 내부 질서를 포기할 가능성은 거의 없지만, 만일 내부 질서를 포기하면 엄청난 충격으로 돌아올 것이다. 내전으로 확대될 가능성을 암시하는 가장 중요한 신호는 1) 규칙이 무시되고, 2) 양측이 서로 감정적으로 공격하고, 3) 유혈 사태가 발생하는 것이다. 6단계는 가장 심각하고 유해한 단계이지만, 6단계까지 도달하는 이전 단계에서 사회적으로 점점 더 많은 역기능이 발생한다. 이러한 갈등은 정부뿐만 아니라 사회 전반에 나타날 수 있다.

다음 도표는 1700년대 후반 이후 미국의 갈등을 나타내는 지표가 어

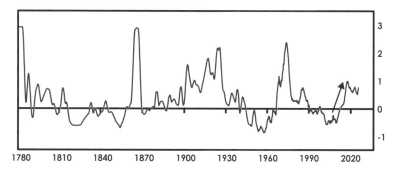

미국 내부 갈등 지표 Z점수(상승 = 더 많은 갈등)

미국 내부 갈등 지표 분석

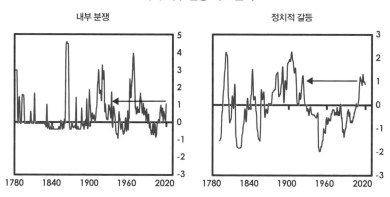

내부 분쟁

정치적 갈등

떻게 변화해왔는지 보여주는데, 여기에는 2개의 하위 지표로 나눈 분석도 포함된다. 이 도표에서 **현재 미국 내 전반적인 갈등 수준은 1960년대 후반에 벌어진 인권과 베트남 전쟁 관련 시위 이후 높은 수치를 기록했지만, 1960년대보다는 현저히 낮다**는 점을 알 수 있다. **'내부 분쟁' 지수(대부분 거리 시위를 반영한다)는 다소 높고, '정치적 갈등' 지수는 1920년대 초반 이후 가장 높은 수준을 기록했다.** 당시 전쟁이 끝난 후 발생한 심각한 경기 침체와 대규모 노조 파업*은 선거에서 민주당이 참패하는 원인이 되었다.

그보다 앞서 비교 가능한 시기는 1900~1910년대('강도남작robber barons'에 대한 반발, 진보 운동의 부상, 제1차 세계대전이 벌어진 시기)와 경제적 갈등과 가치의 갈등이 내전으로 번진 1860년대를 꼽을 수 있다. 그렇다고 **위험이 전례 없는 수준으로 높은 것은 아니다.** 그렇지만 이러한 양상은 미국인은 물론, 세계인들에게도 두려운 일이다. 세계 최고의 강대국이 벼랑 끝에 서 있고 어느 쪽으로든 기울어질 수 있기 때문이다. 현재 미국 내 분열된 상황은 전 세계 다른 지역을 불안정하게 흔들고 있다. 상황이 조금만 더 악화된다면 과거 못지않은 분열이 초래될 것이다.

그렇다면 이 모든 것이 미국에 의미하는 바는 무엇일까? 11장에서 설명했듯이, 내가 만든 모형에 따르면 미국은 빅 사이클의 약 70퍼센트 위치에 도달한 것으로 보인다. 미국은 상대적 쇠퇴를 늦추거나 반전시킬 수 있을까? **역사를 살펴보면 쇠퇴를 반전시키려면 이미 지나간 많은 일을 되돌려야 하므로 매우 어렵다는 것을 알 수 있다. 예를 들어, 지출이 수입보다 많고 부채가 자산보다 많다면 더 열심히 일하거나 덜 소비해야 비로소 상황을 반전시킬 수 있다. 문제는 미국인들이 문제를 정직하게 마주하고 상황에 맞게 적응하고 변화할 수 있는지이다.** 예컨대 자본주의적 이윤 창출 체제는 자원을 비교적 효율적으로 배분하지만, 이제 미국인들은 다음과 같이 자문해야 한다. "누구를 위해 이처럼 효율성을 최적화하는가?" "이득이 보편적으로 분배되지 않는다면 어떻게 해야 할

까?" "(생산성을 향상시켜) 파이의 크기를 늘리는 동시에 적절하게 분배할 수 있도록 자본주의를 수정할 것인가?" 이러한 질문은 새로운 기술 덕분에 인력 고용이 점점 수익성이 떨어지고 비효율적이고 경쟁력이 없는 일이 되어가는 시대에 답을 찾아야 할 매우 중요한 문제이기도 하다. "생산성을 높이기 위해 비경제적일지라도 인력에 투자해야 할까, 아니면 하지 말아야 할까?" "다른 경쟁국들이 인간보다 로봇을 더 선택한다면 어떻게 해야 할까?" 이 외에도 매우 중요하고 어려운 질문들을 떠올려볼 수 있다. **그러나 미국의 분열과 갈등이 늘어날지, 아니며 반전될지 확실히 알 수 없다. 하지만, 장기적인 추세는 분열이 심화되는 방향으로 조성되고 있으며, 이것이 심각한 위험이라는 점은 알 수 있다. 미국이 많은 빚을 지고 있고 국제적 위상이 약화되고 있으며 심각한 갈등을 겪고 있다는 사실은 미국인에게, 그리고 그들에게 의존하는 외국인에게도 우려되는 일이다.** 미국은 245년 역사를 통틀어 부러지지 않고 유연하게 구부릴 줄 아는 엄청난 역량을 보여주었다. 미국이 직면한 가장 큰 도전은 바로 내부에서 찾을 수 있다. **미국은 강력하고 단결된 상태를 유지할 수 있을까? 아니면 분열과 내부 분쟁이 쇠퇴로 이어지도록 계속 허용할 것인가?**

외부 질서와 무질서 사이클

● **모든 제국은 쇠퇴하고 오래된 제국을 대체할 새로운 제국이 부상한다.** 이러한 변화가 언제 발생할지 알아내려면 모든 지표를 살펴보고 국가들의 상대적 조건을 추적해야 한다. 이 책의 앞부분에서 역사상 존재한 5가지

주요 전쟁 유형을 언급한 바 있다. 1) 무역/경제 전쟁, 2) 기술 전쟁, 3) 자본 전쟁, 4) 지정학적 전쟁, 5) 군사 전쟁이 바로 그것이다. 다음 도표에 표시된 외부 갈등 지표는 주요 국가 간 경제, 정치/문화, 군사 측면에서 갈등 수준을 측정한다. 가장 커다란 갈등은 세계에서 가장 강력한 두 강대국인 미국과 중국 간 갈등이다. 두 강대국은 역사상 가장 참담한 전쟁을 일으키기에 충분하고도 남을 힘을 비등하게 갖추고 있다.

이러한 갈등의 정도는 정규 분포보다 1 표준편차 이상으로, 과거 국가 간 갈등에 비하면 상당히 심각한 수준이다. 다음 도표는 1970년 이

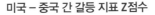

최근 국가 간 갈등 Z점수(상승 = 더 많은 갈등)

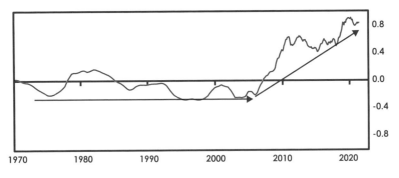

미국 – 중국 간 갈등 지표 Z점수

후 미국과 중국 간 갈등 지수를 보여준다.

그동안 관찰한 결과에 따르면, 미국과 중국은 분명히 4가지 유형의 전쟁(무역/경제 전쟁, 기술 전쟁, 자본 전쟁, 지정학적 전쟁)을 벌이고 있는데, 갈등 수준은 아직 격렬하진 않지만 점차 치열해지고 있다. 두 국가는 아직 다섯 번째 유형인 군사적 전쟁을 벌이지 않고 있다. 이전 사례에서 살펴보았듯이, 특히 1930~1945년에는 이러한 4가지 유형의 전쟁이 군사 전쟁보다 5~10년 정도 앞서 발생했다. 현재 군사 전쟁의 위험은 상대적으로 낮아 보이지만 점점 증가하고 있다.

지난 500년을 돌이켜보면, 주요 제국 간의 군사 전쟁은 평균적으로 10년에 한 번씩 발발하고, 대략 수년 동안 지속되고, 마지막으로 벌어진 대대적인 전쟁(제2차 세계대전) 이후 약 75년의 세월이 지났음을 알 수 있다. 1500년 이래로 주요 강대국은 절반이 조금 넘는 세월을 전쟁하는 데 소비했다.* 그런 관점에서 볼 때 향후 10년 동안 대규모 군사 전쟁이 일어날 확률은 반반이지만, 물론 이것은 아주 단순한 접근법에 불과하다. 상황을 좀 더 자세히 들여다보자.

다음 도표는 내가 만든 군사력 지표로 현재 개별 국가들을 측정한 값을 보여준다. 미국이 거의 모든 기준으로 볼 때 가장 강력하며, 중국과 러시아 등이 차례로 뒤를 잇는다. 전반적으로 이러한 수치는 타당해 보이지만, 간단한 숫자만으로는 그 이면의 중요한 현실을 포착하지 못하는 한계가 있다. 예를 들어, 이러한 수치는 특정 지정학적 위치(예: 중국

---

* 스티븐 핑커Steven Pinker의 저서 《우리 본성의 선한 천사》에 따르면, 1500년 이후 강대국 사이에 50번 이상의 전쟁이 벌어졌다. 1800년 이전 기간의 80퍼센트, 1800년 이후 기간의 20퍼센트에 걸쳐 전쟁을 치렀다.

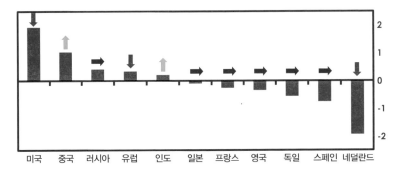

현재 군사력 (상승 = 더 강력한 군사력)

인근 지역) 또는 몇몇 전쟁 유형(예: 우주, 사이버 등)에서 일부 국가가 미국만큼 또는 미국보다 강력하다는 사실을 보여주지 못한다. 군사 협력과 동맹(예: 중국과 러시아)의 효과를 고려하지 않으며, 국가들이 세상에 알려지지 않은 군사력을 확보하고 있을 가능성도 간과한다. 내가 가장 우려하는 문제는 가장 경쟁이 치열한 지역에서 이들 국가가 서로 해를 입히거나 파괴할 방법이 매우 많다는 점이다.

역사는 전쟁이 발생하면 인명과 자금 면에서 막대한 대가를 치러야 한다는 것을 보여준다. 제2차 세계대전 때 핵무기가 개발되어 사용된 이후로 전쟁의 치명적인 영향력은 기하급수적으로 향상되었다. 나는 다음에 발발할 군사 전쟁이 어떤 양상으로 전개될지 상상조차 할 수 없다. 군사 전쟁은 항상 예기치 않은 방식으로 발생하고 많은 정보가 세상에 공개되지 않는다. 때문에 미국과 중국에서 가장 많은 정보를 얻는 관계자들조차 모든 것을 알지 못하는 것으로 보인다. 이러한 이유로 **다음에 일어날 대규모 전쟁에서 승자와 패자가 누가 될지 현재로서는 단언할 수 없다.** 우리는 논리적으로나 역사적으로나 대규모 전쟁을 치른 패전국은 완전히 설 자리를 잃고 승전국 역시 많은 것을 잃게 된다는 사실을 알고 있다. 승패에 상관없이 전쟁을 겪은 국가는 모두 가혹한 대가를 치르고 많은 빚을 지게 된다. 앞서 이것이 경제와 시장에 어떤 의미를 갖는지를 설명했는데, 한마디로 요약하면 엄청난 충격을 준다는 것이다.

역사를 공부했다면, 막대한 군사비를 지출하느라 다른 영역에서 힘을 기르지 못한 소련이 몰락하기 직전까지 상호 확증 파괴의 원칙이 미국과 소련의 전면전을 막았다는 사실을 알고 있을 것이다. 중국은 가장 중요한 영역에서 미국과 거의 대등한 세력을 갖고 있고, 그 외 여러 영역에서도 점점 더 강력해지고 있다. 중국은 5가지 유형의 전쟁에서 소련처럼 쉽게 패배하지 않을 것이다. 사실 소련을 굴복시키는 것도 그리 쉬운 일은 아니었다. 즉 미국이 이번 장에서 강조한 다른 근본적인 힘의 토대를 바꿔 대비하지 않는다면 전쟁은 격렬해지고 점차 중국에 유리하게 작용할 가능성이 크다. 그러나 중국이 전쟁으로 자멸하지 않고 완전한 승리를 거머쥘 수 있기까지는 오랜 시간이 걸릴 것으로 보인다.

요컨대 컴퓨터 분석 결과와 마찬가지로, 나는 **가까운 미래에 중국과 미국이 서로 용납할 수 없는 피해를 입힐 만큼 강력해질 것이기에 위험한 소규모 충돌은 벌어지더라도 상호 확증 파괴에 대한 기대 심리가 군사 전쟁을 저지할 것이라고 본다. 양자 컴퓨팅 등 예상치 못한 기술이 획기적으로 발전하여 미국이나 중국에 비대칭적인 이점을 제공하고 상호 확증 파괴가 사라지지 않는 한, 나는 교착 상태가 지속될 것이라고 생각한다.** 고도로 상호 연결된 이 세계에서 미국인과 중국인의 건전한 연결과 교류는 중요도에서 떨어질지 몰라도 확실히 전쟁의 걸림돌로 작용한다.

그러나 시간이 흐르면서 위험은 증가할 것이다. 미국이 계속 쇠퇴하고 중국이 계속 성장한다면, 이제 중요한 문제는 각국이 품위를 지키며

계속 나아갈 수 있는지의 여부다. **실질적으로 타협할 수 없는 차이가 존재하고 갈등을 해소할 상호 합의된 중재자나 절차가 없으면 싸움으로 번질 가능성이 크다는 것도 중대한 위험이다.** 지난 장에서 설명했듯이, **미국과 중국이 타협할 수 없는 가장 큰 차이는 대만에서 찾을 수 있으며, 나는 대만의 상황을 매우 유심히 지켜보고 있다.** 중국이 '하나의 중국이 있고 대만은 중국의 일부'라는 신념을 지키기 위해 이권을 놓고 싸워야 하는 특별한 지역이 바로 대만이다. 대만은 중요한 지역이지만, 과연 미국이 방어해야 할 만큼 주요 접전지로서 가치가 있다고 여길지는 의문이다. 이것은 향후 10년 내 두 강대국 사이에 군사 전쟁을 일으킬 수 있는 유일한 촉매제가 될 것으로 보인다.

다음으로 주목해야 할 지역은 동중국해와 남중국해를 둘러싼 인접 국가를 비롯한 중국의 주변 지역과 인도, 러시아, 한국, 북한, 일본, 아프가니스탄, 파키스탄 등 이웃 국가들이다. 나는 중국의 문화와 중국에 가장 유익한 길을 고려해볼 때, 중국이 상호 이익을 주고받으며 해당 국가들에 영향을 주겠지만 이들 국가를 전면적으로 통제하기 위해 전쟁을 벌이진 않을 것으로 본다.

미·중 갈등이 가장 중요한 문제이지만, 세력의 균형과 죄수의 딜레마에 관한 이 전형적인 각본에서 중요한 역할을 맡게 될 다른 국가들이 있다. 바로 중국과 미국의 동맹국과 우방국으로, 이들의 행동을 주시할 필요가 있다. 앞서 논의한 바와 같이 중국은 동맹국을 확보하고 미국은 동맹국을 잃으면서 동맹 구도가 서서히 바뀌고 있다. 미국은 영향권이 지나치게 확장되어 다른 국가를 위해 목숨을 걸고 싸우길 꺼리고 있으며, 이제 당근조차 내밀지 않은 채 그저 채찍을 휘두르며 동맹국을 몰아붙이려 한다. 과거에 미국은 다른 국가들에게 원하는 행동을 넌지시 내비치기만 해도 되었지만, 이제 각국은 각자의 길을 걷고 있다.

결국 가장 많은 부와 권력을 획득하기 위한 이 게임에서 어느 국가가 승리하느냐는 각국의 내부 역량에 달려 있다. 그래서 나는 군사력과 마찬가지로 내가 만든 지수의 구성 요인들을 추적 관찰한다. 중국인들이 잘 알고 있듯이(다른 사람들도 기억하는 것이 좋을 것이다), ● **전쟁을 치르는 가장 좋은 방법은 힘을 길러서 상대편이 치열하게 싸우고 싶은 마음조차 들지 않도록 그 힘을 과시하는 것이다.** 이것은 아마도 앞으로 수년 동안 보게 될 미·중 간 역학 관계가 될 것이다.

이 모든 분석을 종합해보면 **중국이 경쟁력을 갖추고 점점 더 세계화됨에 따라 무역/경제 전쟁, 기술 전쟁, 자본 전쟁, 지정학적 전쟁이 격화될 가능성이 크다.** 그레이엄 앨리슨이 그의 훌륭한 저서 《예정된 전쟁》에서 설명했듯이, 지난 500년에 걸쳐 거의 동등한 두 강대국이 타협할 수 없는 차이를 경험했고, 16개 사례 중 12개는 군사 전쟁이었으며, 80~90퍼센트는 주요 전쟁과 관련하여 대규모 군사력 증강이 이루어졌다.* 나는 이러한 역사적 통찰과 전쟁 가능성을 낮추는 상호 확증 파괴 논리를 비교 평가했는데, 향후 10년 동안 대규모 전쟁이 일어날 확률이 약 35퍼센트에 달한다는 결과를 얻었다. 이는 추측에 불과하지만, 여전히 위험이 매우 높다고 볼 수 있다.

---

* 지금도 그러한 군사력 증강이 나타나고 있다. 지난 10년 동안 중국의 군사비 지출은 달러 기준으로 급증했지만, GDP에서 차지하는 비율(약 2퍼센트)은 비교적 안정적으로 유지하고 있다. 미국의 군사비 지출은 GDP의 약 3퍼센트 수준에서 약간 감소했다.

자연재해

역사를 통틀어 가뭄, 홍수, 전염병, 그 외 심각한 자연재해와 생물학적 재난은 사람들에게 많은 해를 끼쳐 수백만 명의 목숨을 앗아가고, 경제를 혼란에 빠뜨리고, 많은 제국과 왕조의 몰락을 불러왔다. 이는 사람들이 서로를 해친 숫자보다도 많았다. 다음 도표는 몇 가지 주요 사건들을 보여준다.

우리는 기후 변화에 대해 알고 있지만, 그것이 궁극적으로 얼마나 많은 피해와 사망을 초래할지에 대해서는 정확히 알지 못한다. 하지만 전문가의 예측에 따르면, 이러한 종류의 자연재해의 규모가 과거보다 앞

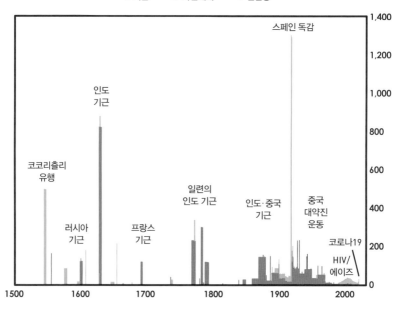

범주별 세계 사망자 수(10만 명당 비율)

으로 수년 동안 더 확대될 것으로 생각할 만한 이유가 있다. 나는 자연재해 전문가는 아니지만, 몇 가지 흥미로운 통계를 언급하고 내가 알아낸 사실을 전달하고자 한다.

다음 도표에서 오른쪽 도표는 지구 온난화를 시사하는 세계 평균 기온과 이산화탄소의 양을 보여준다. 지구 온난화가 현재 일어나고 있고, 앞으로 극심해질 것이며, 상당한 영향을 미치고 비용을 초래할 것이라는 데는 의심의 여지가 없다. 주목해야 할 점은 지구 온난화가 더 빠른 속도로 증가하고 있다는 것이다. 왼쪽 도표는 기온에 대한 매우 장기적인 시각을 보여준다(서기 0년 이후).

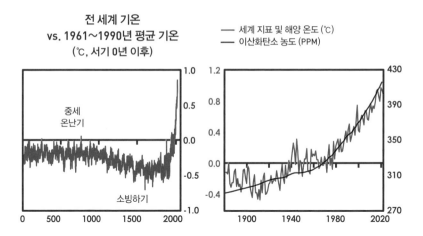

다음 도표는 극단적인 환경 사건을 보여준다. 1970~2020년 사이에 환경 사건은 연간 50건 미만에서 연간 200건으로 늘어났고 지금도 증가세를 보이고 있다.

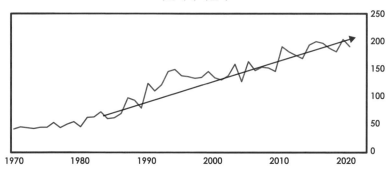

자연재해 사건 수

다음 도표는 이러한 사건으로 초래된 예상 비용(인플레이션 조정, 달러 기준)을 보여준다. 비용 역시 극단적으로 급증하는 구간과 함께 전반적으로 증가세를 보이고 있다.

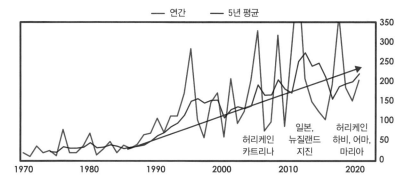

1970년 이후 재해로 인한 총손실(2020년, 10억 미국 달러)

인류와 자연의 진화가 맞물려 환경에 막대한 피해를 주면서 금전적인 면과 삶의 질에서 분명히 많은 대가를 치르게 될 것으로 보인다. 이는 국가별 위치, 기후 그리고 가장 중요한 산업에 근거해서 광범위하게 예측 가능한 방식으로 국가마다 전혀 다르게 영향을 미칠 것이다. 동시에 이것은 서서히, 꾸준하게 진행되고 사람들에게 널리 알려진 변화이며, 인류는 독창적으로 이러한 변화에 적응하고 혁신을 꾀했다. 하지만 종종 너무 느리게 행동하고 고통이 따를 때만 대응하기도 했다. 나는 인류와 자연의 진화는 서서히, 반응적으로 나타날 것이라고 생각한다. 하지만, 모든 국가와 지역에서 그것이 어떤 의미를 갖는지 알기에는 내 지식이 부족하다.

다음 도표는 기후 변화에 대한 국가의 취약성을 정량화한 노트르담 세계 적응 지수 Notre Dame-Global Adaptation Index, ND-GAIN **국가 지수와 미래 기후 변화가 국가별 GDP에 미칠 영향에 대한 학술적 추정치를 평균을 내어 구한 주요 국가들의 기후 변화 취약성 지수를 보여준다.**

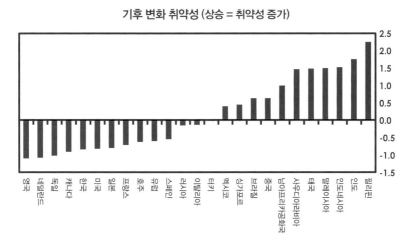

기후 변화 취약성 (상승 = 취약성 증가)

요약

이 5가지 지표만 놓고 보면 다음과 같이 정리할 수 있다.

- 부채/경제 사이클, 내부 질서 사이클, 외부 질서 사이클, 극심한 자연재해는 거의 확실하게 문제를 일으키겠지만, 인류의 창의성은 크게 발전할 수 있다. 다시 말해, 인류의 창의성과 다른 도전 과제들 사이에 격전이 벌어질 것이다.
- 국가 내부와 국가 간에는 상당히 다른 조건이 존재하며, 이는 어떤 국가가 어떤 방식으로 부상하고 쇠퇴할지를 좌우한다.

이것은 모두 18가지 결정 요인 중 단 5가지를 기준으로 세계 11개 주요 국가의 미래에 대해 내가 생각한 바를 반영한 것이다. 이제 18가지 지표를 모두 살펴보고 각 지표가 무엇을 시사하는지 알아보자.

전 세계 주요 결정 요인

562~564쪽의 표는 11개 주요 국가에서 현재 일어나고 있는 사건과 일어날 가능성이 큰 사건을 깊이 있게 보여준다. 상위 20개 국가에 대한 많은 분석 자료가 있지만, 그것을 모두 담기에는 지면이 부족하다. 전체 자료는 웹사이트 https://economicprinciples.org에서 확인하기 바란다. 다음 표는 언뜻 숫자와 화살표가 가득한 것처럼 보이지만 자세히 들여다보면 좀 더 명확하게 전체 그림을 그려볼 수 있을 것이다.

그러나 먼저 **이 표를 읽는 방법과 측정 기준을 알아보자. 첫 번째 열은 측정되는 결정 요인을 보여주고, 두 번째 열은 지표의 질을 평가한다.** 이러한 정보를 제공한 이유는 중요한 결정 요인 중에서 몇몇은 적절하고 명확한 측정값(예: 교육, 혁신 및 기술, 가격 경쟁력, 생산성, 생산량 성장률)이 있지만, 몇몇은 그렇지 못하기 때문에(예: 자연재해) 그러한 차이를 구분하기 위해서다. 너무 주관적이거나 정량화하기가 어려운 결정 요인(예: 리더십)은 이 표에 넣지 않았다. 리더십의 질은 경제 총생산처럼 객관적으로 측정할 수 없기 때문이다(예: 도널드 트럼프가 지도자로서 좋은지 나쁜지 어떻게 측정할 수 있을까?). 각 결정 요인은 양과 질을 모두 고려해서 특정 결정 요인을 가장 잘 포착한다고 생각되는 방식으로 결합한 여러 지표의 집합체다. 예컨대 중국, 인도, 미국과 같이 인구가 많은 국가는 싱가포르, 네덜란드, 스위스와 같이 인구가 적은 국가와 비교할 때 어떤 요인의 수치가 월등히 높아도 질은 떨어질 수 있다. 올림픽 경기나 전쟁처럼 경쟁을 벌이는 상황에서 어느 국가가 승리할지 추정할 수 있도록 이러한 가중치를 구성했다.

표를 훑어보면 각국의 상황과 전 세계 상황을 빠르게 파악할 수 있다. 예를 들어, 제국 점수와 그 옆에 표시된 화살표를 보면 최고의 강대국인 미국이 쇠퇴의 길을 걷고 있고 중국이 그 뒤를 이어 빠르게 부상하고 있음을 알 수 있다. 특히 미국은 기축통화 지위, 군사력, 경제 생산량, 혁신 및 기술, 교육 등의 분야에서 강하고, 내부 갈등, 빈부 격차, 부채, 기대 성장 등의 분야에서 약한 것으로 나타난다.

중국은 거의 모든 주요 영역에서 미국을 바짝 뒤쫓고 있다. 기반 시설과 투자, 혁신, 기술, 교육, 가격 경쟁력, 경제 생산량, 무역, 군사력, 무역/자본 흐름 면에서 상대적으로 강하고 기축통화 지위, 법치/부정부패, 빈부 격차 면에서 비교적 취약하다. 나는 이것이 매우 유용한 정보라고 생각한다. 현재 일어나고 있는 현상과 앞으로 일어날 가능성이 큰 사건에 대해 생각할 때 변화를 관찰하는 것이 중요하다.

예를 들어, 앞서 살펴보았듯이 **1) 어떤 국가의 재정이 악화되는 동시**

주요 강대국의 현재 상황
(Z점수, 화살표로 표시된 20년 변동폭)

	지표의 질	미국	중국	유럽	독일
제국 점수(0~1)		0.87 ◢	0.75 ▲	0.55 ▷	0.37 ▷
부채 부담 (대규모 경제 사이클)	좋음	-1.8 ▼	0.3 ▼	-0.3 ▷	1.6 ▲
기대 성장 (대규모 경제 사이클)	좋음	-0.7 ◢	0.4 ▼	-1.0 ▷	-1.0 ▷
내부 갈등 (내부 질서, 낮을수록 좋지 않음)	좋음	-2.0 ▼	0.2 ▷	0.4 ▷	0.7 ◺
교육	좋음	2.0 ◢	1.6 ▲	0.3 ▷	-0.2 ▷
혁신 및 기술	좋음	2.0 ▷	1.5 ▲	0.4 ◢	-0.1 ◢
가격 경쟁력	좋음	-0.4 ▷	1.2 ◢	-0.6 ▷	-0.6 ▷
군사력	좋음	1.9 ◢	1.0 ▲	0.3 ◢	-0.6 ▷
무역	좋음	1.1 ◢	1.8 ▲	1.3 ▷	0.6 ▷
경제 생산량	좋음	1.7 ◢	1.8 ▲	0.6 ▼	-0.1 ◢
시장 및 금융 중심지	좋음	2.6 ▷	0.5 ▲	0.4 ▷	-0.2 ◢
기축통화 지위(0~1)	좋음	0.55 ◢	0.04 ▲	0.23 ◢	
광물자원	좋음	1.4 ▷	0.9 ◺	-0.4 ▷	-0.7 ▷
자원 배분 효율성	보통	1.3 ◢	0.0 ▷	-0.8	0.6 ▲
자연재해	보통	-0.2	-0.1	0.0	1.1
기반 시설 및 투자	좋음	0.7 ◢	2.7 ▲	0.2 ◢	-0.3 ▷
성격/시민의식/의지	보통	1.1 ▷	1.5 ▷	-1.0 ▷	-0.5 ▷
통치 체제/법치	좋음	0.7 ◺	-0.7 ◺	-0.4	0.7 ▷
부, 기회, 가치관 격차	보통	-1.6 ◢	-0.4 ▷	0.3 ▲	0.7 ▷

에, 2) 내부 갈등 수준이 높고(예: 부와 가치관 격차를 둘러싼 갈등), 3) 하나 이상의 강력한 경쟁국에 위협을 받게 되면, 4) 상호적이고 자조적인 쇠퇴가 나타난다. 악화된 국가 재정은 국내 예산 수요를 충족하지 못하고 전쟁 자금도 조달할 수 없게 되어 더 좋지 못한 결과로 이어지기 때문이다.

	지표의 질	일본	인도	영국	프랑스
제국 점수(0~1)		0.30	0.27	0.27	0.25
부채 부담(대규모 경제 사이클)	좋음	−0.4	0.1	−1.6	−0.8
기대 성장(대규모 경제 사이클)	좋음	−1.1	1.1	−0.8	−0.9
내부 갈등(내부 질서, 낮을수록 좋지 않음)	좋음	1.1		−0.3	−0.1
교육	좋음	0.2	−1.2	−0.2	−0.5
혁신 및 기술	좋음	0.2	−1.2	−0.3	−0.5
가격 경쟁력	좋음	−0.3	2.4	−0.3	−0.6
군사력	좋음	−0.1	0.2	−0.3	−0.3
무역	좋음	−0.5	−0.8	−0.6	−0.5
경제 생산량	좋음	−0.3	−0.2	−0.3	−0.5
시장 및 금융 중심지	좋음	0.1	−0.8	0.0	−0.3
기축통화 지위(0~1)	좋음	0.07	0.0	0.07	
광물자원	좋음	−1.1	0.3	−0.9	−0.5
자원 배분 효율성	보통	0.1	0.2	0.3	−1.3
자연재해	보통	1.5	−2.4	0.4	0.0
기반 시설 및 투자	좋음	−0.2	−0.3	−0.6	−0.2
성격/시민의식/의지	보통	0.5	1.3	−0.4	−1.5
통치 체제/법치	좋음	0.8	−1.1	1.2	0.3
부, 기회, 가치관 격차	보통	0.9	−1.8	−0.2	1.1

이제 이 표에서 볼 수 있듯, 이러한 요소를 정량화하여 추정할 수 있다. 점점 악화되는 주요 결정 요인이 많아질수록 국가는 더욱 확실하고 혹독하게 쇠퇴의 길로 나아가게 된다. 예를 들어, 몇몇 다른 결정 요인이 취약한 상태에서 점점 더 취약해지는 동시에 다른 결정 요인도 불안정해진다면 쇠퇴의 심각성은 더욱 증가할 것으로 볼 수 있다. 나는 컴퓨터

지표의 질		네덜란드	러시아	스페인
제국 점수(0~1)		0.25	0.23	0.20
부채 부담 (대규모 경제 사이클)	좋음	0.8	1.0	−1.7
기대 성장 (대규모 경제 사이클)	좋음	−0.8	−0.2	−1.1
내부 갈등 (내부 질서, 낮을수록 좋지 않음)	좋음	1.2	−0.5	−0.4
교육	좋음	−0.7	−0.5	−0.9
혁신 및 기술	좋음	−0.3	−0.7	−1.0
가격 경쟁력	좋음	−0.8	0.7	−0.6
군사력	좋음	−1.9	0.4	−0.8
무역	좋음	−0.6	−0.9	−0.9
경제 생산량	좋음	−0.3	−1.4	−0.9
시장 및 금융 중심지	좋음	−0.5	−1.1	−0.6
기축통화 지위(0~1)	좋음		0.0	
광물자원	좋음	−0.5	1.9	−0.6
자원 배분 효율성	보통	−0.1	1.3	−1.6
자연재해	보통	0.5	−0.1	−0.7
기반 시설 및 투자	좋음	−0.4	−1.0	−0.6
성격/시민의식/의지	보통	−0.3	0.1	−1.0
통치 체제/법치	좋음	1.0	−1.9	−0.7
부, 기회, 가치관 격차	보통	0.6		0.4

를 통해 그러한 변동을 관찰할 수 있으므로 국가의 상대적인 건전성, 취약성, 미래 전망을 평가할 수 있다. 이를테면 미국은 여전히 세계에서 가장 강력한 국가이지만, 현재 미국에는 여러 가지로 매우 우려스러운 상황이 전개되고 있다. 이러한 상황을 주의 깊게 지켜볼 필요가 있다.

몇몇 도표에서 이미 밝혀졌듯이, **1) 이러한 결정 요인들은 강점(예: 교육 강화는 소득 증대로 이어지는 경향이 있다)이든 약점(예: 무역 약화는 부채 증가로 이어진다)이든 상관없이 서로를 강화하는 경향이 있으므로, 이**

것들이 사이클로 발생하고 다시 합쳐지면서 빅 사이클을 이룬다. 그리고 2) 결정 요인들이 점점 더 취약해지면 제국도 더 약해진다.* 많은 결정 요인이 강화되면 커다란 상승세가 나타나고, 많은 결정 요인이 약화되면 커다란 하락세가 나타난다.

내 컴퓨터가 이러한 자료를 토대로 작성한 보고서는 웹사이트 https://economicprinciples.org에서 확인할 수 있다. 보고서는 향후 10년 동안의 실질 GDP 성장률에 대한 전망과 이러한 추정치를 도출한 각 요인의 측정값을 분석한 것이다. 몇몇 국가의 자료와 전망은 다른 국가보다 더 신뢰성이 높고, 이는 기록 분석에서 나타난다. 하지만 전반적으로 이

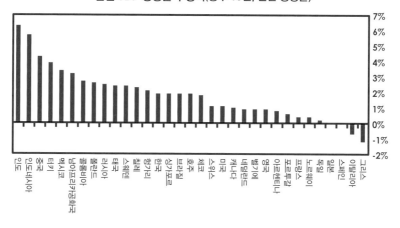

실질 GDP 성장률 추정치(향후 10년, 연간 성장률)

---

* 지하 광물자원 같은 결정 요인은 상대적으로 측정하기 쉽지만, 그러한 결정 요인을 보유하는 것은 의미가 달라질 수 있다. 인류의 혁신과 기술처럼 진화하는 결정 요인은 보통 추세에 따라 등장한다. 부채와 자본시장처럼 사이클로 발생하는 요인들은 사이클을 알아야 이해할 수 있다. 전염병, 가뭄, 홍수 같은 자연재해의 발생 시기는 예측을 벗어날 수 있지만, 자연재해가 발생한다는 사실 자체는 그리 놀라운 것이 아니다.

자료는 각국의 현재 건전성을 반영하고 미래 건전성을 보여주는 선행 지표 역할을 잘 수행하고 있다. 백 테스트Backtest(과거로 돌아가서 특정 전략을 사용할 때 나타날 흐름이나 수익률을 가늠해보는 시뮬레이션 작업 – 옮긴이)에 근거한 이러한 추정치는 향후 10년 동안 국가의 평균 성장률을 실제 성장률의 1퍼센트 이내에서 예측하는 경우가 59퍼센트, 2퍼센트 이내에서 예측하는 경우가 약 90퍼센트였으며, 이후 성장률과의 상관관계는 81퍼센트였다. 이러한 정보는 매우 유용했다.

이와 같은 지표들은 훌륭하고 유용하지만, 내 견해와 밀접한 관련이 있어야 한다. "국가를 강력하게 만드는 힘의 조합은 무엇일까?"라는 질문을 던져보자. 564쪽 표 상단에 나오는 제국 점수(전체 국력 지수)는 이를 나타내기 위한 것으로, 그 아래 지수의 가중 평균으로 구할 수 있다. 사실 어느 시점이든 가장 중요한 국력 유형은 상황에 따라 달라진다. 예를 들어, 군사력을 증대하려면 많은 비용을 쏟아부어야 하지만, 일반적으로 군사력은 국력으로서 가장 가치 있게 쓰이기 전까지는 사실상 방치된다. 한편 경제 생산이 본질적으로 중요성이 떨어지는 요소들로 치우치지 않도록 적절하게 가중치를 적용하려면 어떻게 해야 할까? 정답은 없다. 나는 이것을 제대로 모형화하지 못했지만, 깊이 고민하고 내 경험과 직관을 적용한다. 시간이 흐르면 더 나은 모형을 만들 수 있을 것이다. 하지만 최상의 결과를 얻으려면 내 역량과 컴퓨터의 능력을 모두 발휘해서 내 구상과 컴퓨터 자료가 함께 어우러져 잘 작동하도록 만들어야 할 것이다.

앞으로의 10년

이 책은 빅 사이클을 주로 다루지만, 이제 앞으로 10년 동안 가장 중요할 수 있는 사이클의 역학에 초점을 맞추고자 한다. 앞서 설명했듯이, 사이클 안에는 또 다른 사이클이 존재하고 작은 사이클이 모여 커다란 사이클을 형성하며 지금의 현상을 결정짓는 비주기적인 충격이 발생한다. **앞으로 10년 동안 이어질 가장 중요한 역학 관계는 단기 부채/통화/경제 사이클(경기 변동), 내부 정치 사이클, 미국과 중국 간 갈등 고조와 상호 의존도 감소를 꼽을 수 있다.** 나는 이러한 사이클들을 고려해서 서로 어떤 영향을 미치는지 생각하고, 각 사이클에 포함된 요소들을 평가한다면 시기적절한 의사결정을 하는 데 도움이 된다는 것을 깨달았다.

4장에서 논했듯이, 단기 부채/통화/경제 사이클은 중앙은행이 통화와 신용을 창출하여 경제를 부양한 다음 통화와 신용 흐름을 줄여 성장세를 둔화시키려는 기간이 번갈아 이어지는 식으로 구성된다. 중앙은행이 늘 시기를 정확하게 맞추지 못하면서 거품과 붕괴를 일으키는 과잉이 빚어지고, 그 후 새로운 사이클이 다시 시작된다. 때로는 경기 침체와 더불어 다른 불행한 사건이 벌어지기도 하는데, 2001년 9월 11일에 발생한 9·11 테러가 대표적인 예다.

일반적으로 이러한 사이클은 대략 8년에 걸쳐 발생하지만, 그 시기는 지난 사이클이 발생한 후 얼마나 오랜 시간이 흘렀는지보다는 근본적으로 경제 동력 자체가 어떤 결과를 빚어냈는지에 영향을 받는다. 특히 경기 침체 수준, 금융 버블의 규모와 유형, 중앙은행의 긴축 정책의 규모, 긴축에 대한 시장과 경제의 민감도는 모두 중요한 요인이다. 마지막 사이클이 시작된 시점은 2020년 4월로, 역대 최대 규모의 재정·통화 부양 정책이 동반되었다. 직전 사이클은 2008년에 시작되었는데, 지금보다 규모는 작지만 역시 대대적인 부양 정책이 시행되었다. 그 이전 사이클은 2001년, 1990년, 1982년, 1980년, 1974년, 1970년, 1960년 등에 시작되었다. 최근 경기 침체를 해소하기 위해 시행된 부양 정책의 규모가 매우 엄청나고(특히 미국), 주요 경제의 부진한 실적이 비교적 제한적이며(특히 미국), 현재 거품의 징후가 보통에서 현저히 강해졌고, 시장과 경제의 금리 민감도가 높아진 상황이어서 다음번 경기 침체는 이례적으로 더 빠르게 나타날 것으로 보인다. 나는 그것이 이 책이 출판되는 시점으로부터 두어 해 정도 차이는 있을지 몰라도 약 4년 후(바닥을 찍은 지 약 5년 반이 지난 시점)가 될 것으로 예상한다.

하지만 이러한 예상은 정확하지 않으므로 이것을 토대로 돈을 걸지 않길 바란다. 정확한 시점에 초점을 맞추려면 무엇보다도 인플레이션 반등 속도와 중앙은행의 긴축 정책이 얼마나 빠르고 강력하게 진행될지 살펴보며 앞서 언급한 여러 요인을 관찰해야 할 것이다. 나는 경기 침체가 발생하는 즉시 중앙은행의 정책이 또다시 대대적인 경기 부양책을 펴는 방향으로 빠르게 전환할 것으로 예상한다. 이러한 정책 기조에 따라 경기 침체의 충격은 그리 우려스럽지 않지만, 과도한 통화 발행과 통화 가치 훼손(특히 달러, 유로, 엔화로 표시된 채권과 현금)은 대단히 우려스럽다. 물론 이러한 사이클이 다른 사이클에 영향을 미치듯이, 경제 사이클에서 일어나는 현상은 다른 사이클과 그 과정에서 발생하는 사건과 기복에 영향을 받을 것이다.

사람들은 경기가 좋을 때 덜 대립하기 때문에 내부 질서/무질서 사이클은 일반적으로 부채/경제 사이클보다 늦게 시차를 두고 발생한다. 이러한 사이클이 강하게 상호 작용하면 커다란 변화를 일으킬 수 있다. 미국에서 단기적인 정치 변동 사이클은 하원의원 선거의 경우 2년마다, 대통령 선거의 경우 4년마다 발생하고, 대통령 임기는 총 8년으로 제한된다. 중국에서는 5년과 10년마다 발생하는데, 이 책이 출판되기 전(원서 기준 2021년 11월)에 큰 변화를 앞두고 있다(2021년 11월 11일, 중국 공산당은 역사상 세 번째로 역사결의를 채택했다. 이로써 시진핑은 마오쩌둥, 덩샤오핑과 동등한 인물로 올라섰고 위상과 권력을 확고히 할 수 있게 되었다. - 옮긴이). 주석의 임기에는 제한이 없다. 달력을 보고 앞으로 어떤 일이 일어날지 알 수는 있지만 불확실성이 많이 남아 있을 것이며, 그중 일부는 사이클에 큰 영향을 미칠 수 있다. 추정하건대, 다음 경기 침체는 미국의 차기 대통령 선거일 즈음에 발생할 가능성이 크다.

외부 질서/무질서 사이클은 전통적으로 전쟁의 원인이 되는 갈등을 가속화하는 방향으로 움직였다. 앞서 언급한 바와 같이, 미국과 중국은 이제 5가지 유형의 전쟁에서 강도를 높일 준비를 하고 있다. 양국은 각 전쟁에 대해 자립도 수준을 높이고 더 적절하게 대비하기 위해 대략 5개년 계획을 세워 수행하고 있다. 이는 상호 확증 파괴를 무시할 만큼 어느 한쪽을 충분히 지배적인 위치에 올려놓을지 불확실하지만, 전쟁을 계속할 능력을 더 많이 제공할 것이다. 중국의 국력이 미국보다 상승하는 추세이므로, 이러한 상황은 중요한 변화가 너무 이르거나 먼 훗날의 일이 아니라는 것을 암시한다. 앞서 언급했듯, 대만과 동중국해, 남중국해와 관련하여 더 이상 막을 수 없는 힘과 요지부동인 주체 사이에 벌어지는 충돌을 맞닥뜨려야 할 위험이 상당하다. 즉 중국은 막을 수 없는 세력으로 대만의 현재 상황을 뒤바꿀 수 있고, 미국은 반대로 요지부동이다. 미국과 중국을 넘어 러시아, 인도, 일본, 한국, 주요 유럽 국가 및 중동의 강대국 등 다른 국가들이 전 세계를 무대로 중요한 역할을 맡을 것이다. 앞으로 약 5년 동안 국가 간 동맹은 더욱 강화될 가능성이 크다.

이러한 정보를 바탕으로, 다음번에 나타날 커다란 위기는 두어 해 차이는 있겠지만 이 글을 쓴 시점으로부터 약 5년이 지났을 때 발생할 것으로 예상된다.

다시 강조하지만, 이러한 사이클이 나타날 시점을 정확히 알아낼 방법은 없다. 사이클은 허리케인/태풍이 찾아오는 시기와 같다. 대략 특정 시기에 발생할 가능성이 있다는 것은 알고 있기에 이를 대비하고, 그 시점이 오면 폭풍이 몰아치는 모습을 관찰하고 면밀히 추적하여 위험에서 벗어나기 위해 모든 노력을 기울일 수밖에 없다. 그 시점이 언제 올지, 얼마나 강한 충격을 몰고 올지 정확히 말할 수는 없다. 하지만, 더 강력한 사이클이 나타나는 추세와 펀더멘털이 있다는 것을 알고 있으므로 그러한 가능성에 대비해야 한다.

나는 온갖 분석 작업을 수행하지만, 아직 알려지지 않은 것이 알려진 것보다 훨씬 많다는 사실을 알고 있다. 역사는 꽤 정확하게 전달할 수 있지만, 미래는 정반대다. 내가 알기로는 미래에 대해 자세히 그리고 정확하게 예언한 경우는 단 한 건도 없었다. 투자자가 역사를 정확하게 이해한다고 해서 미래를 좀 더 정확하게 맞출 수 있다는 뜻은 아니다. 투자가 아닌 인생을 건 결정을 내릴 때도 마찬가지다. 따라서 이번 장의 마지막 요점은 이렇다. 많이 틀릴 가능성이 있다는 가정에 근거해서 베팅하는 방법을 익히는 데 집중해보자.

아는 것과 알지 못하는 것에 대처하는 법

나는 아는 것보다 알지 못하는 것에 대처하는 방법을 알고 있었기 때문에 성공을 거둘 수 있었다. 미래에 베팅하는 것은 확률에 베팅하는 것이며, 확률을 포함해서 확실한 건 아무것도 없다. 그것이 바로 대처 방법이다. 지금까지 나는 과거에 대한 추론을 바탕으로 미래에 대해 내가 알고 있다고 생각하는 것을 논했지만, 내가 모르는 것을 바탕으로 인생과 시장에서 의사결정을 내리는 방법을 전달하고자 한다. 그것은 아마도 더 중요한 주제일 것이다. 요약하자면 다음과 같다.

● **모든 가능성을 파악하고, 최악의 시나리오에 대해 생각한 다음 극복할 수 없는 시나리오를 제거할 방법을 찾아라.** 극복할 수 없는 최악의 시나리오를 식별하고 제거하는 것이 우선이다. 인생에서나 시장에서나 게임을 할 때 가장 중요한 것은 게임에서 참패하지 않는 것이기 때문이다. 나는 1982년에 거의 파산할 뻔한 큰 실수를 저지르며 이러한 교훈을 얻었다. 고통스러운 손실을 보고 나서 기본적인 생활을 이어갈 비용을 계산했고, 최악의 시나리오를 견딜 수 있도록 충분한 돈을 모아놓으려 했다. 나는 무일푼으로 시작했기에 만일 돈을 벌지 못하게 되면 우리 가족이 몇 주, 몇 개월, 몇 년 동안 버틸 수 있을지 주기적으로 계산했다. 이제 나는 '세상의 종말'을 가정한 포트폴리오를 구축해놓았고, 그것은 설령 최악의 시나리오가 펼쳐져도 우리 가족을 지켜줄 것이다. 이 책의 독자는 내가 공황, 평가절하, 혁명, 전쟁, 전염병, 치명적인 실수, 건강 문제, 다양한 원인으로 인한 사망 등 다양한 최악의 시나리오를 상상한다는 사실을 알 수 있을 것이다. 이처럼 나는 먼저 온갖 시나리오에 대비하려 노력한다. 내가 최악의 시나리오를 제거하는 데 너무 집중하는 것이 암울

하거나 기회를 최대한 활용하지 못하는 것처럼 보일지 모르지만, 사실 그 반대다. 이러한 방식으로 운영하는 것은 제약에서 벗어나 자유롭고 흥미진진하다. 최악의 시나리오를 감당할 수 있다는 사실을 알고 있다는 점에서 안전과 자유를 누리는 동시에 좋은 결과를 내는 능력을 갖출 수 있게 되기 때문이다.

● **분산하라.** 생각할 수 있는 최악의 시나리오를 모두 포함했는지 확인하는 것 외에도 생각하지 못한 시나리오까지 다루기 위해 분산할 필요가 있다. 나는 분산의 수학적 논리를 익혔고 본능적으로 그것에 끌렸다. 매력적이지만 서로 관련이 없는 여러 대상에 베팅할 경우, 잠재 이익을 전혀 줄이지 않고도 위험을 최대 80퍼센트까지 줄일 수 있다. 이것은 투자 전략처럼 들리지만 실제로는 오랫동안 잘 정립되어 전해 내려온 인생 전략으로, 투자에도 적절하게 적용할 수 있다. 중국 고사성어로 교토삼굴狡兔三窟이라는 말이 있다. "영리한 토끼는 굴 세 개를 파놓는다"라는 말로, 굴 세 개 중 하나가 위험해지면 다른 굴로 도망가야 한다는 뜻이다. 이 원칙은 상황이 나빠졌을 때 많은 사람의 생명을 구했으며, 내게는 가장 중요한 원칙 중 하나다.

● **당장 눈앞의 만족보다 지연된 만족을 우선시하여 미래에 더 나은 상황을 마주하라.**

● **가능한 한 가장 똑똑한 사람들과 함께 사안을 다각도로 분석하라.** 나는 최대한 가장 똑똑한 사람들과 어울리며 내 생각을 검증하고 그들에게 배움을 얻는다.

나는 이러한 원칙을 따르는 과정에서 예상치 못한 충돌을 경험했지만 상대적으로 단점보다는 장점을 많이 얻었고, 내가 마주할 미래는 꾸준히 개선되었다. 내 경험을 토대로 이러한 원칙들을 추천하고 싶다. 하지만 늘 그렇듯이, 선택은 독자의 몫이다.

정책입안자들과 그들이 보고하는 대상, 그밖에 이 원칙에 관심 있는 사람들을 위해 한 가지 방법을 더 공유하려 한다.

앞서 살펴본 지표들을 사용하거나 통계를 참고해서 자체적으로 통계를 구축해보길 바란다. 이를 바탕으로 1) 관심 있는 다른 국가들과 자국의 건전성을 측정하고, 2) 각국의 상황이 어떤 식으로 개선되고 있는지, 아니면 악화되고 있는지 살펴보고, 3) 더 나은 미래를 위해 해당 결정 요인을 바꿔 보자.

그것만으로 충분하다.

나는 이 모든 작업을 통해 최악의 시나리오와 기회 등 모든 가능성, 그리고 오랜 세월에 걸쳐 유효성이 입증된 계획을 적절하게 이해하고 대처할 능력을 기를 수 있었다. 이 책과 웹사이트 economicprinciples. org에 과거의 교훈이 미래를 마주하는 데 어떤 도움을 주는지에 대해서도 내가 알고 있는 가장 중요한 내용을 적절하게 전달했다고 생각한다. 내가 공유한 내용이 조금이라도 도움이 되기를 바란다. 나는 이 모든 작업을 더 나은 방향으로 발전시킬 계획이며, 이러한 여정에 우리 모두 함께 나설 수 있기를 바란다.

진화의 힘이 함께하길(저자는 영화 《스타워즈》의 명대사 "포스가 함께하길"에 빗대어 재미있게 표현했다. - 옮긴이).

레이 달리오

Ray

각 지표의 세부 사항

- **교육:** 이 지표는 기초 교육과 고등 교육을 균등하게 나눠 측정한다. 절반은 다양한 수준의 교육을 받은 사람들의 절대적인 수를 포함하고 나머지 절반은 고등 교육 순위, 시험 점수, 평균 교육 연수 등 교육의 질에 비중을 둔다. 미국은 이 지표에서 (고등 교육에 대한 절대적, 상대적 측정 기준이 높게 나타남에 따라) 가장 높은 순위에 올랐으며, (교육을 이수한 사람들의 수가 많은) 중국이 그 뒤를 바짝 쫓고 있다.

- **혁신 및 기술:** 이 지표는 창의성, 기술 발전, 기업가 정신을 측정한다. 절반은 국가의 핵심 혁신 지표에서 차지하는 절대 비율(예: 특허, 연구원, 연구·개발 지출, 벤처 자본 지원)에 비중을 두고, 나머지 절반은 (국가 경제에서 혁신이 널리 퍼진 정도를 포착하기 위해) 1인당 혁신의 척도와 외부 순위 조합에 비중을 두었다. 미국은 다양한 지표에서 강점을 드러내며 이 부문에서 1위에 올랐고, 중국은 전 세계적으로 연구비 지출, 연구원, 특허 면에서 차지하는 비중이 크기 때문에 2위에 올랐다. 현재 중국은 이 분야에서 빠르게 부상하고 있다.

- **가격 경쟁력:** 이 지표는 지불한 비용 대비 이득을 측정한다. 아무리 품질이 뛰어난 최고의 제품을 생산하는 국가일지라도 생산에 지나치게 많은 비용을 들여야 한다면 바람직하지 않기 때문에 이 지표를 확인할 필요가 있다. 여러 생산성 기준과 더불어 품질과 생산성 조정에 따른 노동 비용을 살펴봐야 한다. 특히 인도를 비롯한 주요 개발도상국이 이 지표에서 가장 높은 순위를 기록했으며, 높은 인건비로 인해 미국은 중간 정도의 순위를, 유럽 국가는 가장 낮은 순위를 차지했다.

- **기반 시설 및 투자:** 이 지표는 기반 시설과 투자의 비용과 질을 측정한다.

그것은 한 국가가 세계 투자에서 차지하는 절대적인 비율을 포착하고, 기반 시설의 질과 생산성을 개선하기 위한 투자를 얼마나 우선시하는지 파악한다. 이 지표는 전 세계 투자 대비 국가별 투자 비율, 전반적인 기반 시설의 질, GDP 대비 투자와 저축 비율, 물류 실적을 측정한다. 이 지표에 따르면, 중국은 전 세계와 과거 자체적인 투자 규모 대비 생산적인 투자 비율이 높기 때문에 현재 가장 강력한 국가로 볼 수 있다(지난 20년 동안 급격히 증가했다). 미국은 뒤처지고 있지만 세계 생산 투자에서 차지하는 비중이 매우 높게 나타나 2위를 차지했다.

- **경제 생산량:** 이 지표는 국가가 보유한 경제적 자원의 힘을 측정한다. 국가별 가격 차이를 조정해서 전 세계 생산량 대비 GDP 수준으로 생산량을 측정한다. 특성을 포착하기 위해 총생산량 대신 1인당 GDP에 좀 더 가중치를 둔다. 중국은 PPP(구매력 평가) 조정 GDP 비율이 높게 나타나면서 1위를 차지했는데, 미국을 근소하게 앞질렀으며 가장 빠르게 성장하고 있다. 유럽은 3위에 올랐다.

- **기대 성장(경제 빅 사이클):** 이 지표는 한 나라가 향후 10년 동안 경제를 성장시킬 수 있는 좋은 위치에 있는지를 측정한다. 앞으로 10년 동안 나타날 경제 성장을 추정하기 위해 다양한 지표를 살펴본 후 생산성을 예측하는 지표에 3분의 2, 부채가 성장에 미치는 영향을 예측하는 지표에 3분의 1 정도 가중치를 둔다. 현재 가장 빠르게 성장할 것으로 전망되는 국가는 인도이며, 그다음은 중국이다. 미국은 평균보다 조금 느리게 성장할 것으로 보이며, 일본과 여러 유럽 국가는 가장 낮은 성장률을 기록할 것으로 예상된다.

- **무역:** 이 지표는 수출국의 경쟁력을 측정한다. 전 세계 수출 시장에서 한 국가가 차지하는 절대적인 수출 수준의 비율을 보여준다. 이 지표에 따르면 세계 최대 수출국인 중국이 가장 높은 점수를 받았고, 유럽과 미국이 그 뒤

를 이었다.

- **군사력:** 이 지표는 주로 병력, 핵무기 수, 군사력의 외부 지표로 측정되는 군사력과 군사비의 절대적인 비율에 따라 좌우된다. 하지만 이 지표는 다양한 지역에서 나타나는 다양한 유형의 군사력을 고려하지 않기 때문에 특정 지역, 특정 군사 기술 유형에서 러시아와 중국이 갖는 군사적 우위 또는 동맹의 역할을 포착하지 못하는 한계가 있다. 이러한 기준을 토대로 살펴보면, 미국은 여전히 전반적으로 가장 강력한 군사력을 보유하고 있다. 특히 군사비 지출과 핵무기 프로그램에서 강력한 우위를 점하고 있으며, 핵무기의 경우 유일한 경쟁국으로는 러시아를 들 수 있다. 중국은 현재 2위에 올랐지만, 빠르게 군사력을 증대하고 있다.

- **금융 중심지:** 이 지표는 국가의 금융시장과 금융 중심지의 발전 수준과 규모를 측정한다. 이때 금융 중심지 도시의 외부 지표, 거래 점유율과 시가총액의 절대적인 측정값을 살펴본다. 이 지표에 따르면, 미국은 상당한 격차를 보이며 세계 1위 강대국의 지위를 유지하고 있으며(주로 세계 주식시장과 채권시장에서 미국의 점유율이 매우 높다), 중국과 유럽은 각각 2위와 3위를 기록하고 있다.

- **기축통화 지위:** 이 지표는 한 국가의 통화가 세계 기축통화로 작동하는 정도를 측정한다. 기축통화 지위는 특정 국가의 통화로 표시되거나 보유되는 거래, 채권, 중앙은행 보유고의 비율로 측정된다. 금융 중심지의 지위와 유사하게, 미국은 이 지표에서 독보적인 최강대국의 지위를 유지하고 있으며, 유럽과 일본은 각각 2위와 3위를 기록하고 있다.

- **부채 부담(경제 빅 사이클):** 이 지표는 a) 자산 대비 부채 수준, b) 대내외 흑자와 적자 규모, c) GDP 대비 부채 상환 금액, d) 자국 통화와 외국 통화로 표시된 국가 부채, e) 자국민과 외국인이 보유한 채권 금액, f) 국가 신용

등급의 조합에 근거하여 측정한 값을 보여준다. 과도한 부채를 갚는 데 필요한 통화와 신용을 충분히 창출하지 못하면서 채무불이행이 발생하든, 아니면 과도한 부채 수요를 충족하는 데 필요한 통화와 신용을 필요 이상으로 창출한 탓에 통화의 평가절하가 이루어지든 간에 그에 따른 실질적인 부의 가치 하락을 암시하는 가장 믿을 만한 측정 방법이 바로 이것이라는 점이 입증되었기에 나는 이 방식으로 지표를 구성했다. 어떤 국가가 기축통화국의 지위를 상실할 때 어떤 위험에 노출되는지 확인할 수 있도록 기축통화 지위를 제외하고 이 지수를 구축했다.

- **내부 갈등(내부 질서):** 이 지표는 국내 갈등과 불만이 어느 정도로 고조되어 있는지 살펴보고, 실제 갈등이 불거진 사건(예: 시위), 정치적 갈등(예: 당파 싸움), 일반적인 불만(설문에 근거)을 측정한다. 이 지표에 따르면, 미국은 당파 싸움과 높은 내부 갈등 발생률을 보이며 주요 국가 중에서도 가장 높은 순위를 기록했고, 미국의 갈등 수치는 빠르게 상승하고 있다.

- **통치 체제/법치:** 이 지표는 국가의 법률 체제가 얼마나 일관되고 예측 가능한지, 성장과 발전에 도움이 되는지를 측정한다. 이는 법치(주로 해당 국가에서 사업을 하는 기업을 대상으로 진행한 설문 조사에 근거)와 부정부패(외부 부패 지수와 기업 설문 조사)를 측정한 후 결합한 값이다. 이 지표에서 러시아와 인도가 가장 낮은 점수(최저)를 기록했고, 영국, 네덜란드, 일본은 가장 높은 점수(최고)를 기록했으며, 독일과 미국이 그 뒤를 이었다.

- **광물자원:** 이 지표는 영토 크기와 천연자원의 가치를 포함하여 각 국가의 지리적 자산을 측정한다. 여기에는 각국의 절대적인 생산 역량을 짚어내기 위해 에너지, 농업, 산업 금속 등으로 이루어진 총생산, 그리고 각 범주에 대한 상대적인 자립 정도를 파악하기 위해 순수출이 포함된다(담수 공급과 같이 다른 천연자원에 대한 측정도 포함한다). 러시아와 미국이 가장 높은 점

수를 받았고(천연자원 수요를 충족하기 위해 다른 국가에 많이 의존하는 중국이 그 뒤를 이었다), 일본과 영국은 가장 낮은 점수를 받았다.

- **부, 기회, 가치관 격차:** 이 지표는 부/소득, 기회, 가치관 격차가 얼마나 크게 벌어져 있는지 측정한다. 이것은 a) 부와 소득 불평등(예: 상위 1퍼센트와 나머지 99퍼센트가 보유한 자산의 비율), b) 정치적 갈등(예: 이념에 따른 분열의 정도)을 모두 측정하여 결합한 값이다. 인도, 미국, 중국은 매우 크게 벌어진 부와 소득 격차로 인해 최저의 점수를 받았다(미국은 정치적 간극도 상당했다). 반대로 유럽 국가들과 일본은 대체로 소득과 부의 불평등이 낮은 것으로 나타났다.

- **성격/시민의식/의지:** 이 지표는 국민의 태도가 얼마나 성장과 발전을 지지하는 문화와 환경을 조성하고 그러한 노력을 중요시하는 데 도움이 되는지 측정하기 위한 것이다. 이를 양적으로 측정하기 위해 a) 근면과 성공을 대하는 태도를 다룬 설문 조사, b) 사회가 자립과 노력을 중요하게 여기는 정도를 나타내는 각각의 측정 기준(예: 정부의 이전 지출Transfer payments 규모, 실질 은퇴 연령)을 사용한다. 이 지표에서 중국과 인도가 가장 높은 점수를 받았고(미국은 3위), 많은 유럽 국가(특히 스페인과 프랑스)가 가장 낮은 점수를 받았다.

- **자원 배분 효율성:** 이 지표는 각 국가가 노동과 자본을 얼마나 효율적으로 사용하고 있는지 측정한다. 이를테면 국가가 고질적인 높은 실업률에 시달리고 있는지(즉, 효율적인 고용 방법을 찾지 못하는지), 시간이 흐르면서 부채 증가가 그에 상응하는 소득 증가를 불러오는지 살펴보고, 노동시장의 경직성과 대출의 용이성을 보여주는 외부 지표와 설문 조사를 참고한다. 유럽 대부분의 국가(특히 프랑스와 스페인)가 이 지표에서 가장 낮은 점수를 받았지만, 미국과 독일은 거의 최고 점수를 받았다. 개발도상국(특히 러시아, 중

국, 인도)도 매우 좋은 점수를 받았는데, 이들은 대체로 부채 증가 단위당 더 높은 소득 증가를 불러왔다.

- **자연재해:** 이 지표는 각 국가가 자연재해에 얼마나 취약한지, 얼마나 영향을 받는지 측정한다. 국가에 영향을 미칠 수 있는 다양한 자연재해를 모두 정량화하기는 어렵지만, 미래 기후 변화가 각국의 GDP에 미치는 영향을 분석한 전문가의 평가, 각국의 자연재해 대비 정도를 다룬 외부 평가, 코로나19 팬데믹의 결과(자연재해에 대처하는 능력을 실시간으로 가늠해볼 수 있는 시험이나 다를 바 없었다) 등을 활용했다. 나는 이 지표의 질이 낮은 편이라고 본다. 이 지표를 개선하기 위해서는 더 많은 요인을 파악하고 측정해야 할 것이다.

- **외부 갈등:** 외부 갈등 지표는 각 국가의 모형에 포함되지 않았지만, 주요 국가 간 경제적·정치적·문화적·군사적 갈등 수준을 측정한다. 나는 각 범주 내에서 (국가 간 갈등의 기준점을 설정하기 위한) 구조적 지표와 (해당 기준점을 초과해서 단계적으로 확대되는 주요 갈등을 가리키기 위한) 시의적절한 지표를 혼합해서 제시하고자 했다. 예를 들어, 경제적 갈등을 측정하기 위해 국가 간 양자 무역, 관세율, 제재를 둘러싼 시의적절한 소식, 무역 전쟁 등을 추적하는 것이다.

세계 강대국의 현 상황과
미래 전망에 대한 컴퓨터 분석 자료

앞서 설명했듯이, 나는 세계 강대국의 현 상황과 장기적인 미래 전망을 간단히 알아보기 위해 컴퓨터에 데이터를 입력한다. 이렇게 컴퓨터 분석으로 얻은 요약된 정보는 다음 페이지에서 확인할 수 있다. 나는 컴퓨터 분석 결과를 활용해서 내 생각을 보완하고 세상을 이해하는 데 도움이 될 만한 다른 컴퓨터 모형을 실행한다. 이러한 체계는 끝없이 계속 진행되는 작업이다. 나는 커다란 변화가 발생할 때 이처럼 요약된 분석 결과를 적어도 1년에 한 번 이상 https://economicprinciples.org에 게시할 것이다.

각국에 대한 설명은 현재 광범위하게 나타나는 추세를 반영한 몇 가지 주요 지표와 각 지표의 통계를 집중적으로 조명한다. 국가 권력을 나타내는 최종 점수와 집계된 지표는 여러 국가와 시기에 걸쳐 관련성, 특성, 일관성을 기반으로 집계한 수백여 개의 개별 통계를 포함한다. 나는 전반적인 국력을 가장 잘 포착하기 위해 양적 정보와 질적 정보를 모두 고려하였고, 경쟁이나 전쟁에서 승리할 국가를 가장 잘 예상할 수 있도록 구성했다.

미국의 국력과 전망

다음은 2021년 8월 기준 미국에 대한 컴퓨터 분석 결과이다.

　최신 데이터를 활용한 주요 지표 분석에 따르면, **미국은 점진적인 쇠퇴의 길로 접어든 강대국(오늘날 주요 국가 중 1위)인 것으로 보인다. 582쪽 표에서 볼 수 있듯이, 미국이 지금과 같은 위치에 올라설 수 있었던 주요 강점으로는 강력한 자본시장과 금융 중심지, 혁신/기술, 높은 교육 수준, 막강한 군사력, 기축통화 지위, 높은 경제 생산량을 들 수 있다. 반면 약점으로는 불리한 경제·재정 상황과 엄청난 국내 갈등이 있다.** 미국의 8가지 주요 국력 지표는 오늘날에도 여전히 매우 강력하지만, 종합적으로는 하락세를 보이고 있다. 특히 교육 분야 내 상대적 위치, 세계 무역에 미치는 중요한 영향력, 상대적 군사력이 감소하고 있다.

　다음 표는 현재 11개 주요 국가의 국력을 측정한 값에 근거하여 선정한 순위와 지난 20년 동안 나타난 추세, 종합적인 국력 지표, 주요 동인을 보여준다.

　먼저 한 국가를 이해하려면 그 국가의 흥망성쇠를 이끌고 반영하는 **국력의 척도**와 **빅 사이클**을 살펴봐야 한다. 이러한 요인들은 개별적으로 논하더라도 별개로 떼어놓고 볼 수 없으며, 각 요인은 상호 작용하여 영향을 강화하면서 그 국가를 사이클에 따라 움직이게 한다.

　미국의 빅 사이클은 다소 불리해 보인다.

　미국은 부채 부담이 크고 앞으로 10년 동안의 실질 성장률이 비교적 낮은 수준(연간 1.1퍼센트)에 그칠 것으로 예상되므로 **경제·금융 사이클에서 불리한 위치에 있다.** 미국은 외화 자산보다 외화 부채가 훨씬 많다

미국 – 국력 점수에 영향을 주는 핵심 요인

제국 종합 점수(0~1)	수준: 0.87		순위: 1	◥
빅 사이클	**수준**	**Z-점수**	**순위**	**추세**
경제/재무 상황	불리	−1.7	10	◢
부채 부담	높은 부채	−1.8	11	◢
기대 성장률	1.1%	−0.7	**4**	◢
내부 질서	높은 위험	−1.8	11	◢
부/기회/가치관 격차	큼	−1.6	9	◢
내부 갈등	매우 높음	−2.0	10	◢
외부 질서	위험			◢
8가지 주요 국력 지표				
시장 및 금융 중심지	매우 강력	2.6	1	➔
혁신 및 기술	매우 강력	2.0	1	➔
교육	매우 강력	2.0	1	◢
군사력	매우 강력	1.9	1	◢
기축통화 지위	매우 강력	1.7	1	◢
경제 생산량	매우 강력	1.7	2	◢
무역	강력	1.1	**3**	◢
가격 경쟁력	보통	**−0.4**	6	➔
기타 국력 지표				
광물자원	강력	1.4	2	➔
자원 배분 효율성	강력	1.3	2	◢
기반 시설 및 투자	강력	0.7	2	◢
성격/시민의식/의지	강력	1.1	**3**	➔
통치 체제/법치	강력	0.7	**5**	◥
자연재해	보통	**−0.2**	9	

◥ 개선　　◢ 악화　　➔ 유지

(국제투자대조표IIP상의 순국제투자(대외투자와 외국인투자의 차액 – 옮긴이)
는 GDP의 –64퍼센트). 비금융 부채 수준은 높고(GDP의 277퍼센트), 정
부 부채 수준도 높다(GDP의 128퍼센트). 이러한 부채의 대부분(99퍼센
트)이 자국 통화로 표시되는데, 이는 부채 위험을 완화하는 효과가 있다.
미국은 경제 부양을 위한 금리 인하 정책을 시행할 수 있는 여력이 부족
하고(단기 금리는 0.1퍼센트), 이미 부채를 화폐화하기 위해 돈을 찍어내
고 있다. 즉 세계 최고의 기축통화국이 되는 것은 미국에 매우 유리한 일
이지만, 이러한 지위가 바뀐다면 미국의 위상도 크게 흔들릴 것이다.

내부 무질서는 중대한 위험이다. 부와 소득, 가치관의 격차가 크다. 불
평등과 관련하여 미국의 상위 1퍼센트와 상위 10퍼센트는 각각 전체 소
득의 19퍼센트와 45퍼센트를 차지한다(이 비율은 주요 국가 중에서 두 번
째로 높다). 미국의 내부 갈등 지표는 매우 높게 나타난다. 이 지표는 실
제 갈등 사건(예: 시위), 정치적 갈등(예: 당파 싸움), 일반적인 불만(설문
에 근거)을 측정한다.

외부 무질서는 위험 요인이다. 가장 중요한 것은 (모든 것을 고려했을
때) 미국과 제2의 강대국으로 급성장하고 있는 중국이 심각한 갈등을
겪고 있다는 점이다.

**8가지 국력 지표를 자세히 살펴보면, 미국은 주요 국가 중에서 가장
큰 자본시장과 가장 강력한 금융 중심지를 보유하고 있다.** 미국의 주식
시장은 전 세계 주식시장의 과반(전체 시가총액의 55퍼센트, 전체 거래량
의 64퍼센트)을 차지하며, 전 세계 거래의 상당수가 달러로 이루어진다
(전체의 55퍼센트). **또한 미국은 주요 국가 중에서 기술과 혁신 지표에서
가장 높은 수치를 기록했다.** 전 세계를 기준으로 미국의 특허 출원(17퍼
센트)과 연구 · 개발 지출(26퍼센트) 점유율은 상당히 높고 미국 내 연구

원 수(26퍼센트)도 많다. **미국은 주요 국가 중에서도 교육 분야에서 강력한 우위를 점하고 있다.** 미국은 전 세계 학사 학위의 상당 부분(20퍼센트)을 차지한다. 교육 연수 면에서도 미국은 우수한 모습을 보인다. 미국 학생들은 평균 13.7년의 교육을 받는 반면 주요 국가의 평균 교육 기간은 11.5년이다. 국가별로 15세 학생들의 학업 능력을 측정하는 PISA 점수에 따르면, 미국은 평균 수준을 기록하고 있다(주요 국가들의 평균은 483점이지만, 미국은 495점을 받았다). 표에서 자세히 확인할 수 있듯이, 미국은 다양한 강점을 보유하고 있다.

중국의 국력과 전망

다음은 2021년 8월 기준 중국에 대한 컴퓨터 분석 결과이다.

최신 데이터를 활용한 주요 지표 분석에 따르면, **중국은 강대국(오늘날 주요 국가 중 2위)으로 빠르게 부상한 것으로 보인다. 다음 페이지의 표에서 볼 수 있듯이, 중국이 지금과 같은 위치에 올라설 수 있었던 주요 강점으로는 유리한 경제·재정 상황, 기반 시설과 투자, 세계 무역에 미치는 중요한 영향력, 높은 경제 생산량, 국민 자립도, 강력한 직업의식, 높은 교육 수준, 막강한 군사력을 들 수 있다.** 오늘날 중국의 8가지 주요 국력 지표는 어느 정도 강력한 편이고, 종합적으로 상승세를 띠고 있다. 특히 세계 무역에서 갖는 중요성, 혁신과 기술, 금융 중심지로서의 영향력이 증가하고 있다.

다음 표는 현재 11개 주요 국가의 국력을 측정한 값에 근거하여 선정한 순위와 지난 20년 동안 나타난 추세, 종합적인 국력 지표, 주요 동인을 보여준다.

먼저 한 국가를 이해하려면 그 국가의 흥망성쇠를 이끌고 반영하는 **국력의 척도**와 **빅 사이클**을 살펴봐야 한다. 이러한 요인들은 개별적으로 논하더라도 별개로 떼어놓고 볼 수 없으며, 각 요인은 상호 작용하여 영향을 강화하면서 그 국가를 사이클에 따라 움직이게 한다.

중국의 빅 사이클은 다소 유리해 보인다.

중국은 부채 부담이 적고 앞으로 10년 동안의 실질 성장률이 비교적 높은 수준(연간 4.3퍼센트)에 달할 것으로 예상되므로 **경제·금융 사이클에서 유리한 위치에 있다.** 중국은 외화 부채보다 외화 자산이 훨씬 많다

중국 – 국력 점수에 영향을 주는 핵심 요인

제국 종합 점수(0~1)	수준: 0.75		순위: 2	▲
빅 사이클	**수준**	**Z-점수**	**순위**	**추세**
경제/재무 상황	다소 유리	0.4	3	◢
부채 부담	낮은 부채	0.3	4	◢
기대 성장률	4.3%	0.4	2	◢
내부 질서	보통 위험	−0.1	7	→
부/기회/가치관 격차	비교적 큼	−0.4	8	→
내부 갈등	보통	0.2	5	→
외부 질서	위험			◢
8가지 주요 국력 지표				
무역	매우 강력	1.8	1	◥
경제 생산량	매우 강력	1.8	1	◥
교육	강력	1.6	2	◥
혁신 및 기술	강력	1.5	2	◥
가격 경쟁력	강력	1.2	2	◢
군사력	강력	1.0	2	◥
시장 및 금융 중심지	보통	0.4	2	◥
기축통화 지위	취약	−0.7	5	◥
기타 국력 지표				
기반 시설 및 투자	매우 강력	2.7	1	◥
성격/시민의식/의지	강력	1.5	1	→
광물자원	강력	0.9	3	◥
자원 배분 효율성	보통	0.0	7	→
통치 체제/법치	취약	−0.7	8	◥
자연재해	보통	−0.1	8	

◥ 개선   ◢ 악화   → 유지

(국제투자대조표IIP상의 순국제투자는 GDP의 12퍼센트). 비금융 부채 수준은 높지만(GDP의 263퍼센트), 정부 부채 수준은 낮다(GDP의 48퍼센트). 이러한 부채의 대부분(96퍼센트)이 자국 통화로 표시되는데, 이는 부채 위험을 완화하는 효과가 있다. 중국은 경제 부양을 위한 금리 인하 정책을 시행할 수 있는 여력이 보통 수준(단기 금리는 1.9퍼센트)이다.

내부 무질서의 위험은 보통이다. 부와 소득, 가치관의 격차가 비교적 크다. 불평등과 관련하여 중국의 상위 1퍼센트와 상위 10퍼센트는 각각 전체 소득의 14퍼센트와 41퍼센트를 차지한다(이 비율은 주요 국가 중에서 각각 세 번째와 네 번째로 높다). 중국의 내부 갈등 지표는 보통이다. 이 지표는 실제 갈등 사건(예: 시위), 정치적 갈등(예: 당파 싸움), 일반적인 불만(설문에 근거)을 측정한다.

외부 무질서는 위험 요인이다. 가장 중요한 것은 (모든 것을 고려했을 때) 쇠퇴하고 있지만 여전히 강대국 1위인 미국과 중국이 심각한 갈등을 겪고 있다는 점이다.

8가지 국력 지표를 자세히 살펴보면, 중국은 주요 국가 중에서 가장 큰 수출국이다. 중국은 전 세계 수출의 14퍼센트를 담당한다. **또한 중국은 주요 국가 중에서 가장 큰 경제 규모를 자랑한다.** 전 세계 경제 활동을 기준으로 중국의 점유율(22퍼센트, 국가 간 물가 차이에 따라 조정됨)은 상당히 높다. **중국은 주요 국가 중에서도 교육 분야에서 두 번째로 강력한 우위를 점하고 있다.** 중국은 전 세계 학사 학위의 상당 부분(22퍼센트)을 차지한다. 표에서 자세히 확인할 수 있듯이, 중국은 다양한 강점을 보유하고 있다.

유로존의 국력과 전망

다음은 2021년 8월 기준 유로존(유럽연합의 법정통화인 유로를 공식 통화로 사용하는 국가나 지역 – 옮긴이)**에 대한 컴퓨터 분석 결과이다.**

최신 데이터를 활용한 주요 지표 분석에 따르면, **유로존은 강대국**(오늘날 주요 국가 중 3위)**의 지위를 유지한 것으로 보인다. 표에서 볼 수 있듯이, 유로존의 주요 강점으로는 세계 무역에 미치는 중요한 영향력과 기축통화 지위를 들 수 있다. 반면 평균보다 낮은 직업의식과 자립도, 비교적 비효율적인 노동 및 자본 배분은 약점이다.** 오늘날 8가지 주요 국력 지표는 어느 정도 강력한 편이지만, 종합적으로는 보합세를 띠고 있다.

다음 표는 현재 11개 주요 국가의 국력을 측정한 값에 근거하여 선정한 순위와 지난 20년 동안 나타난 추세, 종합적인 국력 지표, 주요 동인을 보여준다.

먼저 한 국가를 이해하려면 그 국가의 흥망성쇠를 이끌고 이를 반영하는 **국력의 척도와 빅 사이클**을 살펴봐야 한다. 이러한 요인들은 개별적으로 논하더라도 별개로 떼어놓고 볼 수 없으며, 각 요인은 상호 작용하여 영향을 강화하면서 그 국가를 사이클에 따라 움직이게 한다.

유로존의 **빅 사이클은 혼조 양상을 보인다.**

유로존은 부채 부담이 다소 높고 앞으로 10년 동안의 실질 성장률이 비교적 낮은 수준(연간 0.3퍼센트)에 그칠 것으로 예상되므로 **경제·금융 사이클에서 다소 불리한 위치에 있다.** 유로존의 외화 자산과 외화 부채는 비등한 수준이다(국제투자대조표IIP상의 순국제투자는 GDP의 0퍼센트).

유로존 – 국력 점수에 영향을 주는 핵심 요인

제국 종합 점수(0~1)	수준: 0.55		순위: 3	➔
빅 사이클	**수준**	**Z-점수**	**순위**	**추세**
경제/재무 상황	다소 불리	−0.9	6	악화
부채 부담	다소 높은 부채	−0.3	6	➔
기대 성장률	0.3%	−1.0	8	➔
내부 질서	낮은 위험	0.3	5	개선
부/기회/가치관 격차	보통	0.3	6	개선
내부 갈등	보통	0.4	4	➔
외부 질서				
8가지 주요 국력 지표				
무역	강력	1.3	2	➔
기축통화 지위	보통	0.1	2	악화
경제 생산량	강력	0.6	3	악화
시장 및 금융 중심지	보통	0.4	3	➔
혁신 및 기술	보통	0.4	3	악화
교육	보통	0.3	3	➔
군사력	보통	0.3	4	악화
가격 경쟁력	취약	−0.6	8	➔
기타 국력 지표				
기반 시설 및 투자	보통	0.2	3	악화
광물자원	보통	−0.4	5	➔
통치 체제/법치	보통	−0.4	7	
자원 배분 효율성	취약	−0.8	9	
성격/시민의식/의지	취약	−1.0	10	➔
자연재해	보통	0.0	5	

개선　　악화　　➔ 유지

비금융 부채 수준은 높지만(GDP의 241퍼센트), 정부 부채는 오늘날 주요 국가들과 비슷한 수준이다(GDP의 104퍼센트). 유로존은 경제 부양을 위한 금리 인하 정책을 시행할 수 있는 여력이 매우 부족하고(단기 금리는 -0.5퍼센트), 이미 부채를 화폐화하기 위해 돈을 찍어내고 있다.

내부 무질서는 낮은 위험이다. 부와 소득, 가치관의 격차는 보통이다. 불평등과 관련하여 유로존의 상위 1퍼센트와 상위 10퍼센트는 각각 전체 소득의 11퍼센트와 35퍼센트를 차지한다(이 비율은 주요 국가 중에서 각각 여덟 번째와 일곱 번째로 높다). 유로존의 내부 갈등 지표는 보통이다. 이 지표는 실제 갈등 사건(예: 시위), 정치적 갈등(예: 당파 싸움), 일반적인 불만(설문에 근거)을 측정한다.

8가지 국력 지표를 자세히 살펴보면, 유로존은 주요 국가 중에서 두 번째로 큰 수출국이다. 유로존은 전 세계 수출의 12퍼센트를 담당한다. **또한 유로존은 주요 국가 중에서 두 번째로 강력한 기축통화를 보유하고 있다.** 전 세계 외환 보유고의 상당 부분이 유로화(21퍼센트)로 구성되며, 전 세계 부채의 상당 부분이 유로화(22퍼센트)로 표시된다.

이것은 유로존의 종합적인 국력을 추정한 값을 요약한 것이다. 통계 대부분은 유로존에 속하는 8개 주요 국가에 대해 집계한 것이다.

독일의 국력과 전망

다음은 2021년 8월 기준 독일에 대한 컴퓨터 분석 결과이다.

최신 데이터를 활용한 주요 지표 분석에 따르면, **독일은 중간 정도의 강대국(오늘날 주요 국가 중 4위) 지위를 유지한 것으로 보인다. 다음 표에서 볼 수 있듯이, 독일의 주요 강점으로는 강력한 경제·재정 상황과 높은 내부 질서를 들 수 있다.** 오늘날 8가지 주요 국력 지표는 어느 정도 강력하지만, 종합적으로는 보합세를 띠고 있다.

다음 표는 현재 11개 주요 국가의 국력을 측정한 값에 근거하여 선정한 순위와 지난 20년 동안 나타난 추세, 종합적인 국력 지표, 주요 동인을 보여준다.

먼저 한 국가를 이해하려면 그 국가의 흥망성쇠를 이끌고 반영하는 **국력의 척도**와 **빅 사이클**을 살펴봐야 한다. 이러한 요인들은 개별적으로 논하더라도 별개로 떼어놓고 볼 수 없으며, 각 요인은 상호 작용하여 영향을 강화하면서 그 국가를 사이클에 따라 움직이게 한다.

독일의 빅 사이클은 대체로 유리해 보인다.

독일은 부채 부담이 적고 앞으로 10년 동안의 실질 성장률이 매우 낮은 수준(연간 0.3퍼센트)에 그칠 것으로 예상되지만 **경제·금융 사이클에서 다소 유리한 위치에 있다.** 독일은 외화 부채보다 외화 자산이 훨씬 많다(국제투자대조표IIP상의 순국제투자는 GDP의 71퍼센트). 비금융 부채(GDP의 183퍼센트)와 정부 부채(GDP의 69퍼센트)는 오늘날 주요 국가들과 비슷한 수준이다. 독일의 부채 대부분은 유로화로 표시되는데, 유로화는 독일이 직접 통제할 수 있는 통화가 아니므로 부채 위험이 증가

독일 – 국력 점수에 영향을 주는 핵심 요인

제국 종합 점수(0~1)	수준: 0.37		순위: 4	➡

빅 사이클	수준	Z-점수	순위	추세
경제/재무 상황	다소 유리	0.4	4	◤
부채 부담	낮은 부채	1.6	1	◤
기대 성장률	0.3%	−1.0	9	➡
내부 질서	낮은 위험	0.7	3	◤
부/기회/가치관 격차	좁음	0.7	3	➡
내부 갈등	낮음	0.7	3	◤
외부 질서				
8가지 주요 국력 지표				
무역	강력	0.6	4	➡
경제 생산량	보통	−0.1	4	◢
혁신 및 기술	보통	−0.1	5	◢
교육	보통	−0.2	5	➡
시장 및 금융 중심지	보통	−0.2	6	◢
군사력	취약	−0.6	9	➡
가격 경쟁력	취약	−0.6	10	➡
기축통화 지위				
기타 국력 지표				
자원 배분 효율성	강력	0.6	3	◤
통치 체제/법치	강력	0.7	4	➡
기반 시설 및 투자	보통	−0.3	7	➡
성격/시민의식/의지	보통	−0.5	8	➡
광물자원	취약	−0.7	9	➡
자연재해	강력	1.1	2	

◤ 개선   ◢ 악화   ➡ 유지

할 수 있다. 유로존은 경제 부양을 위한 금리 인하 정책을 시행할 수 있는 여력이 부족하고(단기 금리는 -0.5퍼센트), 이미 부채를 화폐화하기 위해 돈을 찍어내고 있다.

내부 무질서는 낮은 위험이다. 부와 소득, 가치관의 격차는 크지 않다. 불평등과 관련하여 독일의 상위 1퍼센트와 상위 10퍼센트는 각각 전체 소득의 13퍼센트와 38퍼센트를 차지한다(이 비율은 주요 국가 중에서 각각 네 번째와 다섯 번째로 높다). 독일의 내부 갈등 지표는 낮다. 이 지표는 실제 갈등 사건(예: 시위), 정치적 갈등(예: 당파 싸움), 일반적인 불만(설문에 근거)을 측정한다.

8가지 국력 지표를 자세히 살펴보면, 독일은 종합적으로 어느 정도 강력한 국가로 보인다. 그렇지만 특히 두드러진 강점이나 약점은 없다.

일본의 국력과 전망

다음은 2021년 8월 기준 일본에 대한 컴퓨터 분석 결과이다.

최신 데이터를 활용한 주요 지표 분석에 따르면, **일본은 점진적인 쇠퇴의 길로 접어든 일반적인 강대국(오늘날 주요 국가 중 5위)으로 보인다. 표에서 볼 수 있듯이, 일본의 주요 강점으로는 높은 내부 질서를 들 수 있다. 반면 불리한 경제·금융 상황과 비교적 부족한 천연자원은 약점이다.** 오늘날 8가지 주요 국력 지표는 어느 정도 강력한 편이지만, 종합적으로는 하락세를 보이고 있다. 특히 일본의 세계 생산량 점유율, 세계 무역에 미치는 영향력, 혁신과 기술이 하락하고 있다.

다음 표는 현재 11개 주요 국가의 국력을 측정한 값에 근거하여 선정한 순위와 지난 20년 동안 나타난 추세, 종합적인 국력 지표, 주요 동인을 보여준다.

먼저 한 국가를 이해하려면 그 국가의 흥망성쇠를 이끌고 반영하는 **국력의 척도와 빅 사이클**을 살펴봐야 한다. 이러한 요인들은 개별적으로 논하더라도 별개로 떼어놓고 볼 수 없으며, 각 요인은 상호 작용하여 영향을 강화하면서 그 국가를 사이클에 따라 움직이게 한다.

일본의 빅 사이클은 혼조 양상을 보인다.

일본은 부채 부담이 적당히 높고 앞으로 10년 동안의 실질 성장률이 매우 낮은 수준(연간 0퍼센트)에 그칠 것으로 예상되므로 **경제·금융 사이클에서 불리한 위치에 있다.** 일본은 외화 부채보다 외화 자산이 훨씬 많다(국제투자대조표IIP상의 순국제투자는 GDP의 68퍼센트). 비금융 부채 수준은 매우 높고(GDP의 400퍼센트), 정부 부채 수준도 매우 높다(GDP

일본 – 국력 점수에 영향을 주는 핵심 요인

제국 종합 점수(0~1)	수준: 0.30		순위: 5	◢
빅 사이클	**수준**	**Z-점수**	**순위**	**추세**
경제/재무 상황	불리	−1.1	7	➡
부채 부담	다소 높은 부채	**−0.4**	7	➡
기대 성장률	0.0%	−1.1	11	➡
내부 질서	낮은 위험	1.0	1	◥
부/기회/가치관 격차	좁음	0.9	2	◥
내부 갈등	낮음	1.1	2	◥
외부 질서				
8가지 주요 국력 지표				
기축통화 지위	취약	**−0.5**	3	◢
교육	보통	**0.2**	4	➡
혁신 및 기술	보통	**0.2**	4	◢
시장 및 금융 중심지	보통	**0.1**	4	◢
가격 경쟁력	보통	**−0.3**	4	➡
무역	보통	**−0.5**	5	◢
군사력	보통	**−0.1**	6	➡
경제 생산량	보통	**−0.3**	7	◢
기타 국력 지표				
통치 체제/법치	강력	0.8	3	➡
성격/시민의식/의지	보통	0.5	4	◢
기반 시설 및 투자	보통	−0.2	4	◢
자원 배분 효율성	보통	0.1	6	◢
광물자원	취약	−1.1	11	➡
자연재해	강력	1.5	1	

◥ 개선　　◢ 악화　　➡ 유지

의 241퍼센트). 이러한 부채의 대부분(99퍼센트)이 자국 통화로 표시되는데, 이는 부채 위험을 완화하는 효과가 있다. 일본은 경제 부양을 위한 금리 인하 정책을 시행할 수 있는 여력이 매우 부족하고(단기 금리는 −0.1퍼센트), 이미 부채를 화폐화하기 위해 돈을 찍어내고 있다.

내부 무질서는 낮은 위험이다. 부와 소득, 가치관의 격차는 크지 않다. 불평등과 관련하여 일본의 상위 1퍼센트와 상위 10퍼센트는 각각 전체 소득의 12퍼센트와 43퍼센트를 차지한다(이 비율은 주요 국가 중에서 각각 여섯 번째와 세 번째로 높다). 일본의 내부 갈등 지표는 낮다. 이 지표는 실제 갈등 사건(예: 시위), 정치적 갈등(예: 당파 싸움), 일반적인 불만(설문에 근거)을 측정한다.

8가지 국력 지표를 자세히 살펴보면, 종합적으로 어느 정도 강력한 국가로 보인다. 그렇지만 특히 두드러진 강점이나 약점은 없다.

인도의 국력과 전망

다음은 2021년 8월 기준 인도에 대한 컴퓨터 분석 결과이다.

최신 데이터를 활용한 주요 지표 분석에 따르면, **인도는 점진적으로 부상하고 있는 일반적인 강대국(오늘날 주요 국가 중 6위)으로 보인다. 다음 표에서 볼 수 있듯이, 인도의 주요 강점으로는 강력한 경제·재정 상황과 경쟁력 있는 임금(품질 조정 기준)을 들 수 있다. 반면 커다란 국내 갈등, 비교적 취약한 교육 상황, 매우 부족한 혁신과 기술, 부정부패, 일관성이 떨어지는 법치, 매우 부족한 기축통화 지위는 약점이다.** 오늘날 인도의 8가지 주요 국력 지표는 어느 정도 강력한 편이고, 종합적으로 상승세를 띠고 있다. 특히 상대적인 군사력, 혁신과 기술, 세계 무역에 미치는 영향력이 증가하고 있다.

다음 표는 현재 11개 주요 국가의 국력을 측정한 값에 근거하여 선정한 순위와 지난 20년 동안 나타난 추세, 종합적인 국력 지표, 주요 동인을 보여준다.

먼저 한 국가를 이해하려면 그 국가의 흥망성쇠를 이끌고 반영하는 **국력의 척도**와 **빅 사이클**을 살펴봐야 한다. 이러한 요인들은 개별적으로 논하더라도 별개로 떼어놓고 볼 수 없으며, 각 요인은 상호 작용하여 영향을 강화하면서 그 국가를 사이클에 따라 움직이게 한다.

인도의 **빅 사이클은 혼조 양상을 보인다.**

인도는 부채 부담이 적당히 적고 앞으로 10년 동안의 실질 성장률이 높은 수준(연간 6.3퍼센트)에 달할 것으로 예상되므로 **경제·금융 사이클에서 매우 유리한 위치에 있다.** 인도는 외화 자산보다 외화 부채가 조금

인도 - 국력 점수에 영향을 주는 핵심 요인

제국 종합 점수(0~1)	수준: 0.27		순위: 6	↘
빅 사이클	**수준**	**Z-점수**	**순위**	**추세**
경제/재무 상황	매우 유리	0.8	1	◿
부채 부담	낮은 부채	0.1	5	↘
기대 성장률	6.3%	1.1	1	◿
내부 질서	위험	−1.8	10	→
부/기회/가치관 격차	큼	−1.8	10	→
내부 갈등	매우 낮음			
외부 질서				
8가지 주요 국력 지표				
가격 경쟁력	매우 강력	2.4	1	↘
군사력	보통	0.2	5	↘
경제 생산량	보통	−0.2	5	→
기축통화 지위	취약	−0.8	6	
무역	취약	−0.8	9	↘
시장 및 금융 중심지	취약	−0.8	10	→
혁신 및 기술	취약	−1.2	11	↘
교육	취약	−1.2	11	→
기타 국력 지표				
성격/시민의식/의지	강력	1.3	2	→
광물자원	보통	0.3	4	→
자원 배분 효율성	보통	0.2	5	
기반 시설 및 투자	보통	−0.3	6	↘
통치 체제/법치	취약	−1.1	10	↘
자연재해	매우 취약	−2.4	11	

↘ 개선   ◿ 악화   → 유지

더 많다(국제투자대조표ⅡP상의 순국제투자는 GDP의 −12퍼센트). 비금융 부채 수준은 낮지만(GDP의 125퍼센트), 정부 부채는 오늘날 주요 국가 들과 비슷한 수준이다(GDP의 75퍼센트). 이러한 부채의 대부분(91퍼센트)이 자국 통화로 표시되는데, 이는 부채 위험을 완화하는 효과가 있다. 인도는 경제 부양을 위한 금리 인하 정책을 시행할 수 있는 여력이 보통 수준(단기 금리는 3.4퍼센트)이다.

내부 무질서는 높은 위험이다. 부와 소득, 가치관의 격차가 크다. 불평 등과 관련하여 인도의 상위 1퍼센트와 상위 10퍼센트는 각각 전체 소득 의 21퍼센트와 56퍼센트를 차지한다(이 비율은 주요 국가 중에서 가장 높 다). 하지만 인도처럼 빠르게 성장하는 국가에서는 빠른 성장이 모두를 위한 번영을 불러올 수 있으므로 큰 빈부 격차는 그리 우려할 만한 문제 는 아니다.

8가지 국력 지표를 자세히 살펴보면, 인도는 주요 국가 중에서 가장 값싼 노동력을 보유하고 있다. 노동의 질에 따라 조정된 임금은 전 세계 평균에 비해 훨씬 저렴하다.

반면 인도는 교육 분야에서 상대적으로 취약하고, 혁신과 기술 분야 에서 전망이 밝지 않으며, 기축통화 지위가 부족하다. 인도의 교육 연수 는 많이 뒤처진다. 인도 학생들은 평균 5.8년의 교육을 받지만, 다른 주 요 국가들의 평균 교육 연수는 11.5년이다. 국가별로 15세 학생들의 학 업 능력을 측정하는 PISA 점수의 경우, 인도는 336점으로 주요 국가들 의 평균인 483점에 크게 못 미친다. 혁신과 기술과 관련하여, 전 세계를 기준으로 인도의 특허 출원(1퍼센트 미만)과 연구·개발 지출(3퍼센트) 점유율은 매우 낮고, 인도 내 연구원 수(3퍼센트)는 보통이다.

영국의 국력과 전망

다음은 2021년 8월 기준 영국에 대한 컴퓨터 분석 결과이다.

최신 데이터를 활용한 주요 지표 분석에 따르면, **영국은 중간 정도의 강대국(오늘날 주요 국가 중 중간 이하) 지위를 유지한 것으로 보인다. 표에서 볼 수 있듯이, 영국의 주요 강점으로는 강력한 법치와 낮은 부정부패를 들 수 있다. 반면 불리한 경제·재정 상황과 상대적으로 부족한 광물자원은 약점이다.** 오늘날 8가지 주요 국력 지표는 어느 정도 취약하지만, 종합적으로는 보합세를 띠고 있다.

다음 표는 현재 11개 주요 국가의 국력을 측정한 값에 근거하여 선정한 순위와 지난 20년 동안 나타난 추세, 종합적인 국력 지표, 주요 동인을 보여준다.

먼저 한 국가를 이해하려면 그 국가의 흥망성쇠를 이끌고 반영하는 **국력의 척도**와 **빅 사이클**을 살펴봐야 한다. 이러한 요인들은 개별적으로 논하더라도 별개로 떼어놓고 볼 수 없으며, 각 요인은 상호 작용하여 영향을 강화하면서 그 국가를 사이클에 따라 움직이게 한다.

영국의 빅 사이클은 대체로 불리해 보인다.

영국은 부채 부담이 크고 앞으로 10년 동안의 실질 성장률이 비교적 낮은 수준(연간 0.9퍼센트)에 그칠 것으로 예상되어 **경제·금융 사이클에서 다소 불리한 위치에 있다.** 영국은 외화 자산보다 외화 부채가 조금 더 많다(국제투자대조표IIP상의 순국제투자는 GDP의 -28퍼센트). 비금융 부채(GDP의 260퍼센트)는 높지만, 정부 부채(GDP의 106퍼센트)는 오늘날 주요 국가들과 비슷한 수준이다. 영국의 부채 대부분(90퍼센트)은 자

영국 - 국력 점수에 영향을 주는 핵심 요인

제국 종합 점수(0~1)	수준: 0.27		순위: 7	→
빅 사이클	수준	Z-점수	순위	추세
경제/재무 상황	불리	−1.7	9	◢
부채 부담	높은 부채	−1.6	9	◢
기대 성장률	0.9%	−0.8	6	◢
내부 질서	보통 위험	**−0.2**	8	◢
부/기회/가치관 격차	비교적 큼	**−0.2**	7	◢
내부 갈등	보통	**−0.3**	7	◢
외부 질서				
8가지 주요 국력 지표				
기축통화 지위	취약	−0.6	**4**	→
시장 및 금융 중심지	보통	**0.0**	**5**	◢
가격 경쟁력	보통	**−0.3**	**5**	→
교육	보통	**−0.2**	**6**	◢
경제 생산량	보통	**−0.3**	**6**	→
혁신 및 기술	보통	**−0.3**	**7**	→
무역	취약	−0.6	7	→
군사력	보통	**−0.3**	8	→
기타 국력 지표				
통치 체제/법치	강력	1.2	1	→
자원 배분 효율성	보통	0.3	4	→
성격/시민의식/의지	보통	−0.4	7	◢
기반 시설 및 투자	취약	−0.6	10	◢
광물자원	취약	−0.9	10	→
자연재해	보통	0.4	4	

◤ 개선   ◢ 악화   → 유지

601

국 통화로 표시되는데, 이는 부채 위험을 완화하는 효과가 있다. 영국은 경제 부양을 위한 금리 인하 정책을 시행할 수 있는 여력이 부족하고(단기 금리는 0.1퍼센트), 이미 부채를 화폐화하기 위해 돈을 찍어내고 있다.

내부 무질서는 보통 위험이다. 부와 소득, 가치관의 격차는 비교적 크다. 불평등과 관련하여 영국의 상위 1퍼센트와 상위 10퍼센트는 각각 전체 소득의 13퍼센트와 36퍼센트를 차지한다(이 비율은 주요 국가 중에서 각각 다섯 번째와 여섯 번째로 높다). 영국의 내부 갈등 지표는 보통이다. 이 지표는 실제 갈등 사건(예: 시위), 정치적 갈등(예: 당파 싸움), 일반적인 불만(설문에 근거)을 측정한다.

8가지 국력 지표를 자세히 살펴보면, 영국은 종합적으로 어느 정도 취약한 국가로 보인다. 그렇지만 특히 두드러진 강점이나 약점은 없다.

프랑스의 국력과 전망

다음은 2021년 8월 기준 프랑스에 대한 컴퓨터 분석 결과이다.

　최신 데이터를 활용한 주요 지표 분석에 따르면, **프랑스는 중간 정도의 강대국(오늘날 주요 국가 중 중간 이하) 지위를 유지한 것으로 보인다. 다음 표에서 볼 수 있듯이, 프랑스가 지금과 같은 위치에 놓이게 된 주요 약점으로는 불리한 경제·재정 상황, 평균보다 낮은 직업의식과 자립도, 상대적으로 비효율적인 노동 및 자본 배분을 들 수 있다.** 오늘날 8가지 주요 국력 지표는 어느 정도 취약하지만, 종합적으로는 보합세를 띠고 있다.

　다음 표는 현재 11개 주요 국가의 국력을 측정한 값에 근거하여 선정한 순위와 지난 20년 동안 나타난 추세, 종합적인 국력 지표, 주요 동인을 보여준다.

　먼저 한 국가를 이해하려면 그 국가의 흥망성쇠를 이끌고 반영하는 **국력의 척도**와 **빅 사이클**을 살펴봐야 한다. 이러한 요인들은 개별적으로 논하더라도 별개로 떼어놓고 볼 수 없으며, 각 요인은 상호 작용하여 영향을 강화하면서 그 국가를 사이클에 따라 움직이게 한다.

　프랑스의 **빅 사이클은 대체로 불리해 보인다.**

　프랑스는 부채 부담이 적당히 높고 앞으로 10년 동안의 실질 성장률이 비교적 낮은 수준(연간 0.4퍼센트)에 그칠 것으로 예상되어 **경제·금융 사이클에서 불리한 위치에 있다.** 프랑스는 외화 자산보다 외화 부채가 조금 더 많다(국제투자대조표IIP상의 순국제투자는 GDP의 -25퍼센트). 비금융 부채 수준(GDP의 268퍼센트)은 높고 정부 부채(GDP의 105퍼센

프랑스 – 국력 점수에 영향을 주는 핵심 요인

제국 종합 점수(0~1)	수준: 0.25		순위: 8	→

빅 사이클	수준	Z-점수	순위	추세
경제/재무 상황	불리	−1.2	8	◿
부채 부담	다소 높은 부채	−0.8	8	◿
기대 성장률	0.4%	−0.9	7	→
내부 질서	낮은 위험	0.5	4	→
부/기회/가치관 격차	좁음	1.1	1	◥
내부 갈등	보통	−0.1	6	→
외부 질서				

8가지 주요 국력 지표				
무역	보통	−0.5	6	→
군사력	보통	−0.3	7	→
시장 및 금융 중심지	보통	−0.3	7	→
교육	보통	−0.5	7	→
혁신 및 기술	보통	−0.5	8	◿
경제 생산량	취약	−0.5	9	◿
가격 경쟁력	취약	−0.6	9	→
기축통화 지위				

기타 국력 지표				
기반 시설 및 투자	보통	−0.2	5	◥
통치 체제/법치	보통	0.3	6	→
광물자원	보통	−0.5	7	→
자원 배분 효율성	취약	−1.3	10	◿
성격/시민의식/의지	취약	−1.5	11	→
자연재해	보통	0.0	6	

◥ 개선   ◿ 악화   → 유지

트)는 오늘날 주요 국가들과 비슷한 수준이다. 프랑스의 부채 대부분은 유로화로 표시되는데, 유로화는 프랑스가 직접 통제할 수 있는 통화가 아니므로 부채 위험이 증가할 수 있다. 유로존은 경제 부양을 위한 금리 인하 정책을 시행할 수 있는 여력이 부족하고(단기 금리는 −0.5퍼센트), 이미 부채를 화폐화하기 위해 돈을 찍어내고 있다.

내부 무질서는 낮은 위험이다. 부와 소득, 가치관의 격차는 크지 않다. 불평등과 관련하여 프랑스의 상위 1퍼센트와 상위 10퍼센트는 각각 전체 소득의 10퍼센트와 32퍼센트를 차지한다(이 비율은 주요 국가 중에서 아홉 번째로 높다). 프랑스의 내부 갈등 지표는 보통이다. 이 지표는 실제 갈등 사건(예: 시위), 정치적 갈등(예: 당파 싸움), 일반적인 불만(설문에 근거)을 측정한다.

8가지 국력 지표를 자세히 살펴보면, 프랑스는 종합적으로 어느 정도 취약한 국가로 보인다. 그렇지만 특히 두드러진 강점이나 약점은 없다.

네덜란드의 국력과 전망

다음은 2021년 8월 기준 네덜란드에 대한 컴퓨터 분석 결과이다.

최신 데이터를 활용한 주요 지표 분석에 따르면, **네덜란드는 중간 정도의 강대국(오늘날 주요 국가 중 중간 이하) 지위를 유지한 것으로 보인다. 표에서 볼 수 있듯이, 네덜란드의 주요 강점으로는 높은 내부 질서와 강력한 법치, 낮은 부정부패를 들 수 있다. 반면 상대적으로 약한 군사력과 값비싼 임금(품질 조정 기준)은 약점이다.** 오늘날 8가지 주요 국력 지표는 어느 정도 취약하지만, 종합적으로는 보합세를 띠고 있다.

다음 표는 현재 11개 주요 국가의 국력을 측정한 값에 근거하여 선정한 순위와 지난 20년 동안 나타난 추세, 종합적인 국력 지표, 주요 동인을 보여준다.

먼저 한 국가를 이해하려면 그 국가의 흥망성쇠를 이끌고 반영하는 **국력의 척도**와 **빅 사이클**을 살펴봐야 한다. 이러한 요인들은 개별적으로 논하더라도 별개로 떼어놓고 볼 수 없으며, 각 요인은 상호 작용하여 영향을 강화하면서 그 국가를 사이클에 따라 움직이게 한다.

네덜란드의 빅 사이클은 어느 정도 유리해 보인다.

네덜란드는 부채 부담이 낮고 앞으로 10년 동안의 실질 성장률이 비교적 낮은 수준(연간 1퍼센트)에 그칠 것으로 예상되지만 **경제·금융 사이클에서 어느 정도 유리한 위치에 있다.** 네덜란드는 외화 부채보다 외화 자산이 훨씬 많다(국제투자대조표IIP상의 순국제투자는 GDP의 90퍼센트). 비금융 부채 수준(GDP의 286퍼센트)은 높지만 정부 부채 수준(GDP의 53퍼센트)은 낮다. 네덜란드의 부채 대부분은 유로화로 표시되는데,

네덜란드 - 국력 점수에 영향을 주는 핵심 요인

제국 종합 점수(0~1)	수준: 0.25		순위: 9	→
빅 사이클	수준	Z-점수	순위	추세
경제/재무 상황	다소 유리	**0.0**	**5**	
부채 부담	낮은 부채	0.8	**3**	↘
기대 성장률	1.0%	−0.8	**5**	
내부 질서	낮은 위험	0.9	**2**	→
부/기회/가치관 격차	좁음	0.6	**4**	↘
내부 갈등	낮음	1.2	**1**	↘
외부 질서				
8가지 주요 국력 지표				
혁신 및 기술	보통	**−0.3**	6	→
경제 생산량	보통	**−0.3**	8	→
시장 및 금융 중심지	취약	**−0.5**	8	→
무역	취약	**−0.6**	8	→
교육	취약	**−0.7**	9	→
가격 경쟁력	취약	**−0.8**	11	→
군사력	매우 취약	**−1.9**	11	↘
기축통화 지위				
기타 국력 지표				
통치 체제/법치	강력	1.0	2	→
성격/시민의식/의지	보통	−0.3	6	↘
광물자원	보통	−0.5	6	→
자원 배분 효율성	보통	−0.1	8	↘
기반 시설 및 투자	보통	−0.4	8	→
자연재해	보통	0.5	**3**	

↘ 개선   ↘ 악화   → 유지

607

유로화는 네덜란드가 직접 통제할 수 있는 통화가 아니므로 부채 위험이 증가할 수 있다. 유로존은 경제 부양을 위한 금리 인하 정책을 시행할 수 있는 여력이 부족하고(단기 금리는 -0.5퍼센트), 이미 부채를 화폐화하기 위해 돈을 찍어내고 있다.

내부 무질서는 낮은 위험이다. 부와 소득, 가치관의 격차는 크지 않다. 불평등과 관련하여 네덜란드의 상위 1퍼센트와 상위 10퍼센트는 각각 전체 소득의 7퍼센트와 29퍼센트를 차지한다(이 비율은 주요 국가 중에서 열 번째로 높다). 네덜란드의 내부 갈등 지표는 낮다. 이 지표는 실제 갈등 사건(예: 시위), 정치적 갈등(예: 당파 싸움), 일반적인 불만(설문에 근거)을 측정한다.

8가지 국력 지표를 자세히 살펴보면, 네덜란드의 군사력은 비교적 취약하고 노동 임금(품질 조정 기준)은 상대적으로 비싸다. 전 세계를 기준으로 네덜란드가 차지하는 군사비 지출(1퍼센트 미만)과 군인 수(1퍼센트 미만)는 적다. 임금과 노동의 질을 조정하면 네덜란드의 임금은 세계 평균을 웃돈다.

러시아의 국력과 전망

다음은 2021년 8월 기준 러시아에 대한 컴퓨터 분석 결과이다.

최신 데이터를 활용한 주요 지표 분석에 따르면, **러시아는 중간 정도의 강대국(오늘날 주요 국가 중 중간 이하) 지위를 유지한 것으로 보인다. 다음 표에서 볼 수 있듯이, 러시아의 주요 강점으로는 강력한 경제·재정 상황과 풍족한 천연자원, 상대적으로 강력한 군사력을 들 수 있다. 반면 비교적 작은 경제 규모, 부정부패, 일관되지 못한 법치, 세계 금융 중심지로서 부족한 영향력은 약점이다.** 오늘날 8가지 주요 국력 지표는 어느 정도 취약하지만, 종합적으로는 보합세를 띠고 있다.

다음 표는 현재 11개 주요 국가의 국력을 측정한 값에 근거하여 선정한 순위와 지난 20년 동안 나타난 추세, 종합적인 국력 지표, 주요 동인을 보여준다.

먼저 한 국가를 이해하려면 그 국가의 흥망성쇠를 이끌고 반영하는 **국력의 척도와 빅 사이클**을 살펴봐야 한다. 이러한 요인들은 개별적으로 논하더라도 별개로 떼어놓고 볼 수 없으며, 각 요인은 상호 작용하여 영향을 강화하면서 그 국가를 사이클에 따라 움직이게 한다.

러시아의 빅 사이클은 어느 정도 유리해 보인다.

러시아는 부채 부담이 낮고 앞으로 10년 동안의 실질 성장률이 보통 수준(연간 2.5퍼센트)을 유지할 것으로 예상되어 **경제·금융 사이클에서 어느 정도 유리한 위치에 있다.** 러시아는 외화 부채보다 외화 자산이 좀 더 많다(국제투자대조표IIP상의 순국제투자는 GDP의 33퍼센트). 비금융 부채 수준(GDP의 99퍼센트)과 정부 부채 수준(GDP의 14퍼센트)은 낮다.

러시아 - 국력 점수에 영향을 주는 핵심 요인

제국 종합 점수(0~1)	수준: 0.23		순위: 10	→

빅 사이클	수준	Z-점수	순위	추세
경제/재무 상황	다소 유리	0.5	2	
부채 부담	낮은 부채	1.0	2	◥
기대 성장률	2.5%	−0.2	3	
내부 질서	보통 위험	−0.5	9	◥
부/기회/가치관 격차				
내부 갈등	보통	−0.5	9	◥
외부 질서				
8가지 주요 국력 지표				
가격 경쟁력	강력	0.7	3	
군사력	보통	0.4	3	→
기축통화 지위	취약	−0.8	6	
교육	취약	−0.5	8	→
혁신 및 기술	취약	−0.7	9	→
무역	취약	−0.9	10	→
시장 및 금융 중심지	취약	−1.1	11	→
경제 생산량	취약	−1.4	11	→
기타 국력 지표				
광물자원	매우 강력	1.9	1	→
자원 배분 효율성	강력	1.3	1	
성격/시민의식/의지	보통	0.1	5	
기반 시설 및 투자	취약	−1.0	11	◢
통치 체제/법치	매우 취약	−1.9	11	→
자연재해	보통	−0.1	7	

◥ 개선   ◢ 악화   → 유지

러시아의 부채 상당 부분(25퍼센트)은 외국 통화로 표시되는데, 이는 부채 위험을 증가시킬 수 있다. 경제 부양을 위한 금리 인하 정책을 시행할 수 있는 여력이 충분하다(단기 금리는 6.6퍼센트).

내부 무질서는 보통 위험이다. 러시아의 내부 갈등 지표는 보통이다. 이 지표는 실제 갈등 사건(예: 시위), 정치적 갈등(예: 당파 싸움), 일반적인 불만(설문에 근거)을 측정한다.

8가지 국력 지표를 자세히 살펴보면, 러시아의 군사력은 상대적으로 강력하다. 전 세계를 기준으로 러시아가 차지하는 군사비 지출(7퍼센트 미만)은 보통이며 군인 수(13퍼센트)는 상당하다.

반면 러시아는 비교적 경제 규모가 작고 세계 금융 중심지로서의 중요성이 떨어진다. 러시아의 주식시장이 전 세계 주식시장에서 차지하는 비율은 낮다(전체 시가총액의 1퍼센트 미만, 거래량의 1퍼센트 미만).

스페인의 국력과 전망

다음은 2021년 8월 기준 스페인에 대한 컴퓨터 분석 결과이다.

최신 데이터를 활용한 주요 지표 분석에 따르면, **스페인은 중간 정도의 강대국(오늘날 주요 국가 중 중간 이하) 지위를 유지한 것으로 보인다. 표에서 볼 수 있듯이, 스페인이 지금과 같은 위치에 놓이게 된 주요 약점으로는 불리한 경제·재정 상황, 상대적으로 비효율적인 노동 및 자본 배분과 세계 무역에서 뒤처지는 중요성, 부족한 혁신과 기술을 들 수 있다.** 오늘날 8가지 주요 국력 지표는 어느 정도 취약하지만, 종합적으로는 보합세를 띠고 있다.

다음 표는 현재 11개 주요 국가의 국력을 측정한 값에 근거하여 선정한 순위와 지난 20년 동안 나타난 추세, 종합적인 국력 지표, 주요 동인을 보여준다.

먼저 한 국가를 이해하려면 그 국가의 흥망성쇠를 이끌고 반영하는 **국력의 척도**와 **빅 사이클**을 살펴봐야 한다. 이러한 요인들은 개별적으로 논하더라도 별개로 떼어놓고 볼 수 없으며, 각 요인은 상호 작용하여 영향을 강화하면서 그 국가를 사이클에 따라 움직이게 한다.

스페인의 빅 사이클은 대체로 불리해 보인다.

스페인은 부채 부담이 높고 앞으로 10년 동안의 실질 성장률이 매우 낮은 수준(연간 0퍼센트)에 그칠 것으로 예상되어 **경제·금융 사이클에서 불리한 위치에 있다.** 스페인은 외화 자산보다 외화 부채가 훨씬 많다(국제투자대조표IIP상의 순국제투자는 GDP의 -73퍼센트). 비금융 부채 수준(GDP의 249퍼센트)과 정부 부채 수준(GDP의 114퍼센트)은 높다. 스페

스페인 - 국력 점수에 영향을 주는 핵심 요인

제국 종합 점수(0~1)	수준: 0.20		순위: 11	→
빅 사이클	**수준**	**Z-점수**	**순위**	**추세**
경제/재무 상황	불리	−1.9	11	◢
부채 부담	높은 부채	−1.7	10	◢
기대 성장률	0.0%	−1.1	10	◢
내부 질서	보통 위험	**0.0**	6	→
부/기회/가치관 격차	보통	**0.4**	**5**	◤
내부 갈등	보통	**−0.4**	8	◢
외부 질서				
8가지 주요 국력 지표				
가격 경쟁력	취약	−0.6	7	→
시장 및 금융 중심지	취약	−0.6	9	→
군사력	취약	−0.8	10	→
경제 생산량	취약	−0.9	10	◢
교육	취약	−0.9	10	→
혁신 및 기술	취약	−1.0	10	◢
무역	취약	−0.9	11	→
기축통화 지위				
기타 국력 지표				
광물자원	취약	−0.6	8	→
기반 시설 및 투자	취약	−0.6	9	◢
통치 체제/법치	취약	−0.7	9	◢
성격/시민의식/의지	취약	−1.0	9	→
자원 배분 효율성	취약	−1.6	11	◢
자연재해	취약	−0.7	10	

◤ 개선   ◢ 악화   → 유지

인의 부채 대부분은 유로화로 표시되는데, 유로화는 스페인이 직접 통제할 수 있는 통화가 아니므로 부채 위험이 증가할 수 있다. 유로존은 경제 부양을 위한 금리 인하 정책을 시행할 수 있는 여력이 부족하고(단기 금리는 −0.5퍼센트), 이미 부채를 화폐화하기 위해 돈을 찍어내고 있다.

내부 무질서는 보통 위험이다. 부와 소득, 가치관의 격차는 보통이다. 불평등과 관련하여 스페인의 상위 1퍼센트와 상위 10퍼센트는 각각 전체 소득의 12퍼센트와 34퍼센트를 차지한다(이 비율은 주요 국가 중에서 각각 일곱 번째와 여덟 번째로 높다). 스페인의 내부 갈등 지표는 보통이다. 이 지표는 실제 갈등 사건(예: 시위), 정치적 갈등(예: 당파 싸움), 일반적인 불만(설문에 근거)을 측정한다.

8가지 국력 지표를 자세히 살펴보면, 스페인은 세계 무역에 미치는 영향이 비교적 미미하고 혁신과 기술 분야에서 전망이 밝지 않다. 스페인은 세계 수출의 단 2퍼센트를 차지한다. 혁신과 기술과 관련하여, 전 세계를 기준으로 스페인의 특허 출원(1퍼센트 미만)과 연구·개발 지출(1퍼센트) 점유율은 낮고 스페인 내 연구원 수(1퍼센트)도 적다.

용어 해설

국가		용어	
ARG	아르헨티나	Adj	조정
BEL	벨기에	Ann	연간
BRZ	브라질	Avg	평균
CAN	캐나다	Bln	십억
CHE	스위스	CB	중앙은행
CHI	칠레	Chg	변동
CHN	중국	Corp	기업
COL	콜롬비아	CPI	소비자물가지수
CZK	체코	네덜란드 EIC	네덜란드 동인도회사
DEU	독일	Est	추정치
ESP	스페인	FX(현물 외환)	통화 환율
EUR	유로존	GDP	국내총생산
FRA	프랑스	Govt	정부
GBR (or UK)	영국	Intl	국제
GRC	그리스	Inv	역수
HUN	헝가리	Log	자연 로그
IDR	인도네시아	MA	이동 평균
IND	인도	Mln	백만
ITA	이탈리아	Oz	온스
JPN	일본	Pop	인구
MEX	멕시코	PPM	백만분율
NLD	네덜란드	PPP	구매력 평가
NOR	노르웨이	RGDP	실질(인플레이션 조정) GDP
PLD	폴란드	TWI	무역가중지수
PRT	포르투갈	Y(Yr)	연도
RUS	러시아	Y/Y	전년대비
SAF	남아프리카공화국	$	미국 달러
SGP	싱가포르	£	영국 파운드
SWE	스웨덴	12mma	12개월 이동 평균
TLD	태국	60/40	주식과 채권을 60대40 비율로 구성한 포트폴리오
TUR	터키	6mma	6개월 이동 평균
USA (or US)	미국		
WLD	세계		

외환

CNY	중국 위안
GBP	영국 파운드
길더	네덜란드 통화
마라베디 동전	12~19세기 스페인 동전
USD	미국 달러

일반적으로 사용되는 경제 용어의 정의는 웹사이트 https://economicprinciples.org를 참조하길 바란다.

저자 소개

레이 달리오는 거의 반세기에 걸쳐 글로벌 매크로 투자자로 활동해왔다. 그는 세계에서 가장 규모가 큰 헤지펀드를 운용하는 업계 최고의 기관 투자 회사인 브리지워터 어소시에이츠의 설립자이자 공동 최고운용책임자CIO이다.

미국 롱아일랜드의 아주 평범한 중산층 집안에 태어나 성장한 달리오는 12살 때 처음으로 투자를 하기 시작했다. 그는 26살의 나이에 침실 2개가 딸린 아파트에서 브리지워터를 설립했고 〈포천〉이 평가한 미국에서 다섯 번째로 중요한 민간 기업으로 키워냈다. 그 과정에서 달리오가 최고 정책입안자들의 자문 역할을 맡게 되었고, 〈타임〉은 그를 '세계에서 가장 영향력 있는 100인' 중 한 명으로 선정했다. 〈CIO〉와 〈와이어드〉는 투자 업계를 바꾼 그의 독창적인 사고방식을 이유로 그를 '투자 업계의 스티브 잡스'라고 칭했다. 〈포브스〉에서는 그를 미국에서 가장 관대한 자선가 50인 중 한 명으로 선정했다.

2017년, 그는 여러 저서와 애니메이션 영상을 통해 자신의 성공 원칙을 널리 알리기로 결심했다. 그의 저서《원칙》은 〈뉴욕 타임스〉 베스트셀러 1위, 아마존 올해의 비즈니스 서적 1위에 올랐으며 30여 개 언어로 번역되어 전 세계적으로 300만 부 이상 판매되었다. 30분 분량의 애니메이션 유튜브 동영상 〈경제는 어떻게 작동하는가How Economic Machine Works〉와 〈성공 원칙Principles for Success〉은 조회 수 1억 뷰 이상을 기록했고, 그의 저서《레이 달리오의 금융 위기 템플릿》은 경제학자, 정책입안자, 투자자들의 호평을 받았다.

달리오는 신간《변화하는 세계질서》에서 세상을 바라보는 자신만의 독특한 관점으로 기축통화 제국의 흥망성쇠를 분석한다. 그는 이 책에서 공유된 모형이, 앞으로 변화하는 시대를 대비하고자 하는 독자들에게 도움이 되길 바라고 있다.